2020

米国経済白書

大統領経済諮問委員会

米国経済白書 2020

萩原伸次郎監修・『米国経済白書』翻訳研究会

翻訳者
萩原 伸次郎（総論、大統領経済報告、序章、第1〜5章）
大橋 陽（第6〜9章、付録）

総論 ■ 萩原 伸次郎

新型コロナ危機とトランプ政権
『2020年大統領経済報告』は何を意味するのか？

2020年経済諮問委員会年次報告

詳細目次
図・表・Box 一覧表

序 章

第I部　記録的な最長の拡大

総論

新型コロナ危機とトランプ政権

『2020年大統領経済報告』は何を意味するのか？

はぎわら しんじろう
萩原 伸次郎
横浜国立大学名誉教授

はじめに

2020年2月トランプ政権の3回目の『大統領経済報告』が発表された。今年は、11月3日に米大統領選挙の一般投票が行われる。アメリカの経済状況は、これまで大統領選挙の行方に大きく影響してきた。経済状況が良好だと現職大統領、もしくはそれを引き継ぐ与党大統領候補に有利であり、経済状況が悪いと逆に野党候補に有利となる。3回目の今年の『報告』はその意味でトランプ大統領にとっては重要な報告となる。共和党は、2012年、オバマ大統領の2期目の大統領選の時に争ったミット・ロムニー上院議員などがトランプ批判勢力の一翼をなしてはいるが、現職大統領ドナルド・J・トランプが再選を狙うことになるのは間違いない。野党民主党は、新型コロナ危機の影響もあって、大統領候補者にはオバマ政権の副大統領だったジョー・バイデンに早々としぼられた。最後まで、バイデンと民主党での候補者争いで食い下がった民主的社会主義者バーニー・サンダースは、3月、アメリカでの新型コロナ感染と死者の急増で、候補者争いをしている場合ではないとして、民主党の大統領候補を中道派のバイデンに譲った。

現在、アメリカでは、新型コロナ感染者とその死者が増え続けている。米ジョンズ・ホプキンス大学システム科学工学センター（CSSE）によれば、5月16日午後3時現在で、アメリカでの感染確認者数は144万3397人、死者は8万7568人に上った。このままいくと、8月には死者が14万人に到達するといわれ、トランプ政権の初動対応の誤りが大きく批判的に取り上げられている。すでにこの疫病は、COVID-19と名づけられているように、2019年12月には中国武漢で発症例が報告されたといわれている。また、フランスでも、すでにその前に発症例があったとされるように、感染源に関してはいろいろいわれており、2020年1月の段階では、深刻な疫病として、トランプ大統領に報告がなされていた。しかし、トランプ大統領は、2月の段階になっても、「この病は、インフルエンザと同じで、4月の温かい春の風の到来とともに、過ぎ去っていく」とのんきな構えをとっていた。しかし事態は3月になると、感染者とともに死者が急増し始めたことで、トランプ大統領はようやく重い腰を上げ、3月13日「国家非常事態宣言」（ロックダウン）を発すると、戦時大統領気取りで、新型コロナと戦う姿勢を見せ始めた。

新型コロナ危機とトランプ政権——萩原伸次郎

この『報告』は、2020年2月20日にトーマス・J・フィリプソン大統領経済諮問委員会委員長代理によって「2020年大統領経済諮問委員会年次報告」としてトランプ大統領に提出されたものであり、「大統領経済報告」とともに、トランプ大統領が米国議会に報告したものだ。ということは、この時期、すでにアメリカでは、新型コロナによって経済的にも深刻な影響が出ることは予想されていたのだから、経済政策についての機敏な対応をとるべき経済諮問委員会は、新型コロナについて何らかの叙述をしてもよさそうなものだが、この『報告』のどこを探してもそれは全く見当たらない。全編がトランプ大統領の楽観論そのものによって貫かれるという、ある意味では、トランプ政権らしい『報告』といえるだろう。

いうまでもなく、この『報告』は、「1946年雇用法」により定められた規定にしたがって、大統領経済諮問委員会が作成するものであり、アメリカ経済の「将来の見通し」が必ず論じられる。今年の『報告』も、第3部として「経済的見通し」が述べられてはいる。しかし、第3部と銘打つにしてはあまりに内容が貧弱だ。「第9章 継続する拡大の見通し」という

1つの章があるのみで、しかも、その章は、英文でたった8ページである。これは筆者の推測だが、2020年11月の大統領選挙を控えて、トランプ政権の経済政策の大成功を見通しとともに論じたかったのだが、コロナ問題を考えるとそうはいかないということがわかり、すでにでき上がっていた部分を大幅に削減したのかもしれない。しかし、それにしてもこの経済見通しは、超楽観論で貫かれ、現実離れしているといわざるを得ない。来年に発表されるトランプ政権の4年目の『報告』では、コロナ危機とアメリカ経済について論じられることになるだろうが、「この危機は、トランプ政権のあずかり知らないところから発生したもので、責任は、中国と世界保健機関（WHO）にあり、前政権のオバマ大統領が感染症対策を怠ったことが原因だ」という、「手柄は自分、過ちは他人」というトランプ政権お得意の態度をとることになるだろう。そういう意味でも、今年の『報告』は、極めて興味ある代物だ。内容については、本文をお読みいただきたいが、その前に、総論として、今年の『報告』の概要を論じ、トランプ政権の経済政策の特質を抉り出してみることにしよう。

超楽観的な『報告』の概要

2020年『報告』は、3部から成り立っており、全体で9章の構成だ。

第Ⅰ部 記録的な最長の拡大

第1章 大拡大
第2章 経済成長は、歴史的に恵まれなかったアメリカ人に恩恵を与える

第3章 規制改革は経済を解き放つ
第4章 エネルギー——イノベーションと自立
第5章 自由市場のヘルスケアは、選択と競争を促進する

第Ⅱ部 拡大への脅威を評価しそれに対処する

第6章 競争減退のリスクを評価する
第7章 薬物中毒危機を理解する
第8章 手頃ごろな価格の住宅を拡大する

第Ⅲ部　経済見通し

第9章　継続的拡大に向けての見通し

『2020年大統領経済報告』は、巧妙に作られている。第Ⅰ部で、政権のいう「記録的な最長の拡大」について論じるているが、まず、経済成長は従来長らく歴史的に不利な立場にあった人びとに恩恵をもたらすものであり、それを可能としたのはトランプ政権の規制改革であること、つまり石油・天然ガスの生産増強による自給体制の確立であり、オバマケアをつぶし、ヘルケア市場に自由をもたらしたからだと主張している。そして第Ⅱ部において、記録的な拡大を続けるアメリカ経済にとっての脅威は何かを論じ、それにいかに対処するかを考えようという構成だ。

アメリカ経済の順調な行く手を阻むものの第一に、「大きいことは悪いことだ」としたオバマ政権の経済政策担当者たちの考えであり、その考えの典型が、とりわけ「2016年大統領経済報告」において顕著であるという。企業が大きくなり経済レントの発生から独占を説く、オバマ政権の経済政策は間違っていたとするのだ。最近、デジタル多国籍企業GAFA（グーグル、アマゾン、フェースブック、アップル）によるプラットフォームを基盤とする独占的行動が世界的に問題視されるようになったが、トランプ政権の経済政策担当者たちは、これは競争のなせる業であり、大変結構なことで、それを規制しようとするほうが間違っているというわけだ。

『報告』は、アメリカの経済拡大を阻むものの第二に、薬物中毒を上げる。彼らによればこのアメリカにおける薬物中毒には、2つの波があり、第一波が2001年から2010年まで、第二波が、2010年から始まったものだという。第一の波は、ブッシュ政権下での処方薬のメ

ディケア適用の拡大による価格低下が、処方薬乱用をもたらしたからだという。そして第二の波は、オバマ政権下の2010年に始まったもので、オキシコンティン（OxyContin）処方薬の乱用に制限を掛けた時期に当たるのだが、それがブラック・マーケットでの不法薬物の横行につながったとする。しかも、この不法薬物は、その多くがメキシコや中国から持ち込まれたものであり、外国からの持ち込みを阻止することがその対策だと結論づける。ジョージ・W・ブッシュ政権において、薬品メーカーの力に押されて、メディケア・パートDにおける処方薬のメディケア適用を大幅に緩め、処方薬の自己負担額が削減されたことはよく知られた事実だが、最近の薬物中毒をメキシコなどからの不法な輸入によってもたらされ、それを阻止するのは、トランプ政権の「アメリカ第一主義」だといわんばかりだ。メキシコ国境に壁を築き、国境警備の強化によって、麻薬のアメリカへの流入を阻止するのだというわけである。

そしてアメリカ経済の拡大にとって脅威となる可能性の第三の要因として、彼らは、住宅価格の高騰を上げる。近年、大都市圏を中心として住宅価格の高騰が引き起こされ、その高騰は所得上昇を上回るペースだ。低所得層が置いてきぼりを食らい、賃貸住宅の家賃も高騰の傾向にある。アメリカ経済にとって住宅価格は株式価格と並んで資産市場に大きな影響を与えてきたが、その高騰が拡大の阻止要因となる可能性があるというわけだ。彼らによればこうした事態は、州政府と地方政府のゾーニングなど様々な住宅地をめぐる規制が引き起こしているとする。規制撤廃がその対策だといっている。規制の撤廃が経済成長を引き起こすというドグマがここでも貫かれている。

新型コロナウイルスの感染者数、死亡数ともに、世界で最も多くなり、1930年代以来最悪

新型コロナ危機とトランプ政権——萩原伸次郎

の経済危機が、深刻になった現在のアメリカにおいて、この『報告』の第Ⅲ部第9章アメリカ経済の超楽観的見通しは、まさに「絵に描いた餅」「机上の空論」以外の何物でもない。しかし、彼らはそれをどのように結論づけたのだろうか。2019年の実質GDP成長は、2.5％であったが、2020年には3.1％に上昇し、21年に3.0％、22年に3.0％、23年に3.0％、24年に3.0％という具合に継続的に3％台の成長

が継続すると判断している。その根拠は、まず「2017年減税および雇用法」（TCJA：Tax Cuts and Jobs Act of 2017）にあり、減税と設備投資の費用化による企業投資の活発化の継続的効果が3.0％の経済成長率継続の要因だが、同時に労働参加率を上昇させ、規制撤廃行動をとり、移民改革を行い、貿易交渉の成立、そして、インフラストラクチャーの整備を行えば、これらの数値の達成は実行可能としている。

アメリカ経済はトランプ政権下で「大拡大」しているという虚構

さて、それではこうした超楽観的な経済見通しをコロナ危機勃発の年に発表した大統領経済諮問委員会は、アメリカ経済の現状をどう把握していたのか、「第Ⅰ部 記録的な最長の拡大」に戻って、少々詳しく見てみることにしよう。

第1章のタイトルは「大拡大」（The Great Expansion）となっている。読者の方々は、アメリカに現在そんな「大拡大」が継続しているのか、といぶかしくお思いになる人がいたとすれば、それは、正常な神経の持ち主だといえるだろう。大拡大ではなく、「大停滞」の継続ではないか、とする人がいてもおかしくはないのだが、それは、トランプ政権の大統領経済諮問委員会の人たちにたいして、「嘘をつくのもいい加減にしろ」といっているようなものだ。実態はどうなのか、彼らの提示した、証拠物件から検証して見ると面白いことがわかる。

まず、諮問委員会は、何を指標にアメリカ経済が史上最長の経済拡大を続けているというのか。それは、いうまでもなく、アメリカ経済の実質GDP成長率だ。2019年12月において、アメリカ経済は、経済拡大の127カ月目に入ったという。指標は、実質GDP成長率が2009年7月以降2019年12月まで、42四半期も

プラスをたもち続けたということである。しかし、その期間の長さをもって「大拡大」という表現をするのはミスリーディングだとするのが、常識的味方というものだろう。なぜなら、「大拡大」というには、その成長率があまりに低すぎるからだ。この『報告』の図1-1をみれば、それがわかるだろう。図1-1は、1960年以降2019年までのアメリカの経済拡張期の生産年齢人口当たり実質GDPを示したものだが、諮問委員会がいうように、たしかに2009年から2019年にかけての上昇曲線は、その他拡張期の曲線に比較して最も長いものだ。しかし、その他、戦後の結構長い拡張期である1961年から69年、1991年から2001年と比較してみると、直近の拡張期の上昇角度は、最も低いのだ。

1961年に始まり1969年に終わる拡張は、共和党アイゼンハワー政権に代わり政権を樹立した民主党ジョン・F・ケネディ大統領が、ケインズ政策を駆使して経済成長政策を実施した時期に始まる。それは、1963年11月ケネディ暗殺後、リンドン・ジョンソン大統領の経済成長政策「偉大な社会計画」によって、1969年新政権を樹立した、リチャード・ニクソン大統領による財政金融の引き締め政策によって経済

拡張が途切れるまで継続した。この時期は、日本でいうと、1960年12月、岸信介内閣に代わった池田勇人内閣による「所得倍増計画」による高度成長が、佐藤栄作内閣に引き継がれたいわゆる「いざなぎ景気」の時期までと一致する。実体経済を軸に、日米の経済成長が継続した時期である。したがって、GDP成長から見れば、断然トップの位置を占めているのだから、まさにこれこそ「大拡大」といってもおかしくはない。

　第二の1991年から2001年の拡張期は、G・H・Wブッシュ大統領の任期3年目、つまり1991年から始まった景気回復が1992年大統領選で勝利した民主党ビル・クリントンに引き継がれ、2期目も選出されたクリントン政権下の、いわゆる「ニューエコノミー」と呼ばれたIT革命を基軸に引き起こされた景気拡大期に相当する。日本では、宇野宗佑首相、海部俊樹首相、宮澤喜一首相と自民党の短命政権が継続した時期に始まる。その後、1993年8月非自民連立の細川護煕政権に政権交代があったが、1年足らずで細川首相は、羽田孜首相に政権を譲った。そして、事態は社会党村山富市委員長を首班とする村山政権に代わるが、村山が自民党橋本龍太郎総裁と連立を組むという前代未聞のことが起こる。しかし、橋本政権は、1998年7月参議院選挙の敗北の責任を取って辞任、そのあとを小渕恵三が引き継ぐものの、2000年5月に死去し、森喜朗が総裁選もなくその跡を継ぐが、2001年、「えひめ丸沈没事件」が起った時、ゴルフに興じるのを止めなかったことに批判が続出し、それをきっかけに引責辞任し、小泉純一郎に総理を譲るというように目まぐるしく短命政権が取って代わった時期と重なる。アメリカにおけるこの1991年から2001年までの実質GDP成長は、1961年から69年までの時期とうってかわって、IT革命という経済成長要因が景気を引っ張ったにもかかわらず、実質GDP成長率は鈍化している。

　第三の2009年から2019年までの時期は、2008年9月のリーマンショック後の世界経済危機が、オバマ政権の緊急経済対策と「米国復興及び再投資法」の実施によって、2009年7月から実質GDP成長がプラスになった時期に始まる。その後、オバマ政権は、共和党ティーパーティー派などによる政策展開への執拗な妨害にもかかわらず、「中間層重視の経済政策」の実施によって成長率のプラス維持を足掛け8年間継続させた。そしてその後の2017年から3年間のトランプ政権までが第三の時期である。トランプ政権の経済政策担当者たちは、この長期にわたる最長の景気拡大について、オバマ政権の貢献を全く認めず、逆にオバマ政権下では停滞が続いていたのをトランプ政権が生産性、賃金と所得、消費支出、投資という経済指標において画期的な事業を果たしたといわんばかりの叙述をしている。まさに、「アメリカ第一主義」ならぬ「トランプ第一主義」がこの報告で貫かれているといってよい。図1-1が雄弁に語っているように、1961年から69年、1991年から2001年の景気拡大期から比べれば、2009年から現在までの拡張は、「大拡大」などとはとてもいえない代物だ。

不平等と危機をもたらす規制撤廃の新自由主義

しかしここで私たちが注目しなければならないのは、この拡張期の資産ストック価格の動向である。経済拡張期を第1期1961年から69年まで、第2期1991年から2001年まで、第3期2009年から19年までとすると、資産ストック価格に関して、特徴的な傾向を見つけ出すことができる。この『報告』図1-13を見てみよう。この図は、右軸において、可処分個人所得の年数でその年の資産ストックの大きさを示している。つまり、その年の資産ストックは、その年の可処分個人所得の何年分に値するかを示したものだ。

アメリカにおける資産といえば住宅資産と株式資産であり、それをまとめて資産ストックとすれば、アメリカにおいて、第1期では、資産純ストックは減少傾向にあるということがわかる。第2期を見ると、とりわけ株式資産の顕著な上昇傾向が特徴だ。したがって、住宅資産には、顕著な上昇傾向はないが、資産純ストックは上昇している。第3期では、リーマンショック後、住宅資産の上昇はかなり抑えられ、リーマンショック前の数値を回復してはいないが、株式資産はリーマンショック前の水準を乗り越え、資産純ストックは史上最高の数値を記録しているということがわかる。

つまり、第1期は明確に実体経済を軸として経済拡大が行われたのだが、第2期、第3期になるにつれ、実体経済から離れた金融資産ストックの増大を軸に経済が拡張していることが読み取れるというわけである。

だが、トランプ政権の経済政策担当者たちは、こうした金融を軸に経済「繁栄」が継続しているという事実があるにもかかわらず、そうした点には、一言も触れてはいない。なぜなら、こうした金融を軸とした富の蓄積を論じ始めると、金融を軸に富を蓄積する一方、働く労働側には、賃金の停滞からの貧困が蓄積されてきたという新自由主義的経済政策の歴史的事実が明らかとなり、虐げられし労働者の見方を装ったトランプ政権にとってはまことに不都合なことになってしまいかねないからだ。オバマ政権の経済政策担当者たちは、この経済的不平等の問題を正面にすえ、所得、資産、機会の不平等をいかにして克服し、「あまねく成長の果実は、すべての階層に包括的に実現されればならない」としたのだが、トランプ政権は、全くそうは考えない。トランプ政権になると、所得、資産、機会の不平等問題についての指摘は、全く見当たらない。逆に、オバマ政権下の世界経済危機後の緩やかな回復から、専門家はトランプ政権下の経済停滞を予想したが、わが政権の経済政策によってその停滞は払拭されたといっている。トランプ政権下の3年は、「停滞は不可避ではない」ということを示した3年だったというのだ。そして、減税、規制撤廃、イノベーション促進のエネルギー政策というトランプ政権の構造改革が経済停滞を克服し、継続的な経済成長を可能としたと自画自賛している。

オバマ政権下で停滞するアメリカ経済を成長軌道に乗せたトランプ政権の経済成長政策は、かつて歴史的に虐げられてきた労働者の利益に沿ったものだというのが彼らの主張点である。それは、この『報告』第2章のタイトル「経済成長は歴史的に恵まれなかったアメリカ人に恩恵を与える」に見事に表現されているということができるだろう。

彼らは、「米国労働市場はこの半世紀において最も強力なものであり、それはトランプ大統領の成長促進政策が労働需要の増進、そして労働市場への参入の構造的障壁を低くすることを継続的に行ってきたからだ」という。トランプ政権の成長促進政策とは、2017年12月に制定された「減税および雇用法」のことで、法人税を引き下げ、企業の設備投資をすべて費用化するという投資促進政策のことであり、事実2018年以降アメリ企業の設備投資は、上昇を示したし、そのことで株式市場のさらなる上昇傾向が導かれたことは明らかである。たしかに、その政策によって労働需要が喚起され、米国史上画期的というべき3.2%という失業率の低さを実現したことは明らかだ。しかし、失業率の低下は確かに労働賃金の上昇をもたらしたとはいえ、それは企業の利益から比べれば、「雀の涙」程度のものなのである。トランプ政権の経済政策担当者たちは、口が裂けても「最低賃金の大幅上昇を」という政策を口にすることはない。これが、オバマ政権の労働政策との決定的な相違であることは明らかだ。トランプ政権の経済政策担当者たちは、労働市場の規制を撤廃すれば労働者の貧困は解消され、公的支援から自由になり、職業上のライセンス制度を廃止すれば労働者が自由に職業を選択でき、民間投資を自由化すればそれらの地域の経済成長とともに労働者の経済的地位が向上するという考えを提示している。

したがって、トランプ政権の経済政策の要は、規制撤廃であり、第3章のタイトル「規制改革は経済を解き放つ」にそのことがよく示されている。アメリカの経済政策史上、新自由主義が歴史の表舞台に登場したのは、1981年レーガン政権が初めだった。新自由主義経済政策の基軸は、富裕者優遇の減税政策と規制撤廃政策にあったことが、レーガン政権以来一貫してい

る。その意味では、トランプ政権の経済政策は明確に新自由主義経済政策を踏襲している。

そして、歴史を眺めれば、その政策の帰結は決まって危機だった。どのような危機かは、その時代のアメリカ経済と世界経済の構造に規定されたことはいうまでもない。レーガン政権期の規制緩和は、金融に関してのものだった。1930年代ニューディール期以降の金利と業態規制が撤廃された。したがって、この時期の危機は業態規制を解かれた貯蓄貸付組合が、従来の縛りを乗り越えて積極的に高金利で貯蓄を集め、商業用不動産はじめとして、従来彼らがご法度だった分野に進出した。その結果が1980年代末の貯蓄貸付組合危機であり、多くの商業銀行の不動産貸付の失敗からくる銀行倒産だった。

レーガン政権期までは、アメリカの新自由主義経済政策は、アメリカ国内の金融危機を誘発する要因としての範囲にとどまっていた。しかし、1990年代後半のクリントン政権になると、国際資本取引の自由化を世界に広め、金融危機がメキシコ危機に始まり、1997年にはアジア経済危機を引き起こした。そして、日本の金融危機をも誘発しながら、金融規制の撤廃がグローバルに広がるとともに、危機はグローバルに展開し始めた。そして、2001年に成立したG・W・ブッシュ政権は、その金融規制の撤廃を前提に、連年の富裕者優遇の減税政策を継続した。ブッシュ政権下では景気回復が進むにつれて、貧困ライン以下で生活する人々が逆に増加するという事態が引き起こされた。これが、2008年9月15日のリーマンショックに始まる世界経済危機の背景にあったことは明らかである。つまり、この危機はサブプライム・ローン危機が世界に広がったものだが、ブッシュ政権下で広がった貧困層が住宅販売会社の口車に乗り、高い住宅を購入した結果、住宅ローンの返済に窮し、不良債権の累積が危機を引き

起こした。つまり、国際的資本取引の自由によって、住宅ローンを組み込んだ金融商品が世界に販売されていたから、危機はグローバルに展開したというわけだ。

環境を破壊し気候変動危機を生み出すトランプ政権

それでは、トランプ政権下での新自由主義は、いかなる危機の温床となるか、そしてなったのかについて、見てみることにしよう。それは、この『報告』の第4章と第5章を見れば、明らかだ。まず、第4章である。そのタイトルは、エネルギー——イノベーションと自立である。アメリカは、従来から大量な石油の消費国である。19世紀後半、ペンシルベニア州に石油が発見されて以来、アメリカは石油の大量な消費国であると同時に大量の石油産出国でもある。産出は消費に追い付かず、アメリカは大量の石油を中東の石油産出国に依存してきた。しかし近年、従来は抽出するのが困難といわれたシェール岩盤層から石油と天然ガスを抽出する技術が開発され、アメリカの石油と天然ガス生産は急増を示すことになった。

このシェール層からの石油と天然ガスの抽出は、しかし、水力破砕法にみられるように環境破壊を深刻に引き起こすことから規制の対象となってきたし、石油パイプラインの建設も環境破壊という観点から規制されてきた。この『報告』でやり玉にあがっている民主党クオモ知事のニューヨーク州では、シェール生産を禁止してきたのだ。トランプ大統領は、アメリカを偉大にするための100日行動計画の一環としてその規制撤廃を掲げた。すなわち、「シェールオイルや天然ガス、クリーンな石炭などエネルギー生産の規制撤廃」「エネルギー・インフラ投資の障害除去。カナダと結ぶキーストーン原油パイプラインの建設推進」である。この『報告』では、トランプ政権のエネルギー政策の実施によって、コスト削減と価格低下をもたらし、シェール革命による石油・天然ガスの生産増に導いたといっている。コスト低下によるエネルギー代の節約は、家計に占めるエネルギー代の比率が金持ちの家計よりも貧しい家計のほうが高いから、貧しい家計に恩恵をもたらしているともいっている。トランプ政権は貧乏人の味方なのだ。

アメリカは、既述のように戦後は石油純輸入国だった。1973年のオイルショックはアメリカにも深刻な影響を及ぼし、地政学上の観点からもニクソン政権以来はエネルギーの自立がアメリカエネルギー政策の重要な目標だった。トランプ政権になって初めてその目標が達成されたと自慢している。アメリカは、2017年、1958年以来初めて天然ガスの純輸出国となった。また、アメリカは2019年9月には原油と石油製品の純輸出国となり、2020年を通して少なくとも1949年以来初めて純輸出国としてとどまることになるだろう。

トランプ政権は、シェール革命による天然ガス生産が二酸化炭素排出量を引き下げたといっている。それは、石炭に代わって天然ガスを発電に使用したことが大きく、その削減に寄与したからだが、彼らが提示している2005年からのアメリカにおける二酸化炭素排出量を見ると（図4-14）、トランプ政権成立以前の2007年以降にすでに下落傾向にあったのであって、トランプ政権になった2017年から18年にかけては上昇傾向を示していることに注目しなければならない。いうまでもなく、トランプ大統領

は、「二酸化炭素排出量の増加による地球温暖化は、嘘だ」といい続けている大統領である。彼が掲げた 100 日行動計画の中には、「国連の気候変動に関する計画への資金拠出停止」があり、トランプ大統領は、2017 年 6 月 1 日、アメリカは地球温暖化対策の国際ルールである「パリ協定」から離脱すると発表した。化石燃料に依存しない再生可能エネルギーの開発には極めて否定的であり、トランプ政権の反科学的態度は、急速に進む気候変動による危機発生の要因となっている。毎年規模が大きくなるハリケーン、年々被害額が大きくなるカリフォルニア州で発生する山火事、これらの現象は、地球温暖化と密接に結びついていると良識的科学者は指摘している。

オバマケアを骨抜きにし、新型コロナ危機の温床を作ったトランプ政権

この『報告』の第 5 章のタイトルは、「自由市場のヘルスケアは、選択と競争を促進する」というもので、トランプ政権は、オバマケアの廃止による医療の自由化を目指している。しかし結論から先にいえば、トランプ政権のこの医療政策への考えと実施が、現在新型コロナウイルスの急速な拡大に襲われているアメリカに危機をもたらした温床になったといっていいだろう。現在世界でコロナウイルスに感染している人の 3 分の 1 がアメリカ人であり、8 月には 14 万人の死者が出るだろうというこの危機の温床は、「オバマケア」崩しのトランプ大統領自らが招いた結果だといえるだろう。かつて、レーガン大統領の新自由主義的金融自由化政策が 1980 年代末の金融危機の温床となったのと同じ意味で、また G・W・ブッシュ政権の富裕者優遇の減税政策の連続的実施による格差社会の深刻さが 2008 年 9 月の世界経済危機勃発の温床になったのと同じ意味で、今回もトランプ政権の新自由主義的医療政策が新型コロナ危機のアメリカにおけるパンデミックの温床となったことに気づかなければならない。

トランプ大統領のオバマケア廃止に対する執念は尋常なものではなかった。具体的にそのプロセスを辿ってみよう。トランプ大統領は、公約通り、就任初日に医療保険改革法（オバマケア）を見なおす大統領令に署名した。共和党多数派の議会は、すでにその年の 1 月、オバマ大統領の在任中にオバマケアの廃止法案を通過させたが、オバマ大統領は当然ながら拒否権を行使してその成立を阻止した。

アメリカにおいて国民健康保険制度は、政権にとって長年にわたる未解決な問題だった。日本では、1961 年に公的年金制度とともに国民皆保険制度が成立し、不十分ながらもそのシステムが今日まで維持されている。しかし、アメリカの場合、1935 年にソーシャル・セキュリティ法の成立によって、公的年金制度はできたが、公的国民皆保険制度は保険会社の強力な反対によって実現できずに今日に至っている。

第 2 次世界大戦後、ジョンソン民主党政権期において、65 歳以上の高齢者向け健康保険制度である「メディケア」（Medicare）と低所得者向け「メディケイド」（Medicade) ができたが、働き盛りの普通の人々への健康保険は民間保険会社が販売する健康保険を購入することによって適用を受けられてきた。しかし、責任ある会社に勤めれば会社が健康保険に入ることができて安心だが、そうでない場合は個人で保険に入らなければならない。

新型コロナ危機とトランプ政権——萩原伸次郎

したがって、健康で病気をしたことのない人たちには、高い保険料を払ってまで健康保険に入るインセンティブが出てこないから、健康保険を購入せず、無保険の状況となる。健康保険に入る人が少なければ、保険料は上がり、健康保険を必要とする病気がちな人にとっては大変困った状況が起こる。いわゆる保険をめぐる「逆選択」という現象だ。こうして、とりわけ経済危機が深刻化し始めた2008年9月以降、アメリカは膨大な無保険者を創り出してしまった。2009年には、約5100万人というレベルの無保険者が存在することとなった。

オバマ政権はこの困難な状況を解消すべく医療保険改革に取り組んだ。その結果が、「2010年ケア適正化法」（ACA: Affordable Care Act）といわれるものの成立だった。日本の国民皆保険制度と異なり、基本的に民間保険会社が販売する保険を購入する仕組みだから、保険に入らない人に罰金を科すことで保険加入者の増加を図った。また、従来保険会社は病歴のある人の保険加入を拒否する傾向にあったが、このケア適正化法では病気を理由に保険を購入できないことのないように保険会社に規制をかけた。

また、様々な税金の控除によって低所得者が保険を購入しにくくなるのを防ぎ、製薬会社や保険会社へは逆に税金をかけてそれを収めさせる仕組みで保険制度の累進性を図った。

この制度で最も特徴的なのは単に保険会社から保険を購入するというのではなく、州ごとに健康保険市場を組織化した医療保険取引所（Health Insurance Exchanges）を創設し、市場での競争関係から保険料の適正化の促進を考えたことにある。民間保険会社は取引所を通じて保険を販売し、無保険者は取引所を通じて保険を購入し、税額控除や費用負担の減額も受けられるようにした。

「2010年3月23日、オバマ大統領は、画期的な法律に署名した。その法案とは、保険加入していない多数のアメリカ人を医療保険の対象に加え、より多くの人に保険の安全性と価格の適正化を保証し、米国の財政赤字を削減するというものである「（『2011米国経済白書』エコノミスト臨時増刊、2011年6月23日号、毎日新聞社、122ジ）。事実、ケア適正化法が通過してから、オバマ政権下で保険加入者は激増した。ほぼ2000万人の人が医療保険に入った。2016年で無保険者の数は、かつてなく少なくなった。しかも、2000年から2010年に比較して、2010年から2016年にかけての保険料の上昇率は緩慢化した。

2017年2月28日トランプ大統領は、上下両院の招きによって、連邦議会で施政方針演説を行った。大統領は普通、毎年1月になると議会に出向いて、一般教書演説を行うのが現在の慣例となっている。初代大統領ジョージ・ワシントンは、自ら議会に臨んで演説を行うようなことはしなかったようで、文書で議会に教書を送った。トランプ大統領は、就任の年2017年は就任演説を1月20日に行っているため、一般教書演説はその年にはなく、翌年から行っている。したがって、2月28日のトランプ大統領の議会での演説は、両院の招きによって行われる特別のものだった。

トランプ大統領は、その演説で、「今夜、議会には、オバマケアを廃止し、その代わりに選択肢を広げ、保険へのアクセスを増やすことで、コストを下げ、より良い医療が受けられる制度改革を求める」と述べた。そして、「すべてのアメリカ人に政府が認定する保険を義務づけるのはアメリカにとって決して正しい解決策ではなかった」とし、競争を通じたコスト削減を主張した。つまり、「州を超えて医療保険を購入

する自由を国民に与える時期が来ている。それによって、本当に競争的な全国規模の市場が生まれ、コストが大幅に下がり、はるかにより良い医療が可能になる」として、医療保険の公的性格を否定し、自由化すればコストが下がるという根拠のない楽観論をふりまいた。

　この施政演説を聞いて感想を求められた下院議長ポール・ライアンは、トランプ演説を珍しく称賛し、CNNの記者に対して、「実にいい出来の演説だった」と述べた。それは、医療保険制度改革についてのくだりで、トランプ大統領がポール・ライアンの線に沿った改革案を述べたからであり、ライアン議長にすれば、これで、共和党多数の議会の舞台でオバマケア見直し案を自分が提案し、決着をつけてやると思ったに違いない。

　アメリカ議会下院の共和党指導部は、2017年3月6日オバマケア見直し案を公表した。それは、保険加入の義務をなくし、罰金規定も廃止するというもので、2020年には医療補助制度をなくし、所得ではなく、年齢に応じた税金の還付制度を設けるというものだ。また、大企業に従業員への保険提供を求める条項も撤廃し、処方薬や医療機器などにかかる税金もなくすというものだった。一方で、病気を患っている人の保険加入を保険会社が拒否できない条項や子供が26歳になるまで親の保険に加入できる条項については残すというものだった。つまり、ポール・ライアンたちが提案した改革案は、つきつめれば、保険市場の自由化を行うことで、財政負担を削減しようという作戦だったのだ。

　議会予算局（CBO: Congressional Budget Office）は、この見直し案が通れば、保険加入者は2018年に1400万人、20年には2100万人、26年には2400万人が減少するだろうという推計を発表した。また、このように保険加

入の義務がなくなれば、健康な人たちは従来のように加入しなくなる傾向になるから、保険収入が減り、保険料は18年から19年にかけて、15%から20%は上昇することになるだろうとする推計も発表された。

　このCBOの推計の与えた衝撃は大きいものだった。共和党内部は分裂し、「完全撤廃」を求める保守強硬派に対して、無保険者の急増を避けたいとする穏健派が反発し、調整がつかなくなった。20日に共和党執行部は急遽修正案を発表したが、結局、3月24日、オバマケア代替案は撤回されることになった。

　しかし、彼らはこれで何を狙ったのだろうか。CBOの試算によると、オバマケア代替案では、10年後には、連邦財政赤字を3370億ドルも削減することが可能なのだ。修正案によっても連邦財政赤字を1500億ドル減少させることが可能だというのだ。しかし、当然ながら無保険者を大量に作り出して、財政赤字を大幅削減するというわけだから、中間層の犠牲によって財政赤字の削減を狙う、つきつめれば、この案は富裕層重視の新自由主義的経済政策以外の何物でもないことがわかる。

　オバマケア廃止に執念を燃やすトランプ政権と共和党保守派は、5月4日、下院本会議で、3月に撤回した法案を修正した、ケア適正化法（オバマケア）の内容を大幅に見直す代替案を賛成が217、反対が213の僅差ながら可決成立させることに成功した。可決された法案は、保険加入の義務づけを撤廃し、メンタルヘルス、産科医療、処方薬など全10種類の医療サービスに対する給付金の支払いを求めていたオバマケアの規定から、州が脱退することを可能とした。このため保険会社は、包括的に保険を扱う必要がなくなり、一方で既往症のある人には、高額な保険料が課されることが懸念された。

新型コロナ危機とトランプ政権──萩原伸次郎

ところで上院では、7月25日、最初のオバマケア代替案を否決し（賛成43、反対57）、次に7月26日にはオバマケア廃止法案（2年後に廃止し、その間に代替案を策定するという案）も、45対55の反対多数で否決した。そこで上院共和党指導部は、党内の反対派を配慮して、廃止する範囲を縮小した「スキニー撤廃案」と呼ばれる法案を提出したが、これまた、7月28日未明、賛成49反対51（共和党3人が反対）で通過しなかった。これは、トランプ政権の明確な失敗といえるだろう。

しかしこうした失敗にもかかわらず、トランプ大統領は、オバマケア骨抜きに執念を燃やし、2017年12月20日に議会上院を通過して成立した「減税および雇用法」（Tax Cuts and Jobs Act of 2017）にオバマケア骨抜きを狙う条項を滑り込ませることに成功する。この法律は、レーガン減税以来の共和党保守の新自由主義的経済政策の特徴を引き継いだものだが、その中に、ケア適正化法の保険加入の義務を撤廃

し、罰金制度を廃止、補助金も廃止するという条項を滑り込ませたのだ。これに対して2018年になると健康保険加入者が激減し、保険料が上昇するという、保険における「逆選択」が発生し、アメリカ国民の怒りが爆発する。

2018年11月に、連邦議会の中間選挙が行われた。アメリカでは、2年ごと連邦議会選挙が実施され、下院435議席はすべて、上院100議席はそのうち3分の1が改選される。大統領選挙のない年の連邦議会選挙を中間選挙といい、今回は、上院はかろうじて共和党が多数を占めることになったが、下院は民主党が多数を握った。この選挙では、民主的社会主義者であるバーモント州選出の上院議員バーニー・サンダースの訴える「メディケア・フォー・オール」（すべてのアメリカ人に健康保険を！）という呼びかけが民主党候補者たちの合言葉になり、アメリカ国民の共感を呼んだのだ。

グローバル化とトランプ政権の新自由主義が新型コロナ危機を深刻化
──経済的弱者に危機は集中する──

2019年12月に発生した新型コロナウイルスの感染は、とどまることを知らず、瞬く間に世界の国々を巻き込んでいる。米ジョンズ・ホプキンス大学システム科学工学センター（CSSE）の集計によると、2020年5月21日現在、新型コロナウイルスの世界の感染者は、累計500万人を超えた。世界保健機関（WHO）によれば、直近の24時間での増加数は10万人を超えて過去最多を記録し、欧米での勢いが鈍化する中、一方で中南米で深刻に感染が広がっている。

4月初めに100万人に達した世界の感染者数は、1カ月半余りで5倍に膨れ上がったことになる。アメリカが最も多く、約155万人、次いでロシアが約31万人、ブラジルが約29万人、イギリスが約25万人と続く。

世界の死者は、総計32万8000人を超え、アメリカが最多の約9万3000人、イギリスが約3万6000人、イタリアが約3万2000人と続く。WHOのテドロス事務局長は、5月20日、中低所得国での今後の感染拡大に懸念を示し、「パンデミックの道のりはまだ長い」

と強調した。

この感染拡大の猛スピードについては、その要因として経済のグローバル化とそれを支える新自由主義的な経済政策が指摘されている。経済のグローバル化は、「ヒト」「モノ」「カネ」の国境を越えた移動を活発にした。2008年9月に起こったリーマンショックに始まる世界経済危機は、このうち主として「カネ」の移動がアメリカの低所得層向けの住宅ローンのバブル崩壊で行き詰まり、世界的に広がった。

今回の新型コロナ危機は、感染症が「ヒト」のグローバルな移動によって世界的に拡散した。その意味では、2008年9月の世界経済危機とは異質なものだ。この感染拡大は、「ヒト」の移動を封殺しなければ防ぐことはできない。ここに、感染対策が経済危機を深刻化させるといえるものだ。有効なワクチンが開発されていない状況の下で感染を防ぐには、自宅待機と「ソーシャル・ディスタンシング」（人と人との間隔を十分保つこと）によるしか方法はない。不要不急の外出を控えるとなると、人々は、生活に必要な物資以外の支出を抑えることになる。したがって、社会全体の個人消費は急激に落ち込むことになる。観光、旅行、スポーツ、コンサートを始め、サービス関連の業種の落ち込みは深刻になる。アメリカ商務省が5月15日に発表した4月の小売り売上高（季節調整済み）は、前月3月比で16.4％減少して、4039億4600万ドルとなり、1992年の統計開始以降最大の下げ幅を記録した。新型コロナウイルス感染拡大を受けた外出制限や営業停止が相次ぎ、アメリカ経済を支える個人消費の急減が明らかになった。4月は、全米で経済活動の自粛が広がった。3月にすでに落ち込んでいたが、4月はその落ち込みが急速だった。小売13業種うち12業種がマイナスとなった。衣料品が78.8％減、家電などが60.6％減、飲食サービ

スが29.5％の減少だ。唯一のプラスは、ネットなどの無店舗販売で8.4％増加した。これは、自宅待機で在宅時間が増加したことが影響したといえるだろう。

企業は採算が合わないために操業を落とさざるを得ない。となると、鉱工業生産への影響は深刻だ。連邦準備制度理事会（FRB）が、5月15日発表した4月の鉱工業生産指数は、2012年を100として、季節調整済みで92.6となり、前月3月比で11.2％の低下となった。新型コロナウイルス感染拡大によって経済活動が急激に縮小、1919年に開始されたこの統計の100年の歴史で最大の下落率を記録した。製造業は、前月比13.7％低下と最大の落ち込み、中でも工場の操業が停止した自動車・部品が71.7％の低下と顕著だった、設備稼働率は、64.9％と前月から8.3㌽の低下となり、統計が比較可能な67年以降で最低となった。

こうしたアメリカの実体経済の落ち込みは、失業の深刻な事態を引き起こす。3月13日、国家非常事態宣言が発令されてから、5月半ばまで、失業保険申請数はうなぎ昇り、その数は3300万件を超えた。アメリカ労働省が、5月8日に発表した4月の雇用統計によれば、新型コロナウイルスによる経済危機によって、非農業部門の就業者数は季節調整済みで前月比で2050万人の減少、失業率は14.7％といずれも戦後最悪の事態となった。今後は、外出規制の段階的緩和によって生産活動は拡大する見込みだが、トランプ大統領が期待しているような、経済活動が急速に回復するという見通しを立てることは困難だ。規制を緩和すると感染が再び拡大する関係があるため、経済活動は徐々に回復させていくという道筋をとらざるを得ない。ところで、この新型コロナ危機において見逃すことができないのは、この感染と死亡が、ヒスパニック、黒人、そして、ネイティブ・アメ

新型コロナ危機とトランプ政権——萩原伸次郎

リカンという経済的弱者により深刻に展開しているということだ。感染拡大で、在宅勤務が進められているが、アメリカ労働省の調べによると、在宅で仕事のできる人は、大学卒業以上の52％に対して、高校卒業では13％にとどまるのだ。アジア系の37％や白人の30％に比較して、黒人が20％、ヒスパニック系が16％にとどまる。低所得層の人たちは、在宅で仕事をしようにもそうした職種につける人は少なく、生活のために外出して働かなければならない。感染して家に帰れば、狭いところに家族が住んでいるから、たちまち家族に感染するという事態が発生するからだ。

　国民皆保険制度のないアメリカでは、多くの人が健康保険に入っていない。既述のようにオバマ政権の開始時、世界経済危機によって5000万にものぼる人が無保険状態だった。2010年にようやく、オバマ政権はケア適正化法を成立させ、無保険者が劇的に減少した。しかし、このオバマケアの廃止に執念を燃やすトランプ大統領の3年にわたる政策で再び無保険者が急増している。この『報告』の第5章にある図5-1を見ても明らかなように、アメリカ人の保険適用の55.1％は、雇用主提供の健康保険に加入している。しかし、この新型コ

ロナウイルス感染拡大が続く中、失業のために雇用主が提供する医療保険（ESI）を失う国民が続出している。アメリカNPO「カイザー・ファミリー財団」は、5月15日までに約2700万人がESIを失ったと発表した。これによると3月1日から5月2日までに、家族に最低1人の失業者がいたアメリカ国民は7800万人に上るという。このうち61％にあたる4758万人が新型コロナ感染拡大前にESIに加入していたが、そのうち2680万人はESIを失ったという。また、1100万人がいるという不法移民にも新型コロナ感染症拡大と死亡数の拡大に大きな影響を与えている。

　医療保険がないと、新型コロナウイルスの感染症状が出ても、病院に行くことをためらう人が出てくる。ギャラップ・ウエスト・ヘルスケアの4月1日から14日までの調査によれば、その率は14％で7人に1人にあたる。低所得者や非白人になると、その比率は22％で5人に1人となる。ファウチ国立アレルギー感染症研究所長は、5月12日に議会の要請でオンラインによる議会証言を行い、そのなかで当時、新型コロナによる死者数は8万人程度だったが、「実際の死者はもっと多くいると、ほとんどの人が感じている」と述べた。

まとめにかえて
——大統領選の争点になる「国民皆保険制度」——

　現在アメリカでは、今年11月3日の大統領選挙を控えて候補者選びが進んでおり、既述のように民主党では新型コロナ感染の影響もあって早々とオバマ政権で副大統領を務めたジョー・バイデン一人に候補者が絞られた。進歩派大統領候補のバーニー・サンダースは、撤

退を余儀なくされたが、「メディケア・フォー・オール」（すべてのアメリ人に健康保険を！）という彼の主張が再び脚光を浴び始めた。バイデンとの最後のディベートでも、サンダースは、「メディケア・フォー・オール」の重要性を述べたが、その時はまだ新型コロナ危機が深刻と

はなっておらず、それをジョー・バイデンは一蹴した。それ以前の多くの候補がひしめく、民主党の大統領指名争いのディベートでも、サンダースの主張する「メディケア・フォー・オール」は、他の候補から「非現実的」という攻撃を受けたが、今はそれが当然の議論となっている。4月19日から20日にかけての、ザ・ヒル—ハリスXの世論調査によれば、69％の国民が「全国民への医療保険を支持する」と回答している。

バーニー・サンダースは、「全国民を対象に、将来的なワクチン接種、検査、治療を政府が負担すべきだ」と主張し、バイデン前副大統領とともに、医療保険を含む政策を協議する統一ワーキング・チームを結成した。

一方、再選を狙うトランプ大統領は、民主党の大統領候補、ジョー・バイデンが、オバマ政権の副大統領であったことから、的はずれなオバマ攻撃を繰り返している。感染症対策を怠ったのが、オバマであり、わたしはその被害者だといわんばかりの攻撃だが、それには根拠がない。思い起こせば、オバマ政権時代にも感染症問題は発生した。2014年のエボラ出血熱だ。オバマ大統領は、直ちに行動を起こし、世界的な協力体制を構築することによるこのパンデミック阻止を訴えた。米疾病管理予防センター（CDC: Center for Disease Control and Prevention）の予算措置を増強し、国際社会の連帯と協力の必要を強調し、国連を中心に世界が協力してこれを抑え込んだ。ところが、トランプ大統領はどうか。この新型コロナウイルスの世界的流行は、中国と世界保健機関（WHO）に責任があるとして、「アメリカは、WHOへの資金提供をやめ、脱退するぞ」と脅す始末である。3年にもわたって、オバマケア廃止を目指して狂奔し、アメリカの公衆衛生をずたずたに切り刻んだ末が、世界最多の感染者数と死亡

数を出しているという事実を忘れてはならないだろう。

ECONOMIC
REPORT
OF THE
PRESIDENT

TRANSMITTED TO THE CONGRESS
MARCH 2020

TOGETHER WITH

THE ANNUAL REPORT
OF THE
COUNCIL OF ECONOMIC ADVISERS

目　次

　＊会議の報告書の詳細な目次については、9ページを参照

2020

大統領経済報告

米国議会へ

過去3年にわたって、わが政権は、米国経済の強さを取り戻し、大統領選挙前の予想をはるかに超えるレベルに成長を引き上げるための政策を懸命に実行してきた。これらの結果は、偶然に引き起こされたものではなかった。代わってそれらは、アメリカ人を第一に置く経済成長のわれわれの確固としたいくつかの支柱によって支えられたのであり、それには、減税、規制撤廃、エネルギーの自立、そして、貿易の再交渉が含まれる。われわれの成功は、かつてない強力な労働市場、そして、何百万というアメリカ人家族により大きな経済的保障を創り出した。

変化しうる労働力

わが政権の経済成長の重視は、経済を駆り立て、生活を変化させうる労働力への高い評価から来ている。真実は、仕事は給料をもたらすだけではなく、仕事は人々に意味を与え、人々を地域社会とのかかわりを可能とし、人々をして彼らの本当の潜在力を発揮させることを可能とするのである。われわれが示してきたように、正しい政策は、政府プログラムの依存にアメリカ人を陥らせるのではなく、自立の道へ彼らを導くものである。

失業率は、3.5%、50年間で最も低い数値である。わたしが、政権に就いた時から、労働参加率は上昇し、賃金は、歴史的に不利な状況にあった労働者に対して最も速く成長しており、前政権においてみられた傾向を逆転させている。わが政権下で、記録的に初めて、求人数が仕事を求める人の数を超えた、2019年末で職を求める人よりもその求人数は100万以上にもなったのである。

記録的な低失業率がどの年齢層にもみられ、職の創出が継続するのだから、どんな経歴があろうが人々は、より簡単に仕事を見つけることができ、スキルを磨き、所得を増やすことができる。

今日のタイトな労働市場において、雇用主は、今まで見過ごされてきた多くの個人の巨大な潜在力を実現する。これには、長期の失業に直面した人、家族の責任とのバランスを取らねばならない人、職業に関して必要なスキルが不足していると思っている人、深刻な薬の乱用を克服する人、牢獄から戻ってきた人、あるいは貧困に生きている人などが含まれる。また、これらの人々を元気づけ彼らを労働力として戻してやることである。わが政権は、これら忘れられた人々に特別に力を入れてきたのだが、それは、すべての個人には仕事を通じてやって来る尊厳を経験する価値があるからに他ならない。

2019年第4四半期において、雇用関係に入った労働者の4分の3は、失業からというよりは、労働力の外に脱落していたところから来た人たちであり、歴史の流れからいって最も高いシェアを占める。有給親休暇が全国的に広がり、それにはわたしが12月に署名した連邦労働者への拡大が含まれ、両親には、子供をケアするか、家の外で仕事をするか、いずれかの選択のバランスを選べる自由が拡大するであろう。そして以前は労働力の外にいた人たちが労働力として参入を継続するであろうという兆候があるが、もう1つそれを促進するものとして、420以上の会社が「アメリカ労働者への誓約」に署名したことである。これらの会社は、次の5年にわたって、さらに140万人の新しい職と訓練の機会を、現在と未来の雇用者に創出することを約束している。

見習い制度が、彼らが誓約を行ったこれらの会社の１つのやり方であり、見習い制度の拡充は、私が政権について以来、トップの優先度で取り組んでいるものである。私が大統領でいる今日まで、68万人以上の新しい見習いが創出されてきた。すべての人にワークする労働市場を持つために、連邦政府は、様々な道を通って人々にスキルをつけることを促進しなければならないのであり、彼らは家族を養うキャリアーを作り上げなければならないからである。

すべてのセクターが見習い制度から利益を受けるが、わが政権は、製造業こそが、米国経済の柱であることを知っている。製造業はイノベーションを起こし、経済成長をたきつけるのであり、それが、私が大統領選に選出されて以降、50万以上の製造業の仕事を創出したことを喜ぶ理由なのである。なお縮小よりむしろ、米国製造業は今再び成長している。重要なことは、非監督と生産労働者の賃金が、監督業の賃金よりより大きく成長していることである。

カナダとメキシコ、中国、韓国、そして日本との再交渉あるいは新しい通商ディールは、国際貿易を近代化し、より自由なより公正な、そしてより相互的な米国とわが最大の通商パートナーとの貿易を創出し、製造業のルネッサンスを継続させることを可能とするであろう。通商ディールは、イギリス、ヨーロッパ連合、とりわけ、米国市場にアクセスすることを熱望しているその他諸国との間で展開中である。これらのディールは、米国の海外市場を拡大し、ここ米国での企業を維持することになり、それは、ここ米国で雇用を維持することを意味するのである。

わたしは、この経済的ブームを可能としてきた米国労働者と雇用創出者に対して深甚なる尊敬の念を抱いている。これが、われわれがわが国の起業家の開拓者的スピリットを吸い取ってきた他の国に対して、仕返しをしている理由なのである。5世代開発と展開への道に導く、知的財産権の盗みと不公正な貿易への戦いを通して、わが政権は、アメリカの雇用創出者にイノベーションの自由を与え、彼らの仲間の市民たちにより良き生活を創り出すために世界中の国々と敢然と戦っているのである。これらの行動的なやり方で、すべの人たちに便益をもたらし、何百人何千人と雇っている巨大会社からつぼみの起業家まで、彼らのアイディアを現実のものとするのである。

人々が今日利益を得ている労働市場の経験は、これらから何年にもわたって、彼らの生活、そして彼らの子供たち生活も含めた、道筋を変化させるであろう。彼らの過去がたとえどのようなものであっても、人々には彼ら自身の生活をつかさどる主体としての価値があり、わが政権は、すべてのアメリカ人に、彼らが、彼ら自身とその家族のために働き、生活費を稼ぐ能力に値しないなどと告げることは決してないであろう。

かつて忘れ去られていたアメリカ人は、
もう　忘れ去られることはないであろう

米国労働市場の成功は、また、われわれを鼓舞し、薬物中毒を根絶することに役立つ。この中毒危機の原因には様々なものがあるが、働くことが、その解決に強力な役割を果たすに違いない。調査の示すところによれば、仕事を持つことは、人々が薬物依存症から抜け出すことを援助するカギとなる要因である。残るわたしの大統領職の期間にわたって、わたしは、この死に至る危機を跳ね返す政策を促進し、この依存症から立ち直った彼らアメリカ人の生活の再建のため仕事を援助するであろう。

薬物の過剰処方を終わらせ、効果的な処置を促進し、国境を守るというわが政権の積極的な努力がゆえに、風潮は、最終的には薬物危機を何とかしなければならないという方に向かっている。薬物過剰摂取による死と最初の使用者の数は減少しているとはいえ、このことは薬物危機が過ぎ去ったことを意味しない。中毒による痛みと苦痛から人々を救済する点に関していえば、誤りは一つの選択の自由にあるのではない。

不幸なことに、わが歴史上における最も大きな薬物危機は、多くの人々を犯罪の記録とともに置き去りにした。出獄後人々は2つの選択に直面する。まじめな仕事を見つけて社会復帰するか、仕事から遠ざかり、また罪を犯してしまう可能性の増大に直面するかである。仕事を見つけることは、罪を犯した人が、改心し、犯罪から自由の生活に戻られるかどうかの最高の指標の１つなのである。このことは、ただ仕事が個人の生活を変えるため

に必須のものである理由であるが、それだけでは
なく、公共の安全を達成するためにも必要なもの
なのである。公共の安全を促進し、米国の司法制
度をより公正にする、画期的な「ファースト・ス
テップ法」への署名を超えて、わが政権はまた、
かつて罪を犯した人々の雇用の改善プログラムの
背後に十分な資源を用意している。同様に、刑事
司法改革は、仕事が世代を超えた貧困のサイクル
を打ち破ることができると強調する。

　2018年だけで、140万人のアメリカ人が貧困
から脱出した、そして、貧困率は2001年以来最
低の水準に落ち込んでいる。アフリカ系アメリカ
人、そしてヒスパニック系アメリカ人の貧困率は、
これまでになく低く、シングル・マザーとその子
供たちの貧困率は平均より、より速く落ちこんだ。
わたしが政権についてから、食料が行き届かない
という不安は落ち込み、ほぼ700万人の人々が
食料切符から抜け出した。生活保護者たちが労働
市場に参入し、労働を通じた彼らの所得増は、メ
ディケイド、TANF、そして身体障碍者保険への
登録者の下落に拍車をかけているようである。

　これらのアメリカ人たちは、貧困からただ抜け
出しただけではない、彼らは、彼らの家族が誇る
ことができるキャリアーを身に着けているのであ
る。賃金は、最も低い水準の人たちにおいて最も
速く上昇しており、その意味するところは、いま
最も低い給料で働いている人たちは、長期にわ
たって低い所得のままでいるということではない
ということである。最初に得た職が決定的なのだ
が、それは、最初の職が労働者のキャリアーを通
して、より良い職に前進する基礎として働くから
である。

　変化しうる労働力へのコミットメントは、わた
しが、行政命令に署名した理由であり、機関に指
令して労働を奨励し、福祉プログラムに依存する
ことを、削減させようとしたいからである。フル
タイムで働く人々の3％未満が、貧困生活をして
いる。人々が福祉だけに頼っていたのでは、彼ら
の望む生活を築くことはできないであろう。仕事
が、上昇転化に必要な条件なのである。

　公的援助プログラムに代わって、労働に必要な
条件の強化と拡充が、人々をして労働市場に参入
させ、彼らの家計所得を増加させる一方、労働に
必要な条件は、雇用主が雇用するとき最も効果的

である。それが、わが政権が、雇用創出に導く政
策を強調する理由なのである。

**成長促進政策は、
労働者を考えての政策なのである**

　雇用創出を駆り立て継続させる1つの基本的
な政策は、税制改革である。減税および雇用法
——これはわが国の歴史上最大の減税と税制改
革のパッケージであり——が効果を発揮してか
ら、400万人以上の雇用が創出され、経済成長は、
以前の予想を打ち砕いてきた。米国の時代遅れの
税法は、企業と投資をないがしろにしたが、税制
改革は、税率を引き下げ、米国をグローバルに競
争できる国に再びなさしめた。

　多くの労働者は、税制改革後すぐ、ボーナスと
賃上げを見たが、ほぼ4000万人のアメリカ人家
族は、子供税額控除が2倍になることで、2019
年に平均で2200㌦のベネフィットを受領した。
なおさらに最も大きな報酬が今後来るであろう。
税制改革は、企業投資を押さえつける米国の反生
産的な政策に終止符を打たせるが、それは、労働
者が、これらの投資が実を結ぶや否やさらにより
大きな便益を獲得することができるということを
意味する。

　わが政権はまた、ヘルスケア改革を優先し、こ
の制度をより競争的にし、それゆえ、より手ごろ
なものとした。われわれは、患者に、幅の広い選
択とコントロールを与え、アメリカ人が期待し、
それに値する質の高いケアを保護している。ヘル
スケアは、トップの優先度の高いものであるが、
それはなぜならヘルスケアコストは、アメリカ人
家族にとって、最大の年間支出項目に位置するか
らである。わが政権の下で、食品および薬品庁は、
米国歴史上これまでになく多くのジェネリック薬
を認可し、新しい、命を救う薬品のその認可プロ
セスを増加させた。過去1年処方薬価格は、こ
の50年以上において、年を超しての最大の下落
を経験した。

　退役軍人庁ケアへ選択を持ち込み、ヘルス償
還調整を促進することを通じての改革、あるい
は、多くの成功例の中で、終末医療患者に、命永
らえる可能性のある薬品へのアクセスを与える改
革、これらを通じてかどうかは別にして、コスト

を下げ、質を向上させるすべてのヘルスケア改革は、アメリカ人労働者を、より健康で長生きさせ、彼らの給料を増進させ続けることを可能とするものである。

減税とヘルスケア改革は、より多くのマネーを労働者家族と雇用創出者にもたらし、より多くの雇用とさらなる高給料の好循環を創り出す。一方で、規制が、仕事を通じて生み出される尊厳を経験する個人の能力に制限を掛けるならば、これらの規制は、さらなる再検討の必要がある。何十年もの間、連邦政府は、不釣り合いに経済の諸分野に規制をかけてきたが——エネルギーと製造業のように、これらの産業は、大学卒の学位を持たないアメリカ人の多くに、要求を満たす、ブルーカラー雇用を提供してきたのである。これら間違った政策決定は、懸命に働くアメリカ人に、成功と繁栄への障害を創り出す現実世界のコストを科してきたのである。こうした日々はもう終わった。

米国のエネルギーは、わが都市と町を活気づけ、イノベーションに力をつけ、究極的にわれわれ経済を駆り立てる。世界のエネルギー会社は、わが国において建設する用意ができており、官僚的手続きを打ち砕く改革を認めることが示しているのは、われわれは彼らの投資を歓迎するということである。わが政権は、エネルギー産業の成長をサポートし続け、不必要な規制を取り除き、米国の広範な天然および人的資源を解き放つのである。これらの活動を通じて、米国は今 2020 年を通して、原油、天然ガスのネットの輸出国の軌道に乗っており、これは少なくとも 70 年間において達成できなかった主要な記念すべき事態である。さらに、世界最大の天然ガス生産国であることに付け加えて、われわれはまた、2018 年には、世界最大の原油生産国となった。

われわれのエネルギー・ブームに関しての積極的記録は、広範囲にわたる。エネルギー生産は、雇用機会の少ない米国の諸分野で雇用を創出している。それはまた、エネルギー価格を低くすることによって、わが国全体の家族に対して莫大な便益を供給している。そして、それはさらに、われわれに危害を加えようとする地政学上の敵に対して、より距離を保たせる。より多くの雇用、より低いコスト、そして米国による支配——これらがわれわれの成長促進政策の予想できうる結果である。

多くの専門家とワシントンの事情に詳しい者たちは、わたしが、すべて新しい 1 つの規制に対して、2 つの規制を撤廃することを約束した時、一笑に付した。1 つに対して 2 つは悪い目標だ、ということに関しては彼らは正しかった。かわって、連邦政府は、すべの重要な新規制に対して 7 つ以上の規制を撤廃してきた。たった 3 年後、わが政権は、すでに、米国歴史上いかなる政権よりも多くの規制を撤廃した。そして、われわれは、新しい、コストのかかる連邦政府機関による行動にブレーキを掛けたのである。

われわれの規制改革への取り組みは、単純な真実に基づいているのだが、それは、大多数の企業所有者は、法に基づき行動し、彼らの労働者を公正に扱うという正しいことを行うことを望んでいるということである。連邦政府はこの現実を長いこと無視し続け、企業に対してその権限を乱用し、とりわけ、中小企業と起業家に対して、無秩序かつ乱暴としかいい表すことのできないやり方で行った。

規制の公平性を促進するため、わたしは、2 つの行政命令に署名し、連邦機関の透明性と公正さを改善し、彼らの行動を信頼のたるものにした。連邦機関は、現在、機関に対して訴えられたいかなる不平にも対応し、人々に公正な通知と機会を与えなければならない。さらに、機関が強制する規則は、もはや秘密にしてはならないのであって、それは、すべての機関の規則に対する説明は、公にアクセス可能とされなければならないからである。加えて、重要な規則の説明は、公の評価プロセスを経なければならず、それは、繁栄する民主主義の中心的課題なのである。規制撤廃と増大する透明性は、雇用創出者にマネーを節約させ、より多くの雇用とより高い給料に導くことだろう。

すべてのアメリカ人は、彼らがいかなる経歴を持っていようと、働くという尊厳を共有することができる。アメリカ人労働者を重視せず、連邦の過去の古い政策で二重に貶めた時代は終わった。わたしが大統領でいる間、雇用創出は予想をはるかに超えて行われてきたが、その名誉は、雇用創出者と労働者に帰属する、彼らは、すべてを賭け、彼ら自身、彼らの家族、そして彼らの国のよりよい未来を建設するために献身しているのである。

連邦政府は、雇用を創出することができない、働き者のアメリカ人が雇用を創出するのである。わが政権の役割は、基本となる政策の柱にしたがって、わが雇用創出者と労働者が彼らのベストを成し遂げることを可能とすることである。

　引き続く『報告』が示すように、米国の労働力の強さ、柔軟性、そして決断力、それらは、世界がうらやむものだが、それゆえに、わたしの成長促進政策は、継続し、経済に疑いもなく積極的な

諸結果を生み出すのである。『報告』はまた、米国経済はかつてなく強力であるとはいえ、まだわが政権のやるべき仕事は残っているということを明らかにする。経済成長を増進させ、機会を増進させ、わが労働者を向上させることを重視する政策を継続的に行うことで、米国がいかに偉大なものとなるかについて限界があろうはずはないのである。

大統領
経済報告

ドナルド・J・トランプ
ホワイト・ハウス
2020 年 2 月

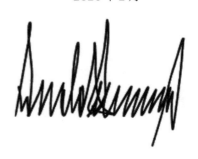

提出書

大統領経済諮問委員会

ワシントン D. C.　2020 年 2 月 20 日

大統領閣下

　経済諮問委員会は、これに添えて、1978 年「完全雇用及び均衡成長法」によって修正された、「1946 年雇用法」にしたがって、その 2020 年年次報告を提出するものです。

敬具

委員長代理　　　トマス・J・フィリプソン

委員　　タイラー・B・グッドスピード

目 次

目 次

目 次

図・表・Box 一覧表

図・表・Box 一覧表

図・表・Box 一覧表

序章

　トランプ政権になって3年、米国経済は、多くの様々な測定値において予想を超えて、超過達成し続けており、産出、雇用、雇用者報酬の上昇は、すべて2017年の前にたてられた予測を超えている。わが政権の経済政策アジェンダの明確な成功が明らかにしているのは、その基盤となる政策の柱が、米国経済に、かつて成長を抑え込んでいた構造的傾向を克服させることを可能にするということである。

　2019年の4つの四半期において、実質国内総生産は、議会予算局（CBO）が2016年8月の予測によって独自に計算されたものより0.7%ポイント速く成長した。図1-1と図1-2にみられるように、労働市場は、2016年に予想されたよりも200万人多い、210万人の新しい雇用を付け加え、民間失業率を3.5%に減少させたが、それは1969年以来最も低いレベルである（そしてそれは、2016年のCBO予測より1.4%ポイント低かった）[1]。より高い支払いが、豊富な雇用空白に伴い、雇用者報酬は、2016年予測を1.4%だけ上振れしたが、それは、1家計当たり1800ドルの追加の報酬を意味する。

　2019年7月、米国経済の現下の拡大は、記録的に最も長いものとなった。拡大はそれが成熟すれば減速するという予測に反して、経済産出は、過去3年においてそれ以前の7年と6カ月に比較して加速したが、産出成長は年率に換算して2.2%から2.5%に上昇した。2019年の最初の3つの四半期において、米国経済成長は、G7諸国の中で最も高いものとなった。

　この予測を超える上出来を反映して、この『報告』の最初の5つの章においては、トランプ政権の基盤となる政策の柱が、経済的成果を継続的にもたらしていることの証拠を提示する。とりわけ、われわれは、経済効率性と市場重視の改革を優先したわが政権の役割に焦点を当てる、その分野は、税制、労働、規制、エネルギー、そして、ヘルスケアの5つだが、いずれもこれらは、米国経済の成長潜在力を引き上げ、現下の拡大を通して、以前は背後に隠れていた人々の福利を上昇させたのである。

　引き続く3つの章では、われわれは、継続する成長へのいくつかの課題を確認する。これらの課題に対処する努力には、米国市場を経済的に公正で競争的に保ち、広範に展開する薬物依存の差し迫る脅威と戦い、住宅市場の過剰規制に対処することが含まれる。われわれは、わが政権の長期の政策を含む経済予測を行い、見通しに潜むリスクに光を当てることによって、結びとしたい。

　われわれは、グローバル経済からの強力な逆風といくつかおかしな有害なショックにもかかわらず、政権の政策が米国経済を柔軟に保つことを可能としたことを記録することによって第1章を始める。その結果、昨年は、G7諸国経済の中で最も速く産出が成長した。2019年を通して、消費者支出、生産性、そして所得に占める労働のシェアというようないくつかのマクロ経済指標は、選挙前の予想を超えてより速い比率で成長した。労働市場はまた、2年前から強力に前進を遂げ後、さらによりタイトになった。この政権ができてから、失業率は50年で最低となり、求人数は米国の記録された歴史上はじめて雇用を求める人の数を上回り、それは、潜在的労働者を労働力に引き入れることを可能として実質賃金を押し上げた。労働参加率はまた、低下の年を重ねたのち、とりわけ働き盛りの年齢層において安定し、長期

図I−1　四半期毎の実際の失業率と、2016年8月に予測された失業率（BLSとCBO）、2012〜2019年

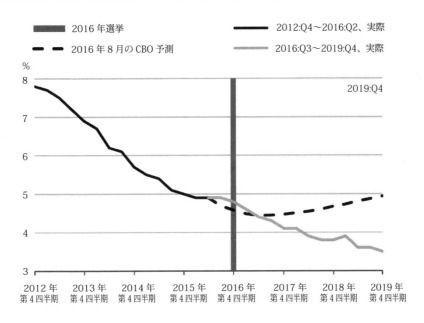

出所：Bureau of Labor Statistics (BLS); Congressional Budget Office (CBO).

の潜在的産出を押し上げた。

　われわれは、第2章において、米国労働市場のパフォーマンスを評価することを続け、とりわけ、わが政権の成長促進政策がいかに現下の拡大において以前は置いてきぼりを食わされた人々に不均衡的に便益をもたらしてきたかに注目する。2016年までの拡大と全く異なって、引き上げられた労働需要と彼らの労働者へより多くの投資を行うことを動機づけられた雇用主との両方の政策が、いかにして、昔から便益を被ってはこなかったアメリカ人に賃金上昇をもたらしたかを記録する。労働者の平均賃金の上昇は、現在、監督者の賃金上昇を上回っている。所得分布における第10パーセンタイルの個人の賃金上昇は、現在、第90パーセンタイルの個人の賃金上昇を超えている学士の称号なしの人々の賃金上昇は現在、学士の称号を持つ人々の賃金上昇を超えたアフリカ系アメリカ人の賃金上昇はいま、白人アメリカ人の賃金上昇を超えた。月次給与雇用成長が、安定的雇用・人口比を維持するのに必要な成長を超えることに伴い、われわれはまた、米国経済が多く

の人々を労働力に引き入れ、貧困から脱出させている程度について記録する。

　前方を見据えて、われわれは、わが政権の継続せるイニシアティブの優先について概観するが、それは、労働への選択的経路の促進、職場における訓練と再スキルのサポート、常習犯の削減、薬物乱用との戦い、手ごろな子供ケアへのアクセスの拡大、労働を求めるすべてのアメリカ人に雇用機会の拡大を提供する経済成長の実現、これらを目的としている。

　第3章で、われわれは、わが政権の規制改革アジェンダの効果を分析する。5年から10年後に、わが政権の連邦規制へのアプローチは、1家計当たり年3100ドルの実質所得を上昇させ、20の顕著な連邦の規制撤廃行動だけで、それらが完全に効果を発揮すれば年約2200億ドルをアメリカの消費者と企業とに節約をもたらし、それは、約1.3％の実質所得を上昇させることになるであろう。われわれはさらに、費用のかかる規制の継続的な導入が、以前は実質所得から年0.2％を削減してきたと計算する。競争を促進し、生産性を上

図I−2　実際の非農業雇用者数と、2016 年 8 月に予測された雇用者数（CBO）、2012〜2019 年

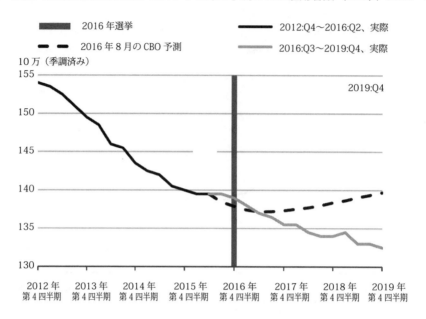

出所：Bureau of Labor Statistics (BLS); Congressional Budget Office (CBO); CEA.

昇させ、賃金を上げ、消費材の価格を削減することによって、わが政権の規制へのアプローチは、実質賃金を上昇させるが、一方で労働者、公衆衛生、そして環境を守る規制による保護は維持するのである。

　規制に集中し続け、第 4 章において、われわれは、とりわけ米国のエネルギー市場に焦点をあてる。価格を下げることによって、CEA が推測するに、シェール革命は 4 人家族で年平均 2500 ᵈᴸを節約する。低所得家計は、彼らの所得の大きな部分をエネルギー請求に支払うので、彼らは不均衡的により低いエネルギー価格から便益を引き出す。シェールに駆られた節約は、最も富裕な上位 20％の家計よりも、最も貧しい下位 20％の家計の所得においてより大きな比率を占める。同時に、シェールに駆られた生産成長は、米国のエネルギー自立に影響してきた。この目標は、ニクソン大統領から始まり、歴代の政権によって追求されてきたものである。だが、最終的には、トランプ政権の下で成就された。2019 年 9 月、少なくとも 1949 年以来初めて、米国は石油の純輸出国

になり、2020 年のすべてにわたって純輸出国にとどまると予測されている。われわれは、2005 年から 2018 年にかけてシェール革命が、とりわけ発電セクターの二酸化炭素排出の 21％削減に貢献したと推計する。最後に、われわれは、民間のイノベーションと投資に対しての不必要な過剰な制約を削減することによって、いかにして、わが政権のエネルギー市場の過剰な規制を削減するアプローチが、わが国の豊富な人的資源とエネルギー資源の解放をさらにサポートしていくのかを明らかにする。

　第 5 章において、われわれは、ヘルスケアにおける市場競争への政府による障害を確認し、それが価格を上昇させ、イノベーションを抑え、質の改善を阻んでいることを明らかにする。われわれはまた、ヘルスケア市場において、これら障害を削除し、より大きな競争を促進するわが政権のヘルス政策イニシアティブの達成とその予想される効果をまとめる。わが政権の改革は、適切な価格で質の高いサービスを供給するヘルスケア制度を育むことであり、それは、しばしばヘルスケア

市場における消費者の選択を削減し、保険料を増加させる政府の権限・指令に比較して、より大きな選択、競争、そして消費者本位の支出によって成し遂げられるものである。わが政権は、これら多くの問題に一連の行政命令、規制改革、そして法律を通して対処してきた。

　潜在的な障害に立ち向かうため、われわれは、第6章において、市場競争における起こりうる傾向についての懸念を分析し、競争が経済成長、イノベーションと起業家精神の促進、そして消費者に貢献するのに果たす決定的な役割を認識する。われわれは、連邦政府の反トラスト規則の書き換えは必要のないことを示唆する最高の利用可能な証拠があることを発見する。なぜなら、連邦実行機関は、すでに柔軟な法律的枠組みで武装されており、彼らは経済的ダイナミズムを促進するのに必要な道具を持っているからである。進行中の調査と解決したケースが示していることは、米国経済の変化によってもたらされた競争をめぐる諸課題を取り扱うにあたって、これらの機関がよく整えられていたということである。現存の道具を使って、会社からの反競争的な行動と敢然と戦うことに加えて、わが政権は、不公正な競技場を創出する、変化する政府の政策にも焦点を当てるだろうと結論づける。米国産業のすべてにわたって、最近の歴史的な規制改革にみられるように、イノベーションへの政府の課した障害を取り除くことは、競争を増進させ、より強固な経済成長、そして再活性化した民間セクターに導くことになる。

　第7章においてわれわれは、現在進行中の広範に広がった薬物中毒を分析するが、これは、2000年以降、40万人以上の死亡の原因である。薬物供給を引き下げるわが政権によってとられた行動は、薬物への新しい需要を削減し、誤った薬物使用の人々を治療し、薬物にかかわる過剰接収からの死をなくすことに役立ってきたかもしれないということを、われわれは発見する。危機の根源を理解することは効果的にそれと戦うにあたって重要であるということを認識して、われわれは、2001年から2010年の危機の第一波が、処方薬価格の自己負担額の急速な低下にもその大きな原因があることを発見する。拡大する政府のヘルスケア負担による価格低下、同時に、痛み治療のための処方薬の増加する利用可能性が相まって、医

者の処方薬投与の自由化を促進したのである。われわれはそこで、薬物危機の第二の波が2010年に始まったようだということをみつけ出すが、それは、強力な処方薬オキシコンティン（OxyContin）の供給制限への努力が、より安い不法な代替品の開発と、販売の巨大な違法市場の創設という予想外の結果をもたらしたことである。

　第8章でわれわれは、いくつかの米国不動産市場において、住宅価格の不当な上昇が引き起こす課題について分析する。われわれは、住宅の不当な値上がり問題のカギとなる要因は、州政府と地方政府による過剰規制にあり、それが供給を妨げていることを発見する。住宅価格を引き上げることで、過剰規制は、とりわけ低所得のアメリカ人に悪い影響を与え、彼らは所得の多くの部分を住宅のために支出することになる。とりわけ、供給を制限された11の大都市圏地域において、われわれが推測するに、規制改革は住宅供給を増加させ、平均で31％のホームレスを削減するのに十分な家賃の減少を引き起こすことになるであろう。加えて、われわれは、住宅市場の過剰な規制がすべてのアメリカ人に広範囲に否定的な影響を与えていることを発見するが、それは労働の移動を削減し、その結果生産性成長が減少し、いたるところの地域と労働者に不平等を拡大し、より長い通勤を強いることによる環境の悪化をもたらしている。われわれは、わが政権の住宅価格の不当な上昇に対処する行動を記録することで結論づけるが、それは、州政府と地方政府に対して、供給制限地域における住宅供給の増加を図るように動機づけをすることであり、手ごろな価格の住宅のための規制障害撤廃のホワイトハウス会議（White House Council on Eliminating Regulatory Barriers to Affordable Housing）の設立を通じてのことでもある。

　最後に、第9章においてわれわれは、次の11年間のトランプ政権の完全な政策を含めた経済予測を提示するが、その経済見通しにはリスクも含まれている。全体として、わが政権の経済政策アジェンダの完全な実施を前提すると、2019年から2030年までの間、米国の実質経済産出は、平均年率2.9％で成長するだろうと予測する。成長は緩慢化し、2020年の3.0％から予測期間の後半においては、2.8％になるのである。しかし、

それは、資本・産出比が漸次その新しい法人税制改革後の定常状況に近づくからであり、成長率への減税および雇用法の個別の条項の短期の効果が恒常的レベル効果に解消されるからである。この緩慢化は、ある程度、次の成長に対して期待される積極的な貢献によって相殺されるのであり、それは、わが政権のインフラ計画の制定、減税および雇用法の個別条項の永久化、米国の移民政策の改革、継続的な規制撤廃行動、国際貿易パートナー国との通商ディールの改善、そして追加の労働市場改革を通したより高い労働参加の動機づけによるものである。

注
1　この『報告』を準備するのにあたって、2020年1月30日の利用可能なデータは、公に公表されたものとして組み入れられており、引き続く諸章において反映される。

第I部

記録的な最長の拡大

第1章
大拡大

減税および雇用法（TCJA）の制定から2年、わが政権による企業向け規制緩和政策と革新的エネルギー・インフラストラクチャーへのサポートの強化によって、米国経済は健全なペースで拡張を続けているが、それらは2018年と2019年の『大統領経済報告』によって予測されていた。2019年12月時点で、米国経済の拡張は、127カ月に到達し、わが国史上最長となった。

　この章で示すことは、グローバル経済の逆風と拡張の成熟した長さにもかかわらず、米国経済は柔軟であることである。その結果、2019年の最初の3四半期において、わが国経済は、G7諸国経済において最も速く成長している。2019年を通じて、いくつかのマクロ経済指標——それらには、消費支出、生産性、そして所得に占める労働シェアが含まれるが——は、TCJA前の予測より、より速く成長を継続した。2年前の強力な前進の後においても、労働市場はまたよりタイトになった。2019年を通じて、失業率は50年で最低を打ち、記録上初めて求人数が雇用を求める人の数を上回ったのであるが、それはわきに退いていた潜在的労働者を引きつけ労働力に引き入れた。賃金はインフレ率を上回り、中間層の実質所得の上昇を究極的にもたらした。労働参加率は、低下の後安定したが、それは働き盛りの人々の参加があったからであり、長期的に潜在的産出の上昇を引き起こした。

　大リセッションからの緩慢な回復は、2016年の経済予測家達をして、将来の歴史的になだらかな成長を予測させた。多くの観察者は、低成長が決定的に継続するであろうと結論づけた。しかしながら、現政権下の最初の3年間の経験は、長

引く低成長という予測からはほど遠い事実を実証している。この増進する成長は、より低い税金、大規模な規制緩和、そしてイノベーションを促進するエネルギー政策を実施するわが政権の政策と軌を一にするものであった。歴史的に強力な労働市場、より進む規制緩和の可能性、そして長期の成長におけるTCJAの供給面でのインパクトを前提とし、CEAは、成長のさらなる余地は十分にあると予測する。

2017年、2018年に活発に成長した後、米国経済は2019年においても健全なペースで拡大を継続させた。その年の4つの四半期を通して、実質国内総生産（GDP）は、2018年の2.5％のペースから、2.3％のペースに緩慢化した。この成長率は、この拡大が成熟期に入ったことを考慮すれば顕著なものであり、低下するグローバル経済の逆風にもかかわらず達成されたのである。12月時点で、米国経済は、127カ月、42四半期の連続的拡大を記録した（図1-1）が、それは、120カ月40四半期の後、2001年3月に終了した最長の拡大を上回るものである。

　米国経済は、現在強力な労働市場と抑えられたインフレ圧力とともに動いている。強力な労働市場の証拠は、多くの指標において観察することができる。米国の失業率は2019年12月時点で3.5％、2019年9月と11月に記録した50年来の低さである。名目平均時給は、2019年の12カ月を通じて2.9％上昇したが、その前の16カ月連続では3％以上であった。労働市場のタイト化と労働者に対する需要増は、労働力の外にある人々を労働市場に呼び込むことに貢献し、その年全体で労働参加率は63.1％に上昇した。それは

図1−1　生産年齢人口1人当たりの実質 GDP、景気拡大期別、1960〜2019 年

指数（100＝景気循環の底の四半期における
生産年齢人口1人当たりの実質 GDP）

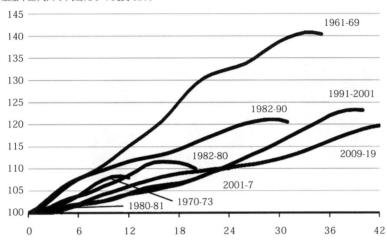

注：生産年齢人口は 25〜64 歳を指す。統計は、4 四半期中心化移動平均を用いて平滑
　　化されている。四半期毎の人口推計値は、年データより内挿されている。
出所：Bureau of Economic Analysis; National Bureau of Economic Research; Census
　　　Bureau; CEA calculations.

前年より 0.2％ﾎﾟｲﾝﾄの上昇であった。とりわけ、働き盛り成人（25 − 54 歳）の参加率がこの 12 カ月で 82.5％に上昇し、2008 年以来低下後の増加の 4 年目であった。2019 年の 12 カ月を通して、米国経済は、210 万人の非農業雇用を増加させ、月ごとでは平均 17 万 6000 人であった。

　強力な労働市場にもかかわらず、コア消費者価格インフレは抑え込まれ、2019 年では 1.6％（コア消費者支出の価格指数による測定、PCE）であった。名目可処分個人所得は、インフレより速く成長したので、実質可処分個人所得は、2019 年の 4 つの四半期を通じて 2.6％の年率で成長した。家計中央値は、実質所得で 2019 年の最初の 10 カ月で 1834ﾄﾞﾙ上昇し、記録的に最高レベルに達し、2019 年ドルでいうと 6 万 6500ﾄﾞﾙ程度となった（Green and Coder 2019）。上昇する実質所得に加えて、家計資産は、株式市場価格が 2019 年で新しい高さに上昇したから急上昇した。

　実質家計所得と資産の上昇は、消費者支出に支えられてきたが、それは GDP の 70％を占める。2019 年の 4 つの四半期において、実質消費者支出は、2018 年の 2.6％のペースを維持し、ほぼ

実質 GDP 成長の 80％を占めた。政府購入も総需要を支えたが、2019 年を通じて 3.0％の上昇であり、2018 年でそれは 1.5％であった。

　米国消費者が米国の拡大を支えたとはいっても、グローバル経済の全般的な低下は、米国の成長を抑えた。G7 諸国経済は、昨年鋭く落ち込みとりわけ、ドイツと連合王国の実質 GDP は、2019 年第 2 四半期に収縮した。中国、インドのような主要新興市場経済国も鈍化を経験した。これら諸国の鈍化は、グローバルな需要の削減につながり、米国経済成長を抑え込んだ。

　外国からの逆風にもかかわらず、米国経済は、2019 年最初の 3 つの四半期において、G7 諸国のうち最速の成長となった。米国は、G7 諸国中たった 2 つの国のうち（その他の 1 つは日本であり、予測成長率は瀕死の 0.9％であった）の 1 つであり、2019 年の 1 年後の成長予測に大きな下降修正が IMF によってなされる必要のない国であった（IMF 2018, 2019）が、他の先進諸国は大きな下降修正をみた。

　そのうえ、米国経済の成長は、3 年継続して続いたが、2016 年選挙前になされた実質 GDP 成

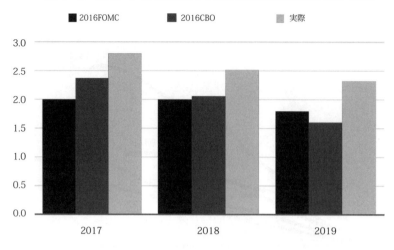

図1-2　2016年11月以前の予測値と比較した実質GDP成長

■ 2016FOMC　　■ 2016CBO　　▨ 実際

注：FOMC＝連邦公開市場委員会、CBO＝議会予算局。第 4 四半期比成長率が用いら
れている。
出所：Congressional Budget Office, August 2016 Baseline Forecast; Federal
OpenMarket Committee, September 2016; Bureau of Economic Analysis;
CEA calculations.

長予測を超え、2017年 TCJA 成立前の予測も上回った。3年前、経済予測家の間で広まった考えは、米国経済のおさえられた成長が永続的であろうとするものであり、これは永続停滞論の顕著な説明の1つであった[1]。この悲観論は、その時期の外部の予測家による緩慢な成長予測を反映したものである。2016年、連邦公開市場委員会（FOMC: Federal Open Market Committee）は、2019年の4つの四半期を通して1.8%という実質 GDP 成長を予測し、一方で議会予算局（CBO: Congressional Budget Office）は、同時期実質 GDP 成長ちょうど1.6%を予測する（図1-2をみよ）。2019年、実質 GDP 成長2.3%は、これらの予測を超えるものであった。同時に、実際の実質 GDP 成長は、2017年と2018年において、FOMC と CBO の選挙前の予測を超えたのである。2016年民間の専門的予測機関、ブルー・チップ・パネルによる実質 GDP 予測の年率と比較すると、2019年の米国実質 GDP 成長の年率レベルは1.2%より高かった（図1-3）。

　強力な成長は、FOMC、CBO やブルー・チップ・コンセンサスによる2017年前の予測に比較する

と驚きであったが、現政権によっては大方予想されていた。2017年5月、わが政権は、2017年から19年にかけての3年間の平均年成長を2.5%と予測していた、後にわが政権は、2018年19年の予測を修正して3.1%に引き上げたのであるが、それは外部の予測と比較すると、楽観的あるいは現実的ではないとみなされた。CEA 予測の楽観主義は、わが政権の税制と規制撤廃政策が、他の人たちの予測よりもより積極的な効果を持つという期待に基づくものであった。2018年『大統領経済報告』において、CEA は、広範な専門的文献に基づいて、税制改革が実質資本投資と産出の成長率を上昇させると予測したのである。2019年『報告』においては、複数の収益率に沿った米国経済の対応が専門的文献からの予測と合致することを、2018年の第3四半期を通したデータで示した。2019年第4四半期を通した12四半期を通じて、実質 GDP の実際の平均年率成長は2.5%であり、2017年5月の予測を少々上回り、2009年第3四半期から2016年第4四半期の26四半期にわたる拡大を通した年率平均成長率2.2%に比較される増加であった（図1-4をみ

図1−3　実質国内総生産の実際とコンセンサス予測値、2014〜2019年

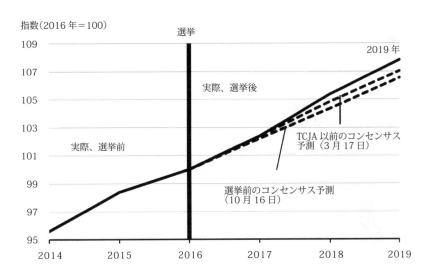

出所：Bureau of Economic Analysis; CEA calculations.

図1−4　米国の景気拡大期と収縮期の長さと深さ、1949〜2019年

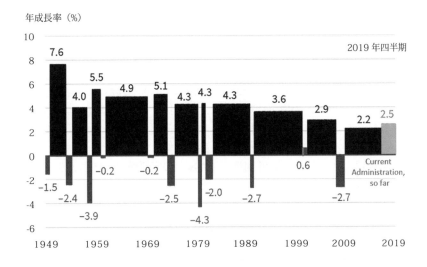

注：全米経済研究所により定義されているように、値は、各四半期単位の拡大及び収縮
　　期間の年成長率として、実質GDPの変化率を示している。
出所：Bureau of Economic Analysis; National Bureau of Economic Research; CEA
　　calculations.

図1−5　対象期間と政権ごとのトロイカ予測誤差の絶対値平均

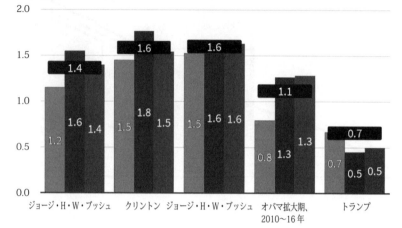

■ 当年度誤差　　　　　　　　　　■ 1 年後誤差
■ 2 年後誤差　　　　　　　　　　▬ 対象期間を通じての平均誤差

予測誤差（％ポイント）

注：誤差を評価するため、予算予測と第４四半期比成長率が用いられている。
出所：Federal Reserve Bank of Saint Louis (FRED); CEA calculations.

よ）。図 1-5 が示している通り、現政権の事前予測の絶対的平均エラーは、過去５つの政権のエラーにおいて最も小さいものとなっている。

　トランプ政権は、構造的改革と政策を採用し、米国の経済成長を継続させることをサポートすべく計画した。TCJA は、2017 年 12 月 22 日に制定されたが、現在の法人税率を永遠に 35％から 21％に引き下げ、使用者資本コストを急激に引き下げた。それはまた、100％の新設備投資の費用化を 2017 年 9 月 27 日にさかのぼって可能とした（下院歳入委員会からの 100％費用化条項を含んだ提案された税法の最初の草案の日付である）。TCJA の国際条項、とりわけ、海外関連会社からの収益の税処理の変更（CEA 2019b）は、低税率での米国多国籍企業の過去の収益の本国送還を導いたのであって、それは、2017 年第４四半期以来、株式への直接投資所得の 1 兆 400 億ﾄﾞﾙの配当と留保からの資本流入によって根拠づけられた。海外関連会社の税取り扱いに関する変更は、２つの部分に分かれるのであるが、第一は、過去の収益に関するものであり（海外で留め置かれた過去の収益に対して低税率が一回適用され）、

そしてもう１つは、未来の海外関連会社の収益に関するもので（通常の本国送金配当に関して税をかけない）というものである。

　企業は、TCJA の下での使用者資本コストの削減と地理的なインセンティブに対して、国内投資の増額ということで対応した。この投資は、資本深化に導き、1 労働投入当たりの資本サービスを増額し、労働生産性、実質賃金、そして米国の実質産出を引き上げた。加えて、この『報告』の第３章において詳細に論じるが、わが政権の規制緩和アジェンダによって、またインターネットから薬の価格までより低くすることに貢献し、アメリカ家計の実質所得の増大となった。2018 年超党派予算法はまた、政府支出を増大させ、総需要を引き上げた。これら要素が結びついて、未来への継続的な繁栄の基盤が築かれている。

　現在の記録的な拡大が 42 四半期を超えて熟しているので、ある人たちは、拡大が「長く続くことによって終了する」であろうと懸念する。しかし、事実が示しているところによれば、拡大は簡単にその長さによって終了するわけではない。ディーボルドとルーデブッシュ（Diebold and

図1-6 非農業企業セクターの労働生産性成長、2009〜2019年

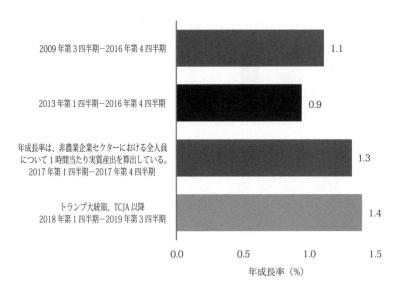

注：年成長率は、非農業企業セクターにおける全人員について1時間当たり実質産出を
　算出している。
出所：Bureau of Labor Statistics; CEA calculations.

Rudebusch 1990）の研究が最初にみつけ出したところでは、戦後の時期において、拡大が終焉する蓋然性は、拡大の長さの増大によるものではないのである。それを跡づけた研究として、ルーデブッシュ（2016）は、実証的証拠を提出したが、過去70年間における長期の拡大は、「短いものと同じように終わる」のである。オーストラリアの経済、それが、28年という近代歴史上どの先進経済において最長の拡大を経験したのであるが、それは、何十年もどのようにして拡大が続いたかを示している。長期だからといって拡大が終了す

るわけではないのであって、間違った政策や逆進的ショックがリセッションに導くのである。

　以下この章では、直近の過去における米国経済の異なった分野の強さについての証拠を上げてみようと思うが、それには、生産性、賃金と所得、消費支出、雇用、投資、そして抑えられたインフレーションが含まれる。この章ではまた、グローバル経済の落ち込みの影響、金融政策、そして米国経済の成長を鈍化させる国内要因について論じる。

生産性

　生産性の成長は、長期の実質産出成長のカギとなる牽引役である。TCJA後の2018年第1四半期から2019年第3四半期における労働生産性は、平均年率1.4％のペースで増加し、――とりわけ2019年第3四半期までの3つの四半期においては1.9％に上昇したのであって、それは

TCJA制定以前の拡大期、2009第3四半期から2016年第4四半期までの1.1％という平均成長率よりもより速いペースであった[2]。

　専門的な調査が明らかにしたところでは、少なくとも2つのチャネルを通じて現政権の政策は、労働生産性を増進させることができる。第一の

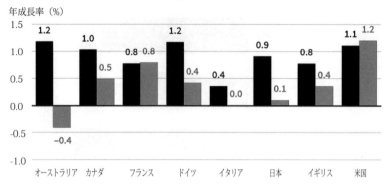

図1−7　先進国経済における雇用者1人当たりの実質GDP成長

■ 2009年第3四半期−2016年第4四半期（30四半期）　■ 2017年第3四半期−2019年第3四半期（11四半期）

年成長率（%）

注：値は、特定の四半期にわたって計算された年成長率である。成長率は、季調済み
　　雇用で割った実質 GDP に基づいている。雇用には公務員が含まれている。
出所：Australian Bureau of Statistics; Statistics Canada; Institut national de la statistique
　　et des études économiques; Deutsche Bundesbank; Istituto Nazionale di Statistica;
　　Japan Cabinet Office; U.K. Office for National Statistics; Bureau of Economic Analy-
　　sis; Bureau of Labor Statistics; Haver Analytics; CEA calculations.

チャンネルが、2016年末以来追求された規制緩和を通じてのことであり、それは競争と生産性を増進させた（CEA 2019a）。第二のチャンネルは、TCJA の下でのより低い資本コストに対応する資本深化を通じてのことである。投資を増進させることで、1労働者当たりの資本サービスが上昇し、その結果、労働生産性が上昇する（CEA 2019b）。TCJA 通過後、資本サービスは、外部の予測家による予測よりも速く成長した[3]。

　米国経済のパフォーマンスを他の先進経済と比較すると、別の教訓となる基準が得られえる。現政権が発足して以来、（執筆時点ですべての G7 諸国の最新の四半期データが利用可能な）2019年第3四半期を通して、米国の生産性成長は、1労働者当たりの産出で計測すると、他の諸国のそれをはるかに上回っていた（図 1-7）。一方米国の労働生産性は全国レベルでみた雇用一人当たりの産出で測ると、この時期の全体では年率 1.2% で成長し、米国を除く G7 諸国とオーストラリアにおいては、平均成長率は、ちょうど 0.3% であった。

　もう1つの顕著に分かることは、米国は労働生産性の加速を先進経済諸国で唯一経験した国であるということである。2017年『大統領経済報告』において記したが、2005年から2015年にかけて、すべての G7 諸国は、その10年前から比べると労働生産性を鋭く落ちており、それは、資本深化と全要素生産性の鈍化によるものであった（CEA 2017）。図 1-7 が示しているとおり、これらの時期、2016年を含めると、米国の労働生産性は、他の G7 とオーストラリアを含めたものと同じであった。その時期以降、11四半期において、これらすべての先進国の経済では、生産性成長はフラットかあるいは落ち込んだのであるが、米国においては上昇したのである。

図1-8　実質可処分個人所得の実際とコンセンサス予測、2014〜19年

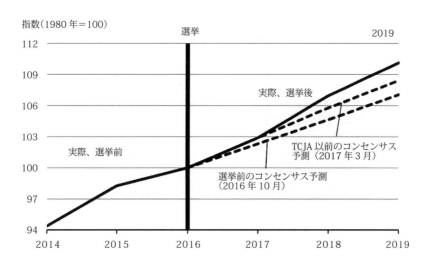

注：コンセンサス予測は、2016年10月版及び2017年3月版『ブルー・チップ経済指標』
　からのもので、前年比予測値に示される水準に対する2017年成長率で始まっている。
出所：Bureau of Economic Analysis; CEA calculations.

賃金と所得

　伝統的経済モデルにおいては、労働市場の均衡は、名目時間報酬が限界労働生産に等しいことを必要とする。単位労働当たりの実質産出は、限界生産に代わる測定値ではあるが、その測定値は限界生産の便利な代替である。労働生産性成長の上昇と軌を一にして、実質平均時給成長の上昇が、とりわけ多くの恵まれないグループでは顕著である（この『報告』の第2章をみよ）。実質平均時給は、TCJA通過後年率1.1％で成長し、非監督労働者においては1.3％であり、2016年第4四半期を通した最初の7年と半年において、それらはそれぞれ0.4％と0.5％であった。実質賃金成長はさらに非監督労働者において上昇し、労働市場の過熱によって2019年の4つの四半期においては1.4％になった。

　TCJAによるネットでの減税は、控除基準の増大、限界税率の低下、児童税額控除の2倍化によっ

てまた、実質可処分所得を上昇させることが期待される。そのTCJA制定前の2017年3月の予測では、ブルー・チップ・コンセンサス・パネルは、2018年から2019年にかけて実質可処分個人所得が年率2.65％で成長するであろうと予測した。実際には、それは3.5％で成長したのであり（図1-8）、コンセンサス予測の上をいき、2009年第3四半期から2016年第4四半期にかけての年率2.15成長を上回った。同様のパターンは、家計ベースにおいてもみられ、TCJA制定後では、1家計当たりの実質可処分個人所得は、平均年率1.7％であり、より前の時期の1.3％を超した（図1-9）。

　所得が加速するにつれて、国内総所得（GDI）の労働シェアも上昇軌道を継続させた。労働シェアをGDIに占める総雇用者報酬として計測すると、2014年まで数十年、グラフは下降の傾向を

図1−9　1家計当たりの実質可処分個人所得の成長、2009〜2019 年

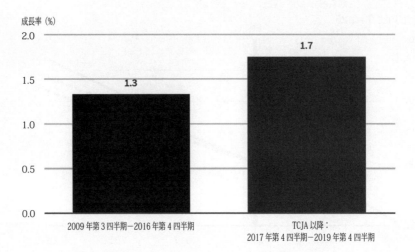

注：値は、特定の四半期にわたって計算された年成長率である。成長率は、季調済み雇
　用で割った実質 GDP に基づいている。雇用には公務員が含まれている。
出所：Bureau of Economic Analysis; Census Bureau; CEA calculations.

図1−10　所得に占める労働のシェア、1947〜2019 年

注：影はリセッションを示す。労働のシェアは、対国内総所得比での雇用者の総報酬と
　して計算されている。
出所：Bureau of Economic Analysis; CEA calculations.

図1−11 家計及び非営利組織の名目資産の累積的変化、2014〜2019年

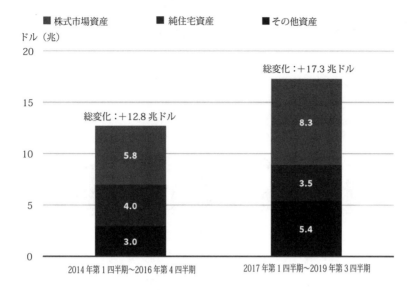

■ 株式市場資産　　■ 純住宅資産　　■ その他資産

ドル（兆）

出所：Federal Reserve Board (Financial Accounts of the United States); CEA
calculations.

たどっていることがわかる。2019年第3四半期を貫き11四半期を通して、それは0.5％ポイント上昇し、53.6％に到達した（図1-10）。

　GDIに占める労働シェアと実質可処分所得が上昇してきた一方、全家計資産も増大した。名目家計と非利潤セクターの資産における累積変化は、連邦準備米国金融勘定による報告によれば、2019年第3四半期を貫く最初の11四半期において、それ以前の11四半期にける累積変化を4兆ドル以上多くなった（図1-11）。

消費支出

　より大きな可処分所得を持ったより生産的な労働力は、全般的な経済成長を引き上げた。名目国内総生産における消費支出は、2018年までの10年間平均67.9％であった。このGDPシェアの規模を前提とすると、消費支出の変化は、実質GDP成長の全般に大きな貢献をすることになる。2019年において、実質消費支出は2.6％成長し、2018年と同じペースを維持した。TCJAが制定されてから、実質消費支出は年率2.6％で成長したが、それは2009年第3四半期から2016年第4四半期を貫く7年半の2.3％という成長率を上回り、実質GDP成長へ実質消費支出は1.6％ポイント貢献した。2019年第4四半期を貫く12四半期において、実質消費支出は四半期別実質GDP成長率へ平均1.9％ポイント貢献した（図1-12）。

　家計資産の増加（それはまた、ネットの価値として知られるが）、過去3年にわたって実質消費支出の手堅い成長を支えた（図1-13）が、株式市場を通じての資産とその他住宅資産の増加を伴い上昇に寄与した。長い期間にわたって、資産 - 所得比率の上昇は、消費支出の上昇と連動している（Poterba 2000; Lettau and Ludvigson 2004）。この観点からすれば、資産 - 所得比率の上昇は、消費支出のより大きな上昇を支えたといえるであ

図1-12 実質GDP成長への主要寄与要因、2017〜2019年

■ 政府支出（①の箇所）　　　■ 純輸出
■ 総民間国内投資　　　　　　■ 個人消費支出
◆ 実質GDP成長率

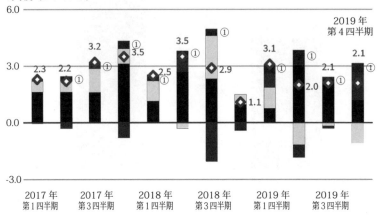

出所：Bureau of Economic Analysis.

図1-13 消費と資産、対可処分個人所得比、1952〜2019年

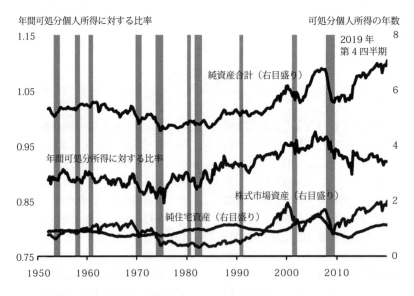

注：DPI＝可処分個人所得。2019：Q4のデータは、最新の日次、月次データから推計
されている。影はリセッションを示す。
出所：Federal Reserve; Bureau of Economic Analysis; CEA calculations.

図 1−14 個人貯蓄率、2000〜2019 年

注：影はリセッションを示す。
出所：Bureau of Economic Analysis; CEA calculations.

ろう。

消費者信頼感のレベルが上昇するとすれば、全産出をサポートする未来の消費支出の見通しは強力である。ミシガン大学消費者感度指数によると、2019 年第 4 四半期に 97.2 に上昇し、それは過去 3 年間の上下する範囲の中間にあり、2016 年レベルの 5.4 ポイント上に現在のところにある。消費者感度についての会議委員会版では、2019 年第 4 四半期に 126.5 に落ち、過去 3 年間の上下の最下層になったが、それでも 2016 年より 26.7 ポイントを上回っている。これら継続的に強力な測定を読めば、柔軟な消費需要を示しており、米国経済の大きな割合を占めているのであり、それゆえ継続的な成長を支えるといえるであろう。

さらに、可処分個人所得に占める個人貯蓄は、上昇している。2018 年 7 月経済分析局による顕著な上方への修正、それについては 2019 年『大統領経済報告』の第 10 章において報告されたが、貯蓄率も分析局の 2019 年 7 月年次改定において上方に修正された。2019 年を通して個人貯蓄率 8％は、過去 20 年間の平均を上回っている（図 1-14）。貯蓄率は、過去 3 年間上昇を続けているが、それは、すでに起こっている個人支出の活発な上昇に対しての個人可処分所得のより速い上昇によるものである。高い貯蓄率は、家計資産の上昇するレベルとともに、一時的な所得の逆風に対して消費者支出の緩衝材となる助けの大きな余地を残しているといえる。

投 資

『大統領経済報告』の過去の巻において、CEA は、減税および雇用法が資本使用者コストの引き

下げによって目標の資本サービスフローの定常状況を引き上げることから実質資本投資を引き上げ

図1-15 非住宅民間固定投資の実際と選挙前予測、2014〜2019年

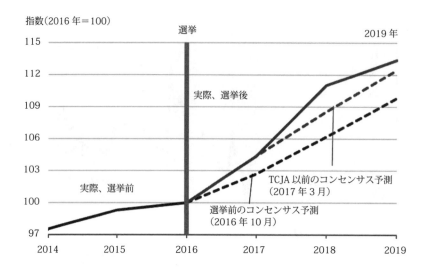

注:コンセンサス予測は、2016年10月版及び2017年3月版『ブルー・チップ経済指標』からのもので、前年比予測値に示される水準に対する2017年成長率で始まっている。
出所：Bureau of Economic Analysis; CEA calculations.

ることになるであろうと予測した。そして、この予測は、膨大な専門的研究を基礎に行ったのである。2019年『大統領経済報告』の第1章において、これら予測される積極的結果は、2018年第3四半期を通じての利用できるデータにおいて確認された。TCJAの投資に対しての積極的な効果は、外部の研究においてもまた、認められている（Kopp et al. 2019）。

TCJA成立後9四半期間において、実質民間非住宅固定投資は、年率平均で3.4％成長し、最初の4四半期（6.8％）で、次の5四半期（0.8％）より速く成長した[4]。投資成長がいくぶん緩慢化することは、多くのモデルによって予測されたのであって、投資と全般の経済活動への積極的効果は2018年において前倒しされることが予測された（CEA 2019b; Mertens 2018）。とりわけ、標準的な新古典派モデルによれば、新しい定常状況に移行する間、固定資本投資の成長率は最初急激に上がり、次第に、そのTCJA成立の前の傾向へ戻ることが予想されたのである。その他の外的ショックがないとすれば、TCJA制定後、レベルはより高く落ち着き、資本産出比率は、それゆえ

にその新しくより高い定常レベルに漸次接近することになる（CEA 2019b）。

図1-15が示しているように、投資レベルは、TCJA制定前に予測されたコンセンサス（2017年3月「ブルーチップ・コンセンサス」）よりもTCJA制定後の方が高いものとなっている。2018年全体で、投資はコンセンサス予測より2.3％高くなっている。2019年においては、最近の投資の緩慢化にもかかわらず、民間非住宅固定投資は、なお0.8％分がTCJA成立前のコンセンサス予測より高くなった。また、他のG7諸国と比較して投資の累積的増大が、あるいは資本ストックへの累積追加がTCJA制定後では最も高いものの1つとなっている（図1-16）。

予想された投資成長の鈍化のほかに、2019年には、諸要因が投資を抑え込んである。その1つは、2018年第3四半期以降の資本の使用者コストの上昇である。CEAの計算によれば、資本の使用者コストは、法人税率と減価償却との関連に付け加えて、シラー周期的調整スタンダード＆プア価格・収益比率によって測定される。図1-17にみられるように、TCJAによって法人税

図1−16　G7諸国における総民間固定資本形成の累積的変化、2017年第4四半期〜2019年第3四半期

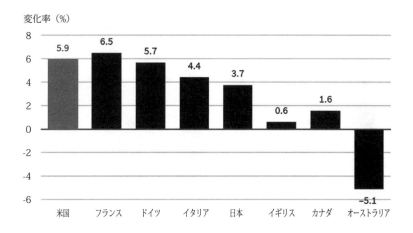

変化率（%）

出所：Australian Bureau of Statistics; Statistics Canada; Institut national de la statistique et des études économiques; Deutsche Bundesbank; Istituto Nazionale di Statistica; Cabinet Office of Japan; U.K. Office for National Statistics; Bureau of Economic Analysis; CEA calculations.

図1−17　資本の使用者・コスト、2011〜2019年

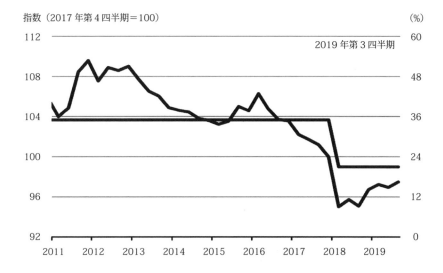

指数（2017年第4四半期＝100）　　　　　　　　　　　　　　　　　　（%）

2019年第3四半期

出所：CEA calculations.

図 1－18　実質企業固定投資の年平均成長とその構成要素の寄与、2010〜2019 年

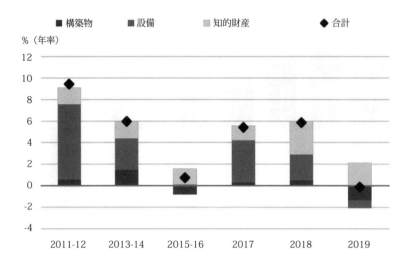

注：年平均成長率は、各年または複数年における第 4 四半期比で計測されている。
出所：Bureau of Economic Analysis; CEA calculations.

率が 35％ から 21％ に下げられたとき、資本の使用者コストは 2018 年第 1 四半期に急激に落ちたが、2018 年第 4 四半期から 2019 年第 3 四半期を通して上昇した。よりタイトな金融政策、より低い株式市場の評価、可能性としてグローバルな成長の鈍化という要因が重なって、すべてが究極的に 2018 年第 4 四半期において金融的状況の引き締めに導き、使用者資本コストを引き上げた。

投資に対してのより弱いグローバル要因の刻印は、非住宅投資成長の構成要因にみることができる（図 1-18）。2019 年の非住宅投資の落ち込みは、企業構築物によって主として説明されるが、2019 年で 7.0％が落ち込み、設備は 1.5％減少した。知的財産生産物への投資は、グローバル状況に左右されることは少なく、2019 年で 6.2％の活発な成長をみせた。

構築物の投資の減退は、エネルギー投資の揺り戻しによるものである。2019 年において鉱業および油井への投資は、2019 年には 16.7％落ち込み、構築物投資の落ち込みの約 45％がこの要因によるものである。図 1-19 にみられるように、

鉱業および油井への投資は、2018 年第 3 四半期に収縮を始めたが、グローバル成長についての市場の懸念は、エスカレートし、石油価格の落ち込みは、シェール生産者にとって 1ᵇᵃˡ 50ᵈˡの損益分岐点近くまで落ち込んだのである。原油価格がかなりの生産者にとっての損益分岐点に近づいたり、割ったりすることで、彼らは掘削を減少させ、掘削の大きな在庫を削減し、油井を仕上げなかった（図 1-20）。たしかに、米国の油井の掘削装置は、前年に比較して 12 月には 236 ほど落ち込んだ。

設備投資は、また 2019 年に 1.5％ほど収縮したが、2018 年には 5.0％の成長であった。設備への投資は、第 1 四半期にはマイナスとなり、第 2 四半期には一時戻したものの、第 3 四半期には、またマイナスに戻った。最も下落を悪化させた主要な 2 つの設備は、情報加工と運輸である。より詳細には、この章の「グローバル・マクロ経済的状況」において論じるが、運輸セクターは、外国からの供給・需要のショックを経験し、最も足をひっぱったのは航空機の供給者ボーイングの国内販売の減少であった。グローバル要因の重要性を確認し、CEA は、新古典派モデルの基本的

図1−19　米国における実質採掘・掘削構築物投資と米国の石油掘削装置稼働数、2007〜2019年

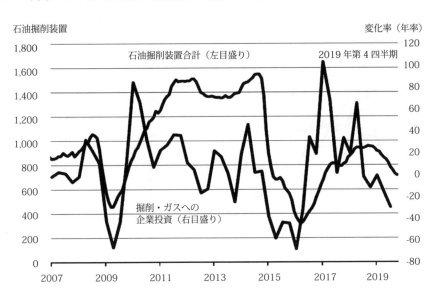

出所：Bureau of Economic Analysis; Baker-Hughes; CEA calculations.

図1−20　ブレント原油価格と米国の石油掘削装置稼働数、2007〜2019年

出所：Bureau of Economic Analysis; Baker-Hughes; CEA calculations.

図1−21 投資加速度モデルの予測、2014〜2019 年

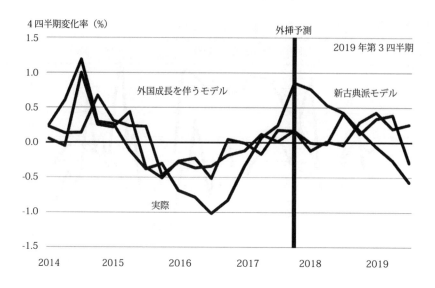

注：外国成長は、米国を除く G7 諸国の加重平均である。
出 所：Macroeconomic Advisers; Robert Shiller; Bureau of Economic Analysis; Internal
Revenue Service; various national statistical offices; CEA calculations.

図1−22 民間事業所数の増加率と中小企業楽観指数、2000〜2019 年

注：全米自営業者連盟（NFIB）の指数については、3 カ月移動平均が用いられている。
民間事業所のデータは、2019:Q2 までしか入手できない。
出所：Bureau of Labor Statistics; National Federation of Independent Business; CEA
calculations.

なバージョンと比較した（米国を除く G7 諸国の加重された平均で代理される）海外成長とともに増加する投資加速度モデルが設備投資の最近の落ち込みのかなりの部分を説明できるということをみつける（図 1-21 をみよ）。

　構築物と設備投資の落ち込みが示唆しているのは、その他世界の落ち込みが米国の投資に対する強力な逆風となっているということである。たしかに、図 1-18 に示されているように、現在の投資の落ち込みは、2015 年から 16 年にかけての落ち込みと類似しており、その時の落ち込みも海外からの弱化によって先鞭をつけられた落ち込みを経験していたのである。この章の後の節で、米国経済の成長にのしかかる国際経済展開について

さらに検討する。

　企業の固定資本投資が、グローバル需要の状況の浮沈に対応する大多国籍企業の行動を支配的に反映する変化が大きければ大きいほど、この状況は、より国内を向いている中小企業の展開を隠してしまう[5]。TCJA の目的の 1 つは、中小企業の企業コストの削減であり、これら企業は巨大多国籍企業より信用に関して抑制される傾向にある。図 1-22 が示しているように、この TCJA の予想された効果は、調査データによって支持されており、2018 年レベルにおいて、中小企業の企業楽観主義はほぼ 20 年間において最高を極めており、民間企業設置が 2019 年に上昇したのである。

インフレーション

　タイトな労働市場にもかかわらず、価格インフレは、低く安定的であった。インフレ期待の測定も安定的であった。価格インフレの安定とインフレ期待の安定は、経済が供給制約に直面していないということであり、今の拡大を継続しうる重要な要因ということでもある。

　タイトな労働市場と低くかつ安定的なインフレの共存を説明するにあたって、最近の経済の構造がどう変わったのかが問われているのであり——それは、フィリップスカーブの水平化ということなのであろうか？　これらを説明する要因として輸入価格の下落、異なる金融政策のレジームが最近の規制緩和行動としていわれている。

　価格インフレ

　価格インフレを測定すると、基本的に上昇せず、すべてはほぼ年率で 2％の範囲に収まっている。GDP の価格指数、それは米国で生産されたすべての総価格であるが、2019 年の 4 つの四半期において 1.7％上昇し、2017 年と 2018 年においてはそれぞれ 2.0％と 2.3％とに下落した。消費者価格インフレ——それは、国民所得生産勘定（PCE 価格指数として知られるものであるが）——は、2019 年の 4 つの四半期でたった 1.5％で

あった。2016 年第 3 四半期を除いて消費者物価インフレは、図 1-23 に示されているように、一般に過去 8 年間で、どの年も GDP 価格インフレより低く（あるいは同レベル）であった。

　消費者価格インフレが GDP 価格インフレより低かったのは、輸入の相対価格が継続的に落ちてきたからである。2019 年第 4 四半期を貫く 8 つの四半期を通して、輸入価格は上昇しなかったが、GDP 価格（米国で生産された財とサービス）は 2.0％より速い率で上昇したので、輸入の相対価格は年率で 2.0％下落した。低下する輸入の相対価格は消費者価格インフレ（8 四半期の間 1.7％）を、GDP 価格インフレを抑えるよりも、より大きく抑えたのであるが、それは、輸入の財サービスが直接に消費者価格に含まれるのに対して、GDP 価格インフレは、ただ競争を通じて間接に影響を与えたに過ぎないからである。

　輸入の相対価格の下落という状況は、必ずしもそうであるとは限らず、図 1-24 において、GDP 価格の対数レベルと輸入価格の対数レベルを示してある。とりわけ輸入価格は、1955 年から 1981 年までは、GDP 価格より年で 1.6％ﾎﾟより速く上昇し、1981 年から 2011 年では 1.7％ﾎﾟより遅くなり、2011 年以降の 8 年間は 3.1％ﾎﾟより遅く上昇した。図 1-24 にみることができる

図1−23　インフレ──GDP 物価指数と PCE 物価指数、2009〜2019 年

注：PCE＝個人消費支出。影はリセッションを示す。
出所：Bureau of Economic Analysis; CEA calculations.

図1−24　輸入物価と GDP 物価指数、1955〜2019 年

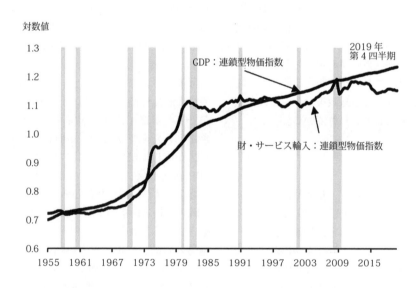

注：輸入物価は、国民所得生産勘定の財・サービス物価により計測されている。指数は、
　　対数を取り再正規化している。影はリセッションを示す。
出所：Bureau of Economic Analysis; CEA calculations.

ように、GDPの対数レベルと輸入価格のそれとの分離は、現在のところ1955年から2019年の期間で最も大きく記録されている。

インフレ測定の相違──消費者物価指数、連鎖消費者物価、PCE価格指数、コア消費者物価指数

消費者物価指数（CPI）は、平均で約0.29%で、PCE価格指数より少々速く増加する傾向にある[6]。これら2つの普通に使用されている消費者価格の測定は、2つとも重要である。CPIは、生活コスト価格指数を過剰に表現する傾向にあるが、それは2年ごとの固定された市場バスケットを使用するからで、消費者が比較的安い価格の財サービスに向かう現実に起こる代替行動を反映しないからである。もう1つのCPIのバージョンは、連鎖CPIといわれるものであり、この代替的バイアスを修正するので、その結果、公式のCPIより年間0.28%より低く上昇する。この連鎖CPIは、現在新TCJAの税表における区分の指数化に使われている。PCE価格指数はまた、多くがCPIと同様な構成と総計で始まり、代替を取り入れている。食料やエネルギー価格のような浮動的な酵素を除いた価格指数は、全体の指数よりインフレ傾向のシグナルを鳴らして表現される。コアCPI（これは、食料とエネルギーを除いたものであるが）、2019年の12カ月で2.3%上昇したが、前年の2.2%より少々アップしたに過ぎない。コアインフレのPCE価格バージョンは、2019年で1.6%上昇し、1.9%の前年からの下落であった。2019年のコアPCEインフレ率は、連邦準備の目標値2.0%を下回ったが、全体のPCEインフレは図1-25に示されている通りである。

インフレ期待の測定は、また、連邦準備の目標値2.0%へ近づいた利率で安定しているが、図1-26に示されている通り、2つの測定によってグラフ化したものである。その1つは、ミシガン大学消費者調査であり、もう1つは、財務省インフレ防御安全による調査から抜き取ったものである。

コアインフレの安定性とコアインフレ予測の安定性に力づけられて、わが政権は、11年という予測期間CPIを2.3%、GDP価格指数を2.0%と予測する。

時給インフレ、生産性成長、安定するインフレ

名目時間報酬インフレ──それは民間の雇用コスト指数によってはかられたものであるが、2019年の12カ月では年率2.7%で上昇、2018年ペースの3.0%から少々下落した。この2.7%のペースは、2016年を貫く4年間における2.1%の年率からは少々のアップである。

長期間にわたって、賃金インフレは、労働生産性成長率によって、価格インフレを上回ることができる。そして、2019年第3四半期を貫く7つの四半期にわたって、非農業労働生産性は、年率で1.4%成長した。その結果、おおよそ3.0%の年率時間報酬の上昇（これは、単位労働コストの1.6%上昇を示唆するが）は、2%（あるいはよれより低い）インフレと整合性があり、価格構造にそれ以上の上昇圧力をかけることはなかった。

失業率の波動にインフレが反応する感度は、この20年間で減少してきたが、それは図1-27に与えられている散らばったグラフをみれば分かるとおりで、それは、フィリップス曲線のバージョンを示している。縦軸は、1年前のインフレ期待の調査に対するコアPCEインフレの相違を示している。横軸は、失業率のバージョンを示しているが、過去60年間の労働力に占める若者の主たる浮動をコントロールするために人口統計的な調整が行われている（労働力に占める若者の比率は、1970年代に例外的に上昇したが、それは、ベビーブーム世代が労働市場に参入したからである）。

図1-27にみられるように、黒色の回帰線は、1960年から2000年にかけて適用されるが、1%ジッの追加的失業率は、1年に0.36%ジッだけインフレ率を低くしている。それに対して、灰色の回帰線は、2000年から2018年の最近の19年に適用されるが、1%ジッの追加的失業率は、たった0.08%ジッのインフレ率を低くしていることを示している。過去20年間において推定されたこの浅い傾きは将来の最良の導きとなると議論することができるであろう。あるいは、最良の傾き推定は、60年全体をカバーしたもの（1%ジッの失業率につき0.27%ジッのインフレ、これは示されてはいないが）であるかもしれない。

フィリップス曲線の傾きの低下の説明として、

図1−25 消費者物価インフレ、2012〜2019年

変化率（12カ月）

11月19日

連邦準備制度の長期目標

コアPCE物価指数

総PCE物価指数

注：PCE＝個人消費支出。
出所：Bureau of Economic Analysis; CEA calculations.

図1−26 コアCPIインフレ及び期待インフレ、1960〜2019年

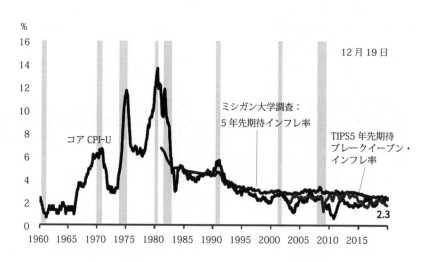

%

12月19日

コアCPI-U

ミシガン大学調査：
5年先期待インフレ率

TIPS5年先期待
ブレークイーブン・
インフレ率

2.3

注：コアCPI-Uについては、12カ月変化率が取られている。ミシガン大学調査と財務
　省インフレ連動債（TIPS）については、3カ月中心化移動平均が取られている。影は
　リセッションを示す。
出所：University of Michigan; Federal Reserve Board; Bureau of Economic Analysis;
　Haver Analytics.

図1−27　価格変化版フィリップス曲線散布図

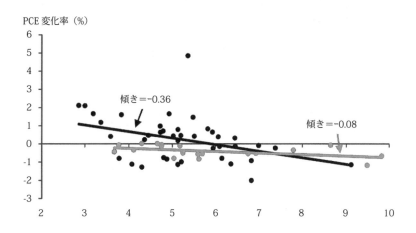

注：PCE＝個人消費支出。インフレ期待は、1960〜70年についてはリヴィングストン
調査、1970〜1990年については専門家予測調査（SPF）の10年先消費者物価指数、
1990〜2018年については10年先PCEインフレに関するSPF期待によって計測さ
れている。
出所：Federal Reserve Bank of Philadelphia; Bureau of Economic Analysis; Bureau of
Labor Statistics; CEA calculations.

表1−1　規制撤廃がコアCPIの相対価格上昇に与える影響

財・サービスの価格	相対価格の10年間の変化率、2006年12月〜2016年12月、AR	34カ月変化率、2016年12月以降、AR	トレンドの変化、p.p.	コアCPIにおける相対的重要性ウェイト	コアCPIインフレに対する影響
	2016, AR	2016, AR	p.p.	CPI	inflation
	(1)	(2)	(3)	(4)	(5)
			= (2) − (1)		= (3) × $\dfrac{(4)}{100}$
処方薬	1.62	−0.96	−2.58	1.711	−0.044
インターネット・サービス	−1.83	−2.28	−0.44	0.952	−0.004

注：R = 年率 ; p.p. = %ポイント ; CPI = 消費者物価指数。
出所：Bureau of Labor Statistics; CEA calculations.

（前述のような）近年の輸入価格低下によるインフレの抑制、賃金と価格の硬直性、これは 2009 年から 13 年の回復初期の年を通してインフレをゼロ以下に抑えた効果的にインフレを目標とする金融政策レジームによってフィリップス曲線の相関関係が喪失したこと（Hooper, Mishkin, and Sufi 2019）、そして中間財のインプットを増加させることに向かう経済のインプット・アウトプット構造の展開（Rubbo 2020）があげられている。もう 1 つの可能な説明は、現政権による規制緩和努力である。

規制撤廃とインフレ

この『報告』の第 3 章において論じるが、規

制撤廃は、処方薬とインターネットサービスの相対価格を下落させてきたと推定される。われわれが算出するに、これらの効果によって年 0.05％ポイントのインフレ全体を低くする。とりわけ、処方薬の相対価格は、2016 年までの 10 年間よりも 1 年で 2.6％ポイントより低くした。これは、表 1-1 をみよ。この分析をまとめると、インフレは低く安定しており、インフレ期待も同様に低いレベルになっている、そして最近のフィリップス曲線が示していることは、失業率に対するインフレの感度が消滅しつつあるということである。

グローバルなマクロ経済状況

以前の節においてほのめかしておいたことであるが、2019 年の主たる逆風は、グローバル成長における歩調を合わせた減速である。最近の半年ごとの経済概観において、国際通貨基金（IMF 2019c）は、グローバル経済成長を、0.7％ポイントほど下げ、大リセッション以来最低の 3％に修正したが——これは、近年における最も大きい 1 年の下方修正である（図 1-28）。先進国経済においては、0.4％ポイントほどの下方修正であり、成長の鈍化はヨーロッパに集中し、とりわけドイツにあった。新興国経済もまた、0.8％ポイントの下方修正をみた。このグローバルな減速にあって米国経済は、2018 年 10 月の IMF によって、2019 年の最初の 3 つの四半期で他の G 7 諸国のどの国より速い成長を予測された（図 1-29）。

現下のグローバルな減速の中心は、製造業の落ち込みにある。通商政策の不安定性がしばしば製造業の落ち込みの犯人であるといわれ、とりわけ、中華人民共和国との二国間協定に向けた政権の交渉をめぐる不安定性が指摘され、政権は、中国の構造的障壁を取り除き、低くする干渉を行っている（BIS 2019a, 2019b; IMF 2019a; OECD 2019a; World Bank 2019a, 2019b）。しかしながら、グローバルな製造業の減速への他の要因も

通商交渉に先行し、また同時に進行しているのである。これらの理由は、通商政策の不安定性の効果だけを分離することを難しくしており、グローバル経済への効果のバイアスをより高める結果となっている。製造業にのしかかる他の諸要因は、2018 年 9 月のヨーロッパの自動車排出基準の変化を含み、それがヨーロッパ、とりわけドイツにおいての生産のボトルネックとなっているのであり、また、2017 年に始まった中国における減速であって、それは、中国政府による信用制度の金融引き締めによって引き起こされたのである。これら 2 つの国の製造業セクター、2 つの世界の製造業における突出した動力源が、わが政権による中国製品への関税化の実施の時期を前にして減速し始めたのである（図 1-30）。

米国と中国との間のより相互的環境とリバランスを創出するわが政権の努力には、この新しい関係がどのように形成されるかについての交渉が必要とされた。交渉は重要な問題について広い範囲をカバーしているのであるが、それには、市場アクセスの条件として米国企業が所有技術移転において必要とされる方法、米国企業が中国において直面する様々な関税非関税の障壁、そして産業補助金や国有企業への援助のように、中国の市場を

図 1－28　IMF の世界に関する 5 年先実質 GDP 成長予測

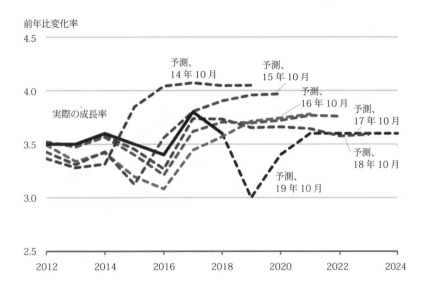

注：それぞれの予測は、『世界経済見通し』からのものである。それは、毎年 10 月に
　　IMF によって出版される。
出所：International Monetary Fund.

図 1－29　2019 年実質 GDP 成長の予測

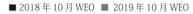

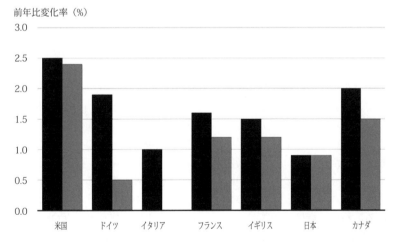

注：WEO＝『世界経済見通し』。IMF により毎年出版される。
出所：International Monetary Fund.

図1−30　産出合成型の購買担当者景気指数（PMI）、2015〜2019年

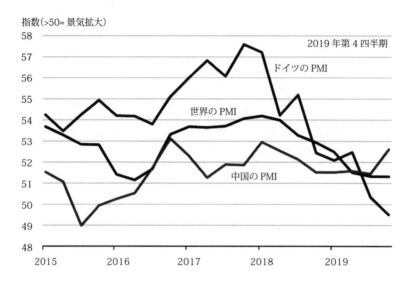

注：50超の指数水準が景気拡大を示す。
出所：Caixin; IHS Markit; JPMorgan Chase.

歪めるその他の慣行と政策が含まれるのであり、これらが米国とともに世界の経済成長に重しをかけているのである。

中国の知的財産権保護の実施に関する弱点は、広範な課題の象徴的な1つである。中国企業は、米国の知的財産の盗みを制度的に行っているのであるが、それは他の方法で行うことを動機づけるにはコストがかかりすぎるからということである[7]。関税引き上げを通じた強制的な二国間アプローチを追求するのではなく、前政権は、法律違反を行うものに対してコストをかけることもなく、多角的な方式をとり、これらの問題を解決することに失敗してきたのである。わが政権は、まず中国からの輸入に関税を課したが、それは、技術移転、知的財産そしてイノベーションに関する中国の行動、政策、実施に関しての301条調査の発見に基づくものである。わが政権は、中国が報復関税をかけ、これら不公正な行動、政策、そして慣行を取り止めないことに対応し、2018年と2019年に補足的な行動を起こした。

これら政権の行動は、二国間において通商関係の再交渉を促した。関税の効果に関する研究は、米国に対する関税の短期のコストを指摘する（Amiti, Redding, and Weinstein 2019a, 2019b; Caldara et al. 2019; Fajgelbaum et al. 2019）[8]。新協定をめぐる交渉は、政府がどのような協定を結ぶかについてのある程度の不安定を創り出し、短期のコストを高める。しかしながら、バランスがとれ、また中国との二国間新協定が結ばれれば、米国にとって長期の経済的便益となるのであって、それは、短期コストの削減にもなるのである。

2020年1月、わが政権は、歴史的かつ強制力のある協定の通商ディールの最終局面を迎えた。通商ディールは、中国の経済政策と通商政策に構造的な改革とその他の変化を必要とさせるが、それには、知的財産権、技術移転、農業、金融サービスと通貨外国為替の分野を含むものである。最終目標は、中国における市場障壁の低下と、より進む市場志向を伴うが、グローバル通商システムがよりバランスの取れた、相互の環境において行われることである。グローバル成長は、その結果、通商自由化の増進から得る利益となることであろう。

通商政策の不安定性にスポットライトが当てら

図1-31 中国の自動車売上の変化、2014〜2019 年

出所：China Association of Automobile Manufacturers; CEA calculations.

れてきたが、グローバルな製造業不振の要因として もう1つの注目されてこなかったものは、グローバルな自動車産業における供給と需要の問題があった。ヨーロッパの自動車産業の供給問題は、2018 年9月、ＥＵの排出規制の変化によって先鞭をつけられたのであり、それはテスト機関へのボトルネックとなり、在庫が積み上がることを避けようと自動者製造業者における生産カットにつながった。ドイツは、自動車生産のグローバルなハブとなっており、とりわけ供給途絶の衝撃を受けた（Deutsche Bundesbank 2019; IMF 2019b）。ドイツの自動車生産は、2018 年、全体として 10％下落した。そして 2019 年にはさらに 9％の落ち込みとなった。その長いグローバルチェーンとグローバル産出と輸出を考えると、自動車セクターの弱点は優にヨーロッパの産業レベルを超えているのであり、鉄鋼、金属、そして自動車部品のような上流産業のみならずサービスのような下流の産業へも世界中にショックが伝わるであろう（OECD 2019b）[9]。

これらの自動車産業のショックは、さらに中国の自動車需要の周期的落ち込みによって増幅され

た。2017 年からの中国当局の影の銀行セクターへの金融収縮は、信用成長の長引く減速につながり、消費者信用にも広がった。信用アクセスの増大する困難は、減速する経済において家計のリスク回避を高め、2017 年と 18 年の自動車購入における消費者税額控除が 2019 年に終了し、これらすべてが中国における自動車消費のかなりの反動を引き起こした。この結果、中国の自動者消費は、2018 年中ごろから四半期別にみて連続的に収縮し続けた（図 1-31）。そして、自動車販売のグローバルな収縮の半分以上を数えたのである。したがって、ドイツの自動車輸出の分量、それは中国が最も重要な市場であったが、2018 年初めから落ち込み、そして、2019 年 11 月時点で 2018 年中ごろレベルを 14％下回った（図 1-32）。

自動車産業の問題と中国の減速に加えて、国特有のショックがまたグローバル減速を悪化させた。連合王国においては、ブレキジットをめぐる不安定性が成長に重くのしかかった。連合王国議会がボリス・ジョンソン首相と EU との交渉ディールを認めることに失敗した後、英国政府は、ブレ

図1−32　ドイツの自動車及び自動車エンジン輸出、2016〜2019 年

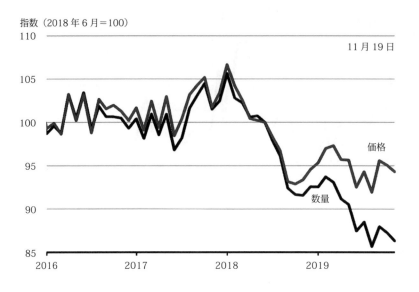

指数（2018 年 6 月＝100）

出所：Federal Statistical Office; Kraftfahrtbundesamt; CEA calculations.

キジットの期限延長を 2020 年 1 月までとした。2019 年 12 月のイギリス総選挙では、議会においてジョンソンの党が過半数を確保し、議会ではイギリスが 2020 年 1 月 31 日に離脱協定を伴って EU を離れる法律が通過した。その後連合王国は、2020 年末まで移行期間に入り、その間 EU 規則に縛られる。

　日本は、2019 年前半には年率で 2.3％という驚くべきプラス成長を経験し、第 3 四半期には年率 1.8％に成長はずり落ちた。これは輸出の不振がグローバル需要の落ち込みから生じたものであり、それはとりわけ主として中国の需要減と、韓国による日本製品ボイコットによるものであった。長らく計画されてきた消費税率は、8％から 10％に上昇し、10 月に効力を発揮、消費者支出が落ち込む原因となった。

　新興市場経済は、2018 年まではグローバル成長のエンジンであったが、2019 年に足かせがはめられた。何カ月もの反政府運動の後、香港は、グローバル金融危機以来最初のリセッションに入った[10]。インドでは、影の銀行セクターにおける増加するデフォルトが国内信用成長を大きく引

き戻し、GDP 成長が鋭く落ち込む要因となった。メキシコでは、国内政策の不安定性が、メキシコ蔵相の突如の辞任と重なり、グローバル貿易の減速もあり、成長を阻んだ。一方、ブラジルでは成長は引き続き弱かったが、公的負債のレベルがあまりに高く、国内需要と外需の落ち込みに直面し、経済を支えるべくさらなる財政刺激をとろうにもとれなかった。

米ドルと金融政策

　国際経済見通しが弱いがゆえに、いくつかの米国以外の主要経済では、2019 年中に金融緩和が行われた。とりわけ、欧州中央銀行は、9 月、月200 億ユーロのペースで資産購入を再開するとアナウンス、そして、その政策金利を 10 ベーシス・ポイント下げ、−0.5％に引き下げた。デンマーク中央銀行（ユーロ国ではないが）もまた、欧州中央銀行にしたがい、その政策金利をマイナスの領域に下げた。グローバルなマイナス利回りの公的債務——それは多くがヨーロッパ諸国によって発行されているが——最近記録的な約 15 兆ᵈˡの域

図1−33　中央銀行政策金利、2010〜2019年

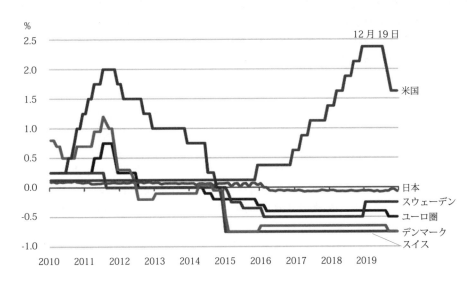

注：日本については、無担保コール翌日物が用いられている。
出所：Federal Reserve Board; CEA calculations.

図1−34　連邦準備の貿易加重広域名目米ドル相場と実質米ドル相場

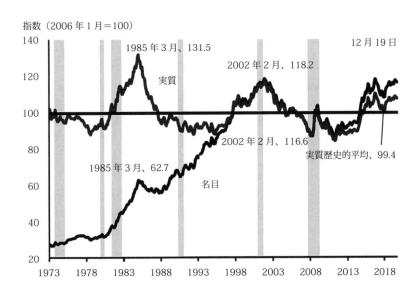

注：影はリセッションを示す。
出所：Congressional Budget Office; Bureau of Labor Statistics; CEA calculations.

に達した。

　対照的に、米国経済の改善された見通しに対応して、連邦準備は、2015年12月バランスシートの正常化に着手し始めた。2016年から18年にかけて、連邦準備はその政策金利を8回上昇させたが、ヨーロッパのいくつかの中央銀行（デンマーク、欧州中央銀行、スウェーデン、スイス）は、マイナス金利を続行した（図1-33）。連邦準備は、2019年になって3回、引き続いて金利を下げたが、米国の政策金利は、他の先進諸国経済のそれを超え続け、米国に資本を流入させる要因となって、2019年9月を通してドルの上昇へと貢献したものの、この年の最後の3カ月を通しては、じりじり下げた。

　2019年の波動を通して眺めると、実質および名目貿易加重広域・ドルは、12月から12月にかけてほぼ変わらなかった。他の主要先進国通貨に対して、ドルは、実質タームで同じ時期を通じて0.65上昇した。クルクル（Curcuru 2017）がみつけたことであるが、米国と他の先進国経済との金利差が1%㌽のすべてにわたって、実質貸付・ドル指数は3.4%上昇する。この弾力性を適用すれば、米国とその他のG7諸国との金利差は、貸付ドルの2.6%の下落を予測したであろうと人は発見する[11]。12月時点で、広域・ドルの実質レベルは1973年1月から現在までの歴史的平均より7.8%高かったが、上昇が起こったのは大方2014年夏から2015年にかけてのことであった（図1-34）。しかしながら、実質広域・ドルは1985年と2002年の記録的な高さのなお下にある。

　他の先進諸国より米国金利が高ければ、他の条件が同じとして、ドルのかなりの上昇が引き起こされて米国の輸出は削減されることになり、外国からの資金流入は、財務省証券の長期イールド・カーブを低くすることによって、積極的な経済効果を相殺することになる。この効果は、2019年8月にみられたのであって、ドイツと中国のデータが予想より弱く、グローバル成長への懸念の引き金となって、米国財務省証券市場への安全を求めての直接流入となった。欧州中央銀行の将来にわたっての緩和行動を市場が予測し、10年物財務省証券の利回りが即座に下落となり、その時、イールド・カーブの逆転が起こった。その結果、米国モーゲージ金利が下落し、米国住宅市場を支え、米国家計が彼らのモーゲージをリファイナンスすることを許し、より多くの可処分所得を消費に解き放った。

国内の逆風

　国際的な逆風に追加して、4つのその他の特異な国内要因が米国の成長を2019年においてほぼ0.3%阻害した。(1) 1月の25日にわたる政府機関の部分的シャットダウン、(2) ボーイング737Max ジェット機の飛行禁止、(3) ゼネラル・モーターズの争議、(4) 中西部の春の洪水であった[12]。

　ボーイング　2018年と19年のボーイング737Max の2つの決定的な事故の後、米国も含む世界の民間航空当局は、これを飛行禁止とした。飛行機事故とその結果としての飛行禁止は、ボーイング737の引き渡しを崩壊させてほぼゼロとなり、生産も落ち込んだ。生産と引き渡しのこの落ち込みは、GDPを下げたのであり、なぜなら飛行機はほぼ生産されず、また、生産された飛行機は在庫となり、引き渡されることはなかったからである。CEAの推定では、これらの影響で、実質GDP成長は2019年の4つの四半期において、0.14%㌽引き下げた。

　GMのストライキ　9月中頃、全米自動車労働組合（UAW）は、6週間のGMでの生産を停止する労働罷業を開始した。CEAの推定では、ストライキは、2019年の4つの四半期からGDP成長を0.08%㌽縮減させた、しかし、その影響は2020年に同額によって逆転されるであろう。

　中西部の洪水　トウモロコシと大豆の生産（国の最も価値ある穀物であり、2018年には、それぞれ約510億㌦と390億㌦）は、2019年にそれぞれ4.4%と19.5%下落した。春の洪水——これは過剰な雨と雪解けによるものであるが、北中西部の生産に被害が出た——は、生産の低下にかなりの責任がある。われわれが推定するに、これらの低下は、（中西部全体の主要穀物）トウモロコシと大豆の値段を2019年で100億㌦、GDPの0.04%引き下げた。

結 論

この章では、グローバル経済の逆風と現下の拡大が成熟段階に入り成長の鈍化が予期されるにもかかわらず、米国経済は、昨年健全なペースで拡大を続けたことを示した。2019年を通して、消費者支出は強力に成長し続け、所得に占める労働シェアは上昇を続けた。とりわけそれまでの2年間の強力な増加の後にもかかわらず、労働市場はよりタイトになった。賃金はインフレより、より速く上昇し、究極的には、中間層の実質所得の増進となった。労働参加率は低下の年が続いたのち安定し、働き盛りの人々の参加率増加があり、潜在的に長期の産出を持ち上げる資本深化と結合した。

トランプ政権前における大リセッションからの緩慢な回復は、経済予測家達をして未来の悲観的な予測を促進したが、それは、米国経済が継続的な停滞のただなかにあるという流布された観念を反映したものであった。しかし、現政権の最初の3年は停滞が避けられないということを示すものではなかった。そして、わが政権の構造改革——低税率、規制緩和、そしてイノベーションを促進するエネルギー政策によって、継続する停滞を克服し、継続する経済成長のステージをセットしたのである。

42四半期を超えての現下の記録的な拡大が成熟期を迎えるにつれ、ある人たちは、拡大は「年をとれば終わるのだ」という心配をしている。しかし、専門的に研究された事実が示しているように、拡大は単純にその長さによって終焉するものではない。年月が経ったから拡大が終了するのではなく、悪い政策と外生的ショックがリセッションに導くのである。米国の歴史的に強力な労働市場、より進む規制緩和の可能性、そして生産性にプラスの影響を与える資本深化が示しているものは、米国の拡大にはさらなる大きな余地があるということである。

注

1　ハンセン（1939）が初めにこのコンセプトを

打ち出したが、それは、サマーズ（2013, 2014, 2016)によって広められた。そして最近では、ラッチェルとサマーズ（Rachel and Summers 2019)によって広められた。とりわけ、サマーズは、投資性向が減少するものの貯蓄性向は上がり、中立実質金利が異常に低いレベルになり、名目金利より下になると、結果として過剰な貯蓄が需要と成長を継続的に引きずり下ろすことになると論じた。

2　比較は、過去のその他の二次的期間においても行うことができる。大リセッション期の収縮期を除いて、労働生産性は、2009年第3四半期から2016年第4四半期にかけて、全体としてちょうど1.1%の年率で成長した。

3　実際の資本サービスは、TCJAが成立後2年を通して年率3.2％で成長したが、2017年10月のマクロ経済アドバイザーによる予測は、2.9%、2018年2月のブルー・チップ・エコノメトリック・ディテイルによる予測は3.1%であった。少々異なる計算方法によって、CBOはまた、全体の資本サービスの成長率を2.3%としたが、実際は2.7%の年率成長であった。

4　9つの四半期が、TCJA成立後含まれるのであって、なぜなら新設備投資への100%費用化というTCJAの規定は、2017年9月27日にさかのぼって適用されたからである（この時点では、下院歳入委員会における完全費用化条項を含む法案の第一次草稿提出の時期に当たっていた）。

5　よく記録された国際経済学文献における整理された事実は、より大きな企業ほど輸出輸入の性向が高いということである（WTO 2016)。

6　2002年第4四半期から2018年第4四半期から算出。

7　共通の間違った考えは、中国に対する不満がすべて知的財産権に関わるというものである。（301条調査において最終的には議論されるが）中国による技術移転の強要と知的財産の盗みは重要であるとはいえ、行動はまた、中国との間の様々な長期にわたる通商問題に対処するためにも取り組まれているのであって、サービスと農業の中国市場

へのアクセスの拡大、通貨に関して米国・メキシコ・カナダ協定の条項のような取り決め、中国への米国輸出にかかる多くの非関税障壁、そして米国製品の中国による購入の増加などが含まれる（White House 2018）。

8　カルダラ他（2019）は、この通商交渉の不安定性によるコストをみつけ出し、2年後GDPの1%の累積コストがかかるとする。アミティ、レディング、ワインスタイン（2019b）は、2018年19年における関税実施の直接の影響を検討し、年間GDPの0.4%がネットで失われることをみつけ出す。ファゲルバウム他（2019）2018年の追加的関税は、関税収入と国内生産者への利益を計算に入れるとGDPの0.04%のコストをかけることを見出す。

9　自動車セクターは、グローバル産出の5%、そして輸出の8%を数える。

10　香港の実質GDPは、2019年第2四半期に1.9%収縮、2019年第3四半期には、12.1%下落となった。

11　コリンズとトルーマン（Collins and Truman 2019）は、2014年7月から2019年9月まで同じ方式を採用し、この時期の主要ドルの21%上昇の4.1%ポイントは、米国とG7との金利差によるものであったことをみつけた。

12　部分的な政府機関のシャットダウンは、実質GDPの2019年レベルに影響したが、同時に2019年平均成長率にも影響したが、2019年の第4四半期から第4四半期にかけての成長率には影響していない。

第2章
経済成長は歴史的に恵まれなかったアメリカ人に恩恵を与える

米国の労働市場はこの半世紀において最も強力であるのは、トランプ大統領の成長促進政策が労働需要を上昇させ、労働市場に参入する構造的な障壁を低くしているからである。経済データが示しているように、近年の労働市場の前進は、かつて置いてけぼりにされてきたアメリカ人に不均衡的な便益を増進させているということを示す。これらのグループは、政府の資産テストプログラムに適合するために、労働市場外に残り続けるということよりは、彼らの経済活動によってより自立する方向に進んでいる。

トランプ政権の下で、記録として初めて、失業者よりも求人のほうが多くなった。2019年において、米国の失業率は3.5％に到達し、この50年間で最も低いものとなった。失業の低下は失業保険の人口シェアを低くし、1967年以来記録がスタートしてから最低のレベルに削減された。重要なことは、アフリカ系アメリカ人の失業率が記録上最も低くなったことで、低い流れがアジア人、ヒスパニック、アメリカ・インディアンやアラスカのネイティブ、退役軍人、高等学校を修了していない人々、とりわけ身体障害者の人たちにも及んでいる。

2016年大統領選挙以来、経済は700万人以上の雇用を創出したが、それは、議会予算局がその最終選挙前予測による190万人をはるかに超えるものである。これらの増進は、外部から雇用に人々を呼び込んだものである。2019年の大部分、雇用されたほぼ4分の3の人々は労働力の外から来た人たちであって、記録的に高いものである。そして、働き盛り労働力が増加し、前政権の拡張期下での喪失を取り返している。この事実が示していることは、過去3年間の労働市場の回復は過去の傾向を継続したものではなく、トランプ大統領の成長促進政策の結果ということができるであろう。

トランプ政権の政策は、より大きな雇用に導くだけではなく、より高い支払いに導くものである。すべての民間労働者の名目賃金上昇が2019年の1つの月を除いて3％を超える一方、歴史的に恵まれてこなかったグループの多くの賃金上昇は、今より恵まれたグループの賃金上昇より高く、こうした事態は、より低い所得の労働者とより高い所得の労働者との比較、管理者と労働者との比較、そして、白人とアフリカ系アメリカ人との比較を行えば明らかである。これら所得増進は、トランプ大統領就任前の拡大を通じては逆の傾向にあったことと比較すると、根本的に変化しており、所得の不平等の削減に貢献している。

雇用と報酬増は人々を貧困から引き上げ、福祉プログラムの資産テストから引き離す。貧困で生活していた人々の数は140万人が2017年から2018年にかけて減少し、黒人とヒスパニックの貧困率は記録的に低くなった。食に関する不安定が落ち、補足栄養援助プログラム（SNAP、以前はフードスタンプといわれた）に参加する人々が、2016選挙の時と比べると700万人ほど少なくなった。必要家族のための一時援助（TANF）は、ほぼ70万人の個人が減少し、2016年選挙以降、障害者社会保障保険は、ほぼ38万人落ち込んだのである。同様に所得が増進したのでメディケイドへの登録も減少している。

今日の労働市場の強化は、多くのアメリカ人を援助しているが、最も巨大な利益は、経済回復期以前に取り残された人々に向かっている。追加的な規制緩和行動は、労働市場の残った障害を取り

除いて、経済に記録的に長い拡大をもたらすであろうが、これらによって、とりわけ歴史的に不利な状況にあったグループに、より多くの雇用と所得の増進をもたらすことであろう。

　米国労働市場はこの半世紀において最強の状況であり、それは様々な測定を通した経済データによって示される。トランプ大統領の成長促進政策がこの強さに貢献している。経済的増強が過去３年間にわたって広がっているが、この章では、従来回復の過程で取り残されてきた人々に不均衡的に便益を与えることを示す。わが政権の政策は労働需要を高め、労働市場への参入の構造的障壁を減少させる。このアプローチは、歴史的に不利であったグループに大きく便益を与え、経済ブームを通じて不平等を削減しようとするものである。これらのグループは、政府の資産テストに適格であるために、経済的に不活発であり続けることよりも経済活動を通じてより自活する傾向になる。

　今日のよりタイトな労働市場とその結果としての賃金上昇は予想できたものであり、政権の歴史的な減税と規制撤廃行動によるものであって、継続する経済拡大をもたらしている。不必要な規制障害を取り除いて減税することは、労働需要を喚起するのであり、企業をして生産性を高める投資へのインセンティブを与えるのである（第３章をみよ）。その結果、労働生産性、賃金そして雇用それらの全部が上昇する。

　最終的に、これらの政策は雇用市場の継続する拡大を持ち上げるのに貢献し、変化しない供給に対する需要増加は、（雇用）量の増大と（賃金）価格の向上を労働市場においてもたらす[1]。米国では、111の連続的プラスの月次雇用増を経験してきたが、継続的に最長のプラスの雇用成長が続いている。民間失業率は、2019年12月において3.5％の50年来最低を維持しており、4％以下は22カ月連続である。今日の歴史的に低いレベルの失業率は急速な雇用の創出をより難しくしているが、それは、会社が適当な労働者をみつけることがより難しくなるからである。労働統計局（BLS）が、2000年に求人のデータの収集を始めて以降、2018年３月まで失業者の数は利用可能と記録される雇用数よりも多かったが、それ以降、

顕著な20カ月連続で求人が失業者の人々の数を上回っている。

　全部で、2016年の選挙以降、経済は700万人の雇用を付け加えたが、それは、マサチューセッツ州の人口より多いのである[2]。この雇用増進は印象的なものであり、大リセッション以来の経済回復が2019年夏を通して、米国史上最長のものとなったからである。図2-1は、四半期ごとの雇用総数を示している。2016年の選挙前には、議会予算局（CBO）は、雇用成長が遅くなることを予測し、それは総雇用数が平準化し、労働力の外にある労働者の多くがそのままで居続けると予測した（CBO 2106）。しかし、トランプ大統領下の雇用増大は、CBOが選挙前の最終予測による回復期の予測、190万人を大きく上回った。雇用を求めて労働力の外からやってくるアメリカ人は、失業率が歴史的に低くなっていても、選挙前と同じ率によって、雇用を成長に導いたのである。同様に、選挙前にCBOと連邦準備は、失業率は長期にわたって減少し続けたものであり、図2-2にみられるように4.5％程度で平準化するであろうとした予想した（FOMC 2016）。

　雇用主は適切な労働者をみつけ出すことがより困難になるから、雇用主は彼らが考えている以上に高い給料を労働者に支払い、労働者のプールを拡大するであろう。年率名目賃金上昇は、大リセッション以来、初めて2019年において3％に到達した。名目賃金の上昇は、2019年のひと月を除いてすべてにわたって3％か、それを上回った。重要なことは、多くの恵まれないグループの賃金上昇がより恵まれたグループの賃金上昇より高いということである。そして、最も低い賃金取得者が、減税および雇用法が制定されてからはいかなるグループよりも速い賃金成長（10.6％）をみせていることである。低所得労働者の給料が増加する一方、現在の拡張が開始されてから2016年の12月まで、労働者の平均賃金上昇は、監督者のそれに遅れたし、アフリカ系アメリカ人の賃金上昇も白人のアメリカ人に比較して遅れた。トランプ大統領が政権を担当して以来、これらの傾向は、ひっくり返され、所得の不平等削減に寄与した。トップ20％によって獲得される所得シェアを測ると、所得不平等は、2018年に10年間で最も大きく落ち込んでいる。ジニ係数は、人口の

経済成長は歴史的に恵まれなかったアメリカ人に恩恵を与える

図 2-1 総雇用と選挙前予測、2012～2019 年

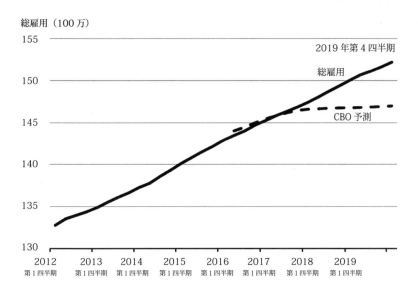

注：CBO＝議会予算局。CBO 予測は 2016 年 8 月のものである。
出所：Congressional Budget Office; Bureau of Labor Statistics; CEA calculations.

図 2-2 失業率と選挙前予測、2011～2019 年

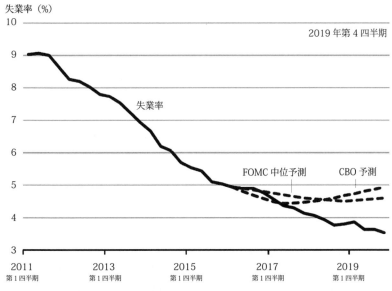

注：CBO＝議会予算局。FOMC＝連邦公開市場委員会。CBO 予測は 2016 年 8 月のものである。
FOMC 予測は 2016 年 9 月のものである。
出所：Congressional Budget Office; Bureau of Labor Statistics; Federal Reserve.

全体的不平等の測定だが、2018 年にはもちろん低下した（U. S. Census 2019）。

これらの雇用と所得の増加が人々を労働力の外から雇用に引き入れた。2019 年第 4 四半期において、雇用に参入した労働者の 74.2％は、失業からよりもむしろ労働力の外からやってきたのであって、1990 年に開始されたシリーズ以来、最高のシェアであった[3]。付け加えていえば、働き盛りの労働力が増加し、2016 年選挙まで前政権の拡大の下における喪失を取り戻した。前政権下での拡大期、働き盛りの労働力はほぼ 160 万人少なくなり、対照的に、現政権下では現在までのところ 230 万人の拡大となっている。重要なことは、雇用に対する強力な市場が、教育がなかったり、あるいは訓練ができていなかったり、以前罪を犯したり、身体が不自由であったりする人々に対する雇用機会を創出する。

また、労働力以外から労働市場への動きは、人々を貧困から引き上げ、福祉の資産テストから引き離し、彼らの自立を経済的活動を通じて増加させ、彼らの政府プログラムへの依存を減少させるのだが、政府依存は人々をして彼らの時間を制限して働くことをやめさせるインセンティブを与えてしまうのである。貧困で生活人の数は、2017 年から 18 年にかけて 140 万人減少し、黒人とヒスパニックの貧困率は記録的に低くなった。さらに、連邦の貧困ライン以下で健康保険を持たずに働く年齢の成人の数は、2016 年から 18 年にかけて 35 万 9000 人減少した。強力な雇用市場と維持される賃金増加のゆえに、食料不安は減少し、2019 年 8 月に時点で、2016 年の選挙時と比較すると、ほぼ 700 万人も少ない、補足的栄養援助プログラム（SNAP 以前はフードスタンプ・プログラムとして知られていたが）への参加者となった。TANF へ依存する人は、ほぼ 70 万人減少し、障害者社会保障保険の個人の数は、2016 年選挙以降 38 万人減少した。同様に、メディケイドの役割は、米国の人口が増加したとしても減少しているが、これは適用制限によってではなく、所得の増加によって、メディケイド適用の個人の数が減少していることによるものであることが分析によって明らかになっている。

これらのいままでになかった恵まれない人々への励ましに付け加えて、トランプ政権は、いくつかの新しいイニシアティブをとって、仕事への障壁を取り去って経済的機会を増進した。その中の最も深刻な障害の 1 つは、適格な仕事を求める際のスキルと訓練を、仕事を求める労働者たちが持っていないことであった。加えて、職を求める労働者たちが、適切な職の近くに住んでいなかったことである。職業ライセンスの普及の増加は、異なる州において、個人が職業をみつけることを難しくしていた。個人の労働参加率はまた地域経済の困難、子供のケアの責任、薬物中毒、そして前科者などのレッテルなどによって制限されていた。わが政権は、これらの障害に、「アメリカ労働者のための全国会議」「アメリカ労働者への約束」「薬物中毒をやめさせるイニシアティブ」「雇用に再び機会を与えようイニシアティブ」などを通じて取り組んできたのである。

トランプ政権は、自助の拡大によって貧困を削減することに集中的に取り組んできた。CEA（2019a）は、ヘルスケア、食料、住宅などの現物支給の財を政府によって提供する価値を認めているし、われわれは、地域政策やメディアからの主張とは異なり、1960 年代から始まった「貧困戦争」以来、貧困は劇的に削減されてきたということを見出している。しかしながら、戦争は、多くが政府への依存（需要サイド）を高めることで「勝利」してきたのであって、自足（供給サイド）を通じてではなかったということであり、これはなお前進させる余地があるということを示している。ここに「機会ゾーン」（Opportunity Zones）創設の意味がある。

機会ゾーンとは、2017 年減税および雇用法によって創設されたものであるが、供給サイドの経済政策としてよく理解されている。これらゾーンは、減税に帰結し、法人税減税と類似し、投資を引き起こすことが狙いで、労働需要の増加を図ることで、経済活動の活発化を通して、恵まれない人々に自助を促すことを目的とする。供給サイドの減税は、伝統的な敗れ去った貧困との戦いの真逆を目指すものであるが、伝統的な戦いとは、結局ヘルスケア、食料、その他の食料やサービスの資金として高税率に帰結し、人々をして働くことから遠ざけるインセンティブを与えてしまうことになる。

トランプ政権の政策による経済便益は広範囲で

はあるが、この章の主たる目的は、過去３年を通じたより強化された米国経済が、人種的そして民族的に少数派の教育を受けていない個人、貧困に生活する人々、労働力の外にある人々を援助するためにあるということを明らかにすることにある。わが政権が成長促進政策を実行することを継続すればするほど、これら歴史的に恵まれなかった人々への恩恵は継続して強まるのである。

この章では、主として２つのセクションに分かれる。第一は、いかにして今日の強化された労働市場が低所得の個人と歴史的に恵まれてこなかったグループに恩恵をもたらすのかを跡づける。第二に、障害を議論し、それが多くの個人を強力な経済からの便益を妨げていることを示し、わが政権の行動がこれら障害と取り組み、歴史的に恵まれてこなかったグループの雇用と所得増に貢献していることを示す[4]。

強力な経済成長による共有される繁栄

トランプ政権の税制ならびに規制緩和政策は、企業の労働需要を増加させる。継続する経済拡大は、これらの政策によって可能となり、予想されることであるが、非常に強力な労働市場が伴う。追加的な労働者をみつけることが困難となり、企業は潜在的労働者の広範なプールを考え始める。低失業率、強力な賃金上昇は、労働者を外から労働力として引き寄せ、労働供給が増加する。

労働市場の現況

2019 年 12 月、全国的な失業率は 3.5% であり、この 50 年において最も低い数値であった[5]。失業率は 22 カ月連続で 4％か、またはそれ以下を続けている。この低い失業率の連続は、比較的タイトな労働市場のしるしである。

低失業率が強力な労働市場のシグナルであるように、高い求人の数——BLS の求人と労働離職率調査（JOLTS）によって測定——は、強い労働需要を示している。2016 年の選挙時と比較してみると、2019 年 10 月には 140 万人以上の求人があり、総計では 10 月で 730 万人で、失業人口より 140 万人多かった。10 月は失業より求人数が上回る連続 20 番目の月に当たっていた。図 2-3 は、時間ごとの失業労働者数と求人数を示している。JOITS のデータが、BLS によって 2000 年に集められ始めて以来、トランプ政権が開始されて初めて、失業者数より求人数が上回った。

より活発な米国経済の結果、歴史的に困難な時期を過ごした多くのグループは、現在前進し、そ

れが定着した。トランプ政権の下で、これらのグループの多くは、失業率の顕著な低さを経験している（表２−１をみよ）。2019 年 8 月、アフリカ系アメリカ人の失業率は、5.4％に落ち、統計が取り始められた 1972 年以来最低を記録した。その間、アフリカ系アメリカ人の女性はまた、2019 年 8 月、失業率の史上初めての低さを経験した。ヒスパニックに関しては、2019 年 9 月、失業率は 3.9％の低さに到達した（統計調査は 1973 年に開始）。2019 年アメリカ・インディアン、またアラスカ原住民の失業率は、6.1％に落ちたが、2000 年に統計調査が始まって以来の低率であった。図 2-4 は、異なる人種とエスニック・グループの失業率をリセッション前と比較したものである。リセッション後、そしてトランプ政権スタート前の失業の低下は、だいたいリセッションにおける喪失からの回復の結果であった。過去２年間黒人とヒスパニックの失業率はリセッション前の水準を下回って、アジア系失業率はリセッション前のレベルに低下した。

さまざまな教育達成度のレベルの間では、教育を受けていない人たちは、労働市場において困難に直面する。しかしながら、わが政権の税制と規制撤廃政策によって、労働需要は刺激され、教育を受けていない、そして訓練も受けていない人々にも労働市場の機会が与えられている。2019 年 9 月、高等学校卒の学位を持たない個人の失業率が 4.8％に落ち込んだが、統計始まって以来の低さであった（統計シリーズ 1992 年に始まった）。大統領選挙以来、高等学校卒の学位を持っ

表 2―1　人口動態集団別失業率

特性	2019 年 12 月 (%)	統計上最低 (%)	トランプ政権期最低 （日付）	トランプ政権期の 最低はいつ以来
教育				
高卒未満	5.2	4.8（2019 年 9 月）	4.8（2019 年 9 月）	統計史上初（1992 年 1 月）
高卒	3.7	3.2（1999 年 11 月）	3.4（2019 年 4 月）	2000 年 4 月
短大卒等	2.7	2.4（2000 年 10 月）	2.7（2019 年 12 月）	2000 年 11 月
大卒以上	1.9	1.5（2000 年 12 月）	1.9（2019 年 12 月）	2007 年 5 月
人種・民族				
アフリカ系アメリカ人	5.9	5.4（2019 年 8 月）	5.4（2019 年 8 月）	統計史上初（1972 年 1 月）
ヒスパニック	4.2	3.9（2019 年 9 月）	3.9（2019 年 9 月）	統計史上初（1973 年 5 月）
白人	3.2	3.0（1969 年 5 月）	3.1（2019 年 8 月）	1969 年 5 月
アジア系	2.5	2.1（2019 年 6 月）	2.1（2019 年 6 月）	統計史上初（2003 年 1 月）
年齢と性別				
成人女性（20 歳以上）	3.2	2.4（1953 年 5 月）	3.1（2019 年 9 月）	1953 年 8 月
成人男性（20 歳以上）	3.1	1.9（1969 年 5 月）	3.1（2019 年 12 月）	1973 年 10 月
十代（16 〜 19 歳）	12.6	6.4（1953 年 5 月）	12.0（2019 年 11 月）	1969 年 12 月

注：「高卒」、「短大等」、「大卒以上」についての統計は 1992 年に始まった。「白人」についての統計は 1954 年に始まった。
　　「成人女性」、「成人男性」、「十代」についての統計は 1948 年に始まった。

図 2 − 3　失業者数と求人数、2001〜2019 年

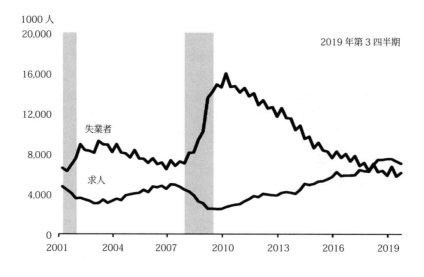

注：影はリセッションを示す。JOLTS 求人労働異動調査は 2000 年 12 月に始まる。
出所：Bureau of Labor Statistics.

経済成長は歴史的に恵まれなかったアメリカ人に恩恵を与える

図2-4　人種別失業率、2003～2019年

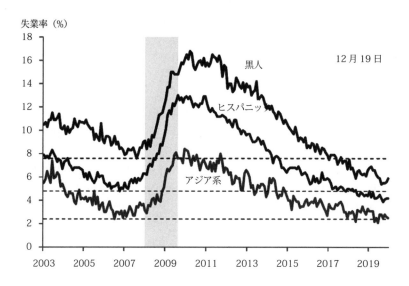

注：点線は、先の景気拡大期に達成された低水準を示す。影はリセッションを示す。
出所：Bureau of Labor Statistics.

図2-5　全雇用者に占める複業保有者の割合、1994～2019年

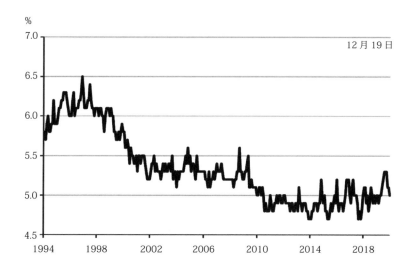

出所：Bureau of Labor Statistics.

ていない人の失業率は、大学卒の学位やそれ以上の学位を持っている人の失業率よりも速いペースで落ち込んだのである。2つの率のギャップはトランプ政権下において統計シリーズで小さくなった。高等学校の学位はあるが大学卒の学位はない人は、2019年4月に失業率が3.4％落ち、この18年を通して最低となった。大学の経験はあるが学位を持っていない人の失業率は、2019年12月で2.7％であり、2001年以来最低であった。

身体に障害を抱えている人たちは、仕事をみつけるのに困難をきたすが、退役軍人も同様である。しかし、トランプ政権の政策は、こうした人たちにも経済的便益を経験させる政策である。2019年12月、身体障碍者の失業率は、6.1％であり、2008年、統計シリーズ始まって以来最低であった[6]。2019年4月、米国退役軍人の失業率は2.3％に落ち、2000年に達成したものと並んだ[7]。

複数の職業で働くことは、労働市場の否定的な指標といえよう。もし個人がフルタイムの仕事をみつけようとしても、そうした仕事が不足する結果、パートタイムの複数の職を持たなければならないからである。しかしながら、複数の職を持つことは必ずしも否定的な経済指標ではない。というのは、主たる所得源を補う機会が拡大期により大きくなるかもしれないからである。複数の職を持つ人のシェアは、大リセッション終結以来、約5％程度であった（図2-5）。それは、1996年に6.5％の高さに到達し、その年以来低下してきた。データは、周期的な傾向を示しているわけではなく、複数の職で働く人のシェアは、最近の2つのリセッションを通して下がり続けた。選挙以来、それは0.2％［ポイント］減少したが、トランプ政権下では平均5％であり、2010年以降、4.9％から5.1％の年平均であった。

⋮ 人口動態の変化と労働力調査

このサブセクションでは、われわれは、時間とともに変化する人口動態に関連して労働参加率を構築する。人口動態において調整される参加率は、ヒスパニックに関してはリセッション前に近い数値であるが、黒人に関してはリセッション前を超えた。この調整された参加率が示していることは、近年の強力な労働市場によって、多くの労働者が、労働力外から入り込み、労働力に再参入しているということである。

雇用増や失業率のような労働市場の様々な測定は、強力な労働市場を示しているが、労働参加率は、リセッション前の水準に戻ってはいない。リセッション前、2007年12月の参加率は66.0％であった。参加率はリセッション期に落ち込み、回復期でも落ち続け、2015年9月には62.4％の低さに到達し、現在63.2％のレベルに少々戻している（2019年12月）。かつての回復期では、強力な経済によって労働市場に再参入した労働者は、参加率向上の要因となった。しかしながら、時間とともに参加率を比較してみると、人口動態の変化によって複雑化される。われわれは、労働市場のより明確な像を描くために、人種と民族による人口動態調整を構築する[8]。

変化する人口動態に合わせて労働参加率を調整することが不可欠であるというのは、労働参加が人の一生を通して予測可能に変化するからである。全体の参加率は、各年齢における参加率と各年齢グループの人のシェアに依存するであろう。例えば、全体の人口年齢として、人々の多くの部分が高齢層によって占められれば、参加率は退職によってより低くなる。人口の高齢化は、したがって、参加率の低下を招くのであって、たとえ、それぞれの年齢の参加率が変わらないとしてもそうなる。ベビーブーム世代、彼らは退職によって労働力から現在は離れている比較的大きな世代である。労働者が、強力な労働市場によって、労働力外から参入し、労働市場に再参入したとしても、参加率のプラスの効果は、ベビーブーマーたちの退職によってほぼ相殺されるであろうし、彼らのうちかなりの人が働き続けたとしても、参加率は上がらないであろう。

働き盛りの労働力の参加率というより狭められた測定（例えば25歳から54歳まで）は、労働市場における時間を考慮した人口動態変化の影響を緩和する代替手段の1つを提供する。しかし、これがただの部分的な解決でしか過ぎないのは、働き盛りの個人のグループも様々であるためである。それで、働き盛りの参加率もなお、この大きな働き盛りカテゴリーの中で異なる年齢グループにおける人口動態の変化を考慮する必要がある。高齢層と若年層の労働者の参加率傾向が重要であ

経済成長は歴史的に恵まれなかったアメリカ人に恩恵を与える

図2−6　アフリカ系アメリカ人の人口動態調整済み労働参加、1973〜2018年

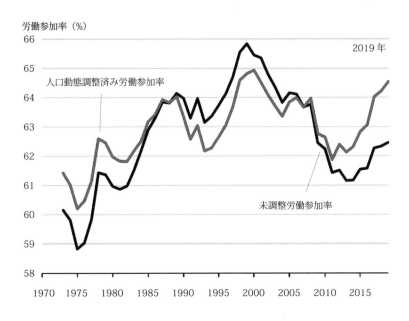

出所：Bureau of Labor Statistics; CEA calculations.

②

り、全体の参加率に影響することになるであろう。人口動態調整済み参加率は、人口動態を一定として人口動態における変化から参加率の変化を分離するという唯一の参加率測定法である（Szafran 2002）。この調整された率をみつけ出すには、人口の年齢と性別が、まず与えられた参照時期において固定されなければならない。それぞれの時期において人口動態的調整済み参加率は、その時期の年齢と性別に特定した参加率と参照期間の人口を使って、構築されるのである[9]。

　心にとめておいてほしいのは、人口動態的調整済み労働参加率が年齢、人種、性別人口分布を2007年レベルにおいて固定するということであり、図2-6は、黒人の人口動態的調整済み労働参加率を示している。データは、年率レベルにまとめられており、それは、性別、年齢グループによる人種レベルにおいて比較的小さなサンプルに基づいている[10]。黒人の全体としての参加率は、2007〜08年のグローバル金融危機後落ちてきており、リセッションの間の低落は、1990年代末にスタートした長期の下降傾向の継続線上にあ

る。調整済みの参加率が示していることは、この低落の多くが人口動態的変化によって説明できることである。黒人の参加率は、2018年においては、大リセッション期のそれよりも高かったのであり、人口高齢化の影響を除けば2000年におけるピークを少々下回った。比較すると、年齢16歳以上の全体の調整済み参加率は2007年の66％から下落し、2015年には64.5％になり、2019年に回復して65.9％になった。

　人口動態変化の調整は、近年ヒスパニックの労働参加率に大きな衝撃を与えた。図2-7は、ヒスパニックの人口動態調整済み参加率を示している。1994年から大リセッションがスタートするまで、このグループに人口動態変化は少しの影響しか与えていないのは、調整済みとそうでない場合の差があまりないからである。しかしながら、この参加率の相違が、大リセッション後、開いてくる。調整していない参加率は、比較的大きく下がったが、回復期には少ししか上昇していない。調整済み参加率は、完全に回復し、選挙前の水準を超えている。

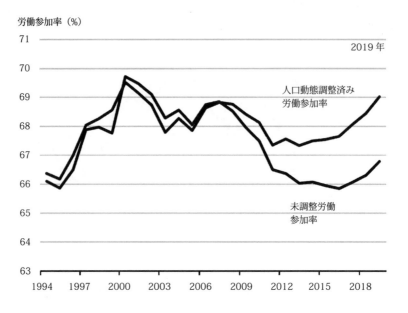

図2−7　ヒスパニックの人口動態調整済み労働参加率、1973〜2018年

労働参加率（%）

2019年

人口動態調整済み
労働参加率

未調整労働
参加率

出所：Bureau of Labor Statistics; CEA calculations.

賃金と所得成長

　過去3年間を通して、労働に対する需要とタイトな雇用市場は、とりわけ、最下層の所得労働者に対してより大きな賃金上昇に導いてきた。2019年第3四半期において、フルタイム労働者の第10百分位に対する名目週賃金の12カ月変化は、7.0％の上昇であった（図2-8をみよ）[11]。これは、中央値に位置する労働者の名目週賃金の年間変化（3.6％）より高く、インフレ率を超える。さらに、2019年第3四半期、高等学校卒の学位を持たないフルタイム労働者の週賃金の中央値は、年9.0％の上昇であった。

　図2-9が示すように、2019年11月に時点で、生産及び非監督労働者の名目平均時給は、年間を通じて3.4％の上昇である[12]。個人消費者支出（PCE）価格指数によって測定されたインフレは緩慢であり、11月に年率1.5％であった[13]。それゆえ、民間セクター生産と非監督労働者の実質賃金は、2019年11月で年率1.9％の上昇であった。マイノリティーの人々は支払いの面で最も速

い上昇をかなり経験している。2019年第3四半期、アフリカ系アメリカ人は、年間6.0％の週賃金の上昇をみたが、一方でヒスパニックの人々は、週賃金の上昇は4.2％であった。ちなみにすべてのアメリカ人の12カ月にわたる週賃金の変化は、3.6％の上昇であった。より速い報酬の上昇に加えて、より所得の低い家計は、規制撤廃からも大きな利益を引き出したのであり、それは財サービスのコスト減からであった。Box 2−1は、政権の規制撤廃がより低所得家計に与えた便益のインパクトの例について示している。

　貧困と不平等

　かつて見捨てられていた人々の雇用と賃金の上昇は、多くの人を貧困から救い出した。2019年9月、センサス局は、2018年におけるアメリカ人の経済的福利の公式の測定を公表したが、それは年次社会経済補足（ASEC）から現況人口調査（CPS）を使用したものである。アメリカ人は全般にわたって、一般に改善をみたが、データが示しているように、最も利益を受けた人々は、歴史

経済成長は歴史的に恵まれなかったアメリカ人に恩恵を与える

図 2−8　全成人フルタイム賃金・給与労働者の名目週賃金の増加、2010〜2019 年

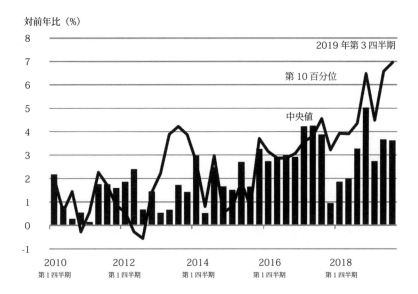

注：データは季節調整なし。
出所：Bureau of Labor Statistics; Current Population Survey; CEA calculations.

図 2−9　生産・非管理職労働者の平均時給と個人消費支出物価指数、2007〜2019 年

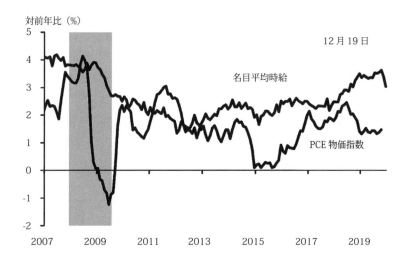

注：PCE＝個人消費支出。影はリセッションを示す。
出所：Bureau of Labor Statistics; Bureau of Economic Analysis.

　よくデザインされた規制は、重要な社会的目的を促進するが、コストがかかる。誰が規制のコストを負担するのかという問題は、政府支出プログラムの資金に必要とされる税金の負担はだれが負うのかという問題と似ている。連邦所得税は累進的構造を持っているので、低所得家計に比較して高所得家計は、税金の負担のより大きなシェアを担う。しかしながら、不幸なことに、規制のコストの負担シェアは不均衡的に低所得家計にかかる。われわれの推計によると、2つのセクターにおける規制撤廃行動によるコストの節約は――インターネット・アクセスと処方薬（図2-iをみよ）であるが、明らかに低所得家計を援助した。これらは、規制の2つであり、そのベネフィットはCEAによって推定された（2019c）。より低い規制の負担のコストは、今日の強力な労働市場における雇用と賃金の上昇を強化する。

　コストのかかる規制は、低所得家計に痛手だが、それは、かれらが、経済の規制されたセクターによって生産される財とサービスに、生活費の大きなシェアを支出するからだ。例えば、2018年消費支出調査からのデータによれば、家計の最も貧しい層20％は、処方薬に彼らの自前の所得の2.7％を支出したが、一方、家計の最も豊かな層20％は、たった0.3％の支出であった。家計の最も貧しい層20％はまた、インターネット・アクセスに彼らの所得のより高い比率を支出する。その結果、この2つのセクターの規制撤廃からのコストの節約は、家計の最も貧しい層20％にとっては、所得の2.4％であり、家計の最も豊かな層20％では、0.3％である。

　また、多くの規制は、より所得の低い層を痛めつけているとされているのは、規制の基準は財の価格を上げる傾向となるが、その財の多くが低所得家計によって購買されるからだ。例えば、その他の違いを無視して、レヴィンソン（Levinson 2019）が見つけたところだと、より所得の高い層は、より燃費効率の良い車を買う。その結果、

図2-i　世帯所得五分位別の処方薬及びインターネット接続に関する消費者の節約

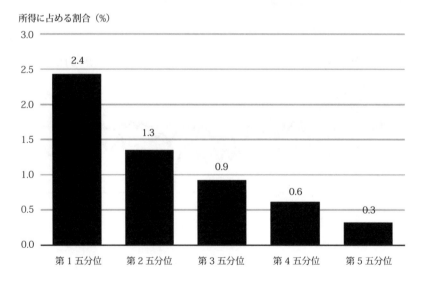

所得に占める割合（％）

注：値は、所得に占める割合として消費者の節約についてCEAが推計したものである。
　　消費支出調査の五分位と支出データを国民所得データに適用した。
出所：Bureau of Labor Statistics; Bureau of Economic Analysis; CEA calculations.

経済成長は歴史的に恵まれなかったアメリカ人に恩恵を与える

法人平均燃料経済基準（CAFÉ）は、逆進的であり、より低所得層の家計に不均衡的に負担となる。CAFE基準は、より高い所得層には問題とはならない。なぜならば、彼らはいずれにしてもより燃費効率の良い車を購入する傾向にあるからである。

CEA（2019c）によって分析された20の顕著な行動は、その他基準となる規制撤廃を含んでいるが、その規制基準は、より所得の低い家計が、彼らの選好と生活費に最もふさわしい製品を選択することを行う能力を制限していたのである。

的に恵まれていなかった人々であった。

2018年、公式の貧困率は0.55ポイント減少して11.8%になったが、それは2001年以来最低の水準であり、140万人のアメリカ人を貧困から引き上げた。この低下は、2017年における0.4%ポイントの下落を引き継ぐものであったが、このことが意味するのは、トランプ政権下で、米国の貧困率が最初の2年間で1%ポイントも下落したということである。CPS-ASECにおいて、所得は、税引き前の貨幣所得によって定義される。これには、現金の援助は含まれるが、政府プログラムによる現物での援助の価値は含まれないし、低所得労働家族への戻し税付き税額控除は含まれない。これら便益価値を含めれば、最低所得分配にある家計への利用可能な資金は上昇する。われわれはのちにこの章において分析し、税引き後そして移転所得後（現物支給の価値も含まれるが）を使用して、その効果を検証し、わが政権における貧困の変化を明らかにするであろう。

恵まれなかったグループは、2018年に最も大きな貧困削減を経験した。貧困率は、黒人アメリカ人で0.9%の下落、ヒスパニック・アメリカ人で0.8%の下落であり、この両グループは、歴史的に画期的な低率に到達した（図2-10をみよ）。黒人アメリカ人とヒスパニック・アメリカ人の貧困率は、2018年において米国全体の貧困率に決して近づくことはなかった。子供は、2018年においてとりわけいい状況であったが、18歳以下の子供の貧困率は1.2%ポイント減少した。子持ちのシングルマザーの貧困は2.5%減少した。

所得分配の最低層の所得が上昇し、貧困人口の比率が減少したとしても、これらの増大が所得分布の他の増加といかに比較するのかはまた有益なことであり、それは、所得の不平等の様々な測定における変化が反映されているかもしれないからである。2018年、不平等は減退した。それはトッ

プ20%の所得シェアがこの十年で最も大きく落ちたからで、ジニ係数（人口全体の不平等を測る指数）も落ちた。事実、分配の第20百分位から第40百分位の家計は、2018年のすべての百分位の平均家計所得で最大の増加を経験したのであり、2.5%の増大であった[14]。

低失業率、上昇する所得、低下する貧困が意味することは、多くのアメリカ人が自活できるということである。TANFに頼る人々は減少しており、2019年3月現在、選挙からは70万人ほどが減少している。一方で、社会保障障碍者保険（SSDI）に関しては、2016年の選挙以来38万人ほど減少してきている。公式の貧困率の低下は、2018年における食料の不安定に関して0.7%ポイントの低下に反映している[15]。2016年選挙以来、ほぼ700万人のアメリカ人は、SNAP登録から外れた。これらの登録数が大幅に減少したことが示しているのは、成長する経済は、家族を自活の方向に持っていくという積極的な成果に導くということかもしれない。福祉プログラムの登録減少はある程度、行政上あるいは政策上の変更によることから起こるかもしれないのであり、それによって資格のない人に便益を受けさせることが阻止される一方で、このことで便益を受ける資格のある人にある程度影響がでる可能性がある[16]。しかしながら、貧困の削減とともに食料の不安定性が削減されることが示唆しているのは、行政上の変化のネットの影響と強力な経済が困難を削減しつつあるということであり、ということは公的ベネフィットに依存する傾向が削減されるということである。

健康保険とメディケイド

強力な雇用の成長は、健康保険へのアクセスを拡大し、改善するカギとなるものである。雇用主主管の健康保険は、米国における最も大きな健康

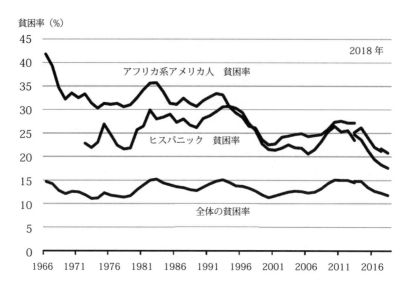

図 2–10　人種及びエスニシティ別貧困率、1966〜2018 年

注：2013 年以降のデータは、所得質問の再設計の実施を反映している。2017 年以降のデータは、人口動態調査（CPS）社会経済年次補助処理システムの実施を反映している。
出所：Current Population Survey (CPS) Annual Social and Economic Supplement.

保険適用の源となるものである。雇用と報酬増加は貧困を削減し、またメディケイドに依存する人々の数を少なくする原動力となるものである。メディケイドの登録は、米国の人口が増加しつつあるにもかかわらず、また、拡大する州、拡大しない州を問わずに減少している（図 2-11 をみよ）。データのわれわれの分析が示しているのは、メディケイドに依存する人々の数の減少は、ひとえに所得増加によるメディケイド適格者個人の数の減少によるものであり、資格制限のゆえに引き起こされたものではないということである。

センサス局は、CPS-ASEC において前年中の健康保険適用について問いている。個人が、丸 1 年もし保険適用がなかったとすれば、適用ナシと分類される。それぞれの保険のタイプごとに、個人の保険によるカバーがその年のどの時点でなされたかが問われるのである。近年の保険適用の比較は、CPS-ASEC における変化によって複雑化されてきた。2014 年において、CPS-ASEC は、健康保険適用のより良き測定のため、その質問事項を修正した。2019 年データの発表をはじめとし

て、センサス局は、修正された質問事項を完全に有利に進めるためにデータ収集の改善を実施した。2017 年と 2018 年のデータは、アップデートされたデータ収集とともに発表されてきたもので、そうして首尾一貫した比較は、2016 年、2017 年、2018 年の健康保険適用に関して CPS-ASEC データを使用してできる[17]。

表 2–2 は、2016 年から 2018 年にかけて、18 歳から 64 歳までの異なるタイプの保険保護の人々の数を CPS-ASEC における様々な所得レベルにおいて示している。すべての個人にとって保険を持たない人の数は 200 万人増加し、雇用主が供給する保険保護による数は、約 140 万人増加した。直接保険を個人で購入する人の数は、235 万人下落し、メディケアに依存する人の数は、160 万人減少した。18 歳から 64 歳までのすべての人口の連邦貧困ラインに対する所得分布は、貧困レベルに対する所得は増加し、連邦貧困ライン以下で生活している人の数は 160 万人下落したことを示している。無保険者の 200 万人増加のうち、135 万人は連邦貧困ラインの 300 ％

経済成長は歴史的に恵まれなかったアメリカ人に恩恵を与える

図2−11　拡大州及び非拡大州における月別のメディケイド及び児童健康保険プログラム（CHIP）登録者数、2014〜2019年

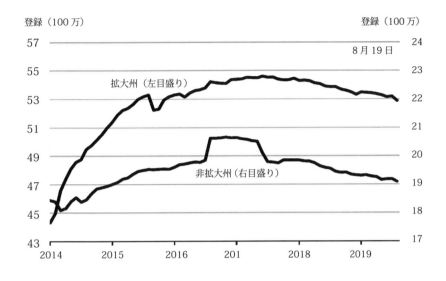

注：「拡大」は、医療費適正化法以降にメディケイド対象を拡大した州を指す。
出所：Centers for Medicare & Medicaid Services; Kaiser Family Foundation; CEA calculations.

か、それ以上の家族所得を持っている。保険を持たない人々の数で連邦貧困ライン以下は、35万9000人、2016年から18年にかけて下落した。これらの結果が示していることは、2016年から2018年にかけて、働く成人の所得増加がメディケイド参加数の削減に導いたことを示している。

とりわけ傷つきやすい人々は、貧困で生活する子供たちである。表2-3は、様々な家族の所得によって、異なるタイプの保険を持つ18歳より下の人々の数の変化を示している。無保険の子供の数は、子供の総数が減少したにもかかわらず、2016年から2018年にかけて、34万人増加した。無保険の子供の数の増加のほぼ半数は、連邦貧困ラインの少なくとも300％の稼ぎのあった家族における子供である。メディケイド（子供健康保険CHIPを含む）の子供の数は145万人減少し、それは貧困で暮らす子供の数が減ったことによるものである。あるものは次のようにいう。メディケイドの子供が減少し、無保険の子供が増えるのは、資格ある子供を除外する行政上の変化にあり、そうでなければ資格が与えられる子供を登録から除外するからであると[18]。無保険の貧困ライン以下で生活する子供の数が少し上昇していることは、行政上の変化が少しの役割を果たしていることを示唆する。しかしながら、データが示していることは、所得増加と貧困で生活する子供の数の減少が、メディケイドに依存する子供の数を大きく減らした主な要因であるということである。

健康保険なしの人々の数は、いくつかの要因で増加する。過去2年間で無保険の人の数が上昇した背景には2つあり、第一は、ケア適正化法（ACA: Affordable Care Act）の義務規定違反金の廃止であり、第二は、メディケイドとACA取引補助金の資格者の数の減少である。より高い家計所得の1つの帰結は、家計が公的援助プログラムの資格を喪失するということである。家計には働くことを少なくして適格者として残る選択もあるが、明らかになった選好は、より高い所得が有用さの全体のレベルにおいて、メディケイドやACA補助金を失うロスを相殺する以上のものであることを示したのである。無保険が増加するもう1つの理由は、かなりの個人が2018年に適用されていた義務規定違反金が廃止され、2019年の減税および雇用法によってその違反金がな

表2—2　さまざまなタイプの保険を持つ18歳から64歳の人々の数の変化、家族所得水準別、2016～2018年

所得水準	人口 (1000)	無保険 (1000)	雇用主提供 (1000)	直接購入 (1000)	メディケイド (1000)
すべて	736	1,961	1,369	-2,347	-1,613
FPL未満	-1,576	-359	-283	-182	-1,042
FPLの100～199%	12	608	-121	-494	-507
FPLの200～299%	-608	362	-460	-667	26
FPLの300%以上	2,066	1,350	2,233	-1,004	-91

注：FPL＝連邦貧困ライン。
出所：Current Population Survey, Annual Social and Economic Supplement; CEA calculations.

表2—3　さまざまなタイプの保険を持つ子供の数の変化、家族所得水準別、2016～2018年

所得水準	人口 (1000)	無保険 (1000)	雇用主提供 (1000)	直接購入 (1000)	メディケイド (1000)
すべて	-423	340	231	-389	-1,445
FPL未満	-1,351	25	-270	-131	-1,223
FPLの100～199%	231	68	73	-113	-28
FPLの200～299%	202	85	120	-53	-154
FPLの300%以上	495	162	309	-94	-40

注：FPL＝連邦貧困ライン。
出所：Current Population Survey, Annual Social and Economic Supplement; CEA calculations.

くなったからである。CBO が推定しているのは、約100万人の人々が2018年に保険保護から抜け出す選択をするであろうというもので、義務規定違反ペナルティの廃止の時期についての誤った信念があるからであるという（CBO）。義務規定違反金を払うのが嫌で保険を購入している人にとっては、ペナルティの廃止は彼らをよりよくするのである（CEA 2018b）。

貧困の完全所得測定

最底辺の所得分配が上昇し、公式貧困測定（OPM: Official Poverty Measure）による貧困は減少している。人々が貧困から脱出するにつれ、さまざまな公的支援プログラムは消えていく。政府による便益の喪失の可能性は、労働市場外にある人たちに、そしてより一層労働市場にかかわろうとする人たちに、労働市場に参入する負のインセンティブを与えるが、それは、便益の喪失が労働市場に参入するに際しての税の働きとなるからである。賃金水準と適切な雇用であるがゆえに、人々を貧困から引き出す労働市場の増加は、平均すると、利用可能な資源に関して政府便益の喪失を相殺する以上のものである。

OPM は、税引き前の貨幣所得に基づいており、家族の全体の利用可能な資源の測定としては、多くの限界があり、低所得家族の資源の過小評価につながる。完全所得貧困測定（FPM: Full-Income Measure）はこれらの限界を打ち破るもので、より広範な資源共有ユニットを考察するのであり

経済成長は歴史的に恵まれなかったアメリカ人に恩恵を与える

図2-12　公式貧困測定と他の貧困測定の変化、2016年と2018年

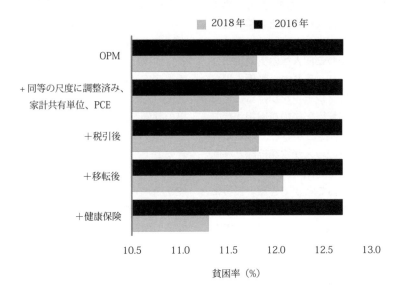

注：OPM＝公式貧困測定、PCE＝個人消費支出。
出所：Current Population Survey, Annual Social and Economic Supplement; Burkhauser et al. (2019); CEA calculations.

――家族に代わって家計――そして、所得資源の包括的なセットを考察するものである。

　FPMは、税引き後、移転後の所得を使用して貧困で生活する人のシェアを測定する。それは、連邦所得と給与税を差し引き、税額控除と現金移転（獲得所得税額控除や子供税額控除のようなもの）を加える。それはまた、SNAPの市場価値、学校給食の補助、家賃補助、雇用主提供の健康保険、そして公的保険（メディケア、メディケイド）を含める[19]。しかしながら、所得の源の包括的セットを使ったとしてもなお、FPMは所得の源とりわけ調査データ特別移転の過少報告によって、所得を低く見積もっているということを記載しなければならない（Meyer, Mok, and Sullivan 2015）。FPMについてのより詳細は、バークハウザー他（2019）と2019年『大統領経済報告』第9章をみよ。

　OPMとFPMは、資源を共有する単位をいかに定義するかにおいても異なる。消費には、規模の経済があるから、一定の生活水準を達成するための一人当たりのコストは、単位の人の数が増加す

るにつれて低下する。FPMは、家計を資源共有の単位として取り扱い、そして、閾値を家計の人数の平方根に基づいて比例的に調整する。それに対して、OPMは、共有単位を家族のきずなを持つ同じ家計の資源に制限する。家計を資源共有の単位として使用することによって（それは、所得分配研究の標準であるが）、FPMは、米国における非家族のメンバー間の共生の増加率を反映する。図2-12は、2016年から2018年までのOPMの下での貧困率の変化を、より広範な所得を積極的に取り入れた貧困測定と比較して示したものである。すべての測定値は、2016年の公的貧困率12.7％と等しく固定されている。公的貧困率は、2016年から2018年まで0.9％落ち込んだのである。同等の大きさに調整することを通じて、共有単位を家計として、そして、全都市消費者に対する消費者価格指数（CPI-U）に代わってインフレ測定に好まれるPCEを使うことによって、貧困率は1.1％ポイントが2016年から18年にかけて下落した。税引き後と移転後所得に移動すると、貧困率の削減はより小さいものとなった。こ

れは、個人が労働所得を増加させていることを示し（OPM貧困率測定に含まれたものだが）、事実、彼らが税額控除と移転所得（現物支給の移転を含む）をあまり受けていないことを反映しているといえる。公的援助にかかわる個人への実効税率は、非常に高くなることがあり、それが、労働市場参加率を増加させることにブレーキをかけることになる。税引き後そして移転支出後の貧困率がなお0.6%ポイント下落することを前提とすると、われわれは、全体として労働所得の増大が税額控除と移転支出の減少を相殺するより労働所得をより多く上昇させていると結論づけることができる。最後に、雇用主提供の保険、渡航的に提供された健康保険は、さらなる貧困率の下落1.4%ポイントに導くのである。これはメディケイド登録が落ち込んで起こったのであり、保険保護を失う個人が貧困閾値の上で生活する傾向にあるからである。この下落は部分的には、公的健康保険がこの時期に増加することによるもので、それは登録に残る人の完全な所得を引き上げたのである。

所得測定の選択は、また、所得不平等測定に影響する。税と移転が累進的であると、税引き前所得は不平等のレベルを大きくいいすぎる傾向になる。所得統計の国連のハンドブックは、好まれる所得測定は税引き後および移転後の（現物支給も含まれる）所得であり、それは、再分配政策の効果の評価を許すからであり、同時に国ごとの再分配政策の異なる度合いが意味あるように比較できるからであると記している（Canberra Group 2011）。エルウェル、コリンス、バークハウザー（2019）らは、1959年から2016年までを10等分して所得成長を計算している。税引き後と移転後の所得測定、それには政府健康保険と雇用主提供の健康保険の価値が含まれるが、それを使用して、彼らは、2016年のジニ係数0.341を計算したが、家計サイズに調整された税引き前、移転前の市場所得を同年で使用すれば、それは0.502である[20]。

経済的増進をさらにサポートする

強力な労働市場は、歴史的に画期的な労働市場の成功に導いてきた。それは、より高い所得、より低い貧困、そして、政府プログラムへの依存を削減するのだが、経済回復に取り残されてきた多くの人たちのグループはそれに依存してきたのである。このセクションで、われわれは、残された障壁を議論するのだが、それは強力な労働市場から完全に便益を獲得するのを阻止してきたものである。利用可能な労働者のスキルは、雇用主が必要とするスキルとマッチしないかもしれない。また、地理的なミスマッチが労働者と雇用との間にあるかもしれない。子育てコスト、犯罪歴、薬物依存がまた、ある特定の人々を労働市場への参入を阻止するかもしれない。現在の雇用成長率を維持し、失業率を歴史的にかつ画期的に低くするには、より多くの労働者を労働力の外から引き入れることが必要である。これには、目標とする政策が必要であり、トランプ政権がその対処を追求しているが、非常に強力な労働市場にもかかわらず、これらの人々は、労働市場への参入をその障害によって阻止されているのである。

労働者が成功するスキルを持つことを確実にする

以前の『報告』「米国の再スキル課題に取り組む」（CEA 2018a）で、われわれは、常に変化する米国経済において持ち上がったスキルギャップの問題を概論した。スキルギャップとは、利用可能な労働者が雇用主の必要としているスキルにマッチしない場合についていわれる。ブームの経済においても、必要とされるスキルの欠落は、かなりの個人を活発な労働市場の便益から遠ざけてしまうことになる。われわれの以前の報告は、この問題に対処する重要性と、同時に労働者と企業がそうすることを求めて直面する課題に光をあてた。

CEAはまた、連邦労働者訓練プログラムの存在するインフラを検討し、それらの効果に関して事実を調べてみた（CEA 2019d）。全体として、われわれは、これらのプログラムが労働市場の成

経済成長は歴史的に恵まれなかったアメリカ人に恩恵を与える

果を改善するということについて入り混じった事実を発見した。プログラムは、小さな積極的効果が全体として得られるかもしれないということであったが、景気循環の特定の時期においては特定のグループの人々にとっては、より効果的であるかもしれない。多くのこれらのプログラムとごたまぜは、単一の一般的な結論に到達することを困難にしたが、むしろ、かなりのプログラムは効果的であるが、一方でその他は彼らの希望とする可能性へたどり着くことに失敗した。

このスキルギャップを埋めることを援助するために、トランプ政権は、現存の連邦労働者訓練・再訓練プログラムの規制に対処する行動を起こしている。現存の連邦プログラムの評価が定まらぬ効果を前提にすると、米国は労働者訓練に関して革新的な解決を必要としている。この問題に対処することは、スキルを持つ労働者をみつけ出す雇用主の努力に対処するために必要であり、より多くの人々を労働力の外から引き入れて、繁栄の経済から便益を引き出させることができる。

この流れで、労働力開発の国家的戦略を開発するため、わが政権は、米国労働者全国会議（NCAW: National Council for American Worker）を創設している。NCAW は、訓練プログラムの改善に関連する諸問題に対処し、民間セクター主導のアプローチに焦点を合わせ、複数の教育に力を入れ、家族を養うための実力をつけられるように、彼らを訓練の道に導いている。また、NCAW は、連邦と州の労働力プログラムの成果の透明性を高めるべく力を入れているが、それは、雇用を求める人、政策立案者、プログラム管理者たちがどのプログラムが効果的かをよりよく理解することを可能とする。加えて、より良きデータとともに、公的プログラムを通じた成功と失敗から学ぶ機会があり、最も大きな見返りを示すタイプのプログラムへと、資源を振り分ける機会でもある。

以前の CEA（2019d）報告において、雇用と訓練プログラムについて政府支出の最適レベルを決定はしなかった、しかし、われわれは、連邦努力は、彼らの支出を何が最も効果的かについて証拠がいっていることに依存して、シフトさせるべきであると主張する。現下の連邦労働者訓練プログラムにおいて、登録された見習い制度は、労働市場に強力な改善をもたらしているので、わが政

権は、すでにこの「君が報酬を得る間に学べ」モデルのこれらのタイプに支出を増額させている。加えて、労働力イノベーションならびに機会法を通して供給される求職援助は、この法による訓練資金へのアクセスよりも、雇用成果を改善するのにより効果的である。求職援助は、個人が失業している時間を削減することを目的とするが、個人が彼らの一連のスキルを評価し、そして労働力として参入するのを妨げるかもしれない他の障害に対処する。

現存の貢献する連邦プログラムとともに産業主導の非営利分野訓練プログラムは、様々な研究において重要な約束を示してきた。分野別訓練プログラムは、産業特定プログラムであり、その産業において、技術のある参入レベルの位置にある人に訓練を施すことを目的とする。現在、これらのプログラムは、小さくなる傾向にあり、特定の都市で特定の産業に焦点を合わせ、州と地方政府に協力して非営利グループによって経営されている。3 つのセクター訓練プログラムに関するランダムな研究は、それらが参加者の報酬を増加させるのに効果的であるということを発見した（Maguire et al. 2010）。これらのプログラムの追跡研究の 1 つは、増加は継続し、年を経るごとに大きくなるかもしれないということをみつけ出した（Roder and Elliot 2019）。他のランダムな研究は、分野別訓練プログラムを検討し、また効果的証拠を示している（Hendra et al. 2016; Fein and Hamadyk 2018）。

分野を基礎とするアプローチは、わが政権の提案する産業承認の見習い制度プログラムを導き、それは見習い制度を使用しては来なかったセクターに見習い制度を拡大することを求めている。民間セクターは、分野を基礎とする成功に気づき、産業レベルでの労働力不足に対処するために同様のプログラムを出発させてきた（Box 2-2 をみよ）。1 つの選択は、現存の産業主導の分野別プログラムを連邦のサポートを通して拡大することである。

最後に、訓練に投資をすることは、民間セクターを活発化させるのに役に立つかもしれない。一般的に一民間企業は一般の人的資本に訓練を施すことに熱心ではないが、それは企業が訓練のコストを取り戻す前に、訓練を受けた労働者が他の企業

②

Box 2—2　先進的な製造業教育連盟

産業協力が所与の分野での熟練労働者不足の1つの解決法である。このモデル上で構築されたプログラムの例の1つは、先進的製造業教育連盟（FAME: Federation of Advanced Manufacturing Education）であり、それは、先進的製造業経歴の道を構築することを求める雇用主の協力の組織である。企業は、地域のコミュニティ・カレッジとパートナーシップを形成し、特別な学位プログラムを提供するのだが、そこでは、学生は共同学位を完成させる間、企業で働くことができる。FAMEは、トヨタとケンタッキー州レキシントンのブルーグラス・コミュニティ・技術カレッジとの間の成功的なパートナーシップとして開始され

た。会社が、先進的製造業技術（AMT）プログラムの学生を支援する。学生週に2日授業に出席し、週に3日は支援企業で働く。学生が一旦共同学位を修得すると、会社で、フルタイムで働き続けるか、4年のエンジニア学位を追求することを継続するか選択する。

最初のクラスは、2010年にAMTプログラムを修得し、FAMEは、だんだんほかの地域でも急速に広がってきた。現在は、8州においてFAMEの運営が行われており、元祖ケンタッキー州では、複数の運営がなされている。そこでは、FAMEは、州政府からの直接の協力と支援を受けている。

に引き抜かれる可能性があるからである。しかし、この雇用者の引き抜きのリスクがあっても、企業は、労働市場がタイトであって、新しい労働者をみつけることが困難であれば、全般的なスキル訓練を施すことになるであろう。企業はまた、雇用者のやる気を再び活性化するために一時的な便益として一般的な訓練を施すであろう。金銭的インセンティブ、それは民間セクター訓練に補助金として現れるもので、補助金がなくても企業が施すはずであった訓練に補助金を出すという結末になれば、効果はそう大きくはならないであろう。困難なのは、民間セクターが訓練を補助金なしでも促進するためにインセンティブをデザインすることであるが、いずれにせよそれは、ほかの場合でも起こりうることである。

わが政権は、民間セクター努力によりよく焦点を合わせることを働きかけ、労働者の賃金とキャリアーの機会の増進と同時に、これらの投資が会社の最終的利益に戻ってくることを示そうと思う。わが政権の「米国労働者への約束」（Pledge to America's workers）を通して、会社は、5年にわたって、彼らの現在と未来の労働者へ多くの訓練と再スキル化の一定の機会を提供することに関与するのである。現在のところまで、350社以上の会社が、米国の学生と労働者に1400万の新しい機会を提供することを約束している。

労働市場の地理的摩擦を制限する

労働市場のデータはしばしば全体として国として提供されるが、全国労働市場は、地域労働市場の集まったものである。得られうる仕事と得られうる労働者は、必ずしも地理的に一致するとは限らない。経済理論が教えるところでは、賃金は労働力不足のところでは上昇し、労働者が過剰の分野では低落するが、これが労働者をして、過剰な地域から不足の地域へ移動させる要因となる。なお、移動それ自身は、非常にコストのかかることだから、地域の労働市場の不均衡を緩和する移動には制限が課せられる。しかし、政府の政策と規制が追加的障害を課し、異なる労働市場に移動することを難しくする。

一年にわたって、月次JOLTSデータは、仕事を求める人々の強力な雇用市場を示してきた。JOILSデータが示しているのは、全国レベルのことであり、失業労働者より多くの求人があることである。初めてのことであるが、BLSが試験的に州のJOLTS推計を作成し、州レベルでの求人分析が可能となった。これら新しいデータが示しているところによれば、全国的に求人数が失業数を上回っているだけではなく、同時に州においても同じような事態が起こっている（図2-13をみよ）。

経済成長は歴史的に恵まれなかったアメリカ人に恩恵を与える

図2-13　100の求人数に対する失業者数、2019年第2四半期

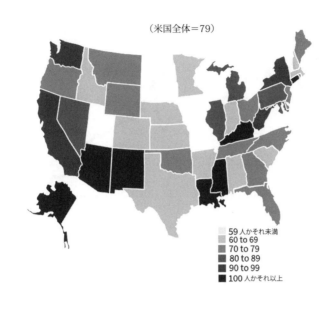

（米国全体＝79）

59人かそれ未満
60 to 69
70 to 79
80 to 89
90 to 99
100人かそれ以上

出所：Bureau of Labor Statistics; CEA

求人数に対して、州レベルの雇用・非雇用のBLSデータから各州の失業者数を比較すると、2019年第2四半期において、43の州とコロンビア特別区において、雇用を求める人の数より求人数のほうが多かった[21]。州レベルでの労働市場が一般に強力であるようにみえるが、かなりの州では他よりも追加的労働者の必要が高い。仕事を探しているまさに諸州、そこでは、100の求人に対して60人の失業者より少ない状況であるが、中西部と大草原における多くの州が含まれる。求人数と同数かそれより多い失業労働者の州は、アラスカ、アリゾナ、コネティカット、ケンタッキー、ルイジアナ、ミシシッピそしてニューメキシコである。

多くの州での雇用市場のブームに付け加えて、地理的移動性は、70年で少なくとも最低の率に到達しており、年を通して0.8％落ち込み、2018年に9.8％になった（図2-14をみよ）。この移動性の落ち込みは、労働者の移動を制限する政府の政策によって悪化させられているが、労働市場の地理的偏差の継続の1つの要因となっている。この章では論じることはできないが、不必要

な規制が住宅コストを引き上げ、強力な労働市場を持つ特定の首都圏の地域への移動を制限している（第8章をみよ）。

職業ライセンスの改革

職業上のライセンスの必要は、ある職業への参入に追加的コストを課している。ライセンスの必要な職業は広範囲にあり、配管工、電気工、花屋、床屋が含まれる（Meyer 2017）。かなりの職業上のライセンスによる制限は公衆を保護するために正当化されるが、多くの州での現存の多くの職業へのその必要性は、公衆を物理的かつ金銭的リスクにさらすわけではない職業が含まれる。代わって、ライセンスは、職業参入を妨害する手段として使われており、その職業では賃金上昇を意図的に作り出すことに狙いがある。連邦取引委員会2018年報告では、職業ライセンスを保持している米国労働者のシェアは5倍増え、1959年代の5％より少なかったものが、2018年には25％から30％に上昇したことを発見した（FTC 2018）。

図 2-14　転居した米国居住者の割合、1948～2018 年

割合（％）

2018 年

注：1 年間の地理的移動に関する質問は、1972 年から 1975 年まで、また 1977 年から 1980 年までは尋ねていなかったので、点線で示されているように、その値は内挿されている。
出所：Current Population Survey.

　必要なライセンスを獲得し、必要な料金を支払うことは、特定の職業に就くことを阻止する障害であり、もしその職業に就くスキルを持っていたなら獲得できたであろう職業に就くことができないため、低所得の人々に否定的な影響を与えている。オバマ政権の 2015 年報告は、この苦情を支持しており、米国におけるライセンスの状況が労働者に大きな負担をかけていることを見出している（White House 2015）。

　そのようなコストの 1 つは、ライセンスがいかに労働者の移動に否定的な影響を及ぼすかということである。ライセンスのある職業についている労働者は、州の間を移動する比率を最も大きく削減している（Johnson and Kleiner 2017）。州外のライセンスを認める州協定がないと、州ごとの職業ライセンス法は、州をまたがって彼らのサービスを提供することができず、そのライセンスの職業でその他の州に移動することができない。

　ジョンソンとクライナー（2017）がみつけたことは、特定の州のライセンスの必要性のある職業の労働者の州際移動の相対比率は、他の職業での労働者の比率より 36％も低かった。職業によっ

て州際移動の相対比率には、中所得から低所得の人々によって持たれている職業に関して、とりわけ大きな相違がある。教師は州際移動の相対比率が最も低い職業の 1 つであり（約マイナス 39％）、電気工はマイナス 13％の削減された州際移動の相対比率を持ち、一方で、床屋や美容師はマイナス 7.5％の比率である。職業ライセンスはまた、低所得から中所得の労働者の経済的な上昇移動を妨げる障害として働くのであり、なぜなら、その職業ライセンスには、巨額な行政料金、テスト料金、授業料、そして教育と時間の必要があるからである。

　職業ライセンスは、軍属の配偶者の雇用にも影響を与える。軍属の配偶者は、2015 年で 18％の失業率であり、この時期の米国全体の失業率よりも 4 倍も高かった（Meyer 2017）。これはある程度、軍属の配偶者が規則的に州をまたがって移動するからであり、新しい州においてライセンスの更新や再発行の必要がライセンスの必要な職業の場合に起こるからである。加えて、軍属の配偶者は、民間人よりもよりライセンスを取得する傾向があり、そして彼らはある 1 年で州をまた

経済成長は歴史的に恵まれなかったアメリカ人に恩恵を与える

がって 10 回以上移動する傾向にある（より詳しくは、2018 年『大統領経済報告』第 3 章をみよ）。全体として、事実が示していることは、職業ライセンスは労働者の移動を制限し、職業に就くことを妨げ、新しい分野により大きな機会を求めて参入することを妨げているということである。

職業ライセンスへの規制は、主として州レベルであり、州レベルでの実行を認めて支持する以外に、連邦レベルにおいて職業ライセンスを改革することに制限された選択がある。わが政権は、現在これらの選択を評価している。州は、州外ライセンスを認める相互協定に入ることができるし、州をまたがって一定の職業についてライセンスの必要を標準化することができるし、州外のライセンスを持つ軍属の配偶者やそのほかの人たちにライセンスの適用を促進することもできるのである（FTC 2018）。

機会ゾーン──人々、地域、そして資本をマッチングさせる

歴史的に、所得の少ない地域は、より大きな所得の地域より速く成長し、一人当たり所得を収束に導いてきた。しかしながら、20 世紀末以降、この収束は止められたり、あるいは逆転されたりする可能性が出てきた（Nunn, Parsons, and Shambaugh 2016）。この変化には多くの説明があるが、例えば、より低い所得の人が、より支払いのいい職を求めてより高い所得の地域に移動すること、あるいは企業がよりインプットコストの低い賃金のより安い地域に移動することが鈍化したことである（Ganong and Shhhoag 2017）。

2017 年減税および雇用法の機会ゾーン条項は、資本を低所得地域にキャピタルゲインへの減税を通じて持ち込み、地理的経済不平等の固定化に反撃することを求めている。それは、反貧困政策と対照的であり、反貧困政策は、増税し、資金を低所得層に移転させ、彼らに所得を与えるが、必ずしも地域の機会を増大させるかどうかはわからない。機会ゾーン条項の下では、投資家がキャピタルゲインを実現し、もし投資家がそれを機会ゾーンファンドで行えば、キャピタルゲイン税を遅らせるか減税するかができるのである。ファンドは、今度は機会ゾーンとして選択された調査地域の企業や資産に投資される。もし、投資家が彼らの

資金を少なくとも 10 年ファンドに保っていれば、ファンドに投資している間、獲得されたキャピタルゲインには税をかけないという追加的な特典を受ける。そうすることで、条項は資本コストにおける資産テストの削減のように働き、コスト削減は条項への適格必要性に該当する選択された地域にだけ行われる。

機会ゾーン条項の設計は、「連邦新市場税額控除」（New Markets）の設計を改善したもので、この控除は、近年における最も重要な連邦の地域ベースのインセンティブとして議論されてきた。投資家は、これらの控除を受ける前に認可を求めて財務省に広範な申し込みを完成しなければならない。2018 年におけるその割り当ては、申し込みのたった 34％が認められたに過ぎなかった（CRS 2019）。New Markets のもう 1 つの限界は、上限があることである。2018 年では、財務省はたった 35 億ドルの税額控除を認めたに過ぎない。加えて、控除の受領者は、多くのコンプライアンスと報告する義務が課されるのである（CDFI Fund 2017, 2019）。New Markets の参加の複雑性と総額割り当ての制限は、New Markets が、地域全体の再活性化をもたらす大規模な投資を引き寄せることはできないという結論に、かなりの人たちを導いた（Bernstein and Hassett 2015）。

機会ゾーン・インセンティブは、これと対照的に、申し込みプロセスもないし、規模における制限もない（CRS 2019）。広範なガイドラインとともに、インセンティブが投資家をして、どこに投資するか、何に投資するか、どのくらい投資するかの見通しに基づいて行動させる。機会ゾーン法はまた、州政府、地方政府、そして地域の役割を描き出す。州は、機会ゾーンとなるべき地域の名をあげる、そして、財務省が最終決定を行い、この地域が法における所得や貧困条件に合うかどうかを保証する。多くの地域が広範な開発イニシアティブのなかにインセンティブを取り込んだのである。例えば、アラバマ州は機会ゾーン・インセンティブとともにその開発インセンティブを適合させる新しい法律を採用した。

今日、50 州すべて、コロンビア特別区、5 つの属領において 8764 の機会ゾーンが存在する。ゾーンの住人は 3500 万人近くおり、平均して、センサス統計での平均のほぼ 2 倍近い貧困率と

なっている。

機会ゾーン――投資家利益と行動の証拠

　初期の事実が示していることは、機会ゾーンには巨大な投資家利益があるということである。州住宅庁全国会議が機会ゾーン・ファンドのデータブックを管理している。2019年7月において、データブックには、163のファンドが記載され、総額で430億ドルを集めることを求めている（NCSHA 2019）。ファンドは分散しており、3分の2は地域に焦点を合わせ、残りは全国的なものである。大方のファンドは、商業開発に投資する計画であり、複数家族用住居や接待用というようなものであるが、しかし、半分以上は経済開発あるいは中小企業開発に投資する計画を持っている。

　不動産市場での事実はまた、機会ゾーン・インセンティブが、投資家から注目を集めつつあることを示唆する。実質資本分析からのデータは、商業用不動産資産と証券が、2500万ドルかそれ以上としているが、ゾーン内の年々の開発サイドの獲得の成長は、財務省がゾーンを定めてから2018年末において25％以上の伸びを示したことを示しており、米国のそのほかの地域の成長をはるかに超えている。同様に、サーゲ、ランゲンとヴァンデミネら（2019）は同じデータを使って、ゾーンの決定は、再開発資産の14％の増加と空白な開発場所の20％もの価格上昇を導いたことを発見した。

　サーゲ、ランゲンとヴァンデミネ（2019）は、特定の資産タイプへの上昇効果を唯一みつけたが、彼らが結論づけていうには、機会ゾーン・インセンティブは、地域において限定的ではあるが、スピルオーバー効果を持っているというものである。しかし、彼らのデータは資産の非常に特定されたタイプしか含まれておらず――商業資産が250万ドル以下の価値である。ジローによる分析によれば、より多くの資産と取引を使っており、ゾーン・インセンティブは、より大きな経済刺激をもたらしているという。ゾーンにおける資産の平均価格の年々の変化は、2018年末には20％を超えるレベルに達した。ゾーン適格基準に照合する土地の10％の価格変化、これが選択されたわけ

ではないが、比較してみればいい（Casey 2019）。より大きなゾーンでの上昇が示唆していることは、買い手はゾーンの土地が将来経済的により画期的な上昇をもたらすことに期待しているということである。

前科者の機会を拡張する

　雇用のもう1つの障害は、犯罪に対する有罪判決であるが、それは投獄が利用可能な労働力を削減するというだけの理由ではない。職を得るということはちょうど監獄から出てきたばかりの人を再び社会復帰させることであり、それは、常習犯罪者にすることを防げる。強力な雇用成長はとりわけ、製造業や建設業でのことであるが、常習犯罪を削減することができる（Schnepel 2016）。グオ、シェシャドリ、そしてターバー（2019）の推定によると、カウンティ・レベルで建設雇用が0.01％増加すると1％だけカウンティの生産年齢の人口に対する常習犯率が削減される。

　2018年12月、トランプ大統領は、画期的なファースト・ステップ法に署名したが、それは、すべての人に公正な司法制度を確立することを目的として成立されたもので、常習犯を削減し、米国中の地域をより安全にすることが目指される。この改革が法律として署名されて以降、減少した犯罪の判決を受けた個人の90％は、アフリカ系アメリカ人であった。

　それ以来、トランプ政権は、監獄を出所する個人に雇用を確保するために必要な機会と資源を供給すべく手段を講じている。この第二のチャンス雇用イニシアティブは、連邦政府、州、民間、そして非営利セクターとの協力の努力である。非営利セクターは決定的役割を果たし、前科者に移行期間の住宅、カウンセリング、そして教育を援助している。連邦政府諸機関を通して、司法省と監獄局が、「さあ仕事をしようイニシアティブ」を立ち上げ、それは、雇用主と前科者を結びつけ、教育省は囚人にペル奨学金を受けることができるように援助するイニシアティブを拡大し、労働省は包括的再参入プログラムをサポートする奨学金を出し、以前投獄された個人に雇用の場所を援助する「忠実債」（fidelity bonds）を雇用主に拡大し、人事管理局は連邦政府雇用情報ウェブサイトを連

邦監獄から発信し、囚人にアクセスを可能にする。

アメリカ人は、ファースト・ステップ法から便益を引き出しつつある。この分野のデータはあまりないが、いくつかの積極的な経験話がニュースとして報告されてきた。例えば、以前は囚人でホワイトハウスのゲストであったトロイ・パウエルは、16年間監獄にいた。彼は、2019年2月に、ファースト・ステップ法によって出所したが、10日以内に木材会社に雇われた。クリーブランドのネイティブ、アンドレ・バドレーは、2019年2月に出所し、3カ月以内にアマゾンの運転手として雇われた。社会に危険を与えないより多くの囚人が、入所後出所し、雇用のために準備し、セカンドチャンスをものにすることが増加すれば増加するほど、多くの成功物語が継続的に増加することになるであろう。

わが政権のこの分野におけるイニシアティブの目的は、ファースト・ステップ法や第二のチャンス雇用イニシアティブのように、以前の囚人を援助し、地域の生産的メンバーとして社会に再参入することを求め、労働者を求めて苦闘しそうな企業の必要性にこたえ、アメリカ中の犯罪を削減することにある。

働く家族をサポートする

トランプ政権が始まってから、労働する家族をサポートすることは最優先されてきた。2017年12月、大統領は減税とおよび雇用法に署名し、法律となったが、児童税額控除を倍増し、税の払い戻しを増加させることによって、働くことの報酬を増加させた。大統領は子供のケアと発達のための大きな奨学金をこれまでで最大に増加する法律に署名し、全国約80万人の家族に質の高い子供ケアへのアクセスを拡大した。加えて、トランプ大統領は、彼の年間予算に全国的な両親の有給休暇を含ませた最初の大統領となった。

大統領は成長促進、家族援助の政策をサポートし続け、それには、小さな子供を持つ母親が労働力に参入するときに直面する障害を取り除く措置が含まれている。図2-15は、小さな子供を持つ母と父の労働参加率を示してある。最も小さな5歳かそれ以下の子供を持つ父親の参加率は、1968年の98%から2018年の94%に落ちた。

それよりもより大きな子供を持つ父親においても同様の落ち込みがみられる。参加率は落ちたとしても、多くの父親は、働き続けるか仕事を探している。この高い参加率は小さな子供を持つ母親の参加率とは対照的である。6歳未満の子供を持つ母親にとって、参加率は、1968年から2000年にかけて、30%から66%に増加した。この増加は、文化的な考えの変化によって引き起こされいると同時に、福祉の恩恵を受け、税額控除を受けるには、仕事をしていることが必要であるとする福祉改革がそうさせたのである。しかしながら、参加率は、2000年で上昇がストップした。今日、6歳未満の子供を持つ母親の参加率は67%であり、ちょうど19年前より1%ばかり高い。さらに、参加率のジェンダー・ギャップは、6歳未満の子供の両親では29%ばかりであり、6歳から12歳までの両親では17%ばかりであった。

かなりの両親は、個人的な好みによって労働力から抜け出している。しかしながら、とりわけ、小さな子供を持つ母親にとっては、子供のケアにかかる非効率的に高いコストが、労働力外にとどまる彼らの決定要因になっているかもしれない。というわけで、この労働への高い障壁を取り除くには、非効率的な子供の高いケア費用を削減させ、より多くの母親を正式の労働力として参加させる可能性を引き出し、経済的効率性を高めることが必要である。

最近のCEA報告（2019e）において記録されているが、子供の健康と安全を改善しない規制が子供のケアのコストを上げ、これらの非効率的高コストが労働するインセンティブを弱めているといえる。平均的な州において、2017年、センターに子供を預ける場合の時間コストは、4歳児の場合、時給の中央値の24%を占めた。働き方をどうするかに関する事実は、子供のケアコストの時間が示唆しているところでは、かなりの両親は、子供のケアのコストを削減しようと労働参加し、労働時間を上昇させている。わが政権は、両親たちに働く機会をより多く与える一方、同時に多くの両親が、彼らの子供に関して安全な選択が取れるように努力する。

グローバルにみれば、わが政権は、Box 2-3で議論されるように、女性の労働機会の拡大に奮闘している。

図2－15　家計における最年少の子供の年齢別、成人の性別、親の労働参加率、1968〜2019年

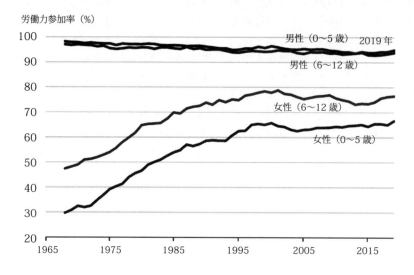

注：最年少の子供の年齢は丸カッコ内に示されている。成人と同一の世帯に暮らす実子、養子、継子だけが数えられている。18歳から64歳までの成人だけが含まれている。
出所：Bureau of Labor Statistics; CEA calculations.

薬物中毒危機と闘う

　多くの人にとって、労働市場の成功のもう1つの障害は、高率の薬物依存と薬物摂取である。薬物中毒からの死によって、調査が明らかにしていることは、処方薬物の乱用が労働参加率を低くしているということである（Krueger 2017）。CEAが推定しているところによれば、薬物危機のコストは2015年から2018年にかけて、4年間で2兆5000億ドルに達する（CEA 2019f）。このコストには、生命を失なうコストばかりでなく、高い犯罪コスト、労働生産性喪失のコスト、そしてヘルスケアと治療のコストがより高くかかることなどが含まれる。薬物の過剰摂取からの死亡の傾向とわが政権の薬物危機との闘いについての議論については、第7章をみよ。

結　論

　米国の労働市場は強力である。経済はその記録的拡大を続けている。トランプ政権の減税と規制撤廃のアジェンダは、労働への強力な需要を創り出し、労働供給の増加に貢献してきた。われわれは、規制撤廃行動から最も大きな便益を産業の労働需要の最も大きな増加に見出すことが期待されるであろう。しかしさらに、研究はこれを確認することが必要である。失業率は、記録的に低い率に落ちたし、かつては、経済回復の陰で置き去りにされた人たちが、雇用機会と経済成長からの大きな便益を享受し始めている。労働市場の報酬の増加は、多くの家族を貧困から抜け出させており、また公的援助から抜け出させており、いかに経済成長が、拡大する政府プログラムによって、かつて恵まれなかったアメリカ人たちにより以上の便益を画期的に与えているかを示している。
　しかしながら、強力な労働市場から完全な便益を実現することを低所得労働者に実現させていな

経済成長は歴史的に恵まれなかったアメリカ人に恩恵を与える

Box 2—3 | 成人女性のグローバルな発展・繁栄イニシャティブと女性のグローバルな労働参加率

広範な事情が、成人女性の労働参加への決定に影響することができる。例えば、かなりの成人女性は、正式な労働市場の外で、生産的活動に参加することを望むのであるが、それは例えば、子供を育てるとか家族の面倒を見ることなどがあげられよう。同時に、そうでなければ参加することを選んだかもしれない労働力外の成人女性に機会を提供し、女性の労働参加率を高めることは、1つの国の経済にとって大きな影響を持つことができよう。

経済協力開発機構（OECD）に所属する発達した諸国のうち、2018年において、米国は、女性の労働参加率がOECDに加盟する36諸カ国中の22カ国よりも高かった（OECDの広範な比較のための最近の利用可能なデータは、2018年からのもの）。OECD諸国で最も低い国は、34.2%（トルコ）——米国より、まるまる22.9%^{ポイント}低かった。アイスランドが最も高く——米国よりも約21%^{ポイント}高かった。米国は他のOECD諸国と比較すると相対的に高い女性の参加率を持っているが、仲間の諸国のいくつかのより高い率をみると、追加成長の機会はなおある（図2- ii）

OECD諸国の発達した諸国の間での女性の労働参加率の違いの説明には多くの要因があるようで、政策の違い、文化的要素、実態的人口統計などがある。例えば、ブラウとカーン（Blau and Kahn2013）による推計によれば、1990年から2010年にかけて、他のOECD諸国と比較して、米国における働き盛り成人女性の参加率がほぼ30%減少したのは、子供のケアにかかわる家族関係の政策の違いに根差しているという。

途上国においてはまた、正式な雇用機会を追求せず、それから阻止され、選択しない成人女性の理由は広範にわたっており、差別的な法律や慣行、適切な法の実施の失敗、そして女性の雇用機会を制限する社会的文化的実践だけではなく、他の場合には、正式な労働市場の外での他の生産的活動に参加したいという希望もありそうである。それにもかかわらず、調査が明らかにしているところでは、労働力に参入する成人女性の増加する機会

図2—ii 特定のOECD諸国別女性労働参加率、2018年

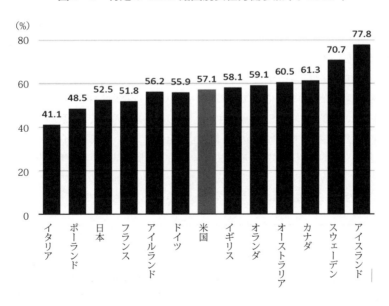

注：数字は15歳以上を示す。
出所：OECD statistics.

は、いくつか積極的な結果を生む可能性があるという。例えば、世界銀行が示唆していることであるが、成人女性労働参加率の上昇する機会は、政治的安定を増進させ、暴力的な紛争のようなものを削減させるという（Crespo-Sancho 2018）。

　低所得諸国では、女性の労働参加率の上昇はまた、それら諸国において、彼らの労働力の規模を大きくし、追加的な経済成長を達成させる。成人女性が経済的に力をつけるときには、彼らは、家族や地域にその効果を投げ返し、経済成長を引き起こす多くの要素を生み出し、より平和な社会をつくる可能性をもたらすことができる。

　成人女性に経済的に力をつけさせることを加速化することは、途上国が経済的自立を勝ち取り、被援助国から貿易パートナーに変身することを可能とする。この目的のために、トランプ政権は、成人女性グローバル発展と繁栄（W-GDP）イニシアティブを設立したが、それは成人女性に経済的力の付与を促進することで途上国に成長を駆り立てることを目的とする。W-GDPは、米国政府の活動、民間と公けのパートナーシップ、そして新しい革新的ファンドを通じて、2025年までに途上国の5000万人の成人女性に経済的に力をつけさせることを目的とする。

　W-GDPには3つの柱があり、成人女性への職業教育、起業家として成功する力を成人女性につけさせる、そして、経済に完全に参加する成人女性を阻止する障壁を取り払うことである。W-GDPの第3の柱は、法的かつ文化上の雇用主の慣行と途上国において成人女性の経済的力の付与を阻止する社会的文化的障壁に対処する。法的障壁として、とりわけW-GDPは、5つの基礎的要因に焦点を合わせる。(1) 機関へのアクセス、

(2) 信用の構築、(3) 所有と経営の財産、(4) 自由な旅行、(5) 男性と同じ仕事とセクターでの労働である。これらカテゴリーにおける法律の修正と制定が測定可能な経済的ベネフィットに帰結したことを示す多くの証拠があり、それは個人レベルとまたグローバルレベルの両方においてである。

　ある推計の示すところだと、差別的法と慣行（正式と非公式の両方を含むが）の撤廃は、グローバル経済に12兆ドル、グローバルにGDPを16%、2011年において付け加えたはずであったという（Ferrant and Thim 2019）。労働市場における男女差別に関して、マッキンゼー＆カンパニーの報告の推計だと、もし、労働力市場の参加の障壁が取り払われ、成人女性が男性と差別なく経済に参加することを選択すれば、2025年においてグローバルGDPに28兆ドルまで（あるいは26%）付け加えることになるであろう（Woetzel et al. 2015）。これには、インドの2兆9000億ドル、中東と北アフリカの2兆7000億ドル、ラテンアメリカの2兆6000億ドル、そしてサハラ以南のアフリカの7210億ドルが含まれる。

　加えるに、世界銀行の報告（2014年）は、土地の権利の強化は、女性農業者の生産性を高めるのに積極的なインパクトとなることを見つけた。50年にわたる100カ国に広がる成人女性の所有権のデータを使った事実が示すところでは、法律の改革は、より高い教育成果に付け加えて、より高い女性の労働参加率、そして、より高い成人女性の正式労働力（賃金報酬職）比率に関連する。

　全体として、W-GDPイニシアティブは、経済調査と証拠に基づいた政策勧告によって裏づけられ、世界中の成人女性に力をつけ、世界のGDPを押し上げるものである。

い障害がなおあるのであって、それには、スキルのミスマッチ、地理的なミスマッチ、職業ライセンス、停滞する地域、前科、子供ケアの適正化、そして薬物中毒があげられる。これらの障害は求職を多くの人から取り上げて阻止している。わが

政権は、労働需要と供給へのこれら障害を取り除くことを求めているが、それには、労働者訓練の強化、職業ライセンスの改革、見捨てられた地域への民間投資の活発化、前科者を成功裏に再参入させることの促進、労働する家族へ高質かつ適正

経済成長は歴史的に恵まれなかったアメリカ人に恩恵を与える

な子供ケアへのアクセス援助や、薬物中毒危機の衝撃を削減することが含まれる。これらの分野での改革の成功は、経済を成長させ、労働者の数と生産性を増進することとなろう。わが政権の現在と将来の経済アジェンダは、すべてのアメリカ人家計が強力な、維持可能な経済成長から便益を享受できることを確実にすることに注力することである。

注

1　減税はまた、労働供給を増加させるが、与えられた税引き前の賃金に対して税引き後賃金が増加するからである。供給と需要の両方が増加するゆえに分量は増加し、価格（賃金）への影響は増大の相対的大きさに依存するであろう。

2　最新の雇用データは、暫定的なものであり、修正が必要である。

3　この CEA の計算は、BLS により報告された労働力移動データから行った。

4　この章のバージョンは、すでに「歴史的に恵まれてこなかったアメリカ人に対してのトランプ労働市場のインパクト」（CEA 2019b）として発表されている。

5　失業統計は BLS によってつくられ、月次人口調査現況に集められ多データから計算される。特に断りがない限り、データは季節的に調整されている。

6　身体障碍者失業率は、季節調整されていない。

7　退役軍人の失業率は、季節調整されていない。

8　参照年の選択は無作為であり、2007 年は現在の率と危機前の率との比較を促進するために選択された。

9　われわれは、以下の年齢グループを使用する——16-19、20-24、25-34、35-44、45-54、55-64、65 歳以上。

10　BLS は、人種ごとの、季節調整済み月次あるいは四半期別労働参加率を作成してはいないのであり、より細かい年齢グループは、人口動態的調整済み参加率を作成する必要があるからである。

11　週賃金データは、BLS と CPS によって出される。

12　平均時給は、BLS による現況雇用統計によって測定される。

13　12 月インフレ・データは、書いているこの時点では利用できなかった。

14　米国地域調査（ACS）からのデータ、それは、センサス局から分かれて出されているデータであるが、2017 年から 18 年まで不平等は増加したことを示している。ACS は、CPS-ASEC よりも大きなサンプルサイズを持っている、しかし、所得に関してはあまり正確ではない。この理由から、センサスは、不平等のような全国的所得統計にとっては、CPS-ASEC を使用することを勧めている。

15　農務省、経済調査サービス、2018 年 12 月からの人口現況調査食品安全補足データを使用している。

16　プログラムへの参加が行政的にお金がかかれば、資格のある人が公的プログラムから登録を排除されるかもしれない（Aizer 2007）。登録するのに非金銭的なコストを増加させてしまう行政上の変化は、資格のある人が登録しないという選択の数を増加させることが起こりうる。

17　アップデートされたファイルは、2018 年 ASEC 橋がけファイルと 2017 年 ASEC 研究ファイルである。

18　例えば、Goodnough and Sanger-Katz（2019）をみよ。

19　われわれは、公的健康保険の市場価値をその供給コストに基づいて算定し、年齢、身体障碍度、住居の州（追加的に詳しくは、Elwell, Corinth, and Burkhauser 2019 をみよ）によって調整する。雇用主提供の健康保険の市場価値は、同様に含まれるが、雇用主貢献は、CPS-ASEC にもはや報告されないので 2018 年に帰属される。CBO は、同様な方法を使って、2013 年以降の健康保険の価値を計算し、その所得分配報告において公表している。

20　ジニ係数は、0 から 1 の間の目盛りで不平等を測定するが、0 に限りなく近づけば、より平等である。

21　試験的な JOLTS データは月次である。しかしながら、サンプル数が限られているゆえに、それらは 3 カ月の移動平均として算出されている。この分析はここでは、2019 年 6 月の実験的な州 JOLTS データを使うが、それは第 2 四半期の月次の平均に対応する。

第3章
規制改革は経済を解き放つ

トランプ政権の規制撤廃への集中努力は、コストがかかる規制を歴史的に削減することに導いている。わが政権は、新しい重要な規制が1つ完成されるについて、重要な2つ以上の規制を撤廃するというものであり、一方で、労働者、公衆衛生、安全、そして環境を守る重要な規制は維持するというものである。連邦政府がどのように規制をみるかについてのこの根本的変化は、米国経済に高いコストをかけてきた何十年にもわたる規制の権限の積み重ねを打ち破っている。

経済諮問委員会が推計するところでは、5年から10年後に、連邦規制に関するこの新しいアプローチは年間1家計当たり3100㌦の実質所得を上昇させるというが、それは、選択の増加、生産性増加、そして競争の促進によるものである。連邦規制撤廃行動の顕著な20だけでも、それが完全に実施されれば、アメリカ消費者と企業に、年当たり1家計1900㌦の節約をもたらすことになるであろう。これらの結果が示していることは、トランプ政権の規制撤廃行動は、米国産業の多くの分野にいきわたり、米国歴史上最も重要なものとなる。

今までの政権によって確立された時代遅れのさらにはコストのかかる諸規制の廃棄を超えて、トランプ政権はまた、新しく規制が導入される比率を鋭く削減してきた。これらコストのかかる規制の引き続く導入は、実質所得から年間0.2％を次々と差し引いてきたのであって、それゆえ、米国経済は、実質所得の低成長と国内総生産の停滞より以上の何かを行い得るものではないという間

違った印象を与えてきたのである。現在、消費者と中小企業はもはや新連邦規制の徐々に積み重なるコストに引きずられてしまう必要はもはやない。

2017年大統領の就任とともに、専門家たちの極めて低い成長予測を上回る国内総生産の実質成長が始まった。これは驚きをもってとらえられるべきではない。というのは、国をまたがって規制を評価した研究が示したところでは、すべてその他も同じであると前提にして、規制を撤廃している諸国はより高い経済成長を経験しているからである。

新しい規制アプローチはまた、多くの市場において大幅に消費者価格を削減する一処方薬、健康保険、そして、テレコミュニケーションであり、また一方でその他の市場での価格上昇も阻止している。さらに、規制撤廃は、雇用主から権限義務を取り除くのであって、それは、とりわけ中小企業へは特別の便益を与えるのであるが、なぜなら、彼らには大企業と異なって企業内に複雑な規制を理解して遵守することを援助する、法律家のチームなどないし、規制への遵守義務スタッフもないからである。

選択の幅が広がり、生産性増大、競争増大によって、トランプ政権の規制改革は、米国企業のために、官僚のつくった縛りを打ち破り、彼らに雇用創出のより大きな自由を拡大してきた。わが政権の野心的なこの年の計画を前提にすれば、消費者、雇用創出者、経済への便益は、2020年においてさらに増大の傾向となることであろう。

トランプ政権による規制に焦点を合わせる政策は、歴史的にコストのかかる規制を削減することに向かってきたが、一方で、労働者、公衆衛生、安全、そして環境を維持してきた。2017年12月、トランプ大統領は、行政命令13771に署名したが、「規制を削減して規制コストを管理する」というこの命令は、わが政権の規制改革の成功の土台となるものである。行政命令13771は、連邦機関が新しい1つの規制の発令に対して2つの規制の撤廃を義務づけるものであり（1対2）、増大する規制のコストに上限を課すものである。行政命令13771が、2017会計年度に発令されてから、13件の規制撤廃行動があったが、たった3つ規制発令があったに過ぎなかった（1対4）。2018会計年度では、57件の規制撤廃があり、たった14件の規制発令（1対4）、2019会計年度では、61の規制撤廃に対して、たった35件の規制発令（1対2）であり、全部でトランプ政権は、その1対2の目標を超えたが、多くの評論家は、1対2すら実現不可能と考えたものである。

経済諮問委員会（CEA）は、以前諸国の規制を検討し、すべて他の条件を等しいとして、規制撤廃をした国はより高い経済成長を記録していることを発見する（CEA 2018a）。そこでわれわれは、米国の規制展開の可能性に国を超えた規制指数を関連づけ、規制改革は、米国の国内総生産（GDP）を少なくとも十年間で1.0%から2.2%引き上げると推計した。

この章では、わが政権の規制改革アジェンダが、より完全に実施されてきた今の衝撃を再検討する。それはまた、CEAの以前の分析に代わるアプローチをとり、特別な連邦規制を検討し、規則によって目標とされた諸産業のユニークな状況を計算に入れ、規制撤廃の経済効果の総計を推計するが、それは、以前、CEA報告において同様に分析された規則と産業に付け加えるものである[1]。われわれの分析は、税、不完全競争とその他の源から発する市場のゆがみを含んだ、より大きな経済におけるそれぞれの産業を位置づける経済フレームワークを使用する。現在までのところ、われわれは、20の規制撤廃行動による産業特有の分析を実施してきた。

この章の主たる目的は、全国的な実質所得に関しての規制と規制撤廃のインパクトである。それに対して、予算管理局（OMB 2003）によって導かれ、連邦機関と情報規制事項OMBのオフィス（OIRA）は、連邦規制のコスト・ベネフィットの計算に関連して準備し、議論するのであるが、GDPあるいは全国的な所得に対する影響をとりわけ計算するというわけではない。GDPと実質所得は、それ自体として独自の関心事である、というのは、それらは、国民計算の様々な重要な局面だからであり、それには、OMBによってつくられる予算予測、ソーシャル・セキュリティとメディケア受託者、そして、議会予算局（CBO）など少なからざる名があげられる[2]。それ以上にエコノミストやジャーナリストは、日常的に、経済パフォーマンスの慣れ親しんだ指数として、GDPと実質所得を使うからである（Brynjolfson, Eggers, and Gannamaneni 2018）。

CEAの推定によれば、5年から10年後、規制改革は年間1家計当たり3100ドルだけ実質所得を上げることになるであろう[3]。20の顕著な連邦規制撤廃は、それが完全に実施されたのち、年当たり約2200億ドルの節約を米国の消費者と企業にもたらすことになるであろう。それは、約1.3%インフレ後の実質所得を増加させるであろう。米国歴史上最も顕著な規制撤廃の多くは、航空やトラックの規制緩和のようにカーター政権で始まったが、このような大きな総計の効果を生み出しはしなかった。

規制改革は、以前の政権によって確立されたコストのかかる規制を削減し、削除するだけではなく、新しく導入されたコストのかかる連邦規制を急速に削減することでもある。現在進行中のコストのかかる以前からの規制は、追加的に実質所得から0.2%削減してきたので、それゆえ、米国の規制は、基本的に成長を減速させる以上の何物でもないという間違った印象を創り出してきた。現在、新しい規制が予算化されているが、最小化されている。

この章の最初のセクションでは、連邦規制の傾向を、その改革の前と後において概観してみよう。そして、次にわれわれの一般的分析アプローチを叙述し、さらに、いかにして、われわれが20の規制撤廃行動を選択したかに向かう。引き続くセクションは、最大の総効果を持つ産業に特化し

③

た規制撤廃行動を叙述する。われわれは、インターネット・アクセス、ヘルスケア市場、労働市場、そして、金融市場における規制コストの大きな削減を推計する。次に、われわれは、新規制をかけ毎年規制コストを追加している傾向をひっく

り返す追加的なコスト節約について推計する。われわれはまた、なぜ 2017 年前のいくつかの規制が、不均衡なコストがかかるのかを説明し、そして、簡単な結論をだそう。

規制の傾向を反転させる

産業別分析に向かう前に、連邦規制の最近の歴史を概観してみよう。この歴史は、2017 年までは急速な拡大の歴史であり、拡大は規制改革によって止められた。2000 年から 20016 年までは、連邦機関は平均すると毎年 53 の経済的に重要な規制活動を付け加えてきた（図 3-1）。2017 年と 2018 年において、平均は 30 より少なくなった。図 3-1 においては、規制撤廃行動は除いてある。前の年と同じように 2017 年と 2018 年においては、経済的に重要な規則という部分集合は図 3-1 に含まれており「移行規則」とされるが、OMB/OIRA によってはどちらも規制及び規制撤廃行動とはみなされていない。移行規則が除かれたとき、2017 年と 2018 年において、経済的に重要な規制行動は 10 に減少した。経済的に重要な規則は図 3-1 に示されているが、それは、連邦機関と OMB/OIRA が経済に対して少なくとも 1 億㌦の総額での影響を持つことが期待されるか、あるいは実際に経済に悪い影響を与えることが期待されたものである（Executive Order 12866）。図 3-1 はまた、「重要な」規則の総数を示しているが、それには、経済的に重要な規則と「その他重要な」規則が含まれており、それは、行政命令 12866 に記述されている経済的に重要、あるいは他の理由によって重要という定義の一部に合致している規則である。経済的に重要とその他重要を含めると連邦機関は、2000 年から 2016 年にかけて平均で 279 の重要な規制活動を加えたが、2017 年から 2018 年にかけて、規制改革のあと、平均で 61 に減少した。

昨年、CEA は、米国経済に対する規制行動の累積的経済のインパクトを深く議論し、なぜ規制の全体はその部分の総計より、より大きいのかに

ついて説明した（CEA 2019b）。OMB の議会への年次報告で出版された規則の年間算出を基にすると、規制コストは、2000 年から 2016 年を通して、各年平均 82 億㌦増加してきた。しかしながら、2000 年から 2016 年の OMB の年次報告は、完全に数量化できるコスト・ベネフィット分析とともに、たった 200 の規則が含まれているに過ぎない。同じ時期を通して、経済的に重要な規則は 900 を超えていたのであり、他の重要な規則も含めるとほぼ 5000 になる。定義によれば、経済に最も大きな影響を与えると予想される規制行動は、経済的に重要という規則を計算に入れて含めるべきである。しかしながら、この報告は、連邦規制の本当の大きさを測るのにミスをしている。

今年、われわれは、連邦規制コード（CFR）の原典分析を使用し、累積的な規制負担について広範かつ長期の見通しを提供する。CFR は、連邦機関とその部署によって発令されたすべての規制について、それが公表された時点で力を現在でも発揮しているものをリストアップした。それは年次的にアップデートされている。レグデータ（Reg-Data）は、CFR に原典分析を適用しているデータベースであるが、「すべき」あるいは「ねばならない」というようにあらわれた言葉数に基づいて規制によって課せられる制限を測っている（Al-Ubaydli and McLaughlin 2014）。図 3-2 は、1970 年から 2019 年を通して、規制による制限のレグデータ指数を示している。

CFR における規制による制限数の総計は、ほぼ 1970 年（利用可能なデータのはじめ）から 2016 年の間で 3 倍に膨れ上がり、40 万からほぼ 110 万に増加した。時々間隔を置いて現れる年々の落ち込みは例外として、傾向は確実に

図3−1　規制撤廃措置を除く大統領年別の重大最終規則、2000〜2018年

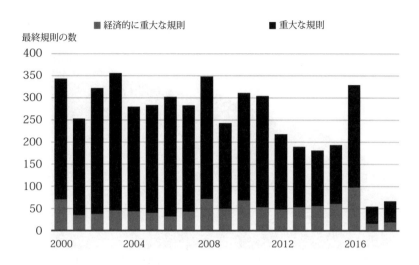

注：大統領年は2月に始まり翌年1月に終わる。2017年及び2018年の規則のカウントは、経済的に重大な規制撤廃措置と考えられる規則を除外している。2017年以前については、経済的に重大な規制撤廃措置は1年に1つであると推計している。
出所：George Washington University Regulatory Studies Center; Office of Information and Regulatory Affairs; CEA calculations.

2016年を通して上昇を辿っている。2017年から2019年を通して、平らになり、反転し始め、規制による制限が初めて1年以上継続的に維持された。規制による制限の上昇の反転は、規制コストの上昇の反転と平行線を描き、CEAは、昨年それを記録した（CEA 2019b）。昨年、われわれは、米国における規制コストの総額を推計したが、ほぼ1兆㌦の半分から1兆㌦を超える範囲とみなすことができる。これらの推計を規制による制限の総数とともに考えると、制限は平均すると規制コスト38万㌦から100万㌦の間ということになる。

　規制撤廃行動は、「すべき」と「ねばならない」という言葉を含むということになるので、図3-2に示されているレグデータの制限指数は、規制行動のインパクトと規制撤廃行動のインパクトのどちらかであるかを区別できない。これを検討するために、われわれは、連邦レジスターで公表された2つの最終ルールのテキストを調査した——短期の健康保険に関する2016年規制行動と2018年規制撤廃行動である（詳しくは以下、さらにCEA2019a）。2018年の規制撤廃に関する連邦レ

ジスターのテキストは、より多く97の制限を含むが、2016年の規制行動のテキストは、たった30の規制制限である。どの程度このパターンがCFRの規制に関するレグデータに一般化できるかどうかはわからない。もし、これが、2017年以降とられた規制撤廃行動に含まれる制限に当てはめることができるならば、図3-2の指数は2017年に始まり、傾向線はより深く落ちているはずである。

　図3-2は、行政命令13771によってカバーされる連邦機関による制限を含むが同時に、行政命令13771会計によらない独立の連邦機関による制限も含まれる。近年では、独立機関による制限がすべての制限の約15％を占める。1990年以来、独立機関による制限の数は、約75％成長した。独立機関は行政命令13771会計下には入らないが、2017年に始まって規制制限の成長は、落ち始めた。

　規制に付け加えて、連邦機関は、また、裁決や強制への機関のアプローチについて、公衆にアドバイスするガイダンス文書を発令する。図3-2はガイダンス文書に由来する規制制限を含まな

図3−2　全政府機関による規制上の制限、1970〜2019年

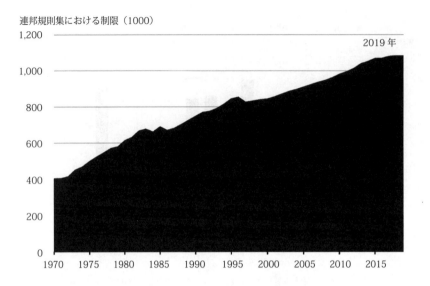

連邦規則集における制限（1000）

出所：Code of Federal Regulations; Mercatus Center RegData.

い。というのは、それらは CFR の部分ではない
からである。それ以上に、ガイダンス文書に法的
拘束力はない。そこで原則からいえばそれによっ
て法的拘束力の規制をかけることはできない。し
かし、一般の懸念は、機関がガイダンス文書に実
際には法的拘束力を持たせることができるという
ところにある。推定で示されることであるが、い
くつかの機関はどこでもすべてのページに、彼ら
の発する規制を実施すべく 20 から 200 ページ
に上るガイダンス文書を発行するということであ
る（Parrillo 2019）。これらのガイダンス文書が、
実際に法的拘束力を持って規制の制限をかけると
いうことならば、その制限は、理想をいえば、図
3-2 にある規制制限の数に加えるべきであろう。
図 3-2 に反映されていないが、連邦機関ガイダ
ンス文書は、行政命令 13771 会計の管轄下にあ
り、1 対 2 規則と上限キャップ規制が求められる。
コスト上昇の重要なガイダンス文書は、規制行動
として規定され、コスト節約を生むガイダンス文
書は、規制撤廃行動として規定される。
　図 3-3 は、製造業にかけられる CRF 規制制限
が、規制改革時まで、どのように時間をかけて上

昇してきたかを示している。レグデータは、さら
に特定の産業への規制制限の適用性を決定するテ
キスト分析を使用する。方法は各産業に関連する
諸局面を確認するため、調査手掛かりを使用する
（Al-Ubaydi and McLaughlin 2015）。結果得られ
た測定が示していることは、製造業への規制制限
が 1970 年代末から 1986 年まで大雑把にいって
コンスタントに残っていた。1986 年から 2016
年にかけて、規制制限の数はほぼ 4 倍であり、5
万を少し超える水準から 20 万を超えるところま
で上昇した。2017 年に始まって再び上昇傾向は
反転したが、この指数が示す通り、2017 年から
2018 年において、製造業における規制制限の継
続的な低下が起こっている。
　適切な規制撤廃の機会を確認することは困難で
あり、時間のかかることではあるが、規制改革の
今日までの結果は顕著な成果を上げている。行政
命令 13771 のフォローアップとして、2017 年
2 月、トランプ大統領は行政命令 13777 に署名
したが、その「規制改革アジェンダを強制する」は、
各連邦機関が規制撤廃のイニシアティブと政策を
監視する規制改革官を指名することを必要として

図 3−3 製造業に関する規制上の制限、1970〜2018 年

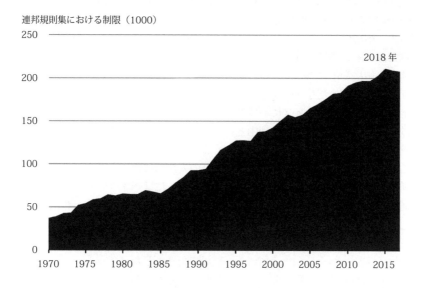

連邦規則集における制限（1000）

出所：Code of Federal Regulations; Mercatus Center RegData.

いる。この課題にこたえるべく革新的対応において、健康福祉省は規制改革の機会を確認する人工知能と機械学習のアルゴリズムの使用を検討し始めた。このプロジェクトの可能性の例として、健康福祉省は、1990 年前に作られた規制の 85％が決してアップデートされてはこなかったことを発見した。

規制改革は時間がかかるから、連邦機関の努力は、2017 年に始まったのであるが、明らかにさ

れつつある。その結果、重要な検討課題の進行中の規制撤廃行動はこの章には含むことができない。例えば、われわれの分析には、自動車の排出・燃料経済の基準（SAFE rule）に関した規制撤廃行動は含まれてはいない。SAFE rule は、今日までのうちで、最も重要な規制撤廃努力になるかもしれない。その他の重要な規制撤廃努力には、エネルギー省の住宅皿洗い機と電球に関する規制制限の改革が含まれる。

規制改革を分析する

トランプ政権は、連邦規制の積み重なる負担を削減すべく、規制コストに上限を課すことを行った。規制に特化したコスト・ベネフィットテストに付け加えて、コストに上限を課すことは、諸機関をして、彼らのすべての規制を一連のポートフォーリオとみることに誘うのであるが、それは、規制に服する家計や企業の経験とよりよく調和する。彼らの機関特有の使命を追求する一方で、規

制のコスト上限は、機関に規制コストを評価するフレームワークを供給し、規制撤廃の行動を考え、新しい規制行動間における優先性をセットする。

CEA は、消費者、中小企業、そしてその他の経済的アクターに課される規制行動のコストを分析するにあたって、実践的かつ簡素化されたアプローチを使用する。このアプローチは、問題とされた規制行動によって主として影響され

た市場を叙述するカギとなるパラメータの小さなセットの推計を行うことを必要とする。われわれは、コスト・ベネフィット分析の標準アプローチにしたがって、市場の顕示選好に依存する（OMB 2003）。例えば、需要の価格弾力性——それは、いかに消費者が価格変化に対して彼らの消費を変化させるかを示したものだが——次善の代替物に対して、その財あるいはサービスに消費者が置く価値を反映したものである。これを理由として、需要の価格弾力性は、規制された産業内での消費者福利への政策変化のインパクトを分析するのに「十分な統計」の1つとして役に立つのである（Chetty 2009）[4]。われわれの分析についての、詳細な適用と敏感な分析については、われわれの初期の報告（CEA 2019a, 2019b, 2019c）において与えられている。

規制された産業の外への影響の計算に関しては、分析は再び簡素化されたアプローチを採用するが、これは経済に関する完全な詳細なモデルを必要とするわけではない（構造的一般均衡モデルで知られるようなもの）。しかし、かわって、労働と資本市場に課される規制行動の過剰負担の概算を供給する実行可能なフォーミュラーに依存する（Goulder, Parry and Williams 1999; Parry, Williams and Goulder 1999; Goulder and Williams 2003; dahlby 2008; CEA 2019b）。例えば、反競争的な規制は、労働と資本の需要を規制された産業において削減し、それゆえ、これらの生産要素の総量を減少させる。労働と資本市場における限界過剰負担は、われわれの推定だと48％の限界税楔（marginal tax wedge）により、それらを分け合って、総産出へ追加的な増大となって移し替えられるが、それには、広く解釈すると暗黙の税と不完全競争が含まれる[5]。このフォーミュラーは、ただ、主要市場における規制活動のインパクトを考察するだけの分析は除く、一般均衡相互作用をとらえている。OMB のガイダンスは、連邦プログラム（Circular A-94）コスト・ベネフィット分析についてのものであり、限界過剰税負担の分析を勧めている。しかしながら今日まで、実践的理由から、行政命令 13771 規制予算の規制コスト算出のガイドラインは、規制行動によって創り出される過剰な税負担によって民間セクターに課されるコストを含む諸機関を必要としては来な

かった。この章での分析では、規制コストのより完全な算出の適格性と重要性を示し、それには、限界過剰税負担が含まれる。

規制の経済的影響は、例えば、企業へのコスト、全国的なコスト、全国的なベネフィット、あるいは、国民所得というように、様々な方法によってまとめられる。CEA は、この章で、3つの全国的に結果を表すコンセプトを採用する——コスト節約、ネットのベネフィット、そして実質所得である。最初の2つの違いは、1つの規制でもある分野の人たちにはコストをかけるが一方で他の分野の人たちにはベネフィットを創り出すということで起こるのである。われわれは、これらの総額を、規制の「ネットのコスト」として言及し、それは、（スタートアップのサンクコストをわきに置けば）、規制を撤廃した「ネットのベネフィット」と同じものである。われわれは、コストは、規制によって被害を受けていた分野の人たちにかかるので、規制撤廃による「コスト節約」に言及する[6]。実質所得は GDP と同様のものであるが、実質所得は減価償却を除いており、米国住人の購買力への国際貿易条件の影響を反映するのであり、それが、より大きな規制撤廃行動の重要な結果の1つである。GDP と実質所得は、福利や「有用性」とは異なり、環境やその他の非金銭的コストと同様に国の労働と資本の機会費用も考慮に入れないものである。この章で使用する場合、すべてこれらのコンセプトは、ただ国内でのベネフィット、コスト、そして所得に言及するのである。

この章の主要課題は、全国的な実質所得への規制と規制撤廃のインパクトである——われわれは、時間を追って、推計し、規制改革のインパクトが年々において1家計当たり3100㌦の価値に値するであろうとする。この章はまた、規制撤廃のネットのベネフィットを推計する。いくつかの規制行動は、環境の質のようなもののように、民間財を公共財と交換する。公共財とともに、また、民間市場が失敗する状況においては、規制行動のベネフィットとコストは慎重に考えなければならない。たとえ、もとの規制行動が、民間市場の失敗に対処するとしても、規制撤廃行動は、規制によるコスト節約が過去の規制によるベネフィットにまさるならば、なお正当化されるであろう[7]。GDP と実質所得は、民間財の生産をとらえるものであ

Box 3—1　規制改革を研究するための前方と後方の観察

連邦機関は、提案された規制と規制撤廃行動の前方観察あるいは予想されるコスト・ベネフィット分析を行う。それと対照的に、学術的政策分析家は、典型的に、過去の政策の後方観察あるいは回顧的分析を行う。例えば、1978年航空規制撤廃法の決定的学術研究は、1980年代に行われるか、1990年代初期に行われた（Winston 1993）。回顧的研究は、規制撤廃後の航空市場で現実に起こったことを反映したデータという優位性がある。

しかしながら、将来的研究あるいは回顧的研究にしろ、それを実行する分析家は、彼らが観察することのできない世界の市場結果を予測しなければならないという課題に直面する。連邦機関の分析家は、多くの場合、「もし、提案された規則が採用されなかった場合、（未来において）世界はどのようになっているか」という「何もしなかった」ことを基本線に合理的でかつ近似的な現市場の結果を観察する（OMB2003,2）。しかしながら、機関の分析家は、未来を見通し、提案された規則が市場結果をいかに変化さえうるかを見通すことはできない。彼らの将来を見通す研究において、機関の分析家は、もし、提案されている規則が採用されたならば、観察されていない、現実とは異なるものがどのようなものかを予想するために、経済的理由付けと実証的証拠を使う。過去の政策についての回顧的分析を実施する学術研究は、それとは異なる課題に直面する。彼らは現実の世界の市場結果を観察する、それは、政策が実際に行われた世界であるが、彼らは政策が実際行われなかった仮想の世界を観察することはできない。学術的政策研究者もまた、経済的理由付けと実証的根拠に依存し、仮想の世界の結果を予想しなければならないのである。

航空規制撤廃の学術的研究は、正確な回顧的分析を行うことの難しさを示している。分析家は、規制撤廃前と後との両方の航空市場を観察するが、航空産業に影響したその他の変化から規制撤廃の効果をえり分けなければならない。とりわけ、1978年の航空規制撤廃は、エネルギー危機と重なったのであって、それは、燃料価格を上げ、より高い航空券価格に導き、航空会社の利潤の低下を導いたのである。分析家は、エネルギー危機の効果を捨象する、事実とは異なる仮想的アプローチをとり、航空運賃の下落とより高い利潤という規制撤廃の因果関係を推定しなければならないのである（Winston 1993）。

ことをうまく行えば、将来を見通す分析も回顧的分析も規制改革について価値ある証拠に貢献する。必要上、連邦機関は、提案された行動の将来的分析を実施しなければならない。同様にこの章においては、われわれは、主としてトランプ政権の規制改革アジェンダの結果を予想するために、主として将来的分析に依拠する。未来の学術的研究は、間違いなく回顧的分析を実施し、2017年に始まった規制改革の結果についてより多くの事実と新しい見解を提出することであろう。1970年代と80年代の規制撤廃の研究は、将来的分析についての楽観的と同時に注意すべきことの両方の理由を提出している。ウィンストンが、規制撤廃がより低下価格に導くだろうとする予想を回顧的評価と比較するとき、彼は、「それらは、しばしば、異なる研究者によって10年以上も離れて行われたにもかかわらず」「驚くべき程似ている」とそれらを叙述している（Winston 1993, 1272）。同時に彼は、経済専門家の予想が航空旅行の制限の不都合なコストを削減する価値を数量化することに失敗し、「規制撤廃の便益を大体において過小評価した」と記している（Winston 1993, 1276）。

り、これらの測定は、公共財あるいはその他の重要な非金銭的効果をとらえるものではない。しかしながら、実質所得の部分ではない非金銭的コストとベネフィットを含めるとき、規制撤廃行動は、各年で1家計当たり2500ドル以上のネットのベネフィットを生み出し、これは、上昇する規制のコ

ストの前年の傾向と比較するとよいであろう。この増加は、規制改革の実施規制のコストとその社会的ベネフィットの間のよりよきバランスから生み出される。

　この章の準備は、かなりの規制行動と規制撤廃行動がわれわれをして、相当な市場成果を測定す

ることを可能とした後、長い時間をかけて行われたゆえ、CEA は、また、回顧的分析に多くを傾けることによって、経済的に重要な規則の制定を伴う規制インパクト分析から逃れることができた（図 3-1 をみよ）。

規制撤廃行動の考察

　われわれは、特定の産業に限って分析をするため、規制撤廃行動を抽出する。適用可能であれば、われわれはまた、前政権においてとられたそれに相当する規制活動を検討した。行動は、4 つの広範なカテゴリーから抽出された[8]。第 1 のカテゴリーは、議会によって通過し、トランプ大統領によって署名された法律からなる。第 2 のカテゴリーは、2017 年 1 月から議会再検討法の下で覆された 16 の連邦規則とガイダンスからなる[9]。第 3 のカテゴリーは、2018 会計年度規制予算（すなわち、行政命令 13771 によってカバーされる規則であり、最終的にその会計年度中に決定されたもので、261 ある）と同時に、2019 会計年度規制予算の規則（OMB 2018）である[10]。第 4 のカテゴリーは、独立機関による機関ガイダンス文書と規則づくりからなる。

　この章の目的は、すべての新しい規制行動と規制撤廃行動の経済的総効果を推定することにあり、「平均」規制撤廃行動の効果ではないので、われわれは、経済インパクトからみて最も大きな行動を確認し、抽出プロセスを計画した。平均的な抽出行動は、平均の抽出をしない行動の効果を推定するのに必ずしもいい方法ではなく、それはまた、われわれの目的でもない。むしろ、抽出されない行動が同じ方向の（しかし、必ずしも大きくはない）平均効果を持っているとしたら、そのときは、抽出された行動の総効果は、すべての行動の総効果を推定するには抑え気味になってしまう。さらに、抽出は、可能性としてより大きな効果があれば、より正確な総効果を、ランダムな抽出より生み出すことができる。除かれた規制活動は、公衆からなおコメントは少ないか、ほぼゼロかであり、議会からも注目は少ない。これらの規制は、効果

は比較的少ないことが確信できるものであり、全体から除いたが、われわれの全体の推定に大きな影響を及ぼすことは少ない[11]。

　われわれの抽出過程は完全ではない。いくつかの規制は、いくつかの理由から公衆や議会の関心を引きつけるが、規制のコストとは関連がない。われわれのサンプルは、公衆から多くのコメントを受けるとはいえ、全体でいうと小さな総効果を持つと推定される少なからぬ行動を含んでいる。同時に、大きな総効果を持つであろう規制行動があるが、多くの公衆のコメントを受けられないということで、われわれのサンプルから排除されるものもある。

　第 1 のカテゴリーからわれわれは、トランプ政権下で制定された 2 つの重要な新しい連邦法の諸条項を選択した、それは、2017 年減税および雇用法であり、2018 年経済成長、規制緩和、消費者保護法である。第 2 のカテゴリーからは、3 つの雇用関連法であり、トップ 4 つの経済規制行動であると同時に多くの労働者に影響を与え、公衆からも多くのコメントを受けているものである。第 3 のカテゴリーからは、2018 会計年度からトップ 6 つの規制行動を選択したが、公衆からもたくさんのコメントを得ている。

　われわれは、コメント・リーダーたちから期待されている 2019 会計年度規制予算から 4 つの規制行動を選択した。これらのうち 3 つは、2017 年からの規制撤廃によるコスト節約の推計とその年前の大きくなる規制状況のコストの推計の両方に貢献するものである[12]。4 番目の規制分野は、たくさんのコメントとともに、そして可能性として前政権による大きなコストが課されたが、自動車の排出・燃費効率に関するものである。低めに

見積もっても、この分野の規制撤廃行動から、われわれは、いかなるコスト節約も含むことはないということである[13]。

最後に、われわれの規制行動のサンプルは、ジェネリック薬の認可に関しての食品および薬品局（FDA）の重要なガイダンスを含み、同様に、公衆から多くのコメントを受ける連邦通信委員会（FCC）による規則も含まれている。すべてのコメント・リーダーたちは2017会計年度、2018会計年度において規制よりは規制撤廃にあって、彼らの多くが経済的に全国的に重要なインパクトを持っていた[14]。わたしたちは、その他の2017会計年度、2018会計年度における連邦規則の何百という経済インパクトを測定してはいなかったが、フェデラル・レジスターに報告されたその他

の規則の総コスト節約は、追加的コスト節約の方向を向いている[15]。

表3-1は、規制とわれわれの推計を一覧表にしたもので、18行に2つ（「節約計画」と「共同雇用主」）を伴い、それぞれは、規制撤廃行動の対の結合された効果を示しており、そこで表は、全部で20の規制撤廃行動の全体を表している[16]。

規制の多くのページはわれわれの数量分析の部分ではないが、われわれのサンプルの規制行動とそれらの規制撤廃の一連のものは、6000㌻以上にわたる連邦法、フェデラル・レジスター、あるいは分離した機関のインパクト分析とともに公布されていることを述べておくことは興味あることである。

インターネット・アクセスにかかわる消費者の節約　③

規制撤廃は、しばしば競争と生産性を増進することで消費者価格を削減する。このことがいかにして行われるのかを示すために、われわれは、ブロードバンドあるいはインターネット・サービス供給（ISP）産業から、2つの例ともなる特定の連邦規則の分析を始めるが、それは、ケーブル、電話回線、光ファイバー、衛星に関する家庭内インターネット・サービスと同時に無線スマートフォン・サービスを含むものである。

2016年の前は、ISP産業は、顧客の個人データを使い、顧客がデータの共有を「脱退」しなければ、インターネットの閲覧歴のようなものを共有することが許され、しばしば実施していた。多くの顧客は共有選択をそのままにしていたから、ISPは、インターネット使用料金（それはその産業の消費者価格（CPI）指数によってたどることができる）と顧客のデータを使用して共有することから収入を得ることができた。同じように、顧客データの受領は、ISPに、より低い使用料金とともに、同じ利潤を獲得することを可能としていた。結果として、消費者は、使用料の部分をお金で、そして個人データを提供することによって支払っていた。

2016年になると、FCCが提案し、ISPは、共

有選択をそのままにすることを顧客にお金を支払わせておこなう、ブロードバンド・プライバシー規則に決着をつけ、いままでの脱退制度を禁止し、代わって加入制度を取り入れた。この規則は、FCCがISPを厳格な「第Ⅱ条」規則（下をみよ）の下に移動させようとしていたから、2016年前からよく予測はできたのであるが、2017年1月3日に効力を発揮することになった。しかしながら、2017年の議会で通過し、トランプ大統領の署名によって、2016年FCC規則を覆し、将来の政権も同様の規則を採用することを禁止した議会再検討法に基づく不許可の決定がなされた。この2017年規制撤廃行動は、市場参加者に、ISP市場が低価格使用料金で進むであろうことを確実にさせるものだった。2016年規則を覆して、2017年行動は、顧客のプライバシーを守る、FCCの2016年前の規制アプローチに復帰させるものだった。プライバシーに関心のある顧客は、脱退し、ISPと彼らのデータを共有することを拒否する申し出をするかもしれない[17]。

FCCの加入規則を覆し、有線そして無線インターネット・サービスの料金は結果より安くなったが、図3-4に消費者価格指数をグラフ化して示してある。無線サービス価格は、議会が不許可

表 3—1　規制と法定行動の標本階層別凍結に対する実質所得への年間インパクト

標本階層	名称／説明	実質所得へのインパクト （1 年当たり 10 億ドル）
CRA 無効化： *大量のコメントのある経済的* *規制*	ブロードバンドや他のテレコム・サービスの顧客のプライバシー保護（オプト・イン）	$22
	資源抽出者による支払いの開示	$3
	保護規則の合理化	$2
	裁定合意	$1
CRA 無効化： 広範囲の雇用規制	非政府被雇用者向けに各州により設立された貯蓄契約と、非政府被雇用者 　向けの適格な州下級行政機関	$13
	連邦調達規制；公正支払と安全な職場	$0
2018 会計年度または 2019 会 計年度規制予算： 大量のコメントのある経済的 規制	共同雇用主地位の判断基準に関する DOL 指針／規則と NLRB 規則	$17 [a]
	ERISA 組合医療保険プランのセクション 3（5）の下での「雇用主」の定義	$17 [b]
	LMRDA のセクション 203（c）の「助言」免除を解釈する規則の廃止 *	$15
	短期、期間限定保険 *（STLDI）	$13
	ペイデイ、自動車権利、特定の高コスト割賦ローン	$7
	移行期間の 18 カ月延長及び適用日の先送り *（受託者規則）	$5
	食肉流通法セクション 202（a）及び（b）の範囲	$0
	廃棄物抑制、鉱山使用料に基づく産出、資源保全；廃止または修正 *	$0
独立機関及び指針文書	ネットワーク中立性の保護及び促進の撤廃とインターネット自由回復の発布	$54
	FDA 及び HHS 近代化取り組み	$32
顕著な法律	減税・雇用法が個人加入義務罰金をゼロにする	$28
	経済成長、規制負担軽減、消費者保護法	$6
合計＝規制凍結と比較したインパクトの合計		$235
2001 〜 2016 年の規制トレンドと比較したインパクトの合計		$377

注：FDA ＝食品医薬品局；HHS ＝保健福祉省。アスタリスク（*）は、規制の省略名の使用を表す。実質所得に対する全年間効果は 1 億の桁を四捨五入している。共同雇用主規則の推計値は、他の DOL 及び NLRB 規制の反競争的効果が含まれている。
　a. 共同雇用主規則の推計値は、他の DOL 及び NLRB 規制の反競争的効果が含まれている。
　b. AHPs の計算は、裁定が完了すると、AHP の雇用主の定義の拡張が合法であると見なされるこ　とを想定している。

の決定を考慮し始めたときと同じく下落したが、有線インターネット価格は、2か月後に下落した。この2つの価格下落は、使用者1人当たり約40㌦が使用を通じて下落し、それは、われわれの数量分析の基礎となっている小売りの顧客から個人的にデータの獲得を合意する一人当たり使用者のコストの独自の推計と一致する[18]。

総計のレベルでいえば、われわれは、加入規則をひっくり返した効果は、ネットの節約であり（それには、個人データを供給する消費者へのコスト削減と供給者余剰が付け加わり）年間で約110億㌦になると推計する[19]。規則の覆りはまた、資本と労働の総供給を活発にし（CEA 2019b）、消費者データの価値があるところでは、オンラインの広告やその他の市場において競争が促進される。われわれは、これらの効果によって、年当たり追加的な50億㌦のネットのベネフィットが生み出されると推計し、それに伴う追加的な実質所得は、年約110億㌦となり、それは、その他全体の市場から比べれば小さいが、規制された市場と比較すれば重要である[20]。これらの効果が完全に現れる5年から10年後には、実質所得への総インパクトは、220億㌦になるであろう（表3-1をみよ）。

トランプ政権の前、もう1つのFCC規則は、2015年にISPsの垂直的価格調整を規制していた――それは、ISPsとNetflixとYahooのようなインターネット・コンテンツの供給業者間の金銭的関係である[21]。2015年規則はまた、通信サービスに政府の監視を課し、これら企業が競争に素早く対応し、市場において新しい財とサービスを供給することを難しくしている。これらの垂直的価格づけとその他の規制は、FCCの「インターネットの自由を取り戻す」を通じて取り除かれつつあるが、それは、ISPsを通信法のタイトルIの下で規制するように戻すことによってのことである。

以前の調査が示しているところでは、ブロードバンドの垂直的価格付け規制は、ブロードバンド消費者によって受け取られるサービスの量と質を著しく削減するものである[22]。ハズレットとカリスカン（Hazlett and Caliskan 2008）は、例えば、米国デジタル・加入者・ライン・サービス（DSL）にかけられ、ケーブル・モデム（CM）アクセスにはかけられなかった「オープン・アクセス」制限についてみている。彼らが発見したところでは、DSLにかけられた制限が緩められてから3年間の2003年と2005年において、米国DSL加入者は今までの傾向に対して約31％上昇したが、米国CMへの加入者は傾向に対して少々上昇したに過ぎなかった。DSL加入者1人当たりの平均収入は下落し、一方で、CM加入者1人当たりの平均収入は変わらない（しかし、質は向上した）。同じ時期、カナダのDSLとCM加入者は、何も規則上の変化を経験しなかったが、今までの傾向に比較して上昇することはなかった。これらの発見を2017年から27年のISPsに適用してみると、われわれは、垂直的価格づけの規制を取り除くことで、トランプ政権の「インターネットの自由を取り戻す」という命令は、年間500億㌦以上の実質所得を増加させ、消費者福利は、年間400億㌦近く増やすことになるであろうと理解する。

ヘルスケアにおける消費者と中小企業の節約

規制撤廃はまた、ヘルスケアコストの削減をもたらしている。図3-5は、小売りの処方薬価格のインフレ調整済み指数をそれ以前の上昇傾向と比較して示している。処方薬価格は、何十年もの一般的なインフレを超えて上昇したが、過去2年間、2019年5月時点で以前の傾向を11％以上も下回り、一般のインフレを下回った。2018年において、処方薬価格は、1972年以来初めて、暦年を超えて名目タームでも下落した。この多くは、FDAにおけるトランプ政権の努力の結果であり、2017年薬品競争行動プランや2018年戦略政策ロードマップが、生物薬品市場の選択と価格競争を増進させたのである。これらの政策の下で、FDAは、記録的に多くのジェネリック薬と新ブランドの薬品を認可し、既存の薬品と競争させたのである（CEA 2018b）[23]。われわれの推定

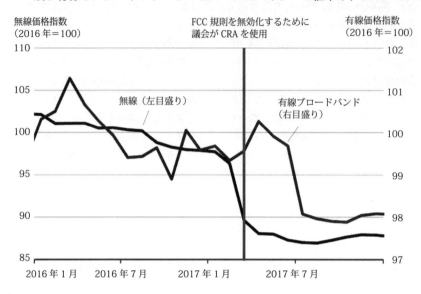

図3−4　議会再検討法による連邦通信委員会規則の無効化に接した無線
　　　　及び有線インターネット・サービス・プロバイダーの値下げ、2016〜2017 年

無線価格指数
（2016 年＝100）

FCC 規則を無効化するために
議会が CRA を使用

有線価格指数
（2016 年＝100）

無線（左目盛り）

有線ブロードバンド
（右目盛り）

注：CRA＝議会再検討法。FCC＝連邦通信委員会。
出所：Bureau of Labor Statistics; CEA calculations.

図3−5　処方薬についてのインフレ調整済み CPI、2009〜2019 年

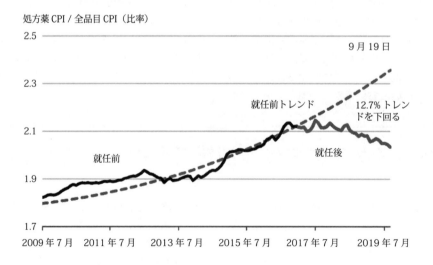

処方薬 CPI / 全品目 CPI（比率）

9 月 19 日

就任前トレンド

12.7% トレン
ドを下回る

就任前

就任後

注：消費者物価指数（CPI）は小売取引を対象とし、それは全処方薬販売の約 4 分の 3
　　が含まれる。インフレ調整は、全品目の CPI-U に対する処方薬 CPI の比率を用いて計
　　算されている。年上昇率の就任前トレンドが、2009 年 7 月〜2016 年 12 月のサンプ
　　ルに対し推計され、予想上昇率から 2017〜19 年の水準が再構成される。
出所：Bureau of Labor Statistics; CEA calculations.

によれば、これらの行動の結果は、消費者に対して、小売り処方薬価格のほぼ10%の節約をもたらし、アメリカ人（消費者と生産者を含めて）所得の購買力を年当たり320億ﾄﾞﾙの増加に帰結するであろう[24]。

トランプ政権はまた、その他市場、例えば保険の分野において規制撤廃行動をとった。以前にCEA報告は、4つのヘルスケア分野における規制撤廃行動を述べた。図3-5に反映されているFDAにおけるプロセスの改善、そして、個人と小グループのための健康保険の規制撤廃の3つの行動である（CEA 2019a, 2019b）[25]。これら4つの行動は、2010年から16年にかけて導入された連邦政策の規制を取り除き、そのコストのかなりを削減し、そのことによって約0.5%の平均実質所得の増加、あるいは毎年1家計当たり平均約700ﾄﾞﾙの増加が期待できる[26]。これら規制撤廃から便益を被る人たちは、個人健康保険料の節約をする推定で100万人の消費者であり、より規制のかからない短期のプランに乗り換え、50%を超える節約になるかもしれない[27]。また、中小企業も含めることができ、彼らはより安い大きなグループの健康保険適用へのアクセスを獲得することからくる大きな保険料の節約をみることができる。

雇用規制

大企業と異なって中小企業は、企業内にとりわけ厄介な規制を理解し、遵守する専門の法律家チーム、規制遵守のためのスタッフを抱えることはかなり難しい。2012年からトランプ大統領が選出されるまで、全国独立事業協会（NFIB）によって行われる月次調査の中小企業において、調査された企業の多くが、「政府要請事項と官僚的煩雑」——それはまさに規制であるが、彼らの単独に最も重要な問題として、調査された45%が答えていた。中小企業の多くは、トランプ大統領が選出されてからは、彼らの単独に最も重要な問題として規制を選出することはなくなったが、それでも規制は重要な問題の1つとして残っている。

トランプ政権になってから、労働省（DOL）と全国労働関係会議（NLRB）は、中小企業に不均衡的に負担をかけ、労働者の生産性を削減し、実質賃金を低下させ、労働市場での競争をゆがめる多くの規制を撤廃すべく働いている。NLRBは、オバマ政権の下で、共同雇用主と独立契約者双方の定義を拡大し、とりわけ、かなりのフランチャイザーを彼らのフランチャイズ雇用者の共同雇用主として定義づけた。DOLは、また、共同雇用主と独立契約者に関しての法律の下でそのガイダンスを変えた。

トランプ政権の提案した規制撤廃行動がなかったならば、何千という多くの中小企業は、それにはフランチャイジーとサブコントラクターが含まれるが、もはや大企業に対抗して競争することはできなかったであろうし、何百万という労働者の賃金は労働規制の影響で下落したことであろう。CEA（2019b）の推定によれば、オバマ政権のDOLガイダンスとNLRBの共同雇用主に関する標準規定は、年間50億ﾄﾞﾙ以上のネットでのコストを創り出したことであろうし、実質所得を約110億ﾄﾞﾙも削減することになっていたであろう。

連邦による規則制定はまた、州の規則にしたがう中小企業の競争現場を維持する役割を果たす。2015年に、DOLは、州が民間雇用主が給与からの控除を行う権限を可能とするために、連邦による規則制定が必要であることを決定したのであるが、それは、州が管理する個人の退職勘定（IRAs）と自動的に彼らの雇用者の退職勘定に払い込まれるものになる。顕示選好フレームワークにおいては、多くの中小企業がこれらのプランを自主的に提供しなかったという事実が強く示していることは、これらのプランの管理コストが彼らの提供する雇用者へ創出する価値を超えていたということである[28]。それにもかかわらず、多くの州ではすべての雇用主が自動的に雇用者を加入させる必要があり、その他の州でも同じことを要求され、立法化はペンディングになっている[29]。もし、雇用

主が遵守を強制されれば、管理コストあるいは遵守しないことへの罰金が、雇用者報酬への支出を削減することになるであろう。それが、議会とトランプ政権が州レベルの雇用主の命令を促進することを企図する以前のDOLの規則の策定をひっくり返す理由なのである。

CEAは、健康保険義務のために使用される個人退職勘定（IRA）義務を分析するのに、それと同じ経済的フレームワークを使用する（CEA 2019a）[30]。われわれは、連邦の規則制定は適切であり、それが年間1571㌦のIRAへの平均積み立てをする労働者1000万人へ影響すると仮定する[31]。われわれは、IRAに積み立てられたそれぞれ1571㌦の貯蓄は、現在の価値でいうと、連邦財政から労働者への526㌦の移転であると推定する。なぜなら、雇用主は、勘定に供給することを強制されることが義務づけられ、われわれは、各年で一人当たり労働者526㌦に等しいか、それを超える退職プランに供給する限界的雇用主と雇用者コストのかなりの組み合わせがあると推測するからである。逆にいえば、このコストは、526㌦か、それ以上に義務づけられ、さらに、遵守しない一人当たり労働者の罰金が毎年プラスされ、それをわれわれは各年で雇用者一人当たり250㌦とみる[32]。ハーバーガー（Harberger 1964）にしたがえば、これは、雇用主と雇用者のコストの1年当たりの総計は、650億㌦となる[33]。税の死重コストを付け加えれば、ネットでのコストは、年100億㌦にもなり、その多くは、州がプログラムを実行する外に課される。実質所得ロス（すなわち、ネットコスト評価において要素供給コストを無視すれば）、それは、年間で130億㌦になる。

2011年に労働省（DOL）は労務管理報告ディスクロージャー法にコストのかかる「説得者規則」の修正を提案したが、それは、雇用主が労働法問題を提起したときに、たとえ弁護士やコンサルタントが雇用者と直接交渉していないとしても、コンサルタント（弁護士も含む）に対して報告義務を発生させる可能性を持つものである[34]。この修正条項は、完成され、2016年に効果を発揮するようにセットはされたが、訴訟により後らされている[35]。説得者規則の修正は、2018年DOLによって取り下げられた[36]。

説得者規則の下では、コンサルタント（弁護士も含む）は、FormLM-20によってDOLに届けることが義務づけられ、それは、公に利用可能であり、彼らの顧問料金と供給されたアドバイスのタイプが報告されている[37]。もう1つの例をあげれば、雇用関係の法律に関連して彼らの地元の商工会議所に招待されて話に臨んだとき、彼らの名前を明らかにし「DOLに届け　それを公に利用可能にする」というものである。説得者規則を遵守するためには、労働法の実践家は、「『労働関係のアドバイスとサービス』に関して彼らのそれぞれのクライアントに請求したすべての時間の増加を確認し、明確化しなければならないのであり、たとえ、法律事務所が現在のクライアントのために新規則の下で、いかなる『説得者』コンサルティングをしていなくてもそれをしなければならない」のである。米国法律家協会は、説得者規則は、労働関係の法律家が彼らのクライアントに倫理上の義務を怠るかもしれないという意味で必要であると理解した（Brown 2016, 8-10）が、一方で、いくつかの労働関係の法律事務所は、説得者規則の新しい報告の必要義務を行ういかなる仕事も拒否した[38]。

この規則に多くの雇用主が従ったがゆえに、フッフトゴット－ロス（Furchtgott- Roth 2016）の中間推計によれば、雇用主、弁護士、コンサルタントを合算した年間遵守費用は540億㌦となる。規則の最初のコストは、推測で360億㌦であった。CEAは、推定の18の構成要因のうち1は、過剰に述べられているかもしれないと結論し、それゆえ、われわれは、2018年価格で年間コストを490億㌦に下方修正した。遵守費用は生産性から生み出され、それゆえ、追加的に240億㌦のコストがかかるが、それらは、資本と労働の供給者の総計を削減する。

オバマ政権下でDOLとNLRBによって導入されたこれらとその他の規則は、労働市場に反競争的な効果をもたらした[39]。われわれは様々な規則とガイダンスの結合された効果を分析することは試みないが、代わってそれをすべて共同雇用主に関する規則に関連して配分すれば、われわれはそこで、NLRBとあるいはDOLのその他の規則のいかなる競争コストを排除することによって二重計算を避けることができる。このセクションで引

用した規則が結合されて、年間約450億㌦の実質所得が削減されたことになるであろう。あるいは、各年1家計当たり平均ほぼ400㌦である。

金融規則

2007年から2009年のグローバルな金融危機に引き続いて、巨大金融機関によって創り出されたシステミック・リスクに対処すべく銀行改革が試みられた。議会と規制当局は、銀行の資本基準を上げ、新しいストレス・テストを課し、銀行の監督官に新しい規制力を付与した。これら改革は、巨大金融機関によって創り出されたリスクを削減することが企図されたが、ドッド・フランク法による規制は、システミック・リスクを創り出すわけではない中小の銀行へ新たな規制の必要条項を課した。

究極的には、ドッド・フランク法による過剰に広範な規制は、不必要な負担を地域と地元の銀行にかけることによって中小企業への貸付を縮小させたが、これらの銀行は、全国にわたって中小企業と地域経済を支えるのに特段の役割を果たしているのである。連邦預金保険公社の定義によれば、地域銀行は連邦保険下にある銀行と預金機関の92％を占め、彼らは、総貸付とリースの16％に責任を持っている。地域銀行はまた、農場と企業への小規模な貸付の42％を持っている。また、2014年には、米国の646の郡においては、唯一銀行のオフィスが地域銀行に所属しており、その他598の郡においては、地域銀行が少なくとも預金の75％を持っていた。合わせると、これらの郡は、米国におけるすべての郡のほぼ40％を占める。

2018年経済成長・規制緩和・消費者保護法は、また、「クラッポ法」（Crapo Bill）として知られるが、トランプ大統領によって署名され、より小規模な銀行から制限を取り除いたが、それは、「大きすぎてつぶせない」という銀行問題を緩和するための初期の努力の一部として彼らに間違って課されていたものである。CEA（2019b）は、この法は「中小の銀行の決定的重要性を認識しており、また、巨大金融機関に、よりふさわしい規制の必要条項を彼らにかけるという高いコストと否定的な便益をも認識している。それは、規制の負担を削減し、中小企業へ利用可能な信用を拡大することを手助けすることが期待されており、それは、全国中の地域社会の生きる血液なのだ」とする。

中小銀行（資産10億㌦未満）の統合が高まり、ドッド・フランク法制定以後続いて、2011年以後の機関の数は2000以上（31％）減少した。銀行統合は、本質的に反競争的であるだけでなく、規制によって引き起こされる統合は、規制コストの法外な負担を反映する。ドッド・フランク法の制定後、中小銀行の総貸付額は、2011年以後に、8890億㌦から8150億㌦へと8.3％下落した。これら中小銀行がもし、彼らの貸付額をこの期間に、過去3回の拡大の平均である1.55％増加させたならば、実際の数値より約20％多くなったはずである。これら消えた貸付は中小銀行の追加的年間付加価値約63億㌦と結びつき、それは、貸し手と借り手に年間余剰約30億㌦を生産したであろうと推定される[40]。追加的雇用と投資による経済全体に対する影響を含めて、クラボ法は、年間ほぼ50億㌦のネットの便益を持ち、中小銀行の規制負担を撤廃することで約60億㌦年間実質所得を増加させる。

CEAは、また、2010年から16年にかけて導入され、トランプ政権下で取り除かれた（また取り除かれつつある）いくつかその他の規制の効果の産業別分析を行った。これらの1つが消費者金融保護局（CFPB）によって試みられたものであり、少額ドルの貸付産業を大方なくしてしまうものであるが、この産業は2015年において約70億㌦の収入があった（82FR54479）。少額ドルの貸付は、価値あるサービスであり、消費者に重要な資源と彼らの金融を管理する柔軟性を与えるものなのである。CFPBの分析は、この貸付が「家賃、子供のケア、食料、ヴァケーション、学校給食、車の支払い、公共料金、携帯電話料、クレジット・カードの支払い、八百屋への支払い、医療費、

保険料、学生教育費、毎日の生活費」そしてその他の緊急出費を支払うのに助かるものであることを認識した（82FR54515）。CFPB は、この規則はこの少額ドル貸付産業を 91％削減するであろうと予測した。緊急の出費の支払いに役立つ少額ドル貸付の使用による柔軟性の喪失は、縮小する産業の機会費用を示唆している。顕示選好手法を使用して、CEA の推定では、30 億㌦の消費者生産者余剰の対応する損失と約 70 億㌦の実質所得の削減となる [41]。

追加の規制

われわれの 20 の標本規則のうち、6 つは比較的小さな総額効果を持つことを発見する。それは、DOL の信用規則、証券取引委員会の資源採取発行人による海外支払いディスクロージャー、内務省の河川保護規則、CFPB による金融契約の専断的協定の禁止、廃棄物阻止規則、そして食品荷造り及び家畜飼育場法を実施するにあたっての農務省規則である [42]。われわれの推定によれば、トランプ政権が行った 6 つの規則の撤廃は、総額で約 0.06％の実質所得を増加させ、それは年間で約 110 億㌦に上るであろう。すでに撤廃された第 7 番目の規則、公正支払い及び安全労働現場規則は、技術的には GDP と実質所得に何の効果ももたらさないかもしれないのである。というのは、それは、連邦の契約者のコストを上げるからで、GDP に対する貢献は、コストの定義によるのである [43]。これら 7 つの規則の影響は、われわれのサンプルにはない多くの規則と比較すると大きいようにみえるが、年間 110 億㌦というのは、その他 13 規則のわれわれのサンプルの結合された効果の小さな部分に過ぎない。

われわれは、2017 会計年度と 2018 会計年度の連邦規則の何百もの経済的インパクトについては、少数を除いてまだ測定はしていない。しかしながら、「フェデラル・レジスター」（Federal Register）に記録されたその他の規則の報告されたコスト節約の総額は、追加的なコスト節約の方向にあり、われわれの規制撤廃 20 の行動のサンプルからのコスト節約は、2017 年 1 月以降のすべての規制と規制撤廃の行動からのコスト節約の控えめな推定かもしれないということを示唆しているようである。

規制の成長する国家から規制撤廃の国家への移行の 2 倍の効果

2017 年以前、連邦の規制規範は、新しい規制への連続的追加であった。図 3-1 においてすでにみたように、2000 年から 2016 年まで、連邦政府は、毎年平均すると 53 の経済的に重要な規制を付け加えた。トランプ政権になって、（規制撤廃あるいは移行規則を数えないとしても）平均は、たった 10 である。

たとえ古い規制が取り除かれないとしても、費用のかかる規制の凍結は、規制が連続的に加わっていた（それに関しては図 3-6 の黒色の線で示されているが）過去の成長率よりもより高い成長率を可能とするであろうが、それに関しては、図 3-6 の灰色の線で示されている。規制は、⑴ 凍結が続く時間の長さ、⑵ 過去の成長経路に沿って加えられることになるかもしれない新しい規制の平均年コストに依存する。図で示してみると、説明のために、図 3-6 は、2021 年にかけての凍結を示している。われわれはまた、2010 年から 16 年にかけての規制の追加平均年コストの控えめな推計をする、つまり、これらの年を通して創り出され、われわれのサンプリングで確認できた規制 20 のコストである。1.3％の実質所得がこれら 7 年にわたって拡散され、年にすると約 0.19％のコストの追加（すなわち、7 年後には 1 家計当たり約 1900㌦）となる。これら 7 年は、経済的に重要な新しい規制の数がいくらか常

図 3−6　規制撤廃は規制凍結よりも成長を生む、2001〜2021 年

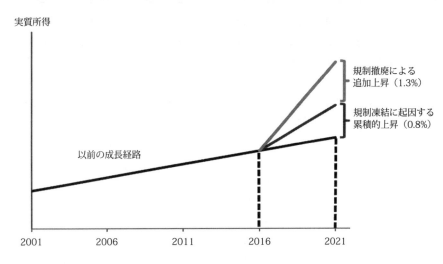

実質所得

規制撤廃による
追加上昇（1.3%）

規制凍結に起因する
累積的上昇（0.8%）

以前の成長経路

2001　　2006　　2011　　2016　　2021

出所：CEA calculations.

③

ではなく、そこで、われわれは、（2001 年から 16 年までの）以前の傾向を採用し、年 1.6％とする。別の言葉でいえば、規制凍結の 5 年目までには、実質所得は 0.8％（5 年目に 1 家計当たり約 1200ﾄﾞﾙ）以前の成長経路より上に行く。

　新しい規制の追加を抑制するだけではなく、トランプ政権は、以前の規制を取り除いてきた。図 3-6 の一番上にある線において示されているように、コストのかかる規制を撤廃することは、凍結するよりももっと成長を可能とする。上記において説明したように、規制の凍結に比較して、20 のコストのかかる連邦規制の撤廃の結果は、実質所得を 1.3％も上昇させる。全体で、これは、以前の成長経路と比較して、2.1％の所得増であり──1 家計当たり年間約 3100ﾄﾞﾙとなる[44]（いわゆる真夜中の規制に関しては、Box 3-2 をみよ）。

法外なコストを伴う 2017 年以前の規制

　今までの分析は、主として規制の所得に関する効果を考察してきたが、規制は、あるいはその欠落は、所得で把握できない非金銭的方法で福利に影響を及ぼす。しかしながら、たとえ、非金銭的コストとベネフィットが含まれているとしても、規制撤廃行動は規制のコストが成長していた以前の傾向と比較すると、毎年 1 家計当たり 2500ﾄﾞﾙ以上の純ベネフィットを生み出すとわれわれは推定する。その増加は、新しい規制のレベルが規制のコストとその社会的ベネフィットの間の良きバランスをとるという事実から発し、そこでのベネフィットとは、人による価値物を含むのであって、必ずしも市場で売り買いされるものだけが含まれるわけではない（だからそれは、全国所得・産出勘定あるいは通常の所得測定に含まれるものではない）。トランプ政権は、連邦機関が規制撤廃行

Box 3—2　真夜中の規制は何歳なのか？

トランプ政権によって覆された多くの規制は、「真夜中の規制」といわれるものであるが、それは、大統領選挙と新しい大統領の就任の間に公表された最終規則のことである（というわけで、真夜中の規制は、異なる政党の大統領へ変化する前、大統領職の期限が終了する最終時期の規制のこと）。

新しい大統領は、標準的な規則制定過程を使って真夜中の規則を葬り去ることができるが、それは、裁判所での規制の保護を拒否し、あるいは、（議会とともに）1996年議会再評価法（CRA: Congressional Review Act）によって制定された手続によってひっくり返すことができる。理屈からいえば、コストのかかる真夜中の規制の公表は、しばらくすれば覆されるのだから、もし、市場の参加者が真夜中の規則は経済活動を抑制するのに十分な時間で長続きしないだろうということを認識すれば、産業あるいは広くいえばより広い経済に影響することは少ないはずである（もし、市場関係者が議会再評価法の行使を予測すれば、コストのかかる真夜中の規制は反対の効果を持ったかもしれない。なぜなら、CRAは、将来の議会がそのタイプの規制を公然と認めるまでは、それと同じあるいは似たような、コストをかける規制を広めることを未来の政権に禁止しているからである）。しかしながら、2016年の最もコストのかかる真夜中の規制は、このようなものと性格づけすることはできない。なぜなら、(1)これらは、2017年の就任式前の何年にもわたって規則制定のプロセスにあった、(2)2016年の世論の多くとメディアは、異なる大統領選挙の結果を予測した、(3)CRAは、2017年前にただ一度だけ使用されたからである。

16のオバマ時代の規制は、究極的には、CRAによって無効とされた。これらのうちで経済的に重要なものは、州が雇用主に命令して退職勘定を提供することを可能とする連邦規則（「IRA命令規則」）、ブロードバンドのプライバシーに関するFCC規則、外国支払いの公表を必要とする証券取引委員会規則（RIN 1210-AB71; 1210-AB76、文書FCC-2016-0376-0001、とRIN3235-AL53のそれぞれをみよ）である。これらは、2010年までさかのぼるが、第115議会においてCRAによる無効が適格となった。なぜなら、裁判所と公衆からの挑戦が、2016年末、あるいはそれ以降まで規則制定の過程を拡張させたからである（また、パブリック・シティズン2016年をみよ、それは、「ビル・クリントン大統領とジョージ・W・ブッシュ大統領の真夜中の規制は、より長く〔3.6年〕かかり、そして、過去17年を超える平均規則より、OIRA評価」より長い日にちを経過した）。IRA命令規則は、少なくとも2015年にさかのぼる。2010年にさかのぼる「ネットの中立性」についてのFCCの行動によって、FCCプライバシー規則は、議論となることが予想されたが、提案されたその規則は、2016年4月1日に発表された。

CEAは、それゆえ、オバマ政権時代の経済規制を、政治的綱領を合図する経済的に不適切なものであるというよりは、通常の規則策定の過程の一部としてみる。最終規則はタイムラグを持って提案された規則策定の通知にしたがい、新政権が前政権からの提案された規則制定の通知を最終的に認めることを拒否するかもしれないとはいえ、タイムラグの長さは、規制撤廃あるいは規制の凍結の中期的あるいは長期的経済効果の推定に影響を与えるべきではない。タイムラグの長さは、経済効果のタイミングに影響する。

動も含めた重要な規制行動のコスト・ベネフィット分析を実施することを必要としたのであり、そしてそれは、「コストを正当化できるベネフィットの理由ある決断」の上で問題にされるのである（OMB 2017）。

　健康政策を例にとって示せば、2017年前の規制がいかに法外にベネフィットに対してコストを増加させたかを示している。ケア適正化法は、補償されない（自腹）ケアのコストを削減するために個人への強制を創出した[45]。しかし、補償されないケアの年間平均コストは、保険に入っていない人（年間を通して補償されないケアを使用しない保険に入っていない人の平均ゼロを含めて）では約1000㌦であるが、一方で個人への強制による年間経済コストでは、保険購入を強制された無保険者一人当たり3000㌦を超えるのである（CEA 2019a）。

　2017年以前の規制が、あまりにコストが高い1つの理由は、それらのいくつかが、その遵守コストがあまりに高い場合、適当な料金を支払うという選択肢が、規制された企業にゆるされるという条件付きの、ささやかな「安全弁」とともに実施されたからである。例えば、自動車製造業者は、連邦燃費基準に満たない場合、全国ハイウェイ交通安全庁（NHTSA）に料金を支払う選択肢を持っていたのであるが、EPAは、空気清浄化法によって、2012年のモデル年に開始されたグリーンガス基準を強制するNHTSA料金を採用することを禁止されている（75*FR*25482）。もう1つの例をあげれば、コンサルタントが間違って不正確にDOL FormLM-21を記載した場合（それは、無効になった説得者規則下での必要事項であったが）犯罪としての料金の対象となった。もう1つの理由は、労働市場が、ほぼ間違いなく、年間収入10兆㌦を超える最も大きな市場であることから、オバマ政権下において、DOLによる活発な規則作りの対象となったからである。

③—

結　論

　偶然の一致であるが、2017年の大統領の就任と軌を一にして、実質GDP成長は、あまりうまくいかないであろうという専門家の予測に反して、上出来の傾向に転じた（Tankersley 2019）。規制と規制撤廃の総効果についてのCEAによる発見が、この転換の説明を可能とするかもしれない規制行動とその総効果は簡単に見逃されて過小評価されるかもしれないが、それは、この行動がたくさんあり、経済分析のレンズを通してみないと、一般公衆には意味不明のものかもしれない。この章においては、このインフォメーション・ギャップを埋めることを可能とし、全国の経済だけではなく、毎日のアメリカ人にとっての規制撤廃アジェンダの重要性を示した。

　2017年以降、消費者と中小企業は、より多くの選択肢とより少ない連邦政府の介入とともに生活し、働くことができている。彼らは、グループの中であるいは個人として健康保険を購入し、彼らが欲しくないあるいは必要としない適用をカバーするために支払う必要はなくなった。中小企業は、従業員の必要に応じて報酬パッケージをデザインでき、より大きな企業と真のフランチャイズの関係に入ることができ、彼らの労働現場をいかに組織するかについて秘密のうちに専門的なアドバイスを求めることができる。消費者は、高くない無線と有線のインターネット・アクセスの様々な選択を持つ。中小銀行は、もはや「大きくてつぶせない」もの（実際には決してそうであったわけではない）そして、この目的に沿ってコストのかかる規制の検査の対象として、扱われることはない。

　かつて彼らが持っていた自由を取り戻すことに付け加えて、消費者と中小企業は、もはやコストのかかる連邦規制の恒常的な蓄積を恐れることはないのである。5年から10年の時間のフレームにおいて、これらの画期的な規制政策の変化は、選択と、生産性と、競争によって、年間所得を1家計当たり約3100㌦（総額で3800億㌦）増加させることが期待される。この章においては、産業レベルからの推定を構築することによって、その

総計にたどり着いた。そうすることで、特定の連邦規則を丁寧に検討し、これら規則の対象とされた産業のユニークな状況を説明し、消費者データの秘密、環境保護、燃料の節約、補償されないヘルスケアの削減というような、規制の便益を数量化する。この分析は、経済的フレームワークを採用し、税、不完全競争、そしてその他の要因からの市場の歪みを含めて、おのおのの産業を大きな経済の中に位置づける。

最も新しい規制撤廃の波の便益は、米国史における最も重要な規制撤廃の波の中に積極的に位置づけられる。40年前に起こった航空及びトラックの規制撤廃を取り上げよう。それは、「わが時代の経済政策上、最も重要な実験の1つ」（Winston 1993）として叙述された規制撤廃の波の主要部分であった。カーター政権時代のこの2つの産業の規制撤廃を合わせると、国民所得の約0.5%のネットの総便益が生まれたのである。この章で分析された20の規制撤廃行動の2つは、（われわれの推計では）そのような大きなネットでのベネフィットは生まなかったが、彼らの結合されたネットの総計ベネフィットは、国民所得の0.6%を超える[46]。

その他の顕著な歴史的規制撤廃の例は、1985年から1993年の間の天然ガス市場にかかわるもので、それは、国民所得の約0.2%と推定される恩恵をもたらした（Davis and Kilian 2011）。これは、この章で検討した3つの健康保険規則が結合されたネットのベネフィットよりも大きいというわけでは全くない。さらに、この章で報告された全体は、3年未満の間で引き起こされた規制撤廃の行動のみを反映しており、それに対して、航空、トラック、天然ガスのそれぞれはほぼ10年近くでとられた行動を反映している[47]。

経済をさらに成長させるには、追加の規制撤廃の余地が残っており、それは、アメリカ人消費者、労働者、企業へのベネフィットを増大させるであろう。行政命令13771の説明によれば、2020会計年度において計画されている規制撤廃の行動から予測されるコスト節約は、2017, 18, 19年に達成されたコスト節約をまとめた額を超える。わが政権はまた、規制改革を促進するさらなるステップをとってきた。2019年10月9日、トランプ大統領は、2つの規制改革の行政命令に署名した。第一は、タイトルの「改善された機関ガイダンス記録を通した法の規則の促進」である。連邦の規制と規制撤廃の行動についての多くの議論は、この章の多くを含めて、行政過程法の通知とコメントによる規則づくりの過程を通じて採用された規則に焦点を当てている。そのような規則に加えて、連邦機関は、縛りのないガイダンス文書を発行する。ガイダンス文書は、通知とコメントの必要性に服することはないが、かなりのものは重い規制コストを課す。ガイダンス文書への新しい行政命令の改善は、それらの縛りのない地位を明確にする必要性を含んでいる。重要なガイダンス文書はまた、コスト便益分析に現在は服することになっている。第二の行政命令は、10月9日に署名されたものであるが、そのタイトルは、「民間行政強制と裁決における透明性と公正を通じた法の規則の促進」である。経済的フレームワークにおいて、機関の強制戦略は、規制コストにとって重要な含意を持つものである（Fenn and Veljanovski 1988）。たぶん、より重要なことは、規則の強制は、公にとって公正であるべきことである。新しい行政命令は、「あらかじめ公に知らせずして規則を強制することを機関に禁止しているのである」。最後に、連邦規制の改革と並行して、わが政権は、規制改革を採用する州を励ますために知事のイニシアティブによる規制イノベーションを創設した。イニシアティブは、知事と大統領府が地方政府と部族の指導者たちと規制コストの削減のために働くことを可能とし、仕事上のライセンスの改革を進行させ、政府のレベルを通して規制を振り分けることを進めることを可能とするであろう。

注

1 以前CEAは、この章でカバーされているトピックスのいくつかの調査について公表した。引き続くテキストは、これらの報告（CEA 2019a, 2019b, 2019c）に基づいている。

2 それゆえ、規制撤廃の福祉効果の推計は、それ自身を知るだけでは十分ではなく、とりわけ、GDP予測が、規制撤廃の経済的インパクトを計算して、どの程度修正されるかを知ることが必要なのである。

3 この章を通して、すべてドルでの計算は、特に

断らない限り、2018年ドルで行う

4　われわれの分析は、連邦機関が、行政命令12866に基づいて行う規制インパクト分析のように詳細なものではない（OMB 2003）。この章では、規則つくりとは無縁である。それにかわって、この章では、CEAの役割に貢献するのであり、それは、1946年雇用法において議会で定められたものであり、経済調査と実証的証拠に基づいて客観的経済アドバイスを提供することである。われわれの分析は、コスト・ベネフィット分析を導く経済原則と整合的であり、支払い意欲と機会費用のカギとなる概念にわれわれの分析の焦点を合わせることが含まれる。もう1つの報告（CEA 2019b）は、われわれのアプローチの追加的分析を提供しており、そして、なおもう1つの報告（CEA 2019a）は、この章で議論される規制撤廃行動の3つの分析の期待されるコスト・ベネフィット分析を実施する際に使われる方法の詳細な議論を提供している。われわれのアプローチは、機関によって行われる完全な分析を補完し、ギャップを埋めるものであり、例えば、規制インパクト分析がコストあるいはベネフィットを数量化することができないときとか、規制インパクト分析が必要とされないときであるとかの場合である。これはいっておかなければならないが、標準的な実践と合わせれば、産業間の資源の移動は、コストやベネフィットあるいは、実質所得への効果としては計算されないのであるが、市場価格が諸産業をしてそれら資源に異なる価値を与えることを指示する限りではそうではない。

5　1単位分の生産要素の総増加は、その限界生産物（MP）分だけ産出を増加させる。しかし、全体の産出は、ネットの便益（すなわち、限界過剰負担）を超える、なぜなら生産要素は、供給の限界機会費用を持つからである。1単位のネットの総便益は、$0.48 \times MP$ であるが、そこで0.48は限界税楔である。したがって、追加的産出（MP）は、ネットの総便益を0.48で除したものになる。

6　CEAのコスト節約のコンセプトは、連邦プログラムがなくなることによる収入節約と似ているが、一方で、ネットのベネフィットは、収入節約とプログラム支出の過去のベネフィットとの差というようなものである。

7　市場の失敗の概念は、コスト・ベネフィット分析の中心的役割を演じるが、市場の失敗の存在が、最初の規制行動のベネフィットがそのコストを上回ることを保障するものではない。市場の失敗は必ず起こるものであるが、この結論を出すにはまだ十分な条件がそろっているわけではない。実際には、われわれが考察する20の規制撤廃行動の多くが、市場の失敗に対処した諸規制を覆したかどうかは明確ではない。

8　統計上のタームでいうと、カテゴリーは階層であり、関心のすべての母集団は2017年1月以来にとられた経済的に重要な連邦規制行動からなる。また、CEA（2019b、付録1）をみよ。

9　各々の規則に対して、トランプ大統領によって署名されたものに議会が否決し、規則は、それゆえ覆された。

10　16の規則はCRAの下で認められなかったが、2017会計年度規制予算の一部であった。

11　類似のことをいってみれば、例えば、あなたが家の中の車の数を測定したいと考えたとしよう。その場合、ランダムな部屋の抽出は、不必要に不正確なものになるであろう、なぜなら、多くの時間、ガレージが抽出されることはなく、それゆえ、多くの時間の結論はゼロになってしまう。排他的にガレージをみることが、明らかにランダムに抽出するより明確な優れたやり方なのである。これが、われわれCEAが規制について行ったことであり、われわれは、排他的に、経済的効果のある重要な機会を持つ規制を観察したのである。

12　これらは、全国労働関係会議（NLRB）からの共同雇用主提案の規則（RIN 3142-AA13）と労働省（DOL）からの共同雇用主提案の規則（RIN 1235-AA26）である。われわれの分析は、共同雇用主に関してのDOLガイダンスの効果とNLRBが提案する規則効果を分けないので、技術的には、NLRB規則を選択できたが、それは、規則予算のいかなる年における部分を占めるものではない。信託規則（RIN1210-AB82）は、2019会計年度予算の中であるが、臨時の先行者規則（82FR 31278）はまた、多くのコメントともに2018会計年度規制予算に現れる。

13　トランプ政権は、自動車の燃費および排出基準を確立する規則を最終決定していない。CEAは、そのような規則が最終決定されたのちの経済的効果を推定する計画である。

14 2017 会計年度、2018 会計年度予算からのトップ 10 のコメントされた規則は、すべて規制撤廃の行動であった。規制予算の多くの規則は、コメントを 1 つも受けられなかった。

15 幾人かの分析家は、フェデラル・レジスターに報告された多くの規制インパクトの分析は、重要な源と規制の機会費用を無視していると結論づけた（Harrington, Morgenstern, and Nelson 2000; Belfield, and Rodriguez 2018）が、われわれのサンプルでは平均をつかんでいる。1 つの例は、2016 年の規則、それは、短期の、限定された健康保険を制限したのであるが、「この規制行動は、いかなる 1 年においても 1 億ドルを超える経済的影響は考えにくい」と主張したが、（81FR 75322）、CEA（2019a）は、年間のコストは 100 億ドルを超える（規則によって述べられた上限の 100 倍）ことを発見した。このことが示唆しているのは、フェデラル・レジスターを基盤とする規制撤廃からのコスト節約の推計は、必ずしも規制のコスト追加に比例しているというわけではなく、過少にいわれている傾向にある。

16 以下で詳細に説明されるように、表 3-1 の規制撤廃行動を必要とする 2017 年より前の規制行動は、規制の凍結の経済効果を推計するために使用される。

17 2013 年、AT&T は、そのインターネット優遇プログラムを導入したが、それは、顧客にデータ共有の脱退権を与えるものである。もし、顧客が加入し、データ共有を許可すれば、使用料金の割引をするというものであり、それで少なくとも 1 カ月当たり 29 ドル安くなった。メディアの報告によれば、多くの顧客は加入を選択したという、彼らは、データ共有を認めることでより低率の使用料金を可能としたわけである。

18 個人顧客情報についての加入プログラムを試みた、クレジットカード発行者からの結果報告を行ったスタッテンとケイト（Staten and Cate 2003）が発見したことは、顧客から加入獲得のメールや電話で、顧客一人当たり（2018 年価格で換算して）平均して 37 ドルのコストがかかるという。24 カ月の無線契約、60 カ月の有線インターネット契約を通して分割すると、それぞれ、小売り価格の 4.0％と 1.0％になる。ブロードバンド産業について、グウルズビー（Goolsbee 2006）

によって測定された 60％のマークアップに基づいて、小売価格に通してこのコストがかかったとして、われわれが推定するに、小売価格への影響はそれぞれ 6.5％と 1.6％である。図 3-4 に示された実際の価格の落ち込みは、それぞれ、7.0％と 1.6％になる。

19 われわれは、ブロードバンド産業の収入（有線無線を含めて）は、FCC 規則の下で年 2 兆 20 億ドルとみつもる。われわれは、FCC 規則の覆りの結果として、個人データを供給する消費者は、総額 15 億ドルの平均総コストを支払うとみるが、使用者料金の総額平均年 110 億ドルの節約があり、加えて生産者余剰が付け加わり、それらが差し引かれる。

20 また、ゴールダーとウィリアムズ（Goulder and Williams（2003）とダールビー（Dajlby 2008）をみよ。この章を通して、その他のわれわれの報告（CEA 2019a、2019b）のように、われわれは、主として米国以外のコストを推定するときを除いて、産業規制のネットに余計かかるコストを概算するために、公的資金の 0.5 という限界費用を使用する（とりわけ、図 3-4 とそれに関連する議論をみよ）。

21 垂直的価格付け規制と加入必要性との双方は、FCC が様々に ISPs のために提案している代替的規制フレームワークにリンクしている──通信法のタイトル I に対してのタイトル II。しかしながら、垂直的価格付け規制と加入必要性は、経済的に別個のものであり、分かれた規則作りによってまた実施されてきた（それぞれ、81FR8067 と 81FR87274 をみよ）。

22 ベッカー、カールトンとサイダー（Becker, Carlton, and Sider 2010,499）をみよ。彼らは、ブロードバンドの垂直的価格付けの規制は、「大きな、進行中の、予測不可能なインターネットの需要と技術の諸変化への効率的対応となるかもしれない、ビジネスモデルとネットワーク管理の発展への障害となり・・・それは、投資、イノベーション、そして消費者福利を害することになるであろう」と結論づけている。柔軟な消費者と供給者との契約関係は、一般的に生産性を増進させるが、それはなぜなら、その 2 つの間の補完性によるからであり、逆に、同じ財の 2 つの供給者間の契約は、市場支配力を高める可能性を持っている

のである。

23 新しい FDA による行動の数量的重要性のもう
1つの指標は、少なくとも1つの外国のジェネ
リック薬メーカーの株価の 2017 年 7 月における
暴落であって、それを分析家は、「米国において
認可されたジェネリック薬の増加の結果として引
き起こされた競争の激化」であるとした（Sheetz
2017 をみよ）。

24 10％は、2017 年前の傾向を下回る1標準偏
差は規制撤廃以外の要因によると仮定したもので
ある。3260 億ドルの小売り処方薬支出は、Roehig
（2018）によって測定された。価格は、図 3-5 に
よって示された以上に落ち込んだかもしれない
ことに留意せよ。というのは、2016 年において
労働統計局は、そのやり方をジオメトリックか
らラスパイラスに変えたからで、それは、測定
されたインフレ率を増加させるからである（CEA
2018b）。

25 3つの健康保険行動とは、(1) 2017 年の減税お
よび雇用法によって、連邦により認可された適用
と控除を持っていない消費者に科される個人の加
入義務違反金をゼロに削減すること、(2) 2018 年
6 月の規則を通じて、小企業が、共同健康プラン
（AHPs）を形成し、彼らの雇用者により低コスト
のグループ健康 のこと、(3) 2018 年 8 月の規則
を通じた短期の限定期間つきの保険プランを拡大
したことである。

26 この平均は、4つの規制撤廃行動によって何
の影響も受けない家計のゼロを含んだものである。
実質所得効果を計算する諸目的のためには、われ
われは、消費者苦闘（ハッスル）コストというネッ
トのベネフィットの部分を計算に入れない。とい
うのは、消費者の観点からみるとこれらは、まさ
にコストなのであるが、これらのコストは伝統
的に GDP から削減されているからである。同様
に、われわれは、公的健康保険の顕示選好価値を
「ネット・ベネフィット」の部分として取り扱うが、
GDP ではないし、また実質所得でもなく、それら
は、伝統的に顕示選好価値というよりはコストの
観点から取り扱われている。その結果、健康保険
の規制撤廃の GDP 効果は、ネットのベネフィッ
トより小さく、一方で、その他の規制撤廃に関し
ては、反対のことが引き起こされる。

27 保険料の節約の一部は、次の事実からくるも

のであるが、それは、オバマ政権下で制限された
短期プランは、ケア適正化法によって規制された
個人プランとは違った性格を持っているのである。
CEA（2019a）の分析は、いかにトランプ政権の
規制撤廃行動が健康保険価格を十分に引き下げた
かを示しており、それは、プランの性格の違いを
調整した後でもそういえる。短期プラン保険料の
ソースについては、CEA 2019 年報告をみよ。

28 3900 万人から 7200 万人の雇用主のために
働く人々には、退職プランが提供されていない
（AARP 2014; Panis and Brien 2015; そして最終
規則）。労働経済学の補油準的なアプローチにし
たがえば（Lazer 1979; Mortensen 2010）、われ
われは、雇用者報酬は、雇用主と雇用者の共同余
剰を最大化することを仮定する。

29 オレゴン州をみよ（2015）。

30 1つの違いは、IRA 命令は、個人に罰金なし
で抜け出ることを可能とする。われわれの分析は、
規定に影響されるもののすべてではないが、かな
りの労働者が抜け出るであろうことを仮定する。
調査が明らかにしたところでは、退職プランへの
自動的登録は大きな慣性を生み出し、労働者は自
発的には選択しないであろうプランに残るという
ことである（Madrian and Shea 2001; Bernheim,
Fradkin, and Popov 2015）。

31 「2012 年以降、40 州が州促進の貯蓄プログラ
ムへの提案を研究し、それらを作るべく立法化を
進めてきた。少なくとも、10 州が、非政府の労
働者たちに退職勘定貯蓄へのアクセスを拡大する
法律を策定した。カリフォルニア州、コネティ
カット州、イリノイ州、メリーランド州、そして
オレゴン州は、すべて自動 IRA モデルを採用し
た」（NCSL 2018）。平均の積立額に関していえば、
CEA は、イリノイ州の試験では、四半期ごとに雇
用者当たり 392.86ドルが投資されたと記録してい
るが、年では約 1571ドルとなる（Hayden 2018）。

32 イリノイ州の罰金は年一人当たり労働者 250
ドルである（Hopkins 2015）。カリフォルニア州
では、遵守していないと通知がなされ、受け取ら
れてから後 90 日で 250ドル、180 日を超えると科
料は、500ドルになる（UC Berkeley Labor Center
2-17）。州が通知を送るかどうか、またどの程度
かについては、明らかではない。オレゴン州では、
その科料が設定されているのかどうかは明らかに

されていない。

33 補助金支払いの削減を、単に社会的ベネフィットを変化させないでおいて移転とすることは、コスト・ベネフィット分析において、しばしば行われることであり、納税者へのベネフィットは、ちょうど補助金を失う受領者へのコストにより相殺される。IRA貯蓄への税の補助は、特別委員会が補助金の効果を評価するとき、——同じことであるが、IRAsへの税の補助がないという仮説的な政策と現在の政策を比較するとき、移転として適正に取り扱われる。しかしながら、この章の目的は、雇用主と雇用者による選択における制約を緩める効果を評価することであり、IRAsへの税金補助の規則の変化を評価することではない。

34 Cummings（2016）と81FR15924。

35 NFIB v. Perez（2016）をみよ。また、Eilperin（2017）をみよ。

36 DOL（2017）をみよ。

37 このパラグラフは、Cummings（2016）からの引用もしくは要約である。

38 NFIB v. Perez（Federal case number 5:16-cv.66）における証言、2016年6月20日の79ｼﾞをみよ。

39 「共同雇用主」という広範な定義がいくつかの産業でいかに雇用主間の競争を削減したかは、CEA（2019b）の分析と（81FR15929）をみよ。

40 われわれの貸し手余剰は、Koetter, Kolari and Spierdijk（2012）からのラーナー指数推定を使用し、ネットの利子マージンに対しての貸付需要の単位価格弾力性を仮定する。

41 少額ドル貸付の産業需要は、料金請求と線形の関係にあり、マイナス1のポイント弾力性を持つと仮定すると、失われた消費者余剰だけで27億ﾄﾞﾙである。もし、少額貸付の需要が一定の弾力性を持ち、もしこの弾力性がゼロ以下で、McDevitt and Sojourrner（2016）によって推定されたマイナス4.28の企業レベルの弾力性であるとすれば、失われた消費者余剰はもっと大きなものとなろう。

42 信用規則とは、金融アドバイザーが信用あるとみなされることを大きくする状況を拡大することによって退職貯蓄へのコストとして付け加わった。DOLの推測によれば、2016年に公表された時点で、それは、投資家にネットで利益があるとされた。この規則は、*Chamber of Commerce*

v. Department of Lobor（商業会議所対労働省）、885F. 3d360（5th Cir. 2018）の第5回巡回裁判所上訴によって無効となる。資源採取発行人規則による海外支払いディスクロージャーは、米国の抽出採取企業のコストを引き上げた。河川保護法の「水質バランス」条項は、米国の長壁式採炭法をとる鉱業を閉鎖に追い込んだ（*Murray Energy Corporation v. U. S. Department of the Interior,* 2016）。CFPBは、「金融製品とサービスの消費者と供給者が集団訴訟というのではなく、専断によって、未来にわたるもめ事を解決すべく協定を結ぶことを禁じた」のであるが、それは、消費者金融商品の価格を上昇させることであろう（U. S. Department of Treasury 2017）。廃棄物阻止規則は、「石油とガス抽出ならびに連邦及び部族の土地での抽出作業」に追加的な制限を課すことになる（CEA 2019b, 287）。USDAの規則は、豚肉生産における垂直契約に介入し、サプライチェーンを通してコスト増をもたらすことになる（81th circuit 2018）。

43 これと対照的に、民間企業のコストの上昇は、典型的にGDPと実質所得を削減する。というのは、彼らのGDPへの貢献は、これら企業が彼らの顧客に対して創り出す価値に依存するからで、それは、顧客が支払ったものによって計測される。CEAの記すところでは、連邦契約者のかなりの程度の生産は、民間企業のように測定されるかもしれず、その場合には、この規則をやめにした場合の実質所得効果をゼロとするのは控えめな推測というものであろう。

44 図3-6に描かれている 一番上の線の経路は、図示することだけが目的なので、直線で描かれている。規制撤廃の効果が、（凍結に比較して）1.3％なのは、時間に関して線形ではないようで、それは、例えば完全に実現するには5年以上の年月がかかるかもしれない。

45 患者保護およびケア適正化法のセクション1501（a）（2）（F）。

46 Winston（1993, table6）は、総要素供給を一定とした航空及びトラック業界に帰着するネットのベネフィットを報告している。比較のための0.6％を計算するにあたって、われわれも総要素供給を一定とした。

47 Murphy（2018, 76）は、「1970年代の石油産

業への米国連邦の介入は、間違いなく、この国の歴史上、経済における平時の政府介入の最大のもの」であるといっている。Arrow and Kalt（1979）は、この介入のコストを国民所得の0.2％と推計した。さらに、1979-81年の規制撤廃は、コスト節約において、この全額を実現はしなかった、なぜなら、価格規制が膨大な利潤税に置き換えられたからである。

③

第4章
エネルギー
イノベーションと自立

米国のエネルギー・イノベーションは、トランプ政権下で繁栄を続けている。イノベーション――それとそれをサポートする政策――は、コストと価格をより低くし、生産を増加させる。これは、米国のシェール革命にみることができ、シェールとその同じ地層形成における石油とガス採掘の生産性の劇的な上昇によって示される。シェール採掘の生産性の増進は、天然ガス、電気、石油を低価格に導き、4人家族で年間平均2500㌦の節約をもたらしている。シェールに駆られた節約は、最高20%の家計よりも最低20%の所得家計により大きな割合をもたらしている。

シェール・イノベーションによる生産成長はまた、米国にエネルギーの独立をもたらし、その目標は、最初はニクソン大統領によってたてられ、引き続く政権によって追求されたが、その完成はトランプ政権の下で行われた。2017年米国は、1958年以来初めて天然ガスのネットの輸出国になり、2019年9月には、米国は、原油、石油製品のネットの輸出国になり、少なくとも1949年以来初めて2020年中ネットの輸出国としてとどまることが予測されている。歴史的にみれば、エネルギー価格の上昇が貿易赤字を膨らませ、企業へのコスト、そして家計への負担はしばしば、米国経済をリセッションへと導いた。イノベーションに駆使された生産と輸出の急増は、米国経済をして、グローバルな石油価格上昇へ柔軟に対応できるようにしている。それはまた、わが国の地政学上の柔軟性と影響力を改善し、2つの主要な石油生産国であるイランとベネズエラへの同時の制裁によって証拠立てられる。

消費者の節約とエネルギーの自立という恩恵に加えて、シェール革命は、電力発電資源の構成要素の変化から、二酸化炭素と排出ガスを削減してきた。われわれの推計によると、2005年から2018年にかけて、とりわけ、シェール革命は、電力発電における二酸化炭素排出量を21%ほど削減した。これは、最近のデータによれば、ヨーロッパ連合より米国における（経済の相対的な大きさを考慮すると）より大きな二酸化炭素と排出ガスの削減に貢献したのである。

トランプ政権の規制撤廃のエネルギー政策は、それ以前の連邦の規制撤廃政策を踏襲したものであるが、シェール革命を引き起こすことを促進した。民間のイノベーションと投資への不必要な抑制を制限することによって、わが政権は、わが国の豊富な人的かつエネルギー資源のさらなる解放をサポートする。対照的に、ニューヨーク州は、シェール生産を禁止し、また新しいパイプラインの建設を妨害し、州内の天然ガス生産の落ち込みを引き起こしており、よそで生産されるエネルギーとより高いエネルギー価格により依存する状況を創り出している。同様に、州と連邦レベルの再生可能エネルギー権限についての事実は、それらのコストと限界を示している。より広くいえば、エネルギー市場と技術の展開を予測することはいまだ困難であり――シェール革命の天然ガス、電気、そして石油への影響や原子力発電の現在の経済的課題を予測できる人は少ない。この困難は、勝者と敗者を拾い上げることを避け、政策の価値に光を当てるのであり、代わって、イノベーションが繁栄する広範なプラットフォームを供給するのである。

イノベーションの古典的な効果は、生産力の改善であり、それは、コストと価格を引き下げ、生産を増進させる[1]。エネルギー・セクターのイノベーション——そしてそれらを支える政策——は、同様の効果を持ち、究極的には、米国家計と企業への価格を削減する。この章では、シェールとそしてそれと同様な地質形成からの石油と天然ガス生産の原因と結果を叙述するが、また一方で広範なエネルギー・セクターのイノベーションと政策問題に光をあてよう。われわれはまず、生産性の劇的な上昇を議論し、その価格、生産、そして価格への効果を論じる。第二に、われわれは、シェールが引き起こしたエネルギー価格の減少によってもたらされた消費者の節約を推計する。第三に、われわれは、シェール生産の急上昇が、石油と天然ガスのネットの輸出の積極的展開で測定して、いかに米国のエネルギーの自立に導いたかを証拠づける。第四に、われわれは、米国における排出の全体とシェール関係による変化を評価する。最後に、われわれは、規制撤廃対政府に導かれたエネルギー政策の含意について考察する。

2007年から2019年まで、シェール生産のイノベーションは、天然ガスに関しては、（1掘削装置当たりの新油井生産で測った）抽出生産性の8倍、石油に関しては19倍の増加をもたらした。これらの生産性の増大は、コスト削減をもたらし、記録を更新するレベルに生産を急増させた。その結果、米国は、この2つの商品において世界最大の生産国になり、（天然ガスでは）2011年にロシアを、（石油では）2018年にサウジアラビアとロシアを追い越した。CEAは、生産性の大きな増進は、2018年までに、天然ガスの国内価格を63％削減し、電力の卸売価格を45％も引き下げることに導いたと推計する。シェール石油開発と連動した米国の石油生産の増加は、「石油ピーク」の予測に直面していた同時期に、グローバルな石油価格をなだらかにしたばかりではなく削減することを促進した。エネルギー価格の低廉化によって、シェール革命は、米国の消費者に年間2兆30億㌦、あるいは4人家族で2500㌦の節約をもたらすとわれわれは推計する。全体の節約額の80％近くは天然ガスの十分な価格低下によるものであるが、その半分以上はより安くなった電

気価格によるものである。低所得家計は、その所得の多くの部分をエネルギー支払いに充てているため、エネルギーの低価格は、不均衡的に彼らの便益となる。シェールに駆られた節約は、最低20％に位置する家計所得の6.8％に相当し、最高20％に位置する家計所得の1.3％と比較するとそれは明らかである。これらの消費者の節約は、加えてそのセクターのより大きな雇用増に結びつく経済的ベネフィットと連携している。

同時に、シェールに駆られた生産増は、米国のほぼ50年来の目標であるエネルギーの自立を完成した。2017年、米国は1958年以来初めて天然ガスのネットの輸出国になった。そして、2019年9月、米国は原油と石油生産物のネットの輸出国となり、少なくとも1949年以来初めて、2020年のすべてにわたってネットの輸出国としてとどまることが予想されている。長期にわたる米国のエネルギー自立の目標は、米国経済が石油価格の急増に昔から脆弱性を受けてきたことから動機づけられてきたのである。歴史的にいうと、エネルギー価格の上昇は、米国貿易赤字と企業・家計のコストを増大させ、米国経済をリセッションに押しやる要因となってきた。事実、石油価格の突然の上昇は、米国において11ある戦後リセッションのうち10のリセッションの直前に起こったのである（Hamilton 2011）。エネルギーの自立とともに、グローバルエネルギー価格の急増は、米国の家計と企業に影響を与え続けているが、現在は、GDPに対してはより抑えた影響を与えるのみである。なぜなら、かつてはネットの輸入が増加して貿易赤字が増加したが、今はそういうことは起こらないからである。2000年から2010年にかけて、1㌦の石油価格の上昇は、8300億㌦の財の米国貿易バランスを削減し、2011年から19年にかけて、それは、たったの1700億㌦だけ、米国の貿易バランスを削減したに過ぎなかった。より高い価格は、GDPを上昇させることができるが、それは、もし米国エネルギー生産者へ投資の増大を十分に引き起こしたらの話である。より大きな輸出と価格ショックに対する柔軟性はまた、わが国の地政学的柔軟性と影響を改善するのであって、それは、2つの主要石油生産国への最近の制裁を見ればわかるであろう。

消費者への節約とエネルギー自立の便益に加

④

えて、シェール革命は、電力発電資源の攻勢を変えることを通じて、二酸化炭素と排出ガスを削減してきた。CEA の推定によれば、2005 年から 2018 年にかけて、とりわけ、シェール革命は、発電セクターの二酸化炭素排出量を 21％削減する要因であった。二酸化炭素排出量と排気ガスの両分野において、シェール革命は、より多くの削減に貢献したのであって、（経済の規模の相対的大きさからいうと）2005 年から 2017 年にかけては、EU よりも米国においてより低下した。

トランプ政権の規制撤廃のエネルギー政策は、このシェール革命を引き起こすことを促進したもので、以前からの連邦規制撤廃政策を踏襲したものである。民間のイノベーションと投資に不必要な制約に制限をかけ、わが政権の規制撤廃政策は、わが国の豊富な人的資源とエネルギー資源のさら

なる解放を促進する。対照的に、ニューヨーク州は、シェール生産を禁止し、新しいパイプライン計画を妨害し、州の天然ガス生産を減少に導き、他で生産されたエネルギーに依存し、より高いエネルギー価格を導いた。同様に、州と連邦レベルの再生可能エネルギー権限に関する証拠は、そのコストと限界を示している。より広くいえば、エネルギー市場と技術の進化を予想することはなお難しく——天然ガス、電気、石油のより低い価格、あるいは原子力発電分野の現在の経済的課題に関するシェール革命の影響を予測した人はあまりいなかったのである。このことが、勝者と敗者を拾い上げることを避け、その代わりイノベーションが繁栄する広範なプラットフォームを供給する政策価値へ光を当てさせるのである。

市場での価格付け、資源アクセス、そして革新する自由

シェールと、それと同様な地層形成から石油と天然ガスを掘削する成長——これはしばしば、シェール革命としていわれことであるが、最近半世紀のエネルギー開発の究極的なものとして議論される。それはある程度、化石燃料が米国エネルギー消費の 80％を占めることによるという遠大な結果ともいえる（EIA 2019b）。石油の多くは、運輸部門の飛行機、列車、自動車の燃料となる。一方で、多くの天然ガスは、電力を起こし、産業と家計を温める。

少なくとも 1970 年代末以降、地質学者は、シェールと他の低浸透性地質が、豊富な天然ガスをたくさん含んでいることを知っていた。何十年にもわたって、ガスを利益をもって抽出する方法がなく、産業化を阻んでいたのであって、多くは、米国と外国でのアクセスが容易な資源を追求したのである。様々な国が豊富なシェール資源を持っているが、米国のイノベーションを起こそうとした起業家とエンジニアが最初にシェールの可能性のカギを解き放ったが、それが結果として、シェール開発がなかった時と比較して消費者に莫大な節約と環境上の便益をもたらした。

シェール革命は、天然ガスの価格づけと分配を

つかさどる主要な規制撤廃の変化の後にやってきた。3 つの主要な規制撤廃行動は、——1978 年天然ガス政策法、連邦エネルギー規制委員会の 1985 年公開アクセス秩序、そして、1989 年天然ガス井戸元コントロール法であり、これらは、パイプラインへのアクセスを自由化し、天然ガス生産者に支払われる価格決定において市場の力の役割を増大させた。最初のうち、価格統制は、生産と探査を抑制したが、供給不足を引き起こした。供給と需要とともに動くように自由化されて、井戸元価格が上昇し、よりイノベーションを促進し、それが、価格低下を結果としてもたらした（MacAvoy 2008）。価格は、しかしながら、1990 年代末と 2000 年代初めに再び上昇し始める。

より高い井戸元価格は、新しい方法と地質学的形成への革新的リスクをとることを正当化し、地下資源の民間所有権は、企業がこれら資源にアクセスすること、そして様々な地域で実験することを容易にした。米国は、家主、農民、企業という民間セクターが地表下の鉱物権を所有するというユニークな国である。このシステムは、民間所有者をしてエネルギー企業がリース契約を行ってア

クセスを認めることを許すのであり、それは、エイカーあるいは1万エイカー当たり十分の一になるほどである（Fitzgerald 2014）。その結果、エネルギー会社は、地表下の資源にアクセスすることを始めるのに、厄介な中央政府の官僚システムを調べ、渡り歩かなくても済むのである。企業は、連邦や州の規制になお我慢しなければならないが、資源にアクセスする権利の獲得は、直接的であり、──彼らは、それ相当の土地の所有者を十分に補償する必要があるというわけである。

シェール革命を解き放つにあたって連邦政府の役割がしばしば過剰にいわれすぎている。たしかに、ドリル・ビット技術、方向性のある掘削術、シェール基盤の貯蔵池のモデル化、そして、多段階水力破砕処置の微粒地震モニタリングに関する調査の連邦資金において、1978年から1992年までつぎ込まれた約1兆3000億㌦のエネルギー省の投資は、セクター・イノベーションを引き起こすのに役立った。より詳細な分析が明らかにしていることは、主要な頼りは、民間セクターにあったということである。連邦によって補助された調査は、東部のシェールガス開発の援助となったが、バーネットシェール形成における初期の発展に関して役立てることは少なかった。さらに、非伝統的な資源からの天然ガス生産を刺激することを目的とした初期の税額控除は1992年に終了し、それは、2000代初期の重要な画期的大発見のかなり前だった[2]。

シェール抽出における開拓者的企業においては、間違いなくミッチェルエネルギーが最も重要である。1980年代そして90年代において、ミッチェルエネルギーは、天然ガスの販売の長期契約を持っていたが、バーネット・シェールとして知られるテキサスの地質学形成からのコークス天然ガスの方法に関する実験を行っていた。2000年代初期に現れた商業的成功と軌を一つにして、デヴォンエネルギーは、ミッチェルエネルギーを買収した。この獲得は2つの補完的な技術の合併を加速した。デヴォンは、水平掘削に関する豊富な経験を持ち、伝統的な垂直井戸の掘削を含み、その垂直な足の底において、水平の足へと移行し、それは数マイルも拡張することができた。ミッチェルエネルギーは、低浸透性の地層を破砕し、井戸の中に高圧でもって液体と砂を吸い上げるよ

り多くの経験を持っていたが、そうすることで、岩の中にしみ込んだガスや石油を解き放つのである。この画期的な技術は、水力破砕法として知られる（Wang and Krupnick 2015）。デヴォンの井戸からの約束された結果は、天然ガス価格の上昇とともに、バーネット・シェールに掘削ブームを引き起こした。というわけで、バーネットにおいて発行された井戸の許可数は、2000年に300未満であったが、2008年には4000を超える数に膨れ上がった。革命が開始されたのである。

シェール革命は、エンジニア、地質学者、起業家たちの多くによる継続的なイノベーションがなければ維持することは不可能で、彼らは方法を改良して適用させ、ノースダコタ西部、テキサス南部の石油を引き出し、米国東部のアパラチアから天然ガスを引き出した。継続されるイノベーションとその普及の機会は、エネルギー市場を変えて消費者と環境に極めて大きな影響をもたらした。

重要なイノベーションは、また、エネルギーセクターの外でも起こってきた。天然ガス工場の結合サイクル・タービンの設計の進歩は、工場に各熱の単位当たりで、より多くの電気を創り出すことを可能とした。2008年から2017年にかけて、電気1キロワット時を創り出すのに必要な熱量は、10%減少した。加えて、タービンのコストは、1単位能力当たりのドルで換算して、2014年以降、11%下落した。天然ガスタービンがより効率的かつコストがかからなくなると同時に、風力発電プロジェクトのコストも最近になって落ち始め、2010年から2017年にかけて、風力発電価格の50%を超える低下の要因となっている。これらの前進は、様々な要因から生み出されるが、より大きなタービンとより低い製造コストもそこに含まれる。太陽光発電も同様な前進がみられる。

これらセクターでのイノベーションは、補完性を改善した。風力及び太陽光技術からの電気は、変動し、グリッド管理からいって課題が残されている、なぜなら、発電がいかなる時でも発電が電気グリッドの需要に合わせられるかどうかわからないからである。電力を生み出すその他多くの資源に比べて、天然ガスを燃やす発電機は、バランスをとるためのグリッドとシステムの統合という

Box 4—1　イノベーションを引き起こすエネルギー指令の限界

政府命令の直接性は、大きくアッピールすることができる。政府の目標に市場を合わせる命令は、しかしながら、それらが何を達成することができるかについて限界がある、それは、連邦再生可能燃料基準によって明らかだ。たとえ、目標が合致したとしても、予測されたものよりより高いコストがかかるものである。

米国のエネルギーの自立を促進し、米国農業者に追加的収入を提供することを目的として、連邦再生可能燃料基準、それは、2005年に設置され、2007年に拡大されたものだが、再生可能燃料の生産と消費を増大させることを指令する。基準は、多くのカテゴリーにおいて、時間とともに上昇するタイプ別の目標を持つ、異なるその再生可能燃料の使用を指令する。トウモロコシからエタノールを生産する技術は、2000年の中ごろまでには確立され、トウモロコシを基盤とするエタノール生産と消費は、急速に上昇し、2007年の法令にセットされた目標に沿って上昇した。対照的に、セルロース植物原料を、例えば、トウモロコシなどの家畜の飼料を再生可能燃料に転換する技術は、基準が効力を発揮するときにおいても、よくは、確立はしておらず、進歩は、命令であるにもかかわらず遅くなっている。その結果、EPAは、セルロース・バイオ燃料の目標を設定したとき、棚上げ権限を使用し、2007年法令を権限づけた（図4-ⅰ）。セルロース命令は、それが2010年に設定されて以来、毎年棚上げ放棄されてきており、セルロース・バイオ燃料は、結果を出していない。2019年までには、産業は、セルロース・バイオ燃料を85億ガロン生産するはずであった。

図4-i　セルロース系バイオ燃料法定量と最終量

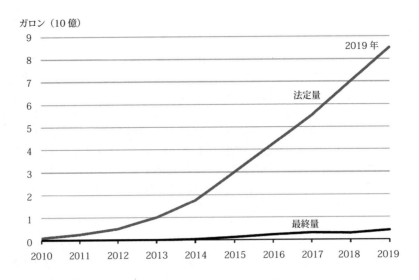

出所：Congressional Research Service.

援助を得て、発電を急速に上げたり下げたりすることができる。イノベーションからの増進は、しかしながら、どこでも起こるというものではない。

繊維を使ったバイオ燃料の生産は、ゆっくりと上昇してきたが、連邦権限で規定された水準をはるかに下回っている（Box4-1をみよ）。

生産性、価格、生産へのイノベーションの効果

イノベーションは、生産性を上げ、生産コストを下げ、企業が価格を下げることを可能とする。このダイナミズムは、国内の供給曲線を外側に動かすというテキスト・ブックのケースに照応し、図4-1に天然ガスのケースを示してある。このシフトは、企業がイノベーションの前に行ったよりもより多くの生産をどのレベルの価格の下でも生産するということを意味しており、市場均衡価格をより引き下げ、それは、Pの変化として図4-1の縦軸に示されるが、一方、生産される量の増加は、Qpの変化として、横軸に示される。より低い価格は消費の増加を刺激するが、それは、Qcの変化として横軸に示される。天然ガスの輸入と輸出ゆえに、市場価格はグローバル価格に影響され、国内の供給と国内の需要の交点で決定されない。シェールガスが開発される前は、国内消費は国内供給を超えたから輸入を導き、図4-1に示されているように、それはシェール前の国内生産と消費の差として示される。シェール後は、国内生産は国内消費を上回るから輸出が導かれる。

生産性へのインパクト

水平掘削と水力破砕法は、シェールとそのほかの低浸透性地層の開発を経済的にした。過去10年、すべての陸地の石油とガスの生産は、これらの地層から行われてきた。エネルギー生産者によるイノベーションと生産性増進の測定の1つの方法は、使用中の掘削設備の数に対して、新しい油井が生産する量であり、それについては、エネルギー省エネルギー情報局（EIA）がすべての主要シェール地層において追跡している。この測定値は、掘削設備単位の新油井生産として知られるが、最近生産された総生産量を最近稼働している掘削設備の数で割ったものである。2007年か

ら2019年の間、重要なシェールガス地域の設備1つ当たりの新油井生産は8倍以上になり、重要な石油生産地域では19倍以上になった。とりわけ、強力な生産増は石油とガスの両方において、最近の5年間に起きた[3]（図4-2）。最近の上昇は、いかにエネルギー企業がシェールの開拓者たちの画期的な革新の改善を続けてきたかに光を当てる。

掘削設備当たりの生産性の増大は、いくつかの要因から発生するが、企業をして時間当たりの各設備からより多くの生産を引き出すことを可能とする。例えば、地域と時間にわたって、油井の掘り当てに必要な日数を少なくさせ（EIA 2016）、1つの油井の最初の1カ月の平均生産を増大させる（EIA 2018b）。改善はある程度、より長い水平の部分と単位パッド当たりの油井をより多く配置することから生じるが、両者とも、単位当たりの油井とパッドが、より多くの石油とガスにアクセスさせることを可能とする。

より高い生産性は、バレル当たりの石油または1立方フィート当たりの天然ガスの生産コストを削減する。より低い単位当たりのコストは、より低い損益分岐価格に導き、それは、石油あるいはガス油井を掘削あるいは運転させるコストをカバーするに必要な価格である。図4-3は、様々な地域の生産コストをモデル化することを基盤にしてはじき出した損益分岐価格を示している[4]。2014年から2019年にかけて、天然ガスの損益分岐価格は、（カギとなるシェール地層を通した平均で）45％下落したが、石油は38％の落ち込みだった。生産性――それは、稼働している掘削設備当たりの新しい油井生産によって計測されるが――それと損益分岐価格の関連は直接的である。油井経営者は掘削設備を典型的にはリースで借りて、1日当たり2万6000㌦ほど支払っており、その半分の時間で終了する油井はかなりの貯蓄を生み出す。同様に、最初の生産のより大きな

④

115

図4−1　天然ガス生産におけるイノベーション

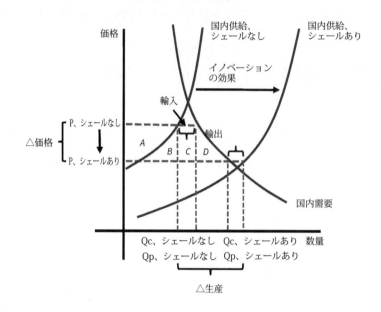

出所：Energy Information Administration; CEA calculations.

図4−2　生産性上昇──1 採掘装置当たり新規油井及び天然ガス井戸生産、2007〜19 年

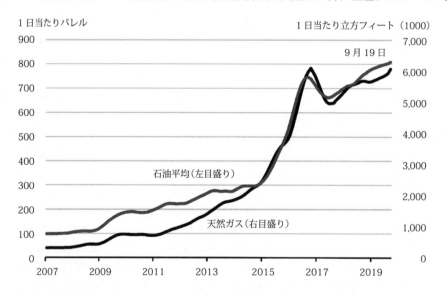

注：新規油井及びガス井戸は、生産初月の油井（またはガス井戸）の数とその産出である。掘削装置のカウントは、2 カ月前に稼働していた石油（またはガス）採掘装置の数である。
出所：Energy Information Administration; CEA calculations.

図4-3　重要なシェール層における生産性上昇における採算価格の低下、2014〜2019年

注：採算価格には、ロイヤルティ、税金、採取及び圧縮コストなど、井戸の掘削及び操業、資源を市場へに出すコストが含まれる。石油平均は、バッケン層、デンバー盆地、イーグル・フォード、パーミアン盆地の平均価格である。天然ガスは、マーセラス＝ユーティカとヘインズビルの平均価格である。データは、消費者価格指数（CPI-U）を用いて2018年価格に調整した6カ月移動平均である。
出所：Energy Information Administration; CEA calculations.

分量は、より早急に企業に現金をもたらし、それは、油井からの生涯にわたる膨大な生産量を意味する。

価格への影響と生産

　年次エネルギー見通しにおいて、EIAは、来るべき数十年にわたるエネルギー関連の諸結果を予測している。この予測は、資源備蓄、出現する技術、新しい政策、そのほか数々の関連する傾向についての情報と仮説について詳細に内包している。予測と現実の結果の違いは、シェール革命によってもたらされた驚きと混乱についての1つの測定を供給する。この違いは、必ずしもシェール革命のせいだけにすることはできず、市場はシェール以外の理由によって、予想を覆す展開をするかもしれないからである。

　2006年次エネルギー見通し、それは、2005年とそれ以降の予測をしてきたのであるが、地層が古い48州の天然ガス生産が徐々に上昇し、2018年には19兆立方フィートに到達するであろうと予測した。しかし、実際の乾いたガス生産は、2018年には地層の古い48州において30兆立方フィート以上に到達し、予測よりも58％も多かった。それは、現在いかなる国の生産量よりも多くなった（図4-4）。この生産増は、予測よりも価格が上がったという理由からではない。その反対に、2018年の価格は、予測されたよりも48％も低かった（図4-5）。

　予期せぬ天然ガスの生産増と価格下落は、電力市場に影響した。電気の卸売価格は、2005年から2008年にかけて1メガワット時当たり80㌦当たりを上下していたが、天然ガスの価格が下落すると同時に顕著に下落した。天然ガス使用の発電機は、近年発電の3分の1まで達していなかったが、その下落は、その規模以上に電力の卸売市場の競争価格に影響を及ぼす役割を果たした。これはなぜなら、天然ガス使用の発電機は発電の限界生産者であったからであり、その経営者は比較的簡単に市場に合わせた迅速な生産を調整することができたことから、彼らのコストと提案価格が電力市場の価格の重要な決定要因となったためである。図4-6が示しているように、天然ガス卸売価格と電気価格は密接な関連を示してお

図4−4　天然ガスの実際の生産と予想生産、2008〜2018年

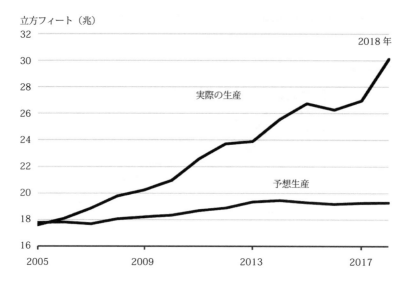

立方フィート（兆）

注：予想は、EIA『2006年エネルギー見通し』からのものである。生産は、アラスカ、
　　ハワイを除く米国本土48州のものである。乾性ガスは、炭化水素化合物よりも主と
　　してメタンであるガスを指す。
出所：Energy Information Administration (EIA); CEA calculations.

図4−5　天然ガスの実際の価格と予想価格、2005〜2018年

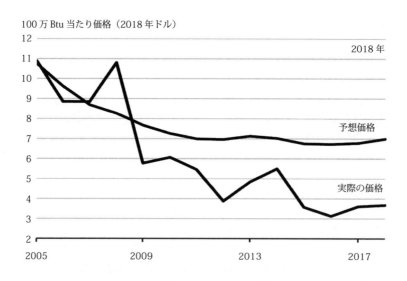

100万Btu当たり価格（2018年ドル）

注：Btu＝英熱量。予想は、EIA『2006年エネルギー見通し』からのものである。生産は、
　　アラスカ、ハワイを除く米国本土48州のものである。乾性ガスは、炭化水素化合物
　　ではなく主としてメタンであるガスを指す。
出所：Energy Information Administration (EIA); CEA calculations.

図4−6　米国の月次卸売電力価格と天然ガス価格

1メガワット時当たり価格（2018年）　　　　　　　100万Btu当たり価格（2018年）

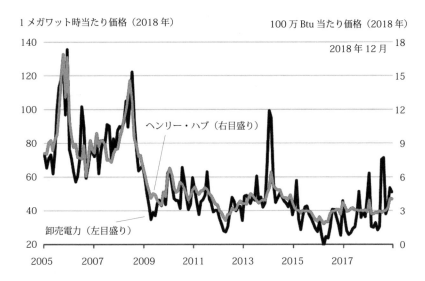

注：Btu＝英熱量。卸売電力価格は、週と8つの卸売電力ハブを通じた量でウェイト付
　　けされている。卸売天然ガス価格はヘンリー・ハブ・スポット価格である。物価は、
　　消費者物価指数（CPI-U）を用いて2018年価格に調整されている。
出所：Energy Information Administration; Intercontinental Exchange; CEA calculations.

図4−7　米国原油生産、2005〜2018年

1日当たりバレル（100万）

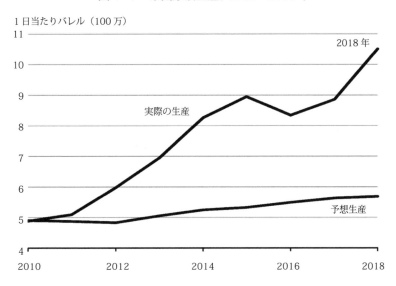

注：予想は、EIA『2011年エネルギー見通し』からのものである。生産は、アラスカ、
　　ハワイを除く米国本土48州のものである。生産には、陸上、海洋両方の生産が含ま
　　れる。
出所：出所：Energy Information Administration; CEA calculations.

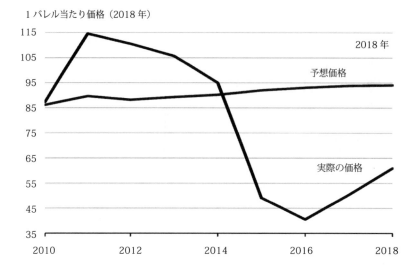

図4−8　輸入石油価格、2005〜2018 年

1 バレル当たり価格（2018 年）

注：予想は、EIA『2011 年エネルギー見通し』からのものである。物価は、消費者物
　　価指数（CPI-U）を用いて 2018 年価格に調整している。輸入原油価格は、精油業者
　　の輸入原油平均入手コストである。
出所：Energy Information Administration; CEA calculations.

り、多くの研究が電力卸売価格への天然ガス価格の強力な影響を記録している（Linn, Muehlenbachs, and Wang 2014; Borenstein and Bushnell 2015）。

　石油に話を転じると、予測された生産と実際の生産の違いは、天然ガスよりもっと大きい。地質の古い 48 州における 2018 年の実際の生産は、EIA によって 2011 年に予測された生産より 85％も上回っており、米国は、ロシア、サウジアラビアを抜いて、世界で最大の石油産出国になった。

　実際の生産と予測された生産とのいくつかの違いは、2010 年から 18 年までの前半において、実際の価格が予測された価格より高かったことである。石油セクターにおけるイノベーションの恩恵は、しかしながら、なお明らかであって、2015 年以降、実際の石油価格は予測された価格より低く、一方で生産は予測をはるかに超えていた（図 4-7、図 4-8）。

エネルギー価格におけるシェールに導かれた低下の影響

　簡単な供給需要フレームワークによって、時間とともに変化する他の要因ではなく、シェール革命によって、どの程度エネルギー価格が下がったかを推計することが許される。天然ガスの関しては、ハウスマンとケロッグ（Hausman and Kellogg 2015）から引用するが、彼らは、2007 年から 2013 年までのシェールガスの市場への影響をみる。彼らの分析は、シェール革命なしの世界における天然ガスの価格を推定し、シェールの出現前後の実際の価格変化が、必ずしもシェールの影響であるとは限らないことを記録するが、それは需要曲線がシフトしたことが理由である可能性が高いとする。その結果、彼らは、天然ガスの 2007 年と 2013 年の供給と需要のカーブを推定する。シェールなしのシナリオの天然ガス価格は、そこでは、2007 年（シェール前）の供給曲線と 2013 年の需要曲線との交差する点での価格として推定される[5]（シェールによる価格効果の推計

についての詳細は、Hausman and Kellogg 2015）。われわれが、彼らの価格分析を主に変更する点は、2013年ではなく、2018年の最近の年次データを年末において使うことであり、ニューウェル、プレスト、ヴィッシング（Newell, Prest, and Vissing 2019）からの天然ガスの供給弾力性の最新の推計を使用することである。

われわれはまた、より低くなった天然ガス価格の電力卸売価格への影響を推計する。天然ガスは、電力セクターにおいてユニークな役割を演じる。米国の多くの地域では競争的な電力市場があるが、天然ガス使用のプラントでは販売される電力の限界単位を発電している。その結果、コスト減は電力の市場価格を引き下げ、その意味するところは、その燃料源がいかなるものであろうと、すべての発電会社は、より低い価格を受け取るということである。同様に、すべての購入者はだれが電力を供給しようが、より低い価格で支払うということである。リン、ミューレンバックスとワング（Linn, Muhlenbachs, and Wang 2014）は、シェールによる天然ガス価格減少の電力価格への影響を研究し、卸売市場のハブを通して、天然ガスの価格1％の減少は、0.72％の電力価格の減少を引き起こすことを突き止める。シェールによる電力の卸売価格の変化を推計するには、われわれは、それゆえに、シェールによる天然ガス価格の％変化に（前述のように）0.72を掛ければいいのである。シェールガス価格の影響を推計するにあたって、われわれはシェール石油生産における2つの波を考察すると、第二の波は石油輸出国機構（OPEC）による減産と関連している。第一の波は、キリアンによって（2008年11月から2015年8月において）定義されたが、第二の波は、われわれは、2017年1月から2019年5月において定義する。第一の波において、われわれは、キリアン（Kilian 2017）を引用するが、彼は米国のシェール石油開発がなかった場合の月次ブレント原油価格を推定している。第二の波において、われわれは、第一の波の最後からのキリアン効果をとり、2016年以降のOPEC諸国の生産カットを計算に入れて、それを第二の波の米国シェール石油生産の変化に適用する。

キリアン（2017）の推定によれば、第一のシェール石油の波は、2015年8月まで1バレル当たり

約5ドルの世界の石油価格の低下をもたらした。彼の分析をシェールによる生産増の第二の波に拡大すれば、われわれは、追加の生産が2019年5月まで1バレル当たりさらに1.29ドルの削減をもたらすと推計し、それは結果として、1バレル当たり6.29ドルの価格下落をもたらすとする。このことは、シェール革命が起こらなかった場合と比較して、石油価格を2018年において10％下落させたことになる。

天然ガスに話を移すと、シェールがなかった場合、天然ガス価格は1000立方フィート当たり7.79ドルであり、それは、2007年天然ガス供給曲線と2018年需要曲線との交差点によって与えられる。シェール生産による供給曲線の右シフトによって価格は、1000立方フィート当たりで2.87ドル、63％の下落である。違ったいい方をすれば、シェール革命がなかった場合に比較して63％の下落ということであり、価格はそう変動しなかったということである。これは、ほぼヘンリー・ハブ天然ガス価格の2007年から18年にかけてのパーセント変化と同じである。

リン、ミューレンバックス、ワング（2014）による推計を基本とすると、より低い天然ガス価格が意味するのは、シェールガスは、2018年時点で、電力の卸売り価格を45％減少することを導いた。また、この推計された減少はインターコンティネンタル・エクスチェーンジからのEIAによって載せられた卸売り先物価格データと一致する。実質タームでいうと、市場ハブのすべてにわたってウエイトづけされた平均卸売価格は2007年から2018年にかけて44％落ち込んだ。

われわれが認識すべきは、電力の小売り価格が同じ時期に減少しなかったことであり、それはある程度、州の再生可能ポートフォリオ基準によるもので、州の電力のある一定程度は風力や太陽光からの再生可能資源からとらなければならないとする命令からくるものである。少なくとも29の州がこの基準を採用しており、最初はアイオワ州の1983年である。この基準に関する最も最新の研究が発見したところによれば、最も緩やかな再生可能電力目標値によっても、かなりの小売り価格の上昇をもたらす（Greenstone and Nath 2019）。彼らが発見したのは、州が再生可能ポートフォーリオ基準を採用した後の12年、電力の

④

小売り価格は、平均で 17％上昇するということである。同じ時期を通して、基準は、再生可能電力発電を多くて 7％ﾎﾟｲﾝﾄ上昇させた[6]。

イノベーションに駆られた消費者節約、エネルギーの自立、そして環境へのベネフィット

このセクションでは、まず、エネルギー価格の下落から生じる消費者節約の推計の方法を探る。次に、これら消費者節約に関連する顕著な発見を検討する。次に、米国がエネルギー自立に至る過程について詳しく説明する。そして、最後にシェール革命の環境ベネフィットを議論する。

消費者節約——方法

より低いエネルギー価格は、様々なルートで消費者に恩恵をもたらす——暖房や採光に対する安い請求書、ガス・ポンプの支出減、航空旅行や建築資材のような多くのエネルギーを必要とする財やサービスの低価格などがあげられる。価格の下落から生じる消費者のベネフィットを推計する標準的な方法は、価格の下落前の消費からの節約を計算することであり、その価値は、前掲の図 4-1において、A、B、Cの地域によって形成された長方形によって表現され、さらに価格低下によって誘発された追加的な消費に関する節約、それは、Dの領域によって表現される[7]。われわれは、このアプローチを石油にも当てはめると、シェールによる石油の価格変化（バレル当たり 6.29ﾄﾞﾙ）にシェール前の消費量（年約 70 億バレル）を掛けて、それを、価格変化の製品の半分と価格変化で変化した消費量（1 億バレル）に加える。

われわれは、電力市場への波及効果を測定するため、天然ガスにこのアプローチを修正して適用する。第一に、前述の標準的アプローチを使用のうえ節約を推計し、ハウスマンとケロッグ（Hausman and Kellogg 2015）にしたがい、電力セクターも含め、総需要をその分野別構成要素に分解する。われわれは、第一にハウアウマンとケロッグ（Hausman and Kellogg 2015）と同じやり方で、電力セクターの節約を推計し、これを S^{HK} と呼ぶ。このアプローチは、安くなった天然ガスによる各 1ﾄﾞﾙの節約につき、電力消費者に 1ﾄﾞﾙの節約となって移行する。これは、サービスのコスト規制がある電力セクターの領域に対して合理的なアプローチであり、そのケースでは、規制官は、天然ガス使用の発電業者にのみ報酬を削減し、他への発電業者へは削減せず、そのような業者がコスト削減を行ったに過ぎない。

しかしながら、サービスのコスト規制のないセクターの範囲では、リン、ムーレンバックス、ワング（Linn, Muehlenbachs and Wang 2014）にしたがって、われわれは、より安くなった天然ガス価格をより安くなった電力の卸売価格へ移し替える。天然ガス使用の発言業者の価格設定効果は、天然ガス価格の低廉化をより大きくするのであり、なぜなら、天然ガスによってもたらされた電気の卸売価格がすべての規制されていない電力消費者に適用されるからであり、天然ガスによる発電だけに適用されるのではないからである。ゆえに、われわれは、卸売市場の節約が、ドル対ドルの小売りの節約に浸透していくと想定するのだが、それはボーレンスタインとブッシュネル（Borenstein and Bushwell 2015）の研究と整合的であり、彼らは規制されていない市場における高い率の浸透率を発見した。

2018 年における、米国において発電された電力の 3 分の 1 は、発電業者のサービスのコスト規制がない州によるものである[8]。このシェアを基礎にして、われわれは、電力セクターの節約の総額を、規制された市場（$=0.67 \times S^{HK}$）の節約額と規制されていない市場の節約額（$=0.33 \times S^{Wholesale}$）を合わせたものと推計する。

天然ガスの節約を推計するアプローチは、セクターを特定した消費量と需要曲線を含み、住宅セクター、商業セクター、工業セクター、電力セクターの節約を算出することを許すが、それらをわれわれは、2 つのセクターに分解し、非電力セクターと電力セクターとする。石油に関しては、運輸部門と非運輸部門の節約に分ける。EIA

図4-9　セクター別1年間のシェール・オイル及びガス消費節約

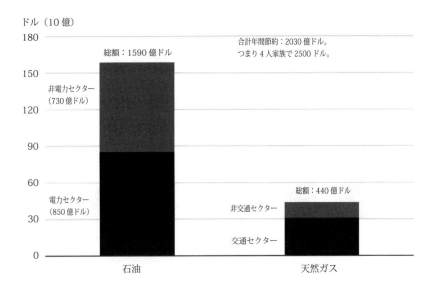

出所：Energy Information Administration; Kilian (2016); Caldara et al. (2019); CEA calculations.

の2018年報告によれば、米国における運輸部門の総石油消費量（70%）に基いてその部門の節約を振り分ける。

　家計所得グループへのエネルギー節約の浸透に関して、われわれはまず、天然ガスと電力支出の各所得グループ別に基づいて、住宅および住宅電力の節約を振り分けるが、それは、2018年労働統計局消費者支出調査で報告されている。そこでわれわれは、車やスポーツ仕様の車のような小型の車両による運輸セクターのエネルギー使用のシェアに総額の石油節約額を掛け、家計消費に直接関連する石油関連の運輸セクターの節約額を推計する。これら直接家計の節約は、そこで、家計所得のグループ別に振り分けるが、その振り分けは、2018年消費者支出調査によって報告されている「ガソリン、その他燃料と自動車オイル」に基づく各グループ別支出をベースにしている。

　最後に、われわれは、商業セクターと工業セクターにおいて最初に引き起こされた天然ガス、電力、そして石油関連の節約を振り分ける。われわれは、節約は結果的に低くなる生産物価格の形をとって家計に浸透すると考えるが、それは、2018年消費者資支出調査によって報告されているように、総家計支出に占めるシェアに基づいたもので、おのおのの家計所得グループに配分される。これは、炭素税の事例に関する調査と共通するアプローチであり、この場合はエネルギー価格が上昇する（Mathur and Morris 2014）。それはまた、重要な生産物市場において実証的な支持を得ている（例えば、Muehlegger and Sweeney 2017）。工業生産セクターの産出のグローバル市場へのかなりの輸出が示していることは、このアプローチでは、米国消費者への節約が過大評価されるアプローチであるということである。シェール革命は、しかしまた、グローバルにエネルギー価格を引き下げ、それは海外生産者のコストを引き下げたのであり、それらのかなりは、米国市場に貢献している。われわれは、これらの競争効果がお互い相殺しあうことを仮定している。

　　消費者の節約――発見

　エネルギー価格の引き下げによって、シェール革命は、米国の消費者に年間2030億ﾄﾞﾙの節約を

図4−10　五分位別所得に占める割合としての消費者の総節約

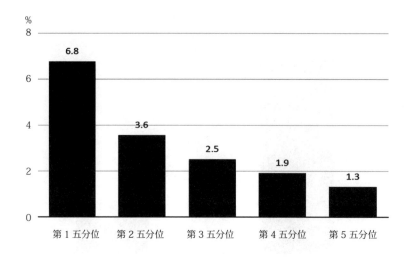

注：値は、2018 年における税引前所得に占める割合として消費者の節約を CEA が推計
　したものである。
出所：Bureau of Labor Statistics; CEA calculations.

もたらしており、それは、4 人家族で平均 2500
ﾄﾞﾙにもなる。そのほぼ 80％は、天然ガスのかな
りの低価格から生じているのであり、その半分
以上が電気料金の引き下げを通してである（図
4-9）。天然ガスの大幅な値下がり、それは大き
な節約をもたらすが、国内供給が国内需要を大幅
に超えるからであり、その過剰供給を吸収する天
然ガスの液化能力とグローバル市場への天然ガ
スの輸出があまり進まないことによるものであ
る。それに対して石油は、運ぶのが容易で経済的
で、グローバル市場で大量に取引されて、国内石
油生産に影響を与えるが、そう大きいものではな
い。その結果、石油は節約の他の 20％の要因で
あり、その多くは燃料に関しての運輸部門の節約
である。
　より低所得の家計は、所得の大きなシェアをエ
ネルギーが占めるので、節約は、彼らにとって相
対的により大きな重要性を持つ。エネルギーの節
約は、最下位所得 20％の 6.8％に当たり、上位
20％の 1.3％と対照的である（図 4-10）。いいか
えれば、より低い燃料価格は、所得の最も低い家
計を援助する累進減税のようなものである。節約

の多様性は、多くが電力の消費に関する差異によ
るもので、2018 年消費者支出調査によれば、家
計の 20％底辺層は、一般に 8.6％の支出を数える
が、電力支出に関しては 14.1％を数える。わ
れわれはまた、同時に様々な地域における雇用、
所得、公共収入に関する掘削と生産の増加の経済
的便益を考察した（Box 4-2）。

エネルギーの自立

　歴史的にいうと、エネルギー価格の上昇は貿易
赤字を悪化させ、企業と家計のコストを増大させ、
しばしば米国経済をリセッションに陥れた。例え
ば、米国においては、戦後 11 回のリセッション
において、それ以前に急に石油価格が上昇したの
は 10 回もあった（Hamilton 2011）。価格ショッ
クに弱さを見せる米国経済は、米国大統領に長期
の目標を与え続けたのであるがそれは、米国のエ
ネルギーの自立である。
　リチャード・M・ニクソン大統領は、エネルギー
の自立を求め始め、アラブの石油輸出国機構が米
国への石油輸送を取り止めた 1973 年に自立プロ

図 4−11　米国の月次天然ガス純輸出、1999〜2020 年

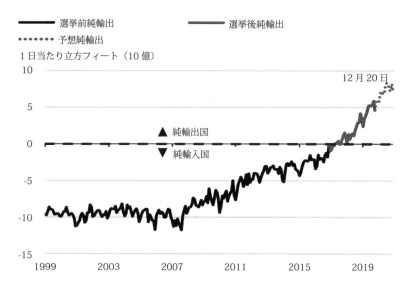

出所：Energy Information Administration; CEA calculations.

④

ジェクトを宣言した。その後何年にもわたって、議会と行政支所はエネルギーの自立を求め、多くの関心を資源に向けさせ、エネルギー政策と保全法（1975 年）、エネルギー省の設立（1977 年）、エネルギー政策法（2005 年）、そしてエネルギー自立と保障法（2007 年）などを手がけた。

　自立の普通の測定によれば、ネットの輸出（Greene 2010）であるが、米国は天然ガスと石油に関して 2019 年末において基本的に自立を達成し、そのネットの輸出は 2020 年とその後も増大すると予測されている。しかし、今日の達成は、政府による努力から主として達成されたものではなく、だれもが予測しなかった民間セクターのイノベーションによるものである。シェール革命による国内生産の増加についてはこの章の初めで記録したが、輸入を削減し、最近では天然ガスと石油の輸出増に向かわせた。より少ない輸入とより多くの輸出とは、米国の天然ガスのネットの輸入を 2017 年にはゼロ以下とし、米国を 1957 年以来初めて天然ガスの純輸出国とした（図 4-11）。そして、2019 年 9 月、原油と石油製品が、月次ベースでネットの輸入がゼロ以下になった（図

4-12）。米国は、2020 年を通して、少なくとも 1949 年以来初めて原油と石油製品においてネットの輸出国となった。

　エネルギーの自立――それは、ネットでのプラスの輸出、そしてテキサス州の諸地域のように、米国経済の分野別多様性によって測定するが――、総体において、より高いエネルギー価格は、米国経済に否定的な効果ではなく、むしろ積極的プラスの効果をもたらすことを意味する。大きなエネルギー・セクターを国内に持ち、国内のエネルギー・セクターにおける投資増は、消費者へのより高い価格の影響を相殺する（Baumeister and Kilian 2016）。もし、例えばであるが、より高い石油価格が油井の掘削に新しい投資をたくさんもたらしたとして、それは、関連する鋼や設備に対して需要をもたらすであろうし、GDP は、削減された消費者の可処分所得が全体の消費に小さな影響しか与えないとすれば、上昇するであろう(掘削と生産増への経済的インパクトに関しての詳細な説明は、Box4-2 をみよ)。このことは、典型的な米国の消費者がより高い価格に影響を受けないとか、恩恵を受けるとか、そういうことを意味

図4-12　米国の月次原油及び石油製品純輸出、1999～2020年

出所：Energy Information Administration; CEA calculations.

Box 4—2　掘削と生産にリンクした経済的効果

この章では、消費者へのシェール革命の効果に焦点を当てているが、掘削と生産の成長も、雇用、所得、そして一般の人たちの収入を生産地域とそれを超えてもたらしてきた。ニューヨーク州境の郡、そこではシェール開発が行われてこなかったが、そこに比較して、開発が進んできたマルセラス地域の郡では、収入の6.6％の増加がみられたと、コマレク（Komarek 2016）が発見した。米国中において、フェイラー、マンスール、セイサードート（Feyrer, Mansur and Sacerdote 2017）が推計したところでは、新しい掘削は、64万人にもなる雇用の創出をもたらしたとする。賃金獲得機会の創出に加えて、ノース・ダコタ州とペンシルベニア州のような土地における拡大する掘削は、また、表層の資源の権利を所有する地主への膨大な支払いをもたらしている。エネルギー企業は、一般的に、資源所有者の土地から生まれる生産物の価値の一部を彼らに償還する。2014年において、主要なシェール地層からの生産は、資源所有者への支払いとして、400億㌦近くを生み出した（Brown, Fitzgerald, and Weber 2016）。

掘削と生産はまた、かなりの州と地方政府、そして地方の学校区に収入を生み出す。2004年から2013年にかけて、48州の古い地層から生み出された石油とガス生産からの税金による州の収入は、ほぼ倍増し、実質タームで103億㌦に達した（Weber, Wang and Chomas 2016）。地方レベルで言うと、収入の増加は、多くの生産州では地方政府のコストを大きく超えた（Newell and Raimi 2918）。テキサス州のようなある州では、石油とガスの井戸は、また財産として課税対象であり、それゆえ、地方の学校区への収入を供給した。例えば、テキサス州の石油地層のシェール開発では、平均シェール地区において学生一人当たり、100万㌦を超える財産税ベースを増加させ、1人当たり学生の支出を20％増に導いた（Marchand and Weber 2019）。

図4−13　石油価格の変化（前月比）と財貿易収支の変化、2000〜2010年と2011〜2019年

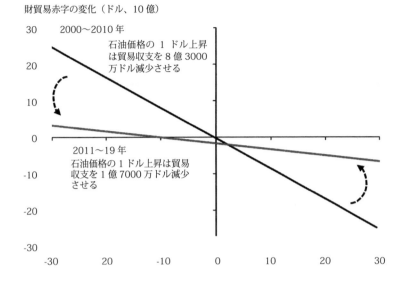

出所：Energy Information Administration; Wall Street Journal; Census Bureau; CEA calculations.

④

するものではない。むしろ、それが意味するのは、価格が上昇するにつれ、国の総産出は拡大するであろうということである。

　加えて、もしネットでの輸入がゼロに近ければ、グローバルな石油価格の大きな変化は、米国の貿易バランスに大きな影響を与えることはなく、それは直接に国のGDPに影響する（Gavallo 2016）。図4-13が示しているように、2000年から10年にかけて、米国が石油と石油製品を大量に輸入していたころ、石油価格がバレル当たり1㌦上昇すれば、財の貿易バランスを8億3000万㌦削減する。2011年から19年にかけて、この時期は、ネットの輸入が落ちた時期であるが、同様の価格上昇は、貿易バランスをたった1億7000万㌦だけ削減することになる。米国のネットの輸出が増加すれば、より高い価格は結果として貿易バランスを増進させるが、それは外国の消費者から国内生産者への大きな移転が発生するからである。

　エネルギーの自立はまた、地政学上の便益をもたらし、より大きな影響を海外に与えることができるし、対外政策の制約が少なくなる。米国が

ネットの貢献国として、グローバル石油市場に勃興したことは、石油価格を削減してきたし（Kilian 2016）、特定の生産国へのグローバル市場の依存を削減してきた。現在、米国は、イランとベネズエラ2つの主要な石油産出国に制裁を科している。これらの制裁は、ベネズエラのケースの内部要因と結合されて、一日当たり、何百万バレルもの石油を市場から追い出している。米国が2018年11月イランに制裁を科してから、イランの輸出は1日当たり140万バレル減少したが、制裁前のレベルから89％の減少である。2019年1月にベネズエラへの制裁措置が取られて以降、輸出は70万バレル落ち込み、60％の落ち込みとなった。エネルギーの自立は、このような政策の実行可能性を高める。加えて、グローバルエネルギー価格を減少させるために外交政策の資源を使うインセンティブを削減させる。

　地政学上の増進はまた、米国の天然ガスのネットの輸出からも生まれる。例えば、米国のLNGのヨーロッパへの輸出は、競争的な天然ガス価格の多様な資源を供し続けることになり、大陸がロシアのガス供給に依存することを削減することに

図4-14 二酸化炭素排出量の実際と予測、2005～2018年

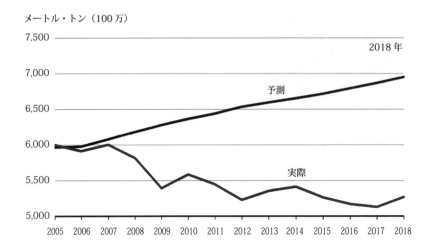

メートル・トン（100万）

2018年

予測

実際

2005 2006 2007 2008 2009 2010 2011 2012 2013 2014 2015 2016 2017 2018

注：二酸化炭素排出量は、EIA により報告されているようにエネルギー消費からの総排
　　出量である。予想は EIA『2006 年エネルギー見通し』からのものである。
出所：Energy Information Administration (EIA).

なるであろう。ヨーロッパの天然ガス輸入の総額に対する米国のシェアは、2018 年の最初の 5 カ月において 0.1％であったものが、2019 年の最初の 5 カ月では 1.3％に上昇した。米国の天然ガスのより大きな輸出能力は、米国のリーダーたちに大きな影響力を与えるのであり、ロシアからドイツへの問題の多い新しいノルド・ストリーム 2 パイプライン計画をサポートすることを止めさせるより大きな影響力を与えることになるであろう。ポーランドとリトアニアのリーダーたちは、その計画を非難する諸国の最も先頭に立っているが、なぜなら、それがエネルギーの安全を危うくし、ヨーロッパのロシア天然ガス供給に依存することを増進させるからである。

環境へのベネフィット

　エネルギーに自立をもたらし、4 人家族に平均 2500ドルの節約をさせることに加えて、シェール革命は、いくつかの環境上のベネフィットをもたらしてきた。天然ガスと再生可能エネルギー源からのより多くの発電へのシフトは、全国レベルで

エネルギー関連の二酸化炭素排出量の削減に寄与し、その程度たるや、このイノベーション前には予想もつかなかったことである。2006 年次エネルギー概観において、EIA は、2005 年から 2018 年にかけて、二酸化炭素排出量が 16.5％上昇すると予測していた（図 4-14）。実際の排出量は、約 12％減少したのである。
　2018 年の二酸化炭素排出量の実際は、2006 年に予測されたものより 24％も低かったのである。低下のかなりは、予測がかなり大きな GDP 成長が起こるとして、現実に起こったよりもより大きな需要を想定したからであるが、一部は、大リセッションと緩和な回復によるものとみなすことができよう。低下の最も重要な部分は、しかしながら、より低くなった天然ガス価格が石炭からの発電に依存することを削減したからである。その時期を通して、石炭使用の発電プラントからの発電シェアは 50％から 28％に落ち込んだが、一方、天然ガスによる発電のシェアは 19％から 35％に上昇したのである。
　天然ガスの低価格はまた、風力発電の成長を援助し、その発電は 1％未満が 7％にまで拡大した。

エネルギー——イノベーションと自立

図4-15　シェール・イノベーション及び主要環境政策に起因する年間温室効果ガス排出削減

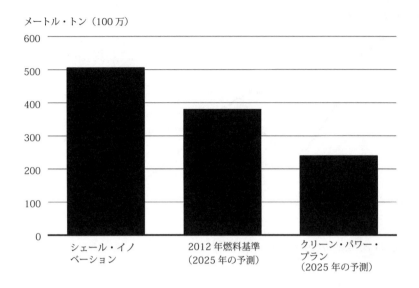

注：燃料基準は2012年軽量自動車温室効果ガス排出量と企業平均燃費基準を指し、
　　2017～25年の期間に適用される。
出所：Environmental Protection Agency; Stock (2017); CEA calculations.

④

再生可能ポート・フォリオ基準と税額控除のような連邦と州の政策は風力発電の増加に寄与したが、フェルとカフィン（Fell and Kaffine 2018）は、風力発電によるより大きな市場浸潤を引き起こすにあたって、より低い天燃ガス価格の果たした役割は極めて大きいことを実証している。風力は、強かったり弱かったりで、風力発電には間欠性が不可欠で、それを補うには、天然ガス発電を急速にアップしたり、ダウンさせたりできる補完性が必要であったからである。

　われわれが推定したところ、2005年から2018年にかけて、シェール革命は電力発電からでる二酸化炭素排出物を5億600万立方トンだけ年間で削減させたが、それは2005年の発電セクターの排出物に比較すると21％の削減であった（図4-15）。推定するに当たって、われわれは、発電セクターの石炭排出物は、そうでない場合に比較してコンスタントと仮定し、われわれは、石炭排出物の観察できる減少を計算するのであるが、それは8億3300万立方トンである。われわれは、この減少の92％はシェールによって引き起こされた天然ガス価格の減少から引き起こされたと仮

定する。このパーセントは、コグリアニーズ、ゲラーデン、ストック（Coglianese, Gerarden, and Stock 2019）によるものであるが、彼らは、環境規制のような他の要因とは異なって、石炭価格に比較した天然ガス価格の下落に起因する石炭使用の減少のシェアを推計するのであるが、その他の要因は減少の6％を説明するという[9]。最後に、われわれは、発電に当たって天然ガス使用をより増やして出た排出量の増加は差し引く（5億600万立方トン=833×0.92 － 260）[10]。

　シェールによる発電排出物の削減は、米国環境保護局（EPA）がその軽量車温室効果ガス廃棄物の2012年の予測値よりもより大きく、厳格性のかなりの増加にしたがって、法人平均燃料効率基準を2025年には（3億8000万立方トン）に達成するであろう。シェールによる削減は、EPAが最初に、現在では撤回されているクリーン電力計画が、2025年までに達成する（2億4000万立方トン）という計画の2倍以上である。

　シェールによる排出物の減少は、米国をしてヨーロッパ連合よりも、その2つの経済規模を

図 4-16　米国と EU の GDP 調整済み二酸化炭素排出量、2005～2017 年

GDP10 億ドル当たりの CO2 メートル・トン（2005 年＝100）

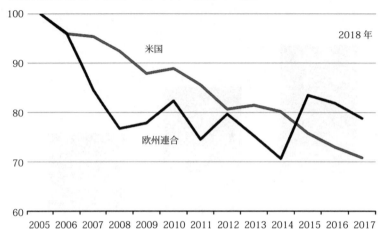

注：データは、各地域のGDPについて10億ドル当たりの総CO2排出量（2017年）である。
出所：Environmental Protection Agency; Bureau of Economic Analysis; European Environment Agency; Statistical Office of the European Communities; CEA calculations.

変えないとして、総温室効果ガス（GHG）の減少率を高くしている（図 4-16）。2005 年から 2019 年にかけて、ヨーロッパ連合（EU）は、その加盟国に対して GHG 排出に関してかなり厳格なキャップ・アンド・トレード・システムを導入して拡大した。このシステムは、消費者に対してかなり電力料金を上げたが（Martin, Muuls, and Wagner 2015）、最も近い年のデータによれば、EU に 2005 年から 2017 年にかけて GDP 調整の排出量 20％の減少を実現した。同じ時期、米国では排出量が 28％減少したが、それは、全国的キャップ・アンド・トレード・システムを導入して実現したものではなかったものの、様々な州で排出量に上限を課す政策を追求した。

　政策担当者たちが、もし、水力破砕法やその他シェール開発に必要な諸装置への禁止を通してシェール革命を避けていたとすれば、エネルギー・セクターの GHG 排出は、今日よりもっと多くなったであろう。低価格の天然ガスと再生可能電力資源がなかったとすれば、同様な排出物の削減は不可能であったであろう。石炭使用の発電の単位当たりメガワット時は、約 1 立方トンの GHG 排出量を創り出す。GHG 排出を 5 億 600 万立方トン削減することを達成するには、おおよそ約 5 億 600 万メガワット時の石炭使用の発電を削減しなければならず、それを再生可能発電に置き換えることになる。これは、2018 年レベルを超えた風力と太陽光発電の 150％増加に匹敵するが、2040 年代まで起こるとは予測できないものである[11]。

　シェール時代においては、石炭使用の発電の低下は、だいたい電力の卸売価格の低下の比率と同じ程度であり、このことは、石炭発電を 5 億 600 万メガワット時（25％）削減するには、価格が、シェールが出てくる前の 25％減まで落ちる必要があるということである。この低下は、卸売り電気料金を 2018 年レベルの 3 分の 1 程度超えるレベルにおいておくということである。このより高い価格は、2018 年レベルを超えて風力と太陽光発電 150％増を支えることは考えにくい（シェール前のレベルからすると、さらに大きな増加である）。それは、供給の弾力性が 5 に近く、ジョンソン（Johnson 2014）によって推定された実証地のほぼ 2 倍の大きさである。

Box 4—3   パイプライン漏出探知のイノベーション

パイプラインは、石油とガスを運搬するに最も効果的な方法の１つであるが、モニタリングとメンテナンスが必要である。伝統的には、モニタリングは、人々が徒歩、自動車、飛行機、あるいは不整地走行車によってパイプラインに沿って旅をしなければならない。ドローンや進歩した音響効果の技術的なイノベーションは、漏出を阻止し、より早くそれを見つけ、起こった時にそれらをストップさせることを可能としてきた。例えば、シェル・パイロット・ドローン・プログラムは、よく整備されたドローンがいかにしてパ

イプラインの腐食、異常な熱のサイン、そして野性生物にかかわるいかなる影響も察知することができるかを示している。これは、会社に漏出を確認させることを可能とするだけではなく、阻止すべきメンテナンスがどこで必要かを明らかにすることができる。パイプラインの漏出のモニタリング技術、そしてその他のサプライ・チェーン全般の改善にかかわる技術進歩をもって、天然ガスと石油システムの漏出率は、2005 年から 2017 年にかけて 31％下落した（図 4- ii）。

図 4−ii　メタン生産と漏出率、1990〜2017 年

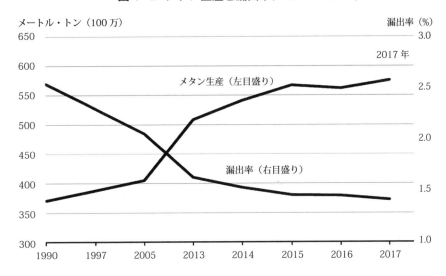

注：漏出率は、坑口ガスが体積で約 85％のメタンであると仮定し、メタン密度を 0.0447 ポンド / 立方フィートであると仮定して計算された。
出所：Environmental Protection Agency; Energy Information Administration; CEA calculations.

シェールに駆られた排出量の削減は、経済的にいっても大きいものである。多くの政策は、排出量を削減することを求める。しかしながら、それらの多くは経済に負担をかける。ギリンガムとストック（Gillingham and Stock 2018）は、様々な方法で炭化排出物の１トン削減するコストの

調査をまとめている。彼らの報告によると、再生可能燃料の補助金は１トンの炭素を避けるのに100ドル、再生可能ポートフォリオ基準は１トン当たり 190ドル、車両燃料経済基準はトン当たり 310ドルのコストアップになる。それに比べると、シェール・イノベーションは、より大きな公的支出（例

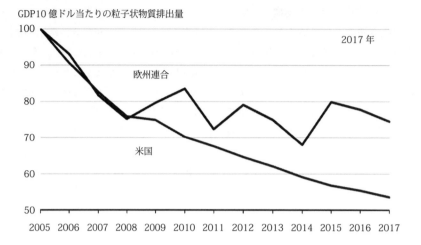

図 4−17　米国と EU の GDP 調整済み微粒子排出量、2005〜2017 年

GDP10 億ドル当たりの粒子状物質排出量

2017 年

欧州連合

米国

注：値は、それぞれの地域の GDP について、2017 年米ドル 10 億ドル当たりの 2.5 ミ
　　クロン以下総粒子排出量である。米国の排出量は、雑多な排出源を除外している。
出所：Environmental Protection Agency; Bureau of Economic Analysis; European
　　Environment Agency; Statistical Office of the European Communities; CEA
　　calculations.

えば、補助金）あるいはコストのかかる規制や命
令を必要とすることなく、排出物の削減をもたら
すのである。

　より低い天然ガス価格は、また、煤のような微
粒子の排出にも影響を及ぼすもので、この微粒
子は、心臓や肺の病気に影響し、とりわけ喘息
や心臓病、肺疾患を伴うものである。GHG 排出
とともに、GDP 調整の微粒子排出は、2005 年か
ら 17 年にかけて、EU よりも米国において削減

はより速く起ってきた（図 4-17）。削減率の差
異は大きく、米国においては、GDP1 ドル当たり
の微粒子排出は 57％の低下、EU の排出は 41％
の削減であった。低下は、健康の便益をもたら
してきた。ジョンセン、ラリヴィーレ、ウォル
フ（Johnsen, LaRiviere and Wolff 2019）の推計
によれば、2013 年において、シェールに駆られ
た微粒子関連の排出物の削減は、年間健康の便益
170 億ﾄﾞﾙをもたらした（Box 4-3 をみよ）。

規制撤廃エネルギー政策の価値

　このセクションでは、規制撤廃のエネルギー政
策の価値を検討する。まず、いかに規制撤廃がイ
ノベーションを繁栄に導くかを示す。そして、エ
ネルギー・インフラを建設して維持する際の民間
部門の決定的責任を説明する。

　イノベーションが栄えることを可能とする

　天然ガス市場の政府の規制撤廃──それには、
1978 年天然ガス政策法、1985 年連邦エネルギー
規制委員会の公開アクセス規則、1989 年天然ガ
ス井戸元規制撤廃法が含まれるが、シェール革命
をもたらすイノベーションを促進して援助した。
その同じ流れで、トランプ政権は、エネルギー開
発を不必要に縛っている規制を確認して取り除く
ことを行ってきた。これは、エネルギー自立・経

済成長に関する大統領行政命令であり、エネルギーインフラと経済成長を促進する行政命令である。また、それはキーストーン XL パイプライン建設許可であり、エネルギー省による非自由貿易協定諸国への液化天然ガス輸出能力の記録的分量の認可である。

州政策の実験工房は、これとは対照的な政策アプローチとその効果を供給する。州政府は、非連邦の土地における石油とガスの開発に主要な責任があり、どこの油井をどのように掘削して管理するのか、そしてどのように使用後始末をつけるのかを特定する。そのような規制にしたがい、大概の州はシェール開発を可能とする。しかし、メリーランド州、バーモント州、ニューヨーク州は、シェール開発に実施の一部である水力破砕法を禁じてきた。この３つの州の中で、ニューヨーク州の禁止が最も影響が大きく、というのは、マーセレス・シェール地層形成──米国において最も豊かなシェールガス形成地層であり、多くが南部ニューヨーク州に広がっているのであった。ニューヨーク州の最初の破砕法への凍結は 2010 年であったが、2014 年には禁止に代わり、それ以来、エネルギー会社は、ニューヨーク州の境にあるペンシルベニア州のカウンティ──において、2500 を超える井戸を掘削していた（シェール開発のリスクとベネフィットについてのさらなる議論については Box4-4 をみよ）。

エネルギー関係の結果生じたこの２つの州の違いは明らかである。ペンシルベニア州におけるメルセラスとウチタのシェール開発は、2010 年から 2017 年にかけて、天然ガス生産の 10 倍の増加をもたらした。同じ時期、ニューヨーク州の生産は 70％近く減少したのである。ペンシルベニア州は、他州への電力のネットの送電で群を抜いており、その消費量の倍以上を発電する。対照的に、ニューヨーク州は発電を他州に依存し、2017 年にニューヨーク州は発電量の４倍の電力を消費した。

ペンシルベニア州では、エネルギー生産の増加にもかかわらず、エネルギー関連の二酸化炭素排出量は 2010 年から 16 年にかけて 15％低下したが、最新の年次データでいうと、それはニューヨーク州（7％）の倍であった。ペンシルベニア州の大きな削減は、発電セクターのより大きな削減からきている。

しかしながら、イノベーションは特定のセクターに課題を創り出すことができる。大規模かつ継続的な連邦のサポートにもかかわらず、2000 年代の中ごろにおける原子力発電のルネサンスを含めて、電力卸売の低価格は、原子力発電セクターの収益性を削減してきた。その結果、既存の原子力発電プラントの早期の撤退の波が起こり、来るべき年にはよりもっと多くの閉鎖が検討されている（CRS 2018）。市場の変化は予測不可能ということを前提にすると、新エネルギー技術の多様な研究開発は、明日の市場を現実に即した最高の経済を準備することになるであろう。

エネルギー・インフラの決定的重要性

パイプライン、変電ライン、輸出設備は、エネルギー資源を、その豊富な地域から不足した地域に流すことを可能とする。上述した石油と天然ガスの供給増は、パイプラインの需要を増加させる。例えば、ペンシルベニア州は、過去十年を通して、生産増の劇的な増加とともに、天然ガスの主要な輸入州から主要な輸出州の１つになった。規制認可を取りつけ、必要なパイプラインを建設するには時間がかかり、いくつかの地域では完成に向かって進んでいるものの、そうでない地域もある。

2017 年と 2018 年において、民間企業が２つの主要なパイプライン計画を完成させたのが、ローヴァーとネクサス・パイプラインであり、それはアパラチアのガスをミシガン州を超えて運ぶものであり、ほぼ 1000 マイルのパイプラインと、1 日 32 億立方フィートのガスを運ぶ能力を付け加える計画とともに行われてきた。ローヴァー・パイプラインの第一段階は 2017 年 8 月に完成し、オハイオ州南東部（ペンシルベニア州境界近く）からオハイオ州北西部（ミシガン州境近く）までを走る。第二段階は、2018 年 5 月に完成し、パイプラインはミシガン州を通ってカナダにまで拡張される。また、ネクサス・パイプラインは 2018 年に完成したが、同様のルートを通り、結果的には、デトロイトの近くにある現存のパイプラインと結ばれる。

同じ時期を通して、新しい州際パイプラインは、

④

Box 4—4　シェール開発と地域社会

多くの学術研究は、シェール石油とガスの開発の地域社会への影響を調べてきた。2つの研究は、すべて主要なシェール地域中の地域のネットのベネフィットを測定し、同様の結論に達している。平均すると、開発地域の賃金と所得に対する効果は、地域アメニティーへのコストあるいは悪化の増加を超えているということである（Bartik et al. 2019; Jacobsen 2019）。ジャコブセン（Jacobsen 2019）は、石油産業とガス産業にかかわっているかどうかにかかわらず、掘削の成長に対応してすべての職業にわたって賃金が上昇したことを発見する。同様に、バーティク他（Bartik and others 2019）は、シェール開発は、周囲の地域社会の家計にネットで2500㌦の便益を生み出すと推計する。

地域での影響は、大きく異なるのであって、それは、住宅価格の展開に異なった影響として示されるということは明らかである。住宅価格は、その地域の標準的生活を反映し、そこには稼ぎの機会や良い道路などの快適性が含まれる。シェール開発は、雇用を創出すると同時に、とりわけ掘削の時期には、トランクの往来などその他の不快な状況に関連した影響も生み出す（Litovitz et al. 2013; Graham et al. 2015）。加えるに、開発は、下手に管理されると、地下水や健康にリスクをもたらし、不適切な排水の処理は、最良の実践が伴わないと、地震が起こることもありうる（Darrah et al. 2014; Keranen et al. 2014; Wrenn, Klaiber, and Jaenicke 2016; Hill and Ma 2017; Currie, Greenstone, and Meckel 2017）。開発は、多くの場所では、時間をかけて平均の

住宅価格に大きくかつプラスの影響を持ってきた（Boslett, Guilfoos, and Lang 2016; Weber, Burnett, and Xiarchos 2016; Bartik et al. 2019; Jacobsen 2019）。掘削それ自体は、しかし、ペンシルベニア州の地下水に依存する住宅やコロラド州の鉱山権のない資産などの、資産価値を少なくとも短期では引き下げてきた（Muehlanbachs, Spiller, and Timmins 2015; Boslett, Guilfoos, and Lang 2016）。 福利効果も家計によって、騒音や混雑のような不快な状況の家計に対して、より多く収益機会がある家計のような価値のあるシェール地域の家計とでは異なる。

掘削と油井の破砕にともなう煩わしさとリスクは、地方の現実に合わせ、環境と人の健康を守り、民間土地所有者に、市場にエネルギー資源を供給するエネルギー会社との契約を可能とする用心深い州と地方の政策の価値を際立たせる。ほぼすべての主要な生産州は、より一般的に水力破砕法とシェール開発に対処するため石油およびガスに関する法律を改定してきた。ノースダコタ州では、例えば、2014年に天然ガスの燃焼に制限を掛ける規則を制定したが、それは、石油生産者がそこでは、石油生産に伴って出る天然ガスを市場に運搬するインフラが制限されていたから、その州では、燃焼はとりわけ一般的なのだ。同様に、ペンシルベニア州においてシェール開発が成長するにつれ、州は、公的に所有されている処理工場において水力破砕法の処理を効果的に終了させる政策を採用したが、それは、水を適切に処理するに、設備があまりに整っていなかったことが見られたからだ。

ペンシルベニア州からニューヨーク州まで（つまりそれゆえ、ニューイングランドまで）は建設されない。ニューヨーク州を通過する現存のパイプラインの拡張もしくは拡大は、全長で21マイル、追加的能力として1日4億6000万立方フィートである。125マイルになるコンスティテューション・パイプラインは、ペンシルベニア州のガ

スをニューヨーク州まで、それを超えて運ぶものであるが、2012年に計画が始まってから遅れており、その主な原因はニューヨーク州環境保護局が必要な認可を拒否しているからである。

州を超えて、また時を超えて、天然ガスの価格差が示しているのは、パイプラインへの新しい投資の必要性である。天然ガス生産がペンシルベニ

図4-18　全米平均価格と比較したニューヨーク州及びミシガン州の接続点天然ガス価格、2005～2018年

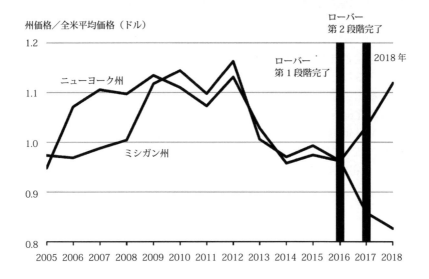

注:ローバー・パイプライン第1段階は2017年8月に完了し、第2段階は2018年5月に完了した。
　　年間データを所与とし、垂直の棒は、パイプラインが完成した年の年初を表す。
出所：Energy Information Administration; CEA calculations.

④

ア州、オハイオ州、ウェスト・ヴァージニア州において上昇するにつれ、ミシガン州の地域価格は全国レベルの価格に比較して下落したが、おそらく、それは供給増の膨れ上がりの場所に近いことからなるベネフィットの反映である（地域価格とは、地域天然ガス価格のこと）。2016年から2018年にかけて、2つの主要なパイプライン計画が完成した時、ミシガン州の価格は全国レベルの平均に比べて14％下落した。ニューヨーク州の価格は反対の方向に動いて、16％上昇しており、これは可能性として（2018年の平均を超える寒い日からくる）需要増とパイプライン建設の抑制の相互関係によってもたらされたものであろう（図4-18）。

　ミシガン州地域価格の全国に対する14％の下落は、拡大されたパイプライン能力の価格効果の信頼される推測を提供している。それは、主要能力の拡大効果の推測と類似しており（Oliver,Mason and Finnoff 2014）、また、能力不足に関連する価格プレミアム効果の推測（Avalos, Fitzgerald and Rucker 2016）とも類似している。

　ニューヨーク州とニューイングランドの地域価格の14％減は、この地域の消費者に推定で年間20億㌦、あるいは4人家族で233㌦の節約をもたらしている。この節約のかなりは、住居、商業、工業消費者が消費する天然ガスの支払い減が起因しているかもしれないが、その節約の大部分は、より低い電力価格からくるものであろう。ニューヨーク州とニューイングランドの多くは、電力市場を規制撤廃しており、発電企業は競争市場において販売している。リン、ミューレンバックスとワング（Linn, Muehlenbachs, and Wang 2014）の発見によると、ニューヨーク州とニューイングランドにおいて、天然ガス価格の1％減があると、電力価格を0.8％削減するという。このガスに引き起こされた卸売価格の減少を2018年のこの地域の電力消費に適用すると、総額20億㌦の節約のうち12億㌦をもたらす。

　その他にもインフラ投資は同様の価値を供給することができよう。例えば、大西洋岸パイプラインは、天然ガスをウェスト・バージニア州からノースカロライナ州に運ぶものであるが、2019年において、ノースカロライナ州の地域価格は、ウェスト・バージニア州の価格より約10％は高かっ

た。また、パイプラインは天然ガスを国内で運ぶ唯一の手段ではないことに注意したい。パイプライン・危険物資安全局は、最近LNGを鉄道で運ぶ申し出を許可した。

パイプラインが、生産者たちに、他の州の高い価格の市場に到達することを可能にするのと同じように、LNGの輸出設備も、米国生産者たち——彼らの生産は現在国内消費を上回っている——に、海外の高い価格の市場に到達することを可能とする。それに対応して、輸出量はうなぎのぼりで、2019年の最初の10カ月で1日当た

り平均47億立方フィート（Bcf/d）となったが、2017年の最初の10カ月では、それは20億立方フィートにも満たなかったのである。天然ガス法の下で、LNGの輸出は、エネルギー省によって許可される必要があり、それにはその輸出が公共の利益に合致するか否かが許可の基本となる。トランプ政権の下では、エネルギー省は、2019年10月には輸出用LNGの量を170億立方フィートから340億立方フィート以上に倍増させ、その能力を拡大した。

結 論

シェール革命は、民間セクターのエネルギー・イノベーションの潜在力の衝撃的な例の1つであり、結果として、消費者と環境に対して諸影響をもたらした。十年もたっていないが、石油とガスの抽出の生産力は数倍にもなった。その結果、生産コストは削減され、エネルギー財とサービスを消費者により適切にし、とりわけ低所得家計に対して影響は大きかった。いくつかの測定値が示しているように、シェール革命は、EUよりも米国により大きな環境上の前進をもたらしたが、EUは、より政府の統制を実施し、より厳格な排出政策を持っている。

トランプ政権の規制撤廃政策は、民間セクターのイノベーションとそのイニシアティブをサポートすることを目的とし、過度の命令的な政府規制を削減した。そうすることによって、わが政権は、わが国の豊富な人的及びエネルギーの資源をさらに解放させることを求める。この政策スタンスは、多くの州のアプローチと整合性を持ち、シェール生産の増大を可能とするものであり、会社はアップデートされた州の政策と符合し、それは、人の健康と環境へのリスクに制限をかけるのである。しかしながら、いくつかの州では、指令統制型のアプローチをとっており、予想される結果を生み出している。とりわけ、ニューヨーク州は、シェール開発に対して、異なるどのようなスピードでも安全ではないとするアプローチをとっている。そのため、ニューヨーク州の天然ガス生産は落ち込

み、電力の輸入が増加し、そのGHG排出の削減率はお隣のペンシルベニア州のそれよりも低くなっているのである。

州と連邦のシェールに関する政策問題は、環境とエネルギー政策をめぐって議論が続くであろう。シェール革命は、エネルギー価格に影響を与え続けるであろう。というのは、民間セクターが、巨大な石油とガスが適切な価格でシェールとそれと同様な地層形成から抽出しうることを示してきたからである。イノベーションから増進される知識と能力は、低エネルギー価格の時期を通じて残っていくであろうし、それは、過剰に負債の多い企業を倒産に追い込むことであろう。加えて、この能力の使用を厳しく抑え込む政策は、大きな失われたベネフィットを伴うことであろうが、その大部分が消費者節約と環境の増進であり、それについてはこの章で述べた。対照的に、トランプ政権の規制撤廃エネルギー政策は、エネルギー価格を低くして環境に恩恵をもたらすもので、民間セクターのイノベーションへの政府の妨害を取り除くことに努めるものである。

注
1　CEAは、かつてこの章でカバーされたトピックの調査を発表したことがある。続くテキストは、報告「シェール革命を支える米国のエネルギー・イノベーションと政策の価値」（CEA 2019）に基づいている。

2　ワングとクルプニック（Wang and Krupnick 2015）は、バーネットで行われた実験のような、ミッチェルエネルギーを援助したかもしれない連邦政府の政策を議論し、一般に補助金、税額控除、優遇税制を望む企業構造、そして、研究開発は、二次的な役割しか果たさないと結論する。

3　2016年の急激な生産性上昇は、その多くが、（低価格故）少ない数の掘削設備を稼働させる決定から来ており、すでに生産のため掘削している油井に行わせていることを反映している。これは、2016年で完成を見ていない油井の掘削量の鋭い減少にみられる。同時に、掘削量は増加させているが、2017年で完成していない油井は、その年の生産性の減速の明確な説明の一助となっている。掘削はしているが、完成していない油井の推計については EIA（2019）をみよ。

4　損益分岐価格は、BTU 分析によって算出されたものであるが、もう1つの油井を掘削することを正当化するのに必要な価格として最もよく解釈されるが、エネルギー企業がすでに必要な土地を確保していることが前提である。ある与えられた時期の価格は、歴史的な生産データとその時期に生産されるすべての油井の収入とコストをモデル化した未来の生産の予測に基づいている。この分析では、割引率10％と油井の寿命は240カ月が仮定される。それは、彼らエネルギー企業自身の損益分岐価格の計算は基礎とせず、さらに、エネルギー企業の起こりうる可能性としてのコストは排除してあるが、例えば負債にかかる利子や土地を確保するのに必要とされるコストである。

5　両価格は、同様な基本方程式を解いた価格を見つけることによって推計される──供給量（P）+ ネットの輸入量（P）= 住人需要（P）+ 商業用需要（P）+ 工業用需要（P）+ 電力需要（P）ここで、P は、天然ガス価格である。需要と供給の曲線は、次の形をとると推定される、$Q=A \times (P+$ マークアップ）$^\eta$、η は弾力性である。ネットの輸入関数は、価格と線形であり、2000年と2018年からのデータを使って推計している。

6　これは、州は、ゼロの再生可能電力発電から出発することを前提としており、基準による再生可能発電の上昇がなぜ優しい推計であるかを示している。7％というのは、グリーンストーンとナース（Greenstone and Nath 2019）による発見に基づくものであり、総再生可能必要は、基準が採用されてから12年後に約11％、実際の再生可能発電のレベルは、成長必要を下回って約4％であった。

7　また、供給のシフトと価格の変化は、生産者余剰（図4-1には示されていない）に影響するが、それは、すべての生産ユニットと生産者を通しての収入とコストとの差である。生産者がイノベーションからベネフィット（生産者余剰として計測される）を得るかどうかは、多くは、価格がどの程度減少し、生産量がどの程度増えるかに依存する。天然ガス生産者にとって、生産者余剰のネットでの喪失はありうるが（Hausman and Kellogg 2015）、石油生産者には増加があり、その生産は、ただ適当な価格減少の下でより大きく増加する。

8　EIA は、CEA に EIA フォーム 923 からのデータ分析を提供したが、それは、電力セクターからの詳細なデータを集めたものである。この分析が示していることは、2018年における33％の電力供給は、規制されていない州の地域変電組織においてなされたということである。

9　石炭使用の減少と石炭排出物の減少は、石炭価格に対する天然ガス価格の減少にリンクするもので、天然ガスプラントに置き換えられた石炭プラントの数にリンクするのではない。電気料金の天然ガスによる変化は、石炭プラントの次々の閉鎖をもたらした。そして、退役した発電能力は、天然ガスプラントと再生可能プラントの混合によって置き換えられつつある。もちろん、われわれは、コグリアニーズ、ゲラーデン、ストック（2018）が消費ではなく明示的に石炭生産を見ている点についてこの2つが同様のものであることに注目したい。彼らの研究の期間を通して、生産の90％以上は国内で消費された。

10　もっとより詳細な分析は、シェールガスからのネットの温室効果ガス（GHG）を推計することであろう。例えば、CEA の推測は、天然ガス油井とパイプラインからの漏れを含まない。EPA 排出在庫によれば、天然ガスシステムからの GHG 排出は、2005年から2017年にかけて低下した。アルヴァーエズほか（Alvarez 2018）によれば、排出物は、EPA 報告のそれよりも60％より多いと推計している。もしこれが、2005年と2017年における EPA 測定において真実なら、天然ガスからの排出物は、この時期を通してなお削減するこ

④

とであろう。排出物が 2017 年において過少であり、2005 年ではそうではないとすれば、シェールによる排出物の低下は、図 4-5 において述べられている政策からのものよりもさらに大きいことになる。一般に、漏れを突き止めるイノベーションは、時間とともに漏れをより少なくしてきた。

11　2046 年は、2050 年までの発電セクターにおける風力及び太陽光発電の EIA 2019 年次エネルギー概観を使用して、推定される。

第5章
自由市場のヘルケアは、選択と競争を促進する

比類なき医療イノベーションに駆られて、米国のヘルケア制度は、世界の羨望の的である。しかしながら、その過去の成功は、米国のヘルスケアがいつもあるべき価値を常に提供していることを意味しない。多くの手続きと薬剤のコストは、あまりにも高く、患者が要望するヘルスケアへのアクセスは限られており、競争が見落とされている。しかし、これらへの課題は、唯一の解決策が政府の介入を増加させることを意味するものではない。これらについての改善は、患者の必要に焦点を合わせる一方で、市場の価値を受け入れる方法において、ヘルスケアの選択と競争を促進することによって達成することができる。

トランプ政権は、すでに健康保険市場により多くの選択を創出し、ヘルスケア供給者の間により競争を持ち込むことで、質の高いかつコストのより低いヘルスケアを提供するうえで大きな前進をもたらしてきた。別の言葉でいえば、うまく機能しているものを保ち、壊れたものを修理することは可能であるということである。例えば、わが政権は、ヘルスケアをより適切にするように求めてきており、統制の利かなくなった処方薬価格を低くし、より適切なヘルスケアの選択へのアクセスを拡大した。追加的政策の変更は、価格の透明性を保証し、アメリカ人に必要に応じてケアを選んでもらうことを可能にすることによって、患者をそのヘルスケアの統制下においた。同時に加速化する医療イノベーションは、病気とともに生きている患者に対して新しい治療法の選択を提供してきた。

トランプ政権の下で、食品医薬品局（FDA）は、米国の歴史上かつてないより多くのジェネリック薬を認可し、新しい生命を救う薬の認可プロセスをアップデートした。昨年、処方薬価格は、50年以上において、もっとも大きな年々の下落を経験した。それが、健康計画の協力の拡大を求めるものであれ、ヘルス費用償還調整の促進であれ、末期症状の患者に生命を永らえる薬へのアクセスを与えるものであれ、多くの成功例の中で、それらの改革を通じてコストを低くし、質を高めるすべてのヘルスケアの改革が、アメリカ人労働者が長生きし、より健康な生活をし、彼らの給料をいま以上に保つことを可能にするのである。

消費者中心のヘルス政策に基づいたわが政権の注力は、ヘルスケア市場をより競争化させ、消費者に生命を永らえる技術を獲得させると同時に保護する。例えば、保険会社には、控除が認められる前にカバーされる追加的なベネフィットを提供する政策を許可し、被保険者にはヘルス貯蓄口座を維持できるようにするわが政権の最近の政策変化は、既往症のある人たちを援助するためにすでに行われた実際に起こった変化である。そして、患者に主要な医療サービスの実際の価格を使用することを可能とする未来の変化が現在進行中であり、すべての消費者のためにヘルスケアコストをより低くする自由市場の影響が、ちょうど出始めたばかりである。

政府のあらゆるレベルのヘルスケア規制は、価格を上昇させ、選択の幅を狭め、競争を窒息させるのものであり——それらが組み合わさって、米国ヘルスケアを、その完全な価値を供給させることに失敗させる。また、これらの規制は全体の経済に害ともなりうる。例えば、ケア適正化法は、働くことを奨励せずに経済回復を妨げた。トランプ政権の過去3年間を通しての、これら政策へ

の対処が成功したことは、アメリカ人が正しく期待する適切なヘルスケアの選択を供給する市場に元気づける価値を示す。さらに、患者中心のさらなる改革は、増進した選択と競争を通して、改善したヘルスケアをアメリカ人に供給することであろう。

　米国のヘルスケア制度は、他の諸国よりも、健康保険と医療ケアを民間市場によって依存している。そして、米国の制度は、傷つきやすい人々のケアに資金融通する公的セクターによって補完され、それは、低所得者と高齢者のケアである。ほとんどのアメリカ人は、雇用主提供のグループ健康プランに入っており、しばしば、彼らが受ける保険の適用と利用ケアに満足している。しかしながら、米国のシステムが、あるべき価値を常に供給しているとは限らない。市場競争は、価格を安くし、質を向上させ、資源の効率的な配分に導く。しかし、すべての市場は、最適状況から逸脱する特徴を持ち、ヘルスケアも例外ではない。昨年（CEA 2019）、われわれは、ヘルスケア市場の障害について議論し、それらは、政府の干渉を義務づける超えることのできない諸問題ではないと結論した。

　この章では、連邦及び州レベルのヘルスケア市場における政府の障害を確認し、それが高価格、イノベーションの阻害、品質の向上を妨げていることを示す。この章は、競争と選択の障害を再検討することを行い、これらの障害を削減し、すべてのアメリカ人のためにヘルスケア市場に競争的なイノベーションを創り出す政権のヘルス政策による成果と期待される効果をまとめてみる。わが政権の改革の目的は、ヘルスケア市場を育み、質の高いそして適切なケアへの資金融通と提供を通して、消費者に価値を創出することである。政府が権限を持つことは、競争的保険選択を削減し、保険料を上昇させてしまうことになるのである。

　選択と競争に焦点を絞り、わが政権は、州を鼓舞してヘルスケアの資金融通と提供のために数多くの消費者嗜好に沿った政策を開発するための柔軟性を提供させようと思う。わが政権は、一連の行政命令、規制撤廃措置、法律への署名を通じてこれらの問題に対処してきたのである。2023年までにわれわれは、1300万人のアメリカ人が、今までは価格が高くて過剰な規制があるゆえに利用できなかった新しい保険適用を持つことになるであろう[1]。

質の高いヘルスケア制度をつくりあげる

　ヘルスケア市場におけるカギとなるべく目標は、効果的かつ質の高いケアをすべてのアメリカ人に提供することである。この目標を達成するには、注意深い考察、連邦と州による規制と政策の見直しが必要で、これらが選択と競争を妨げてきたからである。このセクションでは、選択と競争を増進する2つの方法を確認するが、それは、健康保険市場における選択をより一層促進することとヘルスケア提供者間のより一層の競争を創出することである。

健康保険市場においてより一層の選択を創出する

　大多数のアメリカ人は、健康保険の適用を民間市場を通じて獲得する。雇用主提供のグループプランとその他（個人あるいは非グループ）プランである（図5-1をみよ）。公的セクターのメディケイド・プログラムは、低所得者層の人々への適用を提供するもので、一方で、メディケアは高齢層のアメリカ人を対象とするものである。図5-1は、様々なタイプの健康保険適用を持っているアメリカ人を百分率で示したものであるが、多くの人は複数の保険適用を持っている、例えば、多くの高齢の成人は、メディケアで保障されているが、民間の補完的な保険プランを購入している。2018年において、すべてのアメリカ人の67％を超える人々は民間の健康保険プランによってカバーされていたが、ちょうど34％を超える人々は公的プランによってカバーされていた。被保険者のうち、12.2％は、2018年の全部に対して1

自由市場のヘルケアは、選択と競争を促進する

図5−1　保険タイプ別健康保険適用、2018年

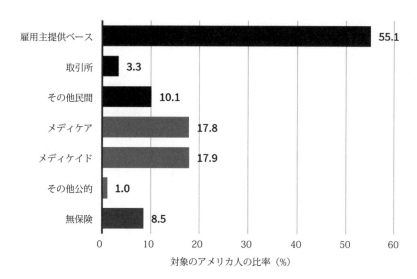

注：複数の健康保険プランを持つ人が重複するため、数字は合計100%にならない。その他の民間プランには、非団体、直接購入プラン、TRICARE［米国防厚生管理本部］が含まれる。その他の公的プランには、退役軍人健康保険が含まれる。青色は、民間健康保険プラン・タイプを示し、赤色は公的健康保険プラン・タイプを示す。
出所：Census Bureau; CEA calculations.

つ以上のタイプの保険でカバーされていた（センサス局2019年）。雇用主提供の保険は、民間の保険市場の多くを支配している。個人の保険市場は被保険者のより少ないシェアを数える。個人の市場において、消費者は、ケア適正化法（ACA）によって設立された保険取換所を通すか、あるいはACA遵守の個人保険を通して購入する。

2000年代初め以来、民間の健康保険料は、急速に上昇し、2017年以降はとりわけ、その成長率が緩慢化した（Claxton et al. 2019）。図5-2は、雇用主提供のグループプランを通した家族適用の平均保険料のインフラ調整済み成長を示している。総保険料は、一部は雇用主が負担し、一部は雇用者が負担する。われわれは、総保険料に焦点を当てるが、それは保険エコノミストが認めているように、究極的には、雇用者が雇用主負担分を賃金削減という形で支払っている。個人の保険市場では、ACAが健康保険取換所を設立して以来、保険料は最初の数年でほぼ倍増した。2018年から19年にかけて、ACA料金のベンチマークは1.5%減少した。2019年から2020年にかけて、ACA保険料のベンチマークは追加的に4%減少し

た（CMS 2018, 2019）。

連邦及び州レベルでの最近の健康政策の変更は、消費者に彼らの医療費についてより一層のコントロールを与えるものであり、そこで彼らは、健康投資により大きな価値を求めることができるのである。この消費者重視の政策の最良の例を2つ紹介すると、1つは健康貯蓄勘定（HSAs: Health Savings Accounts）であり、もう1つは健康償還調整（HRAs: Health Reimbursement Arrangements）である。厚生省（HHS）の報告「選択と競争を通じての米国ヘルスケア制度改革」に書かれているように、これらの政策の促進と拡大は、価格と質の透明性イニシアティブと合わさって、消費者をして、彼らの健康を増進するために、よりよいそしてより説明を受けたケアの選択を行わせることであろう（HHS 2018）。

「消費者本位の健康プラン」（CDHPs: Consumer-directed health plans）は、HRAs、HSAsを包含するものであり、患者に健康予算と支出についてコントロールさせることを可能とする医療勘定と類似のものである。CDHPsの成長は、かなりのものになっており、とりわけ、大雇用主による

図5−2　雇用者及び雇用主の拠出を含む平均家族保険料の年変化率、2000〜2018年

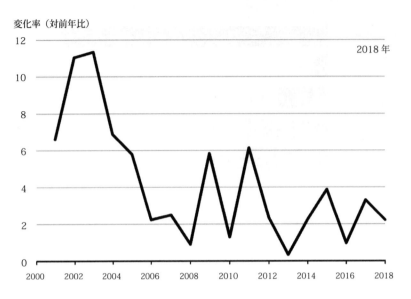

変化率（対前年比）

出所：Kaiser Family Foundation' s Employer Benefits Survey; CEA calculations.

図5−3　単身者保険について2000ドル以上の一般年間免責額を持つプランに登録した保険加入労働者に占める割合、2009〜2019年

保険加入労働者に占める割合（%）

注：中小企業は労働者が3人から199人、大企業は労働者が200人以上である。
出所：Kaiser Family Foundation' s Employer Benefits Survey.

図 5−4　単身者保険についての労働者及び雇用主の平均年間保険料拠出額、2019 年

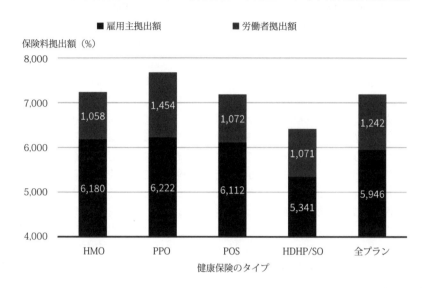

注：HMO＝健康維持組織、PPO＝有線プロバイダー組織、POS＝サービス提供時点プラ
　ン、HDHP/SO＝貯蓄オプション付き高免責額健康プラン。
出所：Kaiser Family Foundation' s Employer Health Benefits Survey.

⑤

図 5−5　家族保険についての労働者及び雇用主の平均年間保険料拠出額、2019 年

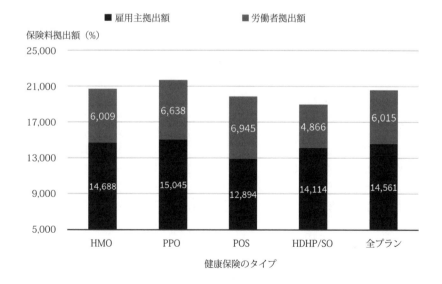

注：HMO＝健康維持組織、PPO＝優先プロバイダー組織、POS＝サービス提供時点プラ
　ン、HDHP/SO＝貯蓄オプション付き高免責額健康プラン。
出所：Kaiser Family Foundation' s Employer Health Benefits Survey.

もので、雇用主提供の健康保険に消費者主義を導入するというより大きな戦略において、高い免責率プラン、HRAs、そしてHSAsを提供するのである。HRAsは、雇用者に彼らの好むプランを個人市場において購入することを可能とする。健康プランにおいて消費者選択を拡大することは、貧しいプランのマッチングに関連する死重ロスを削減し、消費者余剰を増加させることに導く（Dafny, Ho, and Varela 2013）。HSAsは、とりわけ消費者には魅力的であり、なぜなら、それは医療費ではない支出に使うことができるし、持ち運びができるからである（Greene et al. 2006）。雇用者に対して、伝統的な管理ケアプランをCDHPsに完全に置き換えた企業の分析において、パレンテ、フェルドマンとユー（Parente, Feldman and Yu 2010）は、異なるHRAsとHASsとの混合を提供する企業間において一貫性は認められないとしても、総ヘルスケアコストは大きく減少したとみている。CDHPsは、低所得家族とハイリスクの家族には便益的かもしれない。というのは、CDHPsを持った、傷つきやすい（低所得あるいはハイリスク）家族は、健康支出が大幅に落ち込んでいるからである(Haviland et al. 2011)。また、ヘルスケアコストは、CDHPsを提供する雇用主にとってもより低く、彼らのコストは、CDHPを提供後の最初の3年間でそれを提供しなかった企業に対してかなり低かったのである（Haviland et al. 2016）。

図5-3にみられるように、雇用主提供の健康保険において、高い免責率の健康プランに登録される個人のシェアがかなり上昇してきている。このことは、消費者を、免責される前に払い戻しされない医療サービスを購入するより大きなインセンティブを持つことに導いている。

CDHPsの成長は、平均では現金支払い医療費を増加させてきたが、図5-4と図5-5にみられるように、このプランは、他の健康保険選択よりも、かなり低い保険料で利用が可能である。さらに、現金支払い費用がないか、少ない慢性病への免責前のケアというわが政権の新しい選択とともに、より多くの選択肢が、2016年前から、より傷つきやすい人たちが利用できるようになった。

ヘルスケア提供者間のさらなる競争を創り出す

医療サービス価格の最近の研究が示唆するところだと、市場に必要な競争が欠落しているという。もし競争が提供者（すなわち、内科医と病院）の間で削減され、さらに患者の需要が変わらないとすれば、そこでは、より高い価格とより少ない選択肢の結果となるであろう。これらはまた、全般的な医療ケアの質の低下を招き、資源の効率的な配分を制限する。政府の政策は、提供者による供給を逆に制限し、彼らが提供するサービスの範囲を狭めることで競争を削減することができる。

選択と競争は、提供者の市場への参入を制限する州の政策によっても限定されてしまう。このことで今度は、よりコスト効率的な提供に導くことができるかもしれないイノベーションを窒息させてしまうことになりかねない。より高い医療ケア価格とより少ない提供者による質の改善へのインセンティブは、これらの市場を窒息させる州の政策の結果といえよう。とりわけ、州に特定された認可必要法は、提供者のアクセスを削減し、制限された競争において不必要な独占価格を創り出す。この『報告』の第6章で、われわれは、認可必要法規制の有害な諸結果を制限するトランプ政権による擁護努力を議論する。

1990年代以降、様々な医療サービスの市場は、より統合化されてきた（NCCI 2018）。いくつかの統合化は、市場横断的な合併を含み——それは例えば、異なった地域で運営されてきた病院が、1つのシステムになるというようなものであるが——また、その土地の市場における増加が集中するといった証拠もある。第6章において議論するように、連邦取引委員会（FTC）と司法省（DOJ）反トラスト部局は、ハーフィンダール - ヒルシュマン指数（HHI）を使って、市場を類型化している。1990年から2006年にかけて、HHIが「高度に集中」（すなわち、HHIが、2500を超える）と類型化された病院市場を持つ大都市圏統計地域（MSAs）の比率が65%から77%へと多くなった（Gaynor, Ho and Town 2015）。集中はまた、健康保険市場においてもかなり上昇してきた。統合が、近い競争者同士で起こっても、消費者は効率性から多くの前進を受けることはできる。

図5-6　白内障手術の全米平均価格に対する州平均価格の比率、2015年

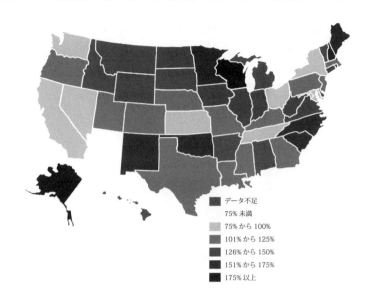

データ不足
75% 未満
75% から 100%
101% から 125%
126% から 150%
151% から 175%
175% 以上

出所：Newman et al. (2016); Health Care Cost Institute.

　しかしながら、集中の増加傾向は、消費者がどのようにして影響を受けるのかについての問題に、正当に注目させてきた。しかし、最近の増大する研究文献は、病院市場の増大する集中と上昇する価格、マークアップ、そして低下する質を関係づけてきた。多くの研究が発見したことであるが、緊密な競争関係にある病院同士の合併は、質を改善することなく、かなり高い価格へ導き（Vogt and Town 2006; Gaynor and Town 2012）、あるいは、規制された価格を伴うより低い質をもたらすという（Kessler and McClellan 2000; Cooper et al. 2011）。この文献は、まだ未熟であり、とりわけ、集中をもたらすのは何かの評価についてなされるべき必要がもっとある。フックス（Fuchs 1997）が議論しているが、健康維持組織の興隆が１つの要因であるという——例えば、病院は、彼ら自身が大きくなることによって、巨大保険会社の交渉力を打ち消すことを求めるというのである。しかし、ゲイナー、ホーとタウン（Gaynor, Ho and Town 2015）によって議論されているが、この実証的証拠は確定的ではない。

　より一般的にいえば、もし、集中の上昇が、上昇する固定費投資、あるいは規模の経済のような要因と関連しているとすれば、それは消費者にとって便益となるかもしれない。この因果関係については、第6章において議論される。しかし最低限いえることはこれらの諸結果が示唆しているとおり、市場の構造がヘルケア市場の重要な局面であるということである。

　統合はまた、処方薬市場においてもみられる。薬品製造業者と保険業者の仲介役として働く薬局便益管理者（PMBs: pharmacy benefit managers）の重要性の増大がまた、薬品製造業者からリベートや割引を獲得するために、その規模の拡大、購買力、そしてその能力を増大させたのである（Aitken et al. 2016）。PBMsは、薬品価格の上昇をリストにすることを拒んでおり、彼らの利潤は通常薬品リスト価格のパーセントとなるので、保険業者に要求する量を削減するインセンティブが少しも働かないことになる。この章の後で議論することになるが、3つのPBMsが、市場シェアの85％を握っている。

　ヘルスケア提供者の間の不平等な競争を図る1つの方法は、主要大都市市場における競争の程

図 5−7　4州におけるケア・バンドルの平均全国価格に対する州平均価格の分布、2015 年

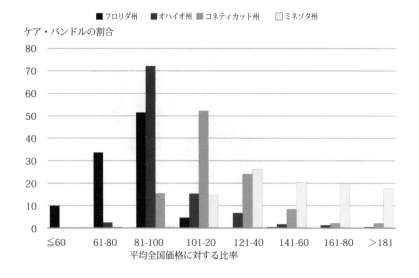

注：フロリダ州についての価格データは 241 のケア・バンドルを含む。オハイオ州は
　　240、コネティカット州は 232、ミネソタ州は 221 のケア・バンドルである。
出所：Health Care Cost Institute.

度（あるいは競争の欠如の程度）を測ることである。ヘルスケア・コスト研究所（HCCI 2016）による利用可能に作成されたデータは、全国レベルと地域レベルの市場競争が現時点において欠落する度合いを示すもので、協議によって決まる提供者価格データを使用した。HCCI らのデータを使って、ニューマン他（Newman and others 2016）は、242 の可能な医療サービスから提供者の協議価格率の変化を検討した。彼らは、242 の医療サービスのそれぞれの協議価格比率によって、特定の医療サービスの平均全国価格とそれぞれの州において支払われた平均価格の比率を計算した。図 5-6 は、州ごとの白内障手術の価格における違いを地図に表したものである。

　図は、地域のパターンと州レベルの白内障手術の価格の違いの両方について示している。例えば、アイオワ州、イリノイ州、インディアナ州の全ての州は、全国レベルの平均価格の 125％から 159％の範囲にある。代わりに、南東諸州４つにおいては、州レベルの平均価格はカロライナ州２つの 150％から 175％までの間から、フロリダ州の 75％を下回るレベルまで下落している。

　カンザス州とニューヨーク州は、白内障の手術では、全国平均に近づいており、全国平均の3541ドルと比較して、それぞれ 3382ドルと 3678ドルである（HCCI 2016）。しかしながら、ネブラスカ州とコネティカット州という隣の州では、全国平均よりそれぞれ 957ドルと 1181ドルと高くなっている。膝関節置換手術に関しては、ニュージャージー州とカンザス州が平均価格が最も低く、ワシントン州、オレゴン州、サウス・カロライナ州が最も高い平均価格である。コネティカット州とアイオワ州が全国レベルと同じく、ほぼ３万 6000ドルである。データの示すところでは、超音波妊娠検査に関しては、アリゾナ州、テキサス州、ロード・アイランド州、ウェスト・バージニア州が最も低い平均価格であり、一方で、オレゴン州、ウィスコンシン州、アラスカ州では、最も高い平均価格を持ついくつかの州に当たる。

　膝関節の節置手術の全国平均価格が、超音波妊娠診断の 100 倍以上の価格としても、超音波の平均価格にはより大きな偏差がある。例えば、サウス・カロライナ州では、膝関節置換手術の平均価格が、全国平均より 30％以上高いが、一方で、

表 5―1　各州 MSA を通じた膝関節置換手術の価格の差異、2015 年

州	MSA の数	最高の MSA レベル平均価格（ドル）	最低の MSA レベル平均価格（ドル）	最高と最低の MSA レベル 平均価格の差額（ドル）	MSA 都市間の距離（マイル）
アリゾナ	2	28,264	21,976	6,288	116
カリフォルニア	6	57,504	30,261	27,243	440
コネティカット	3	37,417	33,594	3,823	39
フロリダ	8	44,237	27,115	17,122	173
ミズーリ	2	26,601	23,114	3,487	248
ニューヨーク	4	36,584	24,131	12,453	247
オハイオ	7	34,573	24,491	10,082	203
ペンシルヴァニア	3	33,338	27,188	6,150	62
サウスカロライナ	2	46,591	43,635	2,956	103
テネシー	2	34,895	26,291	8,604	180
テキサス	5	45,275	28,456	16,819	345
バージニア	2	39,298	39,292	6	107

注：MSA ＝大都市統計地域。
出所：Health Care Cost Institute.

ウィスコンシン州では、超音波妊娠診断の平均価格は全国レベル平均より 220％以上も高いのである。このことが示唆しているのは、平均価格に対して、超音波妊娠診断価格の間には、より高い価格と、より低い価格とがあるということである。この偏差の多くは、本当の競争的な市場を作りあげるための、販売できるサービスの透明性の欠落によるものとみなすことができよう。

また、価格の傾向には、地域あるいは州の中で偏差があるということである。HCCI（2016）はまた、各医療サービスに対して全国平均価格に対する州平均価格のそれぞれの比率を計算した。比率の 8 つの範囲のサービスのパーセントが、それぞれの州においてグラフ化されている（Newman et al. 2016）。図 5-7 は、すべての医療サービスの分布を目にみえるように配置したもので、州をまたがって比較ができる。

図 5-7 は、4 つの州――フロリダ、オハイオ、コネティカット、ミネソタの価格分布を示している。フロリダ州において計算された 241 の診療の一集団において、それらの 95％の価格が全国平均と同じかあるいは下回っていた。また、オハイオ州では、240 の診療の一集団おいて、フロリダ州を平均で上回っていた、しかし大雑把にいうと、すべての価格の 75％は全国平均かそれを下回っていた。コネティカット州では、232 の診療の一集団が推定されたが、平均でフロリダ州とオハイオ州より高かったが、診療の一集団の 30％において、少なくともそれぞれの全国平均より 20％は高かった。ミネソタ州では、221 の

推計された診療の一集団において、平均で最も高い価格を示したが、診療の一集団の45%以上において全国平均より50%も上の価格を示した。

表5-1は、12の州の大都市統計地域で報告された膝関節置換手術の最高平均値と最低平均値を示したものである[2]。サクラメントは、最も高い平均価格を示し（5万7504ドル）、タクソン、マイアミ、セント・ルイス、セラキューズ、トレド、アレンタウン、ノックスビル、ラボックの二倍より高いのである。カリフォルニア州はまた、州の大都市統計地域（MSA）のいかなる対のセット中、平均価格（2万7243ドル）において最も大きな差が州内において存在する。2つのカリフォルニア州の市場が440マイル離れているとはいえ、フロリダ州パーム・ベイからマイアミへは、3時間のドライブであり、膝関節置換手術において1万7122ドルを節約することが可能であることは述べておく価値があり——1マイル当たりのドライブでほぼ100ドルの違いがあり——一人の保険プランの計画で、両方の地域の個人をカバーできることが想定される。価格を計算する十分なデータを持っているMSAsにおいて、コネティカット州、サウス・カロライナ州、バージニア州の格差が最も小さい。

これらの発見が示していることは、民間の保険人口において価格は、広範な地理的偏差があるということである。偏差のいくらかは、企業経営のコストの違いの結果かもしれないが（すなわち、供給、賃金、地代）、その他の偏差は、その他の要因に帰せられるべきものであり、透明性の欠落、市場力、あるいは、代替的取り扱いというようなものが考えられる。

患者本位のヘルスケア政策の目標は、可能な限り不当な価格差を少なくすることとサービスの平均価格を低くすることにある。例えば、アリゾナ州では、超音波妊娠検査価格が6番目に大きな差（123ドル）があり、サービスは、供給者、ケアの設定、都市、そして州のどこにおいても同様の範囲と質であるべきである。タクソンとフェニックスにおける平均価格の平均は、最も小さい（［320ドル＋197ドル］/2=258.5ドル）。

どのように競争によってヘルスケアを広範に低価格にするかに取り組むため、わが政権の報告『選択と競争を通じていかにして米国ヘルスケア制度を改革するか』は、ヘルスケア全体の競争を促進する多くのその他の措置を跡づけたが、それには、総支出の多くを行う病院と医師を含んでいる。例えば、最近の行政命令には、ヘルスケアの価格透明性を増進する方法が打ち出されたが、それは、競争をより効率的に運営させることを可能とする。

トランプ政権下でのヘルスケアの達成

この政権の初めから、トランプ大統領は、処方薬価格を低くし、新しい適切なヘルスケア選択を利用可能とすることによって、ヘルスケアをより手ごろなものにすべく求めてきた。政策は、透明性と選択を供給するために進行され、患者は、彼らの必要に応じてケアを選ぶことができるようになった。加えて、米国におけるイノベーションを解き放つやり方が求められ、それは、疾病とともにある患者の新しい治療方法の選択を供給することになるであろう。選択を増進するために、わが政権は保険の選択を増やして規制の負担を削減してきた。競争を前進させるために、わが政権は3つの主要分野に力をしぼってきた。(1) イノベーションの加速、(2) 価値ある治療法へのアクセスの増進、(3) 健康市場をより大きな透明性をもったより強力なものにすることである。これらの分野のそれぞれの努力は、このセクションで論じられるが、その目的は、うまく機能しているものをいかに保ち、壊れたものをいかに修理していくかにある。

選択の増進

このサブセクションにおいては、選択をいかにして増進させるのか、この重要な多くの局面について取り扱う。これには規制の負担、健康保険の取引の安定化、個人の義務違反金ゼロへの引き下げ、保険の設計における州のイノベーションの促

自由市場のヘルケアは、選択と競争を促進する

進、共同ヘルスプランと短期の限定期限付き保険の拡大、メディケアの強化、健康保険費用の償還調整の拡大、高度に免責可能な健康保険プランの近代化が含まれる。

規制による負担の削減 2019年『報告』において、われわれは、共同ヘルスプランと短期の期間限定付き保険の拡大を通じて、中小企業とアメリカの消費者に対してプランの競争と選択を持ち込み、規制が撤廃された健康保険市場の衝撃を推計した。加えて、これら規制撤廃は個々の権限を削減し、次の10年を通じて4500億㌦の便益を創出すると見積もられた。われわれは、この改革がより所得の低い層に、そして中所得消費者とすべての納税者に便益をもたらすと推計するが、しかし、かなりの中及び高所得消費者にはより高い保険料を支払う形でコストがかかることになるであろうと推計する。大口の消費者に与える便益は、より高い保険料を払う小口の集団に課されて企図されるコストをはるかに上回るものである。2019年において、われわれは、これら改革がACAを「ないがしろ」にするものではないという主張を支持する推計を行って、むしろ、必要とする人々に税・基金ケアというより効率的なやり方を供給することを示した。

健康保険取引所の安定化 2017年4月、HHSは、取引所の安定を目的にした最終規則を公布した。多くの条項の中でこの規則は、消費者が取引所に入り、医療サービスを必要とするまで待たなければならないことをより困難にした。このことによって、プログラムの投機化に制限をかけ、継続的に適用を維持している人たちの保険料を上昇させることに制限をかけたのである。

2019年HRA規則は、2020年代初めまでに個人市場登録のかなりの増加の原因となることが期待される。この規則は、追加的な選択と市場競争を通じ、そしてまた政府のいかなる新しい権限を必要とせずに、個人の市場登録を上昇させることが企図されている。より若くより健康な雇用者は、総体的に高い免責と、保険料の安いより限定された医療供給者のネットワークにおける典型的な個人市場からの適用をより選択する傾向になるかもしれないため、HRA規則は、改善された個人市場のリスクプールに導くことができるであろう（Effros 2009）。こうしたことが起きるというの

も、HRA規則が老いも若きも労働者たちの個人市場でより大きな需要を創り出すことが可能なときの話であり、それには雇用者たちが保険を購入するときにHRAの貢献によって創り出されたより安い保険料との相対的な魅力があってのことである。

個人義務規定違反金をゼロにする 2017年12月、トランプ大統領は、減税および雇用法に署名し、ACAの個人義務規定違反金をゼロにした。これは、社会に便益をもたらしたが、それは人々をして税の違反金を支払うことなしにACA遵守の健康保険適用を持つことを選択しなくてもいいからであり、補助金漬けのACA適用の保険を買う消費者が少なければ、納税者の金が節約できるからである。昨年われわれが論じたように、CEAは、2019年から2029年まで、義務規定違反金ゼロの設定によって、消費者にネットの便益2040億㌦を生み出すであろうと推計した（CEA 2019）。

保険計画における州のイノベーションを促進する 2019年、7つの州が再保険構成要因を利用したACAの1332項の下で、州のイノベーション義務免除規定の措置をとった。リスクを減少させるために州は基金を設立し、高い要求の人々にかかる特定の費用に対して、保険業者への補助をすることとした。これらの義務免除規定は、ACAプランの保険料を安くすることに導くし、それで共同の保険料税額控除を低くすることに導く。これら7つの州では、保険料の中央値を7.5％減少させる一方、義務免除規定を受けていない州では3.0％の上昇となった（Badger 2019）。もし、州が義務免除規定を通過させなかったら起こったであろうことと比較すると、保険料の減少は、これら諸州に登録者の増加を引き起こすことになったであろう。2019年末までに、州は、連邦のパススルー基金への最初の献金の貯蓄の60％を払い戻してもらった（Blasé 2019a）。

共同ヘルスプランと短期に限定された期限限定の保険の拡大 2018年6月、労働省（DOL）は、共同健康プラン（AHPs）を通じて共同でともに健康保険を購入する雇用主の資格を個人事業主にも拡大する規則を決定した[3]。多くの雇用主、雇用者、そしてその家族のために、AHPsは、規模の経済を通じて行政的な適用コストを削減する

⑤

ことによって手ごろな値段の保険料を提供する。AHP規則はまた、中小企業に、彼らの必要に応じた雇用者健康保険適用を提供する柔軟性を与えた。

2018年8月、HHS、財務省、DOLは、最終的に、短期に限定された期限限定の保険（STLOI）を購入するアメリカ人の資格を拡大する規則を決定した。STDLIは、一般にACA取引所における個人保険の保険料よりもコストはかからない。より低いコスト、追加的な選択、増加する競争があるから、多くのアメリカ人にとって、ACAプランがかなわない中間層を含めて、この改革からベネフィットがある立場にあるといえる。最近、議会予算局（CBO 2019）は、年間と期間の制限を伴うACA以前のプランに対して行ったとまさしく同じように、医療給付金なしのいくつかの短期プランを健康保険適用として数えるであろうと述べた（Aron-Dine 2019）。これらのプランは、ACA遵守の保険プランよりも適用範囲が狭いにもかかわらず、ACA取引所プランの補助金なしの保険料よりも60%も安く設定され、保険のない人と比較すると、より多くの保険保護を消費者に与えるのである。

STDLIとAHP規則の結果、CBOと「米国議会税に関する合同委員会」は、次の10年を通して、ほぼ500万人以上の人々がAHPsか短期プランに登録されるであろうと推定する。この増加のうち、ほぼ80%は、そうでなければ小グループあるいはグループではない市場での適用を購入していた人たちであろう個人で構成されている。残りの20%は、（ほぼ100万人であるが）規則の結果新しく保険に入ったと推定される人々によって構成される（CBO 2019）。

メディケアの強化　わが政権のメディケア改革は、医療サイドというよりはむしろ患者の医療ニーズに沿った支払い政策であり、また内科医の評価と管理のための訪問による証拠建ての簡単化プロセスであり、また新しい消費者透明性措置であり、また保険業者に対する柔軟性の増進であり、それらはメディケア・アドヴァンテージ（Medicare Advantage）を通じてより多くの選択と便益を提供することができる。

2019年トランプ大統領は、年配者のヘルスケアの達成を改善するための行政協定に署名したが、それは、患者により多くのプランの選択、医療提供者との追加的な時間、電話による診療や新しい処方へのより一層のアクセス、そして支払いモデルと効率的なヘルスケア提供との間でより大きな提携を提供する（White House 2019b）。加えて、患者のケア改善する際の障害を削減する一方で、新しい処方の認可、適用、支払いの合理化に優先権が与えられるであろう。最後に、無駄の除去、騙しの根絶、そして濫用の除去によって、メディケアの財政的維持可能性を改善する努力が払われよう。

健康保険経費返済調整の拡大　2019年6月、HHS、財務省、労働省は、雇用主に対して、健康保険経費返済調整の柔軟性と使用を拡大する最終規則を発布した（84FR28888）。規則は、税優遇HRAプランの2つの新しいタイプに対して発布されたが、それは、給付金なしのHRAs（EBHRAs）と個人適用のHRAs（ICHRAs）であり、2020年1月の初めに提供されることになる。EBHRAsは、伝統的なグループプランとともに雇用者に支払われるものであるが、短期、限定期間つきで、眼科、歯科プランのような特定の質の医療費の購入について、（インフレ調整後の指数）2020年に1年間1800ドルを上限として、給付金なしのHRAを受け取ることができる。ICHRAsは、雇用者自身の健康プランを購入した雇用者に、雇用主が補償返済を可能とするもので、雇用主支払いによる伝統的な雇用主提供の保険と個人市場プランにおける税制上の公平化をはかるものである。

財務省は、最終規則によって導かれると思われる保険適用の変化と移転の評価を行うためにミクロのシミュレーションのモデル化を実施した。財務省の健康保険適用のモデルは、労働者は彼らの労働の限界生産物が支払われていることが想定される。雇用主は、賃金支払い、給与税支払い、給付金の形をとる報酬支払いに関しては無差別であると想定される。それゆえ、財務省のモデルでは、特定の企業によって支払われる総報酬は固定され、雇用主は、この報酬を彼らの雇用者の総体の選好に基づいて賃金と給付金に配分する。その結果、雇用者は、削減された賃金と保険料の雇用者分の形をとって、（いかなる税も除いた価値のネットで）雇用主提供の健康保険適用の全額を負担することになる。

自由市場のヘルケアは、選択と競争を促進する

財務省のモデルでは、雇用者の健康保険適用（あるいは、適用なし）のタイプに関しての選好は、彼らの予想されるヘルスケアの費用によって決定され、雇用主提供の税引き後のコスト、保険料税額控除付きの適用との交換、あるいは、個人適用のHRAによる統合、その他の個人健康保険適用あるいはそれとの交換、そして、（保険数理的価値を含む）異なるタイプの保険適用の質が考慮される。

保険適用の交換に際して、個人適用のHRAとPTCとの選択を評価するとき、利用可能な保険適用は同じものであると仮定されるが、しかし、税選好は異なるものであると仮定すると、雇用者は、もし所得の価値と（給与税の雇用者分と雇用主分の両方を含めて）給与税の除外がPTCの価値を上回れば、雇用者は個人適用HRAを好むであろう。この決定をモデル化すると、連邦部局は、雇用者によって支払われる保険料については、追加的な保険料（伝統的なグループ健康保険の下で支払われたかもしれなかった額）が給料削減調整を通してどのように支払われるかにもよって、個人的適用HRAからの保険料の返済という形を通して税選好されるものと仮定する。

財務省のモデルにおいては、雇用者は、企業の中に税データを基礎に総まとめにされている。企業の雇用者の期待されるヘルス関係費用は、企業の雇用主が提供する保険のコストを決定する。雇用者は効率的な観点から選好する保険適用に賛成し、各雇用主の提供する給付金は雇用者の多数の選好によって決定される。雇用者は、そこで提供された保険適用を受け入れるか否かを決定し、その結果として伝統的な保険適用かあるいは個人の保険適用に登録されることになり、それがリスクプールを決定するがゆえに雇用主適用と個人健康保険適用の双方の保険料が決定されるのである。

ミクロのシミュレーションのモデルを基盤とすれば、連邦部局は、最終規則がかなりの参加者（とその扶養家族）を伝統的グループ健康プランから個人適用HRAsへの移動の原因となると期待する。上述のように、企業と雇用者のこのグループにとって、雇用主の個人適用HRAsへの保険料の貢献と伝統的なグループ健康プランへの貢献は同じであると推定され、個人健康保険における税選好の給料削減も伝統的なグループ健康保険適用の給料削減と同じであると仮定されているのである。このようにモデル構築において、この企業と雇用者のグループの所得や給与税収入には何の変化もないのである（以下で述べるPTCにおける変化を除けば）。

このグループの税選好は変わらないと仮定しても、税引き後、自腹のコストは何人かの雇用者には上昇となり（その保険料あるいはコスト・シェアリングは、伝統的なグループ健康プランよりもより高くなる）、その他の人には下落となりうるのである。現在、伝統的なグループ健康プランの提供を受けている少数の雇用者は、それでも個人健康保険適用とPTCを獲得する。なぜなら、彼らは伝統的なグループ健康保険を購入する余裕がなく、またそのプランは最低の価値すら供給しないからである。これら雇用者のかなりの人たちは、雇用主が伝統的グループ健康保険から個人的適用のHRAに変更したとき、あるいは彼らが適用を交換したときはPTCの適用を受けられなくなるが、それというのもHRAが最終的PTC規則の下で手ごろな価格であると決定しているからである。

財務省によって行われた規則的なインパクト分析は、HRAの給付金がそのコストをかなり上回ると結論づけた。財務省は、HRAsに完全に傾斜された後には、80万人の雇用主はHRAsを提供するであろうと推計した。加えて、2029年までには、保険に入っていない人数は80万人削減されると推定する。これら雇用主のHRAへの貢献によって、企業は2029年までに個人健康保険によって1100万人以上の雇用者を保険に加入させるであろうと期待されている。

高控除免責額健康プランの近代化　トランプ政権の健康政策の主要な構成要素の1つは、消費者本位の健康プランに焦点を合わせることであり、とりわけ高控除免責額健康プラン（HDHPs）とそれに付帯するHASsである。大統領によって指示されて、財務省は新しい内国歳入庁（IRS）ガイダンス（Notice 2019-45）を2019年7月17日に公表したが、それによると高控除免責額健康プラン発行人に対して、ある特定の慢性疾患を持つ人たちに、予防治療の実施についての適用を可能にさせるようにしたもので、それには糖尿病、喘息、心臓病、そして主要なうつ病が含まれる。そのインパクトは、広範に及ぶ。例えば、これら

⑤

のプランは、控除免責額が満たされる前に、現在の糖尿病患者に対するインスリンコストのすべてか、ほぼ全額に適用されることになるであろう。

HAS 適格プランは、すべての HDHP 市場において成長しつつある。2018 年において、約 2180 万人のアメリカ人が HSA 適格、HDHPs に登録され、2013 年の推定 1550 万人から上昇した（AHIP 2017）。2018 年、すべての会社のほぼ 29％は、HAS のような貯蓄オプション付きの HDHP を提供した（KFF 2018）。全国企業グループ調査による 2018 年に研究された会社のうち、30％は、2019 年に雇用者に HSA タイプのプランに完全に切り替えることを提案した（NBGH 2018）。HSA 市場の成長は継続することが予想される。

疾病管理予防センター（CDC 2019）によれば、アメリカ人の約 60％は心臓病や糖尿病のような慢性疾患を抱えている。米国における慢性疾患の経済的負担は、推定年間約 1 兆㌦である（Waters and Graf 2018）。慢性疾患に対する証拠を前提としたケアへの金銭的バリアーの減少は、治療の効果を高めるし、ヘルスケア支出の長期にわたる成長を削減する。米国のヘルス支出総額の約 75％は慢性疾患が占めるものであり、適切な慢性疾患管理は長期のヘルスケアコストの上昇を減少させるカギである（NACDD n.d.）。IRS ガイダンスは、その証拠に基づくもので、目標とされた慢性疾患の進行とそれに関連する合併症を防ぐ二次的な防護サービスに対して免責控除前の適用を可能とするものである。これは、患者の病状を改善し、HDHP の魅力を増進して医療支出に効率性を付け加える。

これら新しい高控除免責額健康プラン＋二次的防護適用（HDHP+）の創出は、一定の症状を持つ患者によりよいアクセスを与えるであろう。VBID 健康（VBID Health）は、それが新しいプランを現状に合わせることによって様々なシナリオで、税収を増加させることができると推定した。VBID 健康の分析は、議会がカーディラック税（Cardillac tax）を廃止する前の 2019 年 12 月に実行されたことに注意されたい。

この報告（VBID Health 2019）の著者たちは、65 歳未満の連邦税収とメディケア市場にはいない人々の間での HDHP+ の保険購入率インパクト

を計算するために、ARCOLA ミクロシミュレーションを使用した。モデルは、健康保険交換取引におけるブロンズプランが、新しい HDHP+ デザインに移行すると仮定する。モデルによれば、HSA 適格プランの交換において、それをブロンズレベルの保険数理価値に合わせることは、ブロンレベルが個人市場の自己負担最高値のレベルと比較して法令上よりも低い自己負担最高値が必要とされることを前提としており、極めてやりがいがあるものの難しい仕事といえよう。これをより難しくしているのが、より多くの免責控除負担額前の適用を提供することである。このモデルはまた、個人市場ではすべての人が HDHP+ デザインへ転換するわけではなく、あるいは交換なしの HSA 適格プランの選択肢を持っていると仮定されている。結果は、HSA-HDHP を提供する企業を 4 つのシナリオに分けている。すべての企業が追加的に HDHP+ を提供したり、すべての企業の半分が HDHP+ を提供したり、すべての企業が現行プランを HDHP+ に入れ替えたり、そして、すべての企業の半分が現行プランを HDHP+ に入れ替えたりするというものである。雇用主シナリオの全般を通した差は、創り出される可能性の範囲を示している。

すべての雇用主のシナリオを通して、新しい HDHP+ に対する最初の理解と成長見込みは人々がプランのタイプを変えるのでプラスとなる。しかしながら、雇用主シナリオごとに異なるのは、時間が経つごとの理解の大きさと成長である。HDHP+ は、一般に高い最初の理解を、雇用主シナリオの全体を通してみられる。最も理解が低いのは、雇用主の半分が追加的に HDHP+ を他の HDHP 選択とともに提供するシナリオである。選択のため、より高い HDHP+ の保険料ゆえに、その結果が予想されている（図 5-8）。

ネットの収入効果については、4 つのモデル化されたシナリオの 3 つにおいて、HDHP+ が雇用主と個人市場に導入され、人々がプラン間を移動した後にみることができる（図 5-9）。

プランの提供に関しての異なる雇用主の決定は、シナリオのモデル化においてみることができるが、1 つのシナリオを他よりもより効果の大きい効果を持たせるように導くかもしれない（VBID Health 2019）。異なる予算効果の大きさよりも

図5-8　雇用主シナリオを通じての健康保険登録者、2019～2029年

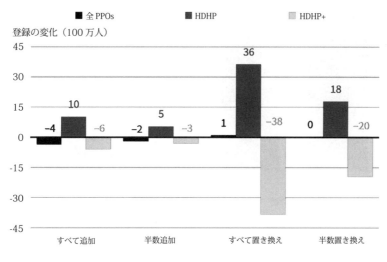

- ■ 全PPOs
- ■ HDHP
- ▨ HDHP+

登録の変化（100万人）

注：シナリオは、強化型高免責額健康プランの7%保険料に適用される。
出所：VBID Health (2019); CEA calculations.

さらに大きいものは、予算中立の周りの各々のシナリオの群生である。1つのシナリオ、それは税収のネットでの小さな削減を示しているが（完全取り換えのケース）、極端なケースとしてモデル化された。各々のシナリオのネットの効果は、雇用主提供の保険市場全体の税補助金ネットの効果から比べると小さいものである。したがって、第二の予防策避難港を拡大するネットのインパクトは、控えめにみてもプラスとはいえず、ゼロに近い。

競争の増進

　このサブセクションは、ヘルスケアを供給するうえでいかに競争を増進させるかを検討する。取り扱うトピックは、次の通りである。反トラスト法の実施、ジェネリック薬認可の促進、価格と質の透明性の創出、新しいワクチン製造の促進、内科医自己推薦法と連邦反リベート法の明確化である。

　反トラスト法の実施　第6章においては、健全な反トラスト法の重要性を議論するが、それは消費者を反競争的な合併から守るものである。そこで論じられるように、司法省反トラスト局と連邦取引委員会（FTC）は、担当部局として集中的にわが国の反トラスト法の実施に責任を分担する。多くの合併は競争への関心を引き起こさないので、担当部局は、それらについて確認すべく彼らの調査権限を使って、これらを明確にすべく詳細な証拠の獲得と分析を行う。

　合併に挑戦することはしばしばリスキーなものであり、それは1994年から2000年にかけての事実によって明らかにされているとおりで、担当部局は、病院の合併を阻止すべく訴えを起こしたが、7つの案件のすべてで敗訴した（Moriya et al. 2010）。FTCは、これに対応するために、病院合併を評価するのに使用してき裁判所の時代遅れの方法に反対して、宣伝すべく病院合併の回顧的研究に従事した。FTCの委員長であったジョセフ・サイモンは、最近議会に報告書を提出し、FTCがヘルスケア提供者間の合併阻止の擁護に成功してきたことを明らかにした（FTC v. Sanford Health）。これは、FTCによるヘルス提供者の合併に関わる明確な5番目の上告勝利の事例である。

　司法省は、健康保険業者の間の反競争的合併を阻止するために働いてきた。2016年、司法省は、

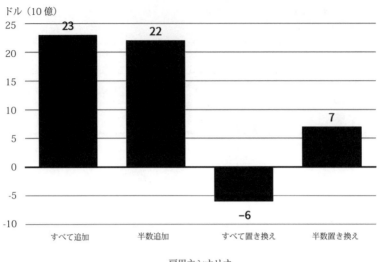

図5-9　高免責学健康プランの収入に及ぼす純効果、2019〜29年

ドル（10億）

注：シナリオは、強化型高免責額健康プランの 7% 保険料に適用される。
出所：VBID Health (2019).

２つの提起された合併を阻止することに成功した
が、それは、巨大健康保険業者の４つ（Anthem,
Cigna, Aetna, and Humana）が 結合し、２つ
になるというものであった。直近では、司法省
は、Aetna を獲得すべく合併を仕掛けた CVS と
の事態収拾に成功した。司法省は、メディケア・
パート D プログラムの下での、個人処方薬プラ
ン（PDPs）の販売にかかわる事態に関心を寄せる。
CVS と Aetna は、930 万の PDPs をカバーする米
国内地域でしのぎを削る競争をしていたが、その
うちの 350 万は CVS か Aetna かのどちらかの傘
下にあった。司法省は、この競争はより安い料金
とより少ない自己負担に導くと確信し、多くに地
域市場において処方箋とサービスの改善につなが
ると考えた。競争を保つため、司法省は、Aetna
が個人処方薬プランを捨て去ることを必要とした。
だいぶ前の報告で議論しているが（CEA 2018）、
CVS、Express Scripts、OptumRx は、米国におけ
る３つの巨大薬品給付管理者であった。米国医
療協会（AMA 2018）は、司法省に憂慮を表明し
たが、CVS と Aetna の合併がなければ、Aetna は、
薬品給付管理（PBM）市場で破壊的な競争者と

なるかもしれないとした。その時 Aetna は、か
なりの PBM 活動に従事していたが、一方で他の
活動を CVS に外部発注していたのである。司法
省は、このラインに沿っての関心を示さなかった。
　司法省はまた、最近になって、Atrium Health（か
つて Carolinas HealthCare System といった）に
対する行動事件に決着をつけた。司法省は、健康
保険業者と Atrium との契約事項に関して憂慮を
示したが、それは、保険業者が低価格あるいはよ
りよいサービスの条件で Atrium よりもより良い
価値を提供する供給業者を選択する顧客には、金
融インセンティブの提供をさせないという条項で
あった。この制限は、より好まれる一連の諸州、
あるいはネットワークにおいて適格な供給業者を
使用し、消費者へのインセンティブを掻き立てる
健康プランを創設することによって供給業者間の
競争を誘導する健康保険業者の努力に水を差すも
のである。ギー、ピーターズ、ウィルダー（Gee,
Peters, and Wilder 2019）によって議論されたよ
うに、司法省の経済分析は、これらのプランが料
金の削減を促進するとする学術的な調査と符合す
る。

自由市場のヘルケアは、選択と競争を促進する

ジェネリック薬認可の加速化　HHS は、消費者に力をつけさせ、競争を促進するために、多くの行動をとり、食品・薬品局の（FDA's）のジェネリック薬認可の記録的なペースの基礎を築いてきた（CEA 2018）。薬品開発業者に対してどのような規制が行われるかを明確にするイニシアティブが、内部の認可プロセスの増進とともに、FDA のジェネリック薬認可プロセスのスピードと予測を改善し、トランプ政権の最初の3年間におけるジェネリック薬認可数の記録的な数に帰結した。2019 会計年度において、FDA は、その前2年の記録的な認可数の後に、記録的な 1171 のジェネリック薬の認可をした（HHS 2019c）。これらの行動は、処方薬価格の最近の下落に貢献した（Box 5-1 をみよ）。2019 年6月、これらの価格は、この 51 年間で最も大きな年を超えての下落をみた（わが政権の規制撤廃行動のさらなる議論を第2章をみよ）。

価格と質の透明性の創出　2019 年6月24日、大統領は、新しいイニシアティブのセットを通じて、価格と質の透明性を促進する行政命令に署名した（White House 2019b）。ヘルスケア市場の主要な問題の1つは、患者がしばしば、ヘルスケア・サービスの価格と質について知らないことである。この透明性の欠落は、患者が説明を受け選択するのに必要な肝心な情報を否定するもので、上昇するコストを上昇させ、競争を抑え、質の低下をもたらすものである。その結果、同じサービスであるにも関わらず、ヘルスケア市場中に広範な価格のバリエーションが生み出されたことは、この章の初めに書いた。正確かつ受け入れ可能な価格と質の情報は、患者がヘルスケア・サービスの「ショッピング」を行うことで節約を確認でき、彼らのヘルスケアの需要と金融状況にフィットした選択を可能とするであろう。加えて、ヘルスケア価格と質の透明性は、ヘルスケア供給者間の競争を促進し、より良い価値とイノベーションに導くことであろう。このイニシアティブの最初の結果の1つは、病院が彼らの折り合いをつけた病院の治療代請求の公表を義務づけたことである（84FR61142）。新しい行政命令は、保険業者のみならずヘルスケア供給者にも、競争的に価格づけされた治療と処置の購入に当たって消費者を援助するために、折り合いのつけた価格を公表する

ことを指示する。

行政命令にはまた、健康の質の向上を目指すロードマップが含まれている（HHS 2019a）。ロードマップは、メディケア、メディケイド、子供健康保険プログラム、健康保険市場、軍の健康制度、退役軍人健康制度のすべてにわたるデータと質の測定について、並べられ改善される。この目標を達成するために、ロードマップは、質の測定の共通化の前進、入院患者と外来患者の測定値を並べ、質の低いあるいは反生産的な測定については排除される。

行政命令はまた、納税者基金のヘルスケア・プログラムとグループ・ヘルス・プランからの確認できない保険の支払いデータについて増加するアクセスを求めている。ヘルスケア研究者やイノベーター、供給者、起業家はこれらの確認できなかった保険の支払いデータを使用できるようになり、なおこれらデータは患者のプライバシーと安全が保証されたもので、ヘルスケアの財とサービスにおける患者の決定を手助けする情報にアクセスできるための道具を開発することになる。データアクセスの増加は、改善にとっての非効率性と機会を明らかにすることができ、それには、ケアの推薦される標準から外れた医療処置への実施パターンも含まれる。

2019 年価格と質の透明性行政命令は、支払者と供給者において協定されたすべてのヘルスケア価格にはいっさい曇りがあってはならないとし、ヘルスケアを購入する人が最高の価値と低価格を得られることが求められているが、それはヘルスケア市場の外の他の市場においては行われていることである。支払い者間の協定価格を明らかにする政策の実行は、現在取り組み中であるが、そのインパクトは、未来の分析において評価されうるであろう。1つの推定によると、普通の医療措置からの節約は、全国ベースでほぼ 40％近くの可能性があるという（Blasé 2019b）。

新しいワクチン製造の促進　2019 年9月、大統領は、製造時間の短縮とワクチンの効果を高めるため、新しいインフルエンザに対するワクチン製造技術を促進する行政命令に署名した。何百万人ものアメリカ人が毎年、季節のインフルエンザで苦しめられており、新しいワクチンが、最も流行するインフルエンザ・ウィルスからの感染を削

⑤

処方薬価格が 2019 年に上昇したという議論にもかかわらず、処方薬の消費者価格指数 (CPI-Rx) によれば、薬品価格は、消費者価格指数の 2019 年 10 月の発表時点では、過去 11 カ月のうち 9 カ月で、年を超えて低下してきた。消費者価格指数（CPI）は、生活費の価格変化のインパクトの実証的測定値を供給することと定められている。一般的な CPI の構成要因の 1 つとして CPI-Rx は、処方薬のウェイト付けされた、無作為抽出サンプルの平均的な価格変化を指数化することによって、いかに処方薬市場において価格が変化したかを測るものである（図 3-5 をみよ）。

CPI-Rx にはいくつかの強みがある。第一に、処方薬の無作為抽出のサンプルを含むものであり、処方薬の全体市場の代表を測るサマリーを供給するということである。珍しく処方された薬の多くがその価格を上昇させているとしても、CPI-Rx は、もっともふつうに処方されている薬の価格が下落していれば、平均価格の下落を示す。CPI-Rx の第二の強みは、それが、ジェネリック薬を勘定に入れているということだ。多くの処方薬の低コストの同質のジェネリック薬は、広範囲に使用可能であり、しばしば同じブランド名で販売されている。そして、CPI-Rx は、新しいジェネリック薬の参入からの価格下落を反映する。CPI-Rx は、

また、掲載価格ではなく、取引価格を測定する。取引価格は、薬局により受け取られるすべての支払いを含んでおり、自腹を切る支払い、保険会社からの支払いを含み、それは、交渉価格へ対応し、割引を反映するが、リベートは反映しない。掲載価格は、割引とリベートを含まず、顧客が支払うものより少なく表示される。

CPI-Rx は、処方薬全体のインフレを測る最良の測定値だが、それは完全な測定値ではない。主要な限界の 1 つは、現存の財よりもより高い質の新しい財が参入した時の消費者価値の改善を計算に入れることができないことだ。このバイアスは、CPI-Rx が処方薬インフレのレベルを過剰に述べている原因と思われ、年で 2 % ﾎﾟｲﾝﾄ ほど高くなっていると推定されてきた（Boskin et al. 1996）。CPI-Rx と調査会社 IQVIA によって、分離して建てられた大きな代替データセットの比較は、IQVIA 指数のより大きな価格上昇を示したのであり、それは、CPI-Rx がより大きなサンプルを完全に代表しているのではないかもしれないことを示すものである（Bosworth et al. 2018）。付け加えれば、薬価の CPI-Rx は、理由のある上昇と下落を示しているとはいえ、価格変化が極端に現れるかなりの薬品があるのかもしれない。

減するためにつくられている。ワクチンは、インフルエンザに信じがたいほど効くのであって、ある研究によれば、2005 年から 2014 年にかけて、4 万人以上のインフルエンザに関わる死亡を防いだという（Foppa et al. 2015）。これらの効果にも関わらず、近年のワクチンの製造法はしばしば非常に遅く、季節的なインフルエンザの流行に対して、防護するワクチンの効果を削減してしまっている。生産の遅れは、世界的に流行するインフルエンザの勃発という事態に深刻な事態となりうる。CEA（2019d）は、世界的な流行のケースの場合、ワクチンの利用可能性の遅れのコストは、最初の 12 週間で週当たり 410 億ﾄﾞﾙ、その次の 12 週間で週当たり 200 億ﾄﾞﾙにも上ることを発見し

た。

新しい行政命令は、近年のワクチン製造方法の弱点を確認し、新しい技術を促進するが、それは、細胞ベースの遺伝子組み換えのワクチン製造法であり、ワクチン開発のスピード化を図り、その効能を改善することになるであろう。加えて、新しいイニシアティブは、タスクフォースを立ち上げ、アメリカ人のワクチンへのアクセスを増加させる。もし十分なワクチンの服用量がインフルエンザの世界的大流行の開始に当たって届けられれば、CEA（2019c）の推定は、7300 億ﾄﾞﾙの経済ベネフィットがアメリカ人によって享受されるとしており、それは主として、生命と健康の喪失を阻止することからくるものである。

自由市場のヘルケアは、選択と競争を促進する

内科医自己推薦法と連邦反キックバック法の明確化 わが政権は、2019年に２つの規則を提案し、患者に対する協調的なケアを提供し（84FR55766）、価値ベースの調整において、ヘルスケア供給者に、保護規定と柔軟性を持たせることを確実にすることを目的とした（84FR55694）。第一の規則は、CMSによって提案され、わが政権の価値ベースのケアを促進する努力の一環であるが、ヘルスケア提供者に対して連邦による制限を棚上げにし、そのことによって、彼らにより大きな共に働くという能力をより大きくつけてもらい、協調された患者に対するケアを実行する。

第二の提案された規則は、監視一般HHS局によって出されたものであるが、連邦反キックッバック法と民間金銭罰則法に注視する。この提案は、これらの法律が不必要にヘルスケア提供者に対して、患者のケアを協調して行うことにいかに制限をかけているかという憂慮に対処する。例えば柔軟性の拡大は、改善された健康結果として報いられる、結果ベースの支払い調整を促進する。諸変化はまた、特別な保護規定を与えるのであり、ヘルスケア提供者に対して、彼らが法に順守することを確実にすることをより容易にする（HHS 2019b）。

価値ある治療法へのアクセスを増進させる

このセクションでは、多くの重要なトピックスをカバーするが、それは、価値ある治療法へのアクセスをどのように増進させるかということである。これらには、HIVの伝染を終了させる、腎臓病治療オプションの拡大、薬物中毒との戦い、そして、治療実験への挑戦権の拡大が含まれる。

HIVの伝染を終了させる 過去40年にわたって、ヒト免疫不全ウィールス（HIV）は、わが国と世界中の人々が直面する最も顕著な健康リスクの１つであり続けている。2019年、トランプ大統領は、10年以内にHIVの伝染を終結させる計画を発表した。この伝染病は、1981年以来約70万人のアメリカ人の生命を奪ってきた。このイニシアティブは、米国における新しいHIVの伝染数を削減し、次の５年で75％、次の10年にわたって少なくとも90％を削減することを計画する。HHSの全面的な努力によって、推定25万人のHIVの伝染は、次の10年にわたって避けることができるであろう。わが政権はまた、発症前予防治療法（PrFP）への大きな民間寄付を促進したが、それは、11年にわたって年間20万人にも上るHIV伝染のリスクを抑えうるもので、PrEP治療を民間寄付によらなければそれを受けることができない無保険の個人に提供するものである。

腎臓病治療オプションの拡大 2019年７月、大統領は、行政命令に署名し、慢性的な腎臓病を病むアメリカ人のためのよりよい処方、治療、そして予防ケアを可能とした。わが政権の広範な規制撤廃アジェンダとならんで、この行政命令の重要な中心点は、腎臓を提供する規制的障害を取り除く努力である。現在、連邦政府は、慢性腎臓病と末期の腎臓ケアに多くの費用負担を行っており、それは、3700万人以上のアメリカ人にかかわっている（White House 2019d）。10万人以上のアメリカ人が毎年、末期の腎臓病に対しての透析を始めているが、その半分は５年内に亡くなるのである。行政命令は、あまりの高額でかつ高い質の生活を保障できない治療オプションに対して適切な患者の選択を近代化し、増進することを求めている。

行政命令が指示していることであるが、メディケア・メディケイド・サービスセンターは、臓器提供組織のパフォーマンスをより信頼に足るように維持することを目的とする提案された規則を発表した（84FR70628）。現在、11万3000人以上のアメリカ人が、臓器移植のためのウェイティング・リストに載っており、その数は利用が可能な臓器の数をはるかに上回っている。規則は、臓器提供組織のパフォーマンス基準をあげることを目的としており、利用可能な臓器の廃棄を削減すること、より高い寄贈臓器率を促進すること、そして臓器移植の待ちリストを短縮することを求めている（CMS 2019a）。加えて、健康資源およびサービス庁が発行した提案規則によれば、臓器提供者の金銭的障害を取り除くことがいわれている（84FR70139）。この規則は、金銭的サポートを失ってしまう臓器提供者が、生活するに当たって失われた賃金、子供の世話と年寄りの世話にかかる費用の償還を可能とするとしており、より短期

⑤

間において臓器移植者の数を増やすことが可能であろうという。

薬物中毒と戦う　トランプ政権は、米国の地域社会における薬物危機に対して戦う連邦の資源を使っている。行動の焦点は、薬物使用で錯乱に陥っている人のサポート、そして外国、国内を問わずに違法薬物供給者を取り締まるために、刑事上の法的システムを抱え込むことにある。60億ドルを超える資金が2018会計年度で確保され、2019年には薬物乱用の阻止、使用錯乱者の処置、そして違法薬物の供給切断が図られた（OMB 2019）。投資には、処置と回復、薬物から離れる支援に、そして州と地方の援助をサポートするプログラムへの基金が含まれる。第7章では、薬物中毒と戦うわが政権が成し遂げた成果の多くをより詳細にみることにする。

治験の権利を拡大する　わが政権は、新しいかつ重要な治療法へのアクセスを増進することに最重点を置いてきた。2018年における新しい大胆なプログラムの1つは、癌のような末期疾病を抱えた患者への「治験への権利」法の通過で

ある。全国癌研究所（n.d.）が推計したところでは、176万人のアメリカ人が新たに癌と診断され、60万6880人が2019年に癌でなくなっている。現在、たった2%から3%の成人の癌患者が、臨床治験に登録されているに過ぎない——これは、生命を落としかねない疾病にかかっている患者の制限された選択を示している（Unger et al. 2019）。この法案は、臨床治験に参加できないこれらの患者とすべての認められた治療法を使い尽くした患者のために、新しい選択を提供するための連邦法を修正し、FDAの長期にわたる拡大アクセスプログラムに付け加えて、彼らの命を永らえる可能性のある（生物学を含めた）いまだ認可されていない実験的薬品を可能とするものである。安全性と透明性を確実にするため、FDAのフェーズ1（安全性）のテストを経過した適格の薬品の製造業者とスポンサーは、「治験の権利」法の条項の下に薬品のいかなる使用にかんしてもFDAに、年次要約報告書を提出することが必要とされる。

結 論

この章では、価格を上昇させ、イノベーションを減少させ、質の改善を妨げるヘルスケアの連邦及び州の障害について確認した。それはまた、これら障害に対処し、適切な価格の高品質のケアを提供するヘルスケア制度をもたらすトランプ政権の政策の達成と予想される効果について結論的に論じた。われわれは、2023年までに1300万人のアメリカ人が、高価格と過剰な規制で以前は利用できなかった新しい保険の適用下に入ることになるでと予測する。

消費者本位のヘルスケア支出の改善にわが政権が力を入れるのとは対照的に、政府の権限はしばしば消費者選択を削減する。すべてのレベルの政府において選択を制限して競争の息の根を止め、価格を上昇させるヘルスケアの規制は、現代化されなければならず、そのことで米国のヘルスケア制度はより大きな価値を生み出すことができる。これらの規制はより広範囲に経済を痛めるこ

ともできる。例えば、ケア適正化法は、働く意欲を減殺するインセンティブを導入し、経済回復を妨げた（Mulligan 2015）。市場競争は、価格を下げ、質を向上させるべく資源の効率的配分に導くものであるが、すべての市場は最適化状況から逸脱する特徴がある。ヘルスケアもその例外ではない。米国のヘルスケア制度に課題はあるが、それらはより大きな政府干渉の指揮によって乗り越えられるという問題ではない。過去3年間のヘルスケア政策の成功は、適切なヘルスケア選択をもたらす市場に力を与える価値を示しており、それは、アメリカ人がまさに期待し、さらに改革し、アメリカ人に改善されたヘルスケアを増進した選択と競争によって供給するものである。

注
1　CEAは、以前、この章において取り上げているトピックスについての研究を公表した。この章の

自由市場のヘルケアは、選択と競争を促進する

テキストは、2019年『大統領経済報告』、CEA報告「処方薬価格の計測——CPI処方薬指数入門」（CEA 2019c）、CEA報告「ワクチンのイノベーションを通じたインフルエンザ・パンデミックの衝撃の緩和」（CEA 2019d）、報告「選択と競争を通じた米国健康システムの改革」厚生省から、（HHS 2018）、そして、4大統領行政局からの政策アナウンスメントに基づいている。

2　価格が州のすべてのMSAにおいて計算することができないから、これらは暗示された差異である。州の布告されていないMSAにには、より高かったり、より低かったりしていた可能性がある。報告された価格は、これらの差がなぜ存在するのか、また地域的格差やその他の証拠によっていかなる差異が正当化されるかどうかを尋ねるべきであろう。

3　この規則の下に設立された誠実なAHPsのための雇用主の改正された定義は、決定される過程にある。

⑤

第 II 部
拡大への脅威を評価し
それに対処する

第6章
競争減退のリスクを評価する

米国の経済力はつねに、民間セクターの競争に牽引されてきた。大企業、中小企業、起業家が皆、平等な競争条件で市場シェアを競うために技術革新を行わなければならないとき、米国の消費者は勝利し、米国経済は堅調に成長する。

しかし、米国史上最長の景気拡大、一貫して3%以上の賃金上昇率、50年ぶりの低水準の失業率、過去上位20%以内の中小企業楽観指数をもってしても、競争条件が今や平等ではなく、イノベーションを損ない、ひいては米国経済を損なっているのではないかとの懸念が増している。わが国最大級の企業の多くは規模を増し、規模の経済の重要性が増したことにより、「大きいことは悪いことだ」という誤った単純な見方をするようになった者もいる。規模によらず企業が競争を阻害する行動は調査すべきであり、違反者には具体的な執行措置が講じられるべきであるが、たんにその規模を理由とした大企業に対する全面的な反発は正当化できるものではない。反競争的行為に従事した場合に生じる可能性のある悪弊があるとすれば、反トラスト法執行機関は、企業が顕著な市場支配力を持っている場合にはとくに警戒し続ける必要がある。さらに、米国の反トラスト法の下では、独占企業によって行われた場合、一中小企業に対しては競争を促進する行為であっても、問題となる可能性がある。しかし、規模だけではなく行為に焦点を合わせる必要がある。成功した企業は経済と消費者に恩恵をもたらし、必ずしも競争と経済成長に対する脅威であるとは限らない。そうではなく、技術革新を行い、顧客に価値を提供することにより規模と大きな市場シェアを獲得した企業は、健全な競争の歓迎すべき結果である。

本章で説明するように、トランプ政権は、経済を成長させ、新規事業を促進し、消費者に奉仕する上で、競争が果たす決定的に重要な役割を理解している。この理解は、経済的証拠の深い認識によって支えられたもので、入手可能な最善の証拠は、連邦政府の反トラスト法を急いで書き換える必要性がまったくないことを示している。連邦執行機関は、すでに柔軟な法的枠組みにより権限を与えられており、経済的ダイナミズムを促進するのに必要なツールを有している。進行中の調査と解決済み事案が示すように、変化しつつある米国経済によってもたらされる競争上の課題に対処するのに十分な備えができている。

これは、競争を促進するというトランプ政権の仕事が完了したことを意味しない。企業の反競争的行動を積極的に取り締まることにくわえて、わが政権は、競争を歪めたり制限したりする政府政策にとくに注目している。米国の産業全体にわたる画期的な規制改革が示すように、政府が課したイノベーションに対する障壁を削減することにより、競争が促進され、経済成長が力強くなり、民間セクターが活性化する。

活発な競争は、適切に機能する市場とダイナミックな経済にとって不可欠である。それゆえ、トランプ政権は、税制改正、費用及び負担の重い規制の撤廃など、競争を促進する政策を打ち出してきた。わが政権はまた、健全な反トラスト政策によって競争を促進し、それにより反競争的な合併や商慣行から消費者を保護している。実効的な反トラスト法の執行は、自主規制のある競争的自由市場を育成することにより、わが政権の規制緩和アジェンダを支援する。司法省（DOJ）反トラ

⑥

スト局と連邦取引委員会（FTC）──以下、両者をまとめて法執行機関と呼ぶ──は、わが国の反トラスト法を執行する責任を分担している。本章では、米国経済の最近の動向、競争に関する差し迫った議論に照らし、反トラスト政策と法執行機関の役割を評価する。

近年、新しいテクノロジーとビジネス・モデルは、企業と消費者の関係に革命をもたらしてきた。情報技術の急速な改善など、こうした変化の一部により、企業は成長し、局地的市場から全国的市場に、国内市場から国際市場へと提供範囲を拡大できるようになった。

これらの変化は、集中度の上昇に関する懸念を悪化させている。つまり、経済の一部では、最大規模の企業が収益に占めるシェアを高めているように見える。影響力のあるオバマ時代の CEA 報告書、「競争の便益と市場支配力の諸指標」（CEA 2016）は、競争が減退している可能性があると主張した。この報告書は──現在官界、学界、政界で行われている──経済における競争状態に関するより幅広い議論の一部である。競争が減退しているという見解の支持者（たとえば、Faccio and Zingales 2018; Gutiérrez and Philippon 2019; Philippon 2019）は、巨大企業はほとんど競争しておらず、消費者やサプライヤーを犠牲にして利潤を上げていると主張している。ファーマン（Furman 2018）やスティグラー・デジタル・プラットフォーム委員会（Stigler Committee on Digital Platforms 2019）は、反トラスト法の執行範囲を拡大するように競争政策を変更することを要請している。他の者は、こうした提案が経済的証拠に支持されていない（Syverson 2019）、または、反競争的行動に関する正当な懸念に対処するには現行の反トラスト法で十分である（Yun 2019）、と警告している。

反トラスト法の目標の変更を求めることは、高い集中度が必然的に消費者に害を及ぼし、法執行が不十分であると誤解した経験的証拠に基づくものである。この議論は、デムゼッツ（Demsetz 1973）やブレスナハン（Bresnahan 1989）などの経済学者が、高い集中度がそれ自体としては競争の欠如を示すものではない根本的理由を明確にしたときに、効力を失っている。その主な主張は、集中は消費者に無害であるか、かえって便益をも

たらす市場の特性から生じたのかもしれない。たとえば、集中は、規模の経済や範囲の経済によって促進されることがあり、それは消費者に対するコストを引き下げることになる。また、成功した企業は成長する傾向があり、反トラスト法執行と競争政策が、企業の競争上の成功を罰するために使われるべきではない。最後に、企業が市場支配力を行使する場合でも、独占利潤が新規競争者の市場参入のインセンティブを生み出すので、反トラスト法による救済は必要とされないかもしれない。もっとも、相当の参入障壁や反競争的行動が邪魔しない限りではあるが。

さらに、競争が減退しているという最近の実証研究は、広範囲に及ぶ業界横断的研究に基づいている。これらの研究から得られた調査結果は問題があると同時に不完全であり、競争に対するその含意は推測にすぎない。対照的に、法執行機関が競争を分析するのに用いる方法は、ミクロ経済学の実証的事実に根差しており、特定産業の競争条件に関する詳細な分析を行ったものである。競争状態に関するあらゆる結論は、この種の慎重な研究に基づくべきである。

さらに、ダイナミックな市場において新種の執行上の課題に対処する上で、反トラスト法執行機関の能力に対する批判は、さまざまな市場状態に対応するためにある反トラスト法の柔軟性を説明できない。実効的な反トラスト法執行は、特定市場に適切な証拠と経済性を考慮し、また時間を通じて生じるイノベーションと開発に順応する。

要するに、反トラスト法を全面的に改定し、デジタル・エコノミーのために新しい規制機関を創設するという政策イニシアティブは時期尚早である、と私たちは主張する。本章では、論争の主唱者によって展開されたそのような政策イニシアティブの提案を議論し、批判する。私たちが説明するように、こうした提案は多額のコストを課す可能性が高いので、今ある証拠に基づけば行うべきではない。

最後に、反トラスト法以外の競争政策と、過度に負担の重い規制の競争に対する悪影響に対処するためのわが政権の取り組みについて論じる。私たちは、新薬、とくにジェネリック医薬品が発売されるプロセスを合理化するトランプ政権の取り組みの成功を浮き彫りにする。私たちはまた、専

門職への参入を制限する不必要な職業免許要件、新病院の参入を抑制する必要証明書法、自動車メーカーが自動車を直接消費者に販売できるように自動車販売代理店法の撤廃を主張する法執行機関の取り組みについて議論する。ここで、知的財産権法と反トラスト法の交差点上における法執行機関の業務について議論する。

本章の構成は次のとおりである。まず、反トラスト政策の概要と、反競争的な合併やその他類似

行為を防ぐことに連邦政府が関与する必要性の有無を評価するために、法執行機関が実施する経済分析を提示する。次に、集中度の上昇という主張と、それが基づいている証拠について説明し、法執行機関が行う類の分析と比較する。続いて、デジタル・エコノミーに焦点を合わせながら、規制提案について議論する。最後の節で、反トラスト法の範囲外で競争を促進しようとするトランプ政権の政策について議論する。

反トラスト政策の起源と原理

法執行機関は、反トラスト法の役割は競争環境と競争プロセスを保護することであるという基本理念にしたがう。法執行機関は、企業による反競争的行動を防止するよう、反トラスト法の断固たる執行のために付与された権限を用いる。それらはまた、競争プロセスへの連邦政府の不当な干渉を回避しようとしている。

主な反トラスト制定法は、1890年シャーマン反トラスト法、1914年クレイトン法、1914年連邦取引委員会法である。これらの法律は一緒になって、3つのカテゴリーの行為——合併、独占化行為、反競争的協定——に対処するものである。第一に、クレイトン法の下で、2つの法執行機関は、競争を減退させる可能性が高い合併に対応する。それらはまた、シャーマン法第2条または連邦取引委員会法の同様の条項に基づき、独占化行為に取り組む。最後に、2つの法執行機関は、シャーマン法第1条または連邦取引委員会法の下、取引を不当に制限する個別経済主体間の協定に対処する（FTC 2019d）。

価格操作や談合を行うための競合他社間の共謀など、特定タイプの行為は、競争に対して非常に有害だとみなされており、シャーマン法の刑事犯として分類される。DOJは長い間、反トラスト法の刑事法執行を優先してきており、違反には多額の罰金が科せられ、有罪になった者には懲役刑が科せられる。

合併であれ独占化行為であれ、刑事犯ではない行為の場合、法執行機関が直面している中心的課題は、行為が競争促進的な場合と反競争的な場合

とを見分けることである。2つを区別することは困難な場合があり、最適な執行はしばしば綱渡りである。法執行機関と裁判所は、競争促進的な行為を誤って禁止することを避けたいと思っており、反競争的な行為を許すことも避けたいと思っている。

これらの課題を理解するために、直接的な競合他社間の合併（水平的合併）を検討してみよう。競争の減退は、合併した企業——そしておそらくその競合他社——に、価格を引き上げることを促す。もし価格引き上げや、消費者に害をなす他の競争形態が合併の帰結である可能性が高い場合、法執行機関は、その取引を阻止するために提訴することができる。逆に、近い競合他社同士の合併でも、より強力な競合他社を創出することにより競争を強めることもある。多くの場合、合併により補完的な資産を組み合わせてさまざまな効率性を実現することができる。たとえば、合併はコスト削減を実現したり、その製品の品質を改善したり、新製品を開発したりする。とくに、コスト削減は価格を引き下げるインセンティブを生み、価格を引き上げるあらゆるインセンティブを相殺し、それどころか逆転させることができる。次の節で論じるように、法執行機関が合併を審査する場合、それらはこうした複雑な問題を評価するために詳細な経済分析を実施する。

ほとんどの合併では競争問題は生じない。たとえば、合併企業は同一の市場、または関連する市場においてさえも営業しない。反トラスト上の懸念はたいてい、合併する両企業が直接の競争相手

⑥

図6−1　会計年度ごとの取引の要約、2009〜2018年

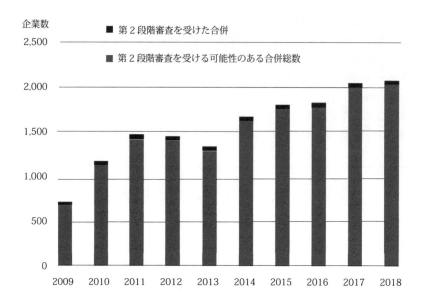

企業数

■ 第2段階審査を受けた合併

■ 第2段階審査を受ける可能性のある合併総数

出所：Federal Trade Commission and Department of Justice (2019a).

であるときに最大となる。まれに、反トラスト上の懸念は、一企業が他方にインプットを販売するなど、合併する企業が垂直的に関連している場合に起こる。これは、ギーら（Gee, Peters, and Wilder 2019）が論じているように、AT＆Tとタイム・ワーナーの合併にDOJが異議を申し立てた事案に当てはまる。

　合併が十分に大きいとき、合併当事者は合併に先立って法執行機関に通知しなければならない。データが利用できる最新年である2018年、法執行機関は、審査の対象となる可能性のある合併について2028件の通知を受け取った（DOJ and FTC 2019a）。ほとんどの案件は、通知から30日以内に行われる最初の審査後、続行を許された。45件で、審査機関は、競争問題を特定し、「第二次請求」と呼ばれるもので詳細な調査ができるように当事者に追加の資料を求めた。図6-1が示すように、法執行機関により行われた第二次請求の数は、時間を通じて比較的安定している。

法執行機関における経済分析

　競争促進的行為と反競争的行為の峻別を支援するために、法執行機関は、競争の分析を専門とし博士号を持つエコノミストを雇用している。法執行機関はまた、特定の事案における証拠を検証するために外部の経済専門家を雇用する。ここでは、合併の法執行においていかに経済分析が用いられているかについて概観しよう。

　あらゆる合併審査において中心的な問題は、合併が競争を大幅に減退させるかどうかである。「垂直的合併指針」（DOJ and FTC 2010）で説明されているように、これは、合併の影響を受ける1つ以上の企業が価格を引き上げたり、産出を減らしたり、品質を低下させたり、消費者の選択肢を狭めたり、イノベーションを減らしたり、またはそ

Box 6—1　反トラスト法と買い手独占——ジョージ・フーズとタイソン・フーズ

ほとんどの合併審査は川下の消費者に対するタイプの損害に焦点を合わせているが、法執行機関は買い手独占に関する反トラスト上の懸念も調査する。2011年、DOJは、ジョージ・フーズによる買収に異議を申し立てた。それは、タイソン・フーズによって所有されていた、バージニア州ハリソンバーグの鶏肉加工施設の買収であった。両社は、周辺農家が飼育した鳥に鶏肉加工を提供していた。鶏肉加工施設は鳥を所有し、雛と飼料を提供し、農家から加工施設への鳥の輸送を行なっていた。農家（「飼育者」）は、加工施設との契約の下で働き、鶏を飼育するための鶏舎、設備、労働力を提供していた。

合併前、ジョージ・フーズとタイソン・フーズは、シェナンドー渓谷において飼育者のサービスを購入するために、互いに直接競争していた。その合併は、競合企業数を3社から2社に減らし、ジョージ・フーズに現地の加工処理能力の40%をもたらすものであった。DOJは、その合併によりジョージ・フーズがその地域において価格を引き下げたり、飼育者との契約条件を悪化させたりすることを懸念した。もう1つの競合する加工業社は、ジョージ・フーズが価格を引き下げることになった場合、相当数の飼育者を引き受ける能力を欠いていた。こうした懸念に対処するため、ジョージ・フーズは、タイソン・フーズの鶏肉加工施設の改善に投資することに合意したことで、合併前よりも大きな規模で経営するインセンティブが与えられた。鶏肉需要の増加に伴い、ジョージ・フーズは現地の飼育者に対する需要を増加させている（DOJ 2011a, 2011b）。

の他の方法によって消費者に害を及ぼす可能性が高いことを意味する。これは、焦点が消費者の経済的損害に合わせられているため、消費者厚生基準と呼ばれることがある。通常、これは合併企業の川下の顧客に対する損害を意味するが、法執行機関は、合併が買い手独占力を高め、財・サービスの販売に対する競争を奪われたサプライヤーに対し、価格の引き下げや他のタイプの経済的損害をもたらすことが懸念される場合、川上のサプライヤーに対する損害も評価する。これについてはBox6−1を参照のこと。デジタル時代に重要なのだが、消費者厚生基準は、イノベーション、品質、選択肢への害を含め、価格効果以外の害を考慮するものである。消費者厚生基準はまた、総厚生基準とも異なっている。総厚生基準は、全体的な効率性、すなわち消費者と企業の余剰合計を最大化する結果に焦点を合わせている[1]。

消費者に害を及ぼす可能性を評価するために、法執行機関は多様な証拠を分析する。それらは合併当事者に書類、証言、データを求める場合がある。それらはまた、顧客、サプライヤー、ライバル企業など、影響を受ける他の関係者に情報を求める場合もある。

分析の重要部分は、競争の性質を決定することにある。競争はさまざまな形態をとり、合併の効果は、影響を受ける市場においていかに競争が働くかに依存する。たとえば、企業はさまざまな方法で価格を設定する。小売セクターで一般的な掲示や、企業間サービスで一般的な交渉がある。場合によっては、買い手と売り手の間の交渉は、正式入札方式で構成される。これらやその他の違いが合併の性質を形成する。一部の市場では、競争は非常に激烈なため、価格を限界費用まで引き下げるには、競合企業2社で十分である。他の市場では、多くの企業が限界費用を大幅に上回る価格を設定し利益を上げることもある。

あらゆる企業間競争の強度は、消費者がその製品を代替可能とみなす程度に依存する。多くの場合、企業は差別化された製品を販売する。これは、それらの製品は類似しているが同一ではなく、消費者はそれらの間で強い（または弱い）選好を有することを意味する。経済分析の重要部分は、消費者の視点から合併企業の製品が互いにどれだけ近接しているかを評価することである。競争の減退に関する懸念はたいてい、多くの消費者がそれらの企業の製品を互いに最も近接した代替物であ

るとみなす場合、最大となる。たとえば、いくつかの朝食用シリアルのブランドは、味、成分、ほとんどの消費者がそれらを代替物とみなさないその他の属性が非常に異なっているので、それらの間の競争は弱い。他の朝食用シリアルのブランドは、おそらく真っ向から競争する。製品の近接性を評価するために、法執行機関のエコノミストは、勝敗報告、割引承認プロセス、顧客の切り替えパターン、消費者調査などの証拠を点検する。

　そのような証拠に基づき、法執行機関は、競争が損なわれる可能性のある関連市場を特定する。この分析は、需要代替、つまり消費者が製品価格の上昇にいかに対応するかに基づいている。たとえば、「心臓に優しい」朝食用シリアルの価格が上昇した場合、砂糖の入った朝食用シリアルを食べるようになる人がほとんどいないことを示す証拠があれば、法執行機関は、砂糖入りの代替物を除いた「心臓に優しい」朝食用シリアルの市場を定義する可能性がある。合併企業の市場シェアは市場が幅広い方が低く見えるため、市場をいかに広く、あるいはいかに狭く定義するかが論点となる場合がある。市場の定義が広すぎた場合、合併企業の価格を大幅には抑制しない製品を含むことであろう。合併企業のシェアが低ければ、実際よりも競争があるように誤って示す可能性がある。

　法執行機関はまた、市場に対し関連地理的範囲も特定する。市場は、消費者の選好、または売り手が提供する能力のいずれかに基づいて、限られた地理的範囲を有する場合がある。たとえば、ほとんどの人にとって、ロサンゼルスのレストランとニューヨークのレストランはおそらく近接した代替物ではない。ロサンゼルスからニューヨークへのフライトもまた、ニューヨークからワシントンへのフライトに代替するものではない。航空会社の合併では、DOJは多くの場合、出発地と目的地の対で構成される市場を定義する。合併当事者がともに同様のフライトを提供している場合、関連市場にはサンフランシスコからロサンゼルスへの直行便が含まれるかもしれない。

　法執行機関は、仮想的な独占テストとして知られる方法論を用いて関連市場を定める。そのテストは、単一の利益最大化企業が候補市場を独占したと想定し、独占体が「小さいが少なくとも顕著で一時的とは言えない価格上昇をもたらす」かど

うかを分析する（DOJ and FTC 2010, 9）。法執行機関はたいてい、テストを満たす最小のものを市場と定義する。このように市場を定義すると、市場内の製品は互いの価格を大きく制約するが、市場外の製品は制約しない。

　関連市場を定義した後、法執行機関は、市場内の全企業のシェアを計算し、集中の水準を査定する。市場は、HHIの閾値に基づき、非集中、中程度の集中、高度の集中に分類される。Box6－2を参照のこと。2500超のHHIを持つ市場は、高度の集中に分類される。そのような市場では、法執行機関は、200ポイント超HHIを上昇させる合併は反競争的であると考えている。しかし、合併当事者はこの想定に説得力のある証拠を持って反論できる。

　市場の定義の役割を示すために、最近起こったウォルト・ディズニー社と21世紀フォックスの合併を考えてみよう。DOJは、ディズニーが所有するESPNと、フォックス・リージョナル・スポーツ・ネットワークスの競争について懸念していた。カギとなる問題は、これらのケーブル・スポーツ・ネットワークが、主要放送網のスポーツ番組とどのくらい競合しているかであった。DOJは、コムキャストやFIOSなど、多チャンネル映像番組配信事業者に対するケーブル・スポーツ番組のライセンス供与は関連市場であり、合併当事者が高いシェアを占めていると主張した。その市場から放送番組を除外するに当たり、DOJは、放送網が競争上の害を防ぐのに十分近接した競争を提供しなかったと主張した。異議で述べられているように、多チャンネル映像番組配信事業者はたいてい、放送網の番組がケーブル・スポーツ番組の代わりになると考えない。なぜなら放送網はスポーツ番組の放送時間が限られており、幅広くアピールする人気イベントに焦点を合わせているからである。DOJは、両当事者がリージョナル・スポーツ・ネットワークスに持つフォックスの持ち分を処分することに合意した後、ようやくその合併を承認した（DOJ 2018a, 2018b）。

　市場シェアの調査は経済分析の出発点であるが、最終目標は、その合併が競争上悪影響を持つ可能性があるかどうかを査定することである。競合する競争企業がほとんどないために（単独効果）、合併は競争に害を及ぼすこともあり、ライバル間

Box 6—2　集中度の計測と HHI

集中度は、市場で競合している企業の数と規模の計測値である。競争について市場が描かれる場合、集中度は競争状態を映し出すのに有用である。高度に集中した市場——少数の大企業を抱える市場——では、大企業間の合併は市場支配力を高める傾向があり、合併した企業は価格を引き上げたり、品質を低下させたり、イノベーションを減少させたり、他の方法で消費者に害を及ぼしたりする。

法執行機関はたいてい、市場収益に占めるある企業のシェアという観点から集中度を計測するが、集中は、販売数などの他の計測値で定義することもできる。法執行機関は、市場における企業の競争上の重要性を最もうまく映し出す計測値を用いる。たとえば、生産設備容量が企業の生産拡大能力を制限する場合、市場シェアは生産設備容量の観点で計測されるであろう。市場に参入する構え

の企業は、まだまったく販売していないが、予測される収入に基づいて市場シェアが割り当てられるであろう。

法執行機関は、ハーフィンダール・ハーシュマン指数（HHI; Herfindahl-Hirschman Index）を用いて集中度を計測する。HHI は、関連市場における個別企業の市場シェアの二乗の合計として計算される。一企業しかない独占市場では、その企業シェアは 100% であるので、HHI は 100 の 2 乗、つまり 1 万である。それぞれ 1% の市場シェアを持つ企業 100 から成る市場では、HHI ははるかに低く、100 となる。HHI が高ければ高いほど、市場の集中度は高い。2 つの企業の合併はそのシェアを結合するので、HHI は上昇する。たとえば、市場に同じ規模の 4 社があり、そのうち 2 社が合併した場合、HHI は 2500 から 3750 に上昇する。

の明示的または暗黙のコーディネーションを促進することにより（協調的効果）、競争に害を及ぼすこともある。前述のように、合併は価格競争を損なったり、品質やイノベーションなど、価格以外の次元での競争を損なったりする。

競争効果を評価するために、法執行機関は多様な証拠を使用する。市場シェアは証拠の一種であるが、他の証拠も検討される。たとえば、法執行機関は、同一市場における最近の合併がいかに競争に影響したか分析することがある。あるいは、合併企業が一部の局地的市場では競合するが、他の局地的市場では競合しない場合、法執行機関は、企業が競争する地域としない地域の価格を比較することがある。朝食用シリアルなどの差別化された製品を持つ市場では、法執行機関は転換率を推計することがある。転換率は、2 つの製品がいかに密接に競合するかの計測値である。合併企業の一方により販売されている第一の製品と、合併企業のもう一方により販売されている第二の製品について、転換率とは、第一の製品の価格が上昇した場合、第一の製品が第二の製品に対して失う販売の変化率のことである。転換率が高いほど、競合は密接である。法執行機関は、合併後に企業が

価格をいかに変化させるかをシミュレートする経済モデルとして、転換率を用いることがある。法執行機関はまた、効率性または参入が競争上の悪影響を相殺または逆転させるかどうかについて検討する。

競争効果の分析は、時間と共に重要性を増してきた。シャピロ（Shapiro 2010）によって論じられたように、法執行機関は、1982 年に水平的合併指針を改定し、市場シェア重視を弱め、競争効果重視を強めた[2]。この重点の変化に伴い、反トラスト法の執行も介入主義が弱まった。シャピロ（Shapiro 2010）によると、1968 年水平的合併指針では、少なくとも 15% の市場シェアを有する買収企業と、少なくとも 1% の市場シェアを有する被買収企業の間の合併に対して法執行機関が「異議を唱えるのは通常」だと述べている。この種の合併は、今日では異議を唱えられることはありそうもない。というのは、競争効果の分析がそのようなケースにおいて反トラスト法執行を支持することはめったにないからである。

しかし、多くの人々は、最近、法執行機関の介入があまりにも少なすぎると主張している。この見解に反対する者は、反トラスト法の過剰執行は

過少執行よりも有害であると主張している。これ
は、利潤が過大になる点まで市場が過剰に集中し
た場合、新企業がその余裕を吸い上げるために参
入する可能性が高いからである。もっと積極的な
法執行を支持する者は、新企業の参入が保証され
ていないことが多いと主張している。参入が困難
な市場では（つまり、高い参入障壁がある場合）、
一流企業は長期間にわたって過剰な利益を得る可
能性がある（Baker 2015）。次節では、この議論
に移ろう。

集中と競争状態に対する新たな関心

　米国経済の観測筋の一部は、競争力を失ってい
るのではないかとの懸念を表明している。前述の
ように 2016 年、影響力のある CEA 政策概要（CEA
2016）は、競争が多くのセクターで減退してい
る可能性があると主張し、オバマ大統領は、連邦
政府機関に競争を促進するよう指示する行政命令
を発した（White House 2016）。同様の診断と規
制措置の要請は、観測筋やエコノミストからも聞
かれた[3]。

　本節では、まず、2016 年 CEA 報告で提示され
た証拠に関する問題について論じ、同様の問題が
このトピックに関する他の研究にいかに現れてい
るのかを説明する。競争状態または反トラスト法
執行についてこの弱いデータから推論するのが問
題を孕んでいることを説明する。最後に、米国に
競争上の問題が実際にあるかどうかを評価するた
めの代替的アプローチについて説明する。

CEA の 2016 年報告書の問題点

　2016 年 CEA 報告、「競争の便益と市場支配力
の諸指標」（CEA 2016）の中心的主張は、多く
の産業における最大企業の市場シェアの上昇が競
争減退の証拠だ、ということである。この主張は、
市場シェアに関する証拠の点でも、競争に関する
推論の点でも欠陥がある。

　表 6-1 は、2016 年 CEA 報告からの抜粋であ
り、さまざまな産業セグメントの上位 50 社——
CR50 と呼ばれる——の収益シェアのトレンドを
検証したものである。背景として、米国勢調査局
は、北米産業分類システム（NAICS）を使用して
企業を分類している。これは、経済全体を 2 桁
の数値コードを持つ 24 セクター、つまり 2 桁
セクターに分割する。2 桁セクターはさらに、3

桁、4 桁、5 桁、6 桁の下位セクターに分類され
る。CEA（CEA 2016）とファーマン（Furman
2018）は、13 の 2 桁 NAICS セクターの集中を
検証している。表 6-1 は、1997 年から 2012 年
までの 15 年間にこの計測値によると 10 セクター
が集中化したことを示している。

　表 6-1 のカギとなる問題は、2 桁セクターは、
競争状態に光を当てることがほとんどない、広す
ぎる地理的範囲や製品の市場の集合体であること
だ。たとえば、小売業には、全米すべての食料品
店、ホームセンター、ガソリンスタンド、その他
の多くの店が含まれる。しかし、フロリダ州とウィ
スコンシン州の食料品店は同一の顧客をめぐって
競合せず、ホームセンターとガソリンスタンドは、
同じ地域にあったとしても、ほとんどが需要に無
関係な製品を販売している。全国セグメントで定
義された集中度の計測値はまた、局地的な競争の
次元を見逃している。ロッシ・ハンスバーグら
（Rossi-Hansberg, Sarte, and Trachter 2019）に
よると、全国的企業の局地的市場への拡大は、全
国レベルで集中度を上昇させると共に、局地レベ
ルで集中度を低下させる要因となっている。

　このアプローチは、法執行機関が反トラスト分
析の関連市場を定義する方法と対照的である。前
述のように、法執行機関と、反トラスト派エコノ
ミストは大部分、消費者が製品を代替物だとみな
す程度を明らかにするような需要データを分析す
る。こうして、競合する局地的製品市場において
互いに競合している製品を含むように、市場は定
義される。最も細かい 6 桁の NAICS セクターで
さえ、典型的な反トラスト市場よりもはるかに幅
広い。ワーデンとフローブ（Werden and Froeb
2018）は、2013 年から 2015 年に DOJ 合併審
判開始決定書で判断された関連市場の取引量を、

表6—1　セクター別市場集中度の変化、1997 〜 2012 年

産業	上位 50 社の収入、2012 年（10 億ﾄﾞﾙ）	上位 50 社の収入シェア、2012 年（%）	上位 50 社の収入シェアの変化、1997 年から 2012 年（% ポイント）
運輸、倉庫	307.9	42.1	11.4
小売	1555.8	36.9	11.2
金融、保険	1762.7	48.5	9.9
卸売	2183.1	27.6	7.3
不動産賃貸、リース	121.6	24.9	5.4
公益	367.7	69.1	4.6
教育サービス	12.1	22.7	3.1
専門、科学、技術サービス	278.2	18.8	2.6
管理、支援	159.2	23.7	1.6
宿泊、飲食	149.8	21.2	0.1
その他サービス	46.7	10.9	-1.9
芸術、娯楽、余暇	39.5	19.6	-2.2
医療、支援	350.2	17.2	-1.6

注：データは、データが 1997 年から 2012 年まで入手できる北米産業分類の全セクターに相当する。

出所：Census Bureau.

⑥

6 桁 NAICS セクターの産業出荷額に占めるシェアとして計算している。彼らによると、ほとんどの事例において、反トラスト市場は 6 桁 NAICS セクターの 0.5% 未満しか占めていない。多くの事例において、これは、DOJ が競争問題を特定した反トラスト市場が、市、州、リージョンなど単一の場所に関わっていたのに対し、NAICS セクターは全国的なためである。2016 年 CEA 報告など、米国経済の広範囲に及ぶ研究は、一般公開されているデータに必然的に限界があるが、そのデータの粗さは競争に関して言えることを制限する。

　表 6-1 に関する第二の問題は、CR50 の使用である。法執行機関やその他のエコノミストは、少数の企業が真っ向から競争している市場において、激しい競争の証拠を発見することがよくある。

HHI（前述）または 4 社集中比率（CR4 と呼ばれる）は、競争研究により適したものである。表 6-1 において、CR50 も通常 100 を大きく下回っており、そのセグメントで 50 社以上が営業していることに注意してほしい。

　広すぎる市場の定義と CR50 の使用のために、表 6-1 で提示されているデータは、具体的市場での競争について何も語っておらず、経済全体の競争については言うまでもない。元 CEA 委員でオバマ政権下で経済担当司法副長官を務めたカール・シャピロは、表 6-1 が、「市場支配力を評価するために反トラスト派のエコノミストが使用している明確に定義された関連市場における集中の全体的な傾向は有益なものではなく、米国経済における競争ははるかに少ない」と結論づけた（Shapiro 2018, 722）。

関連研究の問題点

2016 年 CEA 報告、「競争の便益と市場支配力の諸指標」は、最近増えている、競争が減退している可能性があると主張する研究の 1 つである。この研究のほとんどは、表 6-1 で示したような欠陥のある集中度の計測値と、価格、利潤、マークアップなどの市場結果との相関関係から、競争状態を推論しようとするものである。この方法論は、集中度が上がると競争が穏やかになるという問題のある想定に依拠している。つまり、価格、利潤及びマークアップの上昇などの望ましくない結果は集中度と相関があるので、こうした結果の原因は競争の弱さであると想定されている。最近のこうした系統の研究には、2016 年 CEA 報告、ファーマン（Furman 2018）、ファーマンとオルザーグ（Furman and Orszag 2018）、グティエレスとフィリポン（Gutiérrez and Philippon 2017a, 2017b）、グルロンら（Grullon, Larkin, and Michaely 2019）がある。

この仮定の持つ問題点は、少なくとも 1970 年代から理解されていた（Demsetz 1973; Bresnahan 1989）[4]。最も根本的な問題は、企業による競争促進的行動と整合的に、市場が高度集中と高いマークアップ率を示す理由について、別の説明があることである。これには、固定費、規模の経済、グローバリゼーションが含まれる。

これが正しいことを確認するために、固定費の問題について検討しよう。多くの市場で、企業は、生産施設、設備、研究・製品開発、情報技術などの資産に先行投資を行っている。それらを回収するのに十分な利益幅を稼ぐことが予想される場合のみ、企業はこれらの投資を行うであろう。基本的な経済学からすれば、企業が相当の固定費を持つ場合、その平均費用は限界費用よりも大幅に高くなる可能性がある。企業は固定費を計上すると利潤はゼロに近いかもしれないが、それでも価格と限界費用の間にプラスのマージンを維持する。法執行機関は、このこと自体に問題があるとは考えていない。水平的合併指針が言うように、「顕著に差別化された製品には大幅な利幅が生じるのが一般的である。多額の固定費を伴う製品はたいてい、それらの固定費をカバーするのに十分な利

幅を支えるのに十分な差別化が行われているとサプライヤーが考える場合にのみ、開発されるであろう。高いマージンは、競争力のある利幅を獲得している既存［一流］企業と整合的である」（DOJ and FTC 2010, 4）。Box6 － 3 を参照のこと。

高度集中と高いマークアップ率それ自体に問題がないとしても、集中度の上昇とマークアップ率の上昇はどうだろうか。これは、なぜマークアップ率と集中度が上昇しているのかによる。固定費が上昇しているとしよう。新しい不必要な政府規制が参入コストを上昇させるときなど、固定費が反競争的理由のために上昇している場合、その傾向は価格上昇と消費者の損害に関連している。しかし、企業は競争力を高めようとしてますます多額の投資を行っているから、固定費が上昇する場合もある。とくに情報技術では、企業の限界生産費用を削減したり製品の質を向上させるのに役立つビジネス・システムへの先行投資が生じる。このような投資を行う企業は、非効率的な企業に勝ち、その市場シェアを高めるかもしれない。そのようなプロセスを通じて、情報技術は、より少数のより効率的な企業のある市場へと変えることができる。生き残った企業は限界費用が低いために、マークアップ率が上昇したときでもその価格は低下するかもしれない。このシナリオは、消費者が価格低下や品質向上から便益を受けるので、競争促進的である。

ベリーら（Berry, Gaynor, and Morton 2019）は、最近の研究を振り返り、ソフトウェアやビジネス・プロセスなどの無形資産への投資が重要性を増していることを示す証拠を提示している。クローゼットとエバリー（Crouzet and Eberly 2019）は、とりわけ、（幅広い産業セグメントにおける）企業の市場シェアと無形資産への投資の間にはプラスの相関関係があることを明らかにした。ベリーら（Berry, Gaynor, and Morton 2019）の見解では、「固定費及び埋没費用への投資の増加」という広範なカテゴリーは、世界的なマークアップ率上昇の最重要の原因である可能性がある。アウターら（Autor and others 2019）は集中度の上昇が大規模な生産的企業への産出の再配分を反映している証拠を明らかにしている。彼らは、これはグローバリゼーションと技術変化の結果であると主張し、さらに、集中度の上昇に関する説明は、競争の減

Box 6—3　集中度、イノベーション、競争

イノベーションに依存する産業は、多くの場合、高い固定費の劇的な事例を提供する。この状況と整合的なのだが、集中度が高いことが多い。集中度、競争、効率性、消費者厚生の間の関係は複雑である。競争は企業のイノベーションに拍車をかけることがあるが、投資の回収を困難にすることで、イノベーションへのインセンティブを弱めることもある。数十年にわたる研究で、エコノミストが明らかにしたところによると、集中度の上昇がイノベーションを増やすか減らすかについては、モデルが違えば答えも違うということであり、集中の最適水準についての結果は、市場状態に影響を受けやすい（Marshall and Parra 2019）。

例として、伊神と植竹（Igami and Uetake 2019）は、ハードディスク・ドライブ産業におけるこうしたトレード・オフを研究している。図6-ⅰ及び図6-ⅱに示されているように、その産業の成熟と統合に伴い、その期間には参入・退出の波がある。ハードディスク・ドライブのストレージ容量は約12カ月で2倍になるというクライダーの法則に同産業はしたがうので、イノベーションは極めて重要である。伊神と植竹（Igami and Uetake 2019）は、動態的寡占モデルを推定した後、代替的合併政策が期待社会的厚生に及ぼす影響をシミュレートしている。彼らの結論によると、3社以下の企業しかない場合、合併を阻止する政策は、「競争促進効果と価値破壊副作用の間のほぼ適切なバランス」を見つけたという。そのような政策は、他の産業や特定の合併については最適ではないかもしれないが、この研究は、比較的少数の企業しかない市場で競争が強い理由を説明するのに役立つ。

ハリバートンによるベーカー・ヒューズの買収案は、イノベーションが合併審査で重要な事例を与える（DOJ 2016）。ハリバートン、ベーカー・ヒューズ、シュルンベルジェは、油田サービス企業の大手企業3社であり、高度な掘削技術と油

図6-ⅰ　ハードディスク・ドライブ企業の新規参入、1976〜2012年

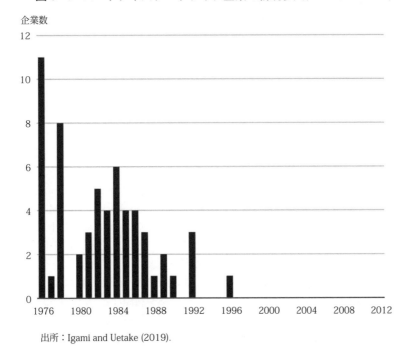

出所：Igami and Uetake (2019).

井掘削関連サービスを提供していた。各社が研究開発に毎年数億ドルを投資していた。イノベーションが最重要な製品については、他の競合他社はほとんどなかった。DOJ は、ハリバートンのベーカー・ヒューズ買収案を阻止するために提訴し、提案された合併により、合併企業とシュルンベルジェによって支配される 23 の関連製品及びサービスの詳細を明らかにした。DOJ は、ハリバートンが提案した売却案が潜在的な損害を矯正するということに納得せず、両当事者は最終的に合併計画を断念した（Chugh et al. 2016）。

図 6-ii　ハードディスク・ドライブ企業の退出と合併、1976〜2012 年

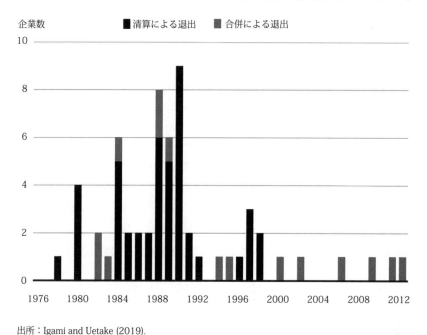

出所：Igami and Uetake (2019).

退または反トラスト法執行に基づく説明とは厚生に対して「まったく異なる含意」を有すると見ている。つまり、無形資産への投資の場合のように、消費者に便益をもたらす行為によって集中度及びマークアップ率が上昇する場合、競争問題はまったくなく、反トラスト上の含意はまったくない可能性がある。

　集中度を競争の欠如と同一視するという根本的な誤りのほか、近年の集中度に関する研究には他の問題点もある。CEA の 2016 年報告と同様に、これらの研究での国勢調査や他のマクロ経済データの利用は、適切に定義された反トラスト市場の競争条件を明らかにするには広すぎる

NAICS 産業セグメントで集中度を検証するように研究を限定する。研究の多くは、3 桁ないし 4 桁の NAICS セグメントのデータを用いている（たとえば、Gutiérrez and Philippon 2017a, 2017b, 2019; Grullon, Larkin, and Michaely 2019）。しかし、前述のように、最も小さな 6 桁 NAICS セグメントでさえ、反トラスト市場に比べてはるかに広い。

　別の問題は、研究の多くは、集中度と、マークアップ率や利潤などの財務指標との関連を追究しているが、それは計測が困難である──幅広い産業セグメントではとくにそうである。価格・費用マークアップはとくに、基本的な市場支配力の計

測値であるが、しかし、マークアップの企業レベル・データが利用できることはめったにない。財務データは、平均変動費用に対する価格のマークアップについて有益なことがあるが、経済分析に適切な経済的利幅を正確に計測するものではない。バス（Basu 2019）は、前述の最近の研究で使われたマークアップ推定のさまざまな方法を調べた。彼は、マークアップの推計値のほとんどが信じられないほど大きいことを含め、方法論についての問題点を論じている。

集中度とマークアップ率を反トラスト法に結びつける

経済の競争の健全性に関する評価は、適切に定義された市場に関する研究に基づくべきであり、くわえて集中度及びマークアップ率の上昇についての代替的説明と区別するのに十分な概念的、実証的方法及びデータによるべきである。これは引き続き法執行機関のアプローチとなる。

これに沿って、ベリーら（Berry, Gaynor, and Morton 2019, 63）は、「マークアップ率の変化、根本的原因、もっと幅広く現代経済における市場がいかに機能し進化しているかを理解するのに役立てるために、産業レベルの計量経済学的研究」の波を求めている。彼らの見解では、集中度の計測値と市場結果に関する回帰分析は、因果関係を明らかにしておらず、明らかにすることもできないので、政策論争ではほとんど重要性を持たない。サイバーソン（Syverson 2019）は、経済全体の研究がさらなる研究のために集中度上昇のパターンを特定するのに有益だと楽観的であるが、証拠は集計的な市場支配力上昇が存在し、経済に問題のある傾向を引き起こしているという結論を支持するに至っていない、と結論づけている。ベリーら（Berry, Gaynor, and Morton 2019）と同様に、サイバーソン（Syverson 2019）もさらなる慎重な研究を要請している。

航空業界は、詳細な公開データによって洞察に満ちた研究が可能になった一例を提供する。ワーデンとフローブ（Werden and Froeb 2018）は、この研究をレビューし、1970 年代の規制緩和以降、航空路線レベルの集中度では体系的な上昇が見つけられていないとの結論に至った。ベリーら（Berry, Carnall, and Spiller 2006）は、ボー

レンスタイン（Borenstein 2011）を引用し、長年、ハブ・アンド・スポーク・ネットワークに関連した多額の固定費が高いマークアップ率によって相殺されるにすぎず、主要航空会社の利潤はほぼゼロであったと結論づけている。

その他の有益な研究は、合併の完了が市場結果にどのように影響を及ぼしたのかに焦点を合わせている。こうした研究では、集中度の上昇は競合他社の合併によって明確に引き起こされているので、競争が増した理由については疑問の余地がない。たとえば、アシェンフェルターら（Ashenfelter, Hosken, and Weinberg 2015）は、巨大ビール会社ミラーとクアーズの 2008 年の合併事業を研究している。輸送、流通コストを大幅に引き下げることが期待されたため、DOJ はこの事案を承認した（Heyer, Shapiro, and Wilder, 2009）。アシェンフェルターら（Ashenfelter, Hosken, and Weinberg 2015）が明らかにしたところによると、合併によって生み出された効率性は平均的市場で実現した価格上昇をほぼすべて相殺するため、価格に対してほとんど影響を与えない。しかし、同じ市場の分析において、ミラーとワインバーグ（Miller and Weinberg 2017）は、その合弁事業が競合他社間の価格調整を促進した可能性があるとの証拠を明らかにした。これらの矛盾した結果は、幅広い産業研究では評価できない競争に関連した重要な差異の一部を示している。

⑥

反トラスト政策の解釈拡大を要請する

これまで、米国が幅広い競争問題を抱えているという証拠は決定的ではなかった。しかし、2016年CEA報告や前述の関連研究は、認知された競争問題に対処するために反トラスト法執行を強化する方法について、官界、学界、政界での論争に拍車をかけてきた。この論争に目向けよう。

2016年CEA報告、「競争の便益と市場支配力の諸指標」、また前述の関連研究は、米国経済を通じた大企業の成長に関連したより幅広い動向の一部である。ラモロー（Lamoreaux 2019）は、有益な概要を与えてくれる。こうした観測筋の一部は、反トラスト法を修正または改定し、大企業の政治的影響力、広告とニュース・メディアの支配、所得不平等の拡大など、市場競争に無関係な結果を検討するために、その伝統的範囲を超えて連邦政府の関与を拡大させたいと考えている。たとえば、ファーマンとオルザーグ（Furman and Orszag 2018）は、「超過利潤（supernormal return on capital）」を獲得している企業の労働者が超過利潤を共有しているために、これらの企業のシェア上昇が賃金不平等を引き起こしているのかどうかとの疑問を提起している。また、次の節で論じられるように、観測筋の一部は、デジタル・エコノミーに合わせた規制を要請している。

その他の観測筋は、伝統的な反トラスト法に焦点を合わせているが、反競争的とみなされる行為の基準を引き下げることで、執行を拡大したいと考えている。たとえば、ある上院法案は、クレイトン法の文言を変更し、それにより、「大幅に競争を減退させる可能性がある」合併を禁止しよう

としている。その法案は、「大幅に」という基準を「実質的に」という基準に変更しようとしている。これは、競争への効果が小さな合併を阻止できることを意味する（U.S. Congress 2019a）。

論じてきたように、米国経済が不十分な競争に苦しんでいるという議論は、弱い実証的基盤と疑わしい仮定に基づいている。反トラスト法は、法執行に伴う法制度の蓄積された経験と、具体的な競争ダイナミクスに特徴づけられた特定タイプの行為の影響に基づき、判例の慎重な展開を通じて進化してきた。その展開を通じ、反トラスト法は、絶え間なく変化していく米国経済において、新しい産業とビジネス・モデルにより提示される市場状態の進化に柔軟に対応できることを、一貫して証明してきた。法律に根本的変更を加える前に、そうした変更を求める主張は、よりよい理由づけを得るべきである。

さらに、反トラスト法は、反競争的市場行為という問題点を超えた問題に対処するには貧弱なツールである。競争上問題のない市場を規制するために反トラスト法を用いることは、効率的市場組織を妨害することで経済にコストをもたらすであろう。所得不平等の拡大や大企業の政治力上昇などへの対策を追求することを社会が求める場合、これらの問題に対処するにはもっと良い政策ツールがある（Shapiro 2018）。

次に、より広範囲に及ぶ反トラスト法執行がデジタル・エコノミーに必要かどうかに関連した議論に移ろう。

デジタル・エコノミーのための反トラスト法執行

本節では、デジタル・エコノミーにおける反トラスト法執行と競争に関し、急速に進化する問題に焦点を合わせる。近年、デジタル・プラットフォームは、精査を受けるようになってきた。イギリスでは、政府は、デジタル・エコノミー向け

の競争政策を検討するために専門委員会を組織した（Digital Competition Expert Panel 2019c）。同委員会が勧告を行ってから、イギリスはデジタル・マーケット・ユニットの創設に取り組んできた。欧州連合は、専門家報告書（Crémer, Montjoye, and Schweitzer 2019）を委託し、デジタル・プラットフォームに対しいくつかの規制を導入した[5]。

米国では、デジタル・プラットフォームに関連するものも含め、新しい技術やビジネス慣行が競争政策の調整を必要とするかどうかを検証するために、FTC が公聴会を実施した（FTC 2019b）。下院と上院の司法委員会も、デジタル・プラットフォームの競争政策に関する公聴会を開催した（U.S. House 2019a, 2019b, 2019c; U.S. Senate 2019）。それとは別に、シカゴ大学スティグラー・センターは、デジタル・プラットフォームに関する委員会を組織し、反トラスト法執行及びデジタル規制機関の強化のための勧告を作成した（Stigler Committee on Digital Platforms 2019）。法執行機関も、反トラストと関連問題に焦点を合わせ、市場主導型オンライン・プラットフォームの点検を行なってきた（Bloomberg 2019; DOJ 2019）。

本章は競争上の懸念に焦点を合わせているが、留意すべきなのは、こうした点検の一部では、データ・プライバシーやメディア・コンテンツの節度などの問題に対して消費者保護規制が保障されているかどうかも検討していることである。

背景

デジタル・プラットフォームは、ユーザー間の相互作用を可能にする仲介者である。それらには、検索エンジン、オンライン・マーケットプレイス、ソーシャル・ネットワーク、通信及びメディア・プラットフォーム、住宅シェアリング及びライド・シェアリング・サービスなどが含まれる。これらのプラットフォームの多くは、とてつもない成功を収め、過去20年にわたり経済を再構築してきた。

デジタル・プラットフォームに関する懸念の一部は、自然に高い集中度に向かいがちな経済的特徴を持つ市場でそれらが運営されるという考え方に基づいている。そのような特徴の1つにネットワーク効果があり、それは、他の多くの人々が使うために、消費者があるプラットフォームにより重い価値を置くときに生じる。たとえば、あるメッセージ送受信サービスを使える人が多ければ多いほど、そのサービスはユーザーに対してより

価値が大きくなる。ネットワーク効果が重要な場合、最大のプラットフォームは、そのサービスの品質に関係なく、たんにより多くのユーザーを持つという理由だけで、ライバルよりも有利になる。場合によっては、その有利さがあまりにも大きいので、他の企業は競争することができない。たとえば、ビデオカセット録画産業では、VHS 技術が先行するとベータマックス技術は実質的に消滅した（Werden 2001）。

ネットワーク効果やその他のタイプの規模の経済がある市場では、企業は、市場のシェアを求めるのではなく、市場全体を求めて競争する可能性がある。結果的に生じる独占は恒久的ではないかもしれない。ボーン（Bourne 2019）は、ネットワーク効果または生産の規模の経済を通じて支配を達成した多くの企業の例を挙げているが、最終的には革新的なライバル企業との競争に敗れ去っている。彼の挙げた事例は、1920年代のグレート・アトランティック＆パシフィック・ティー社から、今世紀初頭のマイスペースやノキアに至る。

現在の論争の1つは、デジタル・プラットフォーム産業がどの程度高い参入障壁を特徴としているかに関するものである。参入障壁は、すでに参入している企業に比べて新規企業を不利にする障害である[6]。ネットワーク効果は、参入企業が2つのユーザー集団を引き付ける必要がある場合はとくに、参入障壁になる。たとえば、決済産業では、新たな決済システムは、数千の商店が契約して初めて消費者が価値を認めるものであり、またその逆も然りである。しかし、ネットワーク効果は必ずしも参入を阻止するのに十分ではない。参入者が相殺する利点を持つ場合、確立されたプラットフォームが享受する利点を乗り越えられるかもしれない。たとえば、マイクロソフトがテレビゲーム用の Xbox プラットフォームを導入したとき、いくつかの超大作ゲームに集中することにより、ソニー・PlayStation 2 が享受するネットワーク効果を乗り越えることができた（Lee 2013）。

また、データへのアクセスが参入障壁となる範囲に関する論争がある。マーンキ（Mahnke 2015）は、メディア企業トムソンとロイターの合併に関する DOJ の 2008 年の調査の文脈で、その問題について論じている。DOJ は、その合併により、企業のファンダメンタルズ、収益、ア

フターマーケット調査に関するデータ・セットの価格が上昇すると主張し、また、参入者はこうした高品質のデータ・セットを再現できないと主張した。DOJ は合併を認めたが、両当事者がサポート資産と共にデータ・セットのコピーを売却することに合意してからであった（DOJ 2008）。

データは、デジタル・エコノミーにおいて参入障壁になる。支配的プラットフォームはより多くのユーザーを持っているため、多くの場合、新規参入者よりもはるかに多くのデータにアクセスでき、これにより乗り越えられない利点が得られる（Rubinfeld and Gal 2017）。たとえば、支配的プラットフォームは、ユーザーへの広告をより的確にターゲットとできるため、広告からより多くの収入を得ることができる。しかし、データへのアクセスがないことは、参入を必ずしも阻止するとは限らない。ランブレヒトとタッカー（Lambrecht and Tucker 2015）は、Airbnb、Uber、Tinder が、一流企業（たとえばエクスペディア）がよりよいデータを持つ市場に参入したことを明らかにした。それらは、革新的な製品のおかげで成功することができた。ランブレヒトとタッカー（Lambrecht and Tucker 2015）はまた、多くのユーザーが共有でき消費できるという意味において、データは非競合的であり、一度しか消費されない食料品などの競合財とは対照的であると観測している。このため、参入者は、ユーザーから内部で収集する代わりに、データを購入できる場合がある。しかし、これはつねに当てはまるわけではなく、参入障壁としてのデータの役割は、各市場の事実と状況による。

最後に、別の議論では、ベンチャー・キャピタルで資金調達したスタートアップ企業など、あまりにも多くの小企業を買収することにより、支配的プラットフォームは競争を損なっているのではないかと尋ねている。大プラットフォームが小企業を買収するのは一般的である。デジタル・エコノミーはイノベーションに大きく依存しており、一流企業によって買収されることは、初期投資家にとって重要な出口である。買収は、スタートアップ企業の成功にとっても重要である。買収企業は、スタートアップ企業の成長を可能にするマーケティング、資金調達、他の企業資産をもたらす。しかし、スタートアップ企業が買収されな

い場合、それは独立した本格的な競合企業に成長する可能性がある。カニングハムら（Cunningham, Ederer, and Ma 2019）が製薬業界の事例で明らかにしたように、一部の買収は、まさにそのような競争を阻止するために生じる[7]。しかし、以下でさらに論じるように、生まれたばかりの競合他社の買収は、関連する便益を見た場合、競争促進的か、それとも反競争的かを法執行機関が評価することは困難である。

要するに、多くのデジタル・プラットフォーム市場は、需要と供給の特徴があるので、高い集中度は効率的であることを示唆している。集中は、市場支配、反競争的行動、競争の欠如に関する懸念をもたらしてきた。しかし、集中は効率的になる可能性もあり、集中度が高い場合でも、市場に激しい競争が生じるかもしれない。

介入を求める提案

デジタル・プラットフォームに対する規制強化の支持者は、反トラスト法改革と規制の両方を含む一連の措置を推奨している──たとえば、Stigler Committee on Digital Platforms (2019); the Digital Competition Expert Panel (2019c); and Crémer, Montjoye, and Schweitzer (2019) を参照のこと。ここでは、データのポータビリティと相互運用性、新興競合他社の買収、デジタル規制機関の創出に関する提案を検討する。

《データのポータビリティと相互運用性》 データのポータビリティと相互運用性を高める提案には、新しい規制と立法が関わっている。ポータビリティ規制は、要求すれば顧客がさまざまなプラットフォームの自分のデータにアクセスできるようにすることを、デジタル・プラットフォームに義務づけるであろう。相互運用性に関する法律では、顧客がデータをあるプラットフォームから別のプラットフォームに切り替えられるようにすることを、デジタル・プラットフォームに義務づけるであろう。たとえば、上院に上程された最近のある法案は、ユーザーのデータから収入を得ている大通信プラットフォームに、他の通信プラットフォームとのデータのポータビリティと相互運用性を可能にすることを義務づけるであろう。その目標は、顧客があるプラットフォームから別の

プラットフォームに切り替えるコストを削減し、支配的プラットフォームの顧客がライバル・プラットフォームの顧客と簡単に通信できるようにすることで、これらのプラットフォームの競合他社に対する参入障壁を低減することである（U.S. Congress 2019b）。

しかし、あらゆる規制と同じく、これは規制対象のプラットフォームにコストをもたらす。ジアら（Jia, Jin, and Wagman 2019）は、一般データ保護規則（GDPR）と呼ばれるヨーロッパのデータ・プライバシーとポータビリティに関する最近の規則の展開が、ベンチャー・キャピタル資金に及ぼす影響を研究している。彼らが明らかにしたところによると、総資金調達額、取引件数、1取引当たりの調達額の点で、それは米国企業に比して欧州企業に悪影響を及ぼしており、より新しいデータ関連企業にはより顕著な影響をもたらしている。

《新興競合他社の買収》 前述のように、反トラスト法執行強化の支持者は、そうでなければ将来競合他社に成長する小企業を買収することにより、支配的プラットフォームが自社を保護しているとの懸念を提起する。反トラスト法には、潜在的競争と破壊的参入者の理論の下、そのような合併に異議を唱える既存の枠組みがある（DOJ and FTC 2010）。2018年、FTCは、CDKグローバルとAuto/Mateの合併を審査した。買収企業のCDKは、フランチャイズ自動車ディーラー向けの専門的な企業ソフトウェア業界のリーダーであった。Auto/Mateは、はるかに小さな競合他社であり、革新的なビジネス・モデルを有して脅威として浮上した。Auto/Mateはすでに競合していたが、FTCの懸念の大部分は将来起こりそうな競争であった（FTC 2018b; Ohlhausen 2019）。

デジタル・エコノミーにおいては、製品とサービスが急速に進化するので、将来の競争を予測することは困難である。支配的プラットフォームはまったく競合製品を影響していないスタートアップ企業を買収するかもしれないが、そうしたスタートアップ企業は、隣接市場への進出を通じて将来支配的プラットフォームと競合する可能性がある。この問題に対処するために、反トラスト法改定を支持する提案の一部は、支配的企業が分離されているが隣接した市場の企業を買収しようと

する場合、立証基準を弱めるであろう。たとえば、法執行機関は、被買収企業がそうするための具体的計画を持っていなかったとしても、将来、買収企業と競合する合理的可能性を示すことにより、当初の立証責任を満たす可能性がある（Shapiro 2019）。

そのような政策には重大な欠点がある。新興競合他社の合併を阻止するためのより積極的な基準は、競争促進的合併が阻止される可能性を高めるであろう。イギリスの委員会審査の間、さまざまな団体や個人がこうした問題を提起した（Digital Competition Expert Panel 2019a, 2019b）。最低限、ベンチャー・キャピタルに対する新しい政策の潜在的影響は研究に値する。デジタル・エコノミーにおける買収に焦点を合わせた合併の回顧を含め、さらなる研究も有益であろう。

《デジタル規制機関の創設》 スティグラー・デジタル・プラットフォーム委員会（Stigler Committee on Digital Platforms 2019）によれば、「4つの報告から明らかになった最も強力な兆候は、［デジタル・プラットフォームの］あらゆる側面を監視できる単一の強力な規制機関を持つことの重要性である」。競争という目標の点では、デジタル規制機関は、データの移動性や相互運用性の基準など、競争を強めることを目的とした規制を設計、執行する権限を有する。その規制機関は、支配的プラットフォームを「ボトルネック」として指定し、より強い規制の対象とすることができる。たとえば、そのようなプラットフォームは、どれほど小さなものであっても、あらゆる買収のために規制機関から承認を得なくてはならず、デジタル規制機関は、現行の反トラスト法よりも法執行機関に求める立証責任を軽くする法的基準の下、こうした買収に異議を申し立てることができる。

スティグラー・デジタル・プラットフォーム委員会（Stigler Committee on Digital Platforms 2019）はまた、反トラスト法及び競争政策の範囲外の勧告も行っている。とくに、政治に関する小委員会は、消費者に対する経済的損害に関する懸念ではなく、大プラットフォームの政治力に関する懸念のために、デジタル規制機関が集中を制限する措置を講じる権限を持つことを勧告している。データのプライバシー及びセキュリティに関

⑥

する小委員会は、デジタル規制機関が、他の規則に増してヨーロッパのGDPRに類似した規則を作成する消費者保護規制を監督することを勧告した。

　新たなデジタル規制機関を設立する提案は、多くの問題を提起する。基本的懸念は、その権限の幅がきわめて曖昧なことである。前述のように、デジタル・プラットフォームは、検索エンジンからオペレーティング・システム、ライドシェアリング・サービスに至るまで、広範囲に及ぶ財・サービスを提供している。スティグラー・デジタル・プラットフォーム委員会（Stigler Committee on Digital Platforms 2019）は、連邦通信委員会（FCC）をデジタル規制機関のモデルとしているが、FCCの権限の範囲はテレコム・セクターである。デジタル規制機関の範囲は、描くのが困難で、経済で最も革新的なセクターの企業がその規制下に入るかどうかについて不確実性に直面するであろう。

　おそらく、最も深刻な懸念は、規制捕獲の可能性についてである。講演のなかで、FCC委員長のアジート・パイ（Ajit Pai 2013）は、FCCの規制捕獲に関する教訓を語り継ぎ、いかにしてAT＆Tが1913年にFCCと約束をし、独立のローカル電話会社とテリトリーを分け合うことを認めたのかについて語った。これらの約束は、アレクサンダー・グラハム・ベルの特許が終了し始めてから浮上した競争を飼い慣らした。スティグラー・デジタル・プラットフォーム委員会（Stigler Committee on Digital Platforms 2019）は、規制捕獲を阻止する必要性について議論し、パイのスピーチを引用した。それはまた、ノーベル賞経済学者で、スティグラー・センターの名の元になったジョージ・スティグラーの規制捕獲に関する基礎研究も引用している。ここにいくぶん皮肉があるのだが、ポイントは、新たな全面的規制の裏面を真剣に受け止めなくてはならないことである。

　今日のデジタル・エコノミーにはさらなる研究──そして必要ならば緊張感を持った反トラスト法執行──が必要だが、規制に対する慎重なアプローチが必要なのは明らかだ。既述のように、高い集中度が競争の欠如の指標との推論には根本的な問題がある。競争の性質はまた市場によって異なるので、画一的な政策は機能しないであろう。そうではなく、法執行機関がすでに行っている方針にしたがい、具体的事実の調査をする方が賢明である。

参入障壁を削減するための競争政策

　これまでの節では、米国経済における集中度の上昇に対処する上で、連邦政府の介入を要請する上での注意について論じてきた。しかし、参入障壁が競争から企業を保護できることは事実である。場合によっては、これらの参入障壁は構造的であり、研究開発への大規模投資を必要とする製品など、市場それ自体の性質に関連している。その他の場合、参入障壁は、民間市場が失敗する可能性のある状況下で、政府によって意図的に構築されている。Box6－4を参照のこと。ただし、本『白書』第3章で論じられたように、規制措置が民間市場の失敗に対応した場合でさえ、規制の費用が規制の便益を上回るなら、規制緩和措置は依然として必要とされるであろう。本節では、競争を制限する参入障壁を創出することにより、消費者に害を及ぼす規制に注意を喚起する法執行機関の取り組みについて述べる。また、健全な競争を促進するために、法執行機関が反トラスト法を知的財産権に適用する方法についても説明する。

その他の政府が生み出した参入障壁

　本『白書』の第2章で論じられているように、職業免許は、一定の職業に参入する人に追加的コストをもたらす。一部の免許要件は、公共の安全という根拠で正当化されることがある。しかし、多くの職業では、それらは、すでに職業に就いている人を競争から保護することで、賃金を人為的に引き上げる参入障壁としての役割も果たす。州の職業免許要件の大半が公共の安全を保護する上で不必要であるという主張を支えるため、FTCは、1,100の職業が少なくとも1つの州では免

Box 6―4　医薬品市場内における規制緩和の影響

前述のように、一部の参入障壁は意図的に構築されている。たとえば、医薬品産業を考えてみよう。そこでは、食品医薬品局（FDA）が医薬品申請審査の管理を通じて医薬品供給に決定的に重要な役割を果たしている。FDA は、ある医薬品を市場で入手可能にするかどうかについて決定する。FDA が実施した厳格な評価は、医薬品の安全性と有効性を確保するために必要であるが、それらはまた多くのジェネリック医薬品、新薬に対し参入障壁を引き上げる一因となる。これは、一部の市場においてブランド医薬品の集中度が高いことにつながると共に、価格を上昇させ消費者厚生を低下させることになる。

トランプ政権は、医薬品市場での競争を改善することの重要性を理解しており、消費者のコスト削減を期待して一連の規制緩和改革を実施してきた。その提案の１つは、保険会社との割引率交渉の透明性の必要を浮き彫りにし、病院にこの情報を患者に開示することを求めている（CEA 2018a）。トランプ政権は 2017 年食品医薬品局再認可法に署名した。同法は、さらに５年間、FDA がジェネリック医薬品申請からユーザー料金を徴収し、申請を効率的に処理することを再認可するものである。トランプ政権発足時から、とりわけジェネリック医薬品については顕著であるが、FDA の医薬品申請処理の面は、迅速な市場参入を促進するために合理化されてきた。政権発足から 20 カ月間に、それ以前の 20 カ月に比べて、平均 17% 多いジェネリック医薬品が毎月承認されてきた（CEA 2018b）。

2018 年、FDA は、医薬品審査プロセスの効率を高めるためだけでなく、ジェネリック市場参入を阻止しようとするブランド製薬会社による反競争的行動を減らす取り組みにおいて、戦略的方針ロードマップを展開した。FDA はまた、いくつかの複雑なジェネリック医薬品の参入障害である科学上、規制上の障壁に対処するための措置を講じている。障壁を削減し、より予見可能で効率的な開発プロセスを実現する FDA の取り組みにより、新しい革新的な医薬品メーカーが市場に参入できるようになる。消費者は、既存の医薬品で治療されていた病状に対し、新しい種類の医薬品の開発から、また新しい治療法から便益を受ける。そのような新たな治療法は、既存医薬品の価格を統御できるかもしれない。これは、1990 年代にコレステロールを下げる医薬品市場の大部分を占めていたシンバスタチンなどの医薬品に当てはまる。しかし、1996 年以降、治療薬アトルバスタチンが発売されると、競争が盛んになり、コレステロール低下薬は現在適正価格となっている（CEA 2018b）。

許を必要とするが、すべての州で免許が必要とされるのはわずか 60 の職業だけであると指摘する。ある職業が公共の安全に実証済みの脅威をもたらす場合、その職業は普遍的に免許制とされるべきだ、と議論は続く（FTC 2018a, 2019c）。

法執行機関は、長い間、職業免許に関連した競争上の害を制限する措置を提唱してきた。2017年、FTC はその問題に関する作業部会を設置し、2018 年、その害を緩和する選択肢を描いた報告書を提出した。これらの選択肢には、いくつかの州に共通の免許を認めるための州際協定、また他の移動性及び相互承認措置が含まれる（FTC 2018a）。

必要証明書（CON）法は、もともとは 1970 年代に、コストを抑える目的で、医療市場での過剰投資（たとえば、あまりにも多すぎる病院の設置）を抑止するために設計された。CON 法は、新規サービスに対して満たされていないニーズがあるということを、州の規制機関に納得させることを企業に要求している。数年にわたる見直しで、法執行機関は、これらの法律がしばしば競争を損なっていることを明らかにし、定期的に撤廃を主張している。たとえば 2019 年、法執行機関のスタッフは、アラスカ州、テネシー州の議会にこれらの法律を改正する計画を支持する書簡を送った（DOJ and FTC 2019b, 2019d）。何十年にわたっ

て蓄積された証拠を法執行機関が分析したところ、CON 法は医療費を削減するのではなく、一流サプライヤーの利益のために医療供給を抑制することで非効率性を生み出し、競争を刺激して消費者価格を引き下げる投資を妨げていることが明らかになった。

多くの州は、自動車メーカーに対し、独立のフランチャイズ化されたディーラーを通じて自動車を販売することを求めている。法執行機関は、長い間、そのような自動車フランチャイズ法に反対してきた。それらは、自動車メーカーが販売方法を自由に選択できる場合、競争プロセスが自動車メーカーの利益と消費者の利益を一致させるため、製品とサービスが可能な限り効率的に市場に投入されると主張した。2019 年、ネブラスカ州は、消費者に対する直接自動車販売に関する制限を撤廃する法案を審議したが、同州で以前に独立のフランチャイズ化されたディーラーを用いたことがない自動車メーカーだけが対象であった。法執行機関はネブラスカ州議会に共同書簡を送り、すべての自動車メーカーに対し制限を撤廃することを促した（DOJ and FTC 2019c）。

競争法の健全な執行を通してイノベーションを促進する

先ほど説明したように、消費者は多くの場合、新製品、発明、技術への投資と革新により推進されるダイナミックな競争から最も恩恵を受ける。知的財産権——特許、商標、著作権——は、このダイナミックな競争を促す目的で、侵害する製品との競争を抑制している。しかし、特定の状況では、知的財産権はあらゆる資産と同様に、競争を不当に制限するように使われる可能性がある。これを防ぐために、法執行機関は、他の形態の財産に関わる行為と同じ反トラスト原則を知的財産に関わる行為に適用する（DOJ and FTC 2017）。それらは、知的財産に関わる行為に効果ベースの経済分析を適用し、効率性を検討しその行為の競争促進的便益を競争上の害と比較検討する。法執行機関は、知的財産権に反トラスト法を正しく適用することを主張している。

DOJ は、知的財産分野においてイノベーションを妨げる厳格な推定を回避する必要性を強調してきた。とりわけ、特許権行使に関連した取引上の紛争に対し、3 倍額損害賠償を伴う反トラスト法の誤った適用に注意を促してきた。2017 年12 月、DOJ は、標準必須特許に関連した救済に関する特許商標庁との 2013 年共同方針声明を撤回した。なぜならその共同声明は、反トラスト法によって特許権者が知的財産権を守るために差止命令または排他的救済を求めることを制限すべきと示唆していると考えられたからである。この分野での DOJ の取り組みにより、技術の開発に投資する強いインセンティブが確保され、ダイナミックな競争が促進されている。

FTC の最優先事項は「遅延支払い」の特許和解に反対することである。「遅延支払い」により、ブランド製薬会社はジェネリック医薬品会社に支払いをして参入を遅らせる。2013 年の FTC 対アクタヴィス社裁判で、最高裁判所は、特定の状況下で、FTC が反トラスト法に基づいてそのような和解に異議を申し立てることを支持した。ただし、裁判所はそのような行為の反競争的効果と競争促進的便益を比較検討する。その年以降、FTC は、こうした和解に関し定期的に報告してきた。最新の報告では、反競争的なタイプの遅延支払いの件数は減少している（FTC 2019a）。

結 論

トランプ政権は、経済で競争が果たす決定的役割を理解し、新規ビジネスを促進し、消費者に奉仕している。タイムリーな反トラスト法執行は、競争プロセスを保護するのに重要なツールである。対照的に、集中度上昇の影響をめぐる混乱は、疑わしい証拠と、「大きことは悪いことだ」という過度に単純な物語に動かされているようである。企業が革新を行い顧客に価値を提供することで規模と大きな市場シェアを獲得するとき、これは健全な競争の歓迎すべき結果である。

本章では、反トラスト法の目標を変更し、規制の範囲を拡大することを求める最近の要請が、競争が減退しているという曖昧な証拠に基づいている理由を説明してきた。また、これらの要請は、変わりゆく市場環境に対応するための既存の法制度の柔軟性を無視している。集中度の上昇とマークアップ率の上昇のパターンを記録することを目的とした研究は、特定の市場でも経済全体でも、競争に関して何らかの洞察を提供するには広すぎるセグメントのデータを使用している。集中または超過利潤の問題をデータが正確に特定するところでは、これらの市場指標を有害な市場支配力と同一視するのではなく、代替的説明と区別するためにさらなる分析が必要とされる。

反トラスト措置と、競争政策のあらゆる大きな変更は、消費者の損害に関する証拠も含め、健全な経済的証拠に基づいて行う必要がある。幅広い産業に基づく研究は、集中度の傾向を示すのに役立つかもしれないが、根本的原因を診断したり、関連の反トラスト市場の消費者が損害を受けてきたかどうか判断することはできない。最終的に、反トラスト法に対する今日の詳細な証拠に基づくアプローチは、依然として、反競争的行動を正確に診断しそれに対応することで、消費者とサプライヤーを保護するのに利用可能な最も強力なレンズである。

こうした理由のために本章では、DOJ の反トラスト局と FTC が反競争的行動から消費者を保護する準備が十分にできていると主張する。法執行機関は、企業による違法または反競争的行為に重点を置く一方、競争を害する政府政策に反対するために活動範囲を拡大している。米国経済の記録的拡大を築くには活発な競争が不可欠であり、トランプ政権は引き続き経済的証拠にしたがい、消費者の便益を高めるように競争を促進する連邦政府の権限を用いていく。

注

1 ウィルソン（Wilson 2019）は、代替的な反トラスト基準の長所と短所について論じている。

2 Shapiro (2010, 51-52)。また Lamoreaux (2019); Berry, Gaynor, and Morton (2019); and Peltzman (2014) を参照のこと。

3 事例には、Furman (2018); Grullon, Larkin, and Michaely (2019); Krugman (2016); Kwoka (2015); Lamoreoux (2019); Wessel (2018); Wu (2018); and the Economist (2016) が含まれる。

4 近年の詳細な議論については、Berry, Gaynor, and Morton (2019); and Syverson (2019) を参照のこと。

5 イギリスのデジタル・マーケット・ユニットは、データ相互運用性、データ・ポータビリティ、データ公開性に関する規制を作成、執行する。それには、特定のプラットフォームを「戦略的市場ステータス」と持つものと指定する権限がある。そのようなプラットフォームは、より強い規制の対象となる。2019 年 7 月、欧州連合は、プラットフォームが企業と相互作用する方法を統治する新規制を発表した(European Commission 2019)。一般データ保護規則（GDPR）として知られる、データのポータビリティ及びプライバシーに関する規則は、2018 年に施行された。

6 参入障壁についての正式な定義は、エコノミストの間で長きにわたる論争がある。その議論については、Werden (2001) を参照のこと。

7 製薬業界の研究で、カニングハムら (Cunningham, Ederer, and Ma 2019) は、サンプル中の買収の約 6% が「キラー買収」であると結論づけた。キラー買収は、買収企業の既存製品と競合することになる新薬の開発を未然に防ぐものである。

第7章
薬物中毒危機を理解する

オピオイド危機（薬物中毒危機）は、米国経済と公衆衛生にとって大きな脅威となっている。2000年以降、40万人以上がオピオイドにより命を落としている。この驚異的な死亡者数は、50歳未満のアメリカ人の主要な死因リストの最上位に薬物過剰摂取を押し上げ、米国の平均余命を2.5カ月短縮した。経済諮問委員会（CEA）はかつて、オピオイド危機の年間経済コストが以前考えられていたよりも大幅に高く、2015年に5000億㌦超であったと推計した。同様の方法論を用い、CEAは、2018年に危機は6650億㌦、対GDP比3.2%のコストであったと推計している。オピオイド過剰摂取による死亡の増加は、トランプ政権になって停止したため、オピオイド危機がそのピークを超えたという兆候があり、少なくとも1999年から続く上昇傾向が停止した。CEAは、2017年1月から2019年5月まで、以前のトレンドに基づいて予測される死亡者数に比べて、オピオイド過剰摂取死亡者数が3万7750人少なかった——3970億㌦以上の経済的節約に相当する——と推計している。オピオイドの供給を減らし、オピオイドの新規需要を減らし、現在オピオイド使用障害を持つ人を治療するためにトランプ政権の講じた措置は、オピオイドに関わる過剰摂取による死亡の平坦化に寄与した可能性がある。

トランプ政権は、オピオイド危機が進行していることを理解し、アメリカ人の生活とアメリカ経済に対するこの脅威と戦うためにもっとやるべきことがあることを理解している。オピオイド危機のコストを軽減し続けるためには、根本的要因すべてを理解することが決定的に重要である。私たちは、オピオイド危機の2つの別々の波について説明し、分析する。第一の波は2001年から2010年で、処方オピオイドの乱用に関わる過剰摂取による死亡増加に特徴づけられる。第二の波は、2010年から2016年で、違法に製造されたオピオイド（ヘロインやフェンタニル）に関わる過剰摂取の増加に特徴づけられる。

2001年から2010年の第一波では、処方オピオイドの自己負担価格が推計81%低下した。この劇的な価格低下は、政府健康保険適用範囲拡大の結果であり、それは、オピオイドを含む、すべての処方薬へのアクセスを増加させた。こうした自己負担価格低下が、第一次市場と第二次（闇）市場でオピオイド使用の価格を大幅に低下させ、処方オピオイドを乱用するほとんどの人は、そこから薬を入手していた。私たちの推計によると、観測された自己負担価格低下は、2001年から2010年の処方オピオイドに関わる死亡率上昇のうち31%から83%を説明できる。

しかし、疼痛管理という新しい診療科、医師による自由化された調剤慣行を促進する疼痛管理慣行創出、違法な「ピル・ミル」[オピオイド処方箋を乱発する診療所等]、業界によるマーケティング及び販促の拡大、薬物の転用に対する不十分な監視または管理から生じた処方オピオイドの入手可能性の拡大がなければ、自己負担価格低下はオピオイド乱用及び過剰摂取による死亡の大幅な増加をもたらさなかったであろう。オピオイドに対する補助金は、タバコやアルコールなどの他の中毒性物質に対する課税とは、まったく対照的である。これがもたらすジレンマは、補助金を受けた製品の医療目的外使用を防ぐ一方、いかにして痛みを緩和するためにオピオイドを適切に医療目的使用できるようにするか、ということである。

オピオイド危機の第二波は、処方オキシコンチンの乱用に歯止めをかけようとした 2010 年に始まり、違法オピオイドの販売とイノベーションに大規模市場をもたらした。これらの取り組みは最終的には処方オピオイド関連の過剰摂取による死亡をうまく減少させたが、違法市場における安価な代替品に対する処方薬乱用者の需要を拡大するという意図せぬ結果をもたらした。また違法に製造されたオピオイドの増加に対しては、品質調整価格の低下によって証明されるように、外国からの供給の拡大も重要であった。それは、大部分、メキシコからのヘロイン密輸、メキシコと中国両方からの比較的安価な合成オピオイドの増加のためである。とくにフェンタニルとその類似製品は、ヘロインの何倍も強力な場合がある[1]。

トランプ政権は、米国経済とアメリカ人の生命を脅かし続けている進行中のオピオイド危機に取り組むために、真剣な努力を行なってきた。これは、オピオイド蔓延を公衆衛生上の緊急事態と宣言したこと、薬物中毒・オピオイド危機対策大統領委員会の設置、オピオイド蔓延に向けられた史上最高の支出、危機に対処する連邦政府全体を通じた進行中の取り組みによって実証されている。オピオイド危機に起因する打撃は、他の健康危機に比較してその割合が劇的である。たとえば、2017 年には、オピオイド関連薬物過剰摂取で亡くなった人の数（4 万 7600 人）は、1995 年ピーク時の HIV/AIDS 蔓延による死亡者数を上回った（CDC 2019）[2]。ちなみに、2000 年以降、米国は、第二次世界大戦で失ったのとほぼ同じ人口をオピオイド危機で失った——共に 40 万人以上の死亡者を出している（DeBruyne 2017）。この驚異的な死亡者数により、薬物過剰摂取は 50 歳未満のアメリカ人の主要な死因の最上位に押し上げられ、米国の平均余命は 2.5 カ月短縮された（Dowell et al. 2017）。

この危機による損害を完全に評価するため、CEA は以前完全な経済コストを評価した。CEA の推計によると、2015 年だけで、オピオイド危機の総コストは 5040 億㌦で、以前のコスト推計の数倍となった（CEA 2017）。CEA のアプローチは、危機による罹患率と死亡率の上昇の完全なコストを組み込んだために、コストのほぼ完全な

評価を行うものであった。私たちはまた、過少報告されていたオピオイド関連の死亡を上方修正し、非致死性のコストを組み入れた。以前の CEA による評価と同様の方法を用いると、オピオイド危機の年間コストは、2015 年以降上昇の一途を辿り、2018 年に 6650 億㌦に達した。報告された年間オピオイド関連過剰摂取死亡者数は、2015 年から 2017 年までに 3 万 3091 人から 4 万 7600 人へと 44％ 増加した。速報値によると、死亡者数は 2018 年にわずかに減少しており、1999 年以降続いてきた年間死亡者数の増加トレンドは平坦化を示している（図 7-1）[3]。

2017 年 1 月にトランプ大統領が就任したとき、オピオイド関連の月間過剰摂取死亡者数は過去最高を記録し、12 カ月前の 2016 年 1 月の死亡者数から 41％ 増加していた。それ以降、オピオイド死亡数の増加は最終的に停止したかもしれない。月間過剰摂取死亡者数は 2017 年 1 月から、暫定データが入手できる最新の月である 2019 年 5 月までに 9.6％ 低下した（図 7-1 を参照のこと）。1999 年から 2016 年までのオピオイド過剰摂取死亡者数の増加率が続いた場合、2017 年から 2019 年 5 月の間にオピオイド過剰摂取のために、さらに 3 万 7750 人の命が失われたことであろう。それは、この期間に発生した実際の死亡者数より 33％ 多い。従来のトレンドに比べて死亡率が低下したことによる経済コストの節約は、2017 年 1 月以降、3970 億㌦を超える[4]。

適切な政策措置を通じてオピオイド危機による大きなコストを軽減し続けるためには、その根底にある力を理解することが決定的に重要である。私たちは、分析を 2 つの部分に分ける。第 1 の部分は、オピオイド危機の第一波について分析する。それは 2010 年まで続き、処方オピオイド関連過剰摂取死亡の増加を特徴とする。第 2 の部分は、2010 年以降の期間を分析する。それは違法オピオイド関連過剰摂取死亡の増加を特徴とする[5]。

2001 年から 2010 年の第一波の間、処方オピオイド関連の人口ベースの年間過剰摂取死亡率は、182％ 増加した（CDC WONDER n.d.）。この期間を通じて、オピオイド・メーカーは、オピオイドの安全性と効果を積極的に宣伝し、疼痛治療の指針は、医師がより多くのオピオイドを処方するの

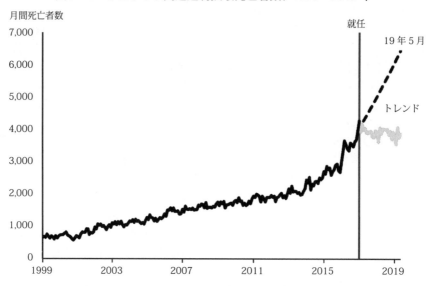

図7−1　オピオイド関連過剰摂取死亡者数、1999〜2019年

注：2018 年 1 月以前のデータは、CDC WONDER データベースから収集されている。
2018 年 1 月以降の月次データは、CDC の暫定報告死者数を用いて計算されている。就任前のトレンドは、1991 年 1 月から 2017 年 1 月について計算されている。影はリセッションを示す。
出所：Centers for Disease Control and Prevention (CDC); CEA calculations.

を奨励するように自由化された（Van Zee 2009）。同じ期間に、処方オピオイドの自己負担価格は81% 低下したと推計されている（Zhou, Florence, and Dowell 2016 を参照のこと）。私たちの考えでは、自己負担価格の低下は、第一次市場で処方箋を入手する人々だけでなく、第二次（闇）市場から処方オピオイドを入手する多数の乱用者に対しても、乱用の価格を引き下げることになった。

2001 年から 2010 年までの自己負担価格の低下は、公的補助金の増加と共に、ジェネリック・オピオイドのシェア上昇と合わさって生じた。私たちはそれぞれの役割を明確にしようとしていないが、これら 2 つの要因は、自己負担価格低下に大幅に寄与した可能性がある。処方オピオイド市場におけるジェネリック薬のシェア上昇に関しては、薬局に支払われる供給価格は 2001 年から 2010 年までに 45% 低下し、それはより安価なジェネリック・オピオイドのシェアが 51% から 81% に増加したことにより推進されたことが分かる。

さらに、公的プログラムによって資金提供され

た処方オピオイドのシェアの大幅な上昇が記録されている。図 7-2 に示されているように、公的補助金で購入された処方オピオイドのシェアは、2001 年の 17% から 2010 年の 60% へ、さらに 2015 年の 63% に上昇した。2001 年から 2010 年までの総処方オピオイドの増加の 4 分の 3 を、公的プログラムが占めた（メディケア支出パネル調査（MEPS）からのデータ）。2006 年 1 月のメディケア・パート D 処方薬給付の導入は、多くのオピオイドを含め、同プログラムによって弁済される処方箋のシェアの上昇と同時に発生した。さらに、社会保障障害保険（SSDI）登録は、1990 年後半以降急速に増加した（図 7-16 を参照のこと）。SSDI 受給者の半数以上が、メディケアや他のプログラムを通じてメディケア・パート D の 2006 年開始前から医薬品適用を受けていた。2006 年以降、SSDI 受給者は、一般的なメディケア受給者と共に、大部分、メディケア・パート D を通じて処方薬適用の資格を持っている。

自己負担価格を削減する保険適用範囲の拡大により、処方オピオイドの乱用は、処方箋を持つ患

図7−2　効力調整済み処方オピオイドのシェア、第一支払者別、2001〜2015年

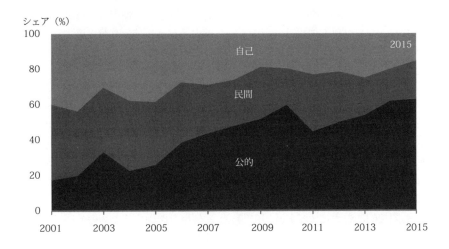

注：第一支払者は、特定の処方に対し最高支払額を持つ第三者支払者として定義される。
　　メディケア、メディケイド、民間保険会社に加えて、他の考えられる第一支払者には、
　　退役軍人給付、労働者補償、その他連邦政府保険、州または地方政府保険、もしく
　　はその他の公的保険が含まれる。すべての処方箋は、処方された錠剤の量とその効
　　力に基づいてモルヒネ換算消費量に変換されている。
出所：Medical Expendtiure Panel Survey; National Drug Code Database; CEA calculations.

者と、第二次市場で薬物を購入する使用者にとっ
て手頃な価格になった。ジェネリック医薬品が幅
広く入手できるようになる前、保険による補助金
がなければ、オピオイド使用障害を持つ平均的ア
メリカ人にとって、処方オピオイドを購入するの
は非常に費用がかかった。2007年、アメリカ人
は、オキシコンチン——処方される最も一般的
なブランド・オピオイドの1つ——1グラムを購
入するのに、保険がないと平均144ドルかかった。
オピオイドを服用している人の中には、痛み止め
でオキシコンチンを1日1グラム以上必要とす
る者もいる（Schneider, Anderson, and Tennant
2009）。保険がない場合、毎日0.5グラムから1
グラムのオキシコンチンを消費するオピオイド使
用障害の人は、2007年に、年間2万6280ドルか
ら5万2560ドルを費やした——これは、2007年
に（2007年価格で）約5万ドルであった中位家計
所得以上にもなる（Fontenot, Semega, and Kollar
2018）[6]。これを大局的に見ると、メディケアに
加入している人は、同じ年にオピオイド使用障
害に相当する薬を入手する上で、1グラム当たり

9.78ドル、つまり（2007年価格で）年間1785ドル
から3570ドル支払うだけですんだ。

　オピオイドへの補助金は、タバコやアルコール
など他の中毒性物質への課税とは好対照である。
これがもたらす課題は、医療以外の用途へ補助を
与えずに、鎮痛などの正当な医療ニーズに対しオ
ピオイドへのアクセスをいかに確保するか、とい
うことである。

　処方オピオイドの購入に補助金を与える上で医
療保険の拡大を通じて政府が果たした役割を考慮
し、特定の公的プログラムのありうべき役割を検
討しよう。メディケアにより補助金を与えられ
ている1人当たりの効力調整済みオピオイドは、
2001年から2010年までに2400％増加し、全
第三者支払者の中で最大の伸びであることが分
かる。SSDI登録簿も、この期間を通じて拡大し
た。私たちの推計によると、SSDI受給者は（米
国人口の3％以下に相当するにすぎないが）、一
般的にメディケアの対象となっており（2006年
に始まったパートDの処方薬保険適用を含む）、
2011年における効力調整済みオピオイド合計の

26%から30%と、すべての支払者タイプのなかで突出したシェアを処方された。もちろん、オピオイド危機におけるSSDI拡大の役割は、プログラム受給者ではなく、プログラムの設計に起因するものであろう。SSDI受給者は一般的に、就労を妨げるような衰弱症状にあり、こうした症状はしばしば高レベルの痛みを伴っている。こうした症状は、SSDI受給者が突出したシェアのオピオイドを処方される主な理由である。事実、SSDI給付は、メディケア適用と合わせて、こうした障害のある労働者に対して不可欠な保護を提供している。さらに、オピオイドを処方されているSSDI受給者の大半は、それらを適切に服用しており、直接的にも間接的にもオピオイド乱用に関わっていない。

較正演習のため、処方オピオイド売上の価格弾力性の公表推計値を使用し、81%価格低下に起因する売上増加を推計しよう。この演習は、価格低下がなければ、1人当たりオピオイド売上は、2001年から2010年までの実際の増加の半分以下であったことを示唆している。処方オピオイド関連の死亡者数増加の一因として、価格低下の規模を推計するために、(1) 第二次市場価格は第一次市場価格の自己負担価格に比例する、(2) オピオイド使用の価格弾力性は、ロー・エンドの処方薬の弾力性からハイ・エンドのヘロイン使用の価格弾力性に及ぶ、と仮定する。この第二の較正演習は、処方オピオイドの自己負担価格の観測された低下は、受益者にとって医師の処方箋をより手ごろなものにし、2001年から2010年に処方オピオイド関連の過剰摂取死亡増加の31%から83%の要因となった。

しかし、自己負担価格低下だけでは、オピオイド乱用と死亡の大幅な増加をもたらさなかったであろう。ほかにも、医師による調剤の自由化を奨励した疼痛管理診療指針の変更、違法な「ピル・ミル」、業界によるマーケティング及びプロモーションの拡大、転用の監視または管理の不適切さに起因する処方薬のアベイラビリティ拡大があった。これらの要因がなければ、患者は、処方オピオイドを入手し、それらを第二次市場に転売することで、価格低下に対応できなかったであろう。言い換えると、処方オピオイドの入手環境の変化は、オピオイド乱用に対する自己負担価格低下の影響の前提条件であった。さらに、低額の自己負担価格で必要な薬を入手できるために、オピオイドの《医療用》使用の価格低下——保険適用範囲拡大とジェネリック参入による——は、患者に便益をもたらしていることを強調することが重要である。対照的に、オピオイドの《医療外》使用の価格低下は、自己負担価格低下と一緒になった緩い処方環境により可能となり、オピオイド危機の加速に重大な役割を果たした可能性がある。

もっと一般的には、公的プログラムの成長に関連したオピオイド乱用増大に関するこれらの事実は、これらのプログラムに社会的価値がないことを意味するのではなく、オピオイドの適切な処方と使用を確保するためのセーフガードを導入することの重要性と、オピオイドの乱用を削減する手段を示しているのである[7]。タバコなど他の中毒性のある製品に対する政府政策は、売上税を通じて価格を引き上げ、購入と販売に制限を設けることにより、消費を意図的に抑制するものである。ほとんどのアナリストは、そのような政策がタバコ使用を削減し、新たな依存症の可能性を引き下げることに成功したと考えている（HHS 2014）。量にかかわらず誰にとっても安全でも有益でもないタバコと異なり、オピオイドには正当な医療用の使用がある。処方オピオイドの課題は、適切な使用のために処方されたオピオイドに補助金を出すという目的と、過剰処方や乱用を抑制する必要性のバランスをとることである。

次に、オピオイド危機の第二波を分析しよう。それは、2010年から2016年における違法オピオイド関連の過剰摂取死亡者の増加を特徴とする。この場合、処方オピオイド使用障害を削減しようとする取り組みのせいで需要サイドが拡大したことが、供給サイドの拡大と共に重要であったと思われる。需要サイドで最も顕著であったのは、広範に乱用された処方オピオイドであるオキシコンチンの乱用防止製剤が2010年に発売され、元の製剤はメーカーから入手できなくなったことである。その製剤変更は処方オピオイド関連の過剰摂取死亡者の増加を食い止めたが、オピオイド乱用者がより安価で入手しやすいヘロインに切り替え、ヘロイン関連の死亡者の増加をもたらしたことが、研究により明らかになった（Alpert, Powell, and Pacula 2018; Evans, Lieber, and Power 2019）。

図7-3　処方オピオイドの存在によるオピオイド関連過剰摂取死亡率、2001～2016年

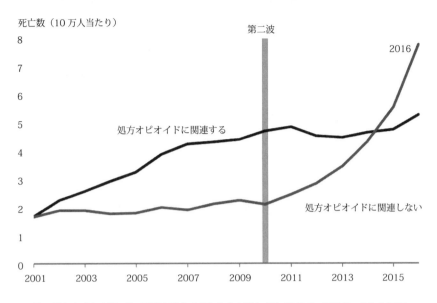

注：処方オピオイドには、天然オピオイドと合成オピオイド（T40.2）の両方、またメタドン
（T40.3）が含まれる。
出所：CDC WONDER; CEA calculations.

したがって、第一波の期間に処方オピオイドに依存する人々が積み重なったことは、第二波における違法オピオイドの需要増加を最終的に促進した。需要のこの新たな蓄積は、違法な売り手が市場に参入するための利潤機会をさらに生み出した。コカインの市場の縮小に対応して、メキシコのヘロイン密売業者が米国への出荷を増やしたために、また、他の外国メーカー——とくに中国のメーカー——がフェンタニルのようなより安く効力の強い合成オピオイドを発売したために、供給が増加した。図7-3は、2010年以降、処方オピオイド関連の過剰摂取死亡が平坦化し、他方、他のオピオイド死亡（違法オピオイドとオピオイド以外の薬物だけを含む）が急増した様子を示している。

オピオイド危機の第二波を推進する上で、需要及び供給の拡大の相対的重要性を評価する試みにおいて、時間を通じての違法オピオイドの価格が推計されている。これらの推計値は、多くの非常に不完全な仮定の影響を受けやすいが、違法オピオイドの価格は2010年から2013年までだいたい一定であったが、それから2016年までに約半分に落ち込んだことが分かった。違法フェンタニル（図7-17を参照のこと）の供給増加が2013年頃に始まったためである（中国や他国の供給元からの出荷によりますます入手しやすくなったためである）。フェンタニルの異例の効力と低コストを考慮すると、それは使用者が「ハイになるコスト」を劇的に低下させた。違法オピオイドの需要は2010年初めから増加したとしても、違法オピオイドの価格は2013年頃まで一定のままであったことは注目に値する。それは、この違法の波の最初の数年間、価格を一定に保つようにヘロイン供給が増加したはずである。もし供給が一定のままであったとしたら、価格は上昇したことであろう。2013年から2016年にかけての価格低下は、違法オピオイドの供給拡大が、この後期における危機の重要な推進力であったことを示唆する。

処方オピオイドと違法オピオイドの両方の価格についてデータの入手可能性に制約があるために、この分析は2016年までの期間に焦点を合わせている。しかし、暫定的な死亡データは、2019年

⑦

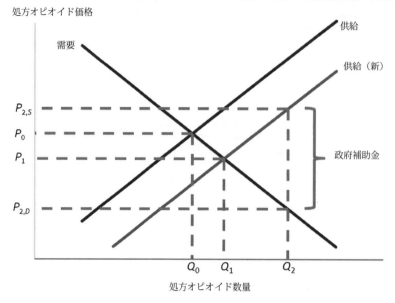

図7−4　処方オピオイド乱用の価格と数量に対する供給拡大及び政府補助金の影響、第一次市場

注：この図は、右方への供給曲線のシフトが価格及び数量に及ぼす影響と、処方オピオイドについて第一次市場における政府補助金を示している。

の一部まで入手できる。

　本章の残りの部分は次のように進める。次節では、需要、供給、政府政策がオピオイドの数量と価格にいかなる影響を及ぼすのかを評価する基本的方法論を提示する。続く節では、処方オピオイドに基づく危機の第一波を分析し、その後の節では、この期間中のオピオイドに対する公的補助金の実質的増加を分析する。最終節では、違法オピオイドの台頭を引き起こした第二波に目を向ける。

需給分析

　政府助成を受けた薬が非医療用途に転用、転売されている程度を数量化することはできないが、シンプルな需給分析は、価格と数量の変化がオピオイド危機を引き起こす根本的要因をいかに反映するのかについて、強力な洞察を与えることができる。図7-4と図7-5は、処方オピオイドのケースを検討し、第一次市場における市場力学と政府補助金が、第二次市場における市場価格と数量にどのように影響を及ぼすかを示している。第一に、処方箋によりオピオイドを入手する患者に対して第一次市場における供給拡大（たとえば、ジェネリック薬の参入による）は、処方オピオイドの価格を引き下げ（P_0 から P_1）、処方される数量を増加させる（Q_0 からへ Q_1）——もちろん、その需要が増加しても、処方者は患者にさらなる薬を提供することを厭わないと仮定している。この拡大は、第二次市場において処方オピオイド価格を引き下げる影響力を持つ。なぜなら、薬が家族、友人などに転用された場合、第一次市場で処方オピオイドを購入する人は入手コストが低下するためである。供給拡大にくわえて、第一次市場の処方オピオイドへの政府補助金の導入は、消費者が支

図7−5　処方オピオイド乱用の価格と数量に対する供給拡大と政府補助金の影響、第二次市場

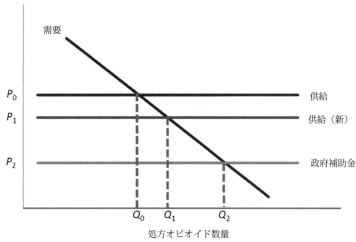

注：この図は、第二次市場の価格と数量に、（図7−4で示された）第一次市場におけ
　　る右方への供給曲線のシフトと政府補助金が及ぼす影響を示している。

図7−6　需要拡大が違法オピオイドの価格と数量に及ぼす影響

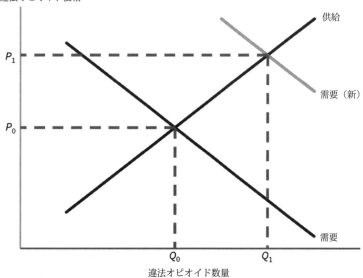

注：この図は、供給曲線がそのままの状態で需要曲線が右方にシフトする影響を示し
　　ている。この場合、価格は上昇するはずである。

図7-7　供給拡大が違法オピオイドの価格と数量に及ぼす影響

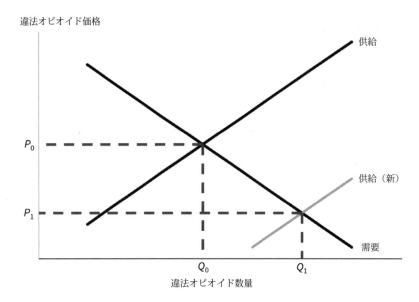

注：この図は、需要曲線がそのままの状態で供給曲線が右方にシフトする影響を示している。この場合、価格は低下するはずである。数量が増加して価格が低下する場合、供給は拡大しなくてはならない。

払う価格（需要価格、$P_{2,D}$）と処方薬供給者が受け取る価格（供給価格、$P_{2,S}$）の差額を大きくし、その差額は補助金の金額によって埋め合わせられる。需要価格は、補助金導入前に患者により支払われた価格（P_1）よりも低くなり、これによって第二次市場における処方オピオイドの価格はいっそう低下する。したがって、第一次市場における処方オピオイドの供給拡大と政府補助金は、第二次市場におけるオピオイド乱用の価格を引き下げ、数量を増やす。過剰処方がある環境ではとくにそうである。しかし、前述のように、第二次市場価格が実際に第一次市場価格に反応するかどうかは、処方箋の入手が比較的容易な環境かどうかによる。

図7-6及び図7-7は、違法オピオイド（たとえば、ヘロインや違法に製造されたフェンタニル）のケースを検討する。それは、合法的な市場が存在しない。違法オピオイド使用量が2010年から2016年に大幅に増加したため、需要または供給が拡大した、あるいはその両方が拡大したということは理にかなっている。しかし、違法オピオイドを増加させたのは需要であったのか、それ

とも供給であったのかは、検証可能性を有する意義がある。需要拡大が支配的であった場合、違法オピオイドの価格は上昇しなくてはならない。他方、供給拡大が支配的であった場合、価格は低下しなくてはならない[8]。事実、違法オピオイド価格は2010年から2013年まで比較的安定したことが分かり、それは需要——それ自体、処方オピオイドによる危機の波を削減しようとする取り組みにより部分的に焚きつけられた——と供給の拡大は、この期間において重要であったことを示している。その後2013年から2016年まで、違法オピオイドの価格は、違法製造されたフェンタニルの流入により著しく低下し、そのことは供給拡大がこののちの時期に最重要であったことを示している。

私たちの調査結果が示すところによると、補助金と供給拡大は、処方行動の変化と合わせて、オピオイド過剰摂取死亡の上昇のほとんどを説明することができる。一部の者が論じるところによると、過去数年の経済停滞などの需要サイドの要因が、薬物乱用や他の原因による死亡率の上昇の主

図7−8　オピオイド過剰摂取死亡者と失業率、1999〜2016年

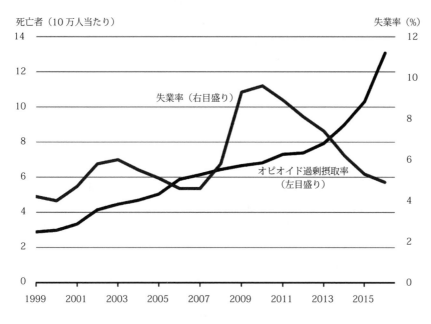

死亡者（10万人当たり）　　　　　　　　　　　　　　　失業率（%）

失業率（右目盛り）

オピオイド過剰摂取率
（左目盛り）

要な要因であった（Stiglitz 2015）。しかし、経済状況悪化による需要の伸びは、オピオイド危機の増幅を牽引した主な要因ではなかったという直接的証拠がある。

　第一に、所得低下が需要を増やすという仮説は、米国における集計的な時系列統計を説明しない。経済状況の悪化が需要を増加させる場合、大リセッションがオピオイド関連過剰摂取死亡者の大幅な増加を焚きつけたと予想されるであろう。しかし、図7-8は、オピオイド関連過剰摂取死亡者の増加率は、大リセッションに影響されなかったことを示している。その危機は、過去1世紀に経験した最大級の不況の1つをほぼ同じペースで通過し、実際、リセッションが終わった後に増加率を高めた。より重要なことだが、オピオイド死亡の最低水準の増加率4つのうち2つは、大リセッションの最中、2008年から2010年までに生じた。増加率が再び大幅に上昇したのは、2014年、2015年、2016年になってからのことである——それは、失業率が低い時期であり、影響に数年間のラグがなかったとしたら、所

得低下に拍車をかけられたオピオイドの需要増加とは反対のものであった。

　全体的経済状態とオピオイド死亡との間に関連がないにもかかわらず、ホリンズワースら（Hollingsworth, Ruhm, and Simon 2017）は、郡レベルの失業とオピオイド関連過剰摂取死亡との間にプラスの関連を見つけている——1つの郡の失業率の1%ポイント上昇は、10万人当たりのオピオイド関連過剰摂取死亡率の0.19人増加と関連している。しかし、この関連は、オピオイド死亡の大幅な増加の主な要因となるほど数量的には大きくないように見える。1999年から2016年の間にオピオイド関連過剰摂取死亡率が10.2人増加したことを説明するには、同期間に失業率が54%ポイント増加しなければならない。しかし、失業率は1999年から2016年までに（4.2%から4.9%へと）正味0.7%ポイント上昇しただけである。

　さらに、ルーム（Ruhm 2019）は、経済状態の変化を反映する多くの需要サイドの要因が、この期間の危機の拡大を説明できるかどうか、正式

⑦

に試験している。彼は、この期間におけるオピオイド過剰摂取死亡増加は、経済状態によりほとんど説明できないことを明らかにした。代わりに、彼は、供給状態を反映した薬物環境の変化を中心的なものと指摘している。ルームの研究結果と整合的なのだが、カリーら（Currie, Yin, and Schnell 2018）は、郡で処方されたオピオイドの量に対する雇用・人口比率の全体的な影響に、なんら明確な証拠を見つけられなかった。

オピオイド危機の第一波——処方オピオイド

オピオイドは2つの波で展開した。第一波は、2001年頃に始まり2010年頃まで続いたもので、処方オピオイドの乱用を特徴としている[9]。第二波は2010年頃始まったもので、その頃処方オピオイドの乱用が困難になり、違法オピオイド——ヘロイン、もっと最近では違法に製造されたフェンタニル——が市場に出回った。この節と次の節は第一波に焦点を合わせ、その後の節では第二波に焦点を合わせる。

2001年から2010年の間に、処方オピオイド（天然及び合成オピオイドとメタドンと定義する）を含む過剰摂取死亡率は182%増加したが、その他のオピオイド関連死亡ははるかにゆっくりと増加した（図7-3）[10]。処方オピオイドの供給拡大の潜在的役割を分析する目的で、最初に処方オピオイドの自己負担価格を推計する。次に、較正演習を実施する。その中で、処方オピオイドの第二次市場価格は自己負担価格に比例し、処方オピオイド乱用者は、ヘロイン使用者がヘロイン価格に反応するのと同じように乱用の価格に反応すると仮定している。処方オピオイド関連過剰摂取死亡率の観測された上昇の大きさに対して、価格低下が大幅な量的反応を示す場合、これらの価格低下は、その他の要因と相まって、オピオイド危機の第一波で役割を果たした可能性がある。

オピオイド処方箋が促進され、入手と補充が容易な環境は、自己負担価格低下が重要な役割を果たすのに不可欠である——そうでなければ、第二次市場の価格が自己負担価格低下に反応できた可能性は低い。この環境は、痛みが十分に治療されることはなく、オピオイドが解決策であると医師を説得するキャンペーンによって生み出されたものである。疼痛緩和関係学会、患者権利擁護団体、専門医療組織は、医師に痛みをより積極的に治療するように促した（Max et al. 1995）。痛みは、「5番目のバイタル・サイン」とラベルづけされ、定期的に評価及び治療されるべきである（VA 2000）。2001年以降、病院やその他の医療施設の認証機関である合同委員会は、痛みの存在と強度を評価し、それを「効果的な鎮痛剤」で治療する手続きを確立することを施設に要請する新基準を制定した。同時に、複数の医療機関は、慢性的な非癌性疼痛の安全かつ効果的治療法としてオピオイドを促進した（DuPont, Bezaitis, and Ross 2015）。これは、1990年代後半から始まったオピオイド・メーカーによる積極的マーケティング活動と軌を一にするもので、それは医師にその製品は乱用の可能性がほとんどない安全なものであると保証するものであった（Van Zee 2009; President's Commission 2017）。紙幅に制約があるために、本章では、オピオイドの適切な使用に関する医療指針の変更、またはオピオイド・メーカーによるマーケティングとプロモーションの取り組みについて包括的な点検を提供していない。

私たちは、医療支出パネル調査（MEPS）を用い、処方オピオイドの効力調整単位当たりの自己負担価格の時系列を作成した。MEPSは、回答者に、入手したすべての処方薬と、それぞれの薬にいくら自己負担価格を支払ったかを報告するよう求めている。オピオイドは、モルヒネ換算消費量（MGEs; morphine gram equivalents）に変換され、支出をMGE総数で割ることにより価格が推計される。私たちは、MGEsと効力調整単位という用語を全体を通じて同じ意味で用いる。図7-9は、処方オピオイドの実質供給と自己負担価格指数を示している。供給価格は、総支出と総MGEsの比率として計算され、自己負担価格は、自己（自費）支出と総MGEsの比率として計算されている。

図7-9 実質供給価格と効力調整処方オピオイドの実質自己負担価格指数、2001～2015年

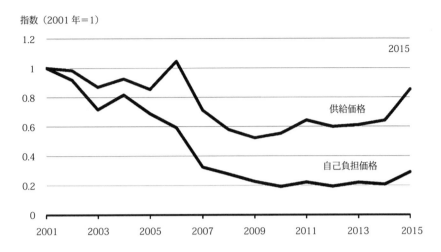

指数（2001年＝1）

注：価格は、所与の年の実質総支出をその年に処方されたモルヒネ換算消費量の総数で
　　割って計算されている。すべての処方は、全米医薬品コード・データベースを用い、
　　処方された錠剤の量とその効力に基づいてモルヒネ換算消費量に変換されている。
出所：Medical Expenditure Panel Survey; National Drug Code Database; Bureau of
Labor Statistics; CEA calculations.

自己負担支出には、第三者の補償のない処方箋に対する個人支払いと、第三者によって部分的にしか補償されない処方箋に対する個人の受診時定額負担金が含まれることに注意せよ。

　2001年から2010年までに、自己負担価格は81%低下し、安定した。この低下の潜在的要因の1つは、次節で詳細に分析されるが、2006年のメディケア・パートD導入であった。それにより、オピオイドを含む処方薬に補助金が導入され、登録消費者の自己負担価格が引き下げられた。もう1つの潜在的要因は社会保障障害保険（SSDI）登録の急拡大であり、2006年以前はメディケイドや他のプログラムを通じて多くの登録者に医薬品の保険適用を提供していたが、2006年以降はメディケア・パートDを通じて保険適用を提供した。最終的に、2001年から2010年までに、供給価格は、ジェネリック・オピオイドの拡大と相まって、45%低下した。食品医薬品局（FDA）による最近の分析では、同じ期間に、薬局効力調整オピオイド入手価格は28%低下した。もっとも危機が始まる前の1990年代に、価格が大

幅に上昇したことがわかった（FDA 2018a）。図7-10は、ジェネリックの市場シェアが2001年から2010年までに55%から81%に上昇したので、効力調整オピオイドのブランド市場シェアが減少したことを示している（FDA 2018a）。

　需要の法則によると、他の条件が等しければ、ある活動が安価になれば、消費者はその活動により従事するようになる。しかし、その法則それ自体は、処方オピオイドの効力調整価格81%低下が処方の数量または処方オピオイド関連死亡者数に及ぼす影響の大きさについて、私たちに何も語らない。オピオイド処方と他の処方を自己負担価格に関係づけた従来の計量経済学的研究によれば、図7-9に示された価格変化がオピオイド処方数に及ぼす定量的影響の範囲を示している。死亡は乱用に起因するため、死亡数に対する影響を予測するには追加情報が必要である。オピオイド処方の一部だけがオピオイド使用障害を持つ人々に与えられ、その需要の価格感応度は、平均的消費者の感応度と異なっている可能性がある。

　処方オピオイド価格低下がオピオイド処方数に

図7−10　効力調整処方オピオイドのブランド・シェアと供給価格、2001〜2016年

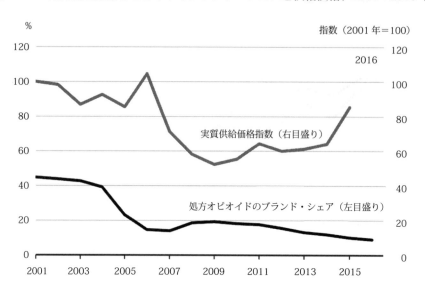

注：価格データは2015年まで利用可能である。ブランド・シェア・データは2016年
　　まで提供されている。
出所：Food and Drug Administration (2018a); Medical Expenditure Panel Survey;
　　　CEA calculations.

及ぼす影響から見てみよう。多くの研究は、薬価及び保険適用が、すべての処方薬の販売とオピオイド処方の販売に及ぼす影響を調査している。薬の使用者が価格に対して敏感であればあるほど、価格が下がればそれだけ多く消費する。この価格感応度は、通常、需要の価格弾力性——価格が1％上昇した場合の需要量の変化率——によって計測される[11]。弾力性研究は、通常、クロス・セクション比較を行うため、時間の経過とともに変化する医師の処方規準と、売り手のマーケティング努力を一定にしている。換言すると、処方規準とマーケティング努力の変化の影響を、需要の価格弾力性に関するクロス・セクション研究によって計測された価格効果に加える必要がある。Box 7-1は、メーカーによる誤解を招くマーケティング活動をめぐって、政府とオピオイド・メーカーの間で進行中のオピオイド和解の概要を示している。

ソニ（Soni 2018）が明らかにしたところによると、メディケア・パートDの導入は、（55歳から64歳で、メディケアに加入していない人々に比べて）65歳から74歳の人々に対するオピオイド処方を、4年間で1.5倍増加させた。同時に同じ人々に対し、ソニ（Soni 2018）が明らかにしたところによると、自己負担価格はパートDの導入により0.44倍低下しただけであり、図7-9に示されているように、2001年から2010年までの米国の人口全体に対する価格変化よりも小さい。パートDのこれらの推計された効果は経済的に重要であり、図7-9で示された変化が処方箋数に最小限の影響しか与えないという仮説を支持しない。そうではなく、それらは（自然対数で計算された）-0.49という弧弾力性を示し、それは図7-9の価格変化が1人当たり効力調整処方箋を2001年から2003年の間に2.3倍にしたことを意味する。2.3倍というのは、報告自動化・統合注文システム（ARCOS）のデータで推計され、図7-11に示された実際の変化に近い（DOJ n.d.）。

自己負担価格に対する消費者需要の感応度が薬によって異なる範囲において、保険プランは、薬によって定率負担額（coinsurance）が異なる必

Box 7—1　オピオイド危機訴訟

全米の数千の地方自治体と、20超の州が、メーカーと販売業者にオピオイド危機の責任を持たせるために、製薬業界を訴えている。これらの訴訟は、オピオイド・メーカーがオピオイドのリスクを過小評価し、便益を誇張する誤解を招くマーケティング活動を行なったと主張している。さらに、これらの訴訟は、オピオイド販売業者が薬物の拡散を不法にも許したと主張している。

こうした民事訴訟の結果、複数の和解合意が妥結し、少なくとも1件の大規模裁判が行われ、さらに多くの和解が見込まれている。オキシコンチンのメーカーであるパーデュー・ファーマは、その所有者のサックラー家と共に、2019年9月に、100億ドル超となると見込まれる暫定的和解を発表した。提案された合意に基づき、同社は公開企業に再編され、医薬品販売から生じた利潤は原告に支払われることになる。その和解は、オピオイド危機に関与した企業の中で最大の支払いとなるであろう。パーデュー・ファーマは以前、2019年3月に訴訟を解決するために合計2億7000万ドルをオクラホマ州に支払うことに合意した。パーデューのオクラホマ和解は、その後の各州との和解の舞台を整えた。そのなかには、2019年5月のテバ・ファーマシューティカルズの8500万ドルの和解が含まれる。ジョンソン&

ジョンソンは和解を拒否し、画期的な裁判の結果、2019年8月にオクラホマ州に5億7200万ドルを支払うことになった。オクラホマ州もジョンソン&ジョンソンもこの評決に異議を唱えている——それぞれ、その金額は小さすぎる、大きすぎると主張している。

三大医薬品販売業者——マクケッソン、カーディナル・ヘルス、アメリソース・バーゲン——とジェネリック・オピオイド・メーカーのテバ・ファーマシューティカルズは、2019年10月に約2億6000万ドルの和解を達成した。これらの和解は、約2年間の法廷闘争の早期の結論であり、他のオピオイド裁判の和解に対しベンチマークの役割を果たすであろう。三大医薬品販売業者、テバ、ジョンソン&ジョンソンに対するオピオイド訴訟すべてを解決するために480億ドルを支払うという取り決めが破談になった後、2019年10月21日、新たな一連の連邦裁判の最初のものが始まった。

和解には、薬物使用障害治療プログラム研究への寄付、現金支払いの組み合わせが含まれており、数十万人を殺害し、何兆ドルもの損害を与えたオピオド危機の責任を製薬会社に持たせようとし、裁判所に持ち込まれた数千の類似裁判のベンチマークを提供するであろう。

要がある（Feldstein 1973; Besley 1988）。医療保険プランは、実際そのようになっている（Einav, Finkelstein, and Polyakova 2018）。オピオイドの定率負担額（43%）は、他の一般的な治療薬分類（39%）よりも高い。同様に、ハイドロコドンの定率負担額（50%）は、他の一般的な非オピオイド医薬品（30%）よりも高い。したがって、観測された定率負担額によると、オピオイド処方は、医療プランの提供者にとって関心のある1年間（またはそれ以上）という時間枠で、平均的処方薬よりも価格感応度が低くないことを示している[12]。アイナヴら（Einav, Finkelstein, and Polyakova 2018）の治療薬分類に関する−0.27という1カ月弧弾力性が、図7-9に示されている

2001年から2009年の価格変化に適用された場合、オピオイド処方は、価格変化だけを理由として、1.6倍に増えたことであろう[13]。

1.6倍は経済的に重要だが、2001年から2010年までのオピオイド処方の実際の変化のごくわずかにすぎない。ソニ（Soni 2018）とアイナヴら（Einav, Finkelstein, and Polyakova 2018）の研究結果の不一致は、1カ月以上続く価格変化、または、国民のより多くに適用される価格変化に、その行動がより感応的なためかもしれない[14]。しかし、この不一致は、価格効果の推計における不正確さを反映しているかもしれない。そのため、私たちのデータは、処方の増加は価格低下だけでは説明できないが、医師の処方規準とオピオイドの

図7−11　米国における1人当たり処方オピオイドの効力調整当量（MGEs）、2001〜2015年

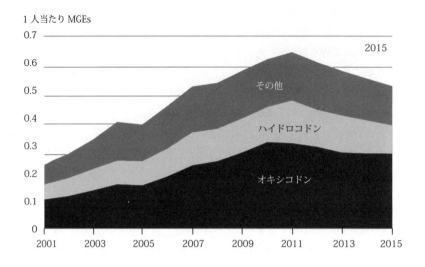

注：MGEs＝モルヒネ換算消費量。量はMGEsに変換され、1人当たりMGEsを計算する
　ために所与の年の米国総人口で割っている。
出所：Automation of Reports and Consolidated Orders System; National Drug Code
　　　database; CEA calculations.

売り手によるマーケティング努力の変化も反映する、という見解と整合的である。

　オピオイド価格の低下がオピオイド処方を増加させた割合と異なる速さでオピオイド死亡を増加させた1つの理由は、医療目的のオピオイドの価格がオピオイド乱用者の支払う価格とは異なるトレンドにしたがうことにある。実際、処方オピオイドを乱用した人のわずか25%しか直近では医師から薬を入手していない一方、残りの75%は、家族や親戚、窃盗、薬物の売人、その他の入手元から入手している（図7-12）。しかし、薬物が第二次市場で入手された場合、その価格は自己負担価格と正の相関があるであろう。自己負担価格の低下は第二次市場で薬物を販売するための入手コストを低下させる。また、予期せぬ互酬により薬物を無償譲渡する人々にとっての暗黙の価格を引き下げるはずである。また、盗難から薬物を守るために個人によって取られる予防措置を減らすはずである[15]。もちろん、自己負担価格は、処方オピオイドを乱用するために入手する合計価格の一要素にすぎない。オピオイドを処方してく

れる医師を探すのが容易になること、また供給を受け入れて処方箋にすすんで応じる薬局もまた重要である。

　オピオイド危機の第一波において自己負担価格が役割を果たしたかどうかを状況に当てはめるための較正演習として、処方オピオイド乱用の価格は、自己負担価格と比例的であると仮定しよう。たとえば、処方オピオイドの自己負担価格が10%低下すると、第二次市場（及び第一次市場で薬を入手する乱用者に対して）薬の価格が10%低下すると仮定している。この仮定は、処方オピオイド乱用者の25%にとっては明らかに合理的である。乱用者の25%は、第一次市場の医療提供者による処方箋から直接薬剤を入手し、自己負担価格しか目にしないからである。

　また第二次市場の価格を自己負担価格に比例的であるとしよう。第一に、第二次市場で薬を購入する（薬を無料で受け取るのではない）乱用者を考えてみよう。これらの薬の売り手はその利潤を最大化しようとする。それは、各薬剤の価格 P から第一次市場における各薬剤の入手コスト C（自

図7-12　乱用された処方オピオイドを入手した乱用者の比率、最新の入手元別、2013～2014年

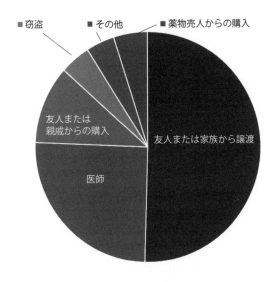

出所：Lipari and Hughes (2017).

己負担価格）を差し引き、販売された薬剤の数量 Q を乗じる。

$$\pi = (P-C)Q$$

　競争市場においては、利潤はすべての売り手に対してゼロになるまで押し下げられるので、第二次市場で請求される価格は自己負担価格に等しくなる。非競争市場では、それぞれの売り手は販売する薬剤の数に基づいて第二次市場に影響力を及ぼす。上の方程式で言えば、これは、価格は数量の関数であることを意味する。利潤最大下の必要条件は次のように示すことができる。

$$P = \frac{1}{(1+r)}C$$

　ここで r は、特定の売り手によって供給される薬剤の数量に対する市場価格の感応度（％）である。したがって、コスト（または自己負担価格）C の上昇は、r を一定とすると、第二次市場価格

P に比例することになる。

　マークアップ率の異なる第二次市場のさまざまなセグメントから入手される処方オピオイドの比率は、時間を通じて一定のままだと仮定すると、全セグメントを通じた第二次市場平均価格は、自己負担価格の変化に比例的に変動する。第二次市場へのサプライヤーが医師から処方箋を入手し薬局で処方箋の薬を出してもらう取引コストが比較的低い場合だけ、この仮定がもっともらしいということを強調するのは重要である。このため、処方指針や慣行の変更、疼痛管理重視の傾向、「ピル・ミル」と薬局の供給拡大は、価格低下がオピオイド乱用に対する潜在的に重要な影響を与えるための前提条件である。

　オピオイド価格の低下が、オピオイド処方を増加させるのと異なるペースでオピオイド死亡率を上昇させることがある別の理由は、ほとんどのオピオイド処方が医療目的で使われていることにあり、オピオイドを乱用する人は価格に対し異なる感応度を持っている可能性がある。1つの見解では、医療目的使用者は医療提供者の指示にした

表 7—1　ヘロインについての需要の価格弾力性の推計値

研究	研究タイプと結果	弾力性推計値
Silverman and Spruill (1977); Caulkins (1995); Dave (2008); Olmstead et al. (2015)	ヘロイン使用に関連した結果（犯罪、救急外来受診など）	–0.27; –1.50; –0.10; –0.80
Saffer and Chaloupka (1999)	全米世帯調査	–0.94
van Ours (1995); Liu et al. (1999)	政府歴史資料	–0.7 to –1.0; –0.48 to –1.38
Bretteville-Jensen and Biorn (2003); Bretteville-Jensen (2006); Roddy and Greenwald (2009)	ヘロイン使用者へのインタビュー	–0.71 to –0.91; –0.33 to –0.77; –0.64
Petry and Bickel (1998); Jofre-Bonet and Petry (2008); Chalmers et al. (2010)	研究所研究	–0.87 to –1.3; –0.82 to –0.92; –1.54 to –1.73

出所：Olmstead et al. (2015).

がっているだけあるから、彼らは価格感応的ではないのであり、他方、乱用者は、オピオイド購入によりその所得のほとんどが尽きるまでは必然的に価格感応的である[16]。別の見方では、オピオイドを乱用する人は、薬物入手でお金を節約することにあまり関心がないために、あまり価格感応的ではない。

　残念ながら、（目的の如何を問わず）処方オピオイドの総数の価格弾力性から区別して、処方オピオイドの乱用の価格弾力性を推計した研究を知らない。したがって、処方オピオイドの代替品としてヘロインの価格弾力性の推計値を使用する。それについては非常に多くの学術研究が入手可能である。オルムステッドら（Olmstead and others 2015）は、広範囲に及ぶ文献のレビューを提供し、使用された方法に基づいて研究を分類した――表 7-1 はそれらの研究を要約している。その研究は広範囲に及ぶ推計を含むが、研究は一般的に、価格の上昇が需要を減少させることを明らかにしている。私たちの較正演習のために、違法薬物価格弾力性に関するギャレット（Gallet

2014）の研究のメタ分析に依拠する。それは 42 の研究から 462 の価格弾力性を合成したものであり、ほとんどが米国のデータに基づいている。彼は、ヘロインの価格弾力性が –0.47 から –0.56 の範囲にあり、処方オピオイドについてのソニ（Soni 2018）の結果から計算された –0.49 という弧弾力性と整合的であり、アイナヴら（Einav, Finkelstein, and Polyakova 2018）らによって報告された全処方薬についての短期推計値に比していっそうゼロから離れている[17]。

　先行研究は一連の価格弾力性を示したために、オピオイド乱用、また処方オピオイド関連の死亡者数が増加した一要因として、価格変化の役割について一連の推計値を提供できるにすぎない。低い値としては、全処方薬についてのアイナヴら（Einav, Finkelstein, and Polyakova 2018）の短期的研究結果があり、需要の価格弾力性は一定であり –0.27 であると解釈できる。中間の値としては、その結果について他の解釈をすることができる[18]。つまり、需要曲線は価格において線形だということである。高い値としては、私たちはギャレット

図7-13　処方オピオイド関連過剰摂取死亡者の実際及び予想、乱用についての需要の価格弾力性別、2001～2015年

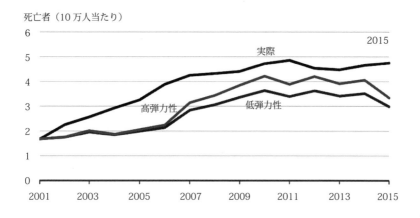

注：死亡者予測は、需要曲線を一定に保ち、価格低下の大きさに基づいて需要曲線を下
　　に移動することによって計算される。需要関数の関数形態は本文で説明されている。
　　低弾力性は0.47、高弾力性は0.56である。
出所：CDC WONDER; Bureau of Labor Statistics; Medical Expenditure Panel Survey;
　　National Drug Code database; CEA calculations.

（Gallet 2014）の -0.56 という最高値を取ることができる。予想される死亡率について対応する結果は、図 7-13 においてそれぞれ、「低い一定の弾力性」、「低い線形需要」、「高い一定の弾力性」として示されている[19]。参考のため、図 7-13 も処方オピオイド関連の実際の過剰摂取死亡率を示している。過剰摂取死亡の増加が乱用の増加と比例的であると仮定すると、価格変化は、2001 年から 2010 年における処方オピオイド死亡率上昇のうち31% から 83% を説明できる。言い換えると、価格変化がなければ、その推計値が示すところによると、前述の期間に処方オピオイド関連の死亡は、1 万 1500 人から 2 万 2800 人少なかったことを示唆している[20]。

図 7-13 は、2005 年などの早期の時期よりも 2010 年の方が、実際の過剰摂取死亡の増加の大きな部分を、一定弾力性モデル（図の赤色と金色の線）で説明できることを示している。私たちの価格計測値によると晩期よりも早期の方が価格低下が比例的に少なく、価格にくわえて価格以外の要因（たとえば、処方規準やマーケティング努力）

の実質的影響を反映しやすいために、このパターンが発生するのである。しかし、線形需要は、実際の死亡に近い予想死亡の時間的パターン（増加合計ではなく）を示し、一定弾力性は価格変化の影響に関する正確なモデルではない可能性を示唆している[21]。

ここでも、過剰摂取死亡の増加を説明する上で潜在的な価格の役割は、価格が低下したために第一次市場の消費者がより多くの薬剤を入手できるかどうかにかかっている。これは、処方者が痛みをオピオイドで積極的に処置することを奨励され、さらには義務づけられる環境により促進された（President's Commission 2017）[22]。その結果、医師はより多くの患者により多くのオピオイド処方箋を書き、薬を入手するのに必要な時間と労力の量を削減した。一部の地域では、ピル・ミルの台頭が、処方箋作成と調剤を組み合わせることにより、これらの薬を入手する利便性をいっそう向上させた。

さらに、処方オピオイド関連の死亡率が、2001 年から 2010 年までに 2.8 倍増加し（図

7-13)、同時に、1人当たり処方オピオイド量が2.6倍に増加したこと（図7-11）に留意しなくてはならない。これは、この期間を通じて処方箋を増加させていた要因がオピオイド乱用も増加させ、乱用への比率上の影響がやや大きいだけであることを示唆している。この結果について考えら

れる説明は、乱用の価格弾力性は医療用途の価格弾力性と類似しているがやや大きいため、価格低下は両方のタイプの使用を増加させるが乱用に対する比率上の影響がやや大きい、ということである。

オピオイドに対する公的補助金

2001年から2010年までに処方オピオイドの自己負担価格が81%低下したのに関連ありそうな要因は、オピオイドを含む処方薬の処方と購入を補助する公的医療保険プログラムの拡大である。これらの補助金は、合法市場での自己負担価格を引き下げることにより、医師から薬を入手する処方オピオイド乱用者の25%に対して直接的に、第一次市場で薬を最初に入手した友人、家族、売人から第二次市場で入手する乱用者の75%（図7-12）には間接的に、自己負担価格を引き下げた[23]。

政府プログラムによって資金提供された効力調整済み処方オピオイドのシェアは、2001年には17%であったが、2010年には60%へと増加した（図7-14）。しかし、これは、公的プログラムから資金の援助を得て入手された転用オピオイドのシェアを過小評価しているかもしれない。第二次市場へのオピオイドの転用は、自己負担価格が低いほど収益性が高く、政府補助金で購入された薬は自費または民間保険で購入された薬よりも平均して安い（MEPS）。したがって、自己負担価格を最も大幅に削減する政府補助金により、こうしたプログラムの資金援助を得て入手されたオピオイドは、転用される可能性が最も高くなる。事実、政府プログラムは、2010年に少なくとも一部を第三者支払者により補償された全オピオイドの74%に資金を提供した（MEPS）。

図7-14は、公的プログラム、民間保険会社、非第三者支払者によって補償される効力調整済みオピオイドのシェアを示している。公的プログラムは、時間の経過とともにはるかに重要な資金源になり、メディケア適用範囲拡大は、この増加を大幅に推進したように見える。メディケアに適用

されるオピオイドのシェアは2006年に急増したが、それは、処方薬給付をメディケア受給者に提供するメディケア・パートDの実施年と同じ年である[24]。オピオイドを提供されたメディケア・パートD加入者の大多数は、それらを乱用しないことに注意することが大切である。ケアリーら（Carey, Jena, and Barnett 2018）は、オピオイド処方を受けた60万超のメディケア受給者のサンプルを研究した。いくつかの異なる計測値を用いても、乱用の計測値を示すのは、加入者のわずか0.6%から8.5%である。

メディケア・パートDの実施と、その結果、メディケアに資金提供されたオピオイドのシェアが上昇したことは、その他の資金源により補償されたオピオイドをたんに代替したのではなさそうである。図7-15は、各資金源に補償された1人当たりオピオイド量を示している。メディケイドに補償された効力調整済みオピオイドの数は2005年から2006年の間に減少したが、メディケアに補償されたオピオイドの数の増加は、この減少の3倍以上であった[25]。民間保険会社によって補償された効力調整済みオピオイドの数も、2005年から2006年までに増加した。さらに、MEPSデータによると、2005年から2008年までに、調剤された効力調整済みオピオイドの総量は73%増加したが、この増加の約4分の3はメディケアによって支払われたオピオイドによるものである[26]。

2001年から2010年の間に、メディケアの対象となったオピオイドは2400%以上増加し、メディケイドの対象となったオピオイドは360%増加し、公的に補償されたオピオイドの合計は1200%以上増加した（MEPS）。高齢者と、疼痛

図 7－14　効力調整済みオピオイドのシェア、主たる支払者別、2001〜2015 年

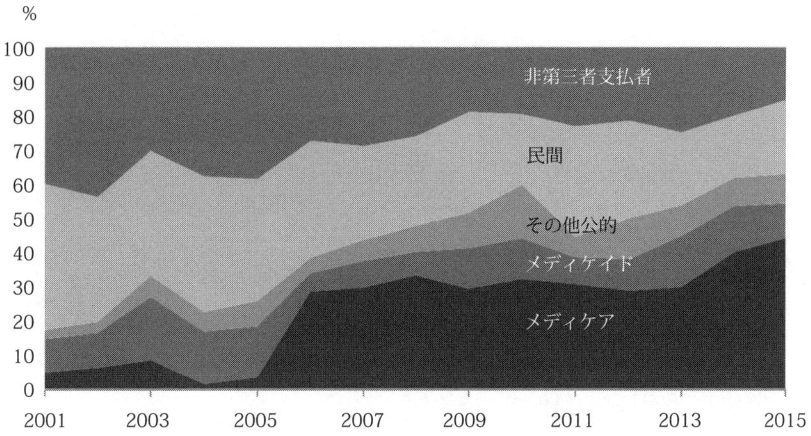

注：第一支払者は、特定の処方に対し最高支払額を持つ第三者支払者として定義される。メディケア、メディケイド、民間保険会社に加えて、他の考えられる第一支払者には、退役軍人給付、労働者補償、その他連邦政府保険、州または地方政府保険、もしくはその他の公的保険が含まれる。すべての処方は、全米医薬品コード・データベースを用い、処方された錠剤の量とその効力に基づいてモルヒネ換算消費量に変換されている。
出所：Medical Expenditure Panel Survey; National Drug Code Database; CEA. calculations.

緩和関連のニーズが大きい傾向がある SSDI 受給者をメディケアが対象としていることを考えると、メディケアが、処方オピオイド最大の公的支払者であるだけでなく、処方薬最大の支払者であることは、驚くべきことではない。

先行研究は、オピオイドに対する公的資金の増加がオピオイド危機、とくに流通市場への薬剤の転用に拍車をかけるという含意について研究してきた。パウエルら（Powell, Pacula, and Taylor 2017）は、メディケア・パート D によるオピオイド処方の 10% 増加は、メディケアの受給資格のない人々のオピオイド関連過剰摂取死亡を 7.4% 増加させたことを明らかにした。著者らは、65 歳以上の人口の割合が大きな州で、処方薬給付を推進する上でメディケア・パート D がおそらく重要な役割を果たしたという事実を使用し、過剰摂取死亡に関連したオピオイドに処方薬給付が及ぼした影響を推計している。

さらに、高齢者――メディケア給付の資格を持つ主要な人口――は、薬物過剰摂取による死亡と報告された人々の中で、不釣り合いに小さな割合であるため、これらの結果が示すところによると、メディケア拡大がオピオイド関連死亡率に及ぼす影響は、第二次市場における処方オピオイドの供給増加のためである。メディケイドの対象となるオピオイド処方について調べた者もいる[27]。最近の報告で、米上院国土安全保障・政府関係委員会（U.S. Senate Committee on Homeland Security and Governmental Affairs 2018）は、処方オピオイドの乱用を助長するメディケイド不正の無数の事例を記している――たとえば、納税者のお金を使った薬剤を入手するために、メディケイド受給者に金を渡す薬物ディーラーである。

同じように、エバースタット（Eberstadt 2017）は、メディケイドが第二次市場で販売される可能性のある処方オピオイドに助成することにより、働き盛りの成人の非就業増加に資金を提供したと示唆している。しかし、グッドマン・ベーコンとサンドー（Goodman-Bacon and Sandoe 2017）、ベンカタラマニとチャタジー（Venkataramani and Chatterjee 2019）、シャーら（Cher, Morden and Meara 2019）は、メディ

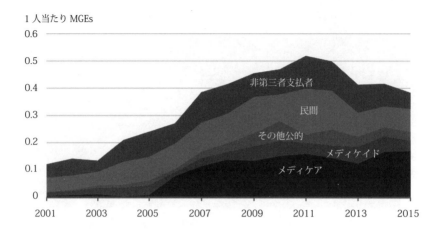

図7−15 1人当たり効力調整済み処方オピオイド、主たる支払者別、2001〜2015年

1人当たりMGEs

注：MGEs＝モルヒネ換算消費量。第一支払者は、特定の処方に対し最高支払額を持つ
　第三者支払者として定義される。メディケア、メディケイド、民間保険会社に加えて、
　他の考えられる第一支払者には、退役軍人給付、労働者補償、その他連邦政府保険、
　州または地方政府保険、もしくはその他の公的保険が含まれる。すべての処方箋は、
　全米医薬品コード・データベースを用い、処方された錠剤の量と効力に基づいてモル
　ヒネ換算消費量に変換されている。
出所：Medical Expenditure Panel Survey; National Drug Code Database; CEA calculations.

ケイド拡大がオピオイド危機に拍車をかけたという証拠をほとんど見つけていない。こうした事実発見は、公的プログラムがオピオイド危機を悪化させたという他の証拠と、必ずしも矛盾しない。メディケイド拡大によって増えた対象者がオピオイドを処方される可能性は低いため、メディケイド拡大がオピオイド乱用を増加させなかった可能性がある。州の拡大措置の前に、メディケイドはすでに、メディケアの資格を持たない高齢者と、補足的保障所得（SSI）を受け取っている全成人を対象としていた。メディケイド拡大は、低所得の非障害非高齢者のみを対象としたもので、オピオイドを処方される可能性の低い人々である。事実、図7-15は、大多数の州がメディケイド対象を拡大したので、メディケイド登録者は2013年から2015年までに6000万人から7000万人に増加したにもかかわらず、同じ期間にメディケイド対象の1人当たりオピオイド量が減少したことを示している。さらに、グッドマン・ベーコンとサンドー（Goodman-Bacon and Sandoe 2017）によって研究されたメディケイド拡大は、人々が

処方オピオイドを乱用しにくくするように措置が講じられた後（たとえば、2010年のオキシコンチンの製品改変、特定のオピオイドを制限の厳しいより高度の薬物スケジュールに再分類すると共に、他の医薬品を発売すること）、2014年に起こったものである。

処方オピオイドに対する公的補助金も、傷害保険を請求するアメリカ人の数の増加によって拍車をかけられた。SSDIは連邦障害者支援プログラムであり、月額最高2687ドル、月額平均1173ドルの給付を提供する。かなりの就労経験のある成人だけがSSDIを受給する資格を持ち、給付額は障害者になる前の生涯稼得が多い方が給付が多くなる[28]。

SSDI障害労働者は一般的に、プログラム登録の24カ月後にメディケアの資格が与えられる。SSDI登録は1990年以降劇的に増加した。SSDI登録の増加は、人口高齢化、女性の労働力参加率上昇、より寛容な障害者認定を含む、いくつかの要因に起因する（Autor 2015）。別の障害者プログラムであるSSIは、SSDIの資格を得るほどの

図7−16　社会保障障害保険と補足的保障所得を受給している成人と、オピオイド関連薬物過剰摂取死亡、10万人当たり、1980〜2016年

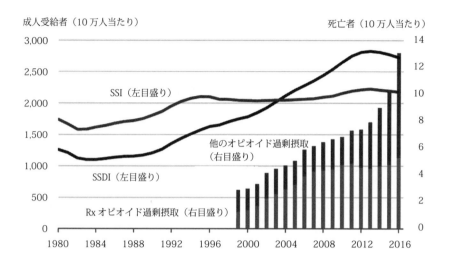

注：SSDI＝社会保障障害保険、SSI＝補足的保障所得。処方オピオイドには、天然及び
　　合成オピオイドと、メタドンが含まれる。オピオイド過剰摂取死亡についてのデータ
　　は、1999年以降CDC WONDERで入手できる。
出所：Social Security Administration; CDC WONDER; CEA calculations.

就労経験のないアメリカ人に対し、より少額の給付を提供するもので、ほとんどの州で自動的にメディケイドの受給資格を提供する。図7-16は、時間を通じての10万人当たりSSDI及びSSI登録者の増加を示している。とくに、SSDI登録とオピオイド過剰摂取死亡、なかでも処方オピオイド関連の過剰摂取死亡は、並んで一緒に増加してきた。また、SSDIの増加は、オピオイドによる疼痛状態の治療の増加と同じ時期に生じたことに注意することも重要である。

　2011年に860万人のSSDI障害労働者は、米国総人口の3%未満であるため、処方オピオイドがより多く使われる（痛みに関連のある）障害があると考えても、処方オピオイドの供給源として量が多すぎる。CEAは、SSDI受給者が市場シェア合計に占める割合を2つの方法で推計し、それぞれ、SSDI受給者は処方オピオイド市場の26%から30%を占めることを示している。最初に、モーデンら（Morden and others 2014）のデータを使用した。それは、2011年における全米のSSDI受給者について平均効力調整済みオピ

オイド処方（SSDI受給者1人当たり6.9MGEs）を推計したものである。この平均値に2011年のSSDI受給者総数（860万人の受給者）を掛け合わせる。最後に、SSDI受給者に処方されたオピオイド合計（5920万MGEs）を、ARCOSデータにしたがって全米で流通するオピオイド総計（1億9690万MGEs）で割る。その結果、米国の効力調整済みオピオイド処方の30%をSSDI受給者が占めており、それは米国人口に占める比率の10倍以上に相当する。

　第二に、CEAは、毎年アメリカ人の無作為標本についてオピオイド処方を記録しているMEPSデータを用いた。私たちは、SSDI受給者を、メディケアを受給している18歳から64歳の個人とした。末期腎疾患や筋萎縮性側索硬化症の人々など、65歳未満でSSDI受給者でない少数の人々もメディケアの資格があることを考えると、これはSSDI人口をわずかに過大評価している可能性がある[29]。それにもかかわらず、これらの受給者に処方された効力調整済みオピオイドを、全米人口における総計で割ると、2010〜2012年につ

いて SSDI の占める推計市場シェアは 26% となる[30]。MEPS データを用いて推計されたやや低い市場シェアは、プログラムにいるのが 2 年未満の SSDI 受給者を排除しているためであるかもしれない[31]。こうした SSDI 受給者は、まだメディケアの資格を持たないが、メディケイドや他のプログラムを通じて保険適用となっている[32]。

　処方オピオイドを受け取っている SSDI 受給者の不釣り合いに大きな市場シェアが、働くことを妨げ、痛みを引き起こす高レベルの状態の結果であることを強調するのは大切である。SSDI 給付の支払いは、メディケア適用と連動して、重大な医療ニーズを持つ障害労働者に対し、きわめて重要な支援手段を提供している。したがって、オピオイドの医療以外への使用を削減しようとする改革は、SSDI 受給者に対しオピオイドの医療のための使用を通じて必要な鎮痛剤へのアクセスを維持するように注意すべきである。

　オピオイド危機の第二波は 2010 年頃に始まった。乱用を抑える取り組みのために処方オピオイドへのアクセスが困難になったときである。しかし、もはや入手できないが、処方オピオイドを乱用する一団の人々の蓄積は、違法オピオイド市場に参入する売り手に対して、大量の新規需要と利潤機会をもたらした。依存症に苦しむ人々にとって、合法、違法のオピオイドは代替物として作用するので、合法オピオイドの（金銭と時間の両方の面で）価格上昇は、違法オピオイドに対する需要を高めるのである。

オピオイド危機の第二波──違法オピオイド

　2010 年のオキシコンチンの製剤変更により、乱用は物理的に困難になった。各州は、処方薬監視プログラムを実施し、オピオイドを処方する前に患者の処方履歴を調べることを医師に義務づけた（Dowell et al. 2016; Buchmueller and Carey 2018; Dave, Grecu, and Saffer 2018）。職能団体と認定団体は、疼痛治療の指針を再検討した。こうした変更は、流通する処方オピオイドの総量を削減し、オピオイドの効力調整済み数量は 2011 年にピークに達した（DOJ n.d.）。残念なことに、最近の研究が明らかにしたところによると、過剰摂取死亡は、少なくともオキシコンチン製剤変更に起因する処方オピオイド過剰摂取から転じ、ヘロインによる過剰摂取死亡に置き換わっている（Alpert, Powell, and Pacula 2018; Evans, Lieber, and Power 2019）。

　乱用者がヘロインを代替としていくにつれて、ヘロインはいっそう効力が強くなった──サプライヤーと薬物の売人は今や、ヘロインを違法製造されたフェンタニルと結合するようになった。フェンタニルは、鎮痛特性においてヘロインの 30 倍から 50 倍強力であるため、ほんの少量でさえ混合される薬物の効力を大幅に高められる。違法製造されたフェンタニルは、ヘロインとは無関係に入手することもできる。図 7-17 はフェンタニルの増加を記録したもので、メタドン以外の合成オピオイド関連（製品が違法か処方箋によるものかは分からないが、フェンタニルが圧倒的なカテゴリー）の過剰摂取死亡率と、薬物押収中に法執行機関により取得された法医学研究所症例報告に占めるフェンタニルの割合を示している。

　図 7-18 は、ヘロイン及び完全合成オピオイド（主としてフェンタニル）関連の過剰摂取死亡の増加を、ヘロイン及び合成オピオイドに関連のないオピオイド死亡と共に示している。念のため、フェンタニルは処方されることもあるが、私たちは、ヘロイン及びフェンタニルによる過剰摂取関連オピオイド死亡を「違法死」と呼ぼう[33]。2010 年から 2016 年までに、違法オピオイド死亡率は 364% 増加し、他方、違法オピオイドが関与していないオピオイド死亡率は 17% 減少した。重要なことだが、フェンタニルも非オピオイドと組み合わせられる傾向があり、フェンタニルと非オピオイドが因子である死亡は、図 7-18 で示される違法オピオイド統計に含まれている。

　違法な性質を考えると、違法オピオイドの価格は、処方オピオイドの価格よりも計測が困難である。売人や使用者から正確なデータを確実に入手

図7−17　メタドン以外の合成オピオイド関連過剰摂取死亡率、10万人当たり
法医学研究所におけるフェンタニル報告、2001〜2016年

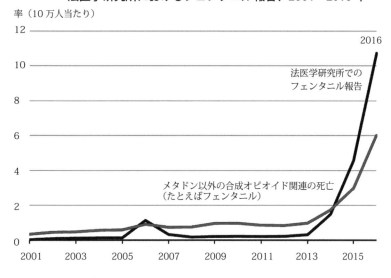

率（10万人当たり）

出所：National Forensic Laboratory Information System; DOJ and DEA (2017b);
CDC WONDER; CEA calculations.

図7−18　オピオイド関連過剰摂取死亡率、違法オピオイドの有無別、2001〜2016年

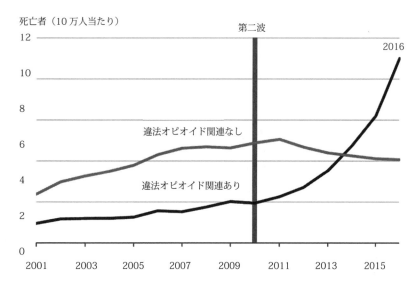

死亡者（10万人当たり）

注：違法オピオイドには、CDC データのヘロイン（T40.1）と「メタドン以外の合成オ
ピオイド」カテゴリー（T40.4）の両方が含まれる。これは主に違法に生成されたフェ
ンタニルで構成されている。
出所：CDC WONDER; CEA calculations.

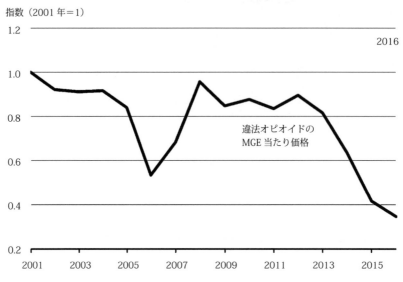

図7−19　効力調整済み違法オピオイドの実質価格指数、2001〜2016年

指数（2001年＝1）

違法オピオイドの
MGE当たり価格

注：MGE＝モルヒネ換算消費量。
出所：National Seizure System; National Forensic Laboratory Information System; U.S.
　　 Bureau of Labor Statistics; ONDCP (2017); DOJ and DEA (2017a, 2017b); CEA
　　 calculations.

することはできない。彼らは、真実を報告することによる刑事罰を恐れている可能性がある。近年、メキシコと中国からの安価だが非常に強力なフェンタニルの流入は、混合される薬物の効力を大幅に高める可能性があり、問題を複雑にしている（U.S. Department of State n.d.）。ヘロインとフェンタニルの市場数量も直接観察できないため、フェンタニルを追加することでオピオイドの効力調整済み1単位当たり価格がどの程度下がるかを判断するのは難しい。こうした限界があるため、CEAは、いくつかの情報源のデータを組み合わせ、違法オピオイド価格の時系列統計を作成した。

　麻薬取締局（DEA）の薬物証拠情報検索システム（STRIDE）とSTARLIMSというデータベースは、ヘロイン価格データを収集している。このデータ・セットのヘロイン価格は、政府機関により取得されたもので、路上でヘロインを購入する情報提供者に対価を支払っている。その価格が記録され、ヘロイン・サンプルは研究所で分析されてその効力が判断されるので、価格は質に対して調整される。2010年から2016年に、ヘロインの効力調整済み実質価格は10%上昇した。

　しかし、DEAデータで純ヘロイン1グラム当たり価格を決定する場合、ヘロインに含有されるフェンタニルは考慮されない。したがって、ヘロイン購入の効力調整済み1単位当たりの真の価格は、おそらく10%未満しか上昇していないか、逆に低下している。さらに、フェンタニルは、ヘロインとは別にそれ自体消費される可能性があり、効力調整ベースでより安価な場合、違法オピオイド価格全体をさらに低下させるであろう。さらに、ヘロインの純度と製品の改良により、注射以外のやり方でヘロインが使用されるようになっている。これらの変化は、ヘロイン乱用の非金銭的コストを低下させる。もっともここでは非金銭的コストは推計されていないが、これらの変化は違法オピオイド乱用のコストをいっそう低下させるであろう。

　CEAは、いくつかの情報源からのデータを用い、ヘロイン混合フェンタニルとフェンタニル単体の数量を推計し、また、ヘロイン（混合されたフェンタニルを含む）の効力調整価格と、単体

または他の薬物と一緒に消費された場合のフェンタルニルの効力調整価格を推計する。数量データは、全米押収システムに記録されたヘロイン及びフェンタルニルの押収と、また全米法医学研究所情報システムに記録された各薬物の証拠物件に基づいている。価格データは、DEAヘロイン価格統計と、ヘロインに対するフェンタルニルのコストに関するDEA報告書、また混合されたフェンタルニルに基づいてヘロイン価格を調整するための数量データに基づいている。違法オピオイド価格を推計するための詳細な方法論は、以前に公開されたCEA報告書（CEA 2019b）の付録に記載されている。押収データは、ヘロインとフェンタルニルの相対的存在に関する非常に不完全な近似値であることを、私たちは認めている。押収された製品は、市場シェアだけというよりもむしろ、市場シェアと法執行機関の優先事項との組み合わせを反映している。それでも、代替データ・ソースが存在せず、市場シェアのこの近似値におけるバイアスに明確な方向性がない場合、報告されたように押収データを使用する。

図7-19は、2001年から2016年における違法オピオイドの実質価格指数を示しており、関連するデータの制約を前提とすると、定性的結論を導くためだけに用いられるべきである。違法オピオイドの価格は比較的安定しており、2006年に一時的に下落したがすぐに回復し、2013年から2016年までに半分以上（58%）下落した。これらの下落はそれぞれ、フェンタルニルの急増によるもので、それはヘロインに混合されるか、それ単体で売られるか、他の薬物と一緒に売られている。2006年の価格下落は、メキシコの密造所によるもので、それは米国へのフェンタルニル供給を急増させたが、米国とメキシコの共同作戦により即座に閉鎖された。2013年から2016年にかけての価格下落は、立証されているように、中国やメキシコなどから米国へのフェンタルニル流入に起因する（NIDA 2017）。図7-19に示されている価格統計は、CEAが以前に公開した報告書の付録に詳細に記載されている一連の仮定の結果であり、実質価格の非常に不完全な推計であるので、必然的に定性的結論を導くためだけに用いられるべきである（CEA 2019b）。この期間の違法オピオイド市場に関するデータが改善されれば、この統計

を改定できるであろう。

図7-19から明らかなように、違法オピオイド関連過剰摂取死亡の増加において、供給拡大は重要な推進力であった。2010年から2013年まで、違法オピオイドの価格は比較的安定していた。これは、オピオイド危機の違法の波の最初の3年間に、供給拡大と需要拡大が共に重要であったことを意味している。仮に需要だけが拡大したとしたら、価格は上昇したであろう。そして仮に供給だけが拡大したとしたら、価格は低下したであろう。需要拡大は、質の高い治療サービスへの追加的アクセスを提供することなく、オピオイド危機の第一波の間に増えた乱用を取り締まった取り組みに、少なくとも部分的には起因するであろう。供給拡大は、メキシコやコロンビアなどの原産国からの供給増加によるもので、（米国の一部で合法化または非犯罪化された）マリファナからヘロインへという薬物生産の代替を反映している可能性がある（ONDCP 2019）。他方、違法オピオイドの価格が2013〜16年の期間に半分以上落ち込んだことを考えると、供給拡大はおそらくこの3年間には需要拡大よりも重要であったと思われる。中国で生産され郵送されたフェンタルニルへのシフトは、価格を顕著に上昇させることなく薬の効力を強め、違法オピオイド市場における競争を強め、それによってヘロインの価格に下方圧力を加えたのである。

金銭的な価格の低下に違法オピオイド入手の容易化が伴う限り（より多くの場所で麻薬の売人が急増し、オンライン市場の利用可能性が拡大していることを考えると）、供給拡大は、違法価格統計が示唆する下落よりもいっそう重要であった可能性がある。たとえば、キノン（Quinones 2015）は、違法に国境を越えるメキシコのヘロイン売人が使用者に配達する方が、使用者に売人を見つけさせるよりもはるかに効率的になると指摘する。これらの麻薬の売人は、携帯電話で使用者と通信し待ち合わせ場所を決め、その場所で使用者が売人の自動車に入りヘロインを受け取るのである。

オピオイド危機は、米国経済とアメリカ人の生命に深刻な脅威をもたらし、多くの要因がこの脅威を悪化させている。2000年以降、40万以上の生命を奪っただけでなく、オピオイド危機

は 2018 年に 6650 億㌦、つまり米国の国内総生産の 3.2% 相当のコストをもたらした。本章では、CEA は、オピオイド乱用とオピオイド関連過剰摂取死亡の増加において価格低下が役割を果たしたという証拠を提示している。

結 論

オピオイド危機の第一波の間、2001 年から 2010 年までは処方オピオイド関連過剰摂取死亡の増加を特徴としており、処方オピオイドの自己負担価格は 81% 下落した。これは、おそらく第二次市場における処方オピオイドの価格を引き下げ、そこから処方オピオイドを乱用する多くの人々は薬物を入手した。比例的価格の仮定を用い、学術研究による弾力性を考慮し、私たちは、観測された自己負担価格の低下は、2001 年から 2010 年までに処方オピオイド関連過剰摂取死亡数の増加のうち、31% から 83% を説明することができると推計した。自己負担価格が低下していくのと同時に、政府補助金とジェネリック・オピオイドの市場シェアは増加していった。私たちの推計によると、政府プログラムに資金提供を受けた処方オピオイドのシェアは、2001 年の 17% から 2010 年の 60%（そして 2015 年の 63%）に増加した。転用されたオピオイドのサプライヤーにとって入手コストが比較的低いことを踏まえると、第二次市場に流入し公的資金提供を受けたオピオイドのシェアはいっそう高いかもしれない。

医療提供者がオピオイドを処方することを奨励し、医療保険がその処方箋に支払いをし、薬局がこれらの処方箋の調剤をしない限り、価格低下は、乱用されるオピオイドの数量を変化させない場合がある。疼痛管理指針の変更と積極的なマーケティング戦略が環境変化をもたらしたが、そうしてより大量のオピオイドの入手に対する障壁が減ったことが説明された。

CEA により、オピオイド危機の第二波——2010 年から 2016 年の間に違法オピオイドによる死亡が増加したことを特徴とする——は、供給拡大と需要拡大の結合によって推進されたことが分かった。処方オピオイドの供給と乱用を制限しようとする取り組みは、処方オピオイドの代わりに違法オピオイドを用いる第一波からの乱用者数を増やした。同時に、違法オピオイドの供給が拡大し、この代替により品質調整価格が低下し、「ハイになるコスト」が低下した。第二波の最初の数年、代替効果を通じた需要が重要であったにもかかわらず、CEA によると、供給拡大が需要増大よりも危機の進展において重要であったという考え方を証拠が支持しているという。

トランプ政権はオピオイド危機の潮目に棹差すために重要な措置を講じてきた。2017 年 10 月、トランプ政権は全国的な公衆衛生緊急事態を宣言した。トランプ大統領はその後、2018 年 3 月にオピオイド乱用終結及び薬物需給削減のためのイニシアティブを確立した（White House 2018）。政府が取ったこれらの措置には、オピオイド供給を削減し、オピオイドに対する新規需要を減らし、オピオイド使用障害を持つ人々を治療することで、オピオイド危機に対処するために 2018 年と 2019 年に 60 億㌦以上の新規資金を確保したことが含まれる。

違法製造されたオピオイドの供給を制限するため、通関手続地及び国際貨物を通じた米国への違法薬物流入を阻止する取り組みを強化した。トランプ大統領はまた、輸入禁制品検出技術による国際麻薬取引緊急対応（INTERDICT）法に署名した。同法は、オピオイドを含む違法物質の阻止を支援する技術を拡大するために、米税関・国境警備局（CBP）に資金を提供するものである。CBP はまた、フェンタニルを検出するために通関手続地のすべての麻薬探知犬を訓練している。これらの取り組みは成功を収めているようだ——2019 会計年度に、CBP は約 2800 ポンドのフェンタニルと、6200 ポンドのヘロインを押収した（CBP 2019）。トランプ政権はまた、違法薬物の生産者と売買業者に対する執行を強化している。2018 年、司法省（DOJ）は、少なくとも米国の 37 州、他の 27

カ国において、フェンタニル類似体、合成オピオイド、その他250の薬物を製造及び出荷したとして、2人の中国人を起訴した（DOJ 2018）。さらに、財務省は、中国、インド、アラブ首長国連邦、メキシコ、またベトナム、タイ、シンガポールを含む東南アジア全体で活動するフェンタニル売買業者に麻薬キングピン指定を課した。この致命的な薬物がアメリカ人の手に渡る前に流れを阻止するために、政権は、この問題に関するトランプ大統領の行動要請に賛同した130カ国以上と協働している。連邦政府はまた、民間セクターのパートナーと協力し、プラットフォームを悪用しようとしている売買業者に対し、米国のサプライ・チェーンを保護しようとしている（ONDCP 2019）。一例として、サード・パーティ市場を経由したり、（国土安全保障省を介した）電子商取引のその他の仲介により米国に入ってくる製品に関し、民間セクターが自主規制を促進していることが挙げられる。

米移民・関税執行局の国土安全保障調査（HSI）組織はまた、オピオイド蔓延に関連した国際犯罪組織（TCO）を対象とした取り組みを強化している。HISは他の連邦、国際、部族、州、地方の法執行機関――たとえば国境警備保障タスクフォース（BEST）プラットフォームなど――との連携を強化し、米国内における情報と資源の共有を促進してきた。BESTは、連邦捜査と地方捜査の間の障壁（連邦検察官と州検察官両方へのアクセス）を取り除き、多国間犯罪捜査における国際パートナーとのギャップを埋め、わが国の地上、海上の境界を悪用するのにTCOがこれまで付け込んできたわが国のオペレーションの脆弱性を最小限に抑える環境を作り出す。

電子商取引を悪用した21世紀型犯罪との戦いを改善するために、HSIは、TCOとその密輸活動と戦うためにHSIの包括的かつ多層的戦略の一環として、ニューヨークのジョン・F・ケネディ国際空港、ロサンゼルス国際空港、メンフィス国際空港、シンシナティ＝ノーザン・ケンタッキー国際空港、ルイビル国際空港にBESTを確立することで、国際郵便施設と宅配センターで存在感を高めた。この戦略により、捜査技法の押収小包への即時適用が促進され、麻薬を内包した小包に関連した個人に執行措置を及ぼすのに必要な相当な

理由の確立に役立っている。その結果、こうした押収と逮捕は、郵送及び宅配を通じた麻薬の動きを妨害し、流通ネットワークの解体を支援する。BESTは、これらの施設でCBP、米郵便監察官、DEAと連携している。2019年9月時点で、BESTは、プエルトリコを含む全米69カ所にある。

オピオイドの供給削減に加えて、連邦政府及び州政府はまた、処方オピオイド及び違法オピオイドに対する需要を削減する上で重要な役割を果たしている。規制薬物処方を追跡する処方薬監視プログラムが、49州、コロンビア特別区、グアムで運用されており、危機を悪化させる処方及び患者の行動に関するタイムリーな情報を提供し、即応を可能にする（CRS 2018）。2017年、毎月調剤される高用量オピオイド処方は16％以上減少し、オピオイドの処方率は10年以上の間で最低となった。わが政権はまた、疼痛管理に有効な非オピオイド選択肢を開発するために、10億㌦以上を革新的研究に投資している。オピオイド乱用を新たに始める者を減らすためにオピオイド処方を削減することに加えて、わが政権は、新規薬物乱用者を抑止するために、オピオイド使用障害について意識を高め一般市民に知らせる情報キャンペーンを開始した。2018年7月、ホワイトハウスの全国麻薬統制政策局、広告評議会、トゥルース・イニシアティブは、青少年を対象としたデジタル・プラットフォーム、ソーシャル・メディア、テレビを通じて、一般教育キャンペーンを発表した。重要なのは、2016年よりも2018年の方が、ヘロインを使い始めた18歳から25歳までの青年が約60％少なかったことである。

脆弱な退役軍人集団を対象とした指針改善も確立されている。彼らは、オピオイド過剰摂取により死亡する可能性が平均的アメリカ人の2倍である（Wilkie 2018）。退役軍人省（VA）と国防総省は、2017年にオピオイド安全イニシアティブを更新し、総合的電子医療記録やオピオイド処方追跡を改善する方法を含め、慢性疼痛の患者を評価、治療、管理するフレームワークを処方者に提供した。2012年から2018年までの同プログラムの最初の6年間に、オピオイドを投与されている退役軍人の患者数は45％減少した。同じ期間に、長期間オピオイド投与中の退役軍人数は51％減少し、高用量オピオイド投与の退役軍人

⑦

数は 66% 減少した（Wilkie 2018）。

　最後に、わが政権は、救命薬ナロキソン、また医薬支援治療や他の回復支援サービスなどその他証拠に基づく介入へのアクセスを拡大することにより、オピオイド依存症に現在苦しんでいる人々の治療と救命に焦点を合わせている。薬物乱用防止は重要であるが、さらに、トランプ政権は、オピオイド使用障害に苦しむ人々に対する治療及び回復支援の拡大に資金を投下している。米公衆衛生局長官は、オピオイド過剰摂取の救命中和剤ナロキソンへのアクセスと携帯を促進している。2018 年 10 月、トランプ大統領は、患者とコミュニティのためにオピオイド回復・治療を促進する（SUPPORT）薬物使用障害防止法に署名した。同法には、メディケイド患者の薬物使用障害を改善し、オピオイド使用障害治療サービスにメディケア適用範囲を拡大するための規定が含まれている。2018、2019 会計年度に、オピオイド使用障害の予防及び治療に資金を提供する州の助成金に、総額 30 億㌦が充当された。多くの州——ウェストバージニア、インディアナ、ワイオミング、テネシー、フロリダ、バージニア各州を含む——は、ナロキソンの利用可能性を拡大する法律を実施しており、入院、外来患者の救命治療利用が増加しつつある（ASTHO 2018）。

　オピオイド供給を削減し、新規需要を抑止し、オピオイド使用障害に現在苦しんでいる人々の命を救うためにトランプ政権によって講じられた措置の多くは、オピオイド関連過剰摂取死亡増加の平坦化に貢献したであろう。2017 年 1 月から 2019 年 5 月までに、月間過剰摂取死亡は 9.6% 減少した。1999 年 1 月から 2016 年 12 月までのオピオイド過剰摂取死亡率が続いていた場合、CEA の推計によれば、2017 年 1 月から 2019 年 5 月までにオピオイド過剰摂取のために、さらに 3 万 7750 人の命が失われたことであろう。CEA の推計によれば、従前のトレンドと比較した死亡率の低下から 2017 年 1 月以降生じた経済的コスト節約は、3970 億㌦以上であった。オピオイド危機は依然として緊急事態レベルであるが、その急増は止まっている。オピオイド危機を抑制し、過剰摂取死亡増加を止める取り組みが成功したにもかかわらず、主としてメタンフェタミン使用による精神刺激薬関連過剰摂取死亡の増加があった。

精神刺激薬関連死亡は現在、12 州でフェンタニルによる死亡を上回っている（Wilner 2019）。

　薬物乱用の経済的及び人的コストは、米国に脅威を与え続けている。トランプ政権は、オピオイド危機の根本的原因を突き止めることで、効果的な解決策を実行できるように取り組んでいる。薬価の低下はオピオイド危機の進展に明らかに役割を果たしており、このダイナミクスを理解することは、政策立案者がこの脅威にうまく対応し、別の犠牲の多い、致命的な危機につながる過ちを回避するのに役立つであろう。

注

1　CEA は以前、本章でカバーされるトピックに関する研究を公表した。以下の文章は、CEA によるこの研究論文「進化するオピオイド危機におけるオピオイド価格の役割」（CEA 2019b）に基づいている。

2　死因分類コードの基礎となる疾病及び関連保健問題の国際統計分類（ICD-10）の第 10 改訂版を用い、本レポートを通じて過剰摂取による死亡を特定する。X40–X44（不慮）、X60–X64（自殺）、X85（加害）、Y10–Y14（未定）。オピオイドに関わる死亡は、ICD-10 の複数の死因分類コード、T40.0–T40.4 及び T40.6 を用いて特定される。

3　オピオイド関連過剰摂取死亡の公式推計値は、CDC の WONDER 複数死因データベース（https://wonder.cdc.gov/mcd.html）から抽出されている。2019 年 12 月 31 日時点で、公式データは 2017 年 12 月までのものが入手できる。オピオイド関連過剰摂取死亡の速報値は、アーマッドら（Ahmad et al. 2019）から抽出されている。米国居住者に限定されている CDC WONDER のデータに比較して、暫定データには、外国居住者の死亡が含まれ、約 500 件多い薬物過剰摂取記録が含まれている。

4　救われた人命の数は、2017 年 1 月から 2019 年 5 月までの死亡者数の予測トレンドとの差から算出されている。2019 年 5 月は、2019 年 12 月 31 日時点で速報データの最新月である（図 7-1 を参照のこと）。救われた人命数の算出は、予測トレンドが非線形であるという仮定に影響される。救われた人命の価値を推計するのに、統計的生命価値を用いており、運輸省の統計的生命価値を 2018 年価格で約 1050 万㌦に調整している（DOT

2016)。

5 この章を通じて、ヘロイン、フェンタニルなどの違法に生産されたオピオイドを指すのに「違法オピオイド」という言葉を使用する。それは、オキシコンチンなどの処方オピオイドの乱用を除くものである。過剰摂取死亡に関するデータは、違法に製造されたフェンタニルなどの違法に製造された合成オピオイドと、処方フェンタニルなどの合成処方オピオイドを区別しないことに注意することが大切である。この分析には、違法オピオイド・カテゴリーに、メタドン以外のこの合成オピオイドの幅広いカテゴリーが含まれる。というのは、違法に製造されたフェンタニルは一般的に、最近このカテゴリーで支配的になったと考えられており、そのカテゴリーは危機の初期にははるかに重要性が低かったからである。

6 患者のリスクが高まるため、CDCは、医師が1日当たり90モルヒネ換算消費量(グラム)以上、オキシコドン60ミリグラム、0.06グラム以上の処方を避けるか、1日当たり90ミリグラム当量以上に用量を漸増する決定を慎むように勧告している(CDC n.d.)。シュナイダーら(Schneider, Anderson, and Tennant 2009)の観測によると、慢性疼痛患者の一部は、1日当たり1000〜2000ミリグラム以上の用量が必要な場合がある。これらは、1日当たり667〜1000ミリグラム(0.7〜1.3グラム)のオキシコドンに相当する。

7 詳細はHHS(2016)を参照のこと。

8 需要及び供給の相対的価格弾力性も、どちらの拡大が支配的かに影響を及ぼす。

9 1999年以前の一貫した過剰摂取データが入手できないこと、違法オピオイド価格統計を推計するために用いられた違法薬物発作データが2001年以前について入手できないこと、2001年以前の自己負担価格統計に大幅な変動があることから、本章を通じて私たちは2001〜10年の期間に焦点を合わせている。

10 オピオイド関連の死亡には、処方オピオイドと他のオピオイドの両方が含まれる。図7-3は、処方オピオイドが存在する場合と、処方オピオイドが存在しない場合のオピオイド関連過剰摂取死亡を区別している。同様に、図7-18は、違法オピオイドがある場合とない場合のオピオイド関連過剰摂取死亡を区別している。

11 売上効果がわずかな価格変化から推計される場合、その結果は「点弾力性」と呼ばれることがある。「弧弾力性」とは、大幅な価格変化からの推計値を指し、通常、変化率を計算するために中間点を使用するか対数変化を使用することで、価格低下と同じ弾力性を価格上昇に適用できるのである。

12 この定率負担額は、アイナヴら(Einav, Finkelstein, and Polyakova 2018)による推計から内挿されたもので、「ドーナツの穴」にまだ達していないパートD患者についてのものである。

13 アイナヴら(Einav, Finkelstein, and Polyakova 2018)は、線形需要曲線の点弾力性を報告しているが、価格及び数量の変化に関する報告は、対応する弧弾力性を読者が計算するのに十分である。著者らの弾力性は、医薬品コストが高いパートD加入者の特定集団について推計されたものであることに注意してほしい。

14 習慣を形成する製品に対する需要は、長期的に続く価格変化により大きく反応する(Pollak 1970; Becker and Murphy 1988; Gallet 2014)。そのため、アイナヴら(Einav, Finkelstein, and Polyakova 2018)のアプローチをとくにオピオイドに適用することは、それがわずか1カ月しか続かない価格変化を指しているために、とくに問題がある。アイナヴら(Einav, Finkelstein, and Polyakova 2018)による推計も、薬剤給付管理方式の特別な場所にいる少数ではなく、人口全体が価格変化を経験したときに生じる「社会的乗数」効果を除外している。

15 これは、盗難量が価格と共に変化することを意味しない。なぜなら窃盗犯は、より価値のある品目を盗むことにより多くの努力をすると期待されるからである。私たちはただ、所有者が注意することにより、窃盗犯が高額の品目を盗むコストが大きくなると仮定しているだけである。

16 オピオイドを乱用する人——たとえば、可処分所得すべてをオピオイドに費やす人——は、−1の価格弾力性を有する。なぜなら、購入量は、可処分所得と価格の比率だからである。より一般的な分析については、ベッカー(Becker 1962)を参照のこと。

17 ギャレット(Gallet 2014)によると、薬物の需要は、⑴ 頻度(薬物のどれくらいを使用するか)より要否(薬物を使用するかどうかに関する決定)

で価格により影響を受けやすい。また、(2)短期よりも長期で影響を受けやすい。

18　アイナヴら（Einav, Finkelstein, and Polyakova 2018）は、低価格から高価格への変化率に基づいて弾力性を −0.15 と計算した。それは、2007 年から 2011 年の間に低コストのメディケア・パート D 受給者が支払った平均自己負担価格で点弾力性が −0.15 で、需要曲線が線形である場合にのみ、有効な点弾力性である。

19　一定の弾力性予測のために、私たちは $Q_D = AP^{\epsilon}$ の形の需要関数を用いる。ここで A は変数で 2001 年当初の数量と価格に基づいて決定され、Q_D は需要量、P は価格、$\epsilon < 0$ は価格に関して一定の需要弾力性である。

20　パウエルら（Powell, Pacula, and Taylor 2017, 1）は、メディケア・パート D の導入——2001 年から 2010 年までの価格低下の一部の要因——を、「メディケアの資格のない人々の死亡」を含め、処方オピオイド関連の死亡と直接結びつけたもので、「医療市場からのかなりの転用を示している」。

21　医薬品販売に対する価格効果に関する研究により、そのほとんどが「要否」に対するものであることが分かっているため、市場需要曲線は消費者の異質性の逆分布を大きく反映している。分布関数は、一定弾力性関数のような凸需要関数、凹需要関数、または、正規分布に当てはまるような両方の組み合わせを生成することがある。

22　技術的には、処方規準は、特定の価格における処方数と、価格変化に対する数量の感応度の両方に影響を及ぼす。

23　シュネル（Schnell 2017）を参照のこと。それは、第一次市場と第二次市場のつながりを分析した研究である。

24　周ら（Zhou, Florence, and Dowell 2016）は、同じように計算し、メディケアによる処方オピオイドへの支出シェアが、2001 年の 3% から 2012 年には 26% に増加したことを明らかにした。図 7-14 に示されているように、メディケアが主たる支払者である処方箋の数は、2001 年 5% から 2012 年には 29% に増加した。わずかな違いは、支出に占めるメディケアのシェアには、（周ら（Zhou, Florence, and Dowell 2016）によって報告されているように）メディケアが主たる支払者である処方箋については、メディケア加入者に

よって支払われた自己負担定額金が含まれていないためである（図 7-14）。

25　2006 年 1 月 1 日、推計 620 万人のメディケイド受給者がメディケア・パート D 処方薬保険対象の資格を得た（KFF 2006）。これらの「完全二重資格者」には、低所得高齢者と、65 歳未満の低所得障害者が含まれる。完全二重資格者及び部分二重資格者を含む非高齢障害二重資格者は、すべての二重資格者の約 3 分の 1 を構成する（約 750 万のうち 250 万）——ホラハンとゴーシュ（Holahan and Ghosh 2005, 3）。この 3 分の 1 という比率を 620 万人に適用すると、約 200 万人から 210 万人の非高齢障害者のメディケイド受給者が、2006 年にメディケイドからメディケア処方薬保険対象に移行したことになる。比較すると、SSDI 登録者は、2005 年から 2006 年までに 650 万人から 680 万人に増加した。

26　図 7-11 と図 7-15 の比較に示されるように、MEPS データは、処方オピオイドの総数を過少カウントしている。ヒルら（Hill, Zuvekas, and Zodet 2011, 242）を参照のこと。それは、「服用している薬の数を過少申告する」MEPS 回答者の傾向をより体系的に見ている。MEPS の過少申告は、平均価格よりも総数の計測に大きな困難をもたらすため、CEA は ARCOS から総数、MEPS から平均価格を計測している。

27　2017 年に、米国総人口の 15.6% が 65 歳以上であったが、オピオイド関連過剰摂取死亡のうち 65 歳以上はわずか 3.6% であった（CDC WONDER）。

28　SSDI の資格には、最近獲得した十分な数の作業単位が必要である。1 年間に最大 4 単位が獲得でき、十分な年間稼得に基づいて生じる。申請者は一般的に、SSDI の資格を得るには 40 単位が必要である。もっとも若年労働者の基準は異なっている。

29　2013 年に末期腎疾患を持つ 65 歳未満のメディケア受給者は 27 万 3000 人弱であった（HHS 2014）。筋萎縮性側索硬化症の有病率は 10 万人当たりわずか 5 人であり、2013 年に、その疾患を持つアメリカ人は 1 万 6000 人弱であったことを意味している（Stanford Medicine n.d.）。

30　2011 年を中心とする 5 年平均に基づき、私たちは同様に 26% という市場シェアを推計している。

31　MEPS は、収監人口を排除しているため、SSDI
　　受給者がこの人口で過大評価されているとしたら、
　　これはさらに推計に影響を及ぼす可能性がある。

32　フランクリンら（Finkelstein, Gentzkow, and
　　Williams 2018）は、SSDI 受給者がオピオイド処
　　方の約 13% を占めると推計していることに注意
　　しなさい。しかし、彼らは、私たちが行っている
　　ように、効力調整オピオイドを分析していないよ
　　うである。事実、フランクリンら（Finkelstein,
　　Gentzkow, and Williams 2018）が検討している
　　と見られるのと同じ 2006 〜 14 年について、私
　　たちが MEPS データを用いて非効力調整オピオイ
　　ド処方の市場シェアを推計すると、同様の 15.5%
　　という市場シェアが推計される。

33　国際疾病分類第 10 版（ICD-10 コード）の
　　T40.1 及び T40.4 を用い、ヘロインとフェンタニ
　　ル関連の死亡を特定する。

第8章
手ごろな価格の住宅を拡大する

米国において所得は増加しているが、住宅価格は厳しく規制された一部の市場ではるかに速く上昇している。2016年以降、全体的な住宅所有率は上昇してきたが、一部の恵まれない集団は後れを取っている。賃貸市場に目を向けると、低所得世帯は、所得の多くの部分を家賃に充てている。住宅建設は需要に追いついておらず、住宅価格と家賃に上昇圧力をかけているため、住宅購買力問題は、特定の市場において鎮静化の兆候をまったく示していない。

幸い、米国の大多数の地域では、比較的うまく住宅市場が機能しており、規制が顕著に価格を引き上げていない。事実、近隣居住者の合理的懸念を反映する一方、拡大する需要を満たすのに十分な住宅を建設する必要性のバランスを取る賢明な規制は、わが国の多くの成長地域によって達成されている。住宅価格の比較的低い地域では、それでも建設許可の遅延などいくつかの問題が発生する可能性があるが、規制は必ずしも住宅を顕著に入手不能にするとは限らない。

しかし、研究が明らかにしたところによると、需要を満たすのに十分な住宅が建設できないため、住宅価格が住宅を生産するコストをはるかに上回っている大都市地域が11ある。11の大都市地域には、サンフランシスコ、ホノルル、オックスナード、ロサンゼルス、サンディエゴ、ワシントン、ボストン、デンバー、ニューヨーク市、シアトル、ボルティモアが含まれている。

州・地方政府によって課せられた過剰な規制障壁のために、これら11の大都市地域では住宅を建設することがとくに困難である。そのように過度に制限的な規制には、ゾーニング及び成長管理政策、家賃統制、建築及び改修規約、エネルギー及び水効率基準、最大密度許容量、歴史保存要件、湿地または環境規制、組立住宅規制及び制限、駐車場要件、許可及び審査手続き、投資または再投資税制、労働要件、開発者負担金または開発料がある。研究は、住宅価格の上昇と住宅供給の少なさをこれら規制の多くに結びつけてきた。

これら11の大都市地域で生じた住宅価格高騰は、さもなければ条件を満たしていた借り手に対し住宅所有を困難にし、それにより持続可能な住宅所有権を獲得する力を制限し、低・中所得世帯に対し賃貸市場にさらなる圧力を加えている。最低所得世帯にはとりわけ負担がかかっている。11の大都市地域で、過度に負担の重い規制が緩和された場合、ホームレスは平均約31%減少するであろう。これらの規制に起因する家賃高騰はまた、人々から連邦賃貸住宅支援を奪う。高賃料地域の世帯への政府支出増加は、公正市場家賃の上昇を通じ、他の貧困家族に提供するのに利用できた資金量を減少させるからである。たとえば、3ベッドルーム・アパートメントに家族を住まわせるのに、カリフォルニア州サンフランシスコ郡では月4000㌦以上連邦政府にコストをかけるのに対し、テキサス州ハリス郡では月約1500㌦である。

これら特定地域でより多くの住宅を建設することに対する過剰な規制障壁は、低所得アメリカ人だけでなく、より幅広く悪影響を及ぼす。州・地方政府の住宅規制は、全国で最も生産性の高いいくつかの都市で労働者に桁外れの高値をつけることで、労働移動を低下させ、全体的な経済成長を阻害し、地域間、労働者間の不平等を拡大する。また過剰な規制障壁は、子供の経済的機会を最大限高める地域に両親が居住する力を低下させる。

図8−1　住宅所有率、人種・エスニシティ別、2000〜2019 年

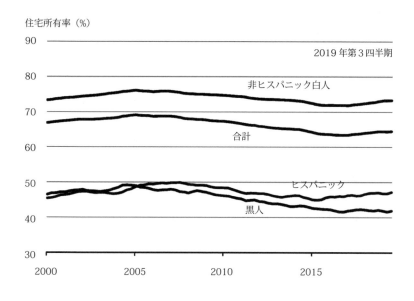

注：データは 4 四半期移動平均である。
出所：Datarepresent a four-quarter moving average.

そして、手ごろな価格の住宅［アフォーダブル住宅］を見つけるために職場からさらに離れるインセンティブを家族を与えることにより、過剰規制は職場への通勤時間を増加させ、環境を悪化させ、地方予算に負担をかけ、労働者の生産性を低下させる。

　より多くの手ごろな価格の住宅に政府が課した障壁を撤廃することは、トランプ政権にとって優先事項である。ホワイトハウス・アフォーダブル住宅規制障壁撤廃評議会の設立のほか、住宅都市開発省は州・地方政府に供給が制限されている地域で住宅供給を増加させることに焦点を合わせるよう促している。すべてのアメリカ人に住宅の選択肢を増やすには、低所得家族の手の届かない広範囲の具体的地域に住宅を設置するように、規制障壁を撤廃することが必要である。

　2000 年以降、実質中位（税引後移転後）世帯所得は 20% 増加したが、スタンダード＆プアーズ／ケース＝シラー指数によると、実質住宅価格は約 50% 増加した（CBO 2019）。住宅価格上昇が一部地域において所得上昇より速かったので、世帯は所得のうちより多くの部分を住宅に費やすようになり、自分の住宅を購入する余裕のある人々は少なくなった。

　2016 年以降、全体的な住宅所有率は増加してきたが、一部の集団は後れを取っている。4 四半期移動平均に基づくと、黒人の住宅所有率は依然として、非ヒスパニック白人世帯よりも 31.5% ポイント低い（図 8-1 を参照のこと）。トランプ大統領が当選した 2016 年第 4 四半期以降 1.3% ポイント増加したにもかかわらず、ヒスパニックの住宅所有率は依然として、非ヒスパニック白人世帯よりも 26.2% ポイント低いままである。人種間の住宅所有の相違は、資産格差を悪化させる。2016 年、白人家族の中位資産は 17 万 1000㌦であったが、他方、黒人家族の中位資産は 1 万 7600㌦であり、その差の一因は住宅所有率の低さである（Dettling et al. 2017）。

　多くのアメリカの世帯、とくに低所得世帯は、所得の大きな部分を家賃に費やしている。米国コミュニティ調査によると、2017 年、米国の 4300 万の賃借世帯のうち、46% が所得の 30% 超を住宅に支払い、31% が 40% 超、23% が 50%

⑧

超を支払っていた。2017 年に所得が 2 万㌦未満であった賃借人のうち、約 74% が所得の 30% 超を家賃に支払った。所得が 2 万㌦から 5 万㌦までの賃借人については、61% が所得の 30% 超を家賃に支払っていた。

　その間、相当数のアメリカ人がまったく住宅を持たずに暮らしており、路上やホームレス・シェルターで寝泊りしている。50 万人強が 2018 年 1 月のある晩にホームレスとなり、その 35% は、歩道や公園など人間の居住を意図していない、保護されていない場所に身を置いた（HUD 2018）。研究は、家賃が高いほどホームレス率が高いと関連づけている（たとえば、Quigley, Raphael, and Smolensky 2001; Corinth 2017; Hanratty 2017; Nisar et al. 2019）。

　住宅建設は需要に追いついておらず、住宅価格と家賃に上昇圧力をかけているため、住宅購買力問題は、特定の市場において鎮静化の兆候をまったく示していない。国勢調査局によると、実際、2010 年から 2016 年まで、住宅建設は世帯形成の速さについていけなかった。1 人当たり住宅建設は 1970 年代以降 10 年ごとに減少してきた。1970 年から 1979 年には居住者 1000 人につき平均 8.2 軒の住宅が建設されたが、2010 年から 2018 年には居住者 1000 人につき平均 3.0 軒にまで、年間平均建設数は減少した。三菱東京 UFJ 銀行の州レベル・データによると、州を通じて住宅建設には大きなバラツキがある。たとえば、2010 年から 2018 年まで、平均すると、テキサスは居住者 1000 人につき 5.3 軒、フロリダは 4.3 軒の住宅を建設した。他方、同じ期間に、カリフォルニアは居住者 1000 人当たり 2.0 軒、ニューヨークは 1.7 軒の住宅を建設した。

　住宅購買力問題のキー要因は、米国の特定地域において、（一戸建て及び集合）住宅を建設することに対する過剰規制障壁である。競争市場では、ディベロッパーは（経済的）利潤がゼロになるまで、つまり、住宅に対しディベロッパーが受け取る価格が住宅を生産するコストに等しくなるまで建設するであろう。しかし、一部の地域で過剰に厄介な規制は、住宅供給を制限し、最小利潤生産コスト——自由市場において正常利潤率で建設するための建設費プラス土地代——以上に住宅価格を押し上げる。需要と供給の標準モデルか

らすると、規制は供給を非弾力的にし、価格を引き上げ、数量を減らす。グレイザーとギョーコ（Glaeser and Gyourko 2018）の主張によると、生産コスト以上に住宅価格を引き上げる規制は住宅に対する「規制税」として機能する。たとえば、住宅価格を押し上げる可能性がある規制には、過剰に厄介な許可及び審査手続き、過剰に制限的なゾーニング及び成長管理政策、非合理的な最大密度許容量、歴史保存要件、過度に負担の重い環境規制、過剰な駐車場要件が含まれる。

　市場の失敗に対処し、新規住宅開発に関する既存地区住民の合理的懸念を反映する上で、必要量の賢明な規制が重要であることを強調するのは大切である。本『白書』第 1 章で、私たちは、2016 年から 2019 年の間に、住宅資産の価値上昇が総世帯資産の増加をもたらしたという証拠を検討した。多くの成長地域は、地区の懸念と、増える需要を満たすために住宅供給を拡大する必要性のバランスを取ることに成功している。事実、住宅価格は、米国のほとんどの地域において住宅を生産するコスト近くか、それを下回っており、高い住宅価格ではなく（近年の所得上昇にもかかわらず）低い所得水準が、そうした地域において住宅コストを賄うために一部の世帯が苦闘している理由であると示唆している。しかし、研究が示すところによると、住宅建設に対する地方政府の過剰な規制障壁の結果、需要を満たすのに十分な住宅を建設できないことにより、住宅を生産するコストよりも住宅価格をはるかに押し上げている 11 の大都市地域がある（Glaeser and Gyourko 2018）。これら 11 の大都市地域には、サンフランシスコ、ホノルル、オックスナード、ロサンゼルス、サンディエゴ、ワシントン、ボストン、デンバー、ニューヨーク市、シアトル、ボルティモアが含まれている。これらの地域でさえ、現在一戸建て住宅用に区画化されている地区に高層アパートメントを建設したり、すべての規制を撤廃する必要は必ずしもない。むしろ、過剰な規制障壁を撤廃するために措置を講じ、需要を満たせるように住宅供給が拡大し、低・中所得家族にかかる極端な住宅コストを軽減できるようにする必要がある。

　これら 11 の大都市地域の住宅建設に課せられた過剰な規制障壁は、現在及び将来の居住者に経

済的苦痛をもたらす。財産所有者がその財産を合理的に用いられる力を制限することに加えて、これらの規制は賃借人と、住宅を買おうとしている人々、両方のコストを増加させる。グレイザーとギョーコ（Glaeser and Gyourko 2018）の推計に基づくと、過剰な規制障壁（住宅価格を住宅生産コストより少なくとも 25% 押し上げる規制と定義される）は、これら 11 の大都市地域のそれぞれで 36% から 184% 住宅価格を押し上げ、家賃の高騰をもたらす。これらのコスト負担は、所得の大きな部分を住宅に支払っている低所得アメリカ人にとってとくに問題である。

　家賃を上昇させることで、住宅建設に対する過剰に厄介な規制障壁はホームレスを増加させる。経済諮問委員会（CEA 2019）の推計によると、住宅供給が顕著に制限されているこれら 11 の大都市地域で過剰な規制障壁を緩和すると、ホームレスは平均 31% 減少する。たとえば、ホームレスは、サンフランシスコで 54%、ロサンゼルスで 40%、ニューヨークで 23% 減少するであろう。これらの地域には米国のホームレス人口の 42% が含まれるので、各地域がその規制障壁に適切に対処すれば、ホームレスは米国全体で 13% 減少するであろう。

　これら特定の住宅市場の過剰規制は、一定の予算支出に対し支援を受け取るアメリカ人家族を減少させるので、政府住宅支援の効率性を低下させる。2019 年、住宅都市開発省（HUD）は、その最大の賃貸住宅支援プログラムに 420 億ドルを充てた。つまり、第 8 条住宅選択バウチャー（230 億ドル）、第 8 条プロジェクト・ベース賃貸支援（120 億ドル）、公営住宅（70 億ドル）に支出した。HUD 賃貸支援はある地域の市場家賃に結びついているので、家賃を押し上げる規制はまた、一定数の家族に提供するコストを高めるであろう。供給が制約された地域で家賃を引き下げる規制緩和は、HUD に節約分をもたらし、より多くの家族に提供するのに使えるようにする。たとえば、連邦納税者は、カリフォルニア州サンフランシスコの 3 ベッドルームの部屋に対し、月 4000 ドル超の賃貸支援を支払うのに対し、テキサス州ハリス郡では月約 1500 ドルである。

　低所得アメリカ人に特殊な悪影響に加えて、特定市場における過剰な規制障壁は、すべてのアメ

リカ人に他の悪影響を及ぼす。第一に、それらは地域間の労働力移動性を低下させ、そのことにより全体的な経済成長を阻害し、地域間、労働者間の不平等を拡大する。最も生産的な地域に住むことが労働者にとってより高価になる場合、彼らはそうする可能性が低くなり、生産性が低下する。たとえば、謝とモレッティ（Hsieh and Moretti 2019）は、ニューヨーク市、サンノゼ、サンフランシスコ地域における住宅供給制限が 1964 年以降緩和されていた場合、国内総生産は 2009 年までに 3.7% 高くなったと推計している。

　第二に、特定市場における住宅建設に対する過剰な規制障壁は、子供の経済的機会を広げる地区へ両親が居住する力を低下させる。ラジ・チェティと彼の研究仲間は、子供の長期的結果を最も改善する可能性の高い地区を特定している（Chetty et al. 2018）。そのような地区に共通する特徴は住宅価格の高さであり、住宅価格を人為的に引き上げる過剰な規制は、流入を減少させ、子供の機会を減少させることを示している。米上院合同経済委員会の報告書も同様に、最高の質の公立小学校を有する平均的郵便番号は、最低の質の公立学校を有する郵便番号の 4 倍の中位住宅価格を有することを明らかにしている（JEC 2019）。これは、1 つには高い質の学校区にある住宅に一部の親がより多く支払う意思があることによる。しかし、こうした地域の多くには、過剰な規制がある。

　第三に、住宅建設に対する過剰な規制は、通勤時間を増加させる。なぜなら住宅は、人々が働く場所の近くに建設できず、運転時間と交通渋滞を増加させるからであり、環境を損なう。平均的な通勤者は、2017 年に交通渋滞に 54 時間費やしたが、それは 1982 年の 20 時間から増加している（Schrank, Eisele, and Lomax 2019）。合計移動遅延は、この期間に 18 億時間から 88 億時間に増加し、住宅に関連する総コストは 150 億ドルから 1790 億ドルに増加した。この平均通勤時間増加の結果として、さらに 33 億ガロンの燃料が消費された。

　幸い、住宅建設に対する過剰な規制障壁に対処することの重要性に関する証拠が増えているので、その問題に対する超党派の関心が高まっている。前政権下の CEA は、2016 年に州・地方規制機関に向けて「住宅開発ツールキット」を公表した。

提案された改革の一部は問題を引き起こす可能性があるが、そのツールキットは、住宅開発に対する地方政府の障壁を削減するために多くの生産的な措置を要請している。これらの改革には、プロジェクト承認手続きを合理化するための権限としての開発の確立、都市密度を高める集合住宅ゾーニングの許可、建設許可取得手続きの短縮が含まれる（CEA 2016）。いくつか逆効果の改革も提案された。それには、より多くの市場レートのユニットを建設するのと引き換えに、規制家賃の一定タイプのユニットをディベロッパーが建設するという要件があり、一部の地域で全体的な供給拡大を妨げ価格を上昇させる可能性のある政策である（Schuetz, Meltzer, and Been 2011）。経済諮問委員会（CEA 2016）は規制障壁を、経済成長の阻害、不平等の拡大、環境への害、ホームレスの増加など、多くの問題と結びつけている。

住宅市場の過剰規制によりうまく対処するために、トランプ大統領は2019年6月25日に大統領令に署名し、ホワイトハウス・アフォーダブル住宅規制障壁撤廃評議会を設置した。これらの規制が経済成長、子供の機会、ホームレス、政府プログラムのコストに及ぼす悪影響を認識し、この評議会は、連邦、州、地方政府の住宅供給に対する最も厄介な規制障壁と、それらへの最善の対策を特定することを任務としている。大統領令は、規制障壁に対処する上で州・地方規制機関への「連携、支援、奨励」を含め、各連邦規制機関がいかにして住宅開発に対する障害を削減するか判断することを、同評議会に要求している。

HUDはまた、トランプ政権下で、手ごろな価格の住宅建設に対する規制障壁に対処するための措置をとってきた。公正住宅積極的促進策規則は、前政権で最終決定されたものであるが、地方がより富裕な地域の住宅に助成するのを奨励するのではなく、供給が制約されている地域で住宅供給を拡大することにより明確に焦点を合わせるよう修正されている。この規則は、恵まれない集団のために住宅選択肢を増やすには、低所得家族の手の届かない広範囲の具体的地域に住宅を設置するように、規制障壁を撤廃することが必要だと認識している。

本章では、第一に、米国における住宅購買力問題について述べる。そして、特定の大都市地域の問題において、過剰な規制障壁が果たすキーとなる役割を明らかにする。次に、とりわけ低所得のアメリカ人に対する害について、これらの障壁の多くの有害な結果に関する証拠を提示する。最後に、地方住宅市場の過剰な規制障壁の緩和を奨励するために、わが政権が講じてきた措置について説明することにより結論を下す[1]。

住宅購買力問題

住宅価格が所得よりも速く上昇するとき、住宅を購入する余裕のある世帯は少なくなる。それでも融資を受けられ価格が上がった住宅を購入できる人々は、機会のより少ない地区または地域でそのようにし、所得のより多くの割合を住宅ローン返済に充て、貯蓄のより多くの割合を頭金に充てるかもしれない。賃借世帯は、所得のうちより多くの部分を家賃に支払い、他のニーズに利用できる所得は少なくなる。その負担は低所得世帯にとってはとくに深刻である。これらの定義において、米国における「住宅購買力」問題は悪化している。それは、所得上昇ペースを上回る住宅価格と、特定地域で需要に追いつかない住宅建設の結果である。

4四半期平均に基づくと、2019年第3四半期において、64.5%の世帯が自らの住宅を所有していた（図8-1）。これは、2016年第3四半期の低水準から1.1%ポイント増加したことを表している。しかし、現在の住宅所有率は、2005年第1四半期の69.1%というピークをまだ4.6%ポイント下回っている。

一部の集団の住宅所有率はとくに低い。2019年第3四半期に、黒人の住宅所有率は41.8%であり、非ヒスパニック白人の住宅所有率を31.5%ポイント下回っている（図8-1）。他方、ヒスパニックの住宅所有率は、トランプ大統領が当選し

表 8—1　所得の 30% 超を住宅に支払っている賃借世帯の割合、所得別、2009 年と 2017 年

世帯所得	2009 年 (%)	2017 年 (%)	変化 (% ポイント)	変化率 (%)
2 万ドル未満	76.6	74.3	-2.3	-3.0
2 万ドルから 4 万 9999 ドル	50.2	61.0	10.8	21.5
5 万ドルから 7 万 4999 ドル	15.2	23.5	8.3	54.4
7 万 5000 ドルから 9 万 9999 ドル	6.8	10.3	3.5	51.3
10 万ドル以上	2.1	3.5	1.3	61.8
全賃借世帯	47.7	46.0	-1.7	-3.6

出所：American Community Survey; CEA calculations.

た 2016 年第 4 四半期以降 1.3% ポイント上昇したが、それでも 2019 年第 3 四半期に 47.2% であった。それは、非ヒスパニック白人世帯よりも 26.2% ポイント低い（図 8-1）。

　住宅所有者である人々にとって、所有する住宅は重要な資産の源である。したがって、住宅所有率格差は資産格差に直接的な意味を持っている。連邦準備制度理事会の消費者金融調査によると、2016 年、白人家族は 17 万 1000㌦の中位資産を持っていたが、他方、黒人家族の中位資産は 1 万 7600㌦、ヒスパニック家族の中位資産は 2 万 700㌦であった。1 つには、彼らの住宅所有率がはるかに低いからである（Dettling et al. 2017）。

　住宅を所有している人々の中で、とりわけ低所得家族にとって、住宅ローンは所得の大きな部分を占めることがある。2017 年、住宅コストは、年間所得 2 万㌦未満の住宅所有者については世帯所得の 67.5% に相当し、年間所得 2 万㌦から 5 万㌦の住宅所有者については世帯所得の 40.6% に相当した（Dumont 2019）。したがって、住宅購買力は、自らの住宅を購入できる人々にとってさえ問題になりうる。本『白書』第 1 章で、私たちは、現在の低い住宅ローン金利が全体としていかにして住宅市場を支えているかについて論じた。しかし、住宅ローンの引き受けコストなどの他の要因が、住宅ローン取得力を損なっている。

　住宅所有率が低下したので、賃借世帯数は増加した。連邦準備制度理事会の推計によると、2009 年から 2017 年に形成された 620 万世帯の

うち、570 万世帯（92%）は新規賃借世帯である（Dumont 2019）。賃借世帯は、所得の大きな部分を——財産を築くのではなく——家賃に支払っている。それにより貧困・低所得世帯はその他のニーズに対処するのが困難になっている。1970 年から 2010 年までに、所得の半分以上を住宅に支出している賃借世帯の割合は、16% から 28% に増加した。同じ期間に、少なくとも 30% を住宅に支出している割合は、31% から 52% に増加した（Albouy, Ehrlich, and Liu 2016）。2017 年米国コミュニティ調査によると、米国における 4300 万の賃借世帯のうち、46% が所得の 30% 超を住宅に支払い、31% が所得の 40% 超を、23% が所得の 50% 超を住宅に支払っている。表 8－1 に示されているように、2017 年に所得 2 万㌦未満の賃借世帯の中で、約 74% は所得の 30% 超を家賃として支払ったが、2009 年よりは少ない割合であった。所得 2 万㌦から 5 万㌦の賃借世帯について、61% が所得の 30% 超を家賃に支払っており、2009 年の約 50% から増えている。

　他方、かなりの数のアメリカ人が完全に家を失い、路上またはホームレス・シェルターで寝泊りしている。2018 年 1 月の特定の夜に 50 万強の人々がホームレスとなり、そうした人々の 35% は、歩道や公園など人間の居住を意図していない、保護されていない場所に身を置いた（HUD 2018）。研究は、家賃が高いほどホームレス率が高いと関連づけている（たとえば、Quigley,

8

Box 8―1 　住宅購買力問題を大工指数で計測する

住宅の購買可能性を評価する 1 つの方法は、住宅を建設する人々がその住宅を購入できるかどうか尋ねることである。アメリカン・エンタープライズ研究所の大工指数は、大工が世帯主の世帯の平均所得と、特定地域の住宅価格を比較する。住宅の価格が大工の世帯所得の 3 倍未満であれば、その住宅は「購買可能」と見なされる。各大都市地域については、大工指数は、大工が買える初回購入者向け住宅のシェアを計算する。

図 8- i は、上位 100CBSA について購買可能な初回購入者向け住宅在庫のシェアを示しており、影が濃くなるほど住宅が平均的大工にとって購買可能ではなくなることを示している。平均的大工は、カリフォルニア州サンディエゴ―カールスバッド CBSA に建設された初回購入者向け住宅のわずか 6.5% しか購入できない。カリフォルニア州オックスナード―サウザンドオークス―ベ

ンチュラ CBSA では 8.2%、カリフォルニア州ロサンゼルス―ロングビーチ―アナハイム CBSA では 10.3%、カリフォルニア州サンノゼ―サニーベール―サンタクララ CBSA では 10.7%、カリフォルニア州サンフランシスコ―オークランド―ヘイワード CBSA では 11.8% である――全米で最も購買可能性の低い上位 5 地域である。反対に、イリノイ―インディアナ―ウィスコンシン州シカゴ―ネイパービル―エルギン CBSA、ペンシルヴァニア州ピッツバーグ CBSA、ミズーリ―イリノイ州セントルイス CBSA、また中西部の他の多くの地域では、平均的大工は初回購入者向け住宅の 100% を購入できる。大工指数は、最も高価な大都市地域がカリフォルニア州に位置し、そこまではいかないのが西海岸と北東部であり、他方、購買可能な大都市地域のほとんどが中西部に位置していることを示している。

図 8-i　大工指数、CBSA 別、2018 年

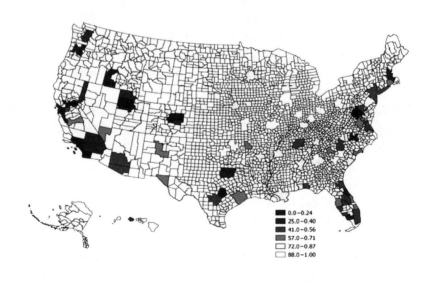

注：CBSA＝コアベース統計地域。
出所：American Enterprise Institute.

凡例：
- 0.0―0.24
- 25.0―0.40
- 41.0―0.56
- 57.0―0.71
- 72.0―0.87
- 88.0―1.00

Raphael, and Smolensky 2001; Corinth 2017; Hanratty 2017; Nisar et al. 2019)。

増していく住宅購買力問題は、所得減少に起因するものではない（ただし、大リセッションという例外を除く。それは、広範囲に及ぶ差し押さえなど、深刻な住宅問題を引き起こした。Steffen el al.（2013）を参照のこと）。2000年以降、実質中位（税引後移転後）家計所得は20%増加した（CBO 2019）。購買不能性拡大の要因は住宅価格上昇である。スタンダード＆プアーズ／ケース＝シラー全米住宅価格指数によると、実質住宅価格は2000年以降49%上昇し、実質中位所得上昇を上回った。住宅価格は、初回購入者向け住宅で最も速く増加した——アメリカン・エンタープライズ研究所全米住宅価格上昇指数によると、2012年以降、最低価格帯の住宅価格は最高価格帯の住宅価格に比べ50%以上上昇した（Pinto and Peter 2019）。Box 8-1に示されているように、住宅購買力問題は、米国の特定地域に集中しており、そこでは住宅を建設する人々が住宅を買えないのである。

住宅価格は上昇しているが、住宅建設は対応が遅れている。それは、特定の場所において、住宅の需要に供給が追いついていないことを意味する。国勢調査局によると、1人当たり住宅建設は10年ごとに減少してきた。1970年から1979年には居住者1000人につき平均8.2軒の住宅が建設されたが、年平均建設数は、2010年から2018年には居住者1000人につき3.0軒まで減少した。州により、住宅建設には大きな差がある。たとえば、2010年から2018年まで、平均して居住者1000人につきテキサスは5.2軒、フロリダは4.3軒の住宅を建設した。他方、同じ期間に、居住者1000人につきカリフォルニアは2.0軒、ニューヨークは1.7軒の住宅しか建設しなかった。カリフォルニアについては大幅な減少を表している。カリフォルニアは、1970年代、1980年代には、居住者1000人につき7.0軒以上を建設したが、それ以降、各10年間に居住者1000人につき4.0軒未満にまで減少した。他方、ニューヨークは（ウェストバージニア州と並び）、1970年以降の各10年ごとに、居住者1000人につき平均年間3.0軒以上の住宅を一度も建設したことがない、この国でわずか2つの州の1つである。

住宅購買力問題に過剰規制が果たした役割

所得のうち十分大きな割合を構成している住宅支出として、住宅購買力問題が定義される場合、3つの潜在的原因がある。(1)住宅価格上昇、(2)世帯所得減少、(3)より質の高い住宅（高い物理的品質または望ましい設備に近づくこと）を消費しようとする世帯の選択、である。前節で報告されているように、実質住宅価格は2000年以降49%上昇した。他方、世帯所得は低下せずに上昇しており、また、より質の高い住宅を選択しようという消費者の判断は購買力問題と見なされるべきではない。したがって、今日の米国における住宅購買可能性に関する根本的問題は、特定地域において高すぎる住宅価格である。

過剰に厳しい住宅規制は、需要の増加に直面して住宅価格を押し上げる上で重要な役割を果たしている。図8-2は、いくつかの地域における住宅建設に対する過剰な規制障壁が、いかにして供給を制限し、したがって住宅価格を上昇させるのかを示している。過剰な規制に制約されていない市場では、需要が外側にシフトする場合（たとえば、賃金が高いほどその地域で生活することが望ましいため）、ディベロッパーは一定コストで新規住宅を建設することができるので、価格は P_1 で一定のままであり、他方数量は Q_2 まで増加する。対照的に、時間のかかる許可手続きや不当な土地利用規制などの過剰な規制に制約された市場においては、新規住宅建設が需要の増加についていけない。過剰な規制は、傾きのきつい、比較的非伸縮的な住宅供給曲線をもたらし、それにより過剰な規制障壁のない市場で住宅を生産するコスト以上に住宅価格を押し上げる。価格は P_2 まで上昇し、数量は Q_1 まで減少する。このようにして、グレイザーとギョーコ（Glaeser and Gyourko 2018）は、住宅価格を生産コスト以上に押し上

⑧

図8-2　規制が住宅の需給に及ぼす影響

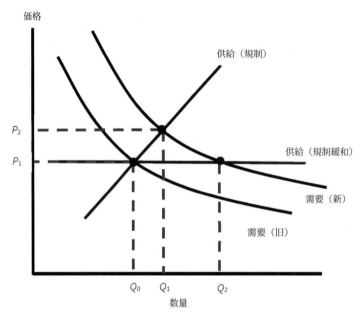

価格

供給（規制）

P_2

供給（規制緩和）

P_1

需要（新）

需要（旧）

Q_0　Q_1　Q_2

数量

出所：Glaeser and Gyourko (2018); CEA calculations.

げる過剰な規制が、住宅に対する「規制税」として機能すると主張している。この規制税は、図8-2で、P_1とP_2の差として表されている。

　一部の規制は開発プロセスに追加コストをもたらし、住宅コストの総コストを引き上げ、供給を減らす。たとえば、環境評価は建設を遅らせ、ディベロッパーに追加コストを課す。これらの規制の意図せぬ結果は、規制が住宅価格を引き上げにくい中心的でない地域で住宅が建設されることであり、それにより通勤時間が増え、最終的にいっそう大きな環境被害がもたらされる。もっと一般的には、新規開発の承認プロセスが長期間かかり不確実になるので、たとえば、ディベロッパーに高コストの長期にわたる建設ローンを強いるか、土地購入にオプションをつけるために追加資金の支払を迫ることにより、住宅の価格を引き上げ、供給を減らす。ギョーコら（Gyourko, Hartley, and Krimmel 2019）は、承認遅延指数を作成し、住宅建設プロジェクトの審査時間は、規制が比較的軽い地域に比較して規制が厳しい地域では2倍以上かかり、平均審査時間は8.4カ月であることを明らかにした。環境審査だけでも、住宅プロジェ

クトにかなりの費用が加わる場合がある。たとえば、カリフォルニア環境質法は、カリフォルニア州における特定の建設に環境影響評価を実施することを義務づけるもので、住宅開発完了に推計100万㌦の費用を追加することがある（Jackson 2018）。

　供給を制約する可能性のある他の規制は、密度の低下に明確に焦点を合わせたものである。建築許可上限、人口上限、密度制限は、その地域に建設できる新規住宅の量を制限する。同様に、都市成長の境界は、指定地域を越えた都市拡張を妨げる。その他の種類の規制は、地域で建設できる住宅のタイプ及び規模を規制することにより、密度を低下させる。最低敷地面積要件により、住宅建設業者はより多くの住宅を建設するために敷地を分割することができない。高さ制限は、より多くの階とより多くの住宅ユニットを持つより高いビルを妨げる。最大床面積比率（床面積を敷地面積で割って計算される）は、潜在的には集合世帯全体において、一定の敷地で建築できる居住空間の広さを制限する。ゾーニング規制も、集合住宅など、特定のタイプの住宅の建設を妨げる場合があ

図8-3 ウォートン土地利用規制指数、大都市統計地域別、2008年

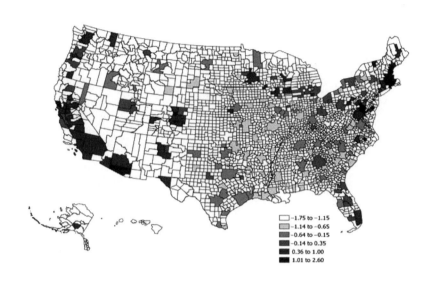

	-1.75 to -1.15
	-1.14 to -0.65
	-0.64 to -0.15
	-0.14 to 0.35
	0.36 to 1.00
	1.01 to 2.60

出所：Gyourko, Saiz, and Summers (2008).

る。

　もちろん、これらのタイプの規制——たとえば、安全性を促進する基準を維持したり、住宅の特性に関する情報を提供したりすること——は、過剰でない場合、供給を大幅に制限することがなければ有益である。さらに、特定タイプの土地利用は汚染または混雑の外部性を発生させ、開発者負担金などある程度の規制は、ディベロッパーがこれらの建設コストを内部化するのに役立つことがある。地元の市民はまた、公園などの公共利用や保全目的のために一定の土地を保全することを望むであろう。しかし、特定の場所では、過剰な規制により住宅需要を満たすように供給が拡大することが阻まれ、住宅価格が大幅に押し上げられている。

　経済学者の間では、住宅供給を制限する過剰な規制障壁の全体的な影響は、全体的な厚生を低下させることだと、一般的に信じられている。たとえば、アルブイとエーリッヒ（Albouy and Ehrlich 2018, 117）によると、厳格な住宅規制は住宅価格を上昇させるだけでなく、生活の質を向上させるためのこうした規制は便益よりもコス

トのほうが大きい。彼らは次のように言っている。「正味では、米国の典型的な土地利用規制は、住宅生産を非効率的にし、住宅消費を購買不能なものにすることで厚生を低下させている」。グレイザーとギョーコ（Glaeser and Gyourko 2018, 14）は、研究を要約し次のように述べている。「建設制限のローカルなコスト及び便益に関する実証的研究は、負の外部性が規制のコストを正当化するほどは大きくはないと、一般的に結論を下している」。

　住宅規制の厳格さと住宅供給へのその影響は、国によって異なる。規制の厳格さを計測する1つの方法は、規制それ自体を分析することである。よく使われる計測値の1つは、ウォートン住宅用地利用規制指数である。ギョーコら（Gyourko, Saiz, and Summers 2008）は、規制手続きと土地利用規制に関する全国自治体調査から指数を作成した。出来上がった指数は、図8-3の大都市統計地域において、青色の影が暗いほどより厳格な土地利用規制があることを示している。南部と中西部は制限的な規制が最も少なく、他方、カリフォルニアと北東部は最も多い。

図8-4 住宅価格と生産コストの比率、CBSA 別、2013 年

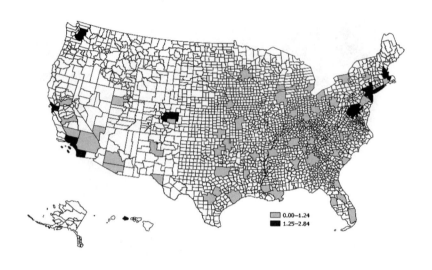

0.00–1.24
1.25–2.84

注：CBSA＝コアベース統計地域。
出所：Glaeser and Gyourko (2018); CEA calculations.

　規制負担が高い地域ほど、住宅価格が高い傾向がある。図8-4は、グレイザーとギョーコ（Glaeser and Gyourko 2018）によって作成されたように、住宅価格の中央値と住宅生産コストの比率にしたがって大都市地域を示したものである。規制が緩いところでは、住宅価格・生産コスト比率は１かそれ未満となるはずである。規制がより厳格で需要が堅調なところでは、その比率は１を超えるであろう。生産コストには、住宅の建設費だけでなく、過剰に厳格な規制がない場合市場で達成されていた住宅を建設する正常利潤と少額の土地コストが含まれる。

　制約のない市場でさえ、固定サイズの区画（たとえば１エーカー）の土地価格は、より望ましい場所であればより高くなることは確かに正しい。デイビスら（Davis and others 2019）は、全米で１エーカー当たりの土地価格が大きく異なることを示している――すべての地域が過剰に厳格な住宅規制を緩和した場合も、この差異のほとんどは残るであろう。しかし、各住宅ユニットに使用される土地区画の価格は、過剰な規制がなければ地域間で同程度になるかもしれない。密度の高

い地域の方が１エーカーの土地価格はおそらく高いだろうが、各住宅ユニットに必要な土地区画は小さくなるため、各２ベッドルーム住宅に使われるより狭い土地区画は、密度の低い地域で２ベッドルームに使われるより大きな土地区画のコストと同程度になるであろう。もちろん、これはおおよそ当てはまるだけであって、財産税の相違など他の要因によって残りの違いが生じる可能性もある。１つにはこうした理由のために、グレイザーとギョーコ（Glaeser and Gyourko 2018）は、住宅価格が生産コストを著しく上回っている地域に焦点を合わせている。

　図8-4は、住宅価格・生産コスト比率が１を大幅に超える場所（つまり、住宅価格が住宅生産コストを少なくとも25％上回っている場所）は、規制指数が高い場所とほとんど同じであることを示している。相関関係はあるが、これは住宅規制が住宅価格を決定する一因であることを支持する証拠を提示している。図8-4はまた、過剰な規制は、青色の影の濃さで示されている特定の場所で、現在大きな問題である。本章ですでに述べたように、これら11の大都市地域には、サンフラ

ンシスコ、ホノルル、オックスナード、ロサンゼルス、サンディエゴ、ワシントン、ボストン、デンバー、ニューヨーク市、シアトル、ボルティモアが含まれる。

これら11のCBSAsには、過剰に厄介な規制の事例が豊富にある。11のうち4つはカリフォルニア州にあり、そこで集合住宅はロサンゼルス、ロングビーチ、アナハイム、サンディエゴの土地の4分の1未満、サンフランシスコとオークランドの土地の半分未満でしか建設されない（Mawhorter and Reid 2018）。ロサンゼルスとサンディエゴでは、すべての典型的な2ベッドルーム・アパートメントには2台、すべての典型的な1ベッドルーム・アパートメントには1台半、すべてのスタジオ・アパートメントには1台の駐車スペースが求められ、集合住宅ディベロッパーのコストを増加させ、最終的には賃借人のコストを増加させている（サンフランシスコは駐車場要件を2019年初めに撤廃した）。ハワイ全域では、地方及び州のゾーニング規制のネットワークがあるために、開発される土地はわずか4%にすぎない。

過剰に厄介な許可手続きや他の障壁は依然として問題であり、他の場所でも住宅価格に上方圧力をある程度かけるかもしれないが、過剰規制に関する主要問題は、現在はこれら11地域に限定されている。それにもかかわらず、過剰な規制障壁を持つさらなる地域において将来需要増加が生じると、住宅価格が人為的に高騰する地域の数が増えるであろう。

図8-3及び図8-4と一致しているのだが、多くの学術研究により、厳格な規制が住宅価格を上昇させることが分かっている。初期の文献のレビューにおいて、イーランフェルト（Ihlanfeldt 2004）は、成長統制と最低敷地規模制限が住宅供給を減らし、価格を高めているとの結論を下している。キグリーとラファエル（Quigley and Raphael 2005）は、より厳格な規制を持つカリフォルニア州の諸都市では、住宅価格と家賃の水準及び上昇が高いこと、また、規制の強い地域においては住宅供給は価格上昇にあまり反応しないことを明らかにした。グレイザーら（Glaeser, Gyourko, and Saks 2005）の主張によると、土地利用制限は、マンハッタンの高層アパートメントの価格がその建設コストをはるかに凌駕する理由を説明する。イーランフェルト（Ihlanfeldt 2007）により、フロリダ州において厳格な土地利用規制が住宅価格を高めたことが分かった。グレイザーとウォード（Glaeser and Ward 2009）により、厳格な規制、とくに最低敷地要件は、マサチューセッツ州における住宅価格の上昇と建設の減少に関連していることが判明した。サイズ（Saiz 2010）によると、土地利用規制は、地理的制約に加えて、価格上昇に対する住宅供給の感応度の重要決定要因である。グレイザーとギョーコ（Glaeser and Gyourko 2018, 8）は、研究を要約し、次のように述べている。「既存研究の一般的結論によると、ローカルな土地利用規制は住宅供給の弾力性を低下させている。また、これは住宅ストックを縮小し、住宅価格を上昇させ、住宅価格の変動を拡大し、新規建設の変動を縮小する」。

一部の者は、住宅価格を上昇させるのは規制以外の理由があると論じる。1つの理由は、建設コストが上昇していることである。しかし、ギョーコとモロイ（Gyourko and Molloy 2015）によると、実質建設コスト（労働と材料のコストを含む）は、1980年から2013年までほぼ一定であった。別の潜在的要因は、建設の地理的制約である。たとえばサイズ（Saiz 2010）の主張によれば、供給制約を持つ多くの地域には、新規住宅開発を妨げる急勾配の地形がある。それにもかかわらず、土地制約がありそうな地域でさえ、ディベロッパーは、密度を高く、許可遅延を少なくして建設し、それによって住宅価格に下方圧力をかけることができる。最後に、私たちは供給に焦点を合わせてきたが、土地利用制限が特定コミュニティでの生活の魅力を高める場合、住宅規制は住宅需要拡大を通じて価格を上昇させることもある。しかし、実証的に見ると、アルブイとエーリッヒ（Albouy and Ehrlich 2018）は、供給効果が需要効果を圧倒することを明らかにした。

住宅に対する過剰規制の帰結

特定の大都市地域における住宅市場の過剰規制は、いくつかの負の帰結をもたらす。生産コストをかなり上回って住宅価格を上昇させることにより、住宅所有コストを引き上げ、賃借世帯に対し家賃を引き上げる。それは、ホームレスを増やすことで、また政府住宅支援プログラムが奉仕できる人々の数を減らすことで、とくに低所得層に害をもたらす。それは、地域間の労働移動性を低下させることで、経済成長を弱め、子供が機会に恵まれた地区に居住する力を削ぎ、環境に害を及ぼす。

住宅保持コスト増加と家賃上昇

米国のほとんどの地域では、合理的規制が住宅価格を大幅に押し上げることはない。しかし、特定の大都市地域においては、住宅建設に対する過剰な規制障壁により、住宅の購入価格は住宅の生産コストを大幅に上回っている。

図8-5は、グレイザーとギョーコ（Glaeser and Gyourko 2018）により発表され、図8-4に示されているデータにしたがって、こうした11の大都市地域において過剰な規制が住宅価格を押し上げている程度を示している。住宅価格が150%超高いのは、カリフォルニア州サンフランシスコ─オークランド─ヘイワード CBSA、ハワイ州ホノルル都市部 CBSA。約100%以上高いのは、カリフォルニア州オックスナード─サウザンドオークス─ベンチュラ CBSA、カリフォルニア州ロサンゼルス─ロングビーチ─アナハイム CBSA、カリフォルニア州サンディエゴ─カールスバッド CBSA。また、メリーランド州ボルティモア─コロンビア─タウソン CBSA では36%高いが、11の供給制約のある大都市地域の価格プレミアムでは最小である。

過剰な規制に起因する住宅価格高騰により、世帯が自分の住宅を購入し資産を築くのは困難になっている。HUD 長官のベン・カーソンが最近述べたように、「[住宅供給不足の]結果、持続的な住宅所有権を達成する機会も含め、アメリカ人は住宅所有の機会が少なくなっている。住宅所有は、ほとんどのアメリカ人家族にとって資産を築く最大の手段である」（Carson 2019）。過剰な規制はまた、これら11の大都市地域で家賃を上昇させる。なぜなら、住宅価格が上昇すると、正常利潤を維持するために、物件所有者が毎年収入として受け取る必要がある金額を上昇させるからである。家賃上昇は、貧困・低所得層にとってとくに負担が重い。そして一部の人にとって、こうした過剰に規制された地域に暮らすことを法外に高価にする。

ホームレスの増加

住宅市場の過剰規制の別の悪影響は、ホームレスへの影響である。さまざまなコミュニティにおけるホームレスの時系列データに依拠したいくつかの研究により、家賃の1%上昇はホームレスの約1%増加に関連していることが分かった。住宅規制は一般的に家賃を押し上げるので、それらはまたホームレスを増加させると予想される。

経済諮問委員会（CEA 2019）は、住宅価格をその生産コストまで低下させる過剰な規制障壁の撤廃が、ホームレスを減少させる程度を推計している。この結果は図8-6に要約されている。ホームレスの減少は、カリフォルニア州サンフランシスコ─オークランド─ヘイワード CBSA で54%、ハワイ州ホノルル都市部 CBSA で50%、カリフォルニア州ロサンゼルス─ロングビーチ─アナハイム CBSA で40%、カリフォルニア州サンディエゴ─カールスバッド CBSA で38%、ワシントン DC ─バージニア州─メリーランド州─ウェストバージニア州ワシントン─アーリントン─アレクサンドリア CBSA で36%である。また、マサチューセッツ州─ニューハンプシャー州ボストン─ケンブリッジ─ニュートン CBSA、コロラド州デンバー─オーロラ─レイクウッド CBSA、ニューヨーク州─ニュージャージー州─ペンシルヴァニ

図8-5　過剰な住宅規制に起因する住宅価格プレミアム

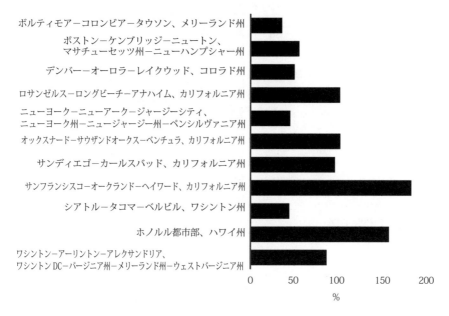

ボルティモアーコロンビアータウソン、メリーランド州

ボストンーケンブリッジーニュートン、
マサチューセッツ州ーニューハンプシャー州

デンバーーオーロラーレイクウッド、コロラド州

ロサンゼルスーロングビーチーアナハイム、カリフォルニア州

ニューヨークーニューアークージャージーシティ、
ニューヨーク州ーニュージャージー州ーペンシルヴァニア州

オックスナードーサウザンドオークスーベンチュラ、カリフォルニア州

サンディエゴーカールスバッド、カリフォルニア州

サンフランシスコーオークランドーヘイワード、カリフォルニア州

シアトルータコマーベルビル、ワシントン州

ホノルル都市部、ハワイ州

ワシントンーアーリントンーアレクサンドリア、
ワシントンDCーバージニア州ーメリーランド州ーウェストバージニア州

%

出所：Glaeser and Gyourko (2018); CEA calculations.

ア州ニューヨークーニューアークージャージーシティ CBSA、ワシントン州シアトルータコマーベルビル CBSA、メリーランド州ボルティモアーコロンビアータウソン CBSA では 19% から 26% である。

　これら 11 の大都市地域におけるホームレス減少全体は、米国のホームレス人口の 42% を含むので、米国全体にとって重要な効果を持ち、米国の全ホームレスは 7 万 2000 人弱、つまり 13% 減少する。これらの調査結果はまた、ラファエル（Raphael 2010）の結果ともほぼ一致している。それは、住宅市場規制がいかにホームレス比率を押し上げるのかを評価するため、異なる方法を用いたものである。大都市地域ごとの住宅市場規制に関する指標を用い、彼は、規制緩和が米国全体のホームレスを 7% から 22% 減少させることを明らかにした。彼は、特定地域間でホームレス減少がいかに異なるかについては示さなかった。ここに示されているように、規制緩和に起因する住宅供給反応が、一種の価格低下に転換され、ホームレス減少につながるには何年もかかることに注意することが大切である。それでも、これらの結果は、特定の大都市地域における深刻なホームレス問題が、都市が作成した住宅規制に大きく左右されていることを示している。

　住宅支援プログラムに援助される人々の減少

　家賃を押し上げることにより、特定の大都市地域において過剰に厳格な住宅規制は、賃貸住宅支援を提供する政府のコストを増加させ、その結果、対象支援家族が減少する。連邦政府は、さまざまな連邦政府機関により管轄される多くのプログラムで、賃貸住宅支援を提供している。3 つの主要なプログラムが HUD によって管理されている——これらには、(1) 第 8 条住宅選択バウチャー、(2)第 8 条プロジェクト・ベース賃貸支援、(3)公営住宅、が含まれる。これら 3 つの HUD プログラムで最大なのは、住宅選択バウチャー・プログラムで、2019 会計年度に 230 億ドル（HUD 予算全体の 42%）のコストで 230 万家族にサービスを提供した。バウチャー・プログラムの下、資格を持つ賃借人は、自らの選択した民間賃貸アパートメントの家賃の一部をカバーする連邦補助金を受

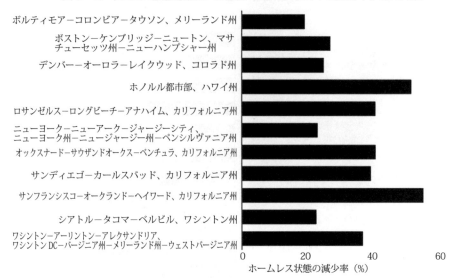

図8－6　住宅市場規制緩和に起因するホームレスの減少率、CBSA 別

ボルティモアーコロンビアータウソン、メリーランド州

ボストンーケンブリッジーニュートン、マサチューセッツ州ーニューハンプシャー州

デンバーーオーロラーレイクウッド、コロラド州

ホノルル都市部、ハワイ州

ロサンゼルスーロングビーチーアナハイム、カリフォルニア州

ニューヨークーニューアークージャージーシティ、ニューヨーク州ーニュージャージー州ーペンシルヴァニア州

オックスナードーサウザンドオークスーベンチュラ、カリフォルニア州

サンディエゴーカールスバッド、カリフォルニア州

サンフランシスコーオークランドーヘイワード、カリフォルニア州

シアトルータコマーベルビル、ワシントン州

ワシントンーアーリントンーアレクサンドリア、ワシントン DCーバージニア州ーメリーランド州ーウェストバージニア州

ホームレス状態の減少率（％）

注：CBSA＝コアベース統計地域。それぞれのケアの連続は、人口全体の大多数が居住する大都市地域に統合される。このシミュレーションは、住宅価格・生産費比率が少なくとも 1.25 であるすべての大都市地域に対し、規制緩和がその比率を 1 まで低下させると想定している。シミュレーションについての詳細は本文を参照のこと。
出所：Department of Housing and Urban Development, Point-in-Time Counts, 2018; Census Bureau; Corinth (2017); Glaeser and Gyourko (2018); Goodman (2004); CEA calculations.

け取る。2 番目に大きい HUD プログラムは、第 8 条プロジェクト・ベース賃貸支援で、2019 会計年度に 120 億㇄ルのコストで 120 万家族にサービスを提供した。プロジェクト・ベース賃貸支援の下、アパートメント所有者は、低所得家族にユニットを貸すために連邦補助金を受け取った。3 番目に大きい HUD プログラムは公営住宅であり、2019 会計年度に 100 万家族にサービスを提供しており、連邦政府の運営費は 70 億㇄ルであった（物件を所有する機会費用を除く）。公営住宅は政府当局により建設、管理されている。住宅選択バウチャーとは異なり、プロジェクト・ベース賃貸支援によってカバーされているユニットに住んでいる賃借人と、公営住宅に住んでいる賃借人は、転居した場合には補助を維持できない。

これらのプログラムの適格性は、当該地域の対中位所得比での家族所得に基づいている。しかし、適格家族の 4 家族に約 1 家族だけしか実際に支援を受け取っていない。なぜなら、住宅コストがあまりにも高すぎるので、とくに高コスト地域においては、プログラムの所得要件を満たす全ての家族にサービスを提供できないからである。たと

えば、3 ベッドルーム・ユニットの最高支払基準は、カリフォルニア州サンフランシスコで月額 4500㇄ル超であるのに対し、テキサス州ハリス郡では月額約 1500㇄ルである。多くの地域には、何年にも及ぶ支援待ちリストがあり、場合によっては、待機リストが長期間再開されないことがある。

過剰な障壁を取り除き、市場家賃を低下させる住宅規制緩和は、現在は高価な市場でサービスを受けていない多くの適格家族に対し、支援を拡大することができる。3 つの主要な HUD プログラムそれぞれの下で、政府は一般的に、世帯調整所得の 30％ と、住宅ユニットの許容家賃または運営費との差額を埋め合わせる。バウチャー・プログラムについては、市場家賃が低下した場合、賃借人の支払いが調整所得の 30％ でほぼ一定のままだとすると、公営住宅局は契約賃料に対し支払いが少なくなる。HUD はまた、プロジェクト・ベース賃貸支援の下で人々に住宅を提供するために、民間物件所有者に支払う必要のある金額が低下する。規制緩和から生じるこうした節約は、現行資金額でさらに多くの家族にサービスを提供するために使えるであろう。

過剰な規制障壁を取り除くことで、手ごろな価格の住宅ユニットのディベロッパーを助成するプログラム、低所得住宅税額控除（LIHTC）の有効性も改善できる。連邦政府は、LIHTCに年間約90億㌦を支出していると推計されている（JCT 2017）。このプログラムに費やすことのできる予算の制約を考えると、過剰な住宅規制は、助成付き住宅を建設するコストを増加させ、それが建設できる量を減少させる。

労働移動性と経済成長の弱体化

低所得アメリカ人に特殊な悪影響に加えて、特定住宅市場における過剰な規制障壁は、すべてのアメリカ人に他の悪影響を及ぼす。重要な事例の1つは、地域間の労働移動性の低下である。特定地域における住宅価格高騰により、賃金がより高い場所に転居するインセンティブが低下するためである。これは労働者の生産性を低下させ、全体的な経済産出を縮小させる。謝とモレッティ（Hsieh and Moretti 2019）は、ニューヨーク市、サンノゼ、サンフランシスコの住宅規制を米国の中位都市の住宅規制にまで引き下げると、1964年から2009年にかけて成長が大幅に上昇し、2009年には国内総生産は3.7%高くなったはずだと推計している。謝とモレッティの主張によると、この失われた成長は、生産性の高い都市が労働者の需要を満たすように住宅供給を増加させることに障壁を築いたことによる、労働者の空間的不適正配分の結果である。グレイザーとギョーコ（Glaeser and Gyourko 2018）によると、制限的な土地利用規制は、国民産出をより小幅だがそれでも重要な2%減少させるという。ハーケンホフら（Herkenhoff and others 2018）も同様に、土地利用制限緩和から顕著な経済成長効果が生じることを明らかにした。

労働移動性の低下は、全体的な影響に加えて、重要な地域的影響を有する。住宅価格が過剰規制により上昇する場合、労働者は賃金の高い地域に移動しにくくなる。これにより高生産性地域と低生産性地域の永続的な賃金格差が生じ、高賃金地域に労働者の供給を拡大する移動を通じてそれを削減することはできない。ゼーベル（Zabel 2012）は、住宅価格は、住宅供給が弾力的な都市よりも非弾力的な都市の方が、労働需要の増加に対応して住宅価格が大きく上昇し、したがって住宅供給が非弾力的な地域に転入するインセンティブを減じることを発見した。サックス（Saks 2008）も同様に、規制がより厳格な住宅市場は、住宅需要の変化に対する反応が鈍く、より広範囲に及ぶ土地利用規制を持つ地域における雇用増を抑制することを明らかにした。サックスは、彼女の州規制指数の第75百分位の地域における労働需要の増加に対する雇用の反応は、第25百分位の地域の反応よりも11%小さいと推計した。

ガノンとショーグ（Ganong and Shoag 2017）は、厳格な土地利用規制に起因する住宅価格上昇が、1980年以降経済地域間の格差が拡大した理由と、従来の地域経済収斂パターンから外れた理由を説明するのに役立つことを明らかにした。ハマライネンとベッカーマン（Hämäläinen and Böckerman 2004）は、フィンランドの移住を検証し、ガノンとショーグと同様の結論に行き着いた。つまり、高い住宅価格は流入を抑制する。

都市内でさえ、高レベルの土地利用規制は社会経済的分断を強めることがある。オーウェンス（Owens 2019）は、地区間、場所間（自治体、都市、町）、都市及びその郊外間の分断を検証し、ほとんどの住宅分断は、場所間または都市及びその郊外間ではなく、地区間で生じていることを明らかにした。それは、ゾーニング規制が重要な役割を果たしていることを意味する。ロスウェルとマッセー（Rothwell and Massey 2010）は、制限的ゾーニング法が社会経済的分断を拡大し、貧困層と富裕層の相互関係を弱めることを明らかにした。レンズとモンコーネン（Lens and Monkkonen 2016）によると、土地利用規制と所得分断には正の相関関係があり、密度制限は必ずしも貧困世帯の集中につながらないが、より富裕な世帯の集中につながる。

子供の機会の減少

住宅市場の過剰規制は、機会を広げる地区に子供が居住する力を削ぐ可能性がある。ラジ・チェティと彼の研究仲間は、子供の長期的結果を改善する可能性が最も高い地区を特定している。機会指数で第25百分位の地区から第75百分位の

⑧

Box 8—2 規制改革の不十分な代替物

高コスト地域で家賃を引き下げたり、手ごろな価格の住宅の建設にインセンティブを与えたりする規制改革は別にして、政策立案者は延々と政策を提案してきた。しかし、たとえば、家賃統制、賃貸住宅支援の増額、いわゆる包摂的ゾーニングなど、これらの提案だけでは、家賃または建設に対して意図した結果を持ちそうもなく、場合によっては逆効果になる。

家賃統制、または特定の賃貸物件の家賃値上げを制限する政策は、高い住宅費に対処する一策として提示されることがある。家賃統制を受けた物件の既存入居者は家賃値上げ幅が小さくなることで恩恵を被るかもしれないが、新しい潜在的入居者のための供給は減少し、ディベロッパーがより多くの物件を建設するインセンティブは低下する。家賃統制の結果に関しての論争ほど、経済学者の間に合意が見られる論争は少ない。2012年のシカゴ大学ブース・スクール・オブ・ビジネスによる政治スペクトル全体にわたる経済学者の調査で、ニューヨークやサンフランシスコで課されたような、家賃統制条例が手ごろな価格の住宅を増加させたり、賃貸物件の質を改善したという見解に、95%が反対した（IGM 2012）。

経済学者のコンセンサスは、経済理論だけでなく、実証研究によっても支持されている。サンフランシスコにおける住宅の需給に対する1994年家賃統制法の影響を検証した最近の論文で、ダイアモンドら（Diamond, McQuade, and Qian 2019）は、家賃に対して意図したものと反対の影響を同法が与えたことを明らかにした。家賃統制を受けた物件に住んでいる人々は低い家賃の恩恵を受け、家賃統制を受けていない場合よりも長くこれらの物件にとどまるが、こうした物件に入居できない人々は長期的には相当悪影響を受けている。地主は、既存のビルを分譲マンションに変更したり、家賃統制法の制約を回避するために他の手段を講じることにより、同法に対応した。これは、賃貸住宅の供給を15%《減少させ》、高所得世帯の嗜好に合う住宅を建設するインセンティ

ブを与えた。その結果、この家賃統制法は、家賃を長期的には引き下げるよりも引き上げる可能性が高い。さらに、家賃統制の恩恵を受けている既存入居者でさえ、意図せぬ結果に苦しむ可能性がある。蒋（Jiang 2019）は、家賃統制はニューヨーク市の入居者の失業を増やしたことを明らかにした。おそらく、住宅費が低いので失業状態をより長く維持できるため、また、入居者は特定の住宅物件に結びついていて、求職を近くの機会に制限するためである。

家賃上昇と戦う政府住宅プログラムの拡大も、供給が制約された地域の一般住民に多大な救済を提供しそうもない。住宅供給が非弾力的な場合、政府補助金増額による需要拡大は、数量よりも価格を上昇させる。その結果、低所得賃借人に対する政府家賃補助は、過剰に制限的な住宅規制を持つ市場では、家賃を上昇させるであろう。エリクセンとロス（Eriksen and Ross 2015）によると、供給が制約されたコミュニティの公正市場家賃の閾値20%以内では、住宅バウチャーが住宅の家賃を上昇させた。彼らは、バウチャー数が10%増加すると、これらの物件の家賃が0.39%上昇したと推計している。

市場レート以下の賃貸住宅物件のディベロッパーを助成するプログラム、LIHTCもまた、いくつかの証拠にしたがうと根本的な供給問題への対処には非効果的な可能性がある。エリクセンとローゼンタール（Eriksen and Rosenthal 2010）は、新規LIHTC開発は、民間開発を大部分押し出し、総住宅供給を不変にする。グレイザーとギョーコ（Glaeser and Gyourko 2008）の指摘によると、信用は、補助金を受けている建設業者の利潤を増加させ、他方、補助金を受けていない建設業者を住宅市場から押し出している。

住宅物件の一定割合を低所得居住者のために取っておくことを要求する規制は、しばしば「包摂的ゾーニング」と呼ばれるものであるが、それもアフォーダブル住宅問題の解決に失敗した。たとえば、シュルツら（Schuetz, Meltzer, and

Been 2011）は、包摂的ゾーニングは住宅価格を上昇させることがあり、場合によっては住宅開発を減少させることがあるという。ハミルトン（Hamilton 2019）によるワシントンとボルティモアの研究では、同様に包摂的ゾーニングが価格を上げることが分かった。

地区に転居した子供は、生涯稼得を 20 万 6000ドル増加させる。チェティら（Chetty and others 2018）は、「機会のコスト」を計算し、子供の将来の年間所得を 1000ドル増やすには、子供時代の家賃に毎年 190ドルがかかることを明らかにした。しかし、機会のコストは全米でかなり異なっており、その差異のほとんどは、土地利用規制制度の違いによるものである。子供の将来年間所得を 1000ドル増やすには、ウィチタでは 47ドルかかるにすぎないが、ボストンまたはボルティモアでは 260ドルかかる。したがって、住宅建設に対する過剰な規制障壁を緩和することで、子供がより機会の多い地区に居住する家族のコストを減らし、彼らの長期的見通しを改善することができる。

同様に、米上院合同経済委員会の報告によると、最高の質の公立小学校のある郵便番号は、最低の質の公立学校のある郵便番号の 4 倍の住宅価格中央値を有している（JEC 2019）。これらの地域の多くには、非常に制限されたゾーニングがある。学校選択の拡大は住宅価格と公立学校の質の間の関連を弱めるが、住宅規制緩和は、生徒に対し質の高い学校へのアクセスを促進する可能性がある（JEC 2019）。

交通渋滞の増加と環境への害

最後に、特定地域における住宅建設に対する過剰な規制障壁は、十分な住宅を人々が働く場所の近くに建設できないために、通勤時間と交通渋滞を増やす。平均的通勤者は 2017 年に 54 時間渋滞にはまっており、それは 1982 年から 20 時間の増加である（Schrank, Eisele, and Lomax 2019）。この期間に総移動遅延は 18 億時間から 88 億時間に増加し、渋滞に関連した総コストは 150 億ドルから 1790 億ドルに増加した。

平均通勤時間のこの増加の結果、余分に 33 億ガロンの燃料が消費され、炭素排出量が増加し、環境を損なっている。さらに、グレイザーが記しているように、「環境保護主義者は、密度が高いが環境に優しい都市での新規建設に抵抗するとき、彼らはそれがどこか他の場所で、炭素排出量のより多い場所で起こることを軽率にも保証している」（Glaeser 2009）。実際、グレイザー（Glaeser 2009）は、地域間の気候や環境規制の違いを調整しても、都市地域の世帯は郊外世帯よりも炭素排出量が少ないことを明らかにしている。都市において排出量削減に貢献する要因には住宅ユニットの縮小があり、郊外に住んだ場合よりも人々は運転することが少なくなったり、運転する距離が短くなったりする。Box 8-2 で論じたように、家賃統制、政府プログラムの拡大、包摂的ゾーニングではなく、むしろ規制改革が、高い住宅コストと過剰規制によって課せられた諸問題に対し最も効果的な解決策を提供するのである。

⑧

結 論

規制改革を通じていかに住宅購買力を増加させるかは、近年、超党派の関心を集めている問題である。本章では、特定の大都市地域における住宅価格を大幅に引き上げている過剰規制に焦点を合わせてきた。これらの規制を緩和することは、住宅所有権を保持するコストを削減し、供給が制約された地域で家賃を低下させることにより、アメリカン人に、とりわけ所得の低いアメリカ人に多大な便益をもたらすであろう。過剰な規制の緩和から生じる家賃低下は、こうした地域で平均 31％ ホームレスを減少させ、より多くの家族が連邦賃貸住宅支援プログラムのサービスを受けら

れるようになるであろう。広範囲に及ぶ便益には、経済成長の上昇、地域格差の縮小、子供の機会の拡大、環境清浄化が含まれる。

　私たちはまた、過剰規制の問題に規制増加で対処することは逆効果だということを強調してきた。家賃統制は、ディベロッパーが新規住宅を建設するインセンティブを減じることにより、住宅価格を上昇させることがある。同様に、住宅に対する政府補助金の拡大は、過剰規制の問題を解決しない。住宅供給が制約されている場合、入居者のための住宅補助金は、住宅の量を増加させることなく、市場家賃を上昇させ、こうしたプログラムの目標に反する可能性がある。

　トランプ政権は、厄介な住宅規制に対処するために措置を講じてきた。トランプ大統領は、2019年に大統領令を発し、ホワイトハウス・アフォーダブル住宅規制障壁撤廃評議会を設置した。それは、すべてのレベルの政府で住宅規制を点検し、こうした過剰な規制負担をいかに改善するかに関する勧告と共に、2020年に大統領に報告書を提出する任務を負っている。

　HUDはまた、トランプ政権の下で措置を講じ、手ごろな価格の住宅建設に対する規制上の障壁に対応している。公正住宅積極的促進策は、前政権期に最終規則が定められたものであるが、供給が制約されている地域における住宅供給を増加させることに、より明確に焦点を合わせるために改定されている。この規則は、恵まれない集団のために住宅選択肢を増やすには、低所得家族の手の届かない広範囲の具体的地域に住宅を設置するように、規制障壁を撤廃することが必要だと認識している。

　注
1　経済諮問委員会は、本章で取り上げたトピックについての研究を以前に公表した。以下の文章は、「米国におけるホームレス」と題するCEAによる研究論文に基づいている（CEA 2019）。

第III部
経済見通し

第9章
継続的拡大に向けての見通し

本『白書』が示しているように、トランプ政権の下、経済成長とそれがもたらした労働市場の改善は、2017年以前の予想を上回っている。成長促進策が米国経済を回復力あるものにしたので、米国経済の実績は、グローバル・エコノミーの低迷といくつかの特異な国内ショックからの強い逆風に耐えてきた。

競争、生産性、賃金を高め、消費財・サービスの価格を下げることにより、規制に対するわが政権のアプローチは、労働者、公衆衛生、安全、環境に対する規制上の保護を堅持しながら、実質所得を増加させている。具体的には、エネルギー市場の過剰な規制を撤廃するわが政権のアプローチは、わが国の豊富な人的資源及びエネルギー資源のさらなる解放を支持している。さらに、わが政権の医療改革は、選択肢及び競争の拡大を通して適正価格で質の高い医療を届けるシステムを構築している。全面的に、この成長促進アジェンダは、現在の拡大期の中でかつて取り残されていた人々にとくに大きな恩恵をもたらしてきた。

経済をいっそう拡大し、米国史上最長の景気拡大をいっそう拡大するには、さらなる政策問題に対処する必要がある。この難題は、トランプ政権が競争市場を促進し、オピオイド危機と戦い、アフォーダブル住宅を促進し、包括的インフラ計画を制定し、2017年減税・雇用法の個別規定を恒久化し、米国の移民制度を更新し、規制緩和措置を継続し、貿易協定及び国際貿易慣行を改善し、いっそうの労働市場改革を通してより高い労働力参加率にインセンティブを与える理由である。

全体として、トランプ政権の経済政策アジェンダの完全な実施を前提とすると、2019年から2030年までの予算期間を通して米国の経済産出は平均年率2.9%で成長すると、私たちは予測している。その期間に、インフレは第4四半期比で2.0%に落ち着くと予想され、失業率は平均年率4.0%以下になると予想される。現行法ベースライン予測と比較すると、わが政権の経済アジェンダの完全な政策実施は、この予算期間を通して産出を4.3%累積的に高めるであろう。

トランプ政権の最初の3年間は、米国における潜在的成長を制約していた長年の構造的トレンドが政策不変ではないことを示している。正しい成長促進的政策は、いっそうの投資を呼び込み、より多くの人々が労働市場に参入するのを奨励し、労働者に投資し労働をめぐって競争する企業から賃金上昇が生じる。近年の成功にもかかわらず、米国経済には拡大する余地が十分にある。国際貿易に対するわが政権のアプローチが予想よりも大きな結果を生み出した場合には、とくにそうなるのである。

1975年以降、経済諮問委員会は、行政管理予算局、財務省と協力して、政権の経済政策アジェンダが完全に制定、実施されたことを想定し、米国経済に関する長期的予測を発表してきた。これは、1946年雇用法に規定されているように、本委員会の責務である。つまり、『米国経済白書』において、「雇用、生産、購買力の水準の現行及び予見可能なトレンド」、「仕事をする能力、意欲がありそれを求めている人々に対し、自営を含む有益な雇用機会を与える状況を創出、維持する」という目的を遂行するプログラムについて述べ、「最大限の雇用、生産及び購買力を促進する」のである。1996年以降、この責務の実行には、政策を織り込んだ11年間の経済予測の提供が含ま

れている。

この任務のため、政権予測は、公的、民間両方の長期的経済予測とは歴史的に異なっている。たとえば、議会予算局は、現行法予測を発表しており、それは経済政策に何も変化がないと想定している（CBO 2019）。ブルー・チップ民間セクター専門予測家パネルはしばしば、現行法の下での経済的潜在力に関するさまざまな推計値と、政策実施の蓋然性に関する客観的、主観的推定の両方を反映しているので、予測に大幅な不均質性が見られる。連邦公開市場委員会の予測の根底にある想定は曖昧であるが、それらの予測はおそらく、現行法の下での潜在的成長率と、ありうる将来の法の下での潜在的成長率、この両方に対する委員のさまざまな見解を反映している。

政権の経済政策諸目標の推定効果——立法支援や他の要因に左右される可能性のある結果——を現行法予測とより明確に区別するため、2018

年『米国経済白書』から本『白書』に至るまで、私たちは、2018 年及び 2019 年『白書』及び 2021 会計年度予算と同様に、本『白書』で論じられる推定成長効果を反映し、現行法ベースラインと、中間ライン、最高ラインにこの予測を分解した。次に、私たちは、現行法ベースラインに、将来の規制緩和措置、移民改革、より高い労働力参加率にインセンティブを与える追加的な労働市場改革、インフラ計画を含む減税・雇用法（TCJA）の個別規定の恒久化、国際貿易相手国との貿易協定の改善を順次追加することにより、最高ラインの政策包摂的予測を積み上げる。最高ライン予測は、経済諮問委員会、行政管理予算局、財務省から成る政権の公式な「トロイカ」予測を構成する。比較のために、私たちは、2016 年 8 月に行われた議会予算局の 2019 ～ 27 年の予測を構成する政策前ベースラインを報告し、2019 年 8 月の現行法予測により延長している。

次の 3 年間の GDP 成長率

図 9-1 で示され、図 9-1 の 3 列目（「実質 GDP」）で報告されているように、本『白書』、また 2018 年、2019 年『白書』、2021 会計年度予算で詳述された経済アジェンダが完全に実施されることを前提にし、わが政権は、経済成長率は 2020 年に、2019 年の予測 2.5% から上昇し、2022 年まで 3% 以上となると考えている。TCJA の継続的効果、また労働力参加率上昇を促進する新たな方策、規制緩和措置、移民改革、互恵的貿易協定、インフラ・プログラムによって、短期的経済成長が支えられると予想している。それは、

2020 年に開始され、2021 年以降産出に観測可能な影響を及ぼすと想定している。

わが政権はまた、労働市場が短期的に力強さを示し続け、民間失業率は 2020 年まで 4.0% を下回り、6 列目に記されているように、インフレ率は個人消費支出物価指数についての連邦準備制度理事会の 2.0% という目標より低いかそれに近いと予想される。わが政権は、図 9-1 の 5 列目（「GDP 物価指数」）に示されているように、2019 年以降幅広いインフレは 2022 年まで 2.0% で安定したままだと予想している。

⑨

長期的な GDP 成長率

2018 年及び 2019 年の『米国経済白書』で論じられたように、法人税改革に応じて資本・産出比率が漸近的により高い定常状態に近づくので、また TCJA の個別規定が成長率に及ぼす短期的効果が恒久的水準効果へと消散するため、わが

政権の現行法ベースライン予測では、長期的には産出の伸びは減速する。中間予測に反映されているように、私たちは、TCJA の個別規定——現在、2025 年 12 月 31 日に期限が切れると定められている——が恒久化された場合、減速は 2026

図 9−1　実質 GDP の成長率予測、2019〜2030 年

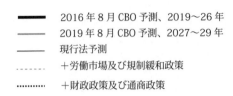

━━━	2016 年 8 月 CBO 予測、2019〜26 年
───	2019 年 8 月 CBO 予測、2027〜29 年
──	現行法予測
------	＋労働市場及び規制緩和政策
‧‧‧‧‧	＋財政政策及び通商政策

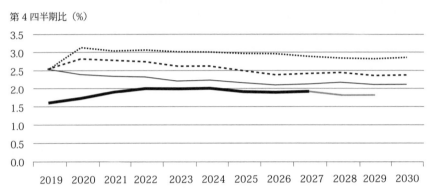

注：現行法予測は、2019 年 10 月 31 日に利用可能なデータに基づいている。
出所：Bureau of Economic Analysis; Bureau of Labor Statistics; Congressional Budget Office; Department of the Treasury; Office of Management and Budget; CEA calculations.

及び 2027 年に部分的に相殺されると予想されている。

わが政権の完全な政策包摂的予測は、図 9-1 の緑色の線で記されている。大統領のインフラ計画と TCJA の個別規定の延長の実施成功に加えて、この予測は、規制緩和、移民、貿易協定改善、財政統合、労働参加率上昇にインセンティブを与えることを意図した労働市場政策に関するわが政権のアジェンダの完全実施を想定している。労働市場政策には、非現金福祉プログラムにおける非障害生産年齢福祉受給者に対する就労要件の拡大、低所得家族に対する託児支援の拡大、アメリカ人労働者全国評議会を通じた再スキル化プログラムに対する支援強化が含まれる。

私たちは、予算期間の終わりに向けて、2019 年から 2030 年の平均で 2.8% まで成長が減速すると予想しているが、政策包摂的予測では、産出が平均年率 2.9% で増加する。現行法ベースラインと比較し、完全な政策実施で、予算期間を通じて産出水準は累積的に 4.3% 上昇するであろ

う。予算期間の後半における成長の減速を反映して、わが政権は、失業率が 4.0% に収斂すると予想している。それは連邦公開市場委員会の 2019 年 12 月の「経済予測の要旨」と一致しているが、それによると、参加者推計値の範囲は 3.9% から 4.3% である（Federal Reserve 2019）。失業率が 4.0% に上昇すると、GDP 連鎖物価指数で計測されたインフレ率が 2.0% を維持することも期待される（図 9-1 の 4 列目を参照のこと）。

図 9-2 に示されているように、わが政権は、2029 年までの成長率向上に対する主たる寄与要因は、1 時間当たり産出の増加であると予想している。現行の景気拡大のほとんどを通じて、米国の労働生産性成長率は、1 つには資本深化の寄与が低いために、歴史的水準からして期待外れであった。資本ストックを増加させ、それにより資本サービスのフローを大幅に増やし、純資本流入——外国企業と米系多国籍企業の在外子会社による投資を含め——の増加をもたらし、成熟企業からよりダイナミックな企業へと効率的な資本再配

表9—1　わが政権の経済予測、2019 〜 2030 年

年	名目 GDP	変化率（第 4 四半期比）		消費者物価指数	失業率（%）	水準（暦年平均）	
		実質 GDP（連鎖型）	GDP 物価指数（連鎖型）			金利、91 日物財務省証券（%）	金利、10 年物財務省証券（%）
2018（実際）	4.9	2.5	2.3	2.2	3.9	1.9	2.9
2019	4.2	2.5	1.8	1.9	3.7	2.1	2.2
2020	5.2	3.1	2.0	2.3	3.5	1.4	2.0
2021	5.1	3.0	2.0	2.3	3.6	1.5	2.2
2022	5.1	3.0	2.0	2.3	3.8	1.5	2.5
2023	5.1	3.0	2.0	2.3	4.0	1.6	2.7
2024	5.1	3.0	2.0	2.3	4.0	1.7	3.0
2025	5.0	2.9	2.0	2.3	4.0	2.0	3.1
2026	4.9	2.8	2.0	2.3	4.0	2.2	3.1
2027	4.9	2.8	2.0	2.3	4.0	2.4	3.1
2028	4.9	2.8	2.0	2.3	4.0	2.5	3.1
2029	4.9	2.8	2.0	2.3	4.0	2.5	3.2
2030	4.9	2.8	2.0	2.3	4.0	2.5	3.2

注：予測は、2019 年 10 月 31 日に利用可能なデータに基づいている。91 日物財務省証券の金利は、流通市場割引ベースで計測されている。名目 GDP と実質 GDP 及び GDP 物価指数の合計は、四捨五入のためにわずかに異なる場合がある。

出所：Bureau of Economic Analysis; Bureau of Labor Statistics; Department of the Treasury; Office of Management and Budget; CEA calculations.

分を促進することにより、私たちは、1 人当たり資本、したがって労働生産性を大幅に増加させる法人税改革の実施を期待している。本『白書』第 1 章で述べられたように、すでに、非農業企業セクターの労働生産性成長率は、TCJA 以前のリセッション後平均と比較して、TCJA が制定されてから最初の 7 四半期間には大幅に上昇した。図 9-2 の 2 行目に反映されているように、もし完全に実施されたとすれば、わが政権の労働市場改革は労働力参加率における人口動態関連トレンドの効果を部分的に相殺することも期待される。

⑨

予測の上振れ、下振れリスク

わが政権の予測は政策包摂的なものであるから、キーとなる下振れリスクは、とくに立法プロセスに固有の予測不能性に照らし、大統領の経済アジェンダの完全実施が政治状況に左右されることである。さらに、定義上、政策包摂的予測は、わが政権の政策が実施され、予測期間を通じて適用

表 9—2　実際及び潜在的な実質産出成長率の供給サイド構成要素、1953 ～ 2030 年

構成要素	成長率（% ポイント）	
	1953: Q2 ～ 2019: Q3	2019 ～ 2030
1　非軍事非収監人口、16 歳以上	1.4	0.9
2　労働力参加率	0.1	–0.2
3　労働力のうち雇用されている割合	0.0	0.0
4　非農業企業雇用・世帯雇用比率	0.0	0.0
5　平均週労働時間（非農業企業）	–0.2	0.1
6　1 時間当たり算出（生産性、非農業企業）	2.0	2.6
7　実質 GDP・非農業企業産出比率	–0.3	–0.5
8　合計：実際の実質 GDO[a]	3.0	3.0
メモ：		
9　潜在的実質 GDO	3.0	3.0
10　労働者 1 人当たり産出の差：GDO と非農業企業	-0.3	-0.4

a　実質 GDO と実質非農業企業産出は、所得面と生産面の計測値の平均として計測されている。

注：すべての寄与要因は年率換算された % ポイントであり、予測は 2019 年 11 月 1 に完了している。合計は四捨五入のために一致しない場合がある。1953 年第 2 四半期は景気循環のピークであった。2019 年第 3 四半期はデータが利用できる最新の四半期である。国内総産出（GDO）は、GDP と国内総所得の平均である。人口、労働力、世帯雇用は、人口統計の不連続に対し調整を施してある。

出所：Bureau of Labor Statistics; Bureau of Economic Analysis; Department of the Treasury; Office of Management and Budget; CEA calculations.

されることを想定している。将来政権または議会が TCJA を部分的または完全に覆すシナリオでは、さもなければ増税したり、連邦規制状態を大幅に拡大するシナリオでは、経済成長は低くなり、場合によってはマイナスになるであろう。たとえば、2019 年『米国経済白書』の推計によると、当時議会で審議されていた「万人のためのメディケア」法案は、労働所得に対する課税で資金調達された場合、実質 GDP が長期的に約 9% 低下する。他方、1000 万㌦超の個人所得に 70% の最高限界所得税率を導入するという最近の提案は、GDP の長期的水準を 0.2% 低下させるであろう。

　2019 年『白書』で観測され、本『白書』第 1章で説明されたように、グローバル・エコノミーの急激な減速も、直接、間接の経路を通じて経済見通しに顕著な下振れリスクをもたらす。とりわけ、他の先進国——なかでもドイツとイタリアだ

が、ブレグジット関連の混乱が生じた場合、もっと幅広くヨーロッパ全体——の低迷の継続または悪化は、直接的な輸出経路を通じて、また間接的な為替レート、金融市場、サプライ・チェーン経路を通じて、米国の成長率に悪影響を及ぼすであろう。中華人民共和国の顕著な成長減速は、2015 ～ 16 年に観測されたものと同様に、米国を含む先進国の見通しにかなりのリスクをもたらすであろう。いくつかの先進国及び新興経済国における高い公的債務水準が経済的逆風を発生させ、他方、米国における高い企業債務水準は潜在的にマイナスの金融ショックの促進剤として作用する可能性がある。

　特異なショックも経済見通しにリスクをもたらす。2019 年、ボーイング——その生産は米国 GDP の 0.23% を占めている——の生産削減、第 1 四半期の政府の部分的閉鎖、ゼネラル・モーター

ズのストライキが含まれるが、これらに限られない。本『白書』が完成しようとしているとき、ボーイングは737MAXの生産を停止する計画を発表した。これは、2020年第1四半期の年率換算された実質GDP成長率から0.5%差し引くことになる展開である。

　経済見通しに対するおそらく唯一最大の上振れリスクは、国際貿易に対するわが政権のより強固なアプローチが、ゼロ関税、ゼロ非関税障壁、ゼロ補助金で、より自由で公正な貿易の追求において予想を上回る成功を達成することである。経済協力開発機構による最近の研究（Cadot, Gourdon, and van Tongeren 2018; Lamprecht and Miroudot 2018; OECD 2018）によると、貿易に対する国際的関税と非関税障壁の引き下げは、サービス貿易に対する国際的制限の削減と同様に、米国と世界の貿易及び産出を大幅に引き上げるであろう。知的財産製品への投資は現在、米国の民間非住宅固定投資の約3分の1を占めており、知的財産の国際的保護を強化する貿易協定——たとえば米国・メキシコ・カナダ協定や米中交渉のフェーズⅠ——は、イノベーションの水準と生産性上昇を高めることができる。

　予測に対する別の上振れリスクには、第一に、推計を超える国際資本移動による純資本流入の増加があり、それは個別の税制改革と公共インフラ投資に応じて、民間固定投資の潜在的なクラウディング・アウトを緩和する。第二に、個人限界所得税率が年齢分布を通じて異なる効果を持つことを示す学術研究は、労働力参加率の推計トレンドが人口動態の成長を損なう効果を誇張している可能性があることを示している。第三に、本『白書』と前身で示された成長推計値が標準的な新古典派成長モデルから導出されている限り、それらはエーリッヒら（Ehrlich, Li, and Liu 2017）などの内生的成長モデルで把握されている正の外部性及びスピルオーバー効果を捨象している可能性がある。したがって、人的資本への投資を奨励する税制改革、より革新的で企業家的な企業に対する不当な参入障壁を撤廃する規制改革、人的資本蓄積を促進する健康投資及び労働市場政策は、ここで推計された値よりも高い成長の配当を与える可能性がある。

⑨

参考文献

第1章

Amiti, M., S. Redding, and D. Weinstein. 2019a. "The Impact of the 2018 Trade War on U.S. Prices and Welfare." CEP Discussion Paper dp1603.

——. 2019b. "New China Tariffs Increase Cost to U.S. Households." Liberty Street Economics. https://libertystreeteconomics.newyorkfed.org/2019/05/new-china-tariffs-increase-costs-to-us-households.html.

BIS (Bank for International Settlements). 2019a. "Annual Economic Report." https:// www.bis.org/publ/arpdf/ar2019e.htm.

——. 2019b. "BIS Quarterly Review: International Banking and Financial Market Developments." https:// www.bis.org/publ/qtrpdf/r_qt1909.htm.

Caldara, D., M. Iacoviello, P. Molligo, A. Prestipino, and A. Raffo. 2019. "Does Trade Policy Uncertainty Affect Global Economic Activity?" *FEDS Notes.* Washington: Board of Governors of the Federal Reserve System.

CEA (Council of Economic Advisers). 2017. *Economic Report of the President.* Washington: U.S. Government Publishing Office.

——. 2018. *Economic Report of the President.* Washington: U.S. Government Publishing Office.

——. 2019a. "The Economic Effects of Federal Deregulation since January 2017: An Interim Report." https://www.whitehouse.gov/wp-content/uploads/2019/06/ The-Economic-Effects-of-Federal-Deregulation-Interim-Report.pdf.

——. 2019b. *Economic Report of the President.* Washington: U.S. Government Publishing Office.

Collins, C., and E. Truman. 2019. "The U.S. Dollar's Strength Is Not at Historical Highs." Peterson Institute for International Economics. https://www.piie.com/ research/piie-charts/us-dollars-strength-not-historical-highs.

Curcuru, S. 2017. "The Sensitivity of the U.S. Dollar Exchange Rate to Changes in Monetary Policy Expectations." *IFDP Notes.* Washington: Board of Governors of the Federal Reserve System. https://doi.org/10.17016/2573-2129.36.

Deutsche Bundesbank. 2019. "Monthly Report: October 2019." https://www. bundesbank.de/resource/blob/811960/ a0bf7575c07b3754dda37e-c6739d4b13/mL/2019-10-monatsbericht-data.pdf.

Diebold, F., and G. Rudebusch. 1990. "A Nonparametric Investigation of Duration Dependence in the American Business Cycle." *Journal of Political Economy* 98, no. 3.

Fajgelbaum, P., P. Goldberg, P. Kennedy, and A. Khandelwal. 2019. *The Return to Protectionism.* NBER Working Paper 25638. Cambridge, MA: National Bureau of Economic Research.

Green, G., and J. Coder. 2019. "Household Income Trends." Sentier Research LLC. Hansen, A. 1939. "Economic Progress and Declining Population Growth." *American Economic Review* 29, no. 1: 1–15.

Hooper, P., F. Mishkin, and A. Sufi, 2019. *Prospect for Inflation in a High Pressure Economy: Is the Phillips Curve Dead or Is It Just Hibernating?* NBER Working Paper 25792. Cambridge, MA: National Bureau of Economic Research.

IMF (International Monetary Fund). 2018. *World Economic Outlook: Challenges to Steady Growth.* Washington: IMF.

——. 2019a. "People's Republic of China. 2019 Article IV Consultation—Press Release; Staff Report; Staff Statement; and Statement by the Executive Director for China." IMF Country Report 19/266. Washington: IMF.

——. 2019b. "Germany: 2019 Article IV Consultation—Press Release; Staff Report; and Statement by the Executive Director for Germany." IMF Country Report 19/213. Washington: IMF.

——. 2019c. *World Economic Outlook: Global Manufacturing Downturn, Rising Trade Barriers.* Washington: IMF.

——. 2019d. "United States: 2019 Article IV Consultation—Press Release; Staff Report; and Statement by the Executive Director for the United States." IMF Country Report 19/174. Washington: IMF.

Kopp, E., D. Leigh, S. Mursula, and S. Tambunlertchai. 2019. *U.S. Investment since the Tax Cuts and Jobs Act of 2017.* IMF Working Paper 19/120. Washington: IMF.

Lettau, M., and S. Ludvigson. 2003. *Understanding Trend and Cycle in Asset Values: Reevaluating the Wealth*

Effect on Consumption. NBER Working Paper 9848. Cambridge, MA: National Bureau of Economic Research.

Londono, J., S. Ma, and B. Wilson. 2019. "Quantifying the Impact of Foreign Economic Uncertainty on the U.S. Economy." *FEDS Notes*. Washington: Board of Governors of the Federal Reserve System. https://doi.org/10.17016/2380-7172.2463.

Mertens, K. 2018. "The Near Term Growth Impact of the Tax Cuts and Jobs Act." Federal Reserve Bank of Dallas Working Paper 1803. https://doi.org/10.24149/ wp1803.

OECD (Organization for Economic Cooperation and Development). 2019a. *OECD Economic Outlook, Volume 2019, Issue 2*. Paris: OECD Publishing.

——. 2019b. "Trade Simulations in the Car Sector." Presentation given at STEP Meeting, October 22.

Poterba, J. 2000. "Stock Market Wealth and Consumption." *Journal of Economic Perspectives* 14, no. 2.

Rachel, L., and L. Summers. 2019. "On Falling Neutral Real Rates, Fiscal Policy, and the Risk of Secular Stagnation." *Brookings Papers on Economic Activity*, conference draft, spring.

Rubbo, E. 2020. "Networks, Phillips Curves, and Monetary Policy." Working paper. https://scholar.harvard.edu/files/elisarubbo/files/rubbo_jmp.pdf.

Rudebusch, G. 2016. "Will the Economic Recovery Die of Old Age?" Economic Letter.

San Francisco: Federal Reserve Bank of San Francisco.

Summers, L. 2013. "IMF Fourteenth Annual Research Conference in Honor of Stanley Fischer." http://larrysummers.com/imf-fourteenth-annual-research-conference-in-honor-of-stanley-fischer/.

——. 2014. "U.S. Economic Prospects: Secular Stagnation, Hysteresis, and the Zero Lower Bound." *Business Economics* 49, no. 2: 65–73.

——. 2016. "The Age of Secular Stagnation." *Foreign Affairs*, February 17. http:// larrysummers.com/2016/02/17/the-age-of-secular-stagnation/.

White House. 2018. "Statement from the Press Secretary Regarding the President's Working Dinner with China" https://www.whitehouse.gov/briefings- statements/statement-press-secretary-regarding-presidents-working-dinner-china/.

World Bank. 2019a. *Global Economic Prospects: Heightened Tensions, Subdued Investment*. Washington: World Bank. https://elibrary.worldbank.org/doi/abs/10.1596/978-1-4648-1398-6.

——. 2019b. *Global Monthly: October 2019*. Washington: World Bank.

WTO (World Trade Organization). 2016. *World Trade Report 2016: Levelling the Trading Field for SMEs*. Geneva: WTO Publishing.

第2章

Aizer, A. 2007. "Public Health Insurance, Program Take-Up, and Child Health." *Review of Economics and Statistics* 89, no. 3: 400–415.

Barnett, J., and E. Berchick. 2017. "Health Insurance Coverage in the United States: 2016." U.S. Census Bureau. https://www.census.gov/library/ publications/2017/demo/p60-260.html.

Berchick, E., E. Hood, and J. Barnett. 2018. "Health Insurance Coverage in the United States: 2017." U.S. Census Bureau. https://www.census.gov/library/publications/2018/demo/p60-264.html.

Bernstein, J., and K. Hassett. 2015. *Unlocking Private Capital to Facilitate Economic Growth in Distressed Areas*. Washington: Economic Innovation Group.

Blau, F., and L. Kahn. 2013. *Female Labor Supply: Why is the U.S. Falling Behind?* NBER Working Paper 18702. Cambridge, MA: National Bureau of Economic Research.

Burkhauser, R., K. Corinth, J. Elwell, and J. Larrimore. 2019. "Evaluating the Success of President Johnson's War on Poverty: Revisiting the Historical Record Using a Full-Income Poverty Measure." Working paper. https://papers.ssrn.com/sol3/ papers.cfm?abstract_id=3353906.

Canberra Group. 2011. *Handbook on Household on Household Income Statistics*, 2nd ed.

Geneva: United Nations Economic Commission for Europe.

Casey, A. 2019. "Sale Prices Surge in Neighborhoods with New Tax Break." Zillow. https://www.zillow.com/research/prices-surge-opportunity-zones-23393/.

CBO (U.S. Congressional Budget Office). 2016. *An Update to the Budget and Economic Outlook: 2016 to 2026*. https://www.cbo.gov/sites/default/files/recurringdata/51135-2016-08-economicprojections-2.xlsx.

——. 2019. "Federal Subsidies for Health Insurance Coverage for People Under Age 65: 2019 to 2029." https://www.cbo.gov/system/files/2019-05/55085- HealthCoverageSubsidies_0.pdf.

CDFI Fund (U.S. Department of the Treasury, Community Development Financial Institutions Fund). 2017. "Compliance Review of New Markets Tax Credit Program." https://www.cdfifund.gov/Documents/

Summit%20-%20 Compliance%20Review%20 of%20New%20Markets%20Tax%20Credit%20 Program%20-%20August%20Date%20-%20508%20 Compliant.pdf.

——. 2018. "Opportunity Zones Resources." https://www.cdfifund.gov/Pages/ Opportunity-Zones.aspx.

——. 2019. "New Markets Tax Credit Program Compliance Monitoring: Frequently Asked Questions." https://www.cdfifund.gov/programs-training/ Programs/ new-markets-tax-credit/Pages/compliance-step.aspx#step5.

CEA (Council of Economic Advisers). 2018a. "Addressing America's Reskilling Challenge." https://www.whitehouse.gov/wp-content/uploads/2018/07/Addressing-Americas-Reskilling-Challenge.pdf.

——. 2018b. "Deregulating Health Insurance Markets: Value to Market Participants." https://www.whitehouse.gov/wp-content/uploads/2019/02/Deregulating- Health-Insurance-Markets-FINAL.pdf.

——. 2018c. *Economic Report of the President.* Washington: U.S. Government Publishing Office.

——. 2019a. *Economic Report of the President.* Washington, U.S. Government Publishing Office.

——. 2019b. "President Trump's Policies Continue to Benefit All Americans, Especially the Disadvantaged." https://www.whitehouse.gov/articles/president-trumps-policies-continue-benefit-americans-especially- disadvantaged/.

——. 2019c. "Economic Effects of Deregulation." https://www.whitehouse.gov/wp-content/uploads/2019/06/The-Economic-Effects-of-Federal-Deregulation- Interim-Report.pdf.

——. 2019d. "Government Employment and Training Programs: Assessing the Evidence on Their Performance." https://www.whitehouse.gov/wp-content/ uploads/2019/06/Government-Employment-and-Training-Programs.pdf.

——. 2019e. "The Role of Affordable Child Care in Promoting Work Outside the Home." https://www.whitehouse.gov/wp-content/uploads/2019/12/The-Role- of-Affordable-Child-Care-in-Promoting-Work-Outside-the-Home-1.pdf.

——. 2019f. "The Full Cost of the Opioid Crisis: $2.5 Trillion Over Four Years." https:// www.whitehouse.gov/articles/full-cost-opioid-crisis-2-5-trillion-four-years/.

Crespo-Sancho, C. 2018. "Can Gender Equality Prevent Violent Conflict?" The World Bank Blogs, March 28. http://blogs.worldbank.org/dev4peace/ can-gender-equality-prevent-violent-conflict.

CRS (Congressional Research Service). 2019. "New Market Tax Credit: An Introduction." https://fas.org/ sgp/crs/misc/RL34402.pdf.

Dev Bhardwaj, R. 1992. "China's Economic Reform: The Role and Significance of SEZs." *Indian Journal of Political Science* 53, no. 3: 332–73.

Elwell, J., K. Corinth, and R. Burkhauser. 2019. *Income Growth and Its Distribution from Eisenhower to Obama: The Growing Importance of In-Kind Transfers (1959– 2016).* NBER Working Paper 26439. Cambridge, MA: National Bureau of Economic Research.

Fein, D., and J. Hamadyk. 2018. *Bridging the Opportunity Divide for Low-Income Youth: Implementation and Early Impacts of the Year Up Program.* OPRE Report 2018-65. Washington: Office of Planning, Research, and Evaluation, Administration for Children and Families, U.S. Department of Health and Human Services. https://www.yearup.org/ wp-content/uploads/2018/06/Year-Up-PACE-Full-Report-2018.pdf.

Ferrant, G., and A. Thim. 2019. *Measuring Women's Economic Empowerment: Time Use Data and Gender Inequality.* OECD Development Policy Paper 16. Paris: OECD Publishing. http://www.oecd.org/dev/ development-gender/MEASURING- WOMENS-ECONOMIC-EMPOWERMENT-Gender-Policy-Paper-No-16.pdf.

FOMC (Federal Open Market Committee). 2016. "Chair FOMC's Press Conference Projections Materials, September 21, 2016." Press release, September 21. https://www.federalreserve.gov/monetarypolicy/ files/fomcprojtabl20160921. pdf.

Food and Nutrition Service. 2019a. "Food Security in the U.S.: Key Statistics & Graphics." U.S. Department of Agriculture. https://www.ers.usda.gov/ topics/ food-nutrition-assistance/food-security-in-the-us/key-statistics-graphics/.

——. 2019b. "SNAP Data Tables." U.S. Department of Agriculture. https://www.fns. usda.gov/pd/supplemental-nutrition-assistance-program-snap.

Fry, R. 2018. "Millennials Projected to Overtake Baby Boomers as America's Largest Generation." Pew Research Service. https://www.pewresearch.org/ fact- tank/2018/03/01/millennials-overtake-baby-boomers/.

FTC (Federal Trade Commission). 2018. "Policy Perspectives: Options to Enhance Occupational License Portability." https://www.ftc.gov/reports/ options-enhance-occupational-license-portability.

Ganong, P., and D. Shoag. 2017. "Why Has Regional Income Convergence in the U.S. Declined?" *Journal of*

Urban Economics 102: 76–90.

Goodnough, A., and M. Sanger-Katz. 2019. "Medicaid Covers a Million Fewer Children. Baby Elijah Was One of Them." *New York Times*, Upshot Blog, October 22. https://www.nytimes.com/2019/10/22/upshot/medicaid-uninsured-children. html.

Guo, J., A. Seshadri, and C. Taber. 2019. *Jobs, Skills, and the Prison-to-Work Transition*. Madison: Center for Research on the Wisconsin Economy.

Hendra, R., D. Greenberg, G. Hamilton, A. Oppenheim, A. Pennington, K. Schaberg, and B. Tessler. 2016. "Encouraging Evidence on a Sector-Focused Advancement Strategy." MDRC. https://www.mdrc.org/sites/default/files/2016_ Workadvance_Final_Web.pdf.

Johnson, J., and M. Kleiner. 2017. *Is Occupational Licensing a Barrier to Interstate Migration?* NBER Working Paper 24107. Cambridge, MA: National Bureau of Economic Research.

Krueger, A. 2017. "Where Have All the Workers Gone? An Inquiry into the Decline of the U.S. Labor Force Participation Rate." Washington: Brookings Institution. https://www.brookings.edu/wp-content/uploads/2017/09/1_krueger.pdf.

Levinson, A. 2019. "Energy Efficiency Standards Are More Regressive Than Energy Taxes: Theory and Evidence." *Journal of the Association of Environmental and Resource Economists* 6, no. S1: S7–S36.

Maguire S., J. Freely, C. Clymer, M. Conway, and D. Schwartz. 2010. "Tuning In to Local Labor Markets: Findings from the Sectoral Employment Impact Study." Public/Private Ventures.

Meyer, B., W. Mok, and J. Sullivan. 2015. "Household Surveys in Crisis." *Journal of Economic Perspectives* 29, no. 4: 199–226.

Meyer, J. 2017. *How Occupational Licensing Inhibits Economic Opportunity*. Naples, FL: Foundation for Government Accountability. https://thefga.org/wp-content/ uploads/2017/10/How-Occupational-Licensing-Inhibits-Economic- Opportunity-10-23-17.pdf.

NCSHA (National Council of State Housing Agencies). 2019. "Opportunity Zone Target Investment Surges to Nearly $43 Billion Nationwide." https://www.cdfifund. gov/Documents/Summit%20-%20Compliance%20Review%20of%20New%20 Markets%20Tax%20Credit%20Program%20-%20August%20Date%20-%20 508%20Compliant.pdf.

Nunn, R., J. Parsons, and J. Shambaugh. 2018. "The Geography of Prosperity." In *Place- Based Policies for Shared Economic Growth*, edited by J. Shambaugh

and R. Nunn. Washington: Brookings Institution. Office of Family Assistance. 2019. "TANF Caseload Data 2018." U.S. Department of Health and Human Services. https://www.acf.hhs.gov/ofa/resource/tanf-caseload-data-2018.

Real Capital Analytics. "U.S. Opportunity Zones: A Baseline." https://www.rcanalytics. com/opportunity-zones-baseline/

Roder, A., and M. Elliot. 2019. "Nine Year Gains: Project QUEST's Continuing Impact." Economic Mobility Corporation. https://economicmobilitycorp.org/wp-content/uploads/2019/04/NineYearGains_web.pdf.

Sage, A., M. Langen, and A. Van de Minne. 2019. "Where Is the Opportunity in Opportunity Zones? Early Indicators of the Opportunity Zone Program's Impact on Commercial Property Prices." https://papers.ssrn.com/sol3/ papers.cfm?abstract_id=3385502.

Schnepel, K. 2016. "Good Jobs and Recidivism." *Economic Journal* 128: 447–69.

Szafran, R. 2002. "Age-Adjusted Labor Force Participation Rates, 1960–2045." *Monthly Labor Review* 125: 25–38.

U.S. Census Bureau. 2019. "Income and Poverty in the United States: 2018." https:// www.census.gov/library/publications/2019/demo/p60-266.html.

White House. 2015. "Occupational Licensing: A Framework for Policymakers." https:// obamawhitehouse. archives.gov/sites/default/files/docs/licensing_report_ final_nonembargo.pdf.

Woetzel, J., A. Madgavkar, K. Ellingrud, E. Labaye, S. Devillard, E. Kutcher, J. Manyika, R. Dobbs, and M. Krishnan. 2015. "The Power of Parity: How Advancing Women's Equality Can Add $12 Trillion to Global Growth." McKinsey Global Institute.

World Bank. 2014. "Levelling the Field: Improving Opportunities for Women Farmers in Africa." https://www.one.org/international/policy/levelling-the-field-improving-opportunities-for-women-farmers-in-africa/.

第3章

AARP (American Association of Retired Persons). 2014. "Workplace Retirement Plans Will Help Workers Build Economic Security." https://www.aarp.org/content/dam/aarp/ppi/2014-10/aarp-workplace-retirement-plans-build-economic- security.pdf.

Al-Ubaydli, O., and P. McLaughlin. 2014. *RegData: A Numerical Database on Industry- Specific Regula-*

tions for All U.S. Industries and Federal Regulations, 1997–2012. Working paper. Arlington, VA: Mercatus Center at George Mason University.

Arrow, K., and J. Kalt. 1979. *Petroleum Price Regulation: Should We Decontrol?* Studies in Energy Policy. Washington: American Enterprise Institute.

Becker, G., D. Carlton, and H. Sider. 2010. "Net Neutrality and Consumer Welfare." *Journal of Competition Law and Economics* 497.

Belfield, C., A. Bowden, and V. Rodriguez. 2018. "Evaluating Regulatory Impact Assessments in Education Policy." *American Journal of Evaluation*, 1–19.

Bento, A., K. Gillingham, M. Jacobsen, C. Knittel, B. Leard, and J. Linn. 2018. "Flawed Analyses of U.S. Auto Fuel Economy Standards." *Science* 362, no. 6419: 1119–21.

Berry, S., J. Levinsohn, and A. Pakes. 2004. "Differentiated Products Demand Systems from a Combination of Micro and Macro Data: The New Car Market." *Journal of Political Economy* 112, no. 1: 68–105.

Bernheim, B., A. Fradkin, and I. Popov. 2015. "The Welfare Economics of Default Options in 401(k) Plans." *American Economic Review* 105, no. 9: 2798–2837.

Brown, P. 2016. "Statement Submitted to the House Committee on Education and the Workforce." April 27.

Brynjolfsson, E., F. Eggers, and A. Gannamaneni. 2018. *Using Massive Online Choice Experiments to Measure Changes in Well-Being.* NBER Working Paper 24514. Cambridge, MA: National Bureau of Economic Research.

Busse, M., C. Knittel, and F. Zettelmeyer. 2013. "Are Consumers Myopic? Evidence from New and Used Car Purchases." *American Economic Review* 103, no. 1: 220–56.

CEA (Council of Economic Advisers). 2018a. *Economic Report of the President.* Washington: U.S. Government Publishing Office.

——. 2018b. "The Administration's FDA Reforms and Reduced Biopharmaceutical Drug Prices." https://www.whitehouse.gov/wp-content/uploads/2018/10/ The-Administrations-FDA-Reforms-and-Reduced-Biopharmaceutical-Drug- Prices.pdf.

——. 2019a. "Deregulating Health Insurance Markets: Value to Market Participants." https://www.whitehouse.gov/wp-content/uploads/2019/02/Deregulating- Health-Insurance-Markets-FINAL.pdf.

——. 2019b. *Economic Report of the President.* Washington: U.S. Government Publishing Office.

——. 2019c. "The Economic Effects of Federal Dereg-

ulation since January 2017: An Interim Report." https://www.whitehouse.gov/wp-content/uploads/2019/06/ The-Economic-Effects-of-Federal-Deregulation-Interim-Report.pdf.

Chetty, R. 2009. "Sufficient Statistics for Welfare Analysis: A Bridge Between Structural and Reduced-Form Methods." *Annual Review of Economics* 1: 451–88.

Congressional Budget Office. 2003. "The Economic Costs of Fuel Economy Standards versus a Gasoline Tax."

Covert, T., and R. Kellogg. 2017. *Crude by Rail, Option Value, and Pipeline Investment.* NBER Working Paper 23855. Cambridge, MA: National Bureau of Economic Research.

Cummings, S. 2016. "Preliminary Injunction Order in *NFIB vs. Perez.*"

Dahlby, B. 2008. The Marginal Cost of Public Funds: Theory and Applications. Cambridge, MA: MIT Press.

Davis, L., and L. Kilian. 2011. "The Allocative Cost of Price Ceilings in the U.S. Residential Market for Natural Gas." *Journal of Political Economy* 119, no. 2: 212–41.

DOL (U.S. Department of Labor). 2017. "U.S. Department of Labor Rescinds 2016 Persuader Rule." News release, July 17. https://www.dol.gov/newsroom/releases/olms/olms20180717.

Eilperin, J. 2017. "In a Setback for Unions, Labor Department Moves to Revoke Obama-Era 'Persuader Rule.'" June 9. https://www.washingtonpost.com/news/wonk/wp/2017/06/09/in-a-setback-for-unions-labor-department-moves-to-revoke-obama-era- persuader-rule/.

Feldman, R., J. Schmidt, and K. Heinecke. 2013. *Quantifying the Costs of Additional Regulation on Community Banks.* Economic Policy Paper 13-3. Minneapolis: Federal Reserve Bank of Minneapolis.

Fenn, P., and C. Veljanovski. 1988. "A Positive Economic Theory of Regulatory Enforcement." *Economic Journal*, no. 393: 1055–70.

Furchtgott-Roth, D. 2016. "The High Costs of Proposed New Labor-Law Regulations." Manhattan Institute Issue Brief, updated.

Furth, S., and D. Kreutzer. 2016. *Fuel Economy Standards Are a Costly Mistake.* Washington: Heritage Foundation.

Goolsbee, A. 2006. "The Value of Broadband and the Deadweight Loss of Taxing New Technology." *Contributions to Economic Analysis and Policy* 5, no. 1: article 8.

Goulder, L., I. Parry, and R. Williams III. 1999. "The

Cost-Effectiveness of Alternative Instruments for Environmental Protection in a Second-Best Setting." *Journal of Public Economics* 72, no 3: 329–60.

Goulder, L., and R. Williams III. 2003. "The Substantial Bias from Ignoring General Equilibrium Effects in Estimating Excess Burden, and a Practical Solution." *Journal of Political Economy* 111, no. 4: 898–927.

Harberger, A. 1964. "The Measurement of Waste." *American Economic Review* 54, no. 3: 58–76.

Harrington, W., R. Morgenstern, and P. Nelson. 2000. "On the Accuracy of Regulatory Cost Estimates." *Journal of Policy Analysis and Management* 19, no. 2: 297–322.

Haveman, R., and B. Weisbrod. 1975. "Defining Benefits of Public Programs: Some Guidance for Policy Analysts." *Policy Analysis* 1, no. 1: 169–96.

Hayden, K. 2018. "Illinois First State in U.S. to Pass Mandatory Secure Choice Retirement Savings." HR Source. https://www.hrsource.org/maimis/ Members/Articles/2018/11/November_27/Illinois_First_State_in_U.S._to_ Pass_Mandatory_Secure_Choice_Retirement_Savings_Via_AARP_Illinois.aspx.

Hazlett, T., and A. Caliskan. 2008. "Natural Experiments in U.S. Broadband Regulation." *Review of Network Economics* 7, no. 4: 460–80.

Hopkins, J. 2015. "Illinois Enacts Automatic IRAs; Is Federal Mandate Coming?" *Forbes*, January 7. https://www.forbes.com/sites/jamiehopkins/2015/01/07/ automatic-enroll-ment-iras-first-government-mandated-automa-tic-ira-is- enacted-in-illinois/#4f37805e290c.

Koetter, M., J. Kolari, and L. Spierdijk. 2012. "Enjoying the Quiet Life Under Deregulation? Evidence from Adjusted Lerner Indices for U.S. Banks." *Review of Economics and Statistics* 94, no. 2: 462–80.

Lazaer, E. 1979. "Why Is there Mandatory Retirement?" *Journal of Political Economy* 87, no. 6: 1261–84.

——. 1981. "Agency, Earnings Profiles, Productivity, and Hours Restrictions." *American Economic Review* 71, no. 4: 606–20.

Madrian, B., and D. Shea. 2001. "The Power of Suggestion: Inertia in 401(k) Participation and Savings Behavior." *Quarterly Journal of Economics* 116, no. 4: 1149–87.

McDevitt, R., and A. Sojourner. 2016. "Demand, Regulation, and Welfare on the Margin of Alternative Financial Services." Working paper, Duke University.

Mortensen, D. 2010. "Nobel Lecture: Markets with Search Friction and the DMP Model." https://www. nobelprize.org/uploads/2018/06/mortensen-lecture.pdf.

Murphy, R. 2018. "Removing the 1970s Crude Oil Price Controls: Lessons for Free- Market Reform." *Journal of Private Enterprise* 33, no. 1: 63–78.

Murray Energy Corporation v. U.S. Department of the Interior. 2016. https://www. courthousenews.com/wp-content/uploads/2016/12/murraysuit.pdf.

NCSL (National Conference of State Legislatures). 2018. "State-Facilitated Retirement Savings Programs for Private Sector Workers." http://www.ncsl.org/research/ fiscal-policy/state-facilitated-retire-ment-savings-programs-for-private-sector- work-ers.aspx.

NFIB v. Perez (National Federation of Independent Business v. Perez). 2016. http://www. constangy.net/nr_images/nfib-v-perez-pI-order.pdf.

OMB (Office of Management and Budget). 1992. "Circular A-94: Guidelines and Discount Rates for Benefit-Cost Analysis of Federal Programs." https://www. whitehouse.gov/sites/whitehouse.gov/files/omb/circulars/A94/a094.pdf.

——. 2003. "Circular A-4: Regulatory Impact Analysis— A Primer." https:// obamawhitehouse.archives.gov/omb/circulars_a004_a-4/.

——. 2017. "Guidance Implementing Executive Order 13771, Titled 'Reducing Regulation and Controlling Regulatory Costs.'" https://www.white-house.gov/ sites/whitehouse.gov/files/omb/memo-randa/2017/M-17-21-OMB.pdf.

——. 2018. "Regulatory Reform: Regulatory Budget for Fiscal Year 2019." https://www. reginfo.gov/pub-lic/pdf/eo13771/EO_13771_Regulatory_Budget_for_Fiscal_ Year_2019.pdf.

Panis, C., and M. Brien. 2015. "Target Populations of State-Level Automatic IRA Initiatives." Department of Labor. https://www.dol.gov/sites/default/files/ebsa/researchers/analysis/retirement/target-pop-ulations-of-state-level- automatic-ira-initiatives.pdf.

Parrillo, N. 2019. "Should the Public Get to Participate Before Federal Agencies Issue Guidance? An Empirical Study." *Administrative Law Review* 71, no. 1: 57–125.

Parry, I., R. Williams III, and L. Goulder. 1999. "When Can Carbon Abatement Policies Increase Welfare? The Fundamental Role of Distorted Factor Markets." *Journal of Environmental Economics and Management* 37, no. 1: 52–84.

Public Citizen. 2016. "Shining a Light of the 'Midnight Rule' Boogeyman: An Analysis of Economically Significant Final Rules Reviewed by OIRA." Washington: Public Citizen.

Roehrig, C. 2018. The Impact of Prescription Drug Rebates on Health Plans and Consumers. Ann Arbor, MI: Altarum Institute.

Sheetz, M. 2017. "Teva Stock Plummets 18% After Rough Quarter in U.S. Generic Drug Market." CNBC, August 3. https://finance.yahoo.com/news/teva-stock- plummets-18-rough-135334052.html.

Staten, M., and F. Cate. 2003. "The Impact of Opt-In Privacy Rules on Retail Credit Markets: A Case Study of MBNA." *Duke Law Journal* 52: 745–86.

State of Oregon. 2015. "78th Oregon Legislative Assembly: 2015 Regular Session— Enrolled House Bill 2960." https://olis.leg.state.or.us/liz/2015R1/Downloads/ MeasureDocument/HB2960/Enrolled.

Tankersley, J. 2019. "Fed, Dimming Its Economic Outlook, Predicts No Rate Increases This Year." *New York Times*, March 20. https://www.nytimes.com/2019/03/20/ us/politics/fed-rates.html.

UC Berkeley Labor Center. 2017. "California Secure Choice Retirement Savings Program (SB 1234): FAQ for Unions and Union Members." http://laborcenter.berkeley. edu/pdf/2017/SB-1234-Fact-Sheet.pdf.

U.S. Court of Appeals for the Eighth Circuit. 2018. "Decision in *Organization for Competitive Markets, et al. v. U.S.D.A.*"

U.S. Department of the Treasury. 2017. Limiting Consumer Choice, Expanding Costly Litigation: An Analysis of the CFPB Arbitration Rule.

Winston, C. 1993. "Economic Deregulation: Days of Reckoning for Microeconomists." *Journal of Economic Literature* 31: 1263–89.

第4章

Alvarez, R., D. Zavala-Araiza, D. Lyon, D. Allen, Z. Barkley, A. Brandt, K. Davis, S. Herndon, D. Jacob, A. Karion, and E. Kort. 2018. "Assessment of Methane Emissions from the U.S. Oil and Gas Supply Chain." *Science* 361, no. 6398: 186–88.

Avalos, R., T. Fitzgerald, and R. Rucker. 2016. "Measuring the Effects of Natural Gas Pipeline Constraints on Regional Pricing and Market Integration." *Energy Economics* 60: 217–31.

Barteczko, A. 2019. "Poland and Lithuania see Nord Stream 2 as Threat to Energy Security." Reuters. Edited by Jason Neely. https://www.reuters.com/article/ us-poland-lithuania-nordstream2/poland-and-lithuania-see-nord-stream-2-as-threat-to-energy-security- idUSKBN1W20TQ.

Bartik, A., J. Currie, M. Greenstone, and C. Knittel. 2019. "The Local Economic and Welfare Consequences of Hydraulic Fracturing." *American Economic Journal: Applied Economics* 11, no. 4: 105–55.

Baumeister, C., and L. Kilian. 2016. "Lower Oil Prices and the U.S. Economy: Is this Time Different?" *Brookings Papers on Economic Activity*, no. 2: 287–357.

Borenstein, S., and J. Bushnell. 2015. "The U.S. Electricity Industry After 20 Years of Restructuring." *Annual Review of Economics* 7, no. 1: 437–63.

Boslett, A., T. Guilfoos, and C. Lang. 2016. "Valuation of Expectations: A Hedonic Study of Shale Gas Development and New York's Moratorium." *Journal of Environmental Economics and Management* 77: 14–30.

Brown, J., T. Fitzgerald, and J. Weber. 2016. "Capturing Rents from Natural Resource Abundance: Private Royalties from U.S. Onshore Oil & Gas Production." *Resource and Energy Economics* 46: 23–38.

Caldara, D., M. Iacoviello, P. Molligo, A. Prestipino, and A. Raffo. 2019. "Does Trade Policy Uncertainty Affect Global Economic Activity?" *FEDS Notes*. Washington: Board of Governors of the Federal Reserve System.

Cavallo, M. 2006. "Oil Prices and the U.S. Trade Deficit." *Federal Reserve Bank of San Francisco Economic Letter*. http://www.frbsf.org/economic-research/publications/economic-letter/2006/september/oil-prices-and-the-us-trade-deficit/.

CEA (Council of Economic Advisers). 2019. "The Value of U.S. Energy Innovation and Policies Supporting the Shale Revolution." https://www.whitehouse.gov/ wp-content/uploads/2019/10/The-Value-of-U.S.-Energy-Innovation-and- Policies-Supporting-the-Shale-Revolution.pdf.

Coglianese, J., T. Gerarden, and J. Stock. 2019. "The Effects of Fuel Prices, Regulations, and Other Factors on U.S. 2008–2016." *Energy Journal* 41, no. 1, forthcoming. https://scholar.harvard.edu/files/stock/files/coglianese_gerarden_stock.pdf.

CRS (Congressional Research Service). 2018. "Nuclear Energy: Overview of Congressional Issues." https://fas.org/sgp/crs/row/IF10715.pdf.

——. 2019. "Venezuela: Overview of U.S. Sanctions." https://fas.org/sgp/crs/row/ IF10715.pdf.

Currie, J., M. Greenstone, and K. Meckel. 2017. "Hydraulic Fracturing and Infant Health: New Evidence from Pennsylvania." *Science Advances* 3, no. 12: 1–9.

Darrah, T., A. Vengosh, R. Jackson, N. Warner, and R.

Poreda, 2014. "Noble Gases Identify the Mechanisms of Fugitive Gas Contamination in Drinking-Water Wells Overlying the Marcellus and Barnett Shales." *Proceedings of the National Academy of Sciences* 111, no. 39: 14076–81.

DOT (Department of the Treasury). 2019. "Iran Sanctions." https://www.treasury.gov/ resource-center/sanctions/programs/pages/iran.aspx.

EIA (U.S. Energy Information Administration). 2016. "Trends in U.S. Oil and Natural Gas Upstream Costs." https://www.eia.gov/analysis/studies/drilling/pdf/ upstream.pdf.

———. 2019a. "EIA Estimates of Drilled but Uncompleted Wells (DUCs)." https://www. eia.gov/petroleum/drilling/pdf/duc_supplement.pdf.

———. 2019b. "Fossil Fuels Continue to Account for the Largest Share of U.S. Energy." *Today in Energy.* https://www.eia.gov/todayinenergy/detail.php?id=41353.

———. 2019c. *Annual Energy Outlook 2019 with Projections to 2050.* https://www.eia. gov/outlooks/aeo/pdf/aeo2019.pdf.

———. 2019d. "The United States Is Expected to Export More Energy Than It Imports by 2020." *Today in Energy.* https://www.eia.gov/todayinenergy/detail.php?id=38152.

———. 2018a. "The United States Exported More Natural Gas Than It Imported in 2017." *Today in Energy.* https://www.eia.gov/todayinenergy/detail.php?id=35392.

———. 2018b. "U.S. Crude Oil Production Efficiency Continues to Improve." *Today in Energy.* https://www.eia.gov/todayinenergy/detail.php?id=36012.

Fell, H., and D. Kaffine. 2018. "The Fall of Coal: Joint Impacts of Fuel Prices and Renewables on Generation and Emissions." *American Economic Journal: Economic Policy* 10, no. 2: 90–116.

Feyrer, J., E. Mansur, and B. Sacerdote. 2017. "Geographic Dispersion of Economic Shocks: Evidence from the Fracking Revolution." *American Economic Review 107* no. 4: 1313–34.

Financial Times. 2017. "In Charts: Has the U.S. Shale Drilling Revolution Peaked?" https://www.ft.com/content/e17930dc-b288-11e7-a398-73d59db9e399.

Fitzgerald, T. 2014. "Importance of Mineral Rights and Royalty Interests for Rural Residents and Landowners." *Choices* 29, no. 4: 1–7.

Gillingham, K., and J. Stock. 2018. "The Cost of Reducing Greenhouse Gas Emissions." *Journal of Economic Perspectives* 32, no. 4: 53–72.

Gopalakrishnan, S., and H. Klaiber. 2013. "Is the Shale Energy Boom a Bust for Nearby Residents? Evidence from Housing Values in Pennsylvania." *American Journal of Agricultural Economics* 96, no. 1: 43–66.

Gordon, D. 2012. *The Carbon Contained in Global Oils,* vol. 18. Washington: Carnegie Endowment for International Peace.

Graham, J., J. Irving, X. Tang, S. Sellers, J. Crisp, D. Horwitz, L. Muehlenbachs, A. Krupnick, and D. Carey. 2015. "Increased Traffic Accident Rates Associated with Shale Gas Drilling in Pennsylvania." *Accident Analysis & Prevention* 74: 203–9.

Greene, D. 2010. "Measuring Energy Security: Can the United States Achieve Oil Independence?" *Energy Policy* 38, no. 4: 1614–21

Greenstone, M., and I. Nath. 2019. "Do Renewable Portfolio Standards Deliver?" Energy Policy Institute at the University of Chicago Working Paper 2019-62.

Hamilton, J. 2011. *Historical Oil Shocks.* NBER Working Paper 16790. Cambridge, MA: National Bureau of Economic Research. https://www.nber.org/papers/w16790.pdf.

Hausman, C., and R. Kellogg. 2015. "Welfare and Distributional Implications of Shale Gas." *Brookings Papers on Economic Activity,* Spring, 71–125.

Homans, C. 2012. "Energy Independence: A Short History." *Foreign Policy,* January 3. https://foreignpolicy.com/2012/01/03/energy-independence-a-short-history/.

Hill, E., and L. Ma. 2017. "Shale Gas Development and Drinking Water Quality." *American Economic Review* 107, no. 5: 522–25.

IEA (International Energy Agency). 2019. "United States 2019 Review." https://webstore. iea.org/energy-policies-of-iea-countries-united-states-2019-review.

Jacobsen, G. 2019. "Who Wins in an Energy Boom? Evidence from Wage Rates and Housing." *Economic Inquiry* 57, no 1: 9–32.

Johnsen, R., J. LaRiviere, and H. Wolff. 2019. "Fracking, Coal, and Air Quality." *Journal of the Association of Environmental and Resource Economists* 6, no. 5: 1001–37.

Johnson, E. 2014. "The Cost of Carbon Dioxide Abatement from State Renewable Portfolio Standards." *Resource and Energy Economics* 36, no. 2: 332–50.

Keranen, K., M. Weingarten, G. Abers, B. Bekins, and S. Ge. 2014. "Sharp Increase in Central Oklahoma Seismicity since 2008 Induced by Massive Wastewater Injection." *Science* 345, no. 6195: 448–51.

Kilian, L. 2017. "The Impact of the Fracking Boom on Arab Oil Producers." *The Energy Journal, International Association of Energy Economics*, no. 8.

———. 2016. *The Impact of the Shale Oil Revolution on U.S. Oil and Gasoline Prices*. Working Paper 5723. Munich: CESifo.

Komarek, T. 2016. "Labor Market Dynamics and the Unconventional Natural Gas Boom: Evidence from the Marcellus Region." *Resource and Energy Economics* 45: 1–17.

Linn, J., L. Muehlenbachs, and Y. Wang. 2014. *How Do Natural Gas Prices Affect Electricity Consumers and the Environment?* RFF Discussion Paper 14-19. Washington: Resources for the Future.

Litovitz, A., A. Curtright, S. Abramzon, N. Burger, and C. Samaras. 2013. "Estimation of Regional Air-quality Damages from Marcellus Shale Natural Gas Extraction in Pennsylvania." *Environmental Research Letters* 8, no. 1: 14–17.

MacAvoy, P. 2008. *The Natural Gas Market: Sixty Years of Regulation and Deregulation* New Haven, CT: Yale University Press.

Marchand, J., and J. Weber. 2019. "How Local Economic Conditions Affect School Finances, Teacher Quality, and Student Achievement: Evidence from the Texas Shale Boom." *Journal of Policy Analysis and Management*, forthcoming.

Martin, R., M. Muûls, and U. Wagner. 2015. "The Impact of the European Union Emissions Trading Scheme on Regulated Firms: What Is the Evidence after Ten Years?" *Review of Environmental Economics and Policy* 10, no. 1: 129–48.

Mathur, A., and A. Morris. 2014. "Distributional Effects of a Carbon Tax in Broader U.S. Fiscal Reform." *Energy Policy* 66. 326–34.

Muehlegger, E., and R. Sweeney. 2017. *Pass-Through of Input Cost Shocks Under Imperfect Competition: Evidence from the U.S. Fracking Boom*. NBER Working Paper 24025. Cambridge, MA: National Bureau of Economic Research.

Muehlenbachs, L., E. Spiller, and C. Timmins. 2015. "The Housing Market Impacts of Shale Gas Development." *American Economic Review* 105, no. 12: 3633–59.

Newell, R., and D. Raimi. 2018. "The Fiscal Impacts of Increased U.S. Oil and Gas Development on Local Governments." *Energy Policy* 117: 14–24.

Newell, R., B. Prest, and A. Vissing. 2019. "Trophy Hunting versus Manufacturing Energy: The Price-Responsiveness of Shale Gas." *Journal of the Association of Environmental and Resource Economists* 6,

no. 2: 391–431.

Oliver, M., C. Mason, and D. Finnoff. 2014. "Pipeline Congestion and Basis Differentials." *Journal of Regulatory Economics* 46, no. 3: 261–91.

Wang, Z., and A. Krupnick. 2015. "A Retrospective Review of Shale Gas Development in the United States: What Led to the Boom?" *Economics of Energy & Environmental Policy* 4, no. 1: 5–18.

Weber, J., J. Burnett, and I. Xiarchos. 2016. "Broadening Benefits from Natural Resource Extraction: Housing Values and Taxation of Natural Gas Wells as Property." *Journal of Policy Analysis and Management* 35, no. 3: 587–614.

Weber, J., Y. Wang, and M. Chomas. 2016. "A Quantitative Description of State-Level Taxation of Oil and Gas Production in the Continental U.S." *Energy Policy* 96: 289–301.

Wrenn, D., H. Klaiber, and E. Jaenicke. 2016. "Unconventional Shale Gas Development, Risk Perceptions, and Averting Behavior: Evidence From Bottled Water Purchases." *Journal of the Association of Environmental and Resource Economists* 3, no. 4: 779–817.

第5章

AHIP (America's Health Insurance Plans). 2017. "Health Savings Accounts and Consumer-Directed Health Plans Grow as Valuable Financial Planning Tools." https://www.ahip.org/2017-survey-of-health-savings-accounts/.

Aitken, M., E. Berndt, D. Cutler, M. Kleinrock, and L. Maini. 2016. "Has the Era of Slow Growth for Prescription Drug Spending Ended?" *Health Affairs* 35, no. 9: 1595–1603.

American Medical Association. 2018. "U.S. Justice Department Should Block CVS-Aetna Merger." https://www.ama-assn.org/delivering-care/patient-support- advocacy/us-justice-department-should-block-cvs-aetna-merger.

Armour, S. 2019. "Premiums for ACA Health Plans Are Set to Drop in 2020." *Wall Street Journal*, October 22. https://www.wsj.com/articles/premiums-for-aca-health-plans-are-set-to-drop-in-2020-11571749200.

Aron-Dine, A. 2019. "CBO: Administration's Short-Term Plans Rule Means a Return to Pre-ACA Practices." Center on Budget and Policy Priorities. https://www.cbpp. org/blog/cbo-administrations-short-term-plans-rule-means-a-return-to-pre-aca- practices.

Azar, A. 2019. "Ending the HIV Epidemic: A Plan for America." Department of Health & Human Services. https://www.hhs.gov/blog/2019/02/05/ending-the-hiv- epidemic-a-plan-for-america.html.

Badger, D. 2019. "Obamacare Caused Premiums to Spike; Here's How States Are Lowering Them Again." Heritage Foundation. https://www.heritage.org/ health-care-reform/commentary/obamacare-caused-premiums-spike-heres-how-states-are-lowering-them.

Berchick, E., J. Barnett, and R. Upton. 2019. *Health Insurance Coverage in the United States: 2018.* U.S. Census Bureau Report P60-267. Washington: U.S. Government Publishing Office.

Berry, S., M. Gaynor, and F. Morton. 2019. "Do Increasing Markups Matter? Lessons from Empirical Industrial Organization." *Journal of Economic Perspectives* 33, no. 3: 44–68.

Blase, B. 2019a. *Health Reform Progress: Beyond Repeal and Replace.* Paeonian Springs, VA: Galen Institute.

——. 2019b. "How Price Transparency Would Revolutionize Healthcare." *New York Post*, October 12. https://nypost.com/2019/10/12/how-price-transparency-would-revolutionize-healthcare/.

Bosworth, B., J. Bieler, M. Kleinrock, E. Koepcke, and E. Berndt. 2018. *An Evaluation of the CPI Indexes for Prescription Drugs.* NBER Working Paper 24210. Cambridge, MA: National Bureau of Economic Research.

Boskin, M., J. Dulberger, R. Gordon, Z. Griliches, and D. Jorgenson. 1996. "Toward a More Accurate Measure of the Cost of Living." Final Report to the Senate Finance Committee, December 4.

Burns, L., and M. Pauly. 2018. "Transformation of the Health Care Industry: Curb Your Enthusiasm?" *Milbank Quarterly* 96, no. 1: 57–109.

Carpenter, E., and C. Sloan. 2018. "Health Plans with More Restrictive Provider Networks Continue to Dominate the Exchange Market." Press release, Avalere. https://avalere.com/press-releases/health-plans-with-more-restrictive-provider-networks-continue-to-dominate-the-exchange-market.

CBO (Congressional Budget Office). 2019. "How CBO and JCT Analyzed Coverage Effects of New Rules for Association Health Plans and Short-Term Plans." https://www.cbo.gov/system/files/2019-01/54915-New_Rules_for_AHPs_ STPs.pdf.

CDC (Centers for Disease Control and Prevention). 2019. "About Chronic Diseases." National Center for Chronic Disease Prevention and Health Promotion. https://www.cdc.gov/chronicdisease/index.htm.

CEA (Council of Economic Advisers). 2019a. *Economic Report of the President.* Washington: U.S. Government Publishing Office.

——. 2019b. *Deregulating Health Insurance Markets: Value to Market Participants.* Washington: White House. https://www.whitehouse.gov/wp-content/uploads/2019/02/Deregulating-Health-Insurance-Markets-FINAL.pdf.

——. 2019c. "Measuring Prescription Drug Prices: A Primer on the CPI Prescription Drug Index." https://www.whitehouse.gov/wp-content/uploads/2019/10/ Measuring-Prescription-Drug-Prices-A-Primer-on-the-CPI-Prescription-Drug-Index.pdf.

——. 2019d. *Mitigating the Impact of Pandemic Influenza through Vaccine Innovation.* Washington: White House. https://www.whitehouse.gov/wp-content/uploads/2019/09/Mitigating-the-Impact-of-Pandemic-Influenza-through- Vaccine-Innovation.pdf.

——. 2018. *Reforming Biopharmaceutical Pricing at Home and Abroad.* Washington: White House. https://www.whitehouse.gov/wp-content/uploads/2017/11/ CEA-Rx-White-Paper-Final2.pdf.

Census Bureau. 2019. "Health Insurance Coverage in the United States: 2018." https:// www.census.gov/content/dam/Census/library/publications/2019/demo/ p60-267.pdf.

Chernew, M., A. Rosen, and A. Fendrick. 2007. "Value-Based Insurance Design." *Health Affairs* 26, no. 2: 195-203.

Claxton, G., M. Rae, A. Damico, G. Young, D. McDermott, and H. Whitmore. 2019. "Health Benefits in 2019: Premiums Inch Higher, Employers Respond to Federal Policy." *Health Affairs* 38, no 10.

CMS (Centers for Medicare and Medicaid Services). 2018. "Premiums on the Federally- facilitated Exchanges drop in 2019." https://www.cms.gov/newsroom/press-releases/premiums-federally-facilitated-exchanges-drop-2019.

——. 2019a. "Organ Procurement Organization (OPO) Conditions for Coverage Proposed Rule: Revisions to Outcome Measures for OPOs." https://www.cms.gov/newsroom/fact-sheets/organ-procurement-organization-opo-conditions-coverage-proposed-rule-revisions-outcome-measures-opos.

——. 2019b. "Premiums for HealthCare.gov Plans are down 4 percent but remain unaffordable to non-subsidized consumers." https://www.cms.gov/newsroom/press-releases/premiums-healthcaregov-plans-are-down-4-percent-remain-unaffordable- non-subsidized-consumers.

Conrad, L. 2019. "HSAs March Ever Higher, Expected

to Continue." *Entertainment Benefit News.* https://www.benefitnews.com/news/number-of-hsa-expected-to-continue.

Cooper, Z., S. Gibbons, S. Jones, and A. McGuire. 2011. "Does Hospital Competition Save Lives? Evidence from the English NHS Patient Choice Reforms." *Economic Journal* 121, no. 554: 228–60.

Dafny, L., K. Ho, and M. Varela. 2013. "Let Them Have Choice: Gains from Shifting Away from Employer-Sponsored Health Insurance and Toward an Individual Exchange." *American Economic Journal* 5, no. 1: 32–58.

eHealth Insurance. 2018. "How Much Does Obamacare Cost in 2018?" June 20. https:// www.ehealthinsurance.com/resources/affordable-care-act/much-obamacare-cost-2018.

Effros, R. 2009. "Increase Cost-Participation by Employees (e.g., Through High- Deductible Health Plans)." RAND Corporation. https://www.rand.org/pubs/technical_reports/TR562z4/analysis-of-high-deductible-health-plans.html.

Fehr, R., R. Kamal, and C. Cox. 2019. "Insurer Participation on ACA Marketplaces, 2014– 2020." Kaiser Family Foundation. https://www.kff.org/private-insurance/ issue-brief/insurer-participation-on-aca-marketplaces-2014-2020/.

Feldman, R., S. Parente, J. Abraham, J. Christianson, and R. Taylor. 2005. "Health Savings Accounts: Early Estimations on National Take-Up." *Health Affairs* 24, no. 6.

Foppa, I., P. Cheng, S. Reynolds, D. Shay, C. Carias, et al. 2015. "Deaths Averted by Influenza Vaccination in the U.S. during the Seasons 2005/06 through 2013/14." *Vaccine* 33, no. 26: 3003–9.

Frogner, B., and J. Spetz. 2017. "Health Policy Debates and the Outlook for Health Care Jobs." *Health Affairs*, Blog, November 3. https://www.healthaffairs.org/ do/10.1377/hblog20171102. 115215/full/.

Fuchs, V. 2007. "Managed Care and Merger Mania." *Journal of the American Medical Association* 277, no. 11: 920–21.

Gaynor, M., and R. Town. 2012. "The Impact of Hospital Consolidation—Update." Synthesis Project Policy Brief, no. 9.

Gaynor, M., K. Ho, and R. Town. 2015. "The Industrial Organization of Health-Care Markets." *Journal of Economic Literature* 53, no. 2: 235–84.

Gee, E., C. Peters, and J. Wilder. 2019. "The Year in Review: Economics at the Antitrust Division, 2018-2019." *Review of Industrial Organization* 55: 537–50.

Greene, J., J. Hibbard, A. Dixon, and M. Tusler. 2006. "Which Consumers Are Ready for Consumer-Driven Health Plans?" *Journal of Consumer Policy* 29, no. 3: 247–62.

Haas-Wilson, D., and C. Garmon. 2011. "Hospital Mergers and Competitive Effects: Two Retrospective Analyses." *International Journal of the Economics of Business* 18, no. 1: 17–32.

Haefner, M. 2019. "Fitch Solutions: U.S. Economic Burden of Chronic Disease 'Unparalleled.'" *Beckers Hospital Review.* https://www.beckershospitalreview.com/finance/fitch-solutions-us-economic-burden-of-chronic-disease- unparalleled.html.

Haviland, A., M. Eisenberg, A. Mehrotra, P. Huckfeldt, and N. Sood. 2016. "Do 'Consumer-Directed' Health Plans Bend the Cost Curve Over Time?" *Journal of Health Economics* 46: 33–51.

Haviland, A., N. Sood, R. McDevitt, and S. Marquis. 2011. "How Do Consumer-Directed Health Plans Affect Vulnerable Populations?" *Forum for Health Economics & Policy* 14, no. 2 article 3.

HCCI (Health Care Cost Institute). 2016. "National Chartbook of Health Care Prices— 2015." https://www.healthcostinstitute.org/images/pdfs/

HCCI-National-Chartbook-of-Health-Care-Prices-2015. pdf.

HHS (Department of Health and Human Services). 2018. "Reforming America's Healthcare System through Choice and Competition." https://www.hhs.gov/sites/default/files/Reforming-Americas-Healthcare-System-Through-Choice- and-Competition.pdf.

——. 2019a. "HHS Announces Quality Summit to Streamline and Improve Quality Programs across Government." https://www.hhs.gov/about/news/2019/07/09/hhs-announces-quality-summit-streamline-improve- quality-programs-government.html.

——. 2019b. "HHS Proposes Stark Law and Anti-Kickback Statute Reforms to Support Value-Based and Coordinated Care." https://www.hhs.gov/about/news/2019/10/09/hhs-proposes-stark-law-anti-kickback-statute-reforms. html.

——. 2019c. "Statement on Continued Progress Enhancing Patient Access to High- Quality, Low-Cost Generic Drugs." https://www.fda.gov/news-events/press-announcements/statement-continued-progress-enhancing-patient-access-high-quality-low-cost-generic-drugs.

IRS (Internal Revenue Service), Employee Benefits Security Administration, and HHS (Department of Health and Human Services). 2019. "Health

Reimbursement Arrangements and Other Account-Based Group Health Plans." *Federal Register* 84, no. 12571: 28888–9027.

Kessler, D., and M. McClellan. 2000. "Is Hospital Competition Socially Wasteful?" *Quarterly Journal of Economics* 115, no. 2: 577–615.

KFF (Kaiser Family Foundation). 2018. "Employer Health Benefits Survey." https://www. kff.org/ report-section/2018-employer-health-benefits-survey-section-8-high- deductible-health-plans-with-savings-option/.

Moriya, A., Vogt, W., and Gaynor, M. 2010. Hospital Prices and Market Structure in the Hospital and Insurance Industries. *Health Economics, Policy and Law*, 5, no. 4: 459-479.

Mulligan, C. 2015. *The Economic Consequences of Health-Care Reform.* Chicago: University of Chicago Press.

NACDD (National Association of Chronic Disease Directors). No date. "Why Public Health Is Necessary to Improve Healthcare." https://cdn.ymaws.com/ www. chronicdisease.org/resource/resmgr/white_ papers/cd_white_paper_ hoffman.pdf.

National Cancer Institute. No date. "Cancer Stat Facts: Cancer of Any Site." https://seer. cancer.gov/stat-facts/html/all.html.

NBGH (National Business Group on Health). 2018. "Large U.S. Employers Eye Changes to Health Care Delivery System as Cost to Provide Health Benefits Nears $15,000 per Employee." Press release. https://www.businessgrouphealth.org/ news/nbgh-news/press-releases/press-release-details/?ID=348.

NCCI (National Council on Compensation Insurance). 2018. "The Impact of Hospital Consolidation on Medical Costs." https://www.ncci.com/Articles/ Pages/II_ Insights_QEB_Impact-of-Hospital-Consolidation-on-Medical-Costs.aspx.

Newman, D., S. Parente, E. Barette, and K. Kennedy. 2016. "Prices for Common Medical Services Vary Substantially Among the Commercially Insured." *Health Affairs* 35, no. 5: 923–27.

OMB (Office of Management and Budget). 2019. "Combatting the Opioid Epidemic 2020 Budget Fact Sheet." https://www.whitehouse.gov/wp-content/ uploads/2019/03/FY20-Fact-Sheet_Combatting-the-Opioid-Epidemic_FINAL. pdf.

Parente, S., and R. Feldman. 2013. "Micro-Simulation of Private Health Insurance and Medicaid Take-Up Following the U.S. Supreme Court Decision Upholding the Affordable Care Act." *Health Services Research* 48, no. 2: 826–49.

Parente, S., R. Feldman, J. Spetz, B. Dowd, and E. Baggett. 2017. "Wage Growth for the Health Care Workforce: Projecting the Affordable Care Act Impact." *Health Services Research* 52, no. 2: 741–62.

Parente, S., R. Feldman, and X. Yu. 2010. "Impact of Full Replacement with Consumer Driven Health Plan on Health Care Cost and Use of Preventive Services." *Insurance Markets and Companies: Analyses and Actuarial Computations* 1, no. 1: 56–66.

Sood, N., T. Shih, K. Van Nuys, and D. Goldman. 2017. "The Flow of Money through the Pharmaceutical Distribution System." Leonard Schaeffer Center for Health Policy and Economics, University of Southern California. https://healthpolicy. usc.edu/ wp-content/uploads/2017/06/USC_Flow-of-MoneyWhitePaper_ Final_Spreads.pdf.

Tenn, S. 2011. "The Price Effects of Hospital Mergers: A Case Study of the SutterSummit Transaction." *International Journal of the Economics of Business* 18, no. 1: 65–82.

Unger, J., R. Vaidya, D. Hershman, L. Minasian, and M. Fleury. 2019. "Systematic Review and Meta-Analysis of the Magnitude of Structural, Clinical, and Physician and Patient Barriers to Cancer Clinical Trial Participation." *Journal of the National Cancer Institute* 111, no. 3: 245–55.

VBID Health (Value-Based Insurance Design Health). 2019. "Uptake and Federal Budgetary Impact of Allowing Health Savings Account-Eligible High Deductible Health Plans to Cover Chronic Disease Drugs and Services Pre-Deductible." http://vbid-health.com/docs/NPC%20HDHP+%20FINAL%20 05-30-2019.pdf.

Vogt, W., and R. Town. 2006. "How Has Hospital Consolidation Affected the Price and Quality of Hospital Care?" *Research Synthesis Report*, no. 9.

Waters, H., and M. Graf. 2018. "The Cost of Chronic Diseases in the U.S." Milken Institute. https://assets1b. milkeninstitute.org/assets/Publication/Viewpoint/ PDF/Chronic-Disease-Executive-Summary-r2.pdf.

White House. 2019a. "President Donald J. Trump's Healthcare Agenda Puts Seniors and American Patients First." https://www.whitehouse.gov/briefings-statements/ president-donald-j-trumps-healthcare-agenda-puts-seniors-american- patients-first/.

———. 2019b. "Executive Order on Improving Price and Quality Transparency in American Healthcare to Put Patients First." https://www.whitehouse. gov/ presidential-actions/executive-order-improving-price-quality-transparency-american-healthcare- put-patients-first/.

——. 2019c. "Presidential Message on National HIV Testing Day, 2019." https://www. whitehouse.gov/ briefings-statements/presidential-message-national-hiv-testing-day-2019/.

——. 2019d. "President Donald J. Trump Is Taking a Bold New Approach to Advance Kidney Health." https://www.whitehouse.gov/briefings-statements/ president-donald-j-trump-taking-bold-new-approach-advance-kidney- health/.

Willis Towers Watson. 2013. "NBGH Employer Survey on Value in Purchasing Health Care." https://www. towerswatson.com/en/Insights/IC-Types/Survey-Research-Results/2013/03/Towers-Watson-NBGH-Employer-Survey-on-Value-in-Purchasing-Health-Care.

第6章

Ashenfelter, O., D. Hosken, and M. Weinberg. 2015. "Efficiencies Brewed: Pricing and Consolidation in the US Beer Industry." *RAND Journal of Economics* 46, no. 2: 328–61.

Autor, D., D. Dorn, L. Katz, C. Patterson, and J. Reenen. 2019. *The Fall of the Labor Share and the Rise of Superstar Firms.* NBER Working Paper 23396. Cambridge, MA: National Bureau of Economic Research. https://www.nber.org/papers/ w23396. pdf; forthcoming in *Quarterly Journal of Economics*, https:// economics.mit.edu/files/12979.

Baker, J. 2015. "Taking the Error Out of 'Error Cost' Analysis: What's Wrong with Antitrust's Right." *Antitrust Law Journal* 80, no. 1: 1–38.

Basu, S. 2019. "Are Price-Cost Markups Rising in the United States? A Discussion of the Evidence." *Journal of Economic Perspectives* 33, no. 3: 3–22.

Berry, S., M. Carnall, and P. Spiller. 2006. "Airline Hubs: Costs, Markups and the Implications of Customer Heterogeneity." In *Competition Policy and Antitrust,* Advances in Airline Economics 1, edited by D. Lee. Bingley, U.K.: Emerald Group.

Berry, S., M. Gaynor, and F. Morton. 2019. "Do Increasing Markups Matter? Lessons from Empirical Industrial Organization." *Journal of Economic Perspectives* 33, no. 3: 44–68. https://pubs.aeaweb.org/ doi/pdfplus/10.1257/jep.33.3.44.

Bloomberg. 2019. "FTC Chief Says Willing to Break Up Companies Amid Big Tech Probe." https://www. bloomberg.com/news/articles/2019-08-13/ftc-chief-says-willing-to-break-up-companies-amid-big-tech-probe.

Borenstein, S. 2011. "Why Can't U.S. Airlines Make Money?" *American Economic Review: Papers & Proceedings* 101, no. 3: 233–57. https://pubs.aeaweb. org/doi/ pdfplus/10.1257/aer.101.3.233.

Bourne, R. 2019. "Is This Time Different? Schumpeter, the Tech Giants, and Monopoly Fatalism." CATO Institute. https://www.cato.org/publications/ policy-analysis/ time-different-schumpeter-tech-giants-monopoly-fatalism.

Bresnahan, T. 1989. "Empirical Studies of Industries with Market Power." In *Handbook of Industrial Organization* 2, edited by R. Schmalensee and R. Willig. Amsterdam: Elsevier Science.

CEA (Council of Economic Advisers). 2016. "Benefits of Competition and Indicators of Market Power." https://obamawhitehouse.archives.gov/sites/ default/files/ page/files/20160414_cea_competition_issue_brief.pdf.

——. 2018a. "Reforming Biopharmaceutical Pricing at Home and Abroad." https:// www.whitehouse.gov/ wp-content/uploads/2017/11/CEA-Rx-White-Paper- Final2.pdf.

——. 2018b. "The Administration's FDA Reforms and Reduced Biopharmaceutical Drug Prices." https://www.whitehouse.gov/wp-content/uploads/2018/10/ The-Administrations-FDA-Reforms-and-Reduced-Biopharmaceutical-Drug- Prices.pdf.

Chugh, R., N. Goldstein, E. Lewis, J. Lien, D. Minehart, and N. Rose. 2016. "Economics at the Antitrust Division 2015–2016: Household Appliances, Oil Field Services, and Airport Slots." *Review of Industrial Organization* 49, no. 4: 535–56. https:// www. justice.gov/atr/public-documents/rio-annual-review-articles.

Crémer, J., Y. Montjoye, and H. Schweitzer. 2019. *Competition Policy for the Digital Era.* Brussels: European Commission. https://ec.europa.eu/competition/ publications/reports/kd0419345enn.pdf.

Crouzet, N., and J. Eberly. 2019. "Understanding Weak Capital Investment: The Role of Market Concentration and Intangibles." Paper prepared for Jackson Hole Economic Policy Symposium. https://www. kellogg.northwestern.edu/faculty/ crouzet/html/ papers/IntangiblesInvestmentConcentration_latest.pdf.

Cunningham, C., F. Ederer, and S. Ma. 2019. "Killer Acquisitions." Working paper. https://papers.ssrn. com/sol3/papers.cfm?abstract_id=3241707.

Demsetz, H. 1973. "Industry Structure, Market Rivalry, and Public Policy." *Journal of Law and Economics*

16, no. 1: 1–9.

Digital Competition Expert Panel. 2019a. "Public Responses to Call for Evidence from Individuals." Chaired by J. Furman. https://assets.publishing.service.gov.uk/government/uploads/system/uploads/attachment_data/file/785548/DCEP_ Public_responses_to_call_for_evidence_from_individuals.pdf.

——. 2019b. "Public Responses to Call for Evidence from Organisations." https:// assets.publishing.service.gov.uk/government/uploads/system/uploads/attachment_data/file/785549/DCEP_Public_responses_to_call_for_ evidence_from_organisations.pdf.

—— . 2019c. "Unlocking Digital Competition." https:// assets.publishing.service.gov. uk/government/uploads/system/uploads/attachment_data/file/785547/ unlocking_digital_competition_furman_review_web.pdf.

DOJ (U.S. Department of Justice). 2008. *United States v. The Thomson Corp. and Reuters Group PLC.* Competitive Impact Statement, case 1:08, civil action 00262. https://www.justice.gov/atr/case-document/competitive-impact-statement-207.

——. 2011a. *United States v. George's Foods, LLC; George's Family Farms, LLC; and George's Inc.* Competitive Impact Statement, case 5:11, civil action 00043. https://www.justice.gov/atr/case-document/file/497376/download.

——. 2011b. *United States v. George's Foods, LLC; George's Family Farms, LLC; and George's Inc.* Complaint, case 5:11, civil action 00043. https://www.justice.gov/atr/case-document/file/497411/download.

——. 2016. *United States v. Halliburton Co, LLC; and Baker Hughes Inc.* Complaint, case 1:16, civil action 00233. https://www.justice.gov/atr/file/838661/download.

——. 2018a. "The Walt Disney Company Required to Divest Twenty-Two Regional Sports Networks in Order to Complete Acquisition of Certain Assets from Twenty-First Century Fox." https://www.justice.gov/opa/pr/walt-disney-company-required-divest-twenty-two-regional-sports-networks- order-complete.

——. 2018b. *United States v. The Walt Disney Company and Twenty-First Century Fox, Inc.* Case 1:18, civil action 5800. https://www.justice.gov/atr/case-document/ file/1075201/download.

——. 2019. "Justice Department Reviewing Practices of Market Leading Online Platforms." https://www.justice.gov/opa/pr/justice-department-review-ing-practices-market-leading-online-platforms.

DOJ and FTC (Department of Justice and Federal Trade Commission). 2010. "Horizontal Merger Guidelines." https://www.justice.gov/sites/default/files/atr/ legacy/2010/08/19/hmg-2010.pdf.

——. 2017. "Antitrust Guidelines for the Licensing of Intellectual Property." https:// www.justice.gov/atr/IPguidelines/download.

——. 2019a. "Hart-Scott Rodino Annual Report: Fiscal Year 2018." Annual Competition, 41. https://www.ftc.gov/system/files/documents/reports/ federal-trade-commission-bureau-competition-department-justice-antitrust- division-hart-scott-rodino/fy18hsrreport.pdf.

——. 2019b. "Joint Letter from the FTC and DOJ to Alaska State Senate." https://www. justice.gov/atr/page/file/1146346/download.

——. 2019c. "Joint Letter from the FTC and DOJ to Nebraska Legislature." https:// www.justice.gov/atr/page/file/1146236/download.

——. 2019d. "Joint Letter from the FTC and DOJ to Tennessee House of Representatives." https://www.justice.gov/atr/page/file/1146241/download.

European Commission. 2019. "Platform-to-Business Trading Practices." https:// ec.europa.eu/digital-single-market/en/platforms-to-business-trading-practices.

Faccio, M., and L. Zingales. 2018. *Political Determinants of Competition in the Mobile Telecommunication Industry.* Finance Working Paper 494/2016. Brussels: European Corporate Governance Institute.

FTC (Federal Trade Commission). 2018a. "Options to Enhance Occupational License Portability." Policy Perspectives. https://www.ftc.gov/system/files/documents/reports/options-enhance-occupational-license-portability/ license_portability_policy_paper.pdf.

——. 2018b. "United States of America before the Federal Trade Commission." Docket 9382. https://www.ftc.gov/system/files/documents/cases/docket_no_9382_ cdk_automate_part_3_complaint_redacted_public_version_0.pdf.

——. 2019a. "FTC Staff Issues FY 2016 Report on Branded Drug Firms' Patent Settlements with Generic Competitors." https://www.ftc.gov/news-events/ press-releases/2019/05/ftc-staff-issues-fy-2016-report-branded-drug-firms-patent.

——. 2019b. "Hearings on Competition and Consumer Protection in the 21st Century." https://www.ftc.gov/policy/hearings-competition-consumer-protection.

——. 2019c. "State-Based Initiatives: Selected Examples." https://www.ftc.gov/policy/ advocacy/economic-liberty/state-based-initiatives.

——. 2019d. "The Antitrust Laws." https://www.ftc.gov/tips-advice/competition- guidance/guide-antitrust-laws/antitrust-laws.

Furman, J. 2018. "Market Concentration: Note by Jason Furman." Hearing on Market Concentration, Prepared Testimony, Organization for Economic Cooperation and Development. https://one.oecd.org/document/DAF/COMP/WD(2018)67/ en/pdf.

Furman, J., and P. Orszag. 2018. "A Firm-Level Perspective on the Role of Rents in the Rise of Inequality." In *Towards a Just Society: Joseph Stiglitz and Twenty-First Century Economics*, edited by Martin Guzman. New York: Columbia University Press.

Gee, E., C. Peters, and J. Wilder. 2019. "The Year in Review: Economics at the Antitrust Division, 2018–2019." *Review of Industrial Organization* 55, no. 4: 537-550.

Grullon, G., Y. Larkin, and R. Michaely. 2019. "Are U.S. Industries Becoming More Concentrated?" *Review of Finance* 23, no. 4: 697–743. https://academic. oup. com/rof/article/23/4/697/5477414.

Gutiérrez, G., and T. Philippon. 2017a. *Declining Competition and Investment in the U.S.* NBER Working Paper 23583. Cambridge, MA: National Bureau of Economic Research. https://www.nber.org/papers/w23583.pdf.

——. 2017b. *Investment-Less Growth: An Empirical Investigation.* NBER Working Paper 22897. Cambridge, MA: National Bureau of Economic Research. https://www. nber.org/papers/w22897.pdf.

——. 2019. *How EU Markets Became More Competitive than U.S. Markets: A Study of Institutional Drift.* NBER Working Paper 24700. Cambridge, MA: National Bureau of Economic Research. https://www. nber.org/papers/w24700.pdf.

Heyer, K., C. Shapiro, and J. Wilder. 2009. "The Year in Review: Economics at the Antitrust Division, 2008–2009." *Review of Industrial Organization* 35: 349. https://doi.org/10.1007/s11151-009-9232-1.

Igami, M., and K. Uetake. 2019. "Mergers, Innovation, and Entry-Exit Dynamics: Consolidation of the Hard Disk Drive Industry, 1996–2016." *Review of Economic Studies*, forthcoming.

Jia, J., G. Jin, and L. Wagman. 2019. "GDPR and the Localness of Venture Investment." Working paper. http://dx.doi.org/10.2139/ssrn.3436535.

Krugman, P. 2016. "Robber Baron Recessions." *New York Times*, April 18. https://www. nytimes. com/2016/04/18/opinion/robber-baron-recessions. html.

Kwoka, J. 2015. *Mergers, Merger Control, and Remedies: A Retrospective Analysis of U.S. Policy.* Cambridge, MA: MIT Press.

Lambrecht, A., and C. Tucker. 2015. "Can Big Data Protect a Firm from Competition?" http://ec.europa. eu/information_society/newsroom/image/document/2016-6/computer_and_communications_industry_association_-_ can_big_data_protect_a_firm_from_competition_13846.pdf.

Lamoreaux, N. 2019. "The Problem of Bigness: From Standard Oil to Google." *Journal of Economic Perspectives* 33, no. 3: 94–117. https://pubs.aeaweb.org/doi/ pdf-plus/10.1257/jep.33.3.94.

Lee, R. 2013. "Vertical Integration and Exclusivity in Platform and Two-Sided Markets." *American Economic Review* 103, no. 7: 2960–3000. http://www.people. fas. harvard.edu/~robinlee/papers/VIExclusivity.pdf.

Mahnke, R. 2015. "Big Data as a Barrier to Entry." Competition Policy International. https://www.competitionpolicyinternational.com/big-data-as-a-barrier-to-entry/.

Marshall, G., and A. Parra. 2019. "Innovation and Competition: The Role of the Product Market." *International Journal of Industrial Organization* 65: 221–47.

Miller, N., and M. Weinberg. 2017. "Understanding the Pricing Effects of the MillerCoors Joint Venture." *Econometrica* 85, no. 6: 1763–91.

Ohlhausen, M. 2019. "Written Statement of Proposed Testimony to U.S. House of Representatives, Hearing on 'Online Platforms and Market Power Part 2: Innovation and Entrepreneurship.'" https://docs.house.gov/meetings/JU/JU05/20190716/109793/HHRG-116-JU05-Wstate-OhlhausenM-20190716.pdf https://docs.house.gov/meetings/JU/JU05/20190716/109793/HHRG-116-JU05-Wstate-OhlhausenM-20190716.pdf.

Pai, A. 2013. "Remarks of the FCC Commissioner Ajit Pai at TechFreedom's Forum on the 100th Anniversary of the Kingsbury Commitment." https://www.fcc.gov/document/pai-remarks-100th-anniversary-kingsbury-commitment.

Peltzman, S. 2014. "Industrial Concentration under the Rule of Reason." *Journal of Law and Economics* 57, no. S3: 101–20.

Philippon, T. 2019. *The Great Reversal: How American Gave Up on Free Markets.* Cambridge, MA: Belknap Press of Harvard University Press.

Rossi-Hansberg, E., P. Sarte, and N. Trachter. 2019. *Di-*

verging Trends in National and Local Concentration. NBER Working Paper 25066. https://www.princeton. edu/~erossi/DTNLC.pdf.

Rubinfeld, D., and M. Gal. 2017. "Access Barriers to Big Data." *Arizona Law Review* 59, no. 2: 339–81. http://arizonalawreview.org/pdf/59-2/59arizlrev339.pdf.

Shapiro, C. 2010. "The 2010 Horizontal Merger Guidelines: From Hedgehog to Fox in Forty Years." *Antitrust Law Journal* 77, no. 1: 49–108. https://heinonline.org/ HOL/Page?handle=hein.journals/antil77&id=53&collection=journals&index=#.

——. 2018. "Antitrust in a Time of Populism." *International Journal of Industrial Organization* 61: 714–48.

——. 2019. "Protecting Competition in the American Economy: Merger Control, Tech Titans, Labor Markets." *Journal of Economic Perspectives* 33, no. 3: 69–93. https://www.aeaweb.org/articles?id=10.1257/jep.33.3.69.

Stigler Committee on Digital Platforms. 2019. *Final Report.* Chicago: Booth School of Business at University of Chicago. https://research.chicagobooth.edu/-/ media/research/stigler/pdfs/digital-platforms---committee-report---stigler- center.pdf.

Syverson, C. 2019. "Macroeconomics and Market Power: Context, Implications, and Open Questions." *Journal of Economic Perspectives* 33, no. 3: 23–43. https:// faculty.chicagobooth.edu/chad.syverson/research/macromarketpowerjep. pdf.

Economist. 2016. "Too Much of a Good Thing." March 26. https://www.economist.com/ briefing/2016/03/26/too-much-of-a-good-thing.

U.S. Congress. 2019a. "S.307, 116th Congress (2019–2020)." https://www.congress.gov/ bill/116th-congress/senate-bill/307/text.

——. 2019b. "S.2658, 116th Congress (2019–2020)." https://www.congress.gov/ bill/116th-congress/senate-bill/2658/text?r=2&s=1.

U.S. House, Committee on the Judiciary. 2019a. "Online Platforms and Market Power, Part 1: The Free and Diverse Press." June 11. https://judiciary.house.gov/ legislation/hearings/online-platforms-and-market-power-part-1-free-and-diverse-press.

——. 2019b. "Online Platforms and Market Power, Part 2: Innovation and Entrepreneurship." July 16. https://judiciary.house.gov/legislation/hearings/online-platforms-and-market-power-part-2-innovation-and- entrepreneurship.

——. 2019c. "Online Platforms and Market Power, Part 3: The Role of Data and Privacy in Competition."

September 12. https://judiciary.house.gov/legislation/ hearings/online-platforms-and-market-power-part-3-role-data-and-privacy- competition-0.

U.S. Senate, Committee on the Judiciary, Subcommittee on Antitrust, Competition Policy, and Consumer Rights. 2019. "Competition in Digital Technology Markets: Examining Acquisitions of Nascent or Potential Competitors by Digital Platforms." September 24. https://www.judiciary.senate.gov/meetings/competition-in-digital-technology-markets-examining-acquisitions-of- nascent-or-potential-competitors-by-digital-platforms.

Werden, G. 2001. "Network Effects and Conditions of Entry: Lessons from the Microsoft Case." *Antitrust Law Journal* 69, no. 1: 87–112. https://heinonline.org/HOL/ Page?collection=journals&handle=hein.journals/ antil69&id=95&men_tab=srchresults#.

Werden, G., and L. Froeb. 2018. "Don't Panic: A Guide to Claims of Increasing Concentration." *Antitrust Magazine* 33, no. 1: 74–79.

Wessel, D. 2018. "Is Lack of Competition Strangling the U.S. Economy?" *Harvard Business Review*, March. https://hbr.org/2018/03/is-lack-of-competition-strangling-the-u-s-economy.

White House. 2016. "Executive Order: Steps to Increase Competition and Better Inform Consumers and Workers to Support Continued Growth of the American Economy." https://obamawhitehouse.archives.gov/the-press- office/2016/04/15/executive-order-steps-increase-competition-and-better-inform-consumers.

Wilson, C. 2019. "Welfare Standards Underlying Antitrust Enforcement: What You Measure is What You Get." Luncheon keynote address at George Mason Law Review 22nd annual Antitrust Symposium. https://www.ftc.gov/es/system/ files/documents/public_statements/1455663/welfare_standard_speech_-_ cmr-wilson.pdf.

Wu, T. 2018. *The Curse of Bigness: Antitrust in the New Gilded Age.* New York: Columbia Global Reports.

Yun, J. 2019. "Competition in Digital Technology Markets: Examining Acquisitions of Nascent or Potential Competitors by Digital Platforms." Prepared statement for U.S. Senate. https://www.judiciary.senate.gov/imo/media/doc/Yun%20 Testimony.pdf.

第7章

Ahmad, F., L. Rossen, M. Spencer, M. Warner, and P. Sutton. 2019. "Provisional Drug Overdose Death

Counts." Centers for Disease Control and Prevention, National Center for Health Statistics. https://www.cdc.gov/nchs/nvss/vsrr/ drug-overdose-data.htm.

Alpert, A., D. Powell, and R. Pacula. 2018. "Supply-Side Drug Policy in the Presence of Substitutes: Evidence from the Introduction of Abuse-Deterrent Opioids." *American Economic Journal: Economic Policy* 10, no. 4: 1–35.

ASTHO (Association of State and Territorial Health Officials). 2018. "2018 State Legislation Addressing Naloxone." http://www.astho.org/ StatePublicHealth/2018-State-Legislation-Addressing-Naloxone/04-05-18/.

Autor, D. 2015. "The Unsustainable Rise of the Disability Rolls in the United States: Causes, Consequences, and Policy Options." In *Social Policies in an Age of Austerity: A Comparative Analysis of the U.S. and Korea*, edited by J. Scholz, H. Moon, and S. Lee. Northampton, MA: Edward Elgar.

Becker, G. 1962. "Irrational Behavior and Economic Theory." *Journal of Political Economy* 70, no. 1: 1–13.

Becker, G., and K. Murphy. 1988. "A Theory of Rational Addiction." *Journal of Political Economy* 96, no. 4: 675–700.

Besley, T. 1988. "Optimal Reimbursement Health Insurance and the Theory of Ramsey Taxation." *Journal of Health Economics* 7, no. 4: 321–36.

Bretteville-Jensen, A. 2006. "Drug Demand—Initiation, Continuation and Quitting." *De Economist* 154, no. 4: 491–516.

Bretteville-Jensen, A., and E. Biorn. 2003. "Heroin Consumption, Prices and Addiction: Evidence from Self-Reported Panel Data." *Scandinavian Journal of Economics* 105, no. 4: 661–79.

Buchmueller, T., and C. Carey. 2018. "The Effect of Prescription Drug Monitoring Programs on Opioid Utilization in Medicare." *American Economic Journal: Economic Policy* 10, no. 1: 77–112.

Cardinal Health Inc. 2019. "Distributors Reach Settlement with Ohio Counties in Opioids Case." Press release, October 21. https://ir.cardinalhealth.com/news/ press-release-details/2019/Distributors-Reach-Settlement-With-Ohio- Counties-in-Opioids-Case/default.aspx.

Carey, C., A. Jena, and M. Barnett. 2018. "Patterns of Potential Opioid Misuse and Subsequent Adverse Outcomes in Medicare, 2008 to 2012." *Annals of Internal Medicine* 168, no. 12: 837

Case, A., and A. Deaton, A. 2017. "Mortality and Morbidity in the 21st Century." *Brookings Papers on Economic Activity*, Spring.

Caulkins, J. 1995. "Estimating Elasticities of Demand for Cocaine and Heroin with Data from the Drug Use Forecasting System." Final Report, NCJ 173823. U.S. Department of Justice, National Institute of Justice, Washington.

CBP (U.S. Customs and Border Protection). 2019. "CBP Enforcement Statistics FY2019." https://www.cbp.gov/newsroom/stats/cbp-enforcement-statis-tics-fy2019.

CDC (Centers for Disease Control and Prevention). 2018. "Opioid Overdose: Understanding the Epidemic." https://www.cdc.gov/drugoverdose/epidemic/ index.html.

———. 2019. "Drug and Opioid-Involved Overdose Deaths—United States, 2013–2017." https://www.cdc.gov/mmwr/volumes/67/wr/mm675152e1.htm.

———. No date. "Calculating Total Daily Dose of Opioids for Safer Dosage." U.S. Department of Health and Human Services, Washington. https://www.cdc.gov/drugoverdose/pdf/calculating_total_daily_dose-a.pdf.

CEA (Council of Economic Advisers). 2017. "The Underestimated Cost of the Opioid Crisis." Executive Office of the President, the White House.

———. 2019a. "The Full Cost of the Opioid Crisis: $2.5 Trillion Over Four Years." https:// www.whitehouse.gov/articles/full-cost-opioid-crisis-2-5-tril-lion-four-years/.

———. 2019b. "The Role of Opioid Prices in the Evolving Opioid Crisis." https://www. whitehouse.gov/wp-content/uploads/2019/04/The-Role-of-Opioid-Prices-in- the-Evolving-Opioid-Crisis.pdf.

Chalmers J., D. Bradford, and C. Jones. 2010. "The Effect of Methamphetamine and Heroin Price on Polydrug Use: A Behavioral Economics Analysis in Sydney, Australia." *International Journal of Drug Policy* 21, no. 5: 381–89.

Cher, B., N. Morden, and E. Meara. 2019. "Medicaid Expansion and Prescription Trends: Opioids, Addiction Therapies, and Other Drugs." *Medical Care* 57, no. 3: 208–12.

Chermak, J., K. Krause, D. Brookshire, and H. Burness. 2013. "Moving Forward by Looking Back: Comparing Laboratory Results with Ex Ante Market Data." *Economic Inquiry* 51, no. 1: 1035–49.

Chicago Tribune. 2016. "Chemical Weapon for Sale: A Synthetic Opioid from China That Will Kill Heroin Users." October 7.

Ciccarone, D., G. Unick, and A. Kraus. 2009. "Impact of South American Heroin on the U.S. Heroin Market 1993–2004." *International Journal of Drug Policy* 20, no. 5: 392–401.

CRS (Congressional Research Service). 2018. "Prescription Drug Monitoring Programs." https://fas.org/sgp/crs/misc/R42593.pdf.

Currie, J., J. Yin, and M. Schnell. 2018. *"U.S. Employment and Opioids: Is There a Connection?* NBER Working Paper 24440. Cambridge, MA: National Bureau of Economic Research.

Dave, D. 2008. "Illicit Drug Use Among Arrestees, Prices and Policy." *Journal of Urban Economics* 63: 694–714.

Dave, D., A. Grecu, and H. Saffer. 2018. "Mandatory Access Prescription Drug Monitoring Programs and Prescription Drug Abuse." *Journal of Policy Analysis and Management* 38, no. 1: 181–209.

DeBruyne, N. 2017. "American War and Military Operations Casualties: Lists and Statistics." Congressional Research Service, April 26.

DOJ (U.S. Department of Justice). 2018. "Two Chinese Nationals Charged with Operating Global Opioid and Drug Manufacturing Conspiracy Resulting in Deaths." https://www.justice.gov/opa/pr/two-chinese-nationals-charged-operating-global-opioid-and-drug- manufacturing-conspiracy.

——. No date. "Automated Reports and Consolidated Ordering System." https://www. deadiversion.usdoj.gov/arcos/retail_drug_summary/.

DOJ and DEA (U.S. Department of Justice and Drug Enforcement Administration). 2017a. "2017 National Drug Threat Assessment." https://www.dea.gov/ documents/2017/10/01/2017-national-drug-threat-assessment.

——. 2017b. "NFLIS Brief: Fentanyl, 2001–2015." Diversion Control Division, National Forensic Laboratory Information System. https://www.nflis.deadiversion. usdoj.gov/DesktopModules/ReportDownloads/Reports/ NFLISFentanylBrief2017.pdf.

DOT (U.S. Department of Transportation). 2016. "Guidance on Treatment of the Economic Value of a Statistical Life (VSL) in U.S. Department of Transportation Analyses – 2016 Adjustment." https://www.transportation. gov/sites/dot.gov/files/docs/2016%20Revised%20Value%20of%20a%20Statistical%20Life%20Guidance.pdf.

Dowell, D., E. Arias, K. Kochanek, R. Anderson, G. Guy, J. Losby, and G. Baldwin. 2017. "Contribution of Opioid-Involved Poisonings to the Change in Life Expectancy in the United States, 2000–2015." *Journal of the American Medical Associaton* 318, no. 11: 1065–67.

Drug Enforcement Administration. 2017. "2017 National Drug Threat Assessment." U.S. Department of Justice, Washington. https://www.dea.gov/docs/DIR-040- 17_2017-NDTA.pdf.

DuPont, S., A. Bezaitis, and M. Ross. 2015. "Stemming the Tide of Prescription Opioid Overuse, Misuse, and Abuse." *Health Affairs Blog*, September 22. https://www. healthaffairs.org/do/10.1377/hblog20150922.050693/full/.

Eberstadt, N. 2017. "Our Miserable 21st Century." *Commentary*, February. https://www. commentarymagazine.com/articles/our-miserable-21st-century/.

Einav, L., A. Finkelstein, and M. Polyakova. 2018. "Private Provision of Social Insurance: Drug-Specific Price Elasticities and Cost Sharing in Medicare Part D." *American Economic Journal: Economic Policy* 10, no. 3: 122–53.

Evans, W., E. Lieber, and P. Power. 2019. "How the Reforumlation of OxyContin Ignited the Heroin Epidemic."*Review of Economics and Statistics* 101, no. 1: 1–15.

FDA (Food and Drug Administration). 2018a. "FDA Analysis of Long-Term Trends in Opioid Analgesic Products: Quantity, Sales, and Price Trends." https://www. fda.gov/downloads/aboutfda/reportsmanualsforms/reports/ucm598899.pdf.

——. 2018b. "National Drug Code Directory." https://www.fda.gov/Drugs/ InformationOnDrugs/ucm142438.htm.

Feldstein, M. 1973. "The Welfare Loss of Excess Health Insurance." *Journal of Political Economy* 81, no. 2: 251–80.

Finkelstein, A., M. Gentzkow, and H. Williams. 2018. "What Drives Prescription Opioid Abuse? Evidence from Migration." Stanford Institute for Economic PolicyResearch Working Paper. https://siepr.stanford.edu/sites/default/files/ publications/18-028.pdf.

Fontenot, K., J. Semega, and M. Kollar. 2018. "Income and Poverty in the United States." Current Population Reports, U.S. Census Bureau, September.

Gallet, C. 2014. "Can Price Get the Monkey Off Our Back? A Meta-analysis of Illicit Drug Demand." *Health Economics* 23, no. 1: 55–68.

Glaeser, E., B. Sacerdote, and J. Scheinkman. 2003. "The Social Multiplier." *Journal of the European Economic Association* 1, nos. 2–3: 345–53.

Goodman-Bacon, A., and E. Sandoe. 2017. "Did Medicaid Expansion Cause the Opioid Epidemic?

There's Little Evidence That It Did." *Health Affairs Blog*, August 23. https://www.healthaffairs.org/action/showDoPubSecure?doi=10.1377%2Fhblog20170823.061640&format=full.

Guo, J. 2014. "The Postal Service Is Losing Millions a Year to Help You Buy Cheap Stuff from China." *Washington Post*, September 12.

HHS (Department of Health and Human Services). 2014. "Current Status of Tobacco Control." https://www.surgeongeneral.gov/library/reports/50-years-of-progress/sgr50-chap-14.pdf.

———. 2016. "Testimony Before the United States Senate Special Committee on Aging: Opioid Use Among Seniors—Issues and Emerging Trends." https://oig.hhs.gov/testimony/docs/2016/maxwell0216.pdf.

Hill, S., S. Zuvekas, and M. Zodet. 2011. "Implications of the Accuracy of MEPS Prescription Drug Data for Health Services Research." *Inquiry* 48: 242-59.

Hoffman, J. 2019. "$260 Million Opioid Settlement Reached at Last Minute with Big Drug Companies." *New York Times*, October 21. https://www.nytimes.com/2019/10/21/health/opioid-settlement.html.

Holahan, J., and A. Golsh. 2005. "Dual Eligibles: Medicaid Enrollment and Spending for Medicare Beneficiaries." Kaiser Commission on Medicaid and the Uninsured, July.

Hollingsworth, A., C. Ruhm, and K. Simon. 2017. "Macroeconomic Conditions and Opioid Use Disorder." *Journal of Health Economics* 56: 222–33.

Jofre-Bonet, M., and N. Petry. 2008. "Trading Apples for Oranges? Results of an Experiment on the Effects of Heroin and Cocaine Price Changes on Addicts' Polydrug Use." *Journal of Economic Behavior & Organization* 66, no. 2: 281–311.

KFF (Kaiser Family Foundation). 2006. "Dual Eligibles and Medicare Part D." Kaiser Commission on Medicaid and the Uninsured, May. https://kaiserfamilyfoundation.files.wordpress.com/2013/01/7454.pdf.

———. 2018. "What's in the Administration's 5-Part Plan for Medicare Part D and What Would it Mean for Beneficiaries and Program Savings?" https://www.kff.org/medicare/issue-brief/whats-in-the-administrations-5-part-plan-for-medicare-part-d-and-what-would-it-mean-for-beneficiaries-and-program-savings/.

Kochanek, K., E. Arias, and B. Bastian. 2016. "The Effect of Changes in Selected Age-Specific Causes of Death in Non-Hispanic White Life Expectancy between 2000 and 2014." NCHS Data Brief, no. 250.

Lipari, R., and A. Hughes. 2017. "How People Obtain the Prescription Pain Relievers They Misuse." *CBHSQ Report*, January 12.

Liu, J., J. Liub, J. Hammittc, and S. Choud. 1999. "The Price Elasticity of Opium in Taiwan, 1914–1942." *Journal of Health Economics* 18, no. 6: 795–810.

Max, M., M. Donovan, C. Miaskowski, S. Ward, D. Gordon, M. Bookbinder, C. Cleeland, N. Coyle, M. Kiss, H. Thaler, N. Janjan, A. Anderson, S. Weinstein, and W. Edwards. 1995. "Quality Improvement Guidelines for the Treatment of Acute Pain and Cancer Pain." *Journal of the American Medical Association* 274, no. 3: 1874–80.

Miroff, N. 2015. "Losing Marijuana Business, Mexican Cartels Push Heroin and Meth." *Washington Post*, January 11.

Morden, N., J. Munson, C. Colla, J. Skinner, J. Bynum, W. Zhou, and E. Meara. 2014. "Prescription Opioid Use among Disabled Medicare Beneficiaries: Intensity, Trends and Regional Variation." *Medical Care* 52, no. 9: 852.

NIDA (National Institute on Drug Abuse). 2017. "Research on the Use and Misuse of Fentanyl and Other Synthetic Opioids." https://www.drugabuse.gov/about-nida/legislative-activities/testimony-to-congress/2017/research-use-misuse-fentanyl-other-synthetic-opioids.

Olmstead, T., S. Alessi, B. Kline, R. Pacula, and N. Petry. 2015. "The Price Elasticity of Demand for Heroin: Matched Longitudinal and Experimental Evidence." *Journal of Health Economics* 41: 59–71.

ONDCP (Office of National Drug Control Policy). 2017. "National Drug Control Strategy, Data Supplement 2016." Executive Office of the President, the White House. https://obamawhitehouse.archives.gov/sites/default/files/ondcp/policy-and-research/2016_ndcs_data_supplement_20170110.pdf.

———. 2019. "21st Century Drug Trafficking Advisories on Fentanyl and Other Synthetics." Executive Office of the President, White House. https://www.whitehouse.gov/wp-content/uploads/2019/08/White-House-Fentanyl-Advisories-Summary.pdf.

———. 2019. "National Drug Control Strategy." Executive Office of the President, White House. https://www.whitehouse.gov/wp-content/uploads/2019/01/NDCS-Final.pdf.

Pacula, R., B. Kilmer, M. Grossman, and F. Chaloupka. 2010. "Risks and Prices: The Role of User Sanctions in Marijuana Markets." *B.E. Journal of Eco-*

nomic Analysis and Policy 10, no. 1.

Petry, N., and W. Bickel. 1998. "Polydrug Abuse in Heroin Addicts: A Behavioral Economic Analysis." *Addiction* 93, no. 3: 321–35.

Pollak, R. 1970. "Habit Formation and Dynamic Demand Functions." *Journal of Political Economy* 78, no. 4: 745-63.

Popper, N. 2017. "Opioid Dealers Embrace the Dark Web to Send Deadly Drugs by Mail." *New York Times*, June 10.

Powell, D., R. Pacula, and E. Taylor. 2017. "How Increasing Medical Access to Opioids Contributes to the Opioid Epidemic: Evidence from Medicare Part D." Paper presented at 2017 meeting of National Tax Association.

President's Commission on Combating Drug Addiction and the Opioid Crisis. 2017. "Final Report."

Purdue Pharma. 2019a. "Purdue Pharma Announces Agreement in Principle on Landmark Opioid Litigation Settlement." Press release, September 16. https://www.purduepharma.com/news/2019/09/16/purdue-pharma-announces-agreement-in-principle-on-landmark-opioid-litigation-settlement/.

——. 2019b. "Purdue Pharma Announces Landmark Agreement with Oklahoma to Advance the Treatment of Addiction." Press release, March 22. https://www. purduepharma.com/news/2019/03/22/purdue-pharma-announces-landmark-agreement-with-oklahoma-to- advance-the-treatment-of-addiction/.

Quinones, S. 2015. *Dreamland: The True Tale of America's Opiate Epidemic*. New York: Bloomsbury Press.

Roberts, A., and A. Skinner. 2014. "Assessing the Present State and Potential of Medicaid Controlled Substance Lock-In Programs." *Journal of Managed Care Pharmacy* 20, no. 5: 439–46.

Roddy, J., and M. Greenwald. 2009. "An Economic Analysis of Income and Expenditures by Heroin-Using Research Volunteers." *Substance Use & Misuse* 44, no. 11: 1503–18.

Rosenberg, T. "When Is a Pain Doctor a Drug Pusher?" *New York Times Magazine*, June 17. https://www.nytimes.com/2007/06/17/magazine/17pain-t.html.

Rosenblum, D., J. Unick, and D. Ciccarone. 2014. "The Entry of Columbian-Sourced Heroin into the U.S. Market: The Relationship between Competition, Price and Purity." *International Journal of Drug Policy* 25, no. 1: 88–95.

——. 2017. "An Instrumental Variables Approach to

Estimating the Effects of Changes in the Heroin Market on Overdose in the U.S." Canadian Centre for Health Economics Working Paper 170011.

Ruhm, C. 2019. "Drivers of the Fatal Drug Epidemic." *Journal of Health Economics* 64: 25–42.

Saffer, H., and F. Chaloupka. 1999. "The Demand for Illicit Drugs." *Economic Inquiry* 37: 401–11.

SAMHSA (Substance Abuse and Mental Health Service Administration). 2019. "Key Substance Use and Mental Health Indicators in the United States: Results from the 2018 National Survey on Drug Use and Health." https://www. samhsa.gov/data/report/2018-nsduh-annual-national-report.

Sarpatwari, A., M. Sinha, and A. Kesselheim. 2017. "The Opioid Epidemic: Fixing a Broken Pharmaceutical Market." *Harvard Law and Policy Review*, July. http://harvardlpr.com/wp-content/uploads/2017/07/SarpatwariSinhaKesselheim. pdf.

Schneider, J., A. Anderson, and F. Tennant. 2009. "Patients Who Require Ultra-High Opioid Doses." *Practical Pain Management* 9, no. 7.

Schnell, M. 2017. "Physician Behavior in the Presence of a Secondary Market: The Case of Prescription Opioids." Working paper, November 17.

Silverman, L., and N. Spruill. 1977. "Urban Crime and the Price of Heroin." *Journal of Urban Economics* 4: 80–103.

Social Security Administration. "SSA State Agency Monthly Workload Data." https:// www.ssa.gov/disability/data/ssa-sa-mowl.htm.

Soni, A. 2018. "Health Insurance, Price Changes, and the Demand for Pain Relief Drugs: Evidence from Medicare Part D." Unpublished paper, Indiana University.

Stanford Medicine. No date. "Descriptive Epidemiology: Epidemiology of Sporadic ALS." ALS Consortium of Epidemiologic Studies. http://aces.stanford.edu/acesmem2/EpiDescSporadic.html.

Stiglitz, J. 2015. "When Inequality Kills." Project Syndicate, December 7.

State of Oklahoma v. Purdue Pharma et al. 2019. https://int.nyt.com/data/ documenthelper/ 1660-oklahoma-opioid-trial-johnson-and- johnson/79f3fe55f-5fa1a75bd48/optimized /full.pdf#page=1.Teva Pharmaceutical Industries. 2019a. "Company Statement: Teva Reaches Agreement with State of Oklahoma to Resolve State's Claims against the Company." Press release, May 26. https://ir.teva-pharm.com/investors/press- releases/press-release-details/2019/Teva-Settles-Track-1-Opioid-Cases-and-Reaches-Agreement-on-Frameworkto-Settle-Remaining-Litigation/default.aspx.

———. 2019b. "Teva Settles Track 1 Opioid Cases and Reaches Agreement on Framework to Settle Remaining Litigation." Press Release, October 21. https://ir.tevapharm.com/investors/press-releases/press-release- details/2019/
Teva-Settles-Track-1-Opioid-Cases-and-Reaches-Agreement-on-Framework- to-Settle-Remaining-Litigation/default.aspx.

U.S. Census Bureau. Various years. "Current Population Survey." https://www.census. gov/programs-surveys/cps.html.

U.S. Department of Health and Human Services. 2019. "Pain Management Best Practices Inter-Agency Task Force Report: Updates, Gaps, Inconsistencies, and Recommendations." https://www.hhs.gov/sites/default/files/pmtf-final- report-2019-05-23.pdf.

U.S. Department of Health and Human Services. "2014 CMS Statistics." https://www. cms.gov/Research-Statistics-Data-and-Systems/Statistics-Trends-and- Reports/CMS-Statistics-Reference-Booklet/Downloads/CMS_Stats_2014_final.pdf.

U.S. Department of Health and Human Services, Agency for Healthcare Research and Quality. Various years. "Medical Expenditure Panel Survey." https://meps.ahrq.gov/mepsweb/.

U.S. Department of Health and Human Services, Centers for Disease Control and Prevention. Various years. "Multiple Cause of Death, 1999–2017, on CDC WONDER Online Database." http://wonder.cdc.gov/ucd-icd10.html.

U.S. Department of Labor, Bureau of Labor Statistics. 2018. "CPI Price Index for All Urban Consumers (CPI-U)." https://www.bls.gov/cpi/tables/supplemental- files/historical-cpi-u-201801.pdf.

U.S. Department of State. No date. "Programs to Fight Opioids." https://www.state. gov/j/inl/opioid/programs/index.htm.

U.S. Department of Transportation. 2016. "Guidance on Treatment of the Economic Value of a Statistical Life (VSL) in U.S. Department of Transportation Analyses—2016 Adjustment." https://www.transportation.gov/sites/dot.gov/ files/docs/2016%20Revised%20Value%20of%20a%20Statistical%20Life%20 Guidance.pdf.

U.S. General Accounting Office. 2003. "Prescription Drugs: OxyContin Abuse and Diversion and Efforts to Address the Problem." GAO-04-110.

U.S. Senate Committee on Homeland Security and Gov-ernmental Affairs. 2018. "Drugs for Dollars: How Medicaid Helps Fuel the Opioid Epidemic." Majority Staff Report.

VA (U.S. Department of Veterans Affairs). 2000. "Pain as the 5th Vital Sign Toolkit." October.

———. 2019. "Opioid Safety." August 9. https://www.va.gov/PAINMANAGEMENT/Opioid_ Safety/index.asp.

Van Ours, J. 1995. "The Price Elasticity of Hard Drugs: The Case of Opium in the Dutch East Indies, 1923–1938." *Journal of Political Economy* 103, no. 2: 261–79.

Van Zee, A. 2009. "The Promotion and Marketing of OxyContin: Commercial Triumph, Public Health Tragedy." *American Journal of Public Health* 99, no. 2: 221–27.

Venkataramani, A., and P. Chaterjee. 2019. "Early Medicaid Expansions and Drug Overdose Mortality in the USA: A Quasi-Experimental Analysis." *Journal of General Internal Medicine* 34, no. 1: 23–25.

White House. 2018. "President Donald J. Trump's Initiative to Stop Opioid Abuse and Reduce Drug Supply and Demand." https://www.whitehouse.gov/briefings- statements/president-donald-j-trumps-initiative-stop-opioid-abuse-reduce-drug-supply-demand/.

Wilkie, R. 2018. "Fighting Pain and Addiction for Veterans." White House, October 26. https://www.whitehouse.gov/articles/fighting-pain-addiction-veterans/.

Wilner, M. 2019. "The 'Fourth Wave' of the Opioid Crisis: Feds Warn of a Rise in Meth Use." *McClatchy DC*, August 20. https://www.mcclatchydc.com/news/politics- government/white-house/article234149267.html.

Zhou, C., C. Florence, and D. Dowell. 2016. "Payments for Opioids Shifted Substantially to Public and Private Insurers While Consumer Spending Declined, 1999– 2012." *Health Affairs* 35, no. 5: 824–31.

第8章

Albouy, D., G. Ehrlich, and Y. Liu. 2016. *Housing Demand, Cost-of-Living Inequality, and the Affordability Crisis.* NBER Working Paper 22816. Cambridge, MA: National Bureau of Economic Research. https://www.nber.org/papers/w22816.pdf.

Albouy, D., and G. Ehrlich. 2018. "Housing Productivity and the Social Cost of Land-Use Restrictions." *Journal of Urban Economics* 107: 101–20.

Beyer, S. 2016. "Washington, D.C., Reformed Its Zoning Code; Now Time to Ditch the Height Limits." *Forbes*, January 29. https://www.forbes.com/sites/scottbeyer/2016/01/29/washington-dc-reformed-its-zoning-code-now-time-to-ditch-the-height- limits/#228f85814db8.

Carson, B. 2019. "Ben Carson: Trump Is Getting Our Housing Market Back on Track." *Washington Post*, June 27. https://www.washingtonpost.com/opinions/ ben-carson-our-affordable-housing-policy-is-failing-we-need-a-new-approach/2019/06/27/c5641dec-98fc-11e9-8d0a-5edd7e2025b1_story.html.

CEA (Council of Economic Advisers). 2016. "Housing Development Toolkit." https:// www.whitehouse.gov/sites/whitehouse.gov/files/images/Housing_Development_Toolkit%20f.2.pdf.

———. 2019. "The State of Homelessness in America." https://www.whitehouse.gov/ wp-content/uploads/2019/09/The-State-of-Homelessness-in-America.pdf.

Chetty, R., J. Friedman, N. Hendren, M. Jones, and S. Porter. 2018. *The Opportunity Atlas: Mapping the Childhood Roots of Social Mobility.* NBER Working Paper 25147. Cambridge, MA: National Bureau of Economic Research. https://www. nber.org/papers/w25147.

CBO (U.S. Congressional Budget Office). 2019. "The Distribution of Household Income, 2016." https://www.cbo.gov/publication/55413.

Corinth, K. 2017. "The Impact of Permanent Supportive Housing on Homeless Populations." *Journal of Housing Economics* 35: 69–84.

Davis, M., W. Larson, S. Oliner, and J. Shui. 2019. "The Price of Residential Land for Counties, ZIP codes, and Census Tracts in the United States." Federal Housing Finance Agency Working Paper. https://www.fhfa.gov/ PolicyProgramsResearch/Research/PaperDocuments/wp1901.pdf.

Dettling, L., J. Hsu, L. Jacobs, K. Moore, J. Thompson, and E. Llanes. 2017. "Recent Trends in Wealth-Holding by Race and Ethnicity: Evidence from the Survey of Consumer Finances." *FEDS Notes.* Washington: Board of Governors of the Federal Reserve System. https://www.federalreserve.gov/econres/notes/feds- notes/recent-trends-in-wealth-holding-by-race-and-ethnicity-evidence-from-the- survey-of-consumer-finances-20170927.htm.

Diamond, R., T. McQuade, and F. Qian. 2019. "The Effects of Rent Control Expansion on Tenants, Landlords, and Inequality: Evidence from San Francisco." *American Economic Review* 109, no. 9: 3365–94.

Dumont, A. 2019. "Housing Affordability in the U.S.: Trends by Geography, Tenure, and Household Income." *FEDS Notes.* Washington: Board of Governors of the Federal Reserve System. https://www.federalreserve.gov/econres/notes/feds- notes/housing-affordability-in-the-us-trends-by-geography-tenure-and-household- income-20190927.htm.

Eriksen, M., and S. Rosenthal. 2010. "Crowd Out Effects of Place-Based Subsidized Rental Housing: New Evidence from the LIHTC Program." *Journal of Public Economics* 94: 953–66.

Eriksen, M., and A. Ross. 2015. "Housing Vouchers and the Price of Rental Housing." *American Economic Journal* 7, no. 3: 154–76.

Ganong, P., and D. Shoag. 2017. "Why Has Regional Income Convergence in the U.S. Declined?" *Journal of Urban Economics* 102: 76–90.

Glaeser, E. 2009. "Green Cities, Brown Suburbs." *City Journal*, February 16. https:// www.city-journal.org/html/green-cities-brown-suburbs-13143.html.

Glaeser, E., and J. Gyourko. 2008. *Rethinking Federal Housing Policy: How to Make Housing Plentiful and Affordable.* Washington: AEI Press.

———. 2018. "The Economic Implications of Housing Supply." *Journal of Economic Perspectives* 32, no. 1: 3–30.

Glaeser, E., J. Gyourko, and R. Saks. 2005. "Why Have Housing Prices Gone Up?" *American Economic Review* 95, no. 2: 329–33.

Glaeser, E., and B. Ward. 2009. "The Causes and Consequences of Land Use Regulation: Evidence from Greater Boston." *Journal of Urban Economics* 65: 265–78.

Gray, N. 2019. "Do Minimum Lot Size Rules Matter?" *Strong Towns*, June 20. https:// www.strongtowns.org/journal/2019/6/19/do-minimum-lot-size-rules-matter.

Gyourko, J., and R. Molloy. 2015. "Chapter 19: Regulation and Housing Supply." In *Handbook of Regional and Urban Economics*, vol. 5, edited by G. Duranton, J. Henderson, and W. Strange. Amsterdam: Elsevier.

Gyourko, J., A. Saiz, and A. Summers. 2008. "A New Measure of the Local Regulatory Environment for Housing Markets: The Wharton Residential Land Use Regulatory Index." *Urban Studies* 45, no. 3: 693–729.

Gyourko, J., J. Hartley, and J. Krimmel. 2019. *The Local*

Residential Land Use Regulatory Environment across U.S. Housing Markets: Evidence from a New Wharton Index. NBER Working Paper 26573. Cambridge, MA: National Bureau of Economic Research. https://www.nber.org/papers/w26573.pdf.

Hämäläinen, K., and P. Böckerman. 2004. "Regional Labor Market Dynamics, Housing, and Migration." *Journal of Regional Science* 44, no. 3: 543–68.

Hamilton, E. 2019. "Inclusionary Zoning and Housing Market Outcomes." Arlington, VA: Mercatus Center at George Mason University. https://www.mercatus.org/ publications/urban-economics/inclusionary-zoning-and-housing-market-outcomes.

Hanratty, M. 2017. "Do Local Economic Conditions Affect Homelessness? Impact of Area Housing Market Factors, Unemployment, and Poverty on Community Homeless Rates." *Housing Policy Debate* 27, no. 4: 640–55.

Herkenhoff, K., L. Ohanian, and E. Prescott. 2018. "Tarnishing the Golden and Empire States: Land-Use Restrictions and the U.S. Economic Slowdown." *Journal of Monetary Economics* 93: 89–109.

Hsieh, C., and E. Moretti. 2019. "Housing Constraints and Spatial Misallocation." *American Economic Journal: Macroeconomics* 11, no. 2: 1–39.

HUD (U.S. Department of Housing and Urban Development). 2018. "The 2018 Annual Homeless Assessment Report (AHAR) to Congress." https://files.hudexchange. info/resources/documents/2018-AHAR-Part-1.pdf.

——. 2015. "Chapter 6: Calculating Rent and HAP Payments." https://www.hud.gov/ sites/documents/DOC_35616.PDF.

——. 2019a. "Fair Market Rents: Introductory Overview." https://www.huduser.gov/ portal/sites/default/files/pdf/fmr-overview.pdf.

——. 2019b. "Payment Standards" In *Housing Choice Voucher Program Guidebook*. https://www.hud.gov/sites/dfiles/PIH/documents/HCV_Guidebook_ Payment_Standards.pdf.

IGM (Initiative on Global Markets). 2012. "Rent Control." http://www.igmchicago.org/ surveys/rent-control.

Ihlanfeldt, K. 2004. "Exclusionary Land-Use Regulations within Suburban Communities: A Review of the Evidence and Policy Prescriptions." *Urban Studies* 41, no. 2: 261–83.

——. 2007. "The Effect of Land Use Regulation on Housing and Land Prices." *Journal of Urban Economics* 61, no. 3: 420–35.

Ikeda, S., and E. Washington. 2015. "How Land-Use Regulation Undermines Affordable Housing." Mercatus Center, George Mason University. https://www. mercatus. org/system/files/Ikeda-Land-Use-Regulation.pdf.

Jackson, K. 2018. "Why Is Liberal California the Poverty Capital of America?" Manhattan Institute, January 14. https://www.manhattan-institute.org/html/why-liberal- california-poverty-capital-america-10882.html.

JCT (Joint Committee on Taxation). 2017. "Present Law and Data Relating to Tax Incentives for Rental Housing." JCX-40-17. Washington: Joint Committee on Taxation.

JEC (Joint Economic Committee of the U.S. Congress). 2019. "Zoned Out: How School and Residential Zoning Limit Educational Opportunity." https://www.jec. senate.gov/public/_cache/files/e18ff012-908e-4521-b1ce-a8b7b7f28ee3/jec-report-zoned-out.pdf.

Jiang, H. 2019. "Ignorance Is Bliss? Rent Regulation, Policy Awareness, and Labor Market Outcomes: Evidence from New York City." http://www.econ2.jhu.edu/ jobmarket/2019/JiangH/JobPaper/JobPaperJiangH.pdf.

Lens, M., and P. Monkkonen. 2016. "Do Strict Land Use Regulations Make Metropolitan Areas More Segregated by Income?" *Journal of the American Planning Association* 82, no. 1: 6–21.

Mawhorter, S., and C. Reid. 2018. "Local Housing Policies Across California: Presenting the Results of a New Statewide Survey." Terner Center for Housing Innovation. https://californialanduse.org/download/Terner_California_ Residential_Land_Use_Survey_Report.pdf.

McCarty, M. 2018. "HUD FY2018 Appropriations: In Brief." Congressional Research Service. https://fas.org/sgp/crs/misc/R44931.pdf.

Nisar, H., M. Vachon, C. Horseman, and J. Murdoch. 2019. "Market Predictors of Homelessness: How Housing and Community Factors Shape Homelessness Rates Within Continuums of Care." U.S. Department of Housing and Urban Development. https://www.huduser.gov/portal/sites/default/files/pdf/ Market-Predictors-of-Homelessness.pdf.

Owens, A. 2019. "Building Inequality: Housing Segregation and Income Segregation." *Sociological Science* 6: 497–525.

Pinto, E., and T. Peter. 2019. "Home Price Appreciation Index and Months' Remaining Inventory." AEI Housing Center, American Enterprise Institute.

Quigley, J., S. Raphael, and E. Smolensky. 2001. "Homeless in America, Homeless in California." *Review of*

Economics and Statistics 83, no. 1: 37–51.

Quigley, J., and L. Rosenthal. 2005. "The Effects of Land Use Regulation on the Price of Housing: What Do We Know? What Can We Learn?" *Cityscape* 8, no. 1: 69–137. http://www.jstor.org/stable/20868572.

Quigley, J., and S. Raphael. 2005. "Regulation and the High Cost of Housing in California." *American Economic Review* 95, no. 2: 323–28. https://www.jstor.org/stable/pdf/4132841.pdf.

Raphael, S. 2010. "Housing Market Regulation and Homelessness." In *How to House the Homeless*, edited by I. Ellen and B. O'Flaherty. New York: Russell Sage Foundation.

Rossi, A. and F. D'Acunto. 2017. "How Dodd-Frank Helped the Wealthy and Left the Middle Class Behind." *The Hill*, April 16. https://thehill.com/blogs/pundits- blog/finance/328998-how-dodd-frank-hurt-the-middle-class.

Rothwell, J., and D. Massey. 2010. "Density Zoning and Class Segregation in U.S. Metropolitan Areas." *Social Science Quarterly* 91, no. 5: 1123–43. https://www. ncbi.nlm.nih.gov/pmc/articles/PMC3632084/pdf/nihms453211.pdf.

Saiz, A. 2010. "The Geographic Determinants of Housing Supply." *Quarterly Journal of Economics* 125, no. 3: 1253–96.

Saks, R. 2008. "Job Creation and Housing Construction: Constraints on Metropolitan Area Employment Growth." *Journal of Urban Economics* 64, no. 1: 178–95.

Schrank, D., B. Eisele, and T. Lomax. 2019. "2019 Urban Mobility Report." Texas A&M Transportation Institute. https://static.tti.tamu.edu/tti.tamu.edu/documents/ mobility-report-2019.pdf.

Schuetz, J., R. Meltzer, and V. Been. 2011. "Silver Bullet or Trojan Horse? The Effects of Inclusionary Zoning on Local Housing Markets in the United States." *Urban Studies* 48, no. 2: 297–329.

Schwartz, M., and E. Wilson. 2007. "Who Can Afford To Live in a Home? A Look at Data from the 2006 American Community Survey." U.S. Census Bureau. https:// www.census.gov/housing/census/publications/who-can-afford.pdf.

Steffen, B., S. Bucholtz, M. Martin, D. Vandenbroucke, and Y. Yao. 2013. "Worst Case Housing Needs 2011: Report to Congress." U.S. Department of Housing and Urban Development. https://www.huduser.gov/portal//Publications/pdf/ HUD-506_WorstCase2011_reportv3.pdf.

White House. 2019. "Executive Order Establishing a White House Council on Eliminating Regulatory Barriers to Affordable Housing." https://www.whitehouse.gov/ presidential-actions/executive-order-establishing-white-house-council-eliminating-regulatory- barriers-affordable-housing/.

Zabel, J. 2012. "Migration, Housing Market, and Labor Market Responses to Employment Shocks." *Journal of Urban Economics* 72, nos. 2–3: 267–84.

第9章

Cadot, O., J. Gourdon, and F. van Tongeren. 2018. *Estimating Ad Valorem Equivalents of Non-Tariff Measures: Combining Price-Based and Quantity-Based Approaches.* OECD Trade Policy Paper 215. Paris: OECD Publishing. https://doi. org/10.1787/f3cd5bdc-en.

CBO (U.S. Congressional Budget Office). 2019. "The Budget and Economic Outlook: 2019 to 2029." https://www.cbo.gov/publication/54918.

CEA (Council of Economic Advisers). 2019. *Economic Report of the President.* Washington: U.S. Government Publishing Office.

Ehrlich, I., D. Li, and Z. Liu. 2017. *The Role of Entrepreneurial Human Capital as a Driver of Endogenous Economic Growth.* NBER Working Paper 23728. Cambridge, MA: National Bureau of Economic Research.

Federal Reserve. 2018. "Economic Projections of Federal Reserve Board Members and Federal Reserve Bank Presidents under Their Individual Assessments of Projected Appropriate Monetary Policy, December 2019." December 11. https://www.federalreserve.gov/monetarypolicy/files/fomcprojtabl20191211. pdf.

Lamprecht, P., and S. Miroudot. 2018. *The Value of Market Access and National Treatment Commitments in Services Trade Agreements.* OECD Trade Policy Paper 213. Paris: OECD Publishing. https://doi.org/10.1787/d8bfc8d8-en.

OECD (Organization for Economic Cooperation and Development). 2018. *OECD Economic Surveys: United States.* Paris: OECD Publishing. https://www.oecd.org/economy/surveys/Overview-United-States-2018-OECD.pdf.

大統領経済諮問委員会活動報告

大統領経済諮問委員会の 2019 年中の活動についての大統領への報告

送付状

経済諮問委員会
ワシントン D.C.　2019 年 12 月 31 日

大統領閣下
　経済諮問委員会は、1978 年「完全雇用および均衡成長法」によって修正された「1946 年雇用法」第 10 条 (d) 項に基づき、議会の要請にしたがって、2019 暦年中の本委員会の諸活動についての報告書を提出いたします。

敬具

委員長代行
トマス・J・フィリプソン

委員
タイラー・B・グッドスピード

Council Members and Their Dates of Service

Name	Position	Oath of office date	Separation date
Thomas Gale Moore	Member	July 1, 1985	May 1, 1989
Michael L. Mussa	Member	August 18, 1986	September 19, 1988
Michael J. Boskin	Chairman	February 2, 1989	January 12, 1993
John B. Taylor	Member	June 9, 1989	August 2, 1991
Richard L. Schmalensee	Member	October 3, 1989	June 21, 1991
David F. Bradford	Member	November 13, 1991	January 20, 1993
Paul Wonnacott	Member	November 13, 1991	January 20, 1993
Laura D'Andrea Tyson	Chair	February 5, 1993	April 22, 1995
Alan S. Blinder	Member	July 27, 1993	June 26, 1994
Joseph E. Stiglitz	Member	July 27, 1993	
	Chairman	June 28, 1995	February 10, 1997
Martin N. Baily	Member	June 30, 1995	August 30, 1996
Alicia H. Munnell	Member	January 29, 1996	August 1, 1997
Janet L. Yellen	Chair	February 18, 1997	August 3, 1999
Jeffrey A. Frankel	Member	April 23, 1997	March 2, 1999
Rebecca M. Blank	Member	October 22, 1998	July 9, 1999
Martin N. Baily	Chairman	August 12, 1999	January 19, 2001
Robert Z. Lawrence	Member	August 12, 1999	January 12, 2001
Kathryn L. Shaw	Member	May 31, 2000	January 19, 2001
R. Glenn Hubbard	Chairman	May 11, 2001	February 28, 2003
Mark B. McClellan	Member	July 25, 2001	November 13, 2002
Randall S. Kroszner	Member	November 30, 2001	July 1, 2003
N. Gregory Mankiw	Chairman	May 29, 2003	February 18, 2005
Kristin J. Forbes	Member	November 21, 2003	June 3, 2005
Harvey S. Rosen	Member	November 21, 2003	
	Chairman	February 23, 2005	June 10, 2005
Ben S. Bernanke	Chairman	June 21, 2005	January 31, 2006
Katherine Baicker	Member	November 18, 2005	July 11, 2007
Matthew J. Slaughter	Member	November 18, 2005	March 1, 2007
Edward P. Lazear	Chairman	February 27, 2006	January 20, 2009
Donald B. Marron	Member	July 17, 2008	January 20, 2009
Christina D. Romer	Chair	January 29, 2009	September 3, 2010
Austan D. Goolsbee	Member	March 11, 2009	
	Chairman	September 10, 2010	August 5, 2011
Cecilia Elena Rouse	Member	March 11, 2009	February 28, 2011
Katharine G. Abraham	Member	April 19, 2011	April 19, 2013
Carl Shapiro	Member	April 19, 2011	May 4, 2012
Alan B. Krueger	Chairman	November 7, 2011	August 2, 2013
James H. Stock	Member	February 7, 2013	May 19, 2014
Jason Furman	Chairman	August 4, 2013	January 20, 2017
Betsey Stevenson	Member	August 6, 2013	August 7, 2015
Maurice Obstfeld	Member	July 21, 2014	August 28, 2015
Sandra E. Black	Member	August 10, 2015	January 20, 2017
Jay C. Shambaugh	Member	August 31, 2015	January 20, 2017
Kevin A. Hassett	Chairman	September 13, 2017	June 30, 2019
Richard V. Burkhauser	Member	September 28, 2017	May 18, 2019
Tomas J. Philipson	Member	August 31, 2017	
	Acting Chairman	July 1, 2019	
	Vice Chairman	July 24, 2019	
Tyler B. Goodspeed	Member	May 22, 2019	

Council Members and Their Dates of Service

Name	Position	Oath of office date	Separation date
Edwin G. Nourse	Chairman	August 9, 1946	November 1, 1949
Leon H. Keyserling	Vice Chairman	August 9, 1946	
	Acting Chairman	November 2, 1949	
	Chairman	May 10, 1950	January 20, 1953
John D. Clark	Member	August 9, 1946	
	Vice Chairman	May 10, 1950	February 11, 1953
Roy Blough	Member	June 29, 1950	August 20, 1952
Robert C. Turner	Member	September 8, 1952	January 20, 1953
Arthur F. Burns	Chairman	March 19, 1953	December 1, 1956
Neil H. Jacoby	Member	September 15, 1953	February 9, 1955
Walter W. Stewart	Member	December 2, 1953	April 29, 1955
Raymond J. Saulnier	Member	April 4, 1955	
	Chairman	December 3, 1956	January 20, 1961
Joseph S. Davis	Member	May 2, 1955	October 31, 1958
Paul W. McCracken	Member	December 3, 1956	January 31, 1959
Karl Brandt	Member	November 1, 1958	January 20, 1961
Henry C. Wallich	Member	May 7, 1959	January 20, 1961
Walter W. Heller	Chairman	January 29, 1961	November 15, 1964
James Tobin	Member	January 29, 1961	July 31, 1962
Kermit Gordon	Member	January 29, 1961	December 27, 1962
Gardner Ackley	Member	August 3, 1962	
	Chairman	November 16, 1964	February 15, 1968
John P. Lewis	Member	May 17, 1963	August 31, 1964
Otto Eckstein	Member	September 2, 1964	February 1, 1966
Arthur M. Okun	Member	November 16, 1964	
	Chairman	February 15, 1968	January 20, 1969
James S. Duesenberry	Member	February 2, 1966	June 30, 1968
Merton J. Peck	Member	February 15, 1968	January 20, 1969
Warren L. Smith	Member	July 1, 1968	January 20, 1969
Paul W. McCracken	Chairman	February 4, 1969	December 31, 1971
Hendrik S. Houthakker	Member	February 4, 1969	July 15, 1971
Herbert Stein	Member	February 4, 1969	
	Chairman	January 1, 1972	August 31, 1974
Ezra Solomon	Member	September 9, 1971	March 26, 1973
Marina v.N. Whitman	Member	March 13, 1972	August 15, 1973
Gary L. Seevers	Member	July 23, 1973	April 15, 1975
William J. Fellner	Member	October 31, 1973	February 25, 1975
Alan Greenspan	Chairman	September 4, 1974	January 20, 1977
Paul W. MacAvoy	Member	June 13, 1975	November 15, 1976
Burton G. Malkiel	Member	July 22, 1975	January 20, 1977
Charles L. Schultze	Chairman	January 22, 1977	January 20, 1981
William D. Nordhaus	Member	March 18, 1977	February 4, 1979
Lyle E. Gramley	Member	March 18, 1977	May 27, 1980
George C. Eads	Member	June 6, 1979	January 20, 1981
Stephen M. Goldfeld	Member	August 20, 1980	January 20, 1981
Murray L. Weidenbaum	Chairman	February 27, 1981	August 25, 1982
William A. Niskanen	Member	June 12, 1981	March 30, 1985
Jerry L. Jordan	Member	July 14, 1981	July 31, 1982
Martin Feldstein	Chairman	October 14, 1982	July 10, 1984
William Poole	Member	December 10, 1982	January 20, 1985
Beryl W. Sprinkel	Chairman	April 18, 1985	January 20, 1989

大統領経済諮問委員会の 2019 年中の活動についての大統領への報告

経済諮問委員会は 1946 年雇用法によって設立され、わが国に影響を及ぼすような内外のあらゆる経済問題に対する政策の策定と実施に関し、客観的な経済分析を大統領に提供するものである。本委員会は、大統領が指名し米国上院が承認した委員長によって指揮され、くわえて大統領によって任命された 2 名の委員によって構成される。

経済諮問委員会委員長

ケビン・A・ハセットは、2019 年 6 月 28 日、経済諮問委員会委員長を辞任した。1946 年雇用法にしたがい、委員長の任務と責任は、2017 年から本委員会の委員を務め、2019 年 7 月 24 日に副委員長に任命されたトマス・J・フィリプソンによって執り行われている。

経済諮問委員会委員

トマス・J・フィリプソンは、ホワイトハウス経済諮問委員会副委員長であり、この資格で委員長代行を務めている。彼はシカゴ大学から休暇を取り、2017 年に任命されてから、経済諮問委員会委員になっている。以前は、ジョージ・W・ブッシュ政権など、公的セクターの役職を務めてきた。彼は、ペンシルヴァニア大学ウォートン経営大学院から経済学の修士号および博士号を取得し

た。彼は、イェール大学で客員教授、世界銀行で客員上席研究員を務めた。過去には、シカゴ大学、全米経済研究所、アメリカン・エンタープライズ研究所、マンハッタン研究所、ハートランド研究所、ミルケン研究所、ランド・コーポレーション、南カリフォルニア大学シェーファー健康政策・経済学センターなど数多くの機関で、研究員、理事、アソシエイトを務めた。

タイラー・ベック・グッドスピードは、経済諮問委員会委員であり、以前は、マクロ経済政策担当チーフ・エコノミスト、マクロ経済担当シニア・エコノミストであった。CEAに加わる前、彼はオックスフォード大学経済学部のメンバー、ロンドンのキングス・カレッジの経済学担当専任講師であった。彼は、金融規制、銀行、金融経済学について広範囲にわたって出版しており、とくに歴史的文脈においてマイナスの集計的ショックの影響を緩和する上で、偶発債務と信用へのアクセスの役割に注目している。彼の研究は、学術出版社による 3 編の長編モノグラフと、査読及び審査付き雑誌の多数の論文として出版されている。彼は、ハーバード大学から学士号、修士号、博士号を取得した。また、ゲイツ奨学生であったケンブリッジ大学から研究修士号を取得した。彼は現在アメリカ経済学会の会員で、かつて経済史学会、経済史協会、王立経済学会の会員であり、またケイトー研究所の非常勤研究員でもあった。

活動分野

マクロ経済政策

2019 年を通じ、1946 年雇用法の要請を果たすため、本委員会は引き続き、「現在および将来

における経済的展開と経済的趨勢に関し、適時かつ信頼できる情報を収集」した。本委員会は、大統領とホワイトハウスのスタッフに対し、新たな経済データとその重要性について継続的に査定を行なっている。本委員会の中核的活動成果として、

これらの定期的査定には覚書が付せられている。本委員会はまた、特定トピックに関する詳細なブリーフィングと、マクロ経済問題を扱った公開報告書を準備した。

本委員会の本年の公開報告書の1つは、連邦規制緩和の経済効果についてのものであった。その報告書によれば、費用のかかる連邦規制の歴史的削減は、マクロ経済的影響を持つのに十分大きい規模で実質世帯所得を増加させるであろう。

雇用と労働市場に関しては、本委員会は分析を一般に積極的に周知した。1つの報告書は、参加者の労働市場での成果を改善する上で公的職業訓練プログラムの有効性を扱ったものである。もう1つの報告書は、貧困からアメリカ人を引き上げる上で、政府支援プログラムの拡大よりも経済成長の方が有効であることを示した。本委員会はまた、託児の市場コスト引き下げがいかに親の労働力参加率に影響を及ぼすかに関する報告書を公開した。雇用政策に関する報告書は、労働市場データの発表に関する本委員会の定期的ブログ投稿を補完するものである。

本委員会はまた、石油と天然ガス生産におけるシェール革命に代表される米国のエネルギー革新が、消費者のエネルギー・コストを低下させることにより世帯所得を増加させることを示した報告書を発表した。さらに、その報告書は、シェール革命によって米国が欧州連合諸国よりもエネルギー関連排出量の低下が大きかったことを浮き彫りにした。

財務省、行政管理予算局と並び、本委員会は「トロイカ」プロセスに参画し、わが政権の予算案の根底をなすマクロ経済予測を作成している。本委員会は、委員長代行と委員のリーダーシップの下、引き続きこの予測プロセスを主導した。

委員長代行と委員は、経済に関する意見交換をするために、連邦準備制度理事会の議長および理事と定期的に会合を持つという本委員会の伝統を守っている。

ミクロ経済政策

本委員会は、連邦政府の内部者として、また外部者として、ミクロ経済政策の一連の諸問題に関する議論に参画した。公開されたトピックには、医療規制緩和、ワクチン、処方薬価格設定、オピオイド危機、ホームレスがある。

医療に関しては、本委員会は、医療の選択肢と競争を拡大するためのトランプ政権の政策に関する論文を発表した。この論文は、これらの政策変更——個人加入義務違反罰金の削減、より多くの組合健康プランの認可、短期の期間限定保険プランの拡大——が、消費者と納税者のコストを抑えることを明らかにしている。本委員会はまた、インフルエンザのパンデミックに関連する潜在的に大きな健康及び経済の損失を推計した報告書を公開し、ワクチン・イノベーションを増加させてパンデミックのリスクを緩和するための政策オプションについて論じた。

さらに、本委員会は、継続すれば医薬品価格をいっそう低下させることにより患者に恩恵をもたらす食品医薬品局方針改善について、平均処方薬価格が低下していることを示す論文を公表した。本委員会はまた、価格低下とオピオイドへのアクセスの容易化がいかにしてオピオイド危機の拡大を助長し、最終的に平坦化の兆候を見せたのかに関する報告書を発表した。

本委員会の別の報告書は、米国におけるホームレスを記したものである。この報告書により、住宅市場における規制障壁を削減し、薬物危機と戦い、精神疾患治療を拡大し、刑務所を離れる機会を改善し、自立を促進し、効果的な警察活動を支援し、分配の底辺の人々の所得を増加させることが、ホームレスの根本原因に対処することだと分かった。

国際経済

本委員会は、国際経済分野における数多くの問題の分析に参画した。本委員会は、多数の国際機関と連携している。本委員会は、世界の高所得国間の経済的調整と協力を促進する会合である経済協力開発機構（OECD）の主導的参加者である。本委員会の委員及びスタッフも、一連の問題に関するOECDの作業部会に参画しており、OECDの

アジェンダを形成している。

　さらに、本委員会は、国際貿易と投資の分野における多くの提案とシナリオを分析した。これらには、将来の貿易協定または既存の協定の改定について、便益とトレードオフの推計の作成が含まれる。

　本委員会は引き続き、米国の国際貿易と投資のポジションを積極的に監視し、悪質なサイバー活動など、国際経済において浮上する問題に従事していく。本委員会は、米国の国際経済的地位を分析し続けることを楽しみにしている。

経済諮問委員会スタッフ

事務局

レイチェル・S・スロボディエン（首席補佐官）
ペイジ・E・テリーベリー（副首席補佐官）
ロバート・M・フィッシャー（総務、シニア・エコノミスト）
ケール・A・クリンゲンピール（委員長特別顧問、エコノミスト）
ジャレッド・T・メイヤー（コミュニケーション担当委員長特別顧問）
デイヴィッド・N・グローガン（スタッフ・アシスタント）
エミリー・A・タブ（スタッフ・アシスタント）

シニア研究スタッフ

ジョセフ・V・バラグタス（シニア・エコノミスト；農業、国際貿易、インフラ）
アンドレ・J・バーブ（シニア・エコノミスト；国際貿易）
スティーブン・N・ブラウン（マクロ経済予測主幹）
ケビン・C・コリンス（国内政策チーフ・エコノミスト）
ジェイソン・J・ガルイ（委員長上席顧問；国家安全保障）
ラボーン・M・ヘンリー（シニア・エコノミスト；教育、銀行、金融）
ドナルド・S・ケンケル（チーフ・エコノミスト）
イアン・A・ランゲ（シニア・エコノミスト；エネルギー）

ブレット・R・マツモト（シニア・エコノミスト；労働、医療）
デボラ・F・マインハート（シニア・エコノミスト；産業組織）
ステファン・T・パレンテ（シニア・エコノミスト；医療）
ジョシュア・D・ラウ（プリンシパル・チーフ・エコノミスト）
エリック・C・サン（シニア・エコノミスト；医療）
ジェレミー・G・ウェーバー（委員会上席顧問、チーフ・エネルギー・エコノミスト）
アンナ・W・ウォン（チーフ国際エコノミスト）

ジュニア研究スタッフ

ジャクソン・H・ベイリー（リサーチ・アシスタント；住宅、教育）
アンドリュー・M・バクスター（スタッフ・エコノミスト；規制緩和、マクロ経済）
アダム・D・ドノホ（リサーチ・エコノミスト；マクロ経済、国際貿易）
アレックス・J・デュランテ（スタッフ・エコノミスト；国際貿易、財政）
トロイ・M・デュリー（リサーチ・エコノミスト；国際貿易、マクロ経済）
ウィリアム・O・エンソール（スタッフ・エコノミスト）
アメリア・C・アーバイン（リサーチ・アシスタント；労働、マクロ経済）
グレゴリー・K・カーニー（リサーチ・エコノミスト；課税、規制緩和、マクロ経済）

ニコール・P・コーコス（リサーチ・エコノミスト；
　　国家安全保障
デイビッド・J・ラスチ（スタッフ・エコノミスト）
キャロライン・J・リャン（リサーチ・エコノミスト；
　　規制緩和、医療、教育）
ジュリア・A・タブラス（エコノミスト；教育、労働、
　　貧困）
グレイソン・R・ワイルズ（リサーチ・アシスタ
　　ント；マクロ経済、医療、規制緩和）

統計室

ブライアン・A・アモロシ（統計室主幹）

総務室

ドリス・S・サールズ（業務責任者）

インターン

　学生インターンは、研究プロジェクト、日常業務、事実確認で貴重な手助けをしてくれる。本年のインターンは、ジャスティン・アレナス、ウィリアム・アルネセン、ミシェル・バイ、クイン・バリー、マシュー・バウムホルツ、マイケル・ブゲイ、ジョン・カマラ、ブライス・カルバハル、クロス・ディ・ムーロ、エイレット・ドラゼン、ソレイン・フェクター、キアノウシュ・フォーラフ、ジェレナ・ゴールドスタイン、キャロライン・ホイ、ジェイコブ・クロンマン、メグ・レザーウッド、アンドリューリャン、エリック・メンサー、ヘイリー・オーダル、ラジ・ラムナニ、ジャクリーン・サンズ、シンディ・シェン、マシュー・スタイル、シャロン・イェン、マイケル・イン、クリス・チャオである。

『米国経済白書』作成

アルフレッド・F・インホフ

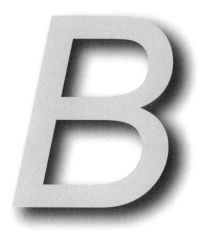

所得・雇用・生産関連統計表

一般注記事項

各表の係数は四捨五入のため、合計と一致しない場合がある。

特に断りがない限り、ドル表示はすべて名目値（current dollars）で表す。

細目にわたる各種要素の 2012 年連鎖価格の推定値は、実質国内総生産（GDP）の算出に用いられる計算式の都合上、GDP の連鎖価格の数値とは一致しない。また同様に、いかなる中間集計値とも一致しない。商務省（経済分析局）では、主要時系列データを除き、2002 年以前の連鎖価格推定値は公表していない。

表中の記号 "p" は「速報値」、"···" は「該当なし」を示す。

表のデータは、2020 年 1 月 31 日までに出所機関が算出した改定値を反映している。

表のエクセル版は www.gpo.gov/erp で入手できる。

目次

National Income or Expenditure

Labor Market Indicators

付録

B

National Income or Expenditure

TABLE B–1. Percent changes in real gross domestic product, 1969–2019

[Percent change, fourth quarter over fourth quarter; quarterly changes at seasonally adjusted annual rates]

Year or quarter	Gross domestic product	Personal consumption expenditures			Gross private domestic investment								Change in private inventories
						Fixed investment							
							Nonresidential						
		Total	Goods	Services	Total	Total	Total	Structures	Equipment	Intellectual property products	Residential		
1969	2.0	3.1	2.0	4.2	2.2	2.5	5.5	6.4	5.2	4.5	-5.4		
1970	-.2	1.7	.0	3.4	-6.4	-.9	-4.4	-2.6	-5.8	-3.4	9.4		
1971	4.4	5.4	6.6	4.3	13.1	10.5	4.7	-1.1	8.5	4.8	25.2		
1972	6.9	7.3	8.5	6.2	15.0	12.0	11.5	5.1	17.0	6.2	12.9		
1973	4.0	1.8	.4	3.2	10.2	3.5	10.6	7.9	13.5	5.1	-10.5		
1974	-1.9	-1.6	-5.6	2.4	-10.4	-9.9	-3.9	-6.4	-3.7	1.6	-24.6		
1975	2.6	5.1	6.1	4.1	-9.8	-2.6	-5.9	-8.1	-6.7	2.8	7.8		
1976	4.3	5.4	6.4	4.5	15.2	12.1	7.8	3.8	9.0	11.8	23.8		
1977	5.0	4.2	4.9	3.7	14.9	12.1	11.9	5.7	17.2	4.8	12.6		
1978	6.7	4.0	3.5	4.4	14.3	13.1	16.0	21.7	14.5	10.3	6.8		
1979	1.3	1.7	.3	2.9	-3.4	1.1	5.5	8.8	2.7	9.4	-9.1		
1980	.0	.0	-2.5	2.2	-7.2	-4.8	-.9	2.7	-4.4	4.7	-15.3		
1981	1.3	.1	-.2	.3	6.7	1.5	9.0	14.1	4.6	12.1	-22.0		
1982	-1.4	3.5	3.6	3.4	-17.3	-8.0	-9.5	-13.5	-10.0	3.4	-1.7		
1983	7.9	6.6	8.3	5.3	31.3	18.3	10.4	-3.9	19.9	13.0	49.7		
1984	5.6	4.3	5.3	3.6	14.2	11.3	13.9	15.7	13.4	12.6	3.7		
1985	4.2	4.8	4.6	5.0	1.9	3.7	3.2	3.3	1.7	7.7	5.2		
1986	2.9	4.4	6.5	3.0	-4.1	.6	-3.2	-14.3	.8	5.4	11.8		
1987	4.5	2.8	.4	4.6	9.8	1.5	2.2	4.9	.1	4.2	-.5		
1988	3.8	4.6	4.5	4.7	-.5	3.7	5.1	-3.3	8.2	9.8	.1		
1989	2.7	2.4	1.8	2.7	.7	1.5	4.5	3.3	2.5	11.3	-6.5		
1990	.6	.8	-1.6	2.3	-6.5	-4.2	-.9	-3.2	-2.7	6.2	-13.6		
1991	1.2	.9	-.8	2.0	2.1	-1.9	-3.4	-12.8	-3.2	7.2	2.9		
1992	4.4	4.9	5.3	4.7	7.7	8.7	7.1	1.0	11.3	4.8	13.6		
1993	2.6	3.3	4.4	2.7	7.6	8.4	7.6	.2	13.1	2.9	10.6		
1994	4.1	3.8	5.5	2.8	11.5	6.6	8.5	1.6	12.5	5.8	1.6		
1995	2.2	2.8	2.3	3.0	.8	5.5	7.4	4.7	8.1	8.3	.1		
1996	4.4	3.4	4.8	2.7	11.2	9.9	11.3	10.9	11.1	12.1	5.6		
1997	4.5	4.5	5.3	4.0	11.4	8.3	9.7	4.4	10.7	12.4	4.0		
1998	4.9	5.6	8.1	4.3	9.7	11.5	11.6	4.3	14.8	11.5	11.3		
1999	4.8	5.1	6.6	4.3	8.5	7.2	8.4	-.1	9.5	13.3	3.5		
2000	3.0	4.4	4.0	4.7	4.3	5.9	8.5	10.8	8.5	6.6	-1.5		
2001	.2	2.5	4.9	1.2	-11.1	-4.7	-6.8	-10.6	-7.7	-2.1	2.0		
2002	2.1	2.1	1.7	2.4	4.4	-1.5	-5.1	-15.7	-3.7	.9	8.1		
2003	4.3	3.8	6.6	2.3	8.7	8.6	6.8	1.9	9.6	5.8	12.7		
2004	3.3	3.8	4.3	3.5	8.0	6.5	6.5	.3	9.8	5.7	6.6		
2005	3.1	3.0	3.0	3.0	6.1	5.8	6.1	1.5	8.7	5.1	5.2		
2006	2.6	3.2	4.6	2.5	-1.5	.0	8.1	9.0	7.1	9.3	-15.2		
2007	2.0	1.6	1.8	1.5	-1.8	-1.1	7.3	17.7	3.9	4.0	-21.2		
2008	-2.8	-1.8	-6.8	.9	-15.3	-11.1	-7.0	-.8	-15.9	.9	-24.7		
2009	.2	-.1	.6	-.4	-9.2	-10.5	-10.3	-27.1	-8.4	3.8	-11.5		
2010	2.6	2.7	4.3	1.9	12.1	6.1	8.9	-3.6	22.6	1.6	-5.7		
2011	1.6	1.2	.9	1.4	10.4	9.2	10.0	8.6	12.7	7.2	5.3		
2012	1.5	1.6	2.4	1.2	4.0	7.2	5.6	4.0	7.8	3.7	15.4		
2013	2.6	1.9	3.5	1.1	9.3	5.7	5.4	6.7	5.4	4.5	7.1		
2014	2.9	3.8	5.0	3.2	5.3	7.0	6.9	9.3	5.6	6.9	7.7		
2015	1.9	2.9	3.7	2.5	1.5	1.0	-.9	-10.9	1.9	2.9	9.1		
2016	2.0	2.8	3.6	2.4	1.5	2.8	2.4	4.3	-1.4	6.6	3.9		
2017	2.8	2.9	5.0	2.0	4.8	5.1	5.4	1.5	8.5	4.0	4.2		
2018	2.5	2.6	2.9	2.5	5.1	3.5	5.9	2.6	5.0	9.3	-4.4		
2019 P	2.3	2.6	4.1	2.0	-1.9	.2	-.1	-7.0	-1.5	6.2	1.5		
2016: I	2.0	3.2	4.2	2.7	-1.6	2.6	-.6	-11.4	-3.9	12.9	14.7		
II	1.9	2.9	4.5	2.2	-1.7	2.7	4.0	10.0	-2.3	9.3	-2.0		
III	2.2	2.6	4.0	1.9	.5	3.8	5.6	18.4	.3	4.7	-2.6		
IV	2.0	2.5	1.9	2.8	9.3	2.0	.7	2.4	.4	.0	6.4		
2017: I	2.3	2.4	3.2	2.0	3.4	7.7	6.6	7.3	6.3	6.3	11.9		
II	2.2	2.4	5.5	1.0	3.6	2.8	4.4	2.0	8.9	.3	-2.2		
III	3.2	2.4	4.1	1.6	7.4	1.4	2.4	-7.7	6.2	4.9	-2.0		
IV	3.5	4.6	7.5	3.4	4.7	8.7	8.4	5.2	12.9	4.7	9.9		
2018: I	2.5	1.7	1.3	1.9	6.2	5.5	8.8	12.1	6.6	9.7	-5.3		
II	3.5	4.0	5.4	3.4	-1.8	5.2	7.9	11.0	3.4	11.9	-3.7		
III	2.9	3.5	3.6	3.4	13.7	.7	2.1	-2.1	2.9	4.1	-4.0		
IV	1.1	1.4	1.6	1.4	3.0	2.7	4.8	-9.0	7.4	11.7	-4.7		
2019: I	3.1	1.1	1.5	1.0	6.2	3.2	4.4	4.0	-.1	10.8	-1.0		
II	2.0	4.6	8.6	2.8	-6.3	-1.4	-1.0	-11.1	.8	3.6	-3.0		
III	2.1	3.2	5.3	2.2	-1.0	-.8	-2.3	-9.9	-3.8	4.7	4.6		
IV P	2.1	1.8	1.2	2.0	-6.1	.1	-1.5	-10.1	-2.9	5.9	5.8		

See next page for continuation of table.

TABLE B–1. Percent changes in real gross domestic product, 1969–2019—*Continued*

[Percent change, fourth quarter over fourth quarter; quarterly changes at seasonally adjusted annual rates]

| Year or quarter | Net exports of goods and services | | | Government consumption expenditures and gross investment | | | | | Final sales of domestic product | Gross domestic purchases[1] | Final sales to private domestic purchasers[2] | Gross domestic income (GDI)[3] | Average of GDP and GDI |
| | Net exports | Exports | Imports | Total | Federal | | | State and local | | | | | |
					Total	National defense	Non-defense						
1969		8.7	5.9	-1.2	-3.6	-4.6	-0.2	1.8	2.1	1.9	2.9	2.1	2.1
1970		5.9	3.0	-1.2	-5.8	-8.6	3.9	4.3	.7	-.3	1.1	-.8	-.5
1971		-4.5	1.3	-2.4	-7.3	-11.5	5.6	2.8	4.0	4.7	6.5	4.8	4.6
1972		19.5	17.9	-.1	-2.6	-5.8	6.1	2.3	6.4	6.8	8.3	7.1	7.0
1973		18.4	-.5	-.3	-3.6	-5.0	-.3	2.9	2.8	2.9	2.2	3.8	3.9
1974		3.1	-1.0	3.0	3.7	1.2	9.5	2.4	-1.7	-2.3	-3.5	-2.9	-2.4
1975		1.5	-5.6	3.0	.8	.5	1.4	4.9	3.9	2.0	3.4	2.7	2.6
1976		4.3	19.2	-1.3	-1.0	-2.1	1.3	-1.6	3.8	5.4	6.7	3.8	4.1
1977		-1.4	5.7	1.9	2.3	.1	6.8	1.7	4.5	5.6	5.9	6.0	5.5
1978		18.8	9.9	4.4	3.5	2.9	4.8	5.2	6.4	6.1	6.1	5.4	6.0
1979		10.5	.9	.9	1.2	2.4	-1.1	.7	2.2	.5	1.5	.8	1.0
1980		3.9	-9.3	.3	4.0	3.7	4.6	-2.9	.5	-1.4	-1.2	1.3	.6
1981		.7	6.2	2.5	6.0	7.9	2.0	-.7	.3	1.8	.4	1.2	1.2
1982		-12.2	-3.9	2.6	4.5	7.3	-1.6	.8	.4	-.7	-1.3	-1.3	-1.3
1983		5.5	24.6	1.9	2.7	6.5	-6.6	1.1	6.0	9.5	9.1	6.6	7.3
1984		9.1	18.9	6.3	7.1	5.6	11.5	5.4	5.0	6.5	5.9	6.7	6.1
1985		1.5	5.6	6.1	6.7	8.2	2.8	5.5	4.6	4.5	4.6	3.4	3.8
1986		10.6	7.9	4.7	5.3	4.7	6.8	4.1	3.9	2.9	3.5	2.7	2.8
1987		12.8	6.3	3.0	3.6	5.3	-1.0	2.4	3.0	4.1	2.5	5.5	5.0
1988		14.0	3.8	1.4	-1.4	-.8	-3.0	4.1	4.6	3.0	4.4	4.7	4.2
1989		10.2	2.6	2.5	.5	-1.3	5.8	4.3	2.9	2.1	2.2	1.0	1.9
1990		7.4	-.2	2.6	1.5	.0	5.4	3.6	1.0	-.1	-.3	1.0	.8
1991		9.2	5.7	.0	-2.3	-4.9	4.3	1.9	.5	.9	.3	.7	.9
1992		4.5	6.5	1.3	1.6	-.4	6.2	1.1	4.5	4.6	5.6	3.9	4.1
1993		4.4	9.9	-.7	-4.5	-5.4	-2.5	2.2	2.7	3.2	4.3	3.0	2.8
1994		10.8	12.2	.0	-4.2	-6.7	1.1	3.1	3.3	4.3	4.4	4.3	4.2
1995		9.4	4.8	-.6	-4.8	-5.0	-4.3	2.2	3.0	1.8	3.3	2.9	2.6
1996		10.1	11.1	2.6	1.1	.3	2.6	3.6	4.2	4.6	4.8	4.8	4.6
1997		8.3	14.2	1.7	.2	-.8	1.9	2.7	3.9	5.2	5.3	5.5	5.0
1998		2.6	11.0	2.8	-.3	-2.4	3.3	4.6	5.2	5.9	6.9	4.9	4.9
1999		6.3	12.0	3.9	3.5	3.9	2.8	4.1	4.5	5.5	5.6	4.6	4.7
2000		6.0	10.9	.4	-2.0	-3.3	.1	1.8	3.3	3.7	4.7	3.3	3.1
2001		-12.2	-7.8	4.9	5.5	4.7	6.7	4.6	1.4	.3	.9	.1	.1
2002		3.9	9.5	3.9	8.1	8.1	8.2	1.6	1.0	2.8	1.4	2.8	2.4
2003		7.2	5.7	1.9	6.5	8.9	2.5	-.7	4.3	4.3	4.8	2.8	3.6
2004		7.4	11.2	.8	2.6	2.8	2.4	-.2	3.0	4.0	4.3	3.8	3.6
2005		7.4	6.3	.9	1.8	1.8	1.9	.3	3.0	3.2	3.6	4.3	3.7
2006		10.3	4.3	1.9	2.4	3.1	1.3	1.6	2.9	2.1	2.5	2.7	2.6
2007		9.2	1.3	2.3	3.6	3.9	3.1	1.5	2.1	1.1	1.0	-.7	.6
2008		-2.4	-5.5	2.5	6.3	7.4	4.2	.3	-2.0	-3.3	-3.7	-2.7	-2.7
2009		1.2	-5.7	3.0	6.2	4.9	8.6	1.0	-.1	-.8	-2.1	.5	.3
2010		9.9	12.0	-1.3	1.9	1.3	3.0	-3.5	1.8	3.1	3.3	3.5	3.0
2011		4.6	3.8	-3.4	-3.5	-3.6	-3.2	-3.3	1.4	1.6	2.6	2.1	1.9
2012		2.1	.6	-2.1	-2.6	-4.7	1.2	-1.7	1.9	1.2	2.6	2.9	2.2
2013		6.0	3.0	-2.4	-6.1	-6.5	-5.5	.2	2.0	2.2	2.6	1.5	2.1
2014		2.9	6.5	.3	-1.1	-3.4	2.7	1.2	3.2	3.4	4.5	4.2	3.5
2015		-1.5	3.2	2.3	1.1	-.4	3.4	3.0	1.8	2.5	2.5	1.3	1.6
2016		1.1	3.4	1.5	.1	-.8	1.5	2.3	2.2	2.3	2.8	.9	1.5
2017		5.5	5.6	.8	1.7	1.9	1.4	.4	2.9	2.9	3.4	2.5	2.6
2018		.4	3.2	1.5	2.7	4.0	.7	.9	2.2	2.9	2.8	2.3	2.4
2019 *P*		.2	-2.2	3.0	4.3	4.5	4.0	2.2	2.7	1.9	2.2	....	....
2016: I		-3.0	.9	3.8	.7	-.4	2.2	5.8	2.8	2.5	3.0	2.1	2.1
II		4.0	.8	-.7	-2.7	-5.2	1.0	.5	2.7	1.5	2.9	-1.7	.1
III		6.1	4.7	1.7	2.0	3.4	-.1	1.6	2.7	2.1	2.8	2.0	2.1
IV		-2.5	7.5	1.1	.6	-1.0	2.8	1.4	.8	3.3	2.4	1.4	1.7
2017: I		6.1	4.1	-.2	-1.2	-1.9	-.2	.3	3.0	2.1	3.4	3.8	3.1
II		1.6	3.5	1.4	3.3	6.8	-1.6	.3	2.0	2.4	2.5	2.6	2.4
III		4.4	1.3	-.1	.1	-1.6	2.6	-.2	2.2	2.8	2.2	.8	2.0
IV		10.1	14.0	2.4	4.6	4.5	4.8	1.1	4.2	4.3	5.5	2.7	3.1
2018: I		.8	.6	1.9	2.8	.6	6.0	1.4	2.4	2.5	2.4	4.7	3.6
II		5.8	.3	2.6	3.9	7.5	-1.0	1.8	4.8	2.8	4.2	.7	2.1
III		-6.2	8.6	2.1	2.9	3.0	2.8	1.6	.8	4.9	2.9	3.3	3.1
IV		1.5	3.5	-.4	1.1	5.2	-4.5	-1.2	1.0	1.4	1.7	.8	.9
2019: I		4.1	-1.5	2.9	2.2	7.7	-5.4	3.3	2.6	2.3	1.6	3.2	3.2
II		-5.7	.0	4.8	8.3	3.3	16.1	2.7	3.0	2.6	3.3	.9	1.4
III		1.0	1.8	1.7	3.3	2.2	5.0	.7	2.1	2.2	2.3	2.1	2.1
IV *P*		1.4	-8.7	2.7	3.6	4.9	1.6	2.2	3.2	.6	1.4	....	....

[1] Gross domestic product (GDP) less exports of goods and services plus imports of goods and services.
[2] Personal consumption expenditures plus gross private fixed investment.
[3] Gross domestic income is deflated by the implicit price deflator for GDP.

Note: Percent changes based on unrounded GDP quantity indexes.

Source: Department of Commerce (Bureau of Economic Analysis).

付録

B

Table B–2. Contributions to percent change in real gross domestic product, 1969–2019

[Percentage points, except as noted; annual average to annual average, quarterly data at seasonally adjusted annual rates]

Year or quarter	Gross domestic product (percent change)	Personal consumption expenditures			Gross private domestic investment								Change in private inventories
		Total	Goods	Services	Total	Fixed investment							
						Total	Nonresidential					Residential	
							Total	Structures	Equipment	Intellectual property products			

Year or quarter	GDP	Total	Goods	Services	Total	Total	Total	Structures	Equipment	Intel. property	Residential	Change in inventories
1969	3.1	2.20	0.92	1.28	0.93	0.93	0.79	0.19	0.51	0.09	0.14	0.00
1970	.2	1.39	.23	1.16	-1.03	-.33	-.10	.01	-.11	.00	-.23	-.70
1971	3.3	2.29	1.23	1.06	1.63	1.08	-.01	-.06	.05	.01	1.08	.56
1972	5.3	3.66	1.90	1.76	1.90	1.85	.97	.12	.75	.11	.87	.06
1973	5.6	2.97	1.52	1.45	1.95	1.47	1.51	.30	1.12	.08	-.04	.48
1974	-.5	-.50	-1.08	.58	-1.24	-.98	.10	-.08	.14	.05	-1.08	-.26
1975	-.2	1.36	.20	1.16	-2.91	-1.68	-1.13	-.42	-.73	.01	-.54	-1.24
1976	5.4	3.41	2.03	1.38	2.91	1.54	.66	.09	.39	.18	.88	1.37
1977	4.6	2.59	1.26	1.33	2.47	2.23	1.26	.15	1.01	.11	.97	.24
1978	5.5	2.68	1.19	1.49	2.22	2.10	1.72	.52	1.08	.12	.38	.12
1979	3.2	1.44	.45	.99	.72	1.11	1.34	.51	.62	.20	-.22	-.40
1980	-.3	-.19	-.72	.53	-2.07	-1.18	.00	.26	-.35	.09	-1.19	-.89
1981	2.5	.85	.33	.52	1.64	.50	.87	.39	.28	.21	-.37	1.13
1982	-1.8	.88	.19	.69	-2.46	-1.16	-.43	-.09	-.47	.12	-.72	-1.31
1983	4.6	3.51	1.69	1.82	1.60	1.32	-.06	-.56	.32	.17	1.38	.28
1984	7.2	3.30	1.91	1.39	4.73	2.83	2.18	.58	1.29	.30	.65	1.90
1985	4.2	3.20	1.38	1.83	-.01	1.02	.91	.31	.39	.21	.11	-1.03
1986	3.5	2.58	1.45	1.13	.03	.34	-.24	-.49	.08	.17	.58	-.31
1987	3.5	2.15	.47	1.67	.53	.11	.01	-.11	.03	.10	.10	.41
1988	4.2	2.65	.96	1.69	.45	.59	.63	.02	.43	.18	-.05	-.13
1989	3.7	1.86	.64	1.21	.72	.55	.71	.07	.35	.29	-.16	.17
1990	1.9	1.28	.16	1.12	-.45	-.25	.14	.05	-.14	.22	-.38	-.21
1991	-.1	.12	-.49	.61	-1.09	-.84	-.48	-.38	-.28	.18	-.35	-.26
1992	3.5	2.36	.76	1.60	1.11	.83	.33	-.18	.34	.17	.49	.28
1993	2.8	2.24	.99	1.26	1.24	1.17	.84	-.01	.73	.12	.32	.07
1994	4.0	2.51	1.26	1.26	1.90	1.29	.91	.05	.75	.11	.38	.61
1995	2.7	1.91	.71	1.20	.55	.99	1.15	.16	.78	.20	-.15	-.44
1996	3.8	2.26	1.06	1.20	1.49	1.48	1.13	.15	.65	.33	.35	.02
1997	4.4	2.45	1.12	1.33	2.01	1.49	1.38	.21	.76	.41	.11	.52
1998	4.5	3.42	1.54	1.88	1.76	1.82	1.44	.16	.91	.37	.38	-.07
1999	4.8	3.42	1.83	1.59	1.62	1.65	1.36	.01	.89	.45	.29	-.03
2000	4.1	3.32	1.23	2.09	1.31	1.34	1.31	.24	.71	.36	.03	-.03
2001	1.0	1.66	.72	.94	-1.11	-.27	-.31	-.04	-.31	.04	.04	-.84
2002	1.7	1.71	.92	.80	-.16	-.64	-.94	-.56	-.35	-.03	.29	.48
2003	2.9	2.13	1.15	.98	.76	.77	.30	-.09	.26	.14	.47	-.02
2004	3.8	2.53	1.21	1.32	1.64	1.23	.67	.00	.49	.18	.57	.41
2005	3.5	2.39	.98	1.41	1.26	1.33	.92	.06	.60	.26	.41	-.07
2006	2.9	2.05	.87	1.19	.60	.50	1.00	.22	.57	.21	-.50	.10
2007	1.9	1.49	.65	.84	-.48	-.24	.89	.42	.25	.23	-1.13	-.25
2008	-.1	-.14	-.71	.56	-1.52	-1.05	.08	.23	-.29	.14	-1.14	-.46
2009	-2.5	-.85	-.70	-.15	-3.52	-2.70	-1.95	-.72	-1.22	-.02	-.74	-.83
2010	2.6	1.20	.62	.57	1.86	.44	.52	-.50	.92	.11	-.08	1.42
2011	1.6	1.29	.49	.80	.94	.99	1.00	.07	.69	.24	.00	-.05
2012	2.2	1.03	.48	.55	1.64	1.47	1.16	.34	.62	.20	.31	.17
2013	1.8	.99	.70	.29	1.11	.87	.54	.04	.28	.22	.34	.23
2014	2.5	1.99	.90	1.10	.95	1.07	.95	.33	.42	.20	.12	-.12
2015	2.9	2.48	1.01	1.46	.85	.58	.25	-.10	.20	.15	.33	.28
2016	1.6	1.85	.77	1.08	-.23	.32	.09	-.16	-.08	.33	.23	-.55
2017	2.4	1.78	.83	.94	.75	.70	.57	.14	.27	.16	.13	.04
2018 ᵖ	2.9	2.05	.86	1.18	.87	.78	.84	.12	.39	.32	-.06	.09
2019 ᵖ	2.3	1.76	.79	.97	.32	.23	.29	-.14	.08	.35	-.06	.09
2016: I	2.0	2.11	.88	1.23	-.26	.43	-.08	-.35	-.24	.52	.50	-.68
II	1.9	1.95	.94	1.01	-.28	.44	.52	.27	-.14	.39	-.07	-.72
III	2.2	1.74	.84	.90	.09	.62	.72	.50	.02	.20	-.10	-.53
IV	2.0	1.70	.41	1.29	1.50	.33	.09	.07	.02	.00	.24	1.18
2017: I	2.3	1.63	.68	.95	.57	1.27	.84	.21	.36	.27	.43	-.70
II	2.2	1.63	1.14	.49	.59	.48	.57	.06	.50	.01	-.09	.11
III	3.2	1.61	.85	.76	1.25	.25	.25	-.24	.36	.21	-.08	1.00
IV	3.5	3.12	1.55	1.57	.80	1.45	1.08	.15	.72	.20	.37	-.64
2018: I	2.5	1.15	.27	.88	1.07	.94	1.15	.35	.39	.41	-.21	.13
II	3.5	2.70	1.13	1.57	-.30	.89	1.04	.33	.20	.51	-.15	-1.20
III	2.9	2.34	.75	1.59	2.27	.13	.29	-.07	.17	.18	-.16	2.14
IV	1.1	.97	.33	.65	.53	.46	.64	-.29	.42	.51	-.18	.07
2019: I	3.1	.78	.32	.46	1.09	.56	.60	.12	.00	.48	-.04	.53
II	2.0	3.03	1.74	1.29	-1.16	-.25	-.14	-.36	.05	.17	-.11	-.91
III	2.1	2.12	1.09	1.02	-.17	-.14	-.31	-.30	-.22	.22	.17	-.03
IVᵖ	2.1	1.20	.26	.94	-1.08	.01	-.20	-.30	-.17	.27	.21	-1.09

See next page for continuation of table.

Table B–2. Contributions to percent change in real gross domestic product, 1969–2019—Continued

[Percentage points, except as noted; annual average to annual average, quarterly data at seasonally adjusted annual rates]

| Year or quarter | Net exports of goods and services | | | | | | | Government consumption expenditures and gross investment | | | | | Final sales of domestic product |
| | Net exports | Exports | | | Imports | | | Total | Federal | | | State and local | |
		Total	Goods	Services	Total	Goods	Services		Total	National defense	Non-defense		
1969	-0.03	0.25	0.20	0.05	-0.28	-0.20	-0.08	0.02	-0.34	-0.45	0.11	0.36	3.12
1970	.33	.54	.43	.11	-.21	-.14	-.07	-.50	-.80	-.83	.03	.30	.89
1971	-.18	.10	.00	.10	-.28	-.32	.04	-.45	-.80	-.97	.17	.35	2.74
1972	-.19	.42	.43	-.01	-.61	-.55	-.06	-.12	-.37	-.60	.22	.25	5.20
1973	.80	1.08	1.05	.02	-.28	-.33	.05	-.07	-.39	-.40	.01	.32	5.16
1974	.73	.56	.49	.08	.17	.17	.00	.47	.06	-.07	.14	.41	-.28
1975	.86	-.05	-.14	.09	.91	.85	.06	.49	.05	-.07	.13	.43	1.03
1976	-1.05	.36	.34	.02	-1.41	-1.31	-.10	.12	.01	-.04	.06	.10	4.01
1977	-.70	.19	.12	.07	-.89	-.82	-.07	.26	.21	.06	.15	.05	4.38
1978	.05	.80	.64	.17	-.76	-.66	-.10	.60	.23	.04	.19	.37	5.42
1979	.64	.80	.69	.11	-.16	-.13	-.02	.36	.20	.15	.05	.16	3.56
1980	1.64	.95	.88	.07	.69	.66	.03	.36	.38	.22	.16	-.02	.63
1981	-.15	.12	-.05	.17	-.26	-.18	-.09	.20	.43	.40	.03	-.23	1.41
1982	-.59	-.71	-.63	-.08	.12	.20	-.08	.37	.35	.47	-.11	.01	-.50
1983	-1.32	-.22	-.21	.00	-1.10	-.98	-.12	.79	.65	.51	.14	.14	4.31
1984	-1.54	.61	.41	.20	-2.16	-1.78	-.38	.74	.33	.38	-.04	.41	5.34
1985	-.39	.24	.20	.05	-.63	-.50	-.13	1.37	.78	.62	.16	.59	5.20
1986	-.29	.53	.27	.25	-.82	-.80	-.02	1.14	.61	.52	.09	.53	3.77
1987	.17	.77	.62	.15	-.60	-.39	-.21	.62	.38	.38	.01	.24	3.05
1988	.81	1.23	.99	.24	-.41	-.35	-.07	.26	-.15	-.04	-.12	.42	4.31
1989	.51	.97	.72	.26	-.46	-.37	-.09	.58	.15	-.02	.18	.43	3.51
1990	.40	.78	.56	.22	-.37	-.25	-.13	.65	.20	.02	.18	.45	2.09
1991	.62	.61	.45	.16	.01	-.04	.05	.25	.01	-.06	.07	.24	.15
1992	-.04	.66	.52	.14	-.70	-.76	.05	.10	-.15	-.31	.16	.25	3.24
1993	-.56	.31	.22	.09	-.87	-.82	-.05	-.17	-.32	-.32	.00	.15	2.68
1994	-.41	.84	.65	.19	-1.25	-1.15	-.10	.02	-.31	-.28	-.02	.32	3.41
1995	.12	1.02	.83	.19	-.90	-.84	-.06	.10	-.21	-.21	.00	.31	3.13
1996	-.15	.86	.68	.18	-1.01	-.91	-.10	.18	-.09	-.08	-.01	.27	3.76
1997	-.31	1.26	1.10	.16	-1.57	-1.40	-.17	.30	-.06	-.13	.07	.36	3.92
1998	-1.14	.26	.17	.08	-1.39	-1.18	-.21	.44	-.06	-.09	.03	.50	4.55
1999	-.87	.52	.31	.20	-1.39	-1.31	-.07	.58	.13	.06	.07	.46	4.78
2000	-.83	.86	.73	.13	-1.69	-1.44	-.25	.33	.02	-.04	.06	.31	4.16
2001	-.22	-.61	-.48	-.12	.39	.40	-.01	.67	.24	.13	.11	.43	1.84
2002	-.64	-.17	-.23	.06	-.47	-.40	-.07	.82	.47	.30	.18	.35	1.26
2003	-.45	.20	.19	.01	-.64	-.64	-.01	.41	.45	.35	.10	-.03	2.88
2004	-.67	.88	.57	.31	-1.55	-1.30	-.24	.30	.31	.26	.05	-.01	3.39
2005	-.29	.69	.52	.17	-.97	-.88	-.09	.15	.15	.11	.04	.00	3.59
2006	-.10	.94	.70	.23	-1.04	-.82	-.21	.30	.17	.07	.10	.13	2.75
2007	.53	.93	.53	.40	-.41	-.28	-.12	.34	.14	.13	.01	.20	2.12
2008	1.04	.66	.48	.18	.38	.49	-.10	.48	.46	.33	.13	.02	.33
2009	1.13	-1.01	-1.00	-.01	2.14	2.08	.06	.70	.47	.29	.18	.23	-1.71
2010	-.49	1.35	1.12	.23	-1.84	-1.74	-.10	.00	.35	.16	.19	-.35	1.14
2011	-.01	.90	.61	.28	-.91	-.82	-.09	-.66	-.23	-.12	-.11	-.44	1.60
2012	.00	.46	.36	.10	-.46	-.38	-.09	-.42	-.16	-.18	.03	-.26	2.08
2013	.22	.48	.30	.18	-.26	-.25	-.01	-.47	-.44	-.34	-.10	-.03	1.61
2014	-.25	.57	.42	.14	-.81	-.75	-.06	-.17	-.19	-.19	.00	.02	2.65
2015	-.77	.06	-.03	.09	-.83	-.73	-.10	.35	-.01	-.09	.08	.35	2.63
2016	-.30	.00	.04	-.05	-.30	-.18	-.12	.32	.03	-.02	.05	.29	2.19
2017	-.28	.41	.30	.11	-.69	-.57	-.12	.12	.05	.03	.02	.07	2.33
2018	-.29	.37	.34	.03	-.66	-.61	-.05	.30	.19	.13	.07	.11	2.84
2019 P	-.16	.00	.01	-.02	-.15	-.04	-.12	.41	.23	.19	.04	.18	2.24
2016: I	-.50	-.38	.05	-.43	-.11	.03	-.15	.67	.05	-.01	.06	.63	2.71
II	.35	.45	.20	.25	-.10	-.11	.01	-.12	-.18	-.21	.03	.06	2.62
III	.05	.71	.54	.17	-.66	-.42	-.24	.31	.13	.13	.00	.18	2.72
IV	-1.36	-.30	-.06	-.24	-1.06	-.92	-.14	.19	.04	-.04	.08	.15	.85
2017: I	.13	.72	.46	.25	-.58	-.48	-.10	-.04	-.08	-.07	.00	.03	2.99
II	-.31	.20	.18	.01	-.51	-.40	-.11	.24	.21	.25	-.04	.03	2.04
III	.35	.54	.18	.36	-.18	-.10	-.08	-.02	.01	-.06	.07	-.02	2.20
IV	-.80	1.19	1.03	.16	-1.99	-1.86	-.12	.42	.30	.17	.13	.12	4.19
2018: I	.00	.10	.11	.00	-.10	-.18	.08	.33	.18	.02	.16	.15	2.42
II	.67	.71	.94	-.23	-.04	-.10	.06	.44	.25	.28	-.03	.19	4.71
III	-2.05	-.78	-.78	.00	-1.27	-1.11	-.16	.36	.19	.11	.07	.17	.78
IV	-.35	.18	.21	-.03	-.53	-.28	-.24	-.07	.07	.20	-.12	-.14	1.02
2019: I	.73	.49	.36	.13	.23	.36	-.13	.50	.14	.29	-.15	.36	2.57
II	-.68	-.69	-.48	-.21	.01	-.02	.02	.82	.53	.13	.40	.29	2.92
III	-.14	.11	.17	-.05	-.26	-.13	-.13	.30	.22	.09	.13	.08	2.13
IV P	1.48	.17	-.08	.25	1.32	1.44	-.12	.47	.23	.19	.04	.23	3.17

Source: Department of Commerce (Bureau of Economic Analysis).

付録
B

TABLE B–3. Gross domestic product, 2004–2019

[Quarterly data at seasonally adjusted annual rates]

Year or quarter	Gross domestic product	Personal consumption expenditures			Gross private domestic investment								Change in private inventories
						Fixed investment							
							Nonresidential						
		Total	Goods	Services	Total	Total	Total	Structures	Equipment	Intellectual property products	Residential		

Year or quarter	Gross domestic product	Total	Goods	Services	Total	Total	Total	Structures	Equipment	Intellectual property products	Residential	Change in private inventories
					Billions of dollars							
2004	12,213.7	8,212.7	2,902.0	5,310.6	2,281.3	2,217.2	1,467.4	307.7	721.9	437.8	749.8	64.1
2005	13,036.6	8,747.1	3,082.9	5,664.2	2,534.7	2,477.2	1,621.0	353.0	794.9	473.1	856.2	57.5
2006	13,814.6	9,260.3	3,239.7	6,020.7	2,701.0	2,632.0	1,793.8	425.2	862.3	506.3	838.2	69.0
2007	14,451.9	9,706.4	3,367.0	6,339.4	2,673.0	2,639.1	1,948.6	510.3	893.4	544.8	690.5	34.0
2008	14,712.8	9,976.3	3,363.2	6,613.1	2,477.6	2,506.9	1,990.9	571.1	845.4	574.4	516.0	−29.2
2009	14,448.9	9,842.2	3,180.0	6,662.2	1,929.7	2,080.4	1,690.4	455.8	670.3	564.4	390.0	−150.8
2010	14,992.1	10,185.8	3,317.8	6,868.0	2,165.5	2,111.6	1,735.0	379.8	777.0	578.2	376.6	53.9
2011	15,542.6	10,641.1	3,518.1	7,123.0	2,332.6	2,286.3	1,907.5	404.5	881.3	621.7	378.8	46.3
2012	16,197.0	11,006.8	3,637.7	7,369.1	2,621.8	2,550.5	2,118.5	479.4	983.4	655.7	432.0	71.2
2013	16,784.9	11,317.2	3,730.0	7,587.2	2,826.0	2,721.5	2,211.5	492.5	1,027.0	691.9	510.0	104.5
2014	17,527.3	11,822.8	3,863.0	7,959.8	3,044.2	2,960.2	2,400.1	577.6	1,091.9	730.5	560.2	84.0
2015	18,224.8	12,284.3	3,920.3	8,363.9	3,223.1	3,091.2	2,457.4	572.6	1,121.5	763.3	633.8	131.9
2016	18,715.0	12,748.5	3,995.9	8,752.6	3,178.7	3,151.6	2,453.1	545.8	1,093.6	813.8	698.5	27.1
2017	19,519.4	13,312.1	4,165.0	9,147.0	3,370.7	3,340.5	2,584.7	586.8	1,143.7	854.2	755.7	30.2
2018	20,580.2	13,998.7	4,364.8	9,633.9	3,628.3	3,573.6	2,786.9	633.2	1,222.6	931.1	786.7	54.7
2019 ᵖ	21,429.0	14,563.9	4,508.6	10,055.2	3,742.8	3,676.1	2,878.7	625.8	1,240.9	1,012.0	797.4	66.8
2016: I	18,424.3	12,523.5	3,933.2	8,590.3	3,149.1	3,102.2	2,415.6	520.5	1,101.4	793.8	686.6	46.9
II	18,637.3	12,688.3	3,988.6	8,699.6	3,152.9	3,133.8	2,441.8	537.1	1,092.7	812.1	692.0	19.1
III	18,806.7	12,822.4	4,017.8	8,804.6	3,166.6	3,169.3	2,471.6	559.6	1,091.2	820.9	697.7	−2.7
IV	18,991.9	12,959.8	4,044.0	8,915.8	3,246.2	3,201.3	2,483.5	566.0	1,088.9	828.6	717.8	44.9
2017: I	19,190.4	13,104.4	4,097.9	9,006.5	3,288.2	3,274.8	2,531.1	580.2	1,108.8	842.1	743.7	13.4
II	19,356.6	13,212.5	4,124.9	9,087.6	3,335.0	3,316.1	2,567.4	589.0	1,132.9	845.5	748.8	18.8
III	19,611.7	13,345.1	4,173.3	9,171.8	3,401.8	3,345.0	2,591.6	583.7	1,149.5	858.4	753.4	56.8
IV	19,918.9	13,586.3	4,264.0	9,322.3	3,457.7	3,426.0	2,648.9	594.1	1,183.6	870.9	777.1	31.7
2018: I	20,163.2	13,728.4	4,298.5	9,429.8	3,542.4	3,500.9	2,717.3	615.9	1,201.8	899.6	783.7	41.5
II	20,510.2	13,939.8	4,363.2	9,576.6	3,561.6	3,571.6	2,782.0	640.0	1,214.3	927.7	789.5	−10.0
III	20,749.8	14,114.6	4,398.0	9,716.6	3,684.0	3,596.7	2,807.7	641.7	1,227.9	938.1	789.0	87.3
IV	20,897.6	14,211.9	4,399.4	9,812.5	3,725.2	3,625.2	2,840.7	635.2	1,246.4	959.1	784.4	100.1
2019: I	21,098.8	14,266.3	4,397.7	9,868.6	3,783.4	3,670.1	2,882.7	645.8	1,249.0	987.9	787.4	113.3
II	21,340.3	14,511.2	4,507.0	10,004.2	3,749.5	3,674.7	2,890.0	633.2	1,252.9	1,003.9	784.7	74.8
III	21,542.5	14,678.2	4,556.7	10,121.5	3,744.6	3,677.6	2,877.2	619.4	1,237.4	1,020.5	800.3	67.0
IV ᵖ	21,734.3	14,799.8	4,573.1	10,226.7	3,693.9	3,682.0	2,864.9	604.7	1,224.4	1,035.8	817.1	11.9
					Billions of chained (2012) dollars							
2004	14,406.4	9,729.3	3,250.0	6,479.2	2,502.6	2,440.7	1,594.0	456.3	688.6	459.2	830.9	82.6
2005	14,912.5	10,075.9	3,384.7	6,689.5	2,670.6	2,618.7	1,716.4	466.1	760.0	493.1	885.4	63.7
2006	15,338.3	10,384.5	3,509.7	6,871.7	2,752.4	2,686.8	1,854.2	501.7	832.6	521.5	818.9	87.1
2007	15,626.0	10,615.3	3,607.6	7,003.6	2,684.1	2,653.5	1,982.1	568.6	865.8	554.3	665.8	40.6
2008	15,604.7	10,592.8	3,498.9	7,093.0	2,462.9	2,499.4	1,994.2	605.4	824.4	575.3	504.6	−32.7
2009	15,208.8	10,460.0	3,389.8	7,070.1	1,942.0	2,099.8	1,704.3	492.2	649.7	572.4	395.3	−177.3
2010	15,598.8	10,643.0	3,485.7	7,157.4	2,216.5	2,164.2	1,781.0	412.8	781.2	588.1	383.0	57.3
2011	15,840.7	10,843.8	3,561.9	7,282.1	2,362.1	2,317.8	1,935.4	424.1	886.2	624.8	382.5	46.7
2012	16,197.0	11,006.8	3,637.7	7,369.1	2,621.8	2,550.5	2,118.5	479.4	983.4	655.7	432.0	71.2
2013	16,495.4	11,166.9	3,752.2	7,415.5	2,801.5	2,692.1	2,206.0	485.5	1,029.2	691.4	485.5	108.7
2014	16,912.0	11,497.4	3,905.1	7,594.9	2,959.2	2,869.2	2,365.3	538.8	1,101.1	724.8	504.1	86.3
2015	17,403.8	11,921.2	4,088.6	7,838.5	3,104.3	2,967.0	2,408.2	522.4	1,136.6	750.7	555.3	132.4
2016	17,688.9	12,247.5	4,236.6	8,021.1	3,064.0	3,023.6	2,425.3	496.4	1,122.3	810.0	591.2	23.0
2017	18,108.1	12,566.9	4,403.4	8,182.2	3,198.9	3,149.7	2,531.2	519.5	1,175.6	839.6	611.9	31.7
2018	18,638.2	12,944.6	4,583.3	8,388.1	3,360.5	3,293.4	2,692.3	540.9	1,255.3	901.6	602.9	48.1
2019 ᵖ	19,072.5	13,279.6	4,756.6	8,560.8	3,421.2	3,337.1	2,749.8	516.8	1,272.4	971.1	593.5	65.3
2016: I	17,556.8	12,124.2	4,176.2	7,955.8	3,054.7	2,991.0	2,389.8	476.4	1,126.5	792.0	593.0	51.1
II	17,639.4	12,211.3	4,222.4	7,999.9	3,041.6	3,010.9	2,413.6	487.9	1,120.0	809.8	590.1	10.8
III	17,735.1	12,289.1	4,263.8	8,037.2	3,045.5	3,038.9	2,446.8	509.0	1,120.9	819.2	586.2	−14.7
IV	17,824.2	12,365.3	4,284.2	8,092.2	3,114.0	3,053.7	2,451.2	512.1	1,122.0	819.8	595.5	44.8
2017: I	17,925.3	12,438.9	4,318.2	8,133.0	3,140.3	3,111.1	2,490.5	521.1	1,139.3	831.8	612.4	8.7
II	18,021.0	12,512.9	4,375.9	8,154.1	3,167.9	3,133.0	2,517.4	523.7	1,163.8	832.3	608.9	16.6
III	18,163.6	12,586.3	4,419.7	8,186.6	3,225.2	3,144.1	2,532.6	513.3	1,181.4	842.3	605.9	70.2
IV	18,322.5	12,729.7	4,499.8	8,254.9	3,262.1	3,210.7	2,584.2	519.9	1,217.8	852.0	620.4	31.1
2018: I	18,438.3	12,782.9	4,513.9	8,293.5	3,311.8	3,254.0	2,639.5	534.9	1,237.5	872.0	612.1	40.5
II	18,598.1	12,909.2	4,573.5	8,362.9	3,296.6	3,295.4	2,689.9	549.1	1,247.8	896.9	606.3	−28.0
III	18,732.7	13,019.8	4,614.0	8,433.6	3,404.2	3,301.3	2,703.9	546.2	1,256.7	905.9	600.1	87.2
IV	18,783.5	13,066.3	4,631.8	8,462.6	3,429.5	3,323.0	2,735.8	533.4	1,279.2	931.3	593.0	93.0
2019: I	18,927.3	13,103.3	4,649.2	8,483.1	3,481.1	3,349.4	2,765.6	538.6	1,278.9	955.6	591.4	116.0
II	19,021.9	13,250.0	4,746.4	8,541.4	3,424.7	3,337.4	2,758.5	523.0	1,281.5	964.2	587.0	69.4
III	19,121.1	13,353.1	4,808.0	8,587.9	3,416.2	3,330.5	2,742.7	509.6	1,269.3	975.2	593.7	69.4
IV ᵖ	19,219.8	13,411.9	4,822.8	8,630.9	3,363.0	3,331.0	2,732.4	496.2	1,259.9	989.3	602.1	6.5

See next page for continuation of table.

TABLE B-3. Gross domestic product, 2004–2019—*Continued*

[Quarterly data at seasonally adjusted annual rates]

Year or quarter	Net exports of goods and services			Government consumption expenditures and gross investment						Final sales of domestic product	Gross domestic purchases [1]	Final sales to private domestic purchasers [2]	Gross domestic income (GDI) [3]	Average of GDP and GDI
	Net exports	Exports	Imports	Total	Federal			State and local						
					Total	National defense	Non-defense							
	Billions of dollars													
2004	−619.1	1,177.6	1,796.7	2,338.9	891.7	569.9	321.9	1,447.1	12,149.7	12,832.8	10,429.8	12,235.8	12,224.8
2005	−721.2	1,305.2	2,026.4	2,476.0	947.5	609.4	338.0	1,528.5	12,979.1	13,757.8	11,224.3	13,091.7	13,064.2
2006	−770.9	1,472.6	2,243.5	2,624.2	1,000.7	640.8	359.9	1,623.5	13,745.6	14,585.5	11,892.3	14,022.5	13,918.6
2007	−718.4	1,660.9	2,379.3	2,790.8	1,050.5	679.3	371.2	1,740.3	14,417.9	15,170.3	12,345.5	14,434.2	14,443.0
2008	−723.1	1,837.1	2,560.1	2,982.0	1,150.6	750.3	400.2	1,831.4	14,742.1	15,435.9	12,483.2	14,530.0	14,621.4
2009	−396.5	1,582.0	1,978.4	3,073.5	1,218.2	787.6	430.6	1,855.3	14,599.7	14,845.4	11,922.6	14,256.8	14,352.9
2010	−513.9	1,846.3	2,360.2	3,154.6	1,297.9	828.0	469.9	1,856.7	14,938.1	15,506.0	12,297.4	14,931.0	14,961.5
2011	−579.5	2,103.0	2,682.5	3,148.4	1,298.9	834.0	465.0	1,849.4	15,496.3	16,122.0	12,927.4	15,595.8	15,569.2
2012	−568.6	2,191.3	2,759.9	3,137.0	1,286.5	814.2	472.4	1,850.5	16,125.8	16,765.6	13,557.4	16,438.4	16,317.7
2013	−490.8	2,273.4	2,764.2	3,132.4	1,226.6	764.2	462.4	1,905.8	16,680.3	17,275.6	14,038.7	16,945.2	16,865.0
2014	−507.7	2,371.7	2,879.4	3,168.0	1,215.0	743.4	471.6	1,953.0	17,443.3	18,034.9	14,783.0	17,816.4	17,671.8
2015	−519.8	2,266.8	2,786.6	3,237.3	1,221.5	730.1	491.4	2,015.7	18,092.9	18,744.6	15,375.5	18,479.7	18,352.2
2016	−518.8	2,220.6	2,739.4	3,306.7	1,234.1	728.4	505.7	2,072.6	18,688.0	19,233.8	15,900.1	18,827.0	18,771.0
2017	−575.3	2,356.7	2,932.1	3,412.0	1,269.3	746.2	523.1	2,142.7	19,489.2	20,094.8	16,652.6	19,587.0	19,553.2
2018	−638.2	2,510.3	3,148.5	3,591.5	1,347.3	793.6	553.7	2,244.2	20,525.5	21,218.4	17,572.2	20,569.4	20,574.8
2019 ᴾ	−632.0	2,503.8	3,135.7	3,754.3	1,423.4	846.6	576.8	2,330.8	21,362.2	22,061.0	18,239.9	....	
2016: I	−522.2	2,164.9	2,687.1	3,273.8	1,227.5	727.6	500.0	2,046.3	18,377.4	18,946.5	15,625.7	18,673.5	18,548.9
II	−495.3	2,208.1	2,703.4	3,291.4	1,226.2	722.3	503.9	2,065.2	18,618.1	19,132.6	15,822.0	18,718.3	18,677.8
III	−499.7	2,254.4	2,754.1	3,317.5	1,237.5	731.3	506.1	2,080.0	18,809.5	19,306.5	15,991.7	18,880.6	18,843.7
IV	−558.0	2,255.1	2,813.1	3,343.9	1,245.2	732.3	512.9	2,098.7	18,946.9	19,549.8	16,161.0	19,035.5	19,013.7
2017: I	−570.9	2,303.3	2,874.2	3,368.7	1,248.4	732.1	516.3	2,120.3	19,177.0	19,761.4	16,379.2	19,307.0	19,248.7
II	−583.7	2,313.2	2,896.9	3,392.9	1,263.6	746.2	517.4	2,129.3	19,337.8	19,940.4	16,528.6	19,496.9	19,426.8
III	−550.6	2,360.1	2,910.7	3,415.4	1,270.2	746.2	524.0	2,145.2	19,554.9	20,162.3	16,690.0	19,638.4	19,625.0
IV	−596.1	2,450.3	3,046.5	3,471.0	1,295.1	760.4	534.8	2,175.9	19,887.2	20,515.0	17,012.3	19,905.6	19,912.3
2018: I	−629.0	2,476.6	3,105.6	3,521.4	1,318.2	769.9	548.3	2,203.2	20,121.7	20,792.1	17,229.3	20,252.2	20,207.7
II	−568.4	2,543.6	3,112.0	3,577.1	1,340.4	789.5	550.9	2,236.7	20,520.1	21,078.6	17,511.4	20,460.1	20,485.1
III	−671.4	2,510.3	3,181.6	3,622.6	1,358.6	800.6	558.0	2,263.9	20,662.4	21,421.1	17,711.2	20,716.9	20,733.3
IV	−684.1	2,510.5	3,194.7	3,644.8	1,371.8	814.4	557.4	2,273.0	20,797.7	21,582.0	17,837.1	20,848.6	20,873.2
2019: I	−633.8	2,520.3	3,154.1	3,683.1	1,394.7	831.8	562.9	2,288.4	20,985.5	21,732.7	17,936.3	21,056.7	21,077.8
II	−662.7	2,504.0	3,166.7	3,742.3	1,415.2	841.6	573.5	2,327.1	21,265.5	22,002.9	18,185.9	21,237.8	21,289.0
III	−653.0	2,495.1	3,148.2	3,772.8	1,432.2	849.3	583.0	2,340.5	21,475.5	22,195.6	18,355.8	21,440.4	21,491.5
IV ᴾ	−578.4	2,495.6	3,074.0	3,818.9	1,451.6	863.9	587.7	2,367.3	21,722.4	22,312.7	18,481.8	....	
	Billions of chained (2012) dollars													
2004	−841.4	1,431.2	2,272.6	2,992.7	1,077.5	692.7	384.8	1,920.1	14,335.7	15,254.1	12,194.2	14,432.4	14,419.4
2005	−887.8	1,533.2	2,421.0	3,015.5	1,099.1	708.6	390.6	1,920.1	14,852.3	15,804.5	12,725.8	14,975.5	14,944.0
2006	−905.0	1,676.4	2,581.5	3,063.5	1,125.0	719.8	405.3	1,941.6	15,263.0	16,246.7	13,102.6	15,569.1	15,453.7
2007	−823.6	1,822.3	2,646.0	3,118.6	1,147.0	740.3	406.7	1,974.7	15,588.7	16,454.6	13,293.8	15,606.9	15,616.5
2008	−661.6	1,925.4	2,587.1	3,195.6	1,218.8	791.5	427.3	1,978.7	15,639.7	16,270.7	13,108.0	15,410.8	15,507.7
2009	−484.8	1,763.8	2,248.6	3,307.3	1,293.0	836.7	456.3	2,015.6	15,373.0	15,698.9	12,557.6	15,006.6	15,107.7
2010	−565.9	1,977.9	2,543.8	3,307.2	1,346.1	861.3	484.8	1,961.3	15,546.6	16,164.7	12,805.7	15,535.2	15,567.0
2011	−568.1	2,119.0	2,687.1	3,203.3	1,311.1	842.9	468.3	1,892.2	15,796.5	16,408.8	13,161.2	15,894.9	15,867.8
2012	−568.6	2,191.3	2,759.9	3,137.0	1,286.5	814.2	472.4	1,850.5	16,125.8	16,765.6	13,557.4	16,438.4	16,317.7
2013	−532.8	2,269.6	2,802.4	3,061.0	1,215.3	759.6	455.6	1,845.3	16,386.2	17,028.6	13,858.9	16,652.9	16,574.1
2014	−577.2	2,365.3	2,942.5	3,033.4	1,183.8	728.4	455.2	1,848.6	16,822.3	17,487.7	14,366.5	17,191.1	17,051.5
2015	−721.6	2,376.5	3,098.1	3,091.8	1,182.7	713.0	469.3	1,907.5	17,261.1	18,114.2	14,888.0	17,647.3	17,525.6
2016	−783.7	2,376.1	3,159.8	3,147.7	1,187.8	708.7	478.5	1,957.9	17,647.6	18,455.9	15,270.8	17,794.7	17,741.8
2017	−849.8	2,458.8	3,308.5	3,169.6	1,197.0	714.0	482.4	1,970.6	18,058.4	18,931.2	15,716.4	18,170.8	18,139.4
2018	−920.0	2,532.9	3,453.0	3,223.9	1,232.2	737.5	494.2	1,990.0	18,571.3	19,523.2	16,237.8	18,628.4	18,633.3
2019 ᴾ	−954.2	2,531.9	3,486.1	3,299.4	1,275.7	773.6	501.9	2,022.5	18,988.7	19,994.4	16,616.3	....	
2016: I	−777.7	2,345.1	3,122.7	3,143.0	1,190.6	713.2	476.8	1,950.5	17,492.6	18,318.9	15,114.9	17,794.3	17,675.6
II	−760.9	2,367.9	3,128.9	3,137.5	1,182.5	703.8	478.0	1,953.0	17,607.5	18,387.3	15,221.9	17,716.2	17,677.8
III	−761.4	2,403.4	3,164.9	3,151.0	1,188.2	709.8	477.8	1,960.8	17,726.7	18,482.5	15,327.6	17,804.7	17,769.9
IV	−834.6	2,388.1	3,222.7	3,159.3	1,189.9	708.1	481.1	1,967.4	17,763.5	18,635.1	15,418.7	17,865.2	17,844.7
2017: I	−831.5	2,423.5	3,255.0	3,157.3	1,186.4	704.7	480.9	1,968.9	17,895.1	18,732.7	15,549.7	18,034.1	17,979.7
II	−850.0	2,432.9	3,282.9	3,168.0	1,195.9	716.4	479.0	1,970.1	17,985.3	18,844.8	15,645.6	18,151.7	18,086.3
III	−833.7	2,459.5	3,293.2	3,167.1	1,196.1	713.4	482.0	1,969.0	18,082.5	18,974.1	15,730.1	18,188.3	18,175.9
IV	−883.8	2,519.2	3,403.0	3,186.1	1,209.8	721.4	487.7	1,974.5	18,270.7	19,173.1	15,940.2	18,310.2	18,316.3
2018: I	−884.2	2,524.0	3,408.2	3,201.1	1,218.1	722.5	494.9	1,981.2	18,380.4	19,290.7	16,036.7	18,519.7	18,479.0
II	−850.5	2,559.9	3,410.4	3,221.4	1,229.9	735.7	493.6	1,989.9	18,595.6	19,422.1	16,204.4	18,552.7	18,575.4
III	−962.4	2,519.3	3,481.8	3,238.0	1,238.7	741.2	497.0	1,997.7	18,630.9	19,656.0	16,320.9	18,703.1	18,717.9
IV	−983.0	2,528.5	3,511.6	3,234.9	1,242.1	750.6	491.3	1,991.4	18,678.3	19,724.2	16,389.2	18,739.3	18,761.4
2019: I	−944.0	2,554.4	3,498.3	3,258.1	1,248.8	764.5	484.5	2,007.9	18,797.5	19,836.1	16,452.7	18,889.5	18,908.4
II	−980.7	2,517.5	3,498.2	3,296.6	1,273.9	770.8	502.9	2,021.4	18,935.2	19,965.4	16,587.1	18,930.5	18,976.2
III	−990.1	2,523.4	3,513.6	3,310.4	1,284.4	775.0	509.1	2,024.9	19,035.7	20,073.7	16,683.1	19,030.5	19,075.8
IV ᴾ	−902.0	2,532.4	3,434.4	3,298.2	1,295.7	784.3	511.1	2,035.8	19,186.4	20,102.2	16,742.4	....	

[1] Gross domestic product (GDP) less exports of goods and services plus imports of goods and services.
[2] Personal consumption expenditures plus gross private fixed investment.
[3] For chained dollar measures, gross domestic income is deflated by the implicit price deflator for GDP.

Source: Department of Commerce (Bureau of Economic Analysis).

付録

B

TABLE B–4. Percentage shares of gross domestic product, 1969–2019

[Percent of nominal GDP]

Year or quarter	Gross domestic product (percent)	Personal consumption expenditures			Gross private domestic investment							
						Fixed investment						Change in private inventories
							Nonresidential					
		Total	Goods	Services	Total	Total	Total	Structures	Equipment	Intellectual property products	Residential	
1969	100.0	59.3	29.9	29.4	17.1	16.2	11.8	3.7	6.4	1.7	4.4	0.9
1970	100.0	60.3	29.7	30.6	15.8	15.7	11.6	3.8	6.2	1.7	4.0	.2
1971	100.0	60.1	29.4	30.7	16.9	16.2	11.2	3.7	5.9	1.6	5.0	.7
1972	100.0	60.1	29.2	30.8	17.8	17.1	11.5	3.7	6.2	1.6	5.7	.7
1973	100.0	59.6	29.2	30.4	18.7	17.6	12.1	3.9	6.7	1.6	5.5	1.1
1974	100.0	60.2	29.2	31.0	17.8	16.9	12.4	4.0	6.8	1.7	4.5	.9
1975	100.0	61.2	29.2	32.0	15.3	15.6	11.7	3.6	6.4	1.7	4.0	-.4
1976	100.0	61.3	29.2	32.1	17.3	16.3	11.7	3.5	6.5	1.7	4.6	.9
1977	100.0	61.2	28.8	32.4	19.1	18.0	12.4	3.6	7.1	1.7	5.5	1.1
1978	100.0	60.5	28.2	32.3	20.3	19.2	13.4	4.0	7.7	1.7	5.9	1.1
1979	100.0	60.3	28.1	32.3	20.5	19.9	14.2	4.5	7.9	1.8	5.6	.7
1980	100.0	61.3	28.0	33.3	18.6	18.8	14.2	4.8	7.6	1.9	4.5	-.2
1981	100.0	60.3	27.1	33.2	19.7	18.8	14.7	5.2	7.5	2.0	4.0	.9
1982	100.0	61.9	26.9	35.0	17.4	17.8	14.5	5.3	7.0	2.2	3.3	-.4
1983	100.0	62.8	26.8	36.0	17.5	17.7	13.3	4.2	6.8	2.2	4.4	-.2
1984	100.0	61.7	26.3	35.4	20.3	18.7	14.0	4.4	7.2	2.4	4.7	1.6
1985	100.0	62.5	26.2	36.3	19.1	18.6	14.0	4.5	7.1	2.4	4.6	.5
1986	100.0	63.0	26.1	36.9	18.5	18.4	13.3	3.9	6.9	2.5	5.1	.1
1987	100.0	63.4	25.9	37.5	18.4	17.8	12.7	3.6	6.6	2.5	5.1	.6
1988	100.0	63.6	25.5	38.1	17.9	17.5	12.6	3.5	6.6	2.5	4.9	.4
1989	100.0	63.4	25.2	38.2	17.7	17.2	12.7	3.4	6.6	2.7	4.5	.5
1990	100.0	63.9	25.0	38.9	16.7	16.4	12.4	3.4	6.2	2.8	4.0	.2
1991	100.0	64.0	24.3	39.7	15.3	15.3	11.8	3.0	5.9	2.9	3.6	.0
1992	100.0	64.4	24.0	40.4	15.5	15.3	11.4	2.6	5.9	2.9	3.9	.3
1993	100.0	64.9	23.9	41.0	16.1	15.8	11.7	2.6	6.2	2.9	4.2	.3
1994	100.0	64.8	24.0	40.8	17.2	16.4	11.9	2.6	6.5	2.8	4.4	.9
1995	100.0	65.0	23.8	41.2	17.2	16.8	12.6	2.7	6.9	3.0	4.2	.4
1996	100.0	65.0	23.8	41.2	17.7	17.4	12.9	2.8	7.0	3.1	4.4	.4
1997	100.0	64.5	23.4	41.2	18.6	17.8	13.4	2.9	7.1	3.4	4.4	.8
1998	100.0	64.9	23.3	41.6	19.2	18.5	13.8	3.0	7.3	3.5	4.6	.7
1999	100.0	65.2	23.7	41.5	19.6	19.0	14.2	3.0	7.4	3.8	4.8	.6
2000	100.0	66.0	23.9	42.0	19.9	19.4	14.6	3.1	7.5	4.0	4.7	.5
2001	100.0	66.8	23.9	42.9	18.3	18.6	13.8	3.2	6.7	3.9	4.8	-.4
2002	100.0	67.1	23.8	43.4	17.7	17.5	12.4	2.6	6.0	3.7	5.1	.2
2003	100.0	67.4	23.8	43.6	17.7	17.6	12.0	2.5	5.9	3.7	5.6	.1
2004	100.0	67.2	23.8	43.5	18.7	18.2	12.0	2.5	5.9	3.6	6.1	.5
2005	100.0	67.1	23.6	43.4	19.4	19.0	12.4	2.7	6.1	3.6	6.6	.4
2006	100.0	67.0	23.5	43.6	19.6	19.1	13.0	3.1	6.2	3.7	6.1	.5
2007	100.0	67.2	23.3	43.9	18.5	18.3	13.5	3.5	6.2	3.8	4.8	.2
2008	100.0	67.8	22.9	44.9	16.8	17.0	13.5	3.9	5.7	3.9	3.5	-.2
2009	100.0	68.1	22.0	46.1	13.4	14.4	11.7	3.2	4.6	3.9	2.7	-1.0
2010	100.0	67.9	22.1	45.8	14.4	14.1	11.6	2.5	5.2	3.9	2.5	.4
2011	100.0	68.5	22.6	45.8	15.0	14.7	12.3	2.6	5.7	4.0	2.4	.3
2012	100.0	68.0	22.5	45.5	16.2	15.7	13.1	3.0	6.1	4.0	2.7	.4
2013	100.0	67.4	22.2	45.2	16.8	16.2	13.2	2.9	6.1	4.1	3.0	.6
2014	100.0	67.5	22.0	45.4	17.4	16.9	13.7	3.3	6.2	4.2	3.2	.5
2015	100.0	67.4	21.5	45.9	17.7	17.0	13.5	3.1	6.2	4.2	3.5	.7
2016	100.0	68.1	21.4	46.8	17.0	16.8	13.1	2.9	5.8	4.3	3.7	.1
2017	100.0	68.2	21.3	46.9	17.3	17.1	13.2	3.0	5.9	4.4	3.9	.2
2018	100.0	68.0	21.2	46.8	17.6	17.4	13.5	3.1	5.9	4.5	3.8	.3
2019 P	100.0	68.0	21.0	46.9	17.5	17.2	13.4	2.9	5.8	4.7	3.7	.3
2016: I	100.0	68.0	21.3	46.6	17.1	16.8	13.1	2.8	6.0	4.3	3.7	.3
II	100.0	68.1	21.4	46.7	16.9	16.8	13.1	2.9	5.9	4.4	3.7	.1
III	100.0	68.2	21.4	46.8	16.8	16.9	13.1	3.0	5.8	4.4	3.7	.0
IV	100.0	68.2	21.3	46.9	17.1	16.9	13.1	3.0	5.7	4.4	3.8	.2
2017: I	100.0	68.3	21.4	46.9	17.1	17.1	13.2	3.0	5.8	4.4	3.9	.1
II	100.0	68.3	21.3	46.9	17.2	17.1	13.3	3.0	5.9	4.4	3.9	.1
III	100.0	68.0	21.3	46.8	17.3	17.1	13.2	3.0	5.9	4.4	3.8	.3
IV	100.0	68.2	21.4	46.8	17.4	17.2	13.3	3.0	5.9	4.4	3.9	.2
2018: I	100.0	68.1	21.3	46.8	17.6	17.4	13.5	3.1	6.0	4.5	3.9	.2
II	100.0	68.0	21.3	46.7	17.4	17.4	13.6	3.1	5.9	4.5	3.8	.0
III	100.0	68.0	21.2	46.8	17.8	17.3	13.5	3.1	5.9	4.5	3.8	.4
IV	100.0	68.0	21.1	47.0	17.8	17.3	13.6	3.0	6.0	4.6	3.8	.5
2019: I	100.0	67.6	20.8	46.8	17.9	17.4	13.7	3.1	5.9	4.7	3.7	.5
II	100.0	68.0	21.1	46.9	17.6	17.2	13.5	3.0	5.9	4.7	3.7	.4
III	100.0	68.1	21.2	47.0	17.4	17.1	13.4	2.9	5.7	4.7	3.7	.3
IV P	100.0	68.1	21.0	47.1	17.0	16.9	13.2	2.8	5.6	4.8	3.8	.1

See next page for continuation of table.

TABLE B–4. Percentage shares of gross domestic product, 1969–2019—*Continued*

[Percent of nominal GDP]

Year or quarter	Net exports	Exports Total	Exports Goods	Exports Services	Imports Total	Imports Goods	Imports Services	Gov. Total	Federal Total	Federal National defense	Federal Non-defense	State and local
1969	0.1	5.1	3.8	1.3	5.0	3.6	1.3	23.5	12.9	10.0	2.9	10.6
1970	.4	5.6	4.2	1.4	5.2	3.8	1.4	23.5	12.4	9.4	3.0	11.2
1971	.1	5.4	4.0	1.4	5.4	4.0	1.4	23.0	11.5	8.4	3.1	11.4
1972	–.3	5.5	4.1	1.4	5.8	4.5	1.4	22.4	11.1	7.9	3.2	11.3
1973	.3	6.7	5.3	1.4	6.4	5.0	1.4	21.4	10.3	7.2	3.1	11.1
1974	–.1	8.2	6.7	1.5	8.2	6.8	1.5	22.1	10.3	7.1	3.2	11.8
1975	.9	8.2	6.7	1.6	7.3	5.9	1.4	22.6	10.3	7.0	3.3	12.3
1976	–.1	8.0	6.5	1.5	8.1	6.7	1.4	21.6	9.9	6.7	3.2	11.7
1977	–1.1	7.7	6.2	1.5	8.8	7.3	1.4	20.9	9.6	6.5	3.2	11.2
1978	–1.1	7.9	6.4	1.6	9.0	7.5	1.5	20.3	9.3	6.2	3.1	10.9
1979	–.9	8.8	7.1	1.6	9.6	8.1	1.5	20.0	9.2	6.1	3.0	10.8
1980	–.5	9.8	8.1	1.8	10.3	8.7	1.6	20.6	9.6	6.4	3.2	11.0
1981	–.4	9.5	7.6	1.9	9.9	8.4	1.6	20.4	9.8	6.7	3.1	10.6
1982	–.6	8.5	6.7	1.8	9.1	7.5	1.6	21.3	10.4	7.3	3.1	10.9
1983	–1.4	7.6	5.9	1.7	9.0	7.5	1.5	21.1	10.5	7.5	3.0	10.6
1984	–2.5	7.5	5.7	1.8	10.0	8.3	1.7	20.5	10.2	7.4	2.8	10.3
1985	–2.6	7.0	5.2	1.7	9.6	7.9	1.7	21.0	10.4	7.6	2.8	10.5
1986	–2.9	7.0	5.1	2.0	9.9	8.1	1.8	21.3	10.5	7.7	2.8	10.8
1987	–3.0	7.5	5.5	2.0	10.5	8.5	1.9	21.2	10.4	7.7	2.7	10.9
1988	–2.1	8.5	6.3	2.1	10.6	8.6	1.9	20.6	9.8	7.3	2.5	10.8
1989	–1.5	8.9	6.6	2.3	10.5	8.6	1.9	20.4	9.5	6.9	2.5	11.0
1990	–1.3	9.3	6.8	2.5	10.6	8.5	2.0	20.8	9.4	6.8	2.6	11.3
1991	–.5	9.7	7.0	2.7	10.1	8.1	2.0	21.1	9.5	6.7	2.7	11.6
1992	–.5	9.7	7.0	2.7	10.2	8.4	1.9	20.6	9.0	6.2	2.8	11.6
1993	–1.0	9.5	6.8	2.7	10.5	8.6	1.9	19.9	8.5	5.7	2.7	11.4
1994	–1.3	9.9	7.1	2.8	11.2	9.3	1.9	19.2	7.9	5.2	2.6	11.4
1995	–1.2	10.6	7.8	2.9	11.8	9.9	1.9	19.0	7.5	4.9	2.6	11.4
1996	–1.2	10.7	7.8	3.0	11.9	10.0	1.9	18.5	7.2	4.7	2.5	11.3
1997	–1.2	11.1	8.2	3.0	12.3	10.3	2.0	18.0	6.8	4.3	2.5	11.2
1998	–1.8	10.5	7.6	2.9	12.3	10.3	2.0	17.8	6.5	4.1	2.4	11.3
1999	–2.7	10.3	7.4	2.9	13.0	10.9	2.0	17.9	6.3	4.0	2.4	11.5
2000	–3.7	10.7	7.8	2.9	14.4	12.2	2.2	17.8	6.2	3.8	2.4	11.6
2001	–3.5	9.7	7.0	2.7	13.2	11.1	2.1	18.4	6.3	3.9	2.4	12.1
2002	–3.9	9.1	6.5	2.6	13.0	10.9	2.1	19.1	6.8	4.2	2.6	12.3
2003	–4.4	9.0	6.4	2.6	13.4	11.3	2.2	19.3	7.2	4.5	2.7	12.1
2004	–5.1	9.6	6.8	2.8	14.7	12.3	2.4	19.1	7.3	4.7	2.6	11.8
2005	–5.5	10.0	7.1	2.9	15.5	13.2	2.4	19.0	7.3	4.7	2.6	11.7
2006	–5.6	10.7	7.6	3.1	16.2	13.7	2.5	19.0	7.2	4.6	2.6	11.8
2007	–5.0	11.5	8.0	3.5	16.5	13.8	2.6	19.3	7.3	4.7	2.6	12.0
2008	–4.9	12.5	8.8	3.7	17.4	14.6	2.8	20.3	7.8	5.1	2.7	12.4
2009	–2.7	10.9	7.3	3.6	13.7	11.0	2.7	21.3	8.4	5.5	3.0	12.8
2010	–3.4	12.3	8.5	3.8	15.7	13.0	2.8	21.0	8.7	5.5	3.1	12.4
2011	–3.7	13.5	9.4	4.1	17.3	14.4	2.8	20.3	8.4	5.4	3.0	11.9
2012	–3.5	13.5	9.4	4.1	17.0	14.2	2.8	19.4	7.9	5.0	2.9	11.4
2013	–2.9	13.5	9.3	4.3	16.5	13.7	2.8	18.7	7.3	4.6	2.8	11.4
2014	–2.9	13.5	9.2	4.3	16.4	13.6	2.8	18.1	6.9	4.2	2.7	11.1
2015	–2.9	12.4	8.2	4.2	15.3	12.6	2.7	17.8	6.7	4.0	2.7	11.1
2016	–2.8	11.9	7.7	4.1	14.6	11.9	2.8	17.7	6.6	3.9	2.7	11.1
2017	–2.9	12.1	7.9	4.2	15.0	12.2	2.8	17.5	6.5	3.8	2.7	11.0
2018	–3.1	12.2	8.1	4.1	15.3	12.5	2.8	17.5	6.5	3.9	2.7	10.9
2019 ᵖ	–2.9	11.7	7.7	4.0	14.6	11.8	2.8	17.5	6.6	4.0	2.7	10.9
2016: I	–2.8	11.8	7.6	4.1	14.6	11.8	2.8	17.8	6.7	3.9	2.7	11.1
II	–2.7	11.8	7.7	4.2	14.5	11.8	2.7	17.7	6.6	3.9	2.7	11.1
III	–2.7	12.0	7.8	4.2	14.6	11.9	2.8	17.6	6.6	3.9	2.7	11.1
IV	–2.9	11.9	7.7	4.1	14.8	12.0	2.8	17.6	6.6	3.9	2.7	11.1
2017: I	–3.0	12.0	7.8	4.2	15.0	12.2	2.8	17.6	6.5	3.8	2.7	11.0
II	–3.0	12.0	7.8	4.2	15.0	12.1	2.8	17.5	6.5	3.9	2.7	11.0
III	–2.8	12.0	7.8	4.2	14.8	12.0	2.8	17.4	6.5	3.8	2.7	10.9
IV	–3.0	12.3	8.1	4.2	15.3	12.4	2.8	17.4	6.5	3.8	2.7	10.9
2018: I	–3.1	12.3	8.1	4.2	15.4	12.6	2.8	17.5	6.5	3.8	2.7	10.9
II	–2.8	12.4	8.3	4.1	15.2	12.4	2.8	17.4	6.5	3.8	2.7	10.9
III	–3.2	12.1	8.0	4.1	15.3	12.5	2.8	17.5	6.5	3.9	2.7	10.9
IV	–3.3	12.0	7.9	4.1	15.3	12.4	2.8	17.4	6.6	3.9	2.7	10.9
2019: I	–3.0	11.9	7.9	4.1	14.9	12.1	2.8	17.5	6.6	3.9	2.7	10.8
II	–3.1	11.7	7.7	4.0	14.8	12.0	2.8	17.5	6.6	3.9	2.7	10.9
III	–3.0	11.6	7.6	4.0	14.6	11.8	2.8	17.5	6.6	3.9	2.7	10.9
IV ᵖ	–2.7	11.5	7.5	4.0	14.1	11.3	2.8	17.6	6.7	4.0	2.7	10.9

Source: Department of Commerce (Bureau of Economic Analysis).

Table B–5. Chain-type price indexes for gross domestic product, 1969–2019

[Index numbers, 2012=100, except as noted; quarterly data seasonally adjusted]

| Year or quarter | Gross domestic product | Personal consumption expenditures | | | Gross private domestic investment | | | | | | |
		Total	Goods	Services	Total	Fixed investment Total	Nonresidential Total	Structures	Equipment	Intellectual property products	Residential
1969	20.590	20.015	30.934	15.078	28.402	27.498	34.638	11.114	59.657	36.204	15.518
1970	21.676	20.951	32.114	15.913	29.624	28.699	36.295	11.845	61.891	37.929	16.016
1971	22.776	21.841	33.079	16.781	31.092	30.134	37.997	12.757	63.848	39.318	16.943
1972	23.760	22.586	33.926	17.491	32.388	31.420	39.297	13.674	64.686	40.490	17.975
1973	25.061	23.802	35.949	18.336	34.153	33.169	40.882	14.734	65.780	42.494	19.571
1974	27.309	26.280	40.436	19.890	37.559	36.449	44.857	16.770	70.713	46.461	21.593
1975	29.846	28.470	43.703	21.595	42.059	40.874	50.766	18.773	81.484	50.190	23.590
1976	31.490	30.032	45.413	23.093	44.384	43.232	53.562	19.692	86.486	52.408	25.117
1977	33.445	31.986	47.837	24.841	47.655	46.550	57.111	21.401	91.800	54.709	27.683
1978	35.798	34.211	50.773	26.750	51.517	50.444	60.930	23.468	96.900	57.557	31.082
1979	38.766	37.251	55.574	28.994	56.141	54.977	65.830	26.194	103.167	61.382	34.593
1980	42.278	41.262	61.797	32.009	61.395	60.105	71.641	28.629	112.249	66.123	38.325
1981	46.269	44.958	66.389	35.288	67.123	65.624	78.453	32.566	120.463	71.058	41.425
1982	49.130	47.456	68.198	38.058	70.679	69.311	82.911	35.136	125.415	75.093	43.646
1983	51.051	49.474	69.429	40.396	70.896	69.575	82.774	34.241	125.776	77.898	44.680
1984	52.894	51.343	70.742	42.498	71.661	70.253	83.036	34.540	124.748	80.081	46.003
1985	54.568	53.134	71.877	44.577	72.548	71.277	83.893	35.361	124.748	81.413	47.267
1986	55.673	54.290	71.541	46.408	74.178	73.021	85.365	36.039	127.254	82.047	49.351
1987	57.041	55.964	73.842	47.796	75.723	74.506	86.339	36.618	128.083	83.518	51.486
1988	59.055	58.151	75.788	50.082	77.627	76.586	88.514	38.171	129.854	86.129	53.278
1989	61.370	60.690	78.704	52.443	79.606	78.561	90.572	39.666	132.337	87.240	55.020
1990	63.676	63.355	81.927	54.846	81.270	80.278	92.516	40.948	135.042	88.147	56.288
1991	65.819	65.473	83.930	56.992	82.648	81.683	94.267	41.689	137.330	90.271	57.021
1992	67.321	67.218	84.943	59.018	82.647	81.728	93.960	41.699	137.121	89.373	57.723
1993	68.917	68.892	85.681	61.059	83.627	82.711	94.161	42.922	135.518	89.998	60.074
1994	70.386	70.330	86.552	62.719	84.875	83.983	94.904	44.437	135.277	90.468	62.247
1995	71.864	71.811	87.361	64.471	86.240	85.378	95.849	46.362	133.796	93.134	64.473
1996	73.178	73.346	88.321	66.240	86.191	85.450	95.267	47.540	130.762	93.544	65.856
1997	74.446	74.623	88.219	68.107	86.241	85.599	94.735	49.355	127.156	94.052	67.444
1998	75.267	75.216	86.893	69.549	85.608	85.133	93.248	51.612	121.451	93.595	69.223
1999	76.346	76.338	87.349	70.970	85.690	85.277	92.314	53.198	116.763	95.105	71.816
2000	78.069	78.235	89.082	72.938	86.815	86.486	92.718	55.283	114.224	97.814	75.004
2001	79.822	79.738	89.015	75.171	87.555	87.241	92.346	58.178	110.858	97.684	78.564
2002	81.039	80.789	88.166	77.123	87.841	87.500	91.863	60.603	108.531	96.376	80.510
2003	82.567	82.358	88.054	79.506	88.561	88.265	91.156	62.769	105.725	95.647	84.325
2004	84.778	84.411	89.292	81.965	91.148	90.843	92.055	67.416	104.841	95.335	90.243
2005	87.407	86.812	91.084	84.673	94.839	94.597	94.443	75.733	104.598	95.952	96.706
2006	90.074	89.174	92.306	87.616	98.176	97.958	96.745	84.749	103.560	97.088	102.355
2007	92.498	91.438	93.331	90.516	99.656	99.456	98.310	89.748	103.191	98.284	103.708
2008	94.264	94.180	96.122	93.235	100.474	100.296	99.832	94.335	102.542	99.834	102.249
2009	94.999	94.094	93.812	94.231	99.331	99.076	99.184	92.613	103.169	98.589	98.671
2010	96.109	95.705	95.183	95.957	97.687	97.568	97.416	92.006	99.471	98.306	98.317
2011	98.112	98.131	98.773	97.814	98.704	98.641	98.559	95.362	99.447	99.517	99.049
2012	100.000	100.000	100.000	100.000	100.000	100.000	100.000	100.000	100.000	100.000	100.000
2013	101.773	101.346	99.407	102.316	100.979	101.091	100.251	101.455	99.787	100.081	105.054
2014	103.647	102.830	98.920	104.804	102.922	103.172	101.469	107.198	99.169	100.791	111.118
2015	104.688	103.045	95.885	106.704	103.666	104.187	102.042	109.598	98.672	101.677	114.129
2016	105.770	104.091	94.318	109.120	103.567	104.234	101.146	109.958	97.436	100.464	118.148
2017	107.795	105.929	94.586	111.793	105.378	106.057	102.116	112.952	97.287	101.742	123.510
2018	110.382	108.143	95.232	114.851	107.757	108.507	103.515	117.062	97.396	103.282	130.488
2019 ᴾ	112.358	109.670	94.785	117.458	109.418	110.164	104.694	121.097	97.525	104.211	134.310
2016: I	104.933	103.297	94.181	107.979	103.031	103.720	101.080	109.254	97.771	100.224	115.777
II	105.618	103.910	94.465	108.765	103.419	104.082	101.169	110.089	97.562	100.280	117.271
III	105.987	104.344	94.231	109.553	103.635	104.297	101.017	109.949	97.353	100.204	119.006
IV	106.543	104.812	94.393	110.182	104.184	104.837	101.319	110.542	97.056	101.149	120.540
2017: I	107.040	105.355	94.898	110.745	104.588	105.269	101.633	111.333	97.319	101.245	121.452
II	107.394	105.596	94.264	111.452	105.151	105.852	101.989	112.456	97.338	101.592	122.970
III	108.032	106.033	94.425	112.038	105.787	106.395	102.333	113.703	97.297	101.914	124.348
IV	108.715	106.733	94.759	112.935	105.985	106.714	102.509	114.317	97.194	102.216	125.270
2018: I	109.341	107.401	95.228	113.707	106.862	107.595	102.950	115.133	97.116	103.154	128.031
II	110.209	107.988	95.400	114.520	107.615	108.386	103.428	116.547	97.321	103.433	130.203
III	110.765	108.413	95.319	115.220	108.186	108.951	103.841	117.480	97.710	103.558	131.450
IV	111.212	108.772	94.982	115.958	108.366	109.096	103.839	119.087	97.436	102.984	132.267
2019: I	111.504	108.879	94.590	116.339	108.832	109.577	104.241	119.899	97.669	103.378	133.108
II	112.173	109.522	94.955	117.133	109.382	110.110	104.770	121.074	97.764	104.123	133.655
III	112.679	109.928	94.772	117.865	109.678	110.426	104.911	121.543	97.487	104.638	134.780
IV ᴾ	113.076	110.352	94.822	118.497	109.779	110.543	104.854	121.871	97.182	104.704	135.697

See next page for continuation of table.

TABLE B–6. Gross value added by sector, 1969–2019

[Billions of dollars; quarterly data at seasonally adjusted annual rates]

Year or quarter	Gross domestic product	Business [1]			Households and institutions			General government [3]			Addendum: Gross housing value added
		Total	Nonfarm [1]	Farm	Total	Households	Nonprofit institutions serving households [2]	Total	Federal	State and local	
1969	1,017.6	782.7	759.9	22.8	87.0	57.1	30.0	147.9	76.9	70.9	73.0
1970	1,073.3	815.9	792.3	23.7	94.6	61.2	33.4	162.8	82.5	80.3	78.8
1971	1,164.9	882.5	857.2	25.4	104.5	67.2	37.4	177.8	87.5	90.3	86.4
1972	1,279.1	972.5	942.9	29.7	114.0	72.7	41.4	192.6	92.4	100.2	93.9
1973	1,425.4	1,094.0	1,047.2	46.8	124.6	78.5	46.1	206.8	96.4	110.4	101.4
1974	1,545.2	1,182.8	1,138.5	44.2	137.2	85.5	51.7	225.3	102.5	122.8	110.4
1975	1,684.9	1,284.8	1,239.2	45.6	151.6	93.7	58.0	248.4	110.5	138.0	121.3
1976	1,873.4	1,443.3	1,400.2	43.0	164.9	101.7	63.2	265.3	117.3	148.0	130.9
1977	2,081.8	1,616.2	1,572.7	43.5	179.9	110.7	69.2	285.7	125.2	160.6	144.2
1978	2,351.6	1,838.2	1,787.5	50.7	202.1	124.8	77.3	311.3	135.8	175.5	160.2
1979	2,627.3	2,062.8	2,002.7	60.1	226.3	139.5	86.9	338.2	145.4	192.8	177.7
1980	2,857.3	2,225.8	2,174.4	51.4	258.2	158.8	99.3	373.4	159.8	213.5	204.0
1981	3,207.0	2,502.0	2,437.0	65.0	291.6	179.2	112.4	413.5	178.3	235.2	231.6
1982	3,343.8	2,568.6	2,508.2	60.4	323.8	198.2	125.6	451.4	195.7	255.6	258.6
1983	3,634.0	2,801.9	2,757.0	44.9	352.5	213.6	138.9	479.7	207.1	272.6	280.6
1984	4,037.6	3,136.7	3,072.6	64.2	383.8	230.9	152.8	517.1	225.3	291.9	303.1
1985	4,339.0	3,369.6	3,305.9	63.7	411.8	248.2	163.6	557.5	240.0	317.6	333.8
1986	4,579.6	3,539.3	3,479.4	59.9	447.0	268.4	178.6	593.3	250.6	342.7	364.5
1987	4,855.2	3,735.2	3,673.2	62.0	489.5	289.8	199.7	630.4	261.0	369.4	392.1
1988	5,236.4	4,019.3	3,957.9	61.4	539.8	316.4	223.4	677.4	278.5	398.8	424.2
1989	5,641.6	4,326.7	4,252.8	73.9	586.0	341.4	244.6	728.8	292.8	436.1	452.7
1990	5,963.1	4,542.0	4,464.2	77.8	636.3	367.6	268.8	784.9	306.7	478.2	487.0
1991	6,158.1	4,645.0	4,574.7	70.4	677.3	386.6	290.7	835.8	323.5	512.2	515.3
1992	6,520.3	4,920.2	4,840.4	79.9	720.3	407.1	313.2	879.8	329.6	550.2	545.2
1993	6,858.6	5,177.4	5,106.2	71.3	772.8	437.6	335.1	908.3	331.5	576.9	578.4
1994	7,287.2	5,523.7	5,440.1	83.6	824.7	472.7	352.0	938.8	332.6	606.2	619.6
1995	7,639.7	5,795.1	5,726.7	68.4	877.8	506.9	370.9	966.9	333.0	633.9	662.6
1996	8,073.1	6,159.5	6,066.9	92.6	923.2	534.6	388.7	990.3	331.8	658.6	695.0
1997	8,577.6	6,578.8	6,490.6	88.1	975.9	565.7	410.2	1,022.9	333.5	689.3	731.9
1998	9,062.8	6,959.2	6,880.2	79.0	1,040.6	601.6	439.0	1,063.0	336.8	726.2	774.8
1999	9,630.7	7,400.1	7,329.2	70.9	1,112.4	645.2	467.3	1,118.1	345.0	773.1	826.2
2000	10,252.3	7,876.1	7,800.1	76.0	1,191.9	693.5	498.5	1,184.3	360.3	824.0	881.7
2001	10,581.8	8,062.0	7,983.9	78.1	1,267.2	744.7	522.6	1,252.6	370.3	882.3	943.5
2002	10,936.4	8,264.4	8,190.4	74.0	1,343.6	780.7	562.9	1,328.4	397.8	930.6	985.1
2003	11,458.2	8,642.4	8,551.3	91.1	1,411.0	816.6	594.4	1,404.8	434.7	970.1	1,016.4
2004	12,213.7	9,240.6	9,121.2	119.4	1,494.5	868.4	626.1	1,478.7	459.4	1,019.3	1,075.2
2005	13,036.6	9,898.0	9,793.5	104.5	1,583.3	933.4	649.8	1,555.4	488.4	1,067.0	1,151.9
2006	13,814.6	10,509.1	10,412.8	96.3	1,673.6	991.2	682.4	1,631.9	509.9	1,122.1	1,224.2
2007	14,451.9	10,994.6	10,878.9	115.7	1,730.3	1,016.9	713.4	1,726.9	535.7	1,191.2	1,273.4
2008	14,712.8	11,054.9	10,935.4	119.5	1,836.8	1,075.2	761.6	1,821.2	569.1	1,252.1	1,349.5
2009	14,448.9	10,669.9	10,566.8	103.1	1,895.5	1,097.0	798.5	1,883.5	603.0	1,280.5	1,393.8
2010	14,992.1	11,140.5	11,022.8	117.6	1,905.5	1,091.0	814.5	1,946.1	640.0	1,306.1	1,400.2
2011	15,542.6	11,612.9	11,460.7	152.2	1,956.8	1,108.0	848.8	1,972.9	659.8	1,313.1	1,445.7
2012	16,197.0	12,189.5	12,040.5	148.9	2,018.4	1,128.0	890.3	1,989.1	663.7	1,325.5	1,478.5
2013	16,784.9	12,670.5	12,485.9	184.6	2,075.0	1,157.0	918.0	2,039.3	658.4	1,380.9	1,511.2
2014	17,527.3	13,280.5	13,112.4	168.1	2,158.8	1,203.3	955.4	2,088.0	666.8	1,421.1	1,585.1
2015	18,224.8	13,826.3	13,680.3	146.0	2,256.2	1,250.9	1,005.4	2,142.2	674.8	1,467.4	1,685.9
2016	18,715.0	14,180.6	14,051.6	129.0	2,349.0	1,301.8	1,047.2	2,185.4	686.3	1,499.1	1,769.5
2017	19,519.4	14,830.7	14,691.2	139.4	2,445.7	1,363.0	1,082.7	2,243.1	701.7	1,541.4	1,852.2
2018	20,580.2	15,680.8	15,551.2	129.6	2,569.9	1,437.4	1,132.5	2,329.5	729.0	1,600.5	1,942.8
2019 ᵖ	21,429.0	16,329.9	16,200.4	129.5	2,686.5	1,503.4	1,183.0	2,412.6	754.7	1,657.9	2,030.6
2016: I	18,424.3	13,942.9	13,813.5	129.4	2,315.6	1,282.7	1,032.8	2,165.8	680.3	1,485.5	1,740.9
II	18,637.3	14,120.5	13,987.7	132.8	2,338.0	1,296.4	1,041.5	2,178.8	684.6	1,494.2	1,761.3
III	18,806.7	14,255.5	14,124.8	130.7	2,358.2	1,306.9	1,051.3	2,193.0	688.5	1,504.5	1,777.6
IV	18,991.9	14,403.6	14,280.5	123.1	2,384.3	1,321.2	1,063.0	2,204.0	691.9	1,512.1	1,798.2
2017: I	19,190.4	14,557.5	14,411.1	146.4	2,414.1	1,342.4	1,071.7	2,218.9	695.4	1,523.5	1,823.8
II	19,356.6	14,690.6	14,547.0	143.6	2,434.2	1,355.7	1,078.5	2,231.8	698.0	1,533.8	1,841.7
III	19,611.7	14,910.7	14,776.6	134.1	2,450.5	1,366.3	1,084.3	2,250.4	703.3	1,547.2	1,861.5
IV	19,918.9	15,163.9	15,030.2	133.7	2,483.8	1,387.5	1,096.4	2,271.2	710.1	1,561.1	1,881.8
2018: I	20,163.2	15,345.7	15,212.9	132.8	2,523.8	1,409.2	1,114.6	2,293.6	718.2	1,575.5	1,908.0
II	20,510.2	15,633.5	15,498.2	135.3	2,559.2	1,432.5	1,126.7	2,317.5	725.7	1,591.8	1,935.5
III	20,749.8	15,823.3	15,699.6	123.7	2,582.2	1,446.0	1,136.2	2,344.3	733.4	1,610.9	1,953.6
IV	20,897.8	15,920.7	15,794.2	126.5	2,614.5	1,462.0	1,152.5	2,362.6	738.7	1,624.0	1,974.1
2019: I	21,098.8	16,070.6	15,946.8	123.8	2,648.3	1,480.6	1,167.7	2,379.9	745.3	1,634.6	1,998.5
II	21,340.3	16,271.9	16,143.9	128.0	2,669.7	1,497.5	1,172.2	2,398.7	750.5	1,648.1	2,022.4
III ᵖ	21,542.5	16,417.6	16,283.3	134.4	2,698.6	1,510.6	1,188.0	2,426.3	758.4	1,668.0	2,041.4
IV ᵖ	21,734.3	16,559.4	16,427.5	131.9	2,729.3	1,525.0	1,204.3	2,445.6	764.7	1,680.8	2,060.2

[1] Gross domestic business value added equals gross domestic product excluding gross value added of households and institutions and of general government. Nonfarm value added equals gross domestic business value added excluding gross farm value added.
[2] Equals compensation of employees of nonprofit institutions, the rental value of nonresidential fixed assets owned and used by nonprofit institutions serving households, and rental income of persons for tenant-occupied housing owned by nonprofit institutions.
[3] Equals compensation of general government employees plus general government consumption of fixed capital.

Source: Department of Commerce (Bureau of Economic Analysis).

付録

B

TABLE B-7. Real gross value added by sector, 1969–2019

[Billions of chained (2012) dollars; quarterly data at seasonally adjusted annual rates]

Year or quarter	Gross domestic product	Business [1]			Households and institutions			General government [3]			Addendum: Gross housing value added
		Total	Nonfarm [1]	Farm	Total	Households	Nonprofit institutions serving households [2]	Total	Federal	State and local	
1969	4,942.1	3,272.7	3,232.1	45.1	648.6	379.9	267.1	1,221.2	543.2	643.9	480.4
1970	4,951.3	3,271.3	3,227.9	46.4	660.5	388.7	269.5	1,226.5	525.5	672.7	496.4
1971	5,114.3	3,394.9	3,348.6	48.8	690.6	408.3	279.5	1,228.7	506.6	700.2	520.8
1972	5,383.3	3,616.6	3,574.1	48.8	717.9	425.2	289.6	1,226.9	487.2	724.6	545.5
1973	5,687.2	3,867.8	3,833.7	48.2	741.9	438.8	300.0	1,232.9	473.6	750.1	562.9
1974	5,656.5	3,808.8	3,776.2	47.2	772.2	458.4	310.3	1,257.1	473.8	777.4	590.5
1975	5,644.8	3,772.6	3,714.5	56.1	799.1	471.5	324.2	1,276.0	472.1	801.0	609.4
1976	5,949.0	4,027.5	3,980.8	53.4	809.4	477.7	328.4	1,286.8	473.3	811.7	615.4
1977	6,224.1	4,258.1	4,209.4	56.2	815.8	477.6	335.3	1,300.3	475.2	824.3	624.3
1978	6,568.6	4,529.7	4,490.5	54.1	846.3	500.5	342.1	1,325.1	481.5	843.7	646.7
1979	6,776.6	4,690.6	4,642.4	59.2	869.8	510.8	355.7	1,339.9	482.5	859.1	659.2
1980	6,759.2	4,648.3	4,602.9	57.6	896.0	525.3	367.4	1,359.9	490.3	871.1	682.5
1981	6,930.7	4,783.9	4,707.8	76.0	913.2	531.0	379.3	1,369.5	498.5	871.0	695.9
1982	6,805.8	4,646.5	4,563.8	79.7	940.9	538.3	401.1	1,385.7	507.7	876.9	712.1
1983	7,117.7	4,892.8	4,846.6	55.1	979.7	559.3	419.0	1,397.7	520.6	873.5	739.6
1984	7,632.8	5,326.8	5,256.6	73.5	1,002.2	569.8	431.3	1,418.3	534.1	879.0	753.8
1985	7,951.1	5,575.2	5,488.1	87.1	1,019.6	582.8	435.3	1,461.1	551.1	904.3	785.0
1986	8,226.4	5,777.7	5,695.7	83.3	1,051.5	594.4	456.5	1,500.5	564.4	930.7	806.3
1987	8,511.0	5,985.9	5,902.7	84.1	1,090.9	609.5	481.9	1,537.5	582.2	949.1	825.1
1988	8,866.5	6,241.4	6,171.6	74.8	1,146.9	634.8	513.6	1,580.7	593.4	981.6	852.3
1989	9,192.1	6,480.4	6,398.4	85.0	1,193.5	654.5	541.3	1,619.4	602.4	1,011.9	870.1
1990	9,365.5	6,584.1	6,494.1	91.7	1,231.8	667.2	568.3	1,659.8	612.9	1,042.2	887.5
1991	9,355.4	6,544.0	6,453.2	92.3	1,257.0	677.5	583.9	1,676.7	616.4	1,055.9	905.7
1992	9,684.9	6,821.1	6,715.4	106.6	1,288.8	692.8	600.7	1,683.9	606.3	1,073.9	927.7
1993	9,951.5	7,015.7	6,922.7	94.4	1,355.2	726.4	634.0	1,687.9	596.3	1,088.7	961.0
1994	10,352.4	7,354.0	7,241.3	114.3	1,400.9	763.3	641.4	1,689.5	579.7	1,107.7	1,002.0
1995	10,630.3	7,580.0	7,490.0	91.0	1,442.7	789.7	656.3	1,691.9	561.2	1,129.6	1,037.8
1996	11,031.4	7,931.9	7,827.1	105.3	1,471.4	805.9	669.0	1,695.2	547.8	1,147.1	1,055.7
1997	11,521.9	8,348.3	8,230.6	118.1	1,516.7	828.7	691.7	1,708.1	538.8	1,169.7	1,081.1
1998	12,038.3	8,781.0	8,666.5	114.0	1,567.5	850.2	722.2	1,726.8	533.1	1,194.6	1,106.4
1999	12,610.5	9,277.8	9,159.7	116.8	1,610.7	883.9	730.3	1,742.1	528.9	1,214.4	1,144.2
2000	13,131.0	9,728.6	9,593.7	138.2	1,640.6	923.9	717.8	1,770.3	531.7	1,240.0	1,184.9
2001	13,262.1	9,796.7	9,668.7	128.1	1,676.7	953.7	723.3	1,801.4	533.2	1,269.6	1,218.3
2002	13,493.1	9,968.0	9,835.5	133.5	1,702.5	960.1	743.4	1,835.6	542.6	1,294.4	1,221.4
2003	13,879.1	10,295.0	10,153.1	145.1	1,735.0	984.3	751.3	1,858.5	557.0	1,302.8	1,234.6
2004	14,406.4	10,736.4	10,581.6	159.8	1,803.1	1,024.9	778.7	1,871.5	565.1	1,307.5	1,278.2
2005	14,912.5	11,157.9	10,995.0	168.8	1,867.3	1,078.1	788.9	1,888.4	572.3	1,317.0	1,339.1
2006	15,338.3	11,533.3	11,370.8	165.5	1,898.7	1,107.0	790.9	1,903.9	576.7	1,328.3	1,376.2
2007	15,626.0	11,795.2	11,646.9	144.6	1,896.1	1,096.5	799.2	1,930.9	584.6	1,347.3	1,380.2
2008	15,604.7	11,679.1	11,527.7	148.5	1,953.1	1,131.2	821.4	1,970.9	606.3	1,365.3	1,424.7
2009	15,208.8	11,245.6	11,079.9	170.7	1,956.2	1,122.8	833.1	2,006.7	636.6	1,370.5	1,432.1
2010	15,598.8	11,607.3	11,443.9	165.1	1,975.0	1,126.3	848.6	2,016.3	658.0	1,358.5	1,449.0
2011	15,840.7	11,830.4	11,673.0	157.5	2,003.1	1,129.9	873.1	2,007.2	664.3	1,343.0	1,476.5
2012	16,197.0	12,189.5	12,040.5	148.9	2,018.4	1,128.0	890.3	1,989.1	663.7	1,325.5	1,478.5
2013	16,495.4	12,487.3	12,307.3	179.8	2,032.8	1,135.7	897.1	1,975.7	652.0	1,323.7	1,481.2
2014	16,912.0	12,877.1	12,695.0	181.6	2,064.8	1,158.6	906.3	1,971.9	646.9	1,324.7	1,520.0
2015	17,403.8	13,332.5	13,138.9	194.4	2,099.9	1,173.9	925.9	1,975.9	642.4	1,332.9	1,571.6
2016	17,688.9	13,567.8	13,365.6	205.8	2,132.3	1,189.6	942.7	1,994.0	645.1	1,348.2	1,601.9
2017	18,108.1	13,950.2	13,748.1	202.3	2,160.8	1,208.2	952.6	2,005.5	645.4	1,359.3	1,623.2
2018 P	18,638.2	14,425.1	14,224.0	196.5	2,203.4	1,236.8	966.6	2,022.2	648.1	1,373.1	1,650.0
2019 P	19,072.5	14,816.6	14,608.8	204.6	2,234.6	1,250.4	984.2	2,037.6	653.0	1,383.7	1,666.0
2016: I	17,556.8	13,450.5	13,254.1	197.6	2,124.0	1,186.1	937.8	1,986.8	644.3	1,341.9	1,595.9
II	17,639.4	13,521.4	13,319.0	206.6	2,132.0	1,190.0	942.0	1,990.8	645.0	1,345.2	1,601.7
III	17,735.1	13,606.9	13,399.7	214.1	2,134.9	1,190.1	944.8	1,998.5	645.8	1,352.1	1,603.3
IV	17,824.2	13,692.4	13,489.9	204.8	2,138.4	1,192.2	946.1	1,999.7	645.3	1,353.7	1,606.5
2017: I	17,925.3	13,780.4	13,573.4	211.3	2,150.2	1,202.0	948.1	2,001.4	645.5	1,355.1	1,616.1
II	18,021.0	13,868.8	13,664.9	205.8	2,157.1	1,206.7	950.3	2,002.7	644.6	1,357.3	1,620.8
III	18,163.6	14,004.8	13,805.9	196.8	2,160.9	1,206.9	953.9	2,007.0	645.4	1,360.8	1,625.2
IV	18,322.5	14,146.9	13,948.2	195.3	2,175.0	1,217.1	957.8	2,010.8	646.2	1,363.8	1,630.7
2018: I	18,438.3	14,247.7	14,049.1	194.2	2,187.2	1,226.0	961.2	2,014.3	646.1	1,367.4	1,639.6
II	18,598.1	14,388.3	14,186.0	198.9	2,201.5	1,236.9	964.6	2,020.4	648.4	1,371.1	1,650.1
III	18,732.7	14,509.6	14,308.4	195.9	2,208.8	1,239.7	969.1	2,027.5	650.1	1,376.5	1,652.5
IV	18,783.5	14,554.7	14,352.5	196.9	2,216.0	1,244.6	971.4	2,026.4	647.9	1,377.6	1,657.7
2019: I	18,927.3	14,696.2	14,492.0	199.0	2,225.2	1,247.3	977.9	2,021.6	640.8	1,379.7	1,661.8
II	19,021.9	14,770.3	14,561.2	207.0	2,231.3	1,249.4	981.8	2,036.2	654.5	1,380.8	1,664.7
III	19,121.1	14,856.3	14,644.9	210.2	2,237.5	1,251.0	986.4	2,044.0	657.4	1,385.8	1,667.0
IV P	19,219.8	14,944.4	14,737.0	202.3	2,244.4	1,253.7	990.7	2,048.6	659.2	1,388.6	1,670.5

[1] Gross domestic business value added equals gross domestic product excluding gross value added of households and institutions and of general government. Nonfarm value added equals gross domestic business value added excluding gross farm value added.

[2] Equals compensation of employees of nonprofit institutions, the rental value of nonresidential fixed assets owned and used by nonprofit institutions serving households, and rental income of persons for tenant-occupied housing owned by nonprofit institutions.

[3] Equals compensation of general government employees plus general government consumption of fixed capital.

Source: Department of Commerce (Bureau of Economic Analysis).

Table B–8. Gross domestic product (GDP) by industry, value added, in current dollars and as a percentage of GDP, 1997–2018

[Billions of dollars; except as noted]

Year	Gross domestic product	Total private industries	Agriculture, forestry, fishing, and hunting	Mining	Construction	Manufacturing			Utilities	Wholesale trade	Retail trade
						Total manufacturing	Durable goods	Non-durable goods			
						Value added					
1997	8,577.6	7,432.0	108.6	95.1	339.6	1,382.9	823.8	559.1	171.5	527.5	579.9
1998	9,062.8	7,871.5	99.8	81.7	379.8	1,430.6	850.7	579.9	163.7	563.7	626.9
1999	9,630.7	8,378.3	92.6	84.5	417.6	1,488.9	874.9	614.1	179.9	584.0	652.6
2000	10,252.3	8,929.3	98.3	110.6	461.3	1,550.2	924.8	625.4	180.1	622.6	685.5
2001	10,581.8	9,188.9	99.8	123.9	486.5	1,473.9	833.4	640.5	181.3	613.8	709.5
2002	10,936.4	9,462.0	95.6	112.4	493.6	1,468.5	832.8	635.7	177.6	613.1	732.6
2003	11,458.2	9,905.9	114.0	139.0	525.2	1,524.2	863.2	661.0	184.0	641.5	769.6
2004	12,213.7	10,582.5	142.9	166.5	584.6	1,608.1	905.1	703.0	199.2	697.1	795.6
2005	13,036.6	11,326.4	128.3	225.7	651.8	1,693.4	956.8	736.6	198.1	754.9	840.8
2006	13,814.6	12,022.6	125.1	273.3	697.1	1,793.8	1,004.4	789.4	226.8	811.5	869.9
2007	14,451.9	12,564.8	144.1	314.0	715.3	1,844.7	1,030.6	814.1	231.9	857.8	869.2
2008	14,712.8	12,731.2	147.2	392.2	648.9	1,800.8	999.7	801.1	241.7	884.3	848.7
2009	14,448.9	12,403.9	130.0	275.8	565.6	1,702.1	881.0	821.2	258.2	834.2	827.6
2010	14,992.1	12,884.1	146.3	305.8	525.1	1,797.0	964.3	832.7	278.8	888.9	851.5
2011	15,542.6	13,405.5	180.9	356.3	524.4	1,867.6	1,015.2	852.4	287.5	934.9	871.9
2012	16,197.0	14,037.5	179.6	358.8	553.4	1,927.1	1,061.7	865.3	279.7	997.4	908.4
2013	16,784.9	14,572.3	215.6	386.5	587.6	1,991.9	1,102.0	889.9	286.3	1,040.1	949.5
2014	17,527.3	15,255.9	201.0	416.4	636.9	2,050.2	1,134.1	916.1	298.1	1,088.2	974.5
2015	18,224.8	15,883.9	180.7	259.9	695.6	2,126.5	1,184.0	942.5	299.2	1,142.5	1,024.7
2016	18,715.0	16,326.1	164.3	215.6	745.5	2,101.2	1,190.5	910.6	302.4	1,133.8	1,056.5
2017	19,519.4	17,065.8	174.6	287.3	790.4	2,185.1	1,230.7	954.4	315.1	1,164.6	1,084.3
2018	20,580.2	18,035.6	166.5	346.6	839.1	2,321.2	1,296.4	1,024.8	325.9	1,212.2	1,126.9
Percent						Industry value added as a percentage of GDP (percent)					
1997	100.0	86.6	1.3	1.1	4.0	16.1	9.6	6.5	2.0	6.2	6.8
1998	100.0	86.9	1.1	.9	4.2	15.8	9.4	6.4	1.8	6.2	6.9
1999	100.0	87.0	1.0	.9	4.3	15.5	9.1	6.4	1.9	6.1	6.8
2000	100.0	87.1	1.0	1.1	4.5	15.1	9.0	6.1	1.8	6.1	6.7
2001	100.0	86.8	.9	1.2	4.6	13.9	7.9	6.1	1.7	5.8	6.7
2002	100.0	86.5	.9	1.0	4.5	13.4	7.6	5.8	1.6	5.6	6.7
2003	100.0	86.5	1.0	1.2	4.6	13.3	7.5	5.8	1.6	5.6	6.7
2004	100.0	86.6	1.2	1.4	4.8	13.2	7.4	5.8	1.6	5.7	6.5
2005	100.0	86.9	1.0	1.7	5.0	13.0	7.3	5.7	1.5	5.8	6.4
2006	100.0	87.0	.9	2.0	5.0	13.0	7.3	5.7	1.6	5.9	6.3
2007	100.0	86.9	1.0	2.2	4.9	12.8	7.1	5.6	1.6	5.9	6.0
2008	100.0	86.5	1.0	2.7	4.4	12.2	6.8	5.4	1.6	6.0	5.8
2009	100.0	85.8	.9	1.9	3.9	11.8	6.1	5.7	1.8	5.8	5.7
2010	100.0	85.9	1.0	2.0	3.5	12.0	6.4	5.6	1.9	5.9	5.7
2011	100.0	86.2	1.2	2.3	3.4	12.0	6.5	5.5	1.8	6.0	5.6
2012	100.0	86.7	1.1	2.2	3.4	11.9	6.6	5.3	1.7	6.2	5.6
2013	100.0	86.8	1.3	2.3	3.5	11.9	6.6	5.3	1.7	6.2	5.7
2014	100.0	87.0	1.1	2.4	3.6	11.7	6.5	5.2	1.7	6.2	5.6
2015	100.0	87.2	1.0	1.4	3.8	11.7	6.5	5.2	1.6	6.3	5.6
2016	100.0	87.2	.9	1.2	4.0	11.2	6.4	4.9	1.6	6.1	5.6
2017	100.0	87.4	.9	1.5	4.0	11.2	6.3	4.9	1.6	6.0	5.6
2018	100.0	87.6	.8	1.7	4.1	11.3	6.3	5.0	1.6	5.9	5.5

[1] Consists of agriculture, forestry, fishing, and hunting; mining; construction; and manufacturing.

[2] Consists of utilities; wholesale trade; retail trade; transportation and warehousing; information; finance, insurance, real estate, rental, and leasing; professional and business services; educational services, health care, and social assistance; arts, entertainment, recreation, accommodation, and food services; and other services, except government.

Note: Data shown in Tables B–8 and B–9 are consistent with the 2019 annual revision of the industry accounts released in July 2019. For details see *Survey of Current Business*, November 2019.

See next page for continuation of table.

TABLE B-9. Real gross domestic product by industry, value added, and percent changes, 1997–2018

Year	Gross domestic product	Private industries									
		Total private industries	Agriculture, forestry, fishing, and hunting	Mining	Construction	Manufacturing			Utilities	Wholesale trade	Retail trade
						Total manufacturing	Durable goods	Non-durable goods			

Chain-type quantity indexes for value added (2012=100)

Year											
1997	71.136	70.417	78.122	73.569	124.924	73.952	54.862	108.774	82.684	68.023	76.897
1998	74.324	73.791	76.225	76.540	130.646	76.995	59.373	106.919	78.993	74.707	84.286
1999	77.857	77.614	78.531	74.233	136.033	81.273	63.518	110.673	92.023	77.183	87.388
2000	81.070	81.097	90.102	65.831	141.541	87.116	70.928	111.745	93.244	81.126	90.310
2001	81.880	81.675	86.959	76.178	138.629	83.415	66.355	110.500	77.009	82.663	93.582
2002	83.306	83.128	90.001	78.193	134.131	84.146	67.757	109.712	79.706	83.546	97.689
2003	85.689	85.527	96.987	69.241	136.316	88.809	72.791	113.126	77.930	88.159	102.703
2004	88.945	89.042	104.744	69.643	141.182	95.078	78.019	120.927	82.678	91.924	104.467
2005	92.070	92.473	109.218	70.809	141.809	97.970	83.413	118.785	78.378	96.071	107.851
2006	94.698	95.475	111.013	81.679	138.846	103.527	89.812	122.532	83.261	98.749	108.686
2007	96.475	97.063	98.327	87.975	134.563	106.948	93.989	124.516	84.935	102.073	105.144
2008	96.343	96.460	100.402	85.158	121.446	104.777	94.526	118.051	89.475	101.967	101.290
2009	93.899	93.523	111.362	97.660	104.296	95.141	80.927	114.724	84.828	89.701	97.020
2010	96.306	95.938	107.954	86.193	98.928	100.289	91.144	112.361	95.043	95.040	99.094
2011	97.800	97.577	103.799	89.398	97.334	100.663	97.290	104.898	98.680	96.794	99.277
2012	100.000	100.000	100.000	100.000	100.000	100.000	100.000	100.000	100.000	100.000	100.000
2013	101.842	101.886	116.603	103.938	102.485	103.068	102.463	103.817	98.916	102.293	103.112
2014	104.415	104.833	117.923	115.332	104.396	104.832	103.973	105.900	95.102	106.201	105.005
2015	107.451	108.266	125.752	125.082	109.250	105.731	105.504	106.004	94.941	110.759	108.513
2016	109.211	110.049	131.765	117.847	112.975	105.187	105.917	104.238	99.769	109.317	112.262
2017	111.799	112.867	129.793	126.275	115.580	107.925	109.486	105.923	101.498	111.297	116.226
2018	115.072	116.441	127.954	130.409	118.118	112.157	114.663	108.991	101.330	113.090	120.332

Percent change from year earlier

Year											
1997	.....	.....	.....	.....	.....	.....	.....	.....	.....	.....	.....
1998	4.5	4.8	-2.4	4.0	4.6	4.1	8.2	-1.7	-4.5	9.8	9.6
1999	4.8	5.2	3.0	-3.0	4.1	5.6	7.0	3.5	16.5	3.3	3.7
2000	4.1	4.5	14.7	-11.3	4.0	7.2	11.7	1.0	1.3	5.1	3.3
2001	1.0	.7	-3.5	15.7	-2.1	-4.2	-6.4	-1.1	-17.4	1.9	3.6
2002	1.7	1.8	3.5	2.6	-3.2	.9	2.1	-.7	3.5	1.1	4.4
2003	2.9	2.9	7.8	-11.4	1.6	5.5	7.4	3.1	-2.2	5.5	5.1
2004	3.8	4.1	8.0	.6	3.6	7.1	7.2	6.9	6.1	4.3	1.7
2005	3.5	3.9	4.3	1.7	.4	3.0	6.9	-1.8	-5.2	4.5	3.2
2006	2.9	3.2	1.6	15.4	-2.1	5.7	7.7	3.2	6.2	2.8	.8
2007	1.9	1.7	-11.4	7.7	-3.1	3.3	4.7	1.6	2.0	3.4	-3.3
2008	-.1	-.6	2.1	-3.2	-9.7	-2.0	.6	-5.2	5.3	-.1	-3.7
2009	-2.5	-3.0	10.9	14.7	-14.1	-9.2	-14.4	-2.8	-5.2	-12.0	-4.2
2010	2.6	2.6	-3.1	-11.7	-5.1	5.4	12.6	-2.1	12.0	6.0	2.1
2011	1.6	1.7	-3.8	3.7	-1.6	.4	6.7	-6.6	3.8	1.8	.2
2012	2.2	2.5	-3.7	11.9	2.7	-.7	2.8	-4.7	1.3	3.3	.7
2013	1.8	1.9	16.6	3.9	2.5	3.1	2.5	3.8	-1.1	2.3	3.1
2014	2.5	2.9	1.1	11.0	1.9	1.7	1.5	2.0	-3.9	3.8	1.8
2015	2.9	3.3	6.6	8.5	4.6	.9	1.5	.1	-.2	4.3	3.3
2016	1.6	1.6	4.8	-5.8	3.4	-.5	.4	-1.7	5.1	-1.3	3.5
2017	2.4	2.6	-1.5	7.2	2.3	2.6	3.4	1.6	1.7	1.8	3.5
2018	2.9	3.2	-1.4	3.3	2.2	3.9	4.7	2.9	-.2	1.6	3.5

[1] Consists of agriculture, forestry, fishing, and hunting; mining; construction; and manufacturing.
[2] Consists of utilities; wholesale trade; retail trade; transportation and warehousing; information; finance, insurance, real estate, rental, and leasing; professional and business services; educational services, health care, and social assistance; arts, entertainment, recreation, accommodation, and food services; and other services, except government.

See next page for continuation of table.

Table B-9. Real gross domestic product by industry, value added, and percent changes, 1997-2018—*Continued*

Year		Private industries—Continued						Government	Private goods-producing industries[1]	Private services-producing industries[2]
	Transportation and warehousing	Information	Finance, insurance, real estate, rental, and leasing	Professional and business services	Educational services, health care, and social assistance	Arts, entertainment, recreation, accommodation, and food services	Other services, except government			
	Chain-type quantity indexes for value added (2012=100)									
1997	85.155	45.779	64.494	63.672	65.203	78.811	115.601	87.669	81.548	67.403
1998	89.482	50.548	67.298	66.614	65.487	80.968	120.416	88.689	84.672	70.856
1999	90.225	56.651	71.498	69.758	67.685	85.402	121.187	89.756	88.733	74.618
2000	90.015	55.600	75.255	73.866	70.186	90.569	123.985	91.578	94.034	77.602
2001	83.969	58.897	79.439	75.941	71.869	87.406	111.728	92.511	91.428	79.044
2002	80.939	64.594	80.102	76.841	74.748	89.727	114.785	94.159	91.560	80.849
2003	83.784	66.612	81.058	79.221	77.673	92.055	111.552	95.294	94.958	82.982
2004	90.758	74.307	82.263	81.173	81.384	96.188	113.022	96.155	100.536	85.949
2005	95.120	79.284	87.902	84.782	82.907	96.474	113.811	97.036	102.929	89.658
2006	100.720	82.056	90.292	87.152	86.241	99.144	114.372	97.580	107.432	92.253
2007	99.935	90.123	91.815	90.025	86.891	98.599	111.727	98.528	108.998	93.847
2008	99.042	95.903	88.295	94.309	92.433	96.435	107.629	100.447	104.880	94.207
2009	93.111	93.560	92.578	88.315	95.708	90.853	101.336	100.560	97.869	92.358
2010	97.611	98.866	93.968	91.987	96.712	94.349	99.397	101.063	98.681	95.192
2011	99.380	100.275	95.903	95.662	98.366	97.660	98.508	100.747	98.817	97.237
2012	100.000	100.000	100.000	100.000	100.000	100.000	100.000	100.000	100.000	100.000
2013	101.455	109.095	99.099	101.293	101.289	102.128	99.257	99.297	103.878	101.342
2014	104.591	111.815	102.053	105.908	103.098	105.845	102.117	99.069	106.798	104.296
2015	107.467	122.088	104.674	109.338	107.117	108.505	103.006	99.146	109.744	107.853
2016	109.351	132.685	105.816	111.445	109.914	109.859	102.351	100.180	109.984	110.022
2017	114.358	140.455	107.043	116.260	111.624	112.213	102.446	101.103	112.903	112.815
2018	118.971	152.407	108.318	122.486	115.108	115.151	105.610	101.891	116.520	116.376
	Percent change from year earlier									
1997	....	....	....	....	....	....	....	....	....	....
1998	5.1	10.4	4.3	4.6	0.4	2.7	4.2	1.2	3.8	5.1
1999	.8	12.1	6.2	4.7	3.4	5.5	.6	1.2	4.8	5.3
2000	-.2	-1.9	5.3	5.9	3.7	6.1	2.3	2.0	6.0	4.0
2001	-6.7	5.9	5.6	2.8	2.4	-3.5	-9.9	1.0	-2.8	1.9
2002	-3.6	9.7	.8	1.2	4.0	2.7	2.7	1.8	.1	2.3
2003	3.5	3.1	1.2	3.1	3.9	2.6	-2.8	1.2	3.7	2.6
2004	8.3	11.6	1.5	2.5	4.8	4.5	1.3	.9	5.9	3.6
2005	4.8	6.7	6.9	4.4	1.9	.3	.7	.9	2.4	4.3
2006	5.9	3.5	2.7	2.8	4.0	2.8	.5	.6	4.4	2.9
2007	-.8	9.8	1.7	3.3	.8	-.5	-2.3	1.0	1.5	1.7
2008	-.9	6.4	-3.8	4.8	6.4	-2.2	-3.7	1.9	-3.8	.4
2009	-6.0	-2.4	4.9	-6.4	3.5	-5.8	-5.8	.1	-6.7	-2.0
2010	4.8	5.7	1.5	4.2	1.0	3.8	-1.9	.5	.8	3.1
2011	1.8	1.4	2.1	4.0	1.7	3.5	-.9	-.3	.1	2.1
2012	.6	-.3	4.3	4.5	1.7	2.4	1.5	-.7	1.2	2.8
2013	1.5	9.1	-.9	1.3	1.3	2.1	-.7	-.7	3.9	1.3
2014	3.1	2.5	3.0	4.6	1.8	3.6	2.9	-.2	2.8	2.9
2015	2.7	9.2	2.6	3.2	3.9	2.5	.9	.1	2.8	3.4
2016	1.8	8.7	1.1	1.9	2.6	1.2	-.6	1.0	.2	2.0
2017	4.6	5.9	1.2	4.3	1.6	2.1	.1	.9	2.7	2.5
2018	4.0	8.5	1.2	5.4	3.1	2.6	3.1	.8	3.2	3.2

Note: Data are based on the 2012 North American Industry Classification System (NAICS).
See Note, Table B-8.

Source: Department of Commerce (Bureau of Economic Analysis).

TABLE B–10. Personal consumption expenditures, 1969–2019

[Billions of dollars; quarterly data at seasonally adjusted annual rates]

| Year or quarter | Personal consumption expenditures | Goods | | | | | | Services | | | | | Addendum: Personal consumption expenditures excluding food and energy[2] |
| | | Total | Durable | | Nondurable | | | Total | Household consumption expenditures | | | | |
			Total[1]	Motor vehicles and parts	Total[1]	Food and beverages purchased for off-premises consumption	Gasoline and other energy goods		Total[1]	Housing and utilities	Health care	Financial services and insurance	
1969	603.6	304.7	90.5	37.4	214.2	95.4	25.0	299.0	289.5	101.0	42.1	27.7	469.3
1970	646.7	318.8	90.0	34.5	228.8	103.5	26.3	327.9	317.5	109.4	47.7	30.1	501.7
1971	699.9	342.1	102.4	43.2	239.7	107.1	27.6	357.8	346.1	120.0	53.7	33.1	548.5
1972	768.2	373.8	116.4	49.4	257.4	114.5	29.4	394.3	381.5	131.2	59.8	37.1	605.8
1973	849.6	416.6	130.5	54.4	286.1	126.7	34.3	432.9	419.2	143.5	67.2	39.9	668.5
1974	930.2	451.5	130.2	48.2	321.4	143.0	43.8	478.6	463.1	158.6	76.1	44.1	719.7
1975	1,030.5	491.3	142.2	52.6	349.2	156.6	48.0	539.2	522.2	176.5	89.0	51.8	797.3
1976	1,147.7	546.3	168.6	68.2	377.7	167.3	53.0	601.4	582.4	194.7	101.8	56.8	894.7
1977	1,274.0	600.4	192.0	79.8	408.4	179.8	57.8	673.6	653.0	217.8	115.7	65.1	998.6
1978	1,422.3	663.6	213.3	89.2	450.2	196.1	61.5	758.7	735.7	244.3	131.2	76.7	1,122.4
1979	1,585.4	737.9	226.3	90.2	511.6	218.4	80.4	847.5	821.4	273.4	148.8	83.6	1,239.7
1980	1,750.7	799.8	226.4	84.4	573.4	239.2	101.9	950.9	920.8	312.5	171.7	91.7	1,353.1
1981	1,934.0	869.4	243.9	93.0	625.4	255.3	113.4	1,064.6	1,030.4	352.1	201.9	98.5	1,501.5
1982	2,071.3	899.3	253.0	100.0	646.3	267.1	108.4	1,172.0	1,134.0	387.5	225.2	113.7	1,622.9
1983	2,281.6	973.8	295.0	132.9	678.8	277.0	106.5	1,307.8	1,267.1	421.2	253.1	141.0	1,817.2
1984	2,492.3	1,063.7	342.2	147.2	721.5	291.1	108.2	1,428.6	1,383.3	457.5	276.5	150.8	2,008.1
1985	2,712.8	1,137.6	380.4	170.1	757.2	303.0	110.5	1,575.2	1,527.3	500.6	302.2	178.2	2,210.3
1986	2,886.3	1,195.6	421.4	187.5	774.2	316.4	91.2	1,690.7	1,638.0	537.0	330.2	187.7	2,391.3
1987	3,076.3	1,256.3	442.0	188.2	814.3	324.3	96.4	1,820.0	1,764.3	571.6	366.0	189.5	2,566.6
1988	3,330.0	1,337.3	475.1	202.2	862.3	342.8	99.9	1,992.7	1,929.4	614.4	410.1	202.9	2,793.1
1989	3,576.8	1,423.8	494.3	207.8	929.5	365.4	110.4	2,153.0	2,084.9	655.2	451.2	222.3	3,002.1
1990	3,809.0	1,491.3	497.1	205.1	994.2	391.2	124.2	2,317.7	2,241.8	696.5	506.2	230.8	3,194.9
1991	3,943.4	1,497.4	477.2	185.7	1,020.3	403.0	121.1	2,446.0	2,365.9	735.2	555.8	250.1	3,314.4
1992	4,197.6	1,563.3	508.1	204.8	1,055.2	404.5	125.0	2,634.3	2,546.4	771.1	612.8	277.0	3,561.7
1993	4,452.0	1,642.3	551.5	224.7	1,090.8	413.5	126.9	2,809.6	2,719.6	814.9	648.8	314.0	3,796.6
1994	4,721.0	1,746.6	607.2	249.8	1,139.4	432.1	129.2	2,974.4	2,876.6	863.3	680.5	327.9	4,042.5
1995	4,962.6	1,815.5	635.7	255.7	1,179.8	443.7	133.4	3,147.1	3,044.7	913.7	719.9	347.0	4,267.2
1996	5,244.6	1,917.7	676.3	273.5	1,241.4	461.9	144.7	3,326.9	3,216.9	962.4	752.1	372.1	4,513.0
1997	5,536.8	2,006.5	715.5	293.1	1,291.0	474.8	147.7	3,530.3	3,424.7	1,009.8	790.9	408.9	4,787.8
1998	5,877.2	2,108.4	779.3	320.2	1,329.1	487.4	132.4	3,768.8	3,645.0	1,065.5	832.0	446.1	5,132.4
1999	6,279.1	2,287.1	855.6	350.7	1,431.5	515.5	146.5	3,992.0	3,853.8	1,123.1	863.6	486.4	5,491.2
2000	6,762.1	2,453.2	912.6	363.2	1,540.6	540.6	184.5	4,309.0	4,150.9	1,198.6	918.4	543.0	5,899.4
2001	7,065.6	2,525.6	941.5	383.3	1,584.1	564.0	178.0	4,540.0	4,361.0	1,287.5	996.6	525.7	6,174.0
2002	7,342.7	2,598.8	985.4	401.3	1,613.4	575.1	167.9	4,743.9	4,545.5	1,333.6	1,082.9	534.7	6,454.1
2003	7,723.1	2,722.6	1,017.8	401.5	1,704.8	599.6	196.4	5,000.5	4,795.0	1,394.1	1,154.0	560.3	6,766.8
2004	8,212.7	2,902.0	1,080.6	409.3	1,821.4	632.6	232.7	5,310.6	5,104.3	1,469.1	1,238.9	605.5	7,179.2
2005	8,747.1	3,082.9	1,128.6	410.0	1,954.3	668.2	283.8	5,664.2	5,453.9	1,583.6	1,320.5	659.0	7,605.3
2006	9,260.3	3,239.7	1,158.3	394.9	2,081.3	700.3	319.7	6,020.7	5,781.5	1,682.4	1,391.9	695.0	8,039.7
2007	9,706.4	3,367.0	1,188.0	400.6	2,179.0	737.3	345.5	6,339.4	6,090.6	1,758.2	1,478.2	737.2	8,413.4
2008	9,976.3	3,363.2	1,098.8	343.3	2,264.5	769.1	391.1	6,613.1	6,325.8	1,835.4	1,555.3	756.6	8,592.6
2009	9,842.2	3,180.0	1,012.1	318.6	2,167.9	772.9	287.0	6,662.2	6,373.0	1,877.7	1,632.7	711.3	8,567.0
2010	10,185.8	3,317.8	1,049.0	344.5	2,268.9	786.9	336.7	6,868.0	6,573.6	1,903.9	1,699.6	754.4	8,840.8
2011	10,641.1	3,518.1	1,093.5	365.2	2,424.6	819.5	413.8	7,123.0	6,811.1	1,955.9	1,757.1	797.9	9,188.9
2012	11,006.8	3,637.7	1,144.2	396.6	2,493.5	846.2	421.9	7,369.1	7,027.5	1,996.3	1,821.3	820.1	9,531.1
2013	11,317.2	3,730.0	1,189.4	417.5	2,540.6	864.0	418.2	7,587.2	7,234.6	2,055.3	1,858.2	858.4	9,815.1
2014	11,822.8	3,863.0	1,242.1	442.0	2,620.9	896.9	403.3	7,959.8	7,594.2	2,149.9	1,940.5	908.1	10,290.4
2015	12,284.3	3,920.3	1,305.4	474.2	2,614.4	920.1	309.4	8,363.9	7,992.5	2,255.7	2,057.2	956.9	10,829.1
2016	12,748.5	3,995.9	1,352.6	483.6	2,643.3	937.8	275.0	8,752.6	8,355.0	2,355.3	2,160.1	977.5	11,314.7
2017	13,312.1	4,165.0	1,412.6	502.2	2,752.5	967.5	308.0	9,147.0	8,733.3	2,455.0	2,243.4	1,040.4	11,810.6
2018	13,998.7	4,364.8	1,475.6	521.5	2,889.2	1,003.4	349.6	9,633.9	9,190.9	2,567.2	2,352.6	1,111.0	12,404.2
2019 P	14,563.9	4,508.6	1,527.0	530.7	2,981.6	1,032.4	339.7	10,055.2	9,606.6	2,671.5	2,466.4	1,155.6	12,948.8
2016: I	12,523.5	3,933.2	1,330.0	472.1	2,603.2	929.5	256.4	8,590.3	8,203.6	2,307.2	2,117.2	960.1	11,126.0
II	12,688.3	3,988.6	1,343.3	476.0	2,645.4	938.8	277.1	8,699.6	8,312.6	2,342.5	2,163.9	967.9	11,251.9
III	12,822.4	4,017.8	1,364.9	489.6	2,652.9	939.0	275.6	8,804.6	8,398.6	2,377.7	2,156.5	987.1	11,377.2
IV	12,959.8	4,040.0	1,372.4	496.8	2,671.6	943.9	291.0	8,915.8	8,505.3	2,393.7	2,202.8	995.1	11,503.8
2017: I	13,104.4	4,097.9	1,385.1	492.4	2,712.8	952.3	305.8	9,006.5	8,590.9	2,407.5	2,211.8	1,012.3	11,634.5
II	13,212.5	4,124.9	1,398.7	493.9	2,726.2	960.8	295.0	9,087.6	8,674.1	2,444.8	2,218.9	1,030.4	11,727.6
III	13,345.1	4,173.3	1,415.9	501.6	2,757.4	970.7	304.1	9,171.8	8,759.2	2,465.8	2,253.2	1,044.8	11,844.5
IV	13,586.3	4,264.0	1,450.5	521.1	2,813.4	986.2	327.1	9,322.3	8,908.7	2,501.8	2,289.5	1,074.1	12,035.9
2018: I	13,728.4	4,298.5	1,454.8	512.8	2,843.7	993.0	340.3	9,429.8	9,008.0	2,524.3	2,307.7	1,091.2	12,159.8
II	13,939.8	4,363.2	1,476.7	520.7	2,886.5	1,000.5	352.2	9,576.6	9,140.7	2,558.3	2,341.4	1,102.7	12,343.6
III	14,114.6	4,398.0	1,485.2	524.0	2,912.8	1,008.0	357.9	9,716.6	9,271.7	2,579.0	2,380.3	1,118.4	12,508.1
IV	14,211.9	4,399.4	1,485.6	528.5	2,913.8	1,012.1	348.2	9,812.5	9,343.3	2,607.2	2,381.1	1,131.7	12,605.4
2019: I	14,266.3	4,397.7	1,485.4	513.6	2,912.3	1,015.4	321.8	9,868.6	9,426.9	2,627.7	2,426.2	1,129.4	12,688.6
II	14,511.2	4,507.0	1,524.6	523.7	2,982.4	1,030.1	349.3	10,004.2	9,558.5	2,655.9	2,459.0	1,149.1	12,893.2
III	14,678.2	4,556.7	1,549.7	537.1	3,007.0	1,042.8	338.0	10,121.5	9,670.9	2,688.1	2,476.0	1,167.1	13,052.5
IV P	14,799.8	4,573.1	1,548.5	539.0	3,024.6	1,041.6	349.8	10,226.7	9,770.3	2,714.3	2,504.3	1,176.6	13,160.7

[1] Includes other items not shown separately.
[2] Food consists of food and beverages purchased for off-premises consumption; food services, which include purchased meals and beverages, are not classified as food.

Source: Department of Commerce (Bureau of Economic Analysis).

Table B-11. Real personal consumption expenditures, 2002–2019

[Billions of chained (2012) dollars; quarterly data at seasonally adjusted annual rates]

Year or quarter	Personal consumption expenditures	Goods							Services					Addendum: Personal consumption expenditures excluding food and energy [2]
		Total	Durable		Nondurable				Total	Household consumption expenditures				
			Total [1]	Motor vehicles and parts	Total [1]	Food and beverages purchased for off-premises consumption	Gasoline and other energy goods			Total [1]	Housing and utilities	Health care	Financial services and insurance	
2002	9,088.7	2,947.6	820.2	416.9	2,157.5	744.5	455.2		6,151.1	5,966.4	1,707.6	1,440.7	700.3	7,716.7
2003	9,377.5	3,092.0	879.3	429.2	2,233.6	761.8	455.6		6,289.4	6,087.7	1,730.5	1,479.3	704.3	7,976.2
2004	9,729.3	3,250.0	952.1	441.1	2,306.5	779.5	459.4		6,479.2	6,275.1	1,773.8	1,531.2	728.5	8,298.2
2005	10,075.9	3,384.7	1,004.9	435.1	2,383.4	809.2	457.4		6,689.5	6,487.6	1,846.6	1,581.9	767.9	8,605.9
2006	10,384.5	3,509.7	1,049.3	419.0	2,461.6	834.0	456.3		6,871.7	6,640.7	1,882.5	1,618.2	785.8	8,894.3
2007	10,615.3	3,607.6	1,099.7	427.3	2,503.4	845.2	455.4		7,003.6	6,765.7	1,900.7	1,657.2	808.3	9,107.6
2008	10,592.8	3,498.9	1,036.4	373.1	2,463.9	831.0	437.5		7,093.0	6,815.4	1,921.2	1,697.9	825.0	9,119.2
2009	10,460.0	3,389.8	973.0	346.7	2,423.1	825.3	440.1		7,070.1	6,781.3	1,943.1	1,735.1	809.5	8,988.1
2010	10,643.0	3,485.7	1,027.3	360.0	2,461.3	837.7	437.9		7,157.4	6,859.0	1,966.8	1,761.7	810.5	9,151.3
2011	10,843.8	3,561.8	1,079.7	370.1	2,482.9	839.0	427.8		7,282.1	6,969.3	1,993.0	1,788.7	831.4	9,363.2
2012	11,006.8	3,637.7	1,144.2	396.6	2,493.5	846.2	421.9		7,369.1	7,027.5	1,996.3	1,821.3	820.1	9,531.1
2013	11,166.9	3,752.2	1,214.1	415.3	2,538.5	855.5	429.7		7,415.5	7,069.8	2,006.4	1,832.6	815.2	9,667.6
2014	11,497.4	3,905.1	1,301.6	439.4	2,605.3	871.4	430.0		7,594.9	7,249.6	2,039.9	1,892.8	817.9	9,978.8
2015	11,921.2	4,088.6	1,398.8	471.7	2,693.2	884.0	450.1		7,839.5	7,500.8	2,087.3	1,995.0	836.3	10,372.0
2016	12,247.5	4,236.6	1,484.2	486.3	2,757.5	910.5	452.1		8,021.1	7,671.0	2,118.6	2,070.7	817.8	10,667.2
2017	12,566.9	4,403.4	1,586.4	511.1	2,825.2	940.5	448.2		8,182.2	7,831.4	2,134.9	2,119.4	832.9	10,956.6
2018	12,944.6	4,583.3	1,685.7	533.1	2,909.6	970.4	447.4		8,388.1	8,019.7	2,164.2	2,181.6	841.5	11,287.2
2019 ᴾ	13,279.6	4,756.6	1,765.7	541.1	3,005.5	988.6	450.5		8,560.8	8,196.7	2,184.8	2,246.5	855.6	11,595.6
2016: I	12,124.2	4,176.2	1,441.3	471.2	2,738.9	895.8	457.4		7,955.8	7,610.5	2,103.0	2,042.5	822.2	10,564.1
II	12,211.3	4,222.4	1,466.0	477.8	2,760.7	909.1	453.2		7,999.9	7,656.3	2,117.8	2,079.9	813.9	10,630.7
III	12,289.1	4,263.8	1,504.5	493.8	2,765.2	914.6	451.0		8,037.2	7,680.7	2,129.2	2,062.2	817.9	10,697.0
IV	12,365.3	4,284.2	1,525.4	502.4	2,765.2	922.3	446.9		8,092.2	7,736.7	2,124.3	2,098.3	816.9	10,777.2
2017: I	12,438.9	4,318.2	1,538.3	496.8	2,786.4	929.2	444.3		8,133.0	7,777.2	2,118.9	2,102.5	829.9	10,854.6
II	12,512.9	4,375.9	1,567.0	501.9	2,816.1	933.3	451.5		8,151.4	7,803.5	2,134.5	2,101.2	829.4	10,905.7
III	12,586.3	4,419.7	1,596.9	513.2	2,831.3	942.4	448.8		8,186.6	7,838.6	2,136.0	2,127.0	833.4	10,974.2
IV	12,729.7	4,499.8	1,643.5	532.6	2,866.7	957.2	448.0		8,254.9	7,906.2	2,150.0	2,146.9	838.8	11,091.8
2018: I	12,782.9	4,513.9	1,652.8	524.7	2,872.0	962.9	445.7		8,293.5	7,940.3	2,152.2	2,156.2	840.9	11,142.8
II	12,909.2	4,573.5	1,685.1	534.2	2,900.8	967.5	449.2		8,362.9	7,999.1	2,164.5	2,174.7	839.2	11,251.9
III	13,019.8	4,614.0	1,699.8	534.8	2,926.6	973.8	446.3		8,433.6	8,064.3	2,167.7	2,203.2	841.1	11,357.5
IV	13,066.3	4,631.8	1,705.2	538.5	2,938.9	977.2	448.5		8,462.6	8,075.1	2,172.7	2,192.4	844.9	11,396.5
2019: I	13,103.3	4,649.2	1,706.3	524.2	2,954.6	973.1	449.0		8,483.1	8,119.9	2,173.1	2,227.0	850.7	11,441.8
II	13,250.0	4,746.4	1,759.3	544.1	3,001.3	985.8	450.1		8,541.4	8,177.2	2,179.1	2,245.5	852.7	11,572.9
III	13,353.1	4,808.0	1,793.9	547.5	3,030.0	999.0	448.9		8,587.9	8,224.7	2,191.4	2,248.7	857.6	11,654.9
IV ᴾ	13,411.9	4,822.8	1,803.2	548.6	3,036.0	996.5	454.1		8,630.9	8,265.2	2,195.5	2,264.8	861.5	11,712.9

[1] Includes other items not shown separately.
[2] Food consists of food and beverages purchased for off-premises consumption; food services, which include purchased meals and beverages, are not classified as food.

Source: Department of Commerce (Bureau of Economic Analysis).

TABLE B-12. Private fixed investment by type, 1969–2019

[Billions of dollars; quarterly data at seasonally adjusted annual rates]

Year or quarter	Private fixed investment	Nonresidential											Residential		
		Total nonresidential	Structures	Equipment						Intellectual property products			Total residential[1]	Structures	
				Total[1]	Information processing equipment			Industrial equipment	Transportation equipment	Total[1]	Software	Research and development[2]		Total[1]	Single family
					Total	Computers and peripheral equipment	Other								
1969	164.4	120.0	37.7	65.2	12.8	2.4	10.4	19.1	18.9	17.2	1.8	11.0	44.4	43.4	19.7
1970	168.0	124.6	40.3	66.4	14.3	2.7	11.6	20.3	16.2	17.9	2.3	11.5	43.4	42.3	17.5
1971	188.6	130.4	42.7	69.1	14.9	2.8	12.2	19.5	18.4	18.7	2.4	11.9	58.2	56.9	25.8
1972	219.0	146.6	47.2	78.9	16.7	3.5	13.2	21.4	21.8	20.6	2.8	12.9	72.4	70.9	32.8
1973	251.0	172.7	55.0	95.1	19.9	3.5	16.3	26.0	26.6	22.7	3.2	14.6	78.3	76.6	35.2
1974	260.5	191.1	61.2	104.3	23.1	3.9	19.2	30.7	26.3	25.5	3.9	16.4	69.5	67.6	29.7
1975	263.5	196.8	61.4	107.6	23.8	3.6	20.2	31.3	25.2	27.8	4.8	17.5	66.7	64.8	29.6
1976	306.1	219.3	65.9	121.2	27.5	4.4	23.1	34.1	30.0	32.2	5.2	19.6	86.8	84.6	43.9
1977	374.3	259.1	74.6	148.7	33.7	5.7	28.0	39.4	39.3	35.8	5.5	21.8	115.2	112.8	62.2
1978	452.6	314.6	93.6	180.6	42.3	7.6	34.8	47.7	47.3	40.4	6.3	24.9	138.0	135.3	72.8
1979	521.7	373.8	117.7	208.1	50.3	10.2	40.2	56.2	53.6	48.1	8.1	29.1	147.8	144.7	72.3
1980	536.4	406.9	136.2	216.4	58.9	12.5	46.4	60.7	48.4	54.4	9.8	34.2	129.5	126.1	52.9
1981	601.4	472.9	167.3	240.9	69.6	17.1	52.5	65.5	50.6	64.8	11.8	39.7	128.5	124.9	52.0
1982	595.9	485.1	177.6	234.9	74.2	18.9	55.3	62.7	46.8	72.7	14.0	44.8	110.8	107.2	41.5
1983	643.3	482.2	154.3	246.5	83.7	23.9	59.8	58.9	53.5	81.3	16.4	49.6	161.1	156.9	72.5
1984	754.7	564.3	177.4	291.9	101.2	31.6	69.6	68.1	64.4	95.0	20.4	56.9	190.4	185.6	86.4
1985	807.8	607.8	194.5	307.9	106.6	33.7	72.9	72.5	69.0	105.3	23.8	63.0	200.1	195.0	87.4
1986	842.6	607.8	176.5	317.7	111.1	33.4	77.7	75.4	70.5	113.5	25.6	66.5	234.8	229.3	104.1
1987	865.0	615.2	174.2	320.9	112.2	35.8	76.4	76.7	68.1	120.1	29.0	69.2	249.8	244.0	117.2
1988	918.5	662.3	182.8	346.8	120.8	38.0	82.8	84.2	72.9	132.7	33.3	76.4	256.2	250.1	120.1
1989	972.0	716.0	193.7	372.2	130.7	43.1	87.6	93.3	67.9	150.1	40.6	84.1	256.0	249.9	120.9
1990	978.9	739.2	202.9	371.9	129.6	38.6	90.9	92.1	70.0	164.4	45.4	91.5	239.7	233.7	112.9
1991	944.7	723.6	183.6	360.8	129.2	37.7	91.5	89.3	71.5	179.1	48.7	101.0	221.2	215.4	99.4
1992	996.7	741.9	172.6	381.7	142.1	44.0	98.1	93.0	74.7	187.7	51.1	105.4	254.7	248.8	122.0
1993	1,086.0	799.2	177.2	425.1	153.3	47.9	105.4	102.2	89.4	196.9	57.2	106.3	286.8	280.7	140.1
1994	1,192.7	868.9	186.8	476.4	167.0	52.4	114.6	113.6	107.7	205.7	60.4	109.2	323.8	317.6	162.3
1995	1,286.3	962.2	207.3	528.1	188.4	66.1	122.3	129.0	116.1	226.8	65.5	121.2	324.1	317.7	153.5
1996	1,401.3	1,043.2	224.6	565.3	204.7	72.8	131.9	136.5	123.2	253.3	74.5	134.5	358.1	351.7	170.8
1997	1,524.7	1,149.1	250.3	610.9	222.8	81.4	141.4	140.4	135.5	288.0	93.8	148.1	375.6	369.3	175.2
1998	1,673.0	1,254.1	276.0	660.0	240.1	87.9	152.2	147.4	147.1	318.1	109.2	160.6	418.8	412.1	199.4
1999	1,826.2	1,364.5	285.7	713.6	259.8	97.2	162.5	149.1	174.4	365.1	136.6	177.5	461.8	454.5	223.8
2000	1,983.9	1,498.4	321.0	766.1	293.8	103.2	190.6	162.9	170.8	411.3	156.8	199.0	485.4	477.7	236.8
2001	1,973.1	1,460.1	333.5	711.5	265.9	87.6	178.4	151.9	154.2	415.0	157.7	202.7	513.1	505.2	249.1
2002	1,910.4	1,352.8	287.0	659.6	236.7	79.7	157.0	141.7	141.6	406.2	152.5	196.1	557.6	549.6	265.9
2003	2,013.0	1,375.9	286.6	670.6	242.7	79.9	162.8	143.4	134.1	418.7	155.0	201.0	637.1	628.8	310.6
2004	2,217.2	1,467.4	307.7	721.9	255.8	84.2	171.6	144.2	159.2	437.8	166.3	207.4	749.8	740.8	377.6
2005	2,477.2	1,621.0	353.0	794.9	267.0	84.2	182.8	162.4	179.6	473.1	178.6	224.7	856.2	846.6	433.5
2006	2,632.0	1,793.8	425.2	862.3	288.5	92.6	195.9	181.6	194.3	506.3	189.5	245.6	838.2	828.1	416.0
2007	2,639.1	1,948.6	510.3	893.4	310.9	95.4	215.5	194.1	188.8	544.8	206.4	268.0	690.5	680.6	305.2
2008	2,506.9	1,990.9	571.1	845.4	306.3	93.9	212.4	194.3	148.7	574.4	223.8	284.2	516.0	506.4	185.8
2009	2,080.4	1,690.4	455.8	670.3	275.6	88.9	186.7	153.7	74.9	564.4	226.0	274.6	390.0	381.2	105.3
2010	2,111.6	1,735.0	379.8	777.0	307.5	99.6	207.9	155.2	135.8	578.2	226.4	282.4	376.6	367.4	112.6
2011	2,286.3	1,907.5	404.5	881.3	313.3	95.6	217.7	191.5	177.8	621.7	249.8	303.4	378.8	369.1	108.2
2012	2,550.5	2,118.5	479.4	983.4	331.2	103.5	227.7	211.2	215.3	655.7	272.1	313.4	432.0	421.5	132.0
2013	2,721.5	2,211.5	492.5	1,027.0	341.7	102.1	239.6	209.3	242.5	691.9	283.7	337.9	510.0	499.0	170.8
2014	2,960.2	2,400.1	577.6	1,091.9	346.0	101.9	244.1	218.8	272.8	730.5	297.5	359.5	560.2	548.8	193.6
2015	3,091.2	2,457.4	572.6	1,121.5	353.8	101.6	252.2	218.5	306.7	763.3	307.1	378.9	633.8	622.1	221.1
2016	3,151.6	2,453.1	545.8	1,093.6	355.4	99.5	255.8	215.1	293.0	813.8	327.6	405.2	698.5	686.4	242.5
2017	3,340.5	2,584.7	586.8	1,143.7	381.0	107.8	273.2	230.7	283.0	854.2	347.9	422.0	755.7	743.3	270.2
2018	3,573.6	2,786.9	633.2	1,222.6	408.6	118.8	289.8	245.9	301.8	931.1	380.0	461.7	786.7	773.7	284.3
2019 P	3,676.1	2,878.7	625.8	1,240.9	411.9	119.9	292.1	252.4	302.4	1,012.0	416.0	502.9	797.4	784.2	272.1
2016: I	3,102.2	2,415.6	520.5	1,101.4	352.9	100.8	252.1	213.2	302.7	793.8	321.4	392.7	686.6	674.5	240.4
II	3,133.8	2,441.8	537.1	1,092.7	353.0	99.6	253.4	215.0	296.3	812.1	325.2	406.4	692.0	679.9	241.2
III	3,169.3	2,471.6	559.6	1,091.2	357.5	98.1	259.4	214.7	289.5	820.9	329.7	409.7	697.7	685.5	238.1
IV	3,201.3	2,483.5	566.0	1,088.9	358.1	99.7	258.4	217.6	283.6	828.6	334.2	411.9	717.8	705.6	250.2
2017: I	3,274.8	2,531.1	580.2	1,108.8	366.1	102.4	263.7	222.3	283.4	842.1	341.1	417.9	743.7	731.3	259.6
II	3,316.1	2,567.4	589.0	1,132.9	377.1	107.7	269.5	229.6	280.1	845.5	345.7	416.1	748.8	736.5	267.7
III	3,345.0	2,591.6	583.7	1,149.5	384.1	111.6	272.5	232.8	280.0	858.4	350.6	423.2	753.4	741.0	273.6
IV	3,426.0	2,648.9	594.4	1,183.6	396.7	109.7	287.1	238.2	288.7	870.9	354.3	430.9	777.1	764.4	279.7
2018: I	3,500.9	2,717.3	615.9	1,201.8	404.4	117.2	287.2	243.1	294.9	899.6	367.9	444.4	783.7	770.9	286.8
II	3,571.6	2,782.0	640.0	1,214.3	405.8	120.1	285.7	242.1	301.5	927.7	377.3	461.6	789.5	776.6	288.2
III	3,596.7	2,807.7	641.7	1,227.9	414.8	120.2	294.6	246.9	299.7	938.1	383.8	464.1	789.0	775.9	285.8
IV	3,625.2	2,840.7	635.2	1,246.4	409.5	117.7	291.8	251.6	311.0	959.1	391.0	476.8	784.4	771.6	276.3
2019: I	3,670.1	2,882.7	645.8	1,249.0	416.0	119.4	296.6	250.8	309.4	987.9	404.1	492.0	787.4	774.3	268.7
II	3,674.7	2,890.0	633.2	1,252.9	419.0	126.1	292.9	252.4	306.0	1,003.9	411.4	499.9	784.7	771.6	266.0
III	3,677.6	2,877.2	619.4	1,237.4	409.2	114.2	295.0	257.3	294.8	1,020.5	421.1	505.8	800.3	787.1	271.3
IV P	3,682.0	2,864.9	604.7	1,224.4	403.6	119.8	283.8	248.9	299.4	1,035.8	427.4	513.7	817.1	803.9	282.4

[1] Includes other items not shown separately.
[2] Research and development investment includes expenditures for software.

Source: Department of Commerce (Bureau of Economic Analysis).

TABLE B–13. Real private fixed investment by type, 2002–2019

[Billions of chained (2012) dollars; quarterly data at seasonally adjusted annual rates]

Year or quarter	Private fixed invest-ment	Nonresidential											Residential		
		Total non-resi-dential	Struc-tures	Equipment						Intellectual property products			Total resi-den-tial²	Structures	
				Total²	Information processing equipment			Indus-trial equip-ment	Trans-portation equip-ment	Total²	Soft-ware	Research and develop-ment³		Total²	Single family
					Total	Computers and peripheral equipment¹	Other								
2002	2,183.4	1,472.7	473.5	607.8	133.3	35.9	98.3	181.4	162.4	421.5	125.5	244.1	692.6	685.1	327.1
2003	2,280.6	1,509.4	456.6	634.3	150.4	40.2	111.1	182.2	150.3	437.7	133.5	246.1	755.5	747.7	362.0
2004	2,440.7	1,594.0	456.3	688.6	169.4	45.7	124.7	178.8	171.2	459.2	149.3	248.1	830.9	822.1	405.4
2005	2,618.7	1,716.4	466.1	760.0	187.6	51.8	136.5	194.2	192.1	493.1	163.4	261.6	885.4	876.3	432.8
2006	2,686.8	1,854.2	501.7	832.6	217.0	64.7	152.4	210.6	206.4	521.5	173.5	279.6	818.9	809.5	390.4
2007	2,653.5	1,982.1	568.6	865.8	247.2	73.9	173.3	217.3	197.7	554.3	191.1	296.1	665.8	656.6	283.5
2008	2,499.4	1,994.2	605.4	824.4	260.6	79.7	180.9	208.3	155.0	575.3	206.7	304.8	504.6	495.7	178.1
2009	2,099.8	1,704.3	492.2	649.7	247.5	81.1	166.5	162.7	72.5	572.4	212.9	297.4	395.3	386.9	105.3
2010	2,164.2	1,781.0	412.8	781.2	289.1	94.1	195.1	162.5	141.5	588.1	220.9	298.5	383.0	373.8	114.3
2011	2,317.8	1,935.4	424.1	886.2	303.2	93.9	209.3	194.9	181.8	624.8	245.2	311.0	382.5	372.4	109.1
2012	2,550.5	2,118.5	479.4	983.4	331.2	103.5	227.7	211.2	215.3	655.7	272.1	313.4	432.0	421.5	132.0
2013	2,692.1	2,206.0	485.5	1,029.2	351.8	103.0	248.8	216.5	238.5	691.4	287.2	333.8	485.5	474.1	161.8
2014	2,869.2	2,365.3	538.8	1,101.1	370.2	102.9	267.7	216.5	265.0	724.8	305.3	346.9	504.1	491.8	171.8
2015	2,967.0	2,408.2	522.4	1,136.6	394.6	103.7	291.9	217.0	293.2	750.7	319.8	355.9	555.3	541.9	191.4
2016	3,023.6	2,425.3	496.4	1,122.3	415.5	103.2	314.2	214.6	277.0	810.0	346.0	386.9	591.2	576.7	201.3
2017	3,149.7	2,531.2	519.5	1,175.6	456.3	112.3	346.5	228.2	263.3	839.6	373.8	388.5	611.9	596.6	214.7
2018 ᵖ	3,293.4	2,692.3	540.9	1,255.3	498.5	123.5	377.5	238.5	280.1	901.6	413.5	409.2	602.9	587.5	216.6
2019 ᵖ	3,337.1	2,749.8	516.8	1,272.4	517.0	129.2	390.1	241.0	278.8	971.1	456.3	435.5	593.5	578.2	200.7
2016: I	2,991.0	2,389.8	476.4	1,126.5	406.5	104.1	303.9	212.8	287.8	792.0	336.9	378.7	593.0	578.8	204.7
II	3,010.9	2,413.6	487.9	1,120.0	409.1	102.9	307.9	214.6	281.0	809.8	342.7	390.7	590.1	575.7	202.3
III	3,038.9	2,446.8	500.9	1,120.9	420.2	101.7	321.1	213.9	272.8	819.2	349.5	391.9	586.2	571.7	201.8
IV	3,053.7	2,451.2	512.1	1,122.0	426.0	104.3	324.1	217.0	266.3	819.2	354.9	386.2	595.5	580.7	202.2
2017: I	3,111.1	2,490.5	521.1	1,139.3	436.4	106.9	331.9	220.8	263.2	831.8	364.5	389.6	612.4	597.2	208.7
II	3,133.0	2,517.4	523.7	1,163.8	451.2	112.3	341.0	227.3	259.7	832.3	369.3	385.9	608.9	593.8	213.1
III	3,144.1	2,532.6	513.3	1,181.4	460.6	116.3	346.1	230.0	260.4	842.3	378.1	387.5	605.9	590.6	216.5
IV	3,210.7	2,584.2	519.9	1,217.8	477.2	113.8	366.8	234.4	269.9	852.0	383.5	390.9	620.4	604.7	220.6
2018: I	3,254.0	2,639.5	534.9	1,237.5	489.3	121.6	370.0	237.7	275.4	872.0	399.2	395.4	612.1	596.4	222.4
II	3,295.4	2,689.9	549.1	1,247.8	493.9	124.8	371.0	235.2	279.4	896.9	409.2	409.0	606.3	590.9	219.9
III	3,301.3	2,703.9	546.2	1,256.7	506.6	124.9	384.4	238.7	275.9	905.9	417.4	409.6	600.1	584.9	216.6
IV	3,323.0	2,735.8	533.4	1,279.2	504.2	122.7	384.5	242.5	289.6	931.3	428.0	422.7	593.0	578.0	207.6
2019: I	3,349.4	2,765.6	538.6	1,278.9	515.4	125.5	393.1	240.4	286.6	955.6	443.0	432.6	591.4	576.3	199.5
II	3,337.4	2,758.5	523.0	1,281.5	524.1	135.2	390.2	241.4	279.7	964.2	449.3	435.5	587.0	571.9	197.7
III	3,330.5	2,742.7	509.6	1,269.3	515.5	124.0	394.9	245.3	271.5	975.2	460.0	436.2	593.7	578.3	199.8
IV ᵖ	3,331.0	2,732.4	496.2	1,259.9	512.8	132.0	382.2	236.8	277.2	989.3	472.8	437.9	602.1	586.3	205.9

[1] Because computers exhibit rapid changes in prices relative to other prices in the economy, the chained-dollar estimates should not be used to measure the component's relative importance or its contribution to the growth rate of more aggregate series. The quantity index for computers can be used to accurately measure the real growth rate of this series. For information on this component, see *Survey of Current Business* Table 5.3.1 (for growth rates), Table 5.3.2 (for contributions), and Table 5.3.3 (for quantity indexes).

[2] Includes other items not shown separately.

[3] Research and development investment includes expenditures for software.

Source: Department of Commerce (Bureau of Economic Analysis).

TABLE B–14. Foreign transactions in the national income and product accounts, 1969–2019

[Billions of dollars; quarterly data at seasonally adjusted annual rates]

Year or quarter	Current receipts from rest of the world					Current payments to rest of the world									Balance on current account, NIPA [2]
	Total	Exports of goods and services			Income receipts	Total	Imports of goods and services			Income payments	Current taxes and transfer payments to rest of the world (net)				
		Total	Goods [1]	Services [1]			Total	Goods [1]	Services [1]		Total	From persons (net)	From government (net)	From business (net)	
1969	63.7	51.9	38.7	13.2	11.8	62.1	50.5	36.8	13.7	5.7	5.9	1.1	4.5	0.3	1.6
1970	72.5	59.7	45.0	14.7	12.8	68.8	55.8	40.9	14.9	6.4	6.6	1.3	4.9	.4	3.7
1971	77.0	63.0	46.2	16.8	14.0	76.7	62.3	46.6	15.8	6.4	7.9	1.4	6.1	.4	.3
1972	87.1	70.8	52.6	18.3	16.3	91.2	74.2	56.9	17.3	7.7	9.2	1.4	7.4	.5	-4.0
1973	118.8	95.3	75.8	19.5	23.5	109.9	91.2	71.8	19.3	10.9	7.9	1.6	5.6	.7	8.9
1974	156.5	126.7	103.5	23.2	29.8	150.5	127.5	104.5	22.9	14.3	8.7	1.4	6.4	1.0	6.0
1975	166.7	138.7	112.5	26.2	28.0	146.9	122.7	99.0	23.7	15.0	9.1	1.3	7.1	.7	19.8
1976	181.9	149.5	121.5	28.0	32.4	174.8	151.1	124.6	26.5	15.5	8.1	1.4	5.7	1.1	7.1
1977	196.5	159.3	128.4	30.9	37.2	207.5	182.4	152.6	29.8	16.9	8.1	1.4	5.3	1.4	-10.9
1978	233.1	186.9	149.9	37.0	46.3	245.8	212.3	177.4	34.8	24.7	8.8	1.6	5.9	1.4	-12.6
1979	298.5	230.1	187.3	42.9	68.3	299.6	252.7	212.8	39.9	36.4	10.6	1.7	6.8	2.0	-1.2
1980	359.9	280.8	230.4	50.3	79.1	351.4	293.8	248.6	45.3	44.9	12.6	2.0	8.3	2.4	8.5
1981	397.3	305.2	245.2	60.0	92.0	393.9	317.8	267.8	49.9	59.1	17.0	5.6	8.3	3.2	3.4
1982	384.2	283.2	222.6	60.7	101.0	387.5	303.2	250.5	52.6	64.5	19.8	6.7	9.7	3.4	-3.3
1983	378.9	277.0	214.0	62.9	101.9	413.9	328.6	272.7	56.0	64.8	20.5	7.0	10.1	3.4	-35.1
1984	424.2	302.4	231.3	71.1	121.9	514.3	405.1	336.3	68.8	85.6	23.6	7.9	12.2	3.5	-90.1
1985	415.9	303.2	227.5	75.7	112.7	530.2	417.2	343.3	73.9	87.3	25.7	8.3	14.4	2.9	-114.3
1986	432.3	321.0	231.4	89.6	111.3	575.0	452.9	370.0	82.9	94.4	27.8	9.1	15.4	3.2	-142.7
1987	487.2	363.9	265.6	98.4	123.3	641.3	508.7	414.8	93.9	105.8	26.8	10.0	13.4	3.4	-154.1
1988	596.7	444.6	332.1	112.5	152.1	712.4	554.0	452.1	101.9	129.5	29.0	10.8	13.7	4.5	-115.7
1989	682.0	504.3	374.8	129.5	177.7	774.3	591.0	484.8	106.2	152.9	30.4	11.6	14.2	4.6	-92.4
1990	740.7	551.9	403.3	148.6	188.8	815.6	629.7	508.1	121.7	154.2	31.7	12.2	14.7	4.8	-74.9
1991	763.3	594.9	430.1	164.8	168.4	755.4	623.5	500.7	122.8	136.8	-4.9	14.1	-24.0	5.0	7.9
1992	785.1	633.1	455.3	177.7	152.1	830.7	667.8	544.9	122.9	121.0	41.9	14.5	22.0	5.4	-45.6
1993	810.4	654.8	467.7	187.1	155.6	889.8	720.0	592.8	127.2	124.4	45.4	17.1	22.9	5.4	-79.4
1994	905.5	720.9	518.4	202.6	184.5	1,021.1	813.4	676.8	136.6	161.6	46.1	18.9	21.1	6.0	-115.6
1995	1,042.6	812.8	592.4	220.4	229.8	1,148.5	902.6	757.4	145.1	201.9	44.1	20.3	15.6	8.2	-105.9
1996	1,114.0	867.6	628.8	238.8	246.4	1,229.0	964.0	807.4	156.5	215.5	49.5	22.6	20.0	6.9	-115.0
1997	1,233.9	953.8	699.9	253.9	280.1	1,364.0	1,055.8	885.7	170.1	256.8	51.4	25.7	16.7	9.1	-130.1
1998	1,239.8	953.0	692.6	260.4	286.8	1,445.1	1,115.7	930.8	184.9	269.4	60.0	29.7	17.4	13.0	-205.3
1999	1,350.9	992.8	711.7	281.1	320.2	1,629.3	1,248.6	1,051.2	197.4	294.7	86.0	58.4	27.3	.3	-278.4
2000	1,518.0	1,096.3	795.9	300.3	380.6	1,914.4	1,471.3	1,250.1	221.2	345.6	97.6	61.9	31.0	4.7	-396.4
2001	1,394.1	1,024.6	741.2	283.4	324.1	1,777.0	1,392.6	1,173.8	218.8	275.3	109.1	71.7	27.7	9.7	-383.0
2002	1,370.4	998.7	709.0	289.7	314.8	1,813.6	1,424.1	1,194.4	229.8	269.6	119.9	82.1	33.0	4.8	-443.2
2003	1,456.1	1,036.2	737.1	299.1	353.8	1,969.4	1,539.3	1,291.3	248.0	295.4	134.6	89.4	38.7	6.5	-513.2
2004	1,693.3	1,177.6	830.0	347.7	446.9	2,314.5	1,796.7	1,507.3	289.4	368.8	149.0	85.4	41.4	22.2	-625.2
2005	1,941.5	1,305.2	921.9	383.3	566.0	2,626.4	2,026.4	1,715.5	311.0	488.1	164.3	90.6	52.1	21.7	-737.3
2006	2,259.9	1,472.6	1,044.9	427.7	712.0	3,061.7	2,243.5	1,895.7	347.8	661.5	156.7	95.0	47.4	14.2	-801.9
2007	2,603.0	1,660.9	1,161.3	499.6	866.6	3,313.7	2,379.3	1,999.7	379.6	757.6	176.9	105.5	55.6	15.7	-710.8
2008	2,775.8	1,837.1	1,292.5	544.5	848.8	3,458.9	2,560.1	2,144.3	415.9	694.2	204.6	129.5	60.5	14.6	-683.2
2009	2,321.5	1,580.0	1,058.4	523.6	647.8	2,693.6	1,978.4	1,585.4	393.1	505.8	209.3	133.2	68.7	7.4	-372.1
2010	2,657.2	1,846.3	1,272.4	573.8	715.2	3,093.9	2,360.2	1,944.8	415.4	519.5	214.2	141.9	70.0	2.4	-436.7
2011	2,996.3	2,103.0	1,462.3	640.7	789.2	3,461.8	2,682.5	2,240.5	441.9	552.8	226.6	157.8	74.6	-5.9	-465.6
2012	3,104.3	2,191.3	1,521.6	669.7	799.7	3,552.4	2,759.9	2,301.4	458.5	567.4	225.2	151.8	73.2	.2	-448.1
2013	3,228.0	2,273.4	1,559.2	714.2	823.4	3,596.5	2,764.2	2,296.4	467.8	592.7	239.6	167.7	72.7	-.8	-368.5
2014	3,371.1	2,371.7	1,615.0	756.7	853.5	3,746.7	2,879.4	2,391.6	487.8	612.5	254.8	177.6	72.3	4.9	-375.6
2015	3,240.3	2,266.8	1,494.6	772.2	837.7	3,664.4	2,786.6	2,288.1	498.6	613.1	264.7	181.2	73.1	10.4	-424.1
2016	3,224.6	2,220.6	1,444.0	776.6	861.7	3,665.9	2,739.4	2,221.1	518.3	643.5	283.0	187.5	75.6	19.9	-441.4
2017	3,478.6	2,356.7	1,538.4	818.4	957.9	3,945.2	2,932.1	2,379.8	552.3	714.6	298.5	205.2	74.4	18.9	-466.6
2018	3,771.8	2,510.3	1,661.3	848.9	1,106.2	4,281.3	3,148.5	2,570.6	577.9	838.3	294.5	200.6	81.4	12.5	-509.5
2019 [P]	....	2,503.8	1,643.8	859.9	....	....	3,135.7	2,529.9	605.8	....	311.8	199.4	80.2	32.3	....
2016: I	3,129.1	2,164.9	1,405.1	759.8	826.4	3,594.8	2,687.1	2,177.4	509.6	624.9	282.8	183.9	82.0	16.9	-465.7
II	3,210.9	2,208.1	1,433.6	774.4	861.8	3,623.7	2,703.4	2,192.2	511.2	648.0	272.2	185.3	70.4	16.6	-412.8
III	3,256.7	2,254.4	1,466.7	787.7	860.1	3,693.0	2,754.1	2,231.7	522.4	655.3	283.6	188.1	76.4	19.1	-436.4
IV	3,301.6	2,255.1	1,470.7	784.5	898.4	3,752.2	2,813.1	2,283.0	530.1	645.7	293.3	192.6	73.8	26.9	-450.6
2017: I	3,376.0	2,303.3	1,503.0	800.3	898.4	3,826.4	2,874.2	2,337.5	536.7	665.2	287.0	197.7	74.5	14.8	-450.4
II	3,388.7	2,313.2	1,508.7	804.5	924.9	3,904.6	2,896.9	2,349.6	547.4	708.4	299.2	202.4	71.0	25.9	-515.8
III	3,521.0	2,360.1	1,535.4	824.7	982.1	3,944.9	2,910.7	2,353.3	557.4	725.9	308.3	216.9	70.0	21.4	-423.9
IV	3,628.6	2,450.3	1,606.4	844.0	1,026.2	4,104.9	3,046.5	2,478.8	567.6	758.9	299.6	203.9	81.9	13.7	-476.2
2018: I	3,694.9	2,476.6	1,626.4	850.2	1,070.5	4,172.8	3,105.6	2,536.5	569.1	789.5	277.7	202.4	72.5	2.9	-477.9
II	3,810.0	2,543.6	1,697.6	846.0	1,111.4	4,254.3	3,112.0	2,542.7	569.3	845.8	296.6	201.3	87.9	7.4	-444.3
III	3,786.0	2,510.3	1,661.3	849.0	1,116.0	4,316.1	3,181.6	2,602.0	579.6	843.6	290.8	199.6	78.9	12.3	-530.1
IV	3,796.6	2,510.5	1,659.9	850.6	1,127.0	4,382.1	3,194.7	2,601.2	593.4	874.4	313.0	199.2	86.2	27.6	-585.5
2019: I	3,817.2	2,520.3	1,661.8	858.5	1,149.0	4,363.8	3,154.1	2,554.3	599.8	891.2	318.5	199.5	85.2	33.8	-546.6
II	3,827.8	2,504.0	1,646.1	858.0	1,177.2	4,341.9	3,166.7	2,566.1	600.6	876.2	299.0	198.7	73.2	27.1	-514.1
III	3,906.1	2,495.1	1,638.0	857.1	1,160.4	4,313.0	3,148.2	2,540.9	607.2	851.4	313.5	199.1	78.3	36.1	-506.9
IV [P]	....	2,495.6	1,629.5	866.1	....	....	3,074.0	2,458.4	615.5	....	316.3	200.1	84.1	32.0	....

[1] Certain goods, primarily military equipment purchased and sold by the Federal Government, are included in services. Beginning with 1986, repairs and alterations of equipment were reclassified from goods to services.
[2] National income and product accounts (NIPA).

Source: Department of Commerce (Bureau of Economic Analysis).

Table B–15. Real exports and imports of goods and services, 2002–2019

[Billions of chained (2012) dollars; quarterly data at seasonally adjusted annual rates]

Year or quarter	Exports of goods and services						Imports of goods and services					
	Total	Goods [1]				Services [1]	Total	Goods [1]				Services [1]
		Total	Durable goods	Non-durable goods	Non-agricultural goods			Total	Durable goods	Non-durable goods	Non-petroleum goods	
2002	1,277.1	900.6	524.7	388.8	797.3	376.5	1,944.4	1,634.0	785.6	896.4	1,207.4	309.4
2003	1,305.0	927.1	542.4	396.4	821.8	377.8	2,040.1	1,729.0	831.2	948.7	1,276.4	310.5
2004	1,431.2	1,008.3	604.0	410.3	904.9	422.8	2,272.6	1,926.8	951.0	1,012.5	1,430.8	345.2
2005	1,533.2	1,085.4	663.4	423.3	975.8	447.6	2,421.0	2,062.3	1,036.9	1,053.0	1,543.4	358.6
2006	1,676.4	1,193.0	739.4	451.5	1,073.6	483.3	2,581.5	2,190.9	1,135.6	1,069.5	1,664.8	390.2
2007	1,822.3	1,276.1	796.6	475.7	1,148.3	546.0	2,646.0	2,236.0	1,168.3	1,078.9	1,714.6	409.2
2008	1,925.4	1,350.4	835.0	512.7	1,215.0	574.7	2,587.1	2,160.8	1,130.6	1,040.7	1,657.1	425.2
2009	1,763.8	1,190.3	694.5	499.9	1,060.0	572.9	2,248.6	1,830.1	902.3	948.3	1,375.9	415.9
2010	1,977.9	1,368.7	818.1	551.7	1,223.8	609.2	2,543.8	2,112.7	1,115.6	1,001.5	1,636.1	430.8
2011	2,119.0	1,465.3	893.7	571.6	1,321.6	653.8	2,687.1	2,242.5	1,227.0	1,016.2	1,769.8	444.6
2012	2,191.3	1,521.6	937.7	583.9	1,376.4	669.7	2,759.9	2,301.4	1,326.4	975.0	1,867.1	458.5
2013	2,269.6	1,570.0	960.1	609.9	1,422.9	699.5	2,802.4	2,341.9	1,385.9	956.1	1,932.5	460.6
2014	2,365.3	1,642.7	1,001.3	641.5	1,484.2	722.7	2,942.5	2,472.2	1,508.8	963.8	2,076.6	471.0
2015	2,376.5	1,637.0	979.3	659.7	1,475.7	738.4	3,098.1	2,612.5	1,608.0	1,004.1	2,207.1	487.4
2016	2,376.1	1,646.1	968.7	682.9	1,477.0	730.4	3,159.8	2,650.6	1,631.2	1,019.0	2,231.8	508.9
2017	2,458.8	1,710.0	999.1	718.2	1,537.7	750.3	3,308.5	2,777.1	1,749.6	1,020.5	2,348.3	531.3
2018	2,532.9	1,782.8	1,033.6	758.1	1,609.3	755.4	3,453.0	2,916.1	1,849.5	1,058.2	2,489.7	539.9
2019 ᵖ	2,531.9	1,785.6	1,008.0	790.7	1,608.8	752.1	3,486.1	2,923.0	1,851.1	1,063.8	2,514.4	562.1
2016: I	2,345.1	1,624.3	958.8	670.3	1,467.8	721.1	3,122.7	2,620.5	1,604.7	1,017.4	2,207.7	502.0
II	2,367.9	1,635.2	964.9	675.1	1,478.9	732.1	3,128.9	2,627.4	1,610.2	1,018.4	2,213.9	501.6
III	2,403.4	1,664.0	971.7	699.7	1,477.0	739.5	3,164.9	2,651.2	1,638.6	1,010.7	2,229.7	512.6
IV	2,388.1	1,660.7	979.2	686.6	1,484.2	728.8	3,222.7	2,703.1	1,671.2	1,029.6	2,275.8	519.2
2017: I	2,423.5	1,684.7	978.5	714.5	1,510.4	740.1	3,255.0	2,730.4	1,698.2	1,028.2	2,293.6	524.1
II	2,432.9	1,694.0	985.2	717.0	1,521.0	740.7	3,282.9	2,753.2	1,734.5	1,011.6	2,325.9	529.3
III	2,459.5	1,703.1	1,006.0	702.3	1,530.3	756.6	3,293.2	2,759.2	1,748.0	1,002.9	2,338.9	533.0
IV	2,519.2	1,758.1	1,026.6	739.1	1,589.3	763.7	3,403.0	2,865.8	1,817.8	1,039.1	2,434.7	538.9
2018: I	2,524.0	1,763.3	1,042.6	726.7	1,597.0	763.6	3,408.2	2,875.7	1,821.9	1,045.3	2,453.5	535.0
II	2,559.9	1,814.1	1,041.9	782.4	1,626.9	753.2	3,410.4	2,881.2	1,817.5	1,055.9	2,452.3	532.4
III	2,519.3	1,771.2	1,020.7	760.2	1,592.5	753.0	3,481.8	2,945.4	1,871.0	1,065.9	2,509.2	540.3
IV	2,528.5	1,782.5	1,029.0	763.1	1,620.8	751.7	3,511.6	2,962.0	1,887.5	1,065.8	2,543.9	552.0
2019: I	2,554.4	1,802.6	1,037.2	775.6	1,630.5	757.8	3,498.3	2,940.7	1,874.5	1,057.5	2,530.9	558.1
II	2,517.5	1,775.3	1,001.3	787.1	1,590.6	748.0	3,498.2	2,941.7	1,858.6	1,075.2	2,527.5	557.2
III	2,523.4	1,784.7	999.5	799.6	1,601.4	745.5	3,513.6	2,949.6	1,866.1	1,075.4	2,540.3	563.7
IV ᵖ	2,532.4	1,779.8	994.1	800.5	1,612.7	757.2	3,434.4	2,859.8	1,805.2	1,047.0	2,459.0	569.6

[1] Certain goods, primarily military equipment purchased and sold by the Federal Government, are included in services. Repairs and alterations of equipment are also included in services.

Source: Department of Commerce (Bureau of Economic Analysis).

TABLE B–16. Sources of personal income, 1969–2019

[Billions of dollars; quarterly data at seasonally adjusted annual rates]

Year or quarter	Personal income	Compensation of employees							Proprietors' income with inventory valuation and capital consumption adjustments			Rental income of persons with capital consumption adjustment
		Total	Wages and salaries			Supplements to wages and salaries			Total	Farm	Nonfarm	
			Total	Private industries	Government	Total	Employer contributions for employee pension and insurance funds	Employer contributions for government social insurance				
1969	800.3	584.5	518.3	412.7	105.6	66.1	43.4	22.8	77.0	12.8	64.2	20.3
1970	865.0	623.3	551.6	434.3	117.2	71.8	47.9	23.8	77.8	12.9	64.9	20.7
1971	932.8	665.0	584.5	457.8	126.8	80.4	54.0	26.4	83.9	13.4	70.5	21.8
1972	1,024.5	731.3	638.8	500.9	137.9	92.5	61.4	31.2	95.1	17.0	78.1	22.7
1973	1,140.8	812.7	708.8	560.0	148.8	103.9	64.1	39.8	112.5	29.1	83.4	23.1
1974	1,251.8	887.7	772.3	611.8	160.5	115.4	70.7	44.7	112.2	23.5	88.7	23.2
1975	1,369.4	947.2	814.8	638.6	176.2	132.4	85.7	46.7	118.2	22.0	96.2	22.3
1976	1,502.6	1,048.3	899.7	710.8	188.9	148.6	94.2	54.4	131.0	17.2	113.8	20.3
1977	1,659.2	1,165.8	994.2	791.6	202.6	171.7	110.6	61.1	144.5	16.0	128.5	15.9
1978	1,863.7	1,316.8	1,120.6	900.6	220.0	196.2	124.7	71.5	166.0	19.9	146.1	16.5
1979	2,082.7	1,477.2	1,253.3	1,016.2	237.1	223.9	141.3	82.6	179.4	22.2	157.3	16.1
1980	2,323.6	1,622.2	1,373.4	1,112.0	261.5	248.8	159.9	88.9	171.6	11.7	159.9	19.0
1981	2,605.1	1,792.5	1,511.4	1,225.5	285.8	281.2	177.5	103.6	179.7	19.0	160.7	23.8
1982	2,791.6	1,893.0	1,587.5	1,280.0	307.5	305.5	195.7	109.8	171.2	13.3	157.9	23.8
1983	2,981.1	2,012.5	1,677.5	1,352.7	324.8	335.0	215.1	119.9	186.3	6.2	180.1	24.4
1984	3,292.7	2,215.9	1,844.9	1,496.8	348.1	371.0	231.9	139.0	228.2	20.9	207.3	24.7
1985	3,524.9	2,387.3	1,982.6	1,608.7	373.9	404.8	257.0	147.7	241.1	21.0	220.1	26.2
1986	3,733.1	2,542.1	2,102.3	1,705.1	397.2	439.7	281.9	157.9	256.5	22.8	233.7	18.3
1987	3,961.6	2,722.4	2,256.3	1,833.2	423.1	466.1	299.9	166.3	286.5	28.9	257.6	16.6
1988	4,283.4	2,948.0	2,439.8	1,987.1	452.0	508.2	323.6	184.6	325.5	26.8	298.7	22.5
1989	4,625.6	3,139.6	2,583.1	2,101.9	481.1	556.6	362.9	193.7	341.1	33.0	308.1	21.5
1990	4,913.8	3,340.4	2,741.2	2,222.2	519.0	599.2	392.7	206.5	353.2	32.2	321.0	28.2
1991	5,084.9	3,450.5	2,814.5	2,265.7	548.8	636.0	420.9	215.1	354.2	26.8	327.4	38.6
1992	5,420.9	3,668.2	2,965.5	2,393.5	572.0	702.7	474.3	228.4	400.2	34.8	365.4	60.6
1993	5,657.9	3,817.3	3,079.3	2,490.3	589.0	737.9	498.3	239.7	428.0	31.4	396.6	90.1
1994	5,947.1	4,006.2	3,236.6	2,627.1	609.5	769.6	515.5	254.1	456.6	34.7	422.0	113.7
1995	6,291.4	4,198.1	3,418.0	2,789.0	629.0	780.1	515.9	264.1	481.2	22.0	459.2	124.9
1996	6,678.5	4,416.9	3,616.5	2,968.4	648.1	800.5	525.7	274.8	543.8	37.3	506.4	142.5
1997	7,092.5	4,708.8	3,876.8	3,205.0	671.9	832.0	542.4	289.6	584.0	32.4	551.6	147.1
1998	7,606.7	5,071.1	4,181.6	3,480.3	701.3	889.5	582.3	307.2	640.2	28.5	611.7	165.2
1999	8,001.9	5,402.8	4,458.0	3,724.2	733.8	944.8	621.4	323.3	696.4	28.1	668.3	178.5
2000	8,652.6	5,848.1	4,825.9	4,046.1	779.8	1,022.2	677.0	345.2	753.9	31.5	722.4	183.5
2001	9,005.6	6,039.1	4,954.4	4,132.4	822.0	1,084.7	726.7	358.0	831.0	32.1	798.9	202.4
2002	9,159.0	6,135.6	4,996.3	4,123.4	872.9	1,139.3	773.2	366.0	869.8	19.9	849.8	211.1
2003	9,487.5	6,354.1	5,138.7	4,224.8	914.0	1,215.3	832.8	382.5	896.9	36.5	860.4	231.5
2004	10,035.1	6,720.1	5,421.6	4,469.2	952.3	1,298.5	889.7	408.8	962.0	51.5	910.5	248.9
2005	10,598.2	7,066.6	5,691.9	4,700.6	991.3	1,374.7	946.7	428.1	978.0	46.8	931.2	232.0
2006	11,381.7	7,479.9	6,057.0	5,022.4	1,034.5	1,422.9	975.6	447.3	1,049.6	33.1	1,016.6	202.3
2007	12,007.8	7,878.9	6,396.8	5,308.2	1,088.5	1,482.1	1,020.4	461.7	994.0	40.3	953.8	184.4
2008	12,442.2	8,057.0	6,534.2	5,390.4	1,143.9	1,522.7	1,051.3	471.4	960.9	40.2	920.7	256.7
2009	12,059.1	7,758.5	6,248.6	5,073.4	1,175.2	1,509.9	1,051.8	458.1	938.5	28.1	910.5	327.3
2010	12,551.6	7,924.9	6,372.1	5,180.9	1,191.2	1,552.9	1,083.9	469.0	1,108.7	39.0	1,069.7	394.2
2011	13,326.8	8,225.9	6,625.9	5,431.1	1,194.9	1,600.0	1,107.3	492.7	1,229.3	64.9	1,164.4	478.6
2012	14,010.1	8,566.7	6,927.5	5,729.2	1,198.3	1,639.2	1,125.9	513.3	1,347.3	60.9	1,286.4	518.0
2013	14,181.1	8,834.2	7,113.2	5,905.2	1,208.0	1,721.0	1,194.7	526.3	1,403.6	88.3	1,315.3	557.0
2014	14,991.7	9,249.1	7,475.2	6,238.3	1,236.9	1,773.9	1,227.5	546.4	1,447.7	69.8	1,377.9	604.6
2015	15,717.8	9,698.2	7,856.4	6,581.0	1,275.6	1,841.5	1,272.3	569.2	1,422.2	56.0	1,366.2	648.1
2016	16,121.2	9,960.3	8,083.5	6,775.5	1,308.0	1,876.8	1,295.6	581.2	1,423.7	35.6	1,388.1	681.4
2017	16,878.8	10,411.6	8,462.1	7,114.1	1,348.0	1,949.5	1,343.9	605.7	1,518.2	38.1	1,480.1	718.8
2018 ᵖ	17,819.2	10,928.5	8,888.5	7,485.9	1,402.6	2,040.0	1,417.2	622.8	1,588.8	27.2	1,561.6	756.8
2019 ᵖ	18,624.2	11,447.9	9,323.0	7,871.2	1,451.8	2,124.8	1,473.2	651.6	1,656.2	31.1	1,625.1	778.1
2016: I	15,937.6	9,843.5	7,982.8	6,688.5	1,294.2	1,860.7	1,286.5	574.2	1,415.2	36.5	1,378.7	669.9
II	16,029.0	9,900.1	8,032.1	6,729.6	1,302.5	1,868.0	1,290.5	577.5	1,410.2	38.3	1,371.9	680.2
III	16,175.5	9,993.2	8,112.2	6,798.1	1,314.1	1,881.1	1,298.0	583.1	1,429.5	36.5	1,393.0	683.6
IV	16,342.6	10,104.5	8,206.9	6,885.7	1,321.2	1,897.5	1,307.5	590.0	1,440.0	31.2	1,408.9	692.1
2017: I	16,604.1	10,227.6	8,310.6	6,979.2	1,331.4	1,917.0	1,320.4	596.6	1,494.8	44.5	1,450.3	707.4
II	16,749.6	10,334.2	8,397.7	7,057.4	1,340.3	1,936.5	1,334.3	602.2	1,512.2	42.1	1,470.1	709.9
III	16,930.4	10,456.7	8,497.9	7,144.9	1,353.0	1,958.8	1,350.8	607.9	1,523.1	34.1	1,489.0	722.0
IV	17,231.2	10,628.0	8,642.0	7,274.9	1,367.2	1,985.9	1,370.0	615.9	1,542.9	31.8	1,511.1	736.0
2018: I	17,540.3	10,786.0	8,776.7	7,396.3	1,380.4	2,009.4	1,391.8	617.6	1,567.5	28.1	1,539.4	743.8
II	17,725.0	10,876.1	8,845.0	7,450.9	1,394.1	2,031.1	1,410.9	620.2	1,573.3	27.5	1,545.8	754.0
III	17,928.5	10,994.3	8,942.2	7,529.6	1,412.6	2,052.0	1,426.6	625.4	1,590.0	17.4	1,572.6	765.2
IV	18,082.8	11,057.4	8,990.0	7,566.8	1,423.3	2,067.4	1,439.3	628.1	1,624.4	35.9	1,588.4	764.1
2019: I	18,355.4	11,306.6	9,211.5	7,779.5	1,432.0	2,095.1	1,450.3	644.8	1,621.2	24.8	1,596.3	767.0
II	18,555.9	11,386.9	9,273.6	7,830.9	1,442.7	2,113.3	1,464.7	648.6	1,632.9	19.2	1,613.7	777.2
III	18,718.4	11,489.0	9,354.0	7,893.8	1,460.2	2,135.1	1,481.6	653.5	1,683.4	41.8	1,641.5	779.7
IV ᵖ	18,867.1	11,608.9	9,453.1	7,980.6	1,472.4	2,155.9	1,496.4	659.5	1,687.6	38.6	1,649.0	788.3

See next page for continuation of table.

Table B-16. Sources of personal income, 1969-2019—*Continued*
[Billions of dollars; quarterly data at seasonally adjusted annual rates]

Year or quarter	Personal income receipts on assets			Personal current transfer receipts								Other current transfer receipts, from business (net)	Less: Contributions for government social insurance, domestic
	Total	Personal interest income	Personal dividend income	Total	Government social benefits to persons								
					Total [1]	Social security [2]	Medicare [3]	Medicaid	Unemployment insurance	Other			
1969	100.3	76.1	24.2	62.3	59.0	26.4	6.7	4.6	2.3	12.4	3.3	44.1
1970	114.9	90.6	24.3	74.7	71.7	31.4	7.3	5.5	4.2	16.0	2.9	46.4
1971	125.1	100.1	25.0	88.1	85.4	36.6	8.0	6.7	6.2	19.4	2.7	51.2
1972	136.6	109.8	26.8	97.9	94.8	40.9	8.8	8.2	6.0	21.4	3.1	59.2
1973	155.4	125.5	29.9	112.6	108.6	50.7	10.2	9.6	4.6	23.3	3.9	75.5
1974	180.6	147.4	33.2	133.3	128.6	57.6	12.7	11.2	7.0	28.4	4.7	85.2
1975	201.0	168.0	32.9	170.0	163.1	65.9	15.6	13.9	18.1	35.7	6.8	89.3
1976	220.0	181.0	39.0	184.3	177.6	74.5	18.8	15.5	16.4	38.7	6.7	101.3
1977	251.6	206.9	44.7	194.6	189.5	83.2	22.1	16.7	13.1	40.9	5.1	113.1
1978	285.8	235.1	50.7	209.9	203.4	91.4	25.5	18.6	9.4	44.9	6.5	131.3
1979	327.1	269.7	57.4	235.6	227.3	102.6	29.9	21.1	9.7	49.9	8.2	152.7
1980	396.9	332.9	64.0	280.1	271.5	118.6	36.2	23.9	16.1	62.1	8.6	166.2
1981	485.8	412.2	73.6	319.0	307.8	138.6	43.5	27.7	15.9	66.3	11.2	195.7
1982	557.0	479.5	77.6	355.5	343.1	153.7	50.9	30.2	25.2	66.8	12.4	208.9
1983	599.5	516.3	83.3	384.3	370.5	164.4	57.8	33.9	26.4	71.5	13.8	226.0
1984	680.8	590.1	90.6	400.6	380.9	173.0	64.7	36.6	16.0	74.3	19.7	257.5
1985	726.3	628.9	97.4	425.4	403.1	183.3	69.7	39.7	15.9	78.0	22.3	281.4
1986	768.2	662.1	106.0	451.6	428.6	193.6	75.3	43.6	16.5	83.0	22.9	303.4
1987	791.1	679.0	112.2	468.1	447.9	201.0	81.6	47.8	14.6	86.4	20.2	323.1
1988	851.4	721.7	129.7	497.5	476.9	213.9	86.3	53.0	13.3	93.6	20.6	361.5
1989	964.3	806.5	157.8	544.2	521.1	227.4	98.2	60.8	14.4	103.1	23.2	385.2
1990	1,005.3	836.5	168.8	596.9	574.7	244.1	107.6	73.1	18.2	113.9	22.2	410.1
1991	1,003.7	823.5	180.2	668.1	650.5	264.2	117.5	96.9	26.8	127.0	17.6	430.2
1992	998.8	809.8	189.1	748.0	731.8	281.8	132.6	116.2	39.6	142.9	16.3	455.0
1993	1,007.0	802.3	204.7	793.0	778.9	297.9	146.8	130.1	34.8	150.0	14.1	477.4
1994	1,049.8	814.6	235.2	829.0	815.7	312.2	164.4	139.4	23.9	156.1	13.3	508.2
1995	1,136.6	878.6	258.0	883.5	864.7	327.7	181.2	149.6	21.7	164.0	18.7	532.8
1996	1,201.2	899.0	302.2	929.2	906.3	342.0	194.9	158.2	22.3	167.6	22.9	555.1
1997	1,285.0	947.1	337.9	954.9	935.4	356.6	206.9	163.1	20.1	166.4	19.4	587.2
1998	1,370.9	1,015.5	355.4	983.9	957.9	369.2	205.6	170.2	19.7	170.0	26.0	624.7
1999	1,359.3	1,012.7	346.6	1,026.2	992.2	379.9	208.7	184.6	20.5	174.4	34.0	661.3
2000	1,485.7	1,102.2	383.5	1,087.3	1,044.9	401.4	219.1	199.5	20.7	179.1	42.4	705.8
2001	1,473.7	1,104.3	369.3	1,192.6	1,145.8	425.1	242.6	227.3	31.9	192.4	46.8	733.2
2002	1,408.9	1,010.1	398.8	1,285.2	1,251.0	446.9	259.7	250.0	53.5	211.3	34.2	751.5
2003	1,437.2	1,005.0	432.1	1,347.3	1,321.0	463.5	276.7	264.5	53.2	231.2	26.3	779.3
2004	1,512.1	950.4	561.7	1,421.2	1,404.5	485.5	304.4	289.8	36.4	254.3	16.8	829.2
2005	1,678.2	1,100.4	577.8	1,516.7	1,490.9	512.7	332.1	304.4	31.8	273.5	25.8	873.3
2006	1,958.6	1,235.8	722.8	1,613.8	1,593.0	544.1	399.1	299.1	30.4	281.5	20.8	922.5
2007	2,183.8	1,368.6	815.3	1,728.1	1,697.3	575.7	428.2	324.2	32.7	294.9	30.8	961.4
2008	2,200.9	1,396.3	804.6	1,955.1	1,919.3	605.5	461.6	338.3	51.1	417.7	35.8	988.4
2009	1,852.2	1,299.3	553.0	2,146.7	2,107.7	664.5	493.0	369.6	131.2	398.0	39.0	964.3
2010	1,782.3	1,238.5	543.9	2,325.2	2,281.4	690.2	513.4	396.9	138.9	484.2	43.7	983.7
2011	1,950.9	1,269.4	681.5	2,358.7	2,310.1	713.3	535.6	406.0	107.2	484.8	48.5	916.7
2012	2,165.6	1,330.5	835.1	2,363.0	2,322.6	762.1	554.7	417.5	83.6	434.4	40.4	950.5
2013	2,066.3	1,273.0	793.3	2,424.3	2,385.9	799.0	572.8	440.0	62.5	432.5	38.4	1,104.3
2014	2,302.2	1,349.0	953.2	2,541.5	2,498.6	834.6	600.0	490.9	35.5	453.5	42.9	1,153.6
2015	2,470.8	1,437.9	1,032.9	2,683.3	2,633.0	871.8	633.5	535.9	32.1	467.1	50.3	1,204.7
2016	2,521.4	1,457.4	1,064.0	2,774.2	2,714.6	896.5	660.2	562.7	31.7	467.6	59.7	1,239.9
2017	2,681.6	1,551.6	1,130.0	2,848.1	2,800.1	926.1	689.3	577.4	29.8	473.5	48.1	1,299.6
2018	2,930.1	1,702.7	1,227.5	2,971.5	2,918.3	972.4	730.9	597.7	27.1	480.3	53.2	1,356.5
2019 *p*	2,992.7	1,720.5	1,272.2	3,172.2	3,117.6	1,034.7	800.5	632.1	26.1	504.8	54.6	1,422.8
2016: I	2,490.6	1,447.1	1,043.5	2,743.7	2,684.2	885.8	650.5	550.2	32.3	471.3	59.5	1,225.3
II	2,505.3	1,449.1	1,056.2	2,765.5	2,704.2	892.9	656.7	558.6	31.9	469.3	61.3	1,232.4
III	2,529.4	1,457.9	1,071.5	2,783.7	2,723.2	899.1	663.3	566.5	31.6	466.4	60.6	1,244.0
IV	2,560.2	1,475.6	1,084.7	2,803.8	2,746.6	908.2	670.3	575.6	30.8	463.4	57.2	1,258.0
2017: I	2,630.7	1,545.4	1,085.3	2,823.6	2,772.4	916.2	677.6	573.2	30.7	474.1	51.2	1,280.0
II	2,657.1	1,523.5	1,133.5	2,828.2	2,780.6	921.7	685.2	569.0	29.6	471.6	47.6	1,292.0
III	2,671.3	1,528.9	1,142.4	2,861.9	2,815.7	928.7	693.1	583.7	29.6	475.1	46.2	1,304.6
IV	2,767.4	1,608.6	1,158.8	2,878.8	2,831.5	937.7	701.3	584.0	29.2	473.1	47.3	1,321.8
2018: I	2,851.6	1,669.6	1,182.0	2,935.4	2,884.8	960.5	710.2	589.8	28.8	486.7	50.6	1,344.0
II	2,909.3	1,694.6	1,214.7	2,963.1	2,910.1	968.0	721.9	600.4	27.2	483.5	53.0	1,350.9
III	2,957.7	1,719.3	1,238.4	2,983.8	2,929.4	976.0	736.7	602.9	26.6	477.4	54.4	1,362.4
IV	3,002.0	1,727.2	1,274.8	3,003.7	2,949.0	985.1	754.6	597.6	26.0	473.8	54.7	1,368.7
2019: I	2,955.1	1,699.3	1,255.8	3,113.1	3,058.7	1,022.9	774.9	610.3	26.9	507.3	54.4	1,407.6
II	3,016.5	1,750.5	1,266.0	3,158.6	3,104.2	1,030.5	793.6	631.4	25.9	504.4	54.4	1,416.3
III	2,997.7	1,716.8	1,280.9	3,195.8	3,141.2	1,037.7	809.9	644.2	25.8	503.5	54.6	1,427.1
IV *p*	3,001.4	1,715.3	1,286.1	3,221.2	3,166.2	1,047.6	823.8	642.5	26.0	504.0	54.9	1,440.3

[1] Includes Veterans' benefits, not shown seperately.
[2] Includes old-age, survivors, and disability insurance benefits that are distributed from the federal old-age and survivors insurance trust fund and the disability insurance trust fund.
[3] Includes hospital and supplementary medical insurance benefits that are distributed from the federal hospital insurance trust fund and the supplementary medical insurance trust fund.

Source: Department of Commerce (Bureau of Economic Analysis).

TABLE B–17. Disposition of personal income, 1969–2019

[Billions of dollars, except as noted; quarterly data at seasonally adjusted annual rates]

| Year or quarter | Personal income | Less: Personal current taxes | Equals: Disposable personal income | Less: Personal outlays | | | | Equals: Personal saving | Percent of disposable personal income [2] | | |
| | | | | Total | Personal consumption expenditures | Personal interest payments [1] | Personal current transfer payments | | Personal outlays | | Personal saving |
									Total	Personal consumption expenditures	
1969	800.3	104.5	695.8	619.8	603.6	13.9	2.2	76.1	89.1	86.7	10.9
1970	865.0	103.1	762.0	664.4	646.7	15.1	2.6	97.6	87.2	84.9	12.8
1971	932.8	101.7	831.1	719.2	699.9	16.4	2.8	111.9	86.5	84.2	13.5
1972	1,024.5	123.6	900.8	789.3	768.2	18.0	3.2	111.5	87.6	85.3	12.4
1973	1,140.8	132.4	1,008.4	872.6	849.6	19.6	3.4	135.8	86.5	84.3	13.5
1974	1,251.8	151.0	1,100.8	954.5	930.2	20.9	3.4	146.3	86.7	84.5	13.3
1975	1,369.4	147.6	1,221.8	1,057.8	1,030.5	23.4	3.8	164.0	86.6	84.3	13.4
1976	1,502.6	172.7	1,330.0	1,175.6	1,147.7	23.5	4.4	154.4	88.4	86.3	11.6
1977	1,659.2	197.9	1,461.4	1,305.4	1,274.0	26.6	4.8	155.9	89.3	87.2	10.7
1978	1,863.7	229.6	1,634.1	1,459.0	1,422.3	31.3	5.4	175.1	89.3	87.0	10.7
1979	2,082.7	268.9	1,813.8	1,627.0	1,585.4	35.5	6.0	186.8	89.7	87.4	10.3
1980	2,323.6	299.5	2,024.1	1,800.1	1,750.7	42.5	6.9	224.1	88.9	86.5	11.1
1981	2,605.1	345.8	2,259.3	1,993.9	1,934.0	48.4	11.5	265.5	88.3	85.6	11.8
1982	2,791.6	354.7	2,436.9	2,143.5	2,071.3	58.5	13.8	293.3	88.0	85.0	12.0
1983	2,981.1	352.9	2,628.2	2,364.2	2,281.6	67.4	15.1	264.0	90.0	86.8	10.0
1984	3,292.7	377.9	2,914.8	2,584.5	2,492.3	75.0	17.1	330.3	88.7	85.5	11.3
1985	3,524.9	417.8	3,107.1	2,822.1	2,712.8	90.6	18.8	284.9	90.8	87.3	9.2
1986	3,733.1	437.8	3,295.3	3,004.7	2,886.3	97.3	21.1	290.6	91.2	87.6	8.8
1987	3,961.6	489.6	3,472.0	3,196.6	3,076.3	97.1	23.2	275.4	92.1	88.6	7.9
1988	4,283.4	505.9	3,777.5	3,457.0	3,330.0	101.3	25.6	320.5	91.5	88.2	8.5
1989	4,625.6	567.7	4,057.8	3,717.9	3,576.8	113.1	28.0	340.0	91.6	88.1	8.4
1990	4,913.8	594.7	4,319.1	3,958.0	3,809.0	118.4	30.6	361.1	91.6	88.2	8.4
1991	5,084.9	588.9	4,496.0	4,100.0	3,943.4	119.9	36.7	396.0	91.2	87.7	8.8
1992	5,420.9	612.8	4,808.1	4,354.2	4,197.6	116.1	40.5	453.9	90.6	87.3	9.4
1993	5,657.9	648.8	5,009.2	4,611.5	4,452.0	113.9	45.6	397.7	92.1	88.9	7.9
1994	5,947.1	693.1	5,254.0	4,890.6	4,721.0	119.9	49.8	363.4	93.1	89.9	6.9
1995	6,291.4	748.4	5,543.0	5,155.9	4,962.6	140.4	52.9	387.1	93.0	89.5	7.0
1996	6,678.5	837.1	5,841.4	5,459.2	5,244.6	157.0	57.6	382.3	93.5	89.8	6.5
1997	7,092.5	931.8	6,160.7	5,770.4	5,536.8	169.7	63.9	390.3	93.7	89.9	6.3
1998	7,606.7	1,032.4	6,574.2	6,127.7	5,877.2	180.9	69.5	446.5	93.2	89.4	6.8
1999	8,001.9	1,111.9	6,890.0	6,540.6	6,279.1	187.5	74.1	349.4	94.9	91.1	5.1
2000	8,652.6	1,236.3	7,416.3	7,058.0	6,762.1	214.8	81.0	358.3	95.2	91.2	4.8
2001	9,005.6	1,239.0	7,766.6	7,374.9	7,065.6	220.0	89.3	391.6	95.0	91.0	5.0
2002	9,159.0	1,052.2	8,106.8	7,633.1	7,342.7	195.7	94.7	473.7	94.2	90.6	5.8
2003	9,487.5	1,003.5	8,484.0	8,012.5	7,723.1	190.9	98.5	471.5	94.4	91.0	5.6
2004	10,035.1	1,048.7	8,986.4	8,522.6	8,212.7	202.2	107.7	463.8	94.8	91.4	5.2
2005	10,598.2	1,212.4	9,385.8	9,089.1	8,747.1	230.5	111.5	296.7	96.8	93.2	3.2
2006	11,381.7	1,356.8	10,024.9	9,639.3	9,260.3	258.4	120.5	385.6	96.2	92.4	3.8
2007	12,007.8	1,492.2	10,515.6	10,123.9	9,706.4	284.6	132.9	391.6	96.3	92.3	3.7
2008	12,442.2	1,507.2	10,935.0	10,390.1	9,976.3	268.8	144.9	544.9	95.0	91.2	5.0
2009	12,059.1	1,152.0	10,907.1	10,240.6	9,842.2	254.0	144.3	666.5	93.9	90.2	6.1
2010	12,551.6	1,237.3	11,314.3	10,573.5	10,185.8	242.8	144.8	740.9	93.5	90.0	6.5
2011	13,326.8	1,453.2	11,873.6	11,023.7	10,641.1	232.1	150.6	849.8	92.8	89.6	7.2
2012	14,010.1	1,508.9	12,501.2	11,393.6	11,006.8	232.4	154.4	1,107.6	91.1	88.0	8.9
2013	14,181.1	1,675.8	12,505.3	11,703.9	11,317.2	229.5	157.2	801.4	93.6	90.5	6.4
2014	14,991.7	1,784.0	13,207.7	12,237.0	11,822.8	243.8	170.4	970.8	92.7	89.5	7.3
2015	15,717.8	1,937.8	13,780.0	12,731.2	12,284.3	264.1	182.8	1,048.8	92.4	89.1	7.6
2016	16,121.2	1,956.1	14,165.1	13,206.3	12,748.5	273.7	184.1	958.8	93.2	90.0	6.8
2017	16,878.8	2,045.8	14,833.0	13,802.1	13,312.1	299.3	190.7	1,030.9	93.0	89.7	7.0
2018	17,819.2	2,077.6	15,741.5	14,531.1	13,998.7	336.7	195.8	1,210.4	92.3	88.9	7.7
2019 ᵖ	18,624.2	2,186.2	16,438.1	15,126.6	14,563.9	361.7	201.0	1,311.5	92.0	88.6	8.0
2016: I	15,937.6	1,922.0	14,015.6	12,977.5	12,523.5	267.4	186.6	1,038.1	92.6	89.4	7.4
II	16,029.0	1,945.3	14,083.7	13,138.6	12,688.3	271.1	179.3	945.1	93.3	90.1	6.7
III	16,175.5	1,969.6	14,205.9	13,280.4	12,822.4	275.5	182.5	925.5	93.5	90.3	6.5
IV	16,342.6	1,987.4	14,355.2	13,428.6	12,959.8	281.0	187.9	926.5	93.5	90.3	6.5
2017: I	16,604.1	2,001.5	14,602.6	13,576.8	13,104.4	286.5	185.9	1,025.8	93.0	89.7	7.0
II	16,749.6	2,016.0	14,733.5	13,699.7	13,212.5	294.8	192.4	1,033.9	93.0	89.7	7.0
III	16,930.4	2,049.8	14,880.6	13,841.8	13,345.1	305.8	191.0	1,038.8	93.0	89.7	7.0
IV	17,231.2	2,115.8	15,115.4	14,090.2	13,586.3	310.3	193.7	1,025.2	93.2	89.9	6.8
2018: I	17,540.3	2,074.9	15,465.4	14,245.2	13,728.4	322.3	194.5	1,220.2	92.1	88.8	7.9
II	17,725.0	2,071.7	15,653.3	14,465.9	13,939.8	329.6	196.4	1,187.4	92.4	89.1	7.6
III	17,928.5	2,086.5	15,842.0	14,655.6	14,114.6	341.5	199.6	1,186.4	92.5	89.1	7.5
IV	18,082.8	2,077.4	16,005.4	14,757.8	14,211.9	353.4	192.5	1,247.6	92.2	88.8	7.8
2019: I	18,355.4	2,156.9	16,198.5	14,823.0	14,266.3	359.1	197.7	1,375.5	91.5	88.1	8.5
II	18,555.9	2,200.1	16,355.7	15,073.1	14,511.2	363.0	198.9	1,282.6	92.2	88.7	7.8
III	18,718.4	2,183.2	16,535.3	15,237.2	14,678.2	359.1	200.0	1,298.0	92.1	88.8	7.8
IV ᵖ	18,867.1	2,204.4	16,662.7	15,372.9	14,799.8	365.8	207.3	1,289.8	92.3	88.8	7.7

[1] Consists of nonmortgage interest paid by households.
[2] Percents based on data in millions of dollars.

Source: Department of Commerce (Bureau of Economic Analysis).

TABLE B–18. Total and per capita disposable personal income and personal consumption expenditures, and per capita gross domestic product, in current and real dollars, 1969–2019

[Quarterly data at seasonally adjusted annual rates, except as noted]

Year or quarter	Disposable personal income				Personal consumption expenditures				Gross domestic product per capita (dollars)		Population (thousands) [1]
	Total (billions of dollars)		Per capita (dollars)		Total (billions of dollars)		Per capita (dollars)				
	Current dollars	Chained (2012) dollars	Current dollars	Chained (2012) dollars	Current dollars	Chained (2012) dollars	Current dollars	Chained (2012) dollars	Current dollars	Chained (2012) dollars	
1969	695.8	3,476.5	3,432	17,148	603.6	3,015.9	2,977	14,876	5,019	24,377	202,736
1970	762.0	3,637.0	3,715	17,734	646.7	3,086.9	3,153	15,051	5,233	24,142	205,089
1971	831.1	3,805.2	4,002	18,321	699.9	3,204.8	3,370	15,430	5,609	24,625	207,692
1972	900.8	3,988.4	4,291	18,999	768.2	3,401.0	3,659	16,201	6,093	25,644	209,924
1973	1,008.4	4,236.5	4,758	19,993	849.6	3,569.4	4,009	16,841	6,725	26,834	211,939
1974	1,100.8	4,188.7	5,146	19,583	930.2	3,539.5	4,349	16,547	7,224	26,445	213,898
1975	1,221.8	4,291.4	5,657	19,869	1,030.5	3,619.7	4,771	16,759	7,801	26,136	215,981
1976	1,330.0	4,428.5	6,098	20,306	1,147.7	3,821.5	5,262	17,523	8,590	27,278	218,086
1977	1,461.4	4,568.8	6,634	20,740	1,274.0	3,983.0	5,783	18,081	9,450	28,254	220,289
1978	1,634.1	4,776.4	7,340	21,455	1,422.3	4,157.3	6,388	18,674	10,563	29,505	222,629
1979	1,813.8	4,869.1	8,057	21,630	1,585.4	4,256.1	7,043	18,907	11,672	30,104	225,106
1980	2,024.1	4,905.6	8,888	21,542	1,750.7	4,242.8	7,688	18,631	12,547	29,681	227,726
1981	2,259.3	5,025.4	9,823	21,849	1,934.0	4,301.6	8,408	18,702	13,943	30,132	230,008
1982	2,436.9	5,135.0	10,494	22,113	2,071.3	4,364.6	8,919	18,795	14,399	29,308	232,218
1983	2,628.2	5,312.2	11,216	22,669	2,281.6	4,611.7	9,737	19,680	15,508	30,374	234,333
1984	2,914.8	5,677.1	12,330	24,016	2,492.3	4,854.3	10,543	20,535	17,080	32,289	236,394
1985	3,107.1	5,847.6	13,027	24,518	2,712.8	5,105.6	11,374	21,407	18,192	33,337	238,506
1986	3,295.3	6,069.8	13,691	25,219	2,886.3	5,316.4	11,992	22,089	19,028	34,179	240,683
1987	3,472.0	6,204.1	14,297	25,548	3,076.3	5,496.9	12,668	22,636	19,993	35,047	242,843
1988	3,777.5	6,496.0	15,414	26,508	3,330.0	5,726.5	13,589	23,368	21,368	36,181	245,061
1989	4,057.8	6,686.2	16,403	27,027	3,576.8	5,893.5	14,458	23,823	22,805	37,157	247,387
1990	4,319.1	6,817.4	17,264	27,250	3,809.0	6,012.2	15,225	24,031	23,835	37,435	250,181
1991	4,496.0	6,867.0	17,734	27,086	3,943.4	6,023.0	15,554	23,757	24,290	36,900	253,530
1992	4,808.1	7,152.9	18,714	27,841	4,197.6	6,244.7	16,338	24,306	25,379	37,696	256,922
1993	5,009.2	7,271.1	19,245	27,935	4,452.0	6,462.2	17,104	24,828	26,350	38,234	260,282
1994	5,254.0	7,470.6	19,943	28,356	4,721.0	6,712.6	17,919	25,479	27,660	39,295	263,455
1995	5,543.0	7,718.9	20,792	28,954	4,962.6	6,910.7	18,615	25,923	28,658	39,875	266,588
1996	5,841.4	7,964.2	21,658	29,528	5,244.6	7,150.5	19,445	26,511	29,932	40,900	269,714
1997	6,160.7	8,255.8	22,570	30,246	5,536.8	7,419.7	20,284	27,183	31,424	42,211	272,958
1998	6,574.2	8,740.4	23,806	31,651	5,877.2	7,813.8	21,283	28,295	32,818	43,593	276,154
1999	6,890.0	9,025.6	24,666	32,312	6,279.1	8,225.4	22,479	29,447	34,478	45,146	279,328
2000	7,416.3	9,479.5	26,262	33,568	6,762.1	8,643.4	23,945	30,607	36,305	46,498	282,398
2001	7,766.6	9,740.1	27,230	34,149	7,065.6	8,861.1	24,772	31,067	37,100	46,497	285,225
2002	8,106.8	10,034.5	28,153	34,848	7,342.7	9,089.7	25,499	31,563	37,980	46,858	287,955
2003	8,484.0	10,301.4	29,192	35,446	7,723.1	9,377.5	26,574	32,267	39,426	47,756	290,626
2004	8,986.4	10,645.9	30,643	36,302	8,212.7	9,729.3	28,004	33,176	41,648	49,125	293,262
2005	9,385.8	10,811.6	31,710	36,527	8,747.1	10,075.9	29,552	34,041	44,044	50,381	295,993
2006	10,024.9	11,241.9	33,549	37,621	9,260.3	10,384.5	30,990	34,752	46,231	51,330	298,818
2007	10,515.6	11,500.3	34,855	38,119	9,706.4	10,615.3	32,173	35,186	47,902	51,794	301,696
2008	10,935.0	11,610.8	35,906	38,125	9,976.3	10,592.8	32,758	34,783	48,311	51,240	304,543
2009	10,907.1	11,591.7	35,500	37,728	9,842.2	10,460.0	32,034	34,045	47,028	49,501	307,240
2010	11,314.3	11,822.1	36,524	38,164	10,185.8	10,643.0	32,881	34,357	48,397	50,355	309,774
2011	11,873.6	12,099.8	38,055	38,780	10,641.1	10,843.8	34,105	34,755	49,814	50,770	312,010
2012	12,501.2	12,501.2	39,786	39,786	11,006.8	11,006.8	35,030	35,030	51,548	51,548	314,212
2013	12,505.3	12,339.1	39,529	39,004	11,317.2	11,166.9	35,774	35,298	53,057	52,142	316,357
2014	13,207.7	12,844.3	41,451	40,311	11,822.8	11,497.4	37,105	36,084	55,008	53,077	318,631
2015	13,780.0	13,372.7	42,939	41,670	12,284.3	11,921.2	38,279	37,147	56,790	54,231	320,918
2016	14,165.1	13,608.4	43,829	42,107	12,748.5	12,247.5	39,446	37,896	57,908	54,733	323,186
2017	14,833.0	14,002.8	45,609	43,056	13,312.1	12,566.9	40,932	38,641	60,019	55,679	325,220
2018 ᴾ	15,741.5	14,556.2	48,147	44,521	13,998.7	12,944.6	42,816	39,592	62,946	57,006	326,949
2019 ᴾ	16,438.1	14,988.5	50,036	45,623	14,563.9	13,279.6	44,331	40,412	65,227	58,055	328,527
2016: I	14,015.6	13,568.7	43,479	42,093	12,523.5	12,124.2	38,850	37,611	57,155	54,464	322,354
II	14,083.7	13,554.3	43,620	41,980	12,688.3	12,211.3	39,298	37,821	57,724	54,633	322,871
III	14,205.9	13,615.0	43,917	42,090	12,822.4	12,289.1	39,640	37,991	58,140	54,827	323,473
IV	14,355.2	13,696.7	44,299	42,267	12,959.8	12,365.3	39,993	38,159	58,608	55,005	324,048
2017: I	14,602.6	13,860.9	45,001	42,715	13,104.4	12,438.9	40,384	38,333	59,139	55,240	324,496
II	14,733.5	13,953.4	45,341	42,940	13,212.5	12,512.9	40,660	38,507	59,568	55,458	324,948
III	14,880.6	14,034.5	45,720	43,120	13,345.1	12,586.3	41,002	38,670	60,256	55,806	325,475
IV	15,115.4	14,162.4	46,372	43,448	13,586.3	12,729.7	41,680	39,053	61,108	56,210	325,963
2018: I	15,465.4	14,400.3	47,393	44,129	13,728.4	12,782.9	42,070	39,172	61,789	56,503	326,325
II	15,653.3	14,495.9	47,913	44,370	13,939.8	12,909.2	42,668	39,514	62,779	56,927	326,703
III	15,842.0	14,613.3	48,422	44,666	14,114.6	13,019.8	43,142	39,796	63,423	57,257	327,167
IV	16,005.4	14,715.2	48,856	44,918	14,211.9	13,066.3	43,382	39,885	63,790	57,336	327,602
2019: I	16,198.5	14,878.1	49,397	45,371	14,266.3	13,103.3	43,505	39,958	64,341	57,719	327,923
II	16,355.7	14,934.3	49,824	45,494	14,511.2	13,250.0	44,205	40,363	65,008	57,946	328,270
III	16,535.3	15,042.5	50,300	45,760	14,678.2	13,353.1	44,651	40,620	65,533	58,167	328,730
IV ᴾ	16,662.7	15,100.1	50,618	45,871	14,799.8	13,411.9	44,959	40,743	66,024	58,386	329,186

[1] Population of the United States including Armed Forces overseas. Annual data are averages of quarterly data. Quarterly data are averages for the period.

Source: Department of Commerce (Bureau of Economic Analysis and Bureau of the Census).

TABLE B–19. Gross saving and investment, 1969–2019

[Billions of dollars, except as noted; quarterly data at seasonally adjusted annual rates]

Year or quarter	Total gross saving	Gross saving								Consumption of fixed capital		
		Net saving										
		Total net saving	Net private saving			Net government saving			Total	Private	Government
			Total	Personal saving	Undistributed corporate profits	Total	Federal	State and local			
1969	233.1	108.2	110.3	76.1	34.2	−2.0	−5.1	3.1	124.9	89.4	35.5
1970	228.2	91.4	124.8	97.6	27.2	−33.4	−34.8	1.4	136.8	98.3	38.6
1971	246.1	97.2	149.4	111.9	37.5	−52.2	−50.9	−1.3	148.9	107.6	41.3
1972	277.6	116.6	159.6	111.5	48.0	−42.9	−49.0	6.1	161.0	117.5	43.5
1973	335.3	156.6	189.3	135.8	53.5	−32.7	−38.3	5.6	178.7	131.5	47.2
1974	349.2	142.3	186.0	146.3	39.7	−43.7	−41.3	−2.3	206.9	153.2	53.7
1975	348.1	109.6	218.3	164.0	54.3	−108.7	−97.9	−10.7	238.5	178.8	59.7
1976	399.3	139.1	224.4	154.4	70.0	−85.3	−80.9	−4.4	260.2	196.5	63.7
1977	459.4	169.6	242.5	155.9	86.6	−72.9	−73.4	.5	289.8	221.1	68.7
1978	548.0	220.8	278.0	175.1	102.9	−57.2	−62.0	4.9	327.2	252.1	75.1
1979	613.5	239.6	288.2	186.8	101.4	−48.6	−47.4	−1.2	373.9	290.7	83.1
1980	630.1	201.7	296.4	224.1	72.3	−94.7	−88.8	−5.9	428.4	335.0	93.5
1981	743.9	256.6	354.9	265.5	89.4	−98.2	−88.1	−10.2	487.2	381.9	105.3
1982	725.8	188.9	379.0	293.3	85.6	−190.1	−167.4	−22.8	537.0	420.4	116.6
1983	716.7	154.1	379.7	264.0	115.7	−225.6	−207.2	−18.4	562.6	438.8	123.8
1984	881.6	283.2	479.9	330.3	149.5	−196.7	−196.5	−.2	598.4	463.5	134.9
1985	881.0	240.8	442.5	284.9	157.5	−201.7	−199.2	−2.4	640.1	496.4	143.7
1986	864.5	179.2	399.1	290.6	108.5	−219.9	−215.9	−4.0	685.3	531.6	153.7
1987	948.9	218.5	398.6	275.4	123.2	−180.1	−165.7	−14.4	730.4	566.3	164.1
1988	1,076.6	292.1	463.4	320.5	142.9	−171.3	−160.0	−11.3	784.5	607.9	176.6
1989	1,109.8	271.5	450.2	340.0	110.3	−178.7	−159.4	−19.3	838.3	649.6	188.6
1990	1,113.4	224.8	464.4	361.1	103.2	−239.5	−203.3	−36.2	888.5	688.4	200.1
1991	1,153.4	221.0	529.5	396.0	133.5	−308.5	−248.4	−60.1	932.4	721.5	210.9
1992	1,147.6	187.4	592.8	453.9	139.0	−405.5	−334.5	−71.0	960.2	742.9	217.4
1993	1,163.4	159.9	545.9	397.7	148.2	−386.0	−313.5	−72.5	1,003.5	778.2	225.3
1994	1,295.1	239.5	559.0	363.4	195.7	−319.6	−255.6	−63.9	1,055.6	822.5	233.1
1995	1,426.3	303.9	616.5	387.1	229.4	−312.5	−242.1	−70.4	1,122.4	880.7	241.7
1996	1,578.9	403.6	636.8	382.3	254.5	−233.2	−179.4	−53.8	1,175.3	929.1	246.2
1997	1,780.5	541.2	675.1	390.3	284.9	−133.9	−92.0	−42.0	1,239.3	987.8	251.6
1998	1,930.6	620.8	649.5	446.5	203.0	−28.7	1.4	−30.1	1,309.7	1,052.2	257.6
1999	2,010.3	611.4	583.4	349.4	234.1	28.0	66.9	−38.9	1,398.9	1,132.2	266.7
2000	2,127.3	616.1	501.2	358.3	142.9	114.8	155.5	−40.6	1,511.2	1,231.5	279.7
2001	2,076.9	477.4	582.4	391.6	190.8	−105.0	14.0	−119.0	1,599.5	1,311.7	287.8
2002	2,003.6	345.6	799.9	473.7	326.2	−454.4	−271.5	−182.9	1,658.0	1,361.8	296.2
2003	1,991.7	272.6	858.0	471.5	386.5	−585.4	−404.1	−181.3	1,719.1	1,411.9	307.1
2004	2,164.3	342.5	892.4	463.8	428.6	−549.9	−400.9	−149.0	1,821.8	1,497.1	324.7
2005	2,365.8	394.8	803.5	296.7	506.8	−408.7	−305.9	−102.8	1,971.0	1,622.6	348.4
2006	2,657.9	533.8	846.4	385.6	460.8	−312.6	−227.6	−85.0	2,124.1	1,751.8	372.3
2007	2,536.6	283.8	679.2	391.6	287.6	−395.4	−266.1	−129.3	2,252.8	1,852.5	400.3
2008	2,241.2	−117.7	734.3	544.9	189.4	−852.0	−631.1	−220.9	2,358.8	1,931.8	427.0
2009	2,008.3	−363.2	1,227.1	666.5	560.6	−1,590.3	−1,248.9	−341.3	2,371.5	1,928.7	442.8
2010	2,312.2	−78.7	1,553.9	740.9	813.0	−1,632.6	−1,325.1	−307.5	2,390.9	1,933.8	457.2
2011	2,556.9	82.4	1,599.4	849.8	749.6	−1,517.1	−1,242.0	−275.1	2,474.5	1,997.3	477.2
2012	3,036.0	460.0	1,821.5	1,107.6	713.9	−1,361.4	−1,078.6	−282.8	2,576.0	2,082.4	493.6
2013	3,218.2	537.0	1,440.3	801.4	638.9	−903.3	−637.9	−265.4	2,681.2	2,176.6	504.6
2014	3,560.3	745.3	1,587.6	970.8	616.8	−842.3	−604.3	−238.0	2,815.0	2,298.5	516.6
2015	3,674.9	758.4	1,548.8	1,048.8	500.0	−790.4	−570.1	−220.3	2,916.5	2,393.7	522.8
2016	3,484.5	493.0	1,416.8	958.8	458.0	−923.8	−677.0	−246.8	2,991.6	2,463.2	528.4
2017	3,626.5	505.0	1,477.8	1,030.9	446.9	−972.8	−724.7	−248.1	3,121.4	2,578.2	543.2
2018	3,795.2	503.8	1,752.7	1,210.4	542.3	−1,248.9	−1,009.8	−239.2	3,291.4	2,725.8	565.7
2019 ᴾ					1,311.5				3,462.6	2,875.8	586.9
2016: I	3,570.1	620.3	1,518.2	1,038.1	480.1	−897.9	−644.5	−253.4	2,949.8	2,426.6	523.2
II	3,454.7	474.9	1,402.7	945.1	457.6	−927.8	−674.8	−253.0	2,979.8	2,452.4	527.4
III	3,435.5	433.2	1,363.5	925.5	438.0	−930.3	−687.2	−243.0	3,002.3	2,472.7	529.5
IV	3,477.9	443.5	1,382.7	926.5	456.2	−939.3	−701.6	−237.6	3,034.4	2,501.1	533.3
2017: I	3,600.7	535.8	1,478.9	1,025.8	453.1	−943.1	−685.0	−258.1	3,064.9	2,527.9	537.0
II	3,613.8	512.1	1,481.0	1,033.9	447.1	−968.9	−699.2	−269.7	3,101.7	2,561.0	540.7
III	3,658.6	517.1	1,479.8	1,038.8	441.0	−962.7	−707.1	−255.6	3,141.4	2,596.1	545.4
IV	3,632.8	455.1	1,471.6	1,025.2	446.5	−1,016.6	−807.6	−208.9	3,177.7	2,628.0	549.8
2018: I	3,826.2	605.9	1,798.6	1,220.2	578.4	−1,192.6	−976.3	−216.3	3,220.2	2,664.1	556.1
II	3,753.8	482.2	1,729.3	1,187.4	541.9	−1,247.1	−1,013.8	−233.3	3,271.6	2,708.0	563.7
III	3,814.9	499.1	1,730.6	1,186.4	544.2	−1,231.5	−981.3	−250.1	3,315.8	2,746.8	569.1
IV	3,785.9	427.8	1,752.2	1,247.6	504.6	−1,324.5	−1,067.6	−256.8	3,358.1	2,784.2	573.9
2019: I	3,909.8	507.6	1,842.3	1,375.5	466.8	−1,334.7	−1,122.9	−211.7	3,402.2	2,822.6	579.5
II	3,866.8	420.3	1,793.3	1,282.6	510.7	−1,373.0	−1,188.0	−185.0	3,446.5	2,861.9	584.6
III	3,874.1	388.2	1,827.1	1,298.0	529.1	−1,438.9	−1,211.5	−227.4	3,485.9	2,896.1	589.8
IV ᴾ					1,289.8				3,516.0	2,922.6	593.5

[1] With inventory valuation and capital consumption adjustments.

See next page for continuation of table.

TABLE B–19. Gross saving and investment, 1969–2019—*Continued*

[Billions of dollars, except as noted; quarterly data at seasonally adjusted annual rates]

Year or quarter	Gross domestic investment, capital account transactions, and net lending, NIPA [2]							Addenda:						
	Gross domestic investment				Capital account trans- actions (net) [3]	Net lending or net borrow- ing (−) NIPA [2,4]	Statis- tical discrep- ancy	Gross private saving	Gross government saving			Net domestic invest- ment	Gross saving as a percent of gross national income	Net saving as a percent of gross national income
	Total	Total	Gross private domes- tic invest- ment	Gross govern- ment invest- ment					Total	Federal	State and local			
1969	234.7	233.1	173.6	59.5	0.0	1.6	1.6	199.7	33.4	20.7	12.8	108.2	22.8	10.6
1970	233.6	229.8	170.0	59.8	.0	3.7	5.3	223.0	5.2	−7.2	12.4	93.0	21.2	8.5
1971	255.6	255.3	196.8	58.5	.0	.3	9.5	257.0	−10.9	−21.8	10.9	106.4	21.2	8.4
1972	284.8	288.8	228.1	60.7	.0	−4.1	7.2	277.1	.6	−18.8	19.4	127.8	21.7	9.1
1973	341.4	332.6	266.9	65.6	.0	8.8	6.1	320.8	14.5	−6.0	20.4	153.9	23.4	10.9
1974	356.6	350.7	274.5	76.2	.0	5.9	7.4	339.1	10.1	−6.0	16.0	143.8	22.5	9.2
1975	361.5	341.7	257.3	84.4	.1	19.8	13.3	397.1	−48.9	−59.2	10.3	103.1	20.7	6.5
1976	420.0	412.9	323.2	89.6	.1	7.0	20.7	420.9	−21.6	−39.2	17.6	152.6	21.4	7.4
1977	478.9	489.8	396.6	93.2	.1	−11.0	19.4	463.6	−4.2	−28.2	24.0	199.9	22.1	8.1
1978	571.3	583.9	478.4	105.6	.1	−12.7	23.3	530.1	17.9	−12.4	30.3	256.7	23.3	9.4
1979	658.6	659.8	539.7	120.1	.1	−1.3	45.1	579.0	34.6	7.2	27.3	285.9	23.5	9.2
1980	674.6	666.0	530.1	135.9	.1	8.4	44.4	631.4	−1.2	−28.4	27.1	237.6	22.1	7.1
1981	781.9	778.6	631.2	147.3	.1	3.3	38.1	736.8	7.1	−20.6	27.6	291.3	23.2	8.0
1982	734.7	738.0	581.0	156.9	.1	−3.4	8.8	799.4	−73.5	−92.0	18.4	201.0	21.5	5.6
1983	773.6	808.7	637.5	171.2	.1	−35.2	57.0	818.5	−101.8	−126.1	24.3	246.1	19.8	4.3
1984	923.2	1,013.3	820.1	193.2	.1	−90.2	41.6	943.4	−61.8	−105.9	44.1	414.9	21.9	7.0
1985	935.2	1,049.5	829.7	219.9	.1	−114.5	54.3	938.9	−57.9	−102.3	44.4	409.4	20.4	5.6
1986	944.6	1,087.2	849.1	238.1	.1	−142.8	80.1	930.7	−66.2	−112.4	46.2	401.9	19.1	4.0
1987	992.7	1,146.8	892.2	254.6	.1	−154.2	43.8	964.9	−16.0	−55.6	39.6	416.4	19.7	4.5
1988	1,079.6	1,195.4	937.0	258.4	.1	−115.9	3.0	1,071.3	5.3	−41.0	46.4	410.9	20.5	5.6
1989	1,177.8	1,270.1	999.7	270.4	.3	−92.7	68.0	1,099.9	9.9	−32.5	42.4	431.9	19.8	4.9
1990	1,208.9	1,283.8	993.4	290.4	7.4	−82.3	95.5	1,152.8	−39.4	−69.8	30.4	395.3	18.9	3.8
1991	1,246.3	1,238.4	944.3	294.1	5.3	2.6	93.0	1,250.9	−97.6	−108.3	10.8	306.0	18.9	3.6
1992	1,263.6	1,309.1	1,013.0	296.1	−1.3	−44.3	115.9	1,335.7	−188.1	−191.2	3.1	348.9	17.8	2.9
1993	1,319.3	1,398.7	1,106.8	291.9	.9	−80.2	156.0	1,324.1	−160.7	−166.5	5.8	395.2	17.3	2.4
1994	1,435.1	1,550.7	1,256.5	294.2	1.3	−116.9	140.0	1,381.6	−86.4	−105.3	18.8	495.0	18.1	3.3
1995	1,519.3	1,625.2	1,317.5	307.7	.4	−106.3	93.0	1,497.2	−70.9	−88.6	17.7	502.8	18.8	4.0
1996	1,637.0	1,752.0	1,432.1	320.0	.2	−115.2	58.1	1,565.9	13.0	−25.7	38.7	576.7	19.6	5.0
1997	1,792.1	1,922.2	1,595.6	326.6	.5	−130.6	11.6	1,662.9	117.6	62.3	55.3	682.9	20.7	6.3
1998	1,875.3	2,080.7	1,736.7	344.0	.2	−205.6	−55.2	1,701.7	228.9	156.8	72.1	770.9	21.1	6.8
1999	1,977.2	2,255.5	1,887.1	368.5	4.5	−282.8	−33.2	1,715.6	294.7	225.0	69.7	856.6	20.7	6.3
2000	2,030.8	2,427.3	2,038.4	388.9	.3	−396.8	−96.5	1,732.7	394.6	318.6	76.0	916.0	20.5	5.9
2001	1,963.8	2,346.7	1,934.8	411.9	−12.9	−370.0	−113.1	1,894.1	182.8	178.5	4.4	747.2	19.3	4.4
2002	1,930.9	2,374.1	1,930.4	443.7	−.5	−443.7	−72.7	2,161.7	−158.2	−104.7	−53.5	716.1	18.1	3.1
2003	1,978.1	2,491.3	2,027.1	464.2	2.1	−515.3	−13.7	2,270.0	−278.2	−231.8	−46.4	772.2	17.3	2.4
2004	2,142.2	2,767.5	2,281.3	486.2	−2.8	−622.4	−22.1	2,389.5	−225.2	−220.4	−4.8	945.6	17.6	2.8
2005	2,310.7	3,048.0	2,534.7	513.3	−12.9	−724.5	−55.1	2,426.1	−60.3	−115.4	55.1	1,077.0	18.0	3.0
2006	2,450.0	3,251.8	2,701.0	550.9	2.1	−803.9	−207.9	2,598.2	59.7	−26.3	86.0	1,127.7	18.9	3.8
2007	2,554.3	3,265.0	2,673.0	592.0	−.1	−710.7	17.7	2,531.7	4.9	−53.3	58.2	1,012.2	17.4	2.0
2008	2,424.0	3,107.2	2,477.6	629.6	−5.4	−677.8	182.9	2,666.2	−425.0	−405.3	−19.7	748.4	15.3	−.8
2009	2,200.5	2,572.6	1,929.7	642.9	.6	−372.7	192.2	3,155.8	−1,147.5	−1,015.3	−132.2	201.1	13.9	−2.5
2010	2,373.3	2,810.0	2,165.5	644.5	.7	−437.4	61.0	3,487.6	−1,175.4	−1,081.3	−94.1	419.1	15.3	−.5
2011	2,503.6	2,969.2	2,332.6	636.6	1.6	−467.2	−53.2	3,596.8	−1,039.9	−987.0	−52.9	494.7	16.1	.5
2012	2,794.7	3,242.8	2,621.8	621.0	−6.5	−441.6	−241.3	3,903.8	−867.8	−817.0	−50.8	666.8	18.2	2.8
2013	3,057.9	3,426.4	2,826.0	600.4	.8	−369.4	−160.3	3,616.9	−398.7	−372.0	−26.6	745.2	18.3	3.1
2014	3,271.1	3,646.7	3,044.2	602.6	.4	−376.0	−289.2	3,886.1	−325.8	−334.1	8.3	831.7	19.7	4.1
2015	3,420.0	3,844.1	3,223.1	621.0	.4	−424.5	−254.9	3,942.5	−267.6	−298.7	31.1	927.6	19.6	4.1
2016	3,372.6	3,813.9	3,178.7	635.2	.5	−441.9	−112.0	3,880.0	−395.5	−405.3	9.9	822.4	18.3	2.6
2017	3,558.9	4,025.5	3,370.7	654.8	9.5	−476.0	−67.6	4,056.0	−429.6	−447.6	18.0	904.0	18.3	2.5
2018	3,806.0	4,315.5	3,628.3	687.2	−2.8	−506.7	10.8	4,478.4	−683.2	−723.6	40.4	1,024.0	18.2	2.4
2019 p	....	4,478.2	3,742.8	735.3	....	....	....	....	....	....	....	1,015.5	....	....
2016: I	3,320.9	3,786.6	3,149.1	637.5	.6	−466.3	−249.2	3,944.8	−374.7	−374.6	−.2	836.8	18.9	3.3
II	3,373.6	3,786.4	3,152.9	633.5	.4	−413.2	−81.1	3,855.1	−400.4	−403.7	3.3	806.6	18.2	2.5
III	3,361.6	3,798.0	3,166.6	631.4	.4	−437.1	−73.9	3,836.2	−400.7	−415.1	14.4	795.7	18.0	2.3
IV	3,434.2	3,884.8	3,246.2	638.6	.4	−451.0	−43.7	3,883.8	−406.0	−427.7	21.7	850.4	18.0	2.3
2017: I	3,484.1	3,934.5	3,288.2	646.2	.6	−451.0	−116.6	4,006.8	−406.1	−410.1	4.0	869.6	18.4	2.7
II	3,473.5	3,989.3	3,335.0	654.4	.8	−516.6	−140.3	4,041.9	−428.1	−423.1	−5.0	887.7	18.3	2.6
III	3,631.9	4,055.8	3,401.8	653.9	35.8	−459.7	−26.7	4,075.9	−417.3	−429.4	12.1	914.3	18.4	2.6
IV	3,646.1	4,122.4	3,457.7	664.6	.6	−476.8	13.3	4,099.6	−466.8	−527.9	61.1	944.6	18.0	2.3
2018: I	3,737.1	4,215.0	3,542.4	672.6	.4	−478.4	−89.1	4,462.7	−636.6	−693.6	57.1	994.8	18.6	3.0
II	3,804.0	4,248.3	3,561.6	686.7	.4	−444.8	50.1	4,437.3	−683.4	−728.6	45.2	976.7	18.1	2.3
III	3,847.8	4,377.9	3,684.0	693.9	−1.7	−528.4	32.9	4,477.4	−662.4	−693.8	31.3	1,062.1	18.2	2.4
IV	3,835.1	4,420.6	3,725.2	695.4	−10.5	−575.1	49.2	4,536.4	−750.6	−778.6	28.1	1,062.5	17.9	2.0
2019: I	3,951.9	4,498.5	3,783.4	715.1	.5	−547.0	42.1	4,664.9	−755.1	−831.1	76.0	1,096.3	18.3	2.4
II	3,969.3	4,483.4	3,749.5	733.9	.4	−514.5	102.5	4,655.2	−788.4	−895.4	107.0	1,036.9	18.0	2.0
III	3,976.2	4,483.1	3,744.6	738.5	.5	−507.4	102.1	4,723.2	−849.1	−916.4	67.4	997.3	17.8	1.8
IV p	....	4,447.8	3,693.9	753.9	....	....	....	....	....	....	....	931.8	....	....

[2] National income and product accounts (NIPA).
[3] Consists of capital transfers and the acquisition and disposal of nonproduced nonfinancial assets.
[4] Prior to 1982, equals the balance on current account, NIPA.

Source: Department of Commerce (Bureau of Economic Analysis).

付録

B

TABLE B–20. Median money income (in 2018 dollars) and poverty status of families and people, by race, 2011-2018

Race, Hispanic origin, and year	Families [1]						People below poverty level [2]		Median money income (in 2018 dollars) of people 15 years old and over with income [3]			
	Number (mil-lions)	Median money income (in 2018 dollars) [3]	Below poverty level [2]				Number (mil-lions)	Percent	Males		Females	
			Total		Female householder, no husband present				All people	Year-round full-time workers	All people	Year-round full-time workers
			Number (mil-lions)	Percent	Number (mil-lions)	Percent						
TOTAL (all races) [4]												
2011	80.5	$68,224	9.5	11.8	4.9	31.2	46.2	15.0	$36,908	$56,299	$23,611	$43,285
2012	80.9	68,198	9.5	11.8	4.8	30.9	46.5	15.0	37,149	55,534	23,580	43,849
2013 [5]	81.2	68,902	9.1	11.2	4.6	30.6	45.3	14.5	38,036	55,004	23,822	43,833
2013 [6]	82.3	70,690	9.6	11.7	5.2	32.2	46.3	14.8	38,470	55,516	23,890	43,943
2014	81.7	70,745	9.5	11.6	4.8	30.6	46.7	14.8	38,543	54,632	23,613	43,315
2015	82.2	74,932	8.6	10.4	4.4	28.2	43.1	13.5	39,363	55,377	25,193	44,255
2016	82.9	76,081	8.1	9.8	4.1	26.6	40.6	12.7	40,673	55,954	26,047	45,204
2017	83.1	77,789	7.8	9.3	4.0	25.7	39.7	12.3	41,381	57,195	26,107	45,461
2017 [7]	83.5	77,991	7.8	9.3	4.0	26.2	39.6	12.3	41,380	56,855	26,528	46,948
2018	83.5	78,646	7.5	9.0	3.7	24.9	38.1	11.8	41,615	57,219	27,079	46,528
WHITE, non-Hispanic [8]												
2011	54.2	78,132	4.0	7.3	1.8	23.4	19.2	9.8	42,684	62,394	24,869	46,293
2012	54.0	78,319	3.8	7.1	1.7	23.4	18.9	9.7	42,460	61,630	25,094	46,207
2013 [5]	53.8	78,413	3.7	6.9	1.6	22.6	18.8	9.6	43,320	60,956	25,675	46,194
2013 [6]	54.7	80,581	4.0	7.3	1.9	25.8	19.6	10.0	44,113	63,568	25,625	46,511
2014	53.8	81,390	3.9	7.3	1.7	23.7	19.7	10.1	43,607	62,336	25,487	46,967
2015	53.8	85,351	3.5	6.4	1.6	21.7	17.8	9.1	44,735	64,389	27,164	48,431
2016	54.1	85,878	3.4	6.3	1.6	21.1	17.3	8.8	45,414	64,037	27,725	49,505
2017	53.9	87,945	3.2	6.0	1.4	19.8	17.0	8.7	46,953	63,944	27,777	50,152
2017 [7]	54.2	89,085	3.2	5.9	1.4	20.2	16.6	8.5	47,318	63,839	28,489	51,790
2018	54.2	89,448	3.2	5.8	1.4	19.7	15.7	8.1	47,817	65,282	29,468	50,694
BLACK [8]												
2011	9.7	45,310	2.3	24.2	1.7	39.0	10.9	27.6	26,266	44,909	22,104	39,263
2012	9.8	44,395	2.3	23.7	1.6	37.8	10.9	27.2	27,308	43,801	21,937	38,465
2013 [5]	9.9	44,903	2.3	22.8	1.6	38.5	11.0	27.2	26,836	44,867	21,642	38,286
2013 [6]	9.9	45,229	2.2	22.4	1.7	36.7	10.2	25.2	27,122	43,618	22,747	37,167
2014	9.9	45,815	2.3	22.9	1.6	37.2	10.8	26.2	28,209	43,708	22,260	37,386
2015	9.8	48,523	2.1	21.1	1.5	33.9	10.0	24.1	29,046	44,174	22,908	39,319
2016	10.0	51,656	1.9	19.0	1.3	31.6	9.2	22.0	31,013	43,963	23,895	39,080
2017	10.0	51,830	1.8	18.2	1.3	30.8	9.0	21.2	30,846	44,743	24,215	38,393
2017 [7]	10.0	51,884	1.9	18.9	1.4	31.9	9.2	21.7	30,092	43,640	24,510	39,257
2018	9.8	53,105	1.7	17.7	1.2	29.4	8.9	20.8	31,122	45,621	25,462	40,304
ASIAN [8]												
2011	4.2	81,676	.4	9.7	.1	19.1	2.0	12.3	40,655	62,757	24,660	46,644
2012	4.1	85,316	.4	9.4	.1	19.2	1.9	11.7	44,077	65,228	25,568	50,666
2013 [5]	4.4	82,492	.4	8.7	.1	14.9	1.8	10.5	43,354	64,989	26,820	48,949
2013 [6]	4.4	89,392	.4	10.2	.1	25.7	2.3	13.1	46,200	65,998	27,903	50,185
2014	4.5	87,839	.4	8.9	.1	18.9	2.1	12.0	43,426	63,455	26,958	51,334
2015	4.7	96,289	.4	8.0	.1	16.2	2.1	11.4	46,323	67,244	28,121	53,031
2016	4.7	97,837	.3	7.2	.1	19.4	1.9	10.1	48,752	70,081	28,013	53,409
2017	4.9	95,046	.4	7.8	.1	15.5	2.0	10.0	50,033	72,127	28,949	53,030
2017 [7]	4.9	97,015	.4	7.4	.1	16.3	1.9	9.7	50,385	71,882	28,275	53,751
2018	5.1	101,244	.4	7.6	.1	19.6	2.0	10.1	51,788	71,239	31,187	57,158
HISPANIC (any race) [8]												
2011	11.6	44,825	2.7	22.9	1.3	41.2	13.2	25.3	26,553	35,904	18,830	33,681
2012	12.0	44,665	2.8	23.5	1.3	40.7	13.6	25.6	26,946	35,628	18,326	32,332
2013 [5]	12.1	45,638	2.6	21.6	1.3	40.4	12.7	23.5	27,436	35,575	19,178	33,254
2013 [6]	12.4	44,202	2.9	23.1	1.4	40.5	13.4	24.7	26,130	34,946	18,303	33,654
2014	12.5	47,899	2.7	21.5	1.3	37.9	13.1	23.6	28,322	37,282	18,670	32,732
2015	12.8	50,163	2.5	19.6	1.2	35.5	12.1	21.4	29,794	38,128	20,037	33,553
2016	13.0	53,477	2.3	17.3	1.1	32.7	11.1	19.4	31,928	39,955	20,830	33,524
2017	13.2	54,921	2.2	16.3	1.1	32.7	10.8	18.3	31,439	40,874	20,807	33,230
2017 [7]	13.3	54,901	2.2	16.4	1.1	33.4	10.8	18.3	31,235	39,486	21,011	33,652
2018	13.3	55,093	2.1	15.5	1.0	30.8	10.5	17.6	31,417	40,360	21,687	35,169

[1] The term "family" refers to a group of two or more persons related by birth, marriage, or adoption and residing together. Every family must include a reference person.
[2] Poverty thresholds are updated each year to reflect changes in the consumer price index for all urban consumers (CPI-U).
[3] Adjusted by consumer price index research series (CPI-U-RS).
[4] Data for American Indians and Alaska natives, native Hawaiians and other Pacific Islanders, and those reporting two or more races are included in the total but not shown separately.
[5] The 2014 Current Population Survey (CPS) Annual Social and Economic Supplement (ASEC) included redesigned income questions, which were implemented to a subsample of the 98,000 addresses using a probability split panel design. These 2013 data are based on the 2014 ASEC sample of 68,000 addresses that received income questions similar to those used in the 2013 ASEC and are consistent with data in earlier years.
[6] These 2013 data are based on the 2014 ASEC sample of 30,000 addresses that received redesigned income questions and are consistent with data in later years.
[7] Reflects implementation of an updated processing system.
[8] The CPS allows respondents to choose more than one race. Data shown are for "white alone, non-Hispanic," "black alone," and "Asian alone" race categories. ("Black" is also "black or African American.") Family race and Hispanic origin are based on the reference person.

Note: For details see *Income and Poverty in the United States* in publication Series P–60 on the CPS ASEC.

Source: Department of Commerce (Bureau of the Census).

TABLE B–21. Real farm income, 1954–2019
[Billions of chained (2019) dollars]

Year	Income of farm operators from farming [1]							
	Gross farm income					Direct Federal Government payments	Production expenses	Net farm income
	Total	Value of agricultural sector production						
		Total	Crops [2,3]	Animals and animal products [3]	Farm-related income [4]			
1954	263.5	261.5	111.2	136.3	14.0	2.0	168.1	95.4
1955	254.4	252.7	108.3	130.2	14.2	1.7	168.5	85.9
1956	249.6	245.5	106.1	125.6	13.8	4.1	166.9	82.7
1957	247.0	239.8	97.0	128.9	13.9	7.2	168.3	78.7
1958	270.3	262.8	104.1	144.2	14.4	7.6	178.9	91.4
1959	259.5	254.8	101.1	138.2	15.5	4.7	186.1	73.4
1960	260.7	256.0	105.9	134.3	15.8	4.7	185.0	75.7
1961	271.1	261.1	105.8	139.0	16.3	10.0	191.1	79.9
1962	279.7	268.1	110.0	141.5	16.6	11.5	200.0	79.7
1963	283.2	272.1	117.1	137.7	17.3	11.1	206.3	76.9
1964	272.1	258.1	108.5	131.7	17.9	14.0	204.6	67.5
1965	294.0	278.4	120.2	140.2	18.1	15.6	212.5	81.5
1966	310.1	289.9	112.5	158.9	18.5	20.1	224.3	85.8
1967	301.6	283.3	114.7	149.2	19.3	18.4	228.0	73.7
1968	296.9	277.1	108.4	149.5	19.2	19.8	226.3	70.6
1969	307.9	287.2	107.5	160.1	19.7	20.7	229.9	78.0
1970	305.0	285.7	106.4	159.5	19.8	19.3	230.5	74.5
1971	306.6	291.0	115.6	155.3	20.2	15.5	232.5	74.1
1972	336.5	317.8	122.8	174.6	20.5	18.7	244.5	92.0
1973	443.6	431.9	193.1	216.9	22.0	11.7	289.5	154.1
1974	404.4	402.2	202.3	176.2	23.7	2.2	292.1	112.2
1975	378.7	375.7	189.8	161.9	23.9	3.0	282.6	96.1
1976	367.4	364.7	172.6	166.4	25.7	2.6	295.3	72.0
1977	365.5	359.4	171.9	159.0	28.5	6.1	298.7	66.8
1978	403.3	393.8	177.8	184.8	31.2	9.5	324.2	79.1
1979	437.0	433.0	193.3	206.4	33.3	4.0	357.5	79.5
1980	396.9	393.5	171.1	187.0	35.4	3.4	354.0	42.9
1981	404.0	399.4	191.7	171.0	36.6	4.7	338.8	65.3
1982	375.5	367.6	164.3	161.3	42.0	8.0	321.0	54.5
1983	338.8	318.3	125.2	154.2	38.9	20.5	307.4	31.4
1984	357.0	339.1	165.2	153.1	20.8	17.9	301.8	55.2
1985	331.8	315.9	151.7	142.1	22.1	15.9	273.1	58.7
1986	315.2	291.4	127.8	142.8	20.7	23.9	252.4	62.8
1987	331.9	298.9	127.1	149.3	22.5	33.0	257.0	74.9
1988	338.6	311.1	131.8	149.7	29.6	27.6	263.2	75.4
1989	350.9	331.0	149.3	152.9	28.9	19.9	265.8	85.1
1990	349.2	332.7	146.9	158.9	26.9	16.4	267.5	81.7
1991	328.0	313.9	138.6	149.0	26.3	14.0	259.3	68.7
1992	334.9	319.5	148.7	145.5	25.4	15.3	251.1	83.8
1993	334.4	312.5	134.8	150.0	27.7	21.9	258.2	76.2
1994	345.1	332.5	160.5	143.3	28.8	12.6	261.2	83.9
1995	329.8	318.4	150.0	137.3	31.1	11.4	267.6	62.2
1996	362.2	350.9	177.7	141.4	31.8	11.3	271.7	90.5
1997	359.4	348.1	169.9	145.4	32.8	11.3	281.9	77.5
1998	347.3	328.9	152.5	140.6	35.7	18.5	277.0	70.4
1999	345.9	314.2	136.6	140.2	37.5	31.7	275.7	70.2
2000	347.9	314.5	136.7	142.6	35.2	33.4	275.0	73.0
2001	351.9	320.3	133.8	149.8	36.7	31.6	274.6	77.3
2002	319.8	302.6	135.8	129.6	37.2	17.2	265.5	54.3
2003	352.2	329.7	147.8	142.9	39.0	22.5	269.2	83.0
2004	391.0	373.8	165.9	164.8	43.1	17.2	275.0	115.9
2005	383.9	352.5	147.1	162.7	42.8	31.4	282.6	101.3
2006	362.1	342.4	148.1	148.9	45.4	19.7	290.4	71.7
2007	412.6	398.2	183.6	168.2	46.4	14.5	327.5	85.1
2008	434.7	420.1	207.2	166.2	46.6	14.6	341.6	93.0
2009	398.3	383.9	194.8	141.5	47.5	14.4	324.6	73.6
2010	417.0	402.5	196.6	164.0	41.8	14.5	326.8	90.2
2011	481.7	469.7	228.4	187.6	53.8	11.9	351.5	130.1
2012	505.6	493.6	239.3	190.1	64.2	12.0	397.2	108.4
2013	534.6	522.5	258.2	200.0	64.3	12.2	398.0	136.6
2014	524.1	513.5	223.7	232.4	57.3	10.6	424.1	100.0
2015	473.3	461.7	197.9	208.4	55.3	11.6	385.7	87.6
2016	438.1	424.3	201.2	175.8	47.3	13.8	372.0	66.1
2017	443.6	431.6	196.0	184.5	51.2	12.0	365.3	78.3
2018	435.6	421.7	192.2	180.8	48.7	13.9	350.1	85.5
2019 [p]	437.1	414.7	183.2	177.5	54.0	22.4	344.6	92.5

[1] The GDP chain-type price index is used to convert the current-dollar statistics to 2019=100 equivalents.
[2] Crop receipts include proceeds received from commodities placed under Commodity Credit Corporation loans.
[3] The value of production equates to the sum of cash receipts, home consumption, and the value of the change in inventories.
[4] Includes income from forest products sold, the gross imputed rental value of farm dwellings, machine hire and custom work, and other sources of farm income such as commodity insurance indemnities.

Note: Data for 2019 are forecasts.

Source: Department of Agriculture (Economic Research Service).

Labor Market Indicators

TABLE B–22. Civilian labor force, 1929–2019

[Monthly data seasonally adjusted, except as noted]

Year or month	Civilian noninstitutional population [1]	Civilian labor force					Not in labor force	Civilian labor force participation rate [2]	Civilian employment/population ratio [3]	Unemployment rate, civilian workers [4]
		Total	Employment			Unemployment				
			Total	Agricultural	Nonagricultural					
		Thousands of persons 14 years of age and over						Percent		
1929		49,180	47,630	10,450	37,180	1,550				3.2
1930		49,820	45,480	10,340	35,140	4,340				8.7
1931		50,420	42,400	10,290	32,110	8,020				15.9
1932		51,000	38,940	10,170	28,770	12,060				23.6
1933		51,590	38,760	10,090	28,670	12,830				24.9
1934		52,230	40,890	9,900	30,990	11,340				21.7
1935		52,870	42,260	10,110	32,150	10,610				20.1
1936		53,440	44,410	10,000	34,410	9,030				16.9
1937		54,000	46,300	9,820	36,480	7,700				14.3
1938		54,610	44,220	9,690	34,530	10,390				19.0
1939		55,230	45,750	9,610	36,140	9,480				17.2
1940	99,840	55,640	47,520	9,540	37,980	8,120	44,200	55.7	47.6	14.6
1941	99,900	55,910	50,350	9,100	41,250	5,560	43,990	56.0	50.4	9.9
1942	98,640	56,410	53,750	9,250	44,500	2,660	42,230	57.2	54.5	4.7
1943	94,640	55,540	54,470	9,080	45,390	1,070	39,100	58.7	57.6	1.9
1944	93,220	54,630	53,960	8,950	45,010	670	38,590	58.6	57.9	1.2
1945	94,090	53,860	52,820	8,580	44,240	1,040	40,230	57.2	56.1	1.9
1946	103,070	57,520	55,250	8,320	46,930	2,270	45,550	55.8	53.6	3.9
1947	106,018	60,168	57,812	8,256	49,557	2,356	45,850	56.8	54.5	3.9
		Thousands of persons 16 years of age and over								
1947	101,827	59,350	57,038	7,890	49,148	2,311	42,477	58.3	56.0	3.9
1948	103,068	60,621	58,343	7,629	50,714	2,276	42,447	58.8	56.6	3.8
1949	103,994	61,286	57,651	7,658	49,993	3,637	42,708	58.9	55.4	5.9
1950	104,995	62,208	58,918	7,160	51,758	3,288	42,787	59.2	56.1	5.3
1951	104,621	62,017	59,961	6,726	53,235	2,055	42,604	59.2	57.3	3.3
1952	105,231	62,138	60,250	6,500	53,749	1,883	43,093	59.0	57.3	3.0
1953	107,056	63,015	61,179	6,260	54,919	1,834	44,041	58.9	57.1	2.9
1954	108,321	63,643	60,109	6,205	53,904	3,532	44,678	58.8	55.5	5.5
1955	109,683	65,023	62,170	6,450	55,722	2,852	44,660	59.3	56.7	4.4
1956	110,954	66,552	63,799	6,283	57,514	2,750	44,402	60.0	57.5	4.1
1957	112,265	66,929	64,071	5,947	58,123	2,859	45,336	59.6	57.1	4.3
1958	113,727	67,639	63,036	5,586	57,450	4,602	46,088	59.5	55.4	6.8
1959	115,329	68,369	64,630	5,565	59,065	3,740	46,960	59.3	56.0	5.5
1960	117,245	69,628	65,778	5,458	60,318	3,852	47,617	59.4	56.1	5.5
1961	118,771	70,459	65,746	5,200	60,546	4,714	48,312	59.3	55.4	6.7
1962	120,153	70,614	66,702	4,944	61,759	3,911	49,539	58.8	55.5	5.5
1963	122,416	71,833	67,762	4,687	63,076	4,070	50,583	58.7	55.4	5.7
1964	124,485	73,091	69,305	4,523	64,782	3,786	51,394	58.7	55.7	5.2
1965	126,513	74,455	71,088	4,361	66,726	3,366	52,058	58.9	56.2	4.5
1966	128,058	75,770	72,895	3,979	68,915	2,875	52,288	59.2	56.9	3.8
1967	129,874	77,347	74,372	3,844	70,527	2,975	52,527	59.6	57.3	3.8
1968	132,028	78,737	75,920	3,817	72,103	2,817	53,291	59.6	57.5	3.6
1969	134,335	80,734	77,902	3,606	74,296	2,832	53,602	60.1	58.0	3.5
1970	137,085	82,771	78,678	3,463	75,215	4,093	54,315	60.4	57.4	4.9
1971	140,216	84,382	79,367	3,394	75,972	5,016	55,834	60.2	56.6	5.9
1972	144,126	87,034	82,153	3,484	78,669	4,882	57,091	60.4	57.0	5.6
1973	147,096	89,429	85,064	3,470	81,594	4,365	57,667	60.8	57.8	4.9
1974	150,120	91,949	86,794	3,515	83,279	5,156	58,171	61.3	57.8	5.6
1975	153,153	93,775	85,846	3,408	82,438	7,929	59,377	61.2	56.1	8.5
1976	156,150	96,158	88,752	3,331	85,421	7,406	59,991	61.6	56.8	7.7
1977	159,033	99,009	92,017	3,283	88,734	6,991	60,025	62.3	57.9	7.1
1978	161,910	102,251	96,048	3,387	92,661	6,202	59,659	63.2	59.3	6.1
1979	164,863	104,962	98,824	3,347	95,477	6,137	59,900	63.7	59.9	5.8
1980	167,745	106,940	99,303	3,364	95,938	7,637	60,806	63.8	59.2	7.1
1981	170,130	108,670	100,397	3,368	97,030	8,273	61,460	63.9	59.0	7.6
1982	172,271	110,204	99,526	3,401	96,125	10,678	62,067	64.0	57.8	9.7
1983	174,215	111,550	100,834	3,383	97,450	10,717	62,665	64.0	57.9	9.6
1984	176,383	113,544	105,005	3,321	101,685	8,539	62,839	64.4	59.5	7.5
1985	178,206	115,461	107,150	3,179	103,971	8,312	62,744	64.8	60.1	7.2
1986	180,587	117,834	109,597	3,163	106,434	8,237	62,752	65.3	60.7	7.0
1987	182,753	119,865	112,440	3,208	109,232	7,425	62,888	65.6	61.5	6.2
1988	184,613	121,669	114,968	3,169	111,800	6,701	62,944	65.9	62.3	5.5
1989	186,393	123,869	117,342	3,199	114,142	6,528	62,523	66.5	63.0	5.3

[1] Not seasonally adjusted.
[2] Civilian labor force as percent of civilian noninstitutional population.
[3] Civilian employment as percent of civilian noninstitutional population.
[4] Unemployed as percent of civilian labor force.

See next page for continuation of table.

TABLE B–22. Civilian labor force, 1929–2019—*Continued*

[Monthly data seasonally adjusted, except as noted]

Year or month	Civilian noninstitutional population [1]	Civilian labor force					Not in labor force	Civilian labor force participation rate [2]	Civilian employment/ population ratio [3]	Unemployment rate, civilian workers [4]
		Total	Employment			Unemployment				
			Total	Agricultural	Non-agricultural					
	Thousands of persons 16 years of age and over							Percent		
1990	189,164	125,840	118,793	3,223	115,570	7,047	63,324	66.5	62.8	5.6
1991	190,925	126,346	117,718	3,269	114,449	8,628	64,578	66.2	61.7	6.8
1992	192,805	128,105	118,492	3,247	115,245	9,613	64,700	66.4	61.5	7.5
1993	194,838	129,200	120,259	3,115	117,144	8,940	65,638	66.3	61.7	6.9
1994	196,814	131,056	123,060	3,409	119,651	7,996	65,758	66.6	62.5	6.1
1995	198,584	132,304	124,900	3,440	121,460	7,404	66,280	66.6	62.9	5.6
1996	200,591	133,943	126,708	3,443	123,264	7,236	66,647	66.8	63.2	5.4
1997	203,133	136,297	129,558	3,399	126,159	6,739	66,837	67.1	63.8	4.9
1998	205,220	137,673	131,463	3,378	128,085	6,210	67,547	67.1	64.1	4.5
1999	207,753	139,368	133,488	3,281	130,207	5,880	68,385	67.1	64.3	4.2
2000 [5]	212,577	142,583	136,891	2,464	134,427	5,692	69,994	67.1	64.4	4.0
2001	215,092	143,734	136,933	2,299	134,635	6,801	71,359	66.8	63.7	4.7
2002	217,570	144,863	136,485	2,311	134,174	8,378	72,707	66.6	62.7	5.8
2003	221,168	146,510	137,736	2,275	135,461	8,774	74,658	66.2	62.3	6.0
2004	223,357	147,401	139,252	2,232	137,020	8,149	75,956	66.0	62.3	5.5
2005	226,082	149,320	141,730	2,197	139,532	7,591	76,762	66.0	62.7	5.1
2006	228,815	151,428	144,427	2,206	142,221	7,001	77,387	66.2	63.1	4.6
2007	231,867	153,124	146,047	2,095	143,952	7,078	78,743	66.0	63.0	4.6
2008	233,788	154,287	145,362	2,168	143,194	8,924	79,501	66.0	62.2	5.8
2009	235,801	154,142	139,877	2,103	137,775	14,265	81,659	65.4	59.3	9.3
2010	237,830	153,889	139,064	2,206	136,858	14,825	83,941	64.7	58.5	9.6
2011	239,618	153,617	139,869	2,254	137,615	13,747	86,001	64.1	58.4	8.9
2012	243,284	154,975	142,469	2,186	140,283	12,506	88,310	63.7	58.6	8.1
2013	245,679	155,389	143,929	2,130	141,799	11,460	90,290	63.2	58.6	7.4
2014	247,947	155,922	146,305	2,237	144,068	9,617	92,025	62.9	59.0	6.2
2015	250,801	157,130	148,834	2,422	146,411	8,296	93,671	62.7	59.3	5.3
2016	253,538	159,187	151,436	2,460	148,976	7,751	94,351	62.8	59.7	4.9
2017	255,079	160,320	153,337	2,454	150,883	6,982	94,759	62.9	60.1	4.4
2018	257,791	162,075	155,761	2,425	153,336	6,314	95,716	62.9	60.4	3.9
2019	259,175	163,539	157,538	2,425	155,113	6,001	95,636	63.1	60.8	3.7
2017: Jan	254,082	159,647	152,129	2,388	149,719	7,518	94,435	62.8	59.9	4.7
Feb	254,246	159,767	152,368	2,423	149,904	7,399	94,479	62.8	59.9	4.6
Mar	254,414	160,066	152,978	2,506	150,282	7,088	94,348	62.9	60.1	4.4
Apr	254,588	160,309	153,224	2,696	150,503	7,085	94,279	63.0	60.2	4.4
May	254,767	160,060	153,001	2,502	150,548	7,059	94,707	62.8	60.1	4.4
June	254,957	160,232	153,299	2,491	150,881	6,933	94,725	62.8	60.1	4.3
July	255,151	160,339	153,471	2,338	151,126	6,867	94,812	62.8	60.1	4.3
Aug	255,357	160,690	153,593	2,406	151,295	7,097	94,667	62.9	60.1	4.4
Sept	255,562	161,212	154,371	2,293	152,085	6,841	94,350	63.1	60.4	4.2
Oct	255,766	160,378	153,779	2,480	151,287	6,599	95,388	62.7	60.1	4.1
Nov	255,949	160,510	153,813	2,455	151,448	6,697	95,439	62.7	60.1	4.2
Dec	256,109	160,538	153,977	2,491	151,420	6,561	95,571	62.7	60.1	4.1
2018: Jan	256,780	161,068	154,486	2,443	152,053	6,582	95,712	62.7	60.2	4.1
Feb	256,934	161,783	155,142	2,430	152,659	6,641	95,151	63.0	60.4	4.1
Mar	257,097	161,684	155,191	2,340	152,714	6,493	95,414	62.9	60.4	4.0
Apr	257,272	161,742	155,324	2,330	153,007	6,418	95,529	62.9	60.4	4.0
May	257,454	161,874	155,665	2,353	153,353	6,209	95,579	62.9	60.5	3.8
June	257,642	162,269	155,750	2,398	153,383	6,519	95,373	63.0	60.5	4.0
July	257,843	162,173	155,993	2,483	153,519	6,180	95,670	62.9	60.5	3.8
Aug	258,066	161,768	155,601	2,377	153,329	6,167	96,297	62.7	60.3	3.8
Sept	258,290	162,078	156,032	2,487	153,528	6,045	96,212	62.8	60.4	3.7
Oct	258,514	162,605	156,482	2,407	153,989	6,123	95,909	62.9	60.5	3.8
Nov	258,708	162,662	156,628	2,549	154,102	6,034	96,045	62.9	60.5	3.7
Dec	258,888	163,111	156,825	2,491	154,266	6,286	95,777	63.0	60.6	3.9
2019: Jan	258,239	163,142	156,627	2,546	154,112	6,516	95,097	63.2	60.7	4.0
Feb	258,392	163,047	156,866	2,488	154,354	6,181	95,345	63.1	60.7	3.8
Mar	258,537	162,935	156,741	2,336	154,346	6,194	95,602	63.0	60.6	3.8
Apr	258,693	162,546	156,696	2,389	154,369	5,850	96,147	62.8	60.6	3.6
May	258,861	162,782	156,844	2,423	154,486	5,938	96,079	62.9	60.6	3.6
June	259,037	163,133	157,148	2,330	154,835	5,985	95,905	63.0	60.7	3.7
July	259,225	163,373	157,346	2,400	155,035	6,027	95,852	63.0	60.7	3.7
Aug	259,432	163,894	157,895	2,414	155,546	5,999	95,538	63.2	60.9	3.7
Sept	259,638	164,051	158,298	2,416	155,816	5,753	95,587	63.2	61.0	3.5
Oct	259,845	164,401	158,544	2,473	155,970	5,857	95,444	63.3	61.0	3.6
Nov	260,020	164,347	158,536	2,356	156,167	5,811	95,673	63.2	61.0	3.5
Dec	260,181	164,556	158,803	2,533	156,241	5,753	95,625	63.2	61.0	3.5

[5] Beginning in 2000, data for agricultural employment are for agricultural and related industries; data for this series and for nonagricultural employment are not strictly comparable with data for earlier years. Because of independent seasonal adjustment for these two series, monthly data will not add to total civilian employment.

Note: Labor force data in Tables B–22 through B–28 are based on household interviews and usually relate to the calendar week that includes the 12th of the month. Historical comparability is affected by revisions to population controls, changes in occupational and industry classification, and other changes to the survey. In recent years, updated population controls have been introduced annually with the release of January data, so data are not strictly comparable with earlier periods. Particularly notable changes were introduced for data in the years 1953, 1960, 1962, 1972, 1973, 1978, 1980, 1990, 1994, 1997, 1998, 2000, 2003, 2008 and 2012. For definitions of terms, area samples used, historical comparability of the data, comparability with other series, etc., see *Employment and Earnings* or concepts and methodology of the CPS at http://www.bls.gov/cps/documentation.htm#concepts.

Source: Department of Labor (Bureau of Labor Statistics).

付録

B

TABLE B–23. Civilian employment by sex, age, and demographic characteristic, 1975–2019

[Thousands of persons 16 years of age and over, except as noted; monthly data seasonally adjusted]

Year or month	All civilian workers	By sex and age			By race or ethnicity [1]									
		Men 20 years and over	Women 20 years and over	Both sexes 16–19	White			Black or African American			Asian	Hispanic or Latino ethnicity		
					Total	Men 20 years and over	Women 20 years and over	Total	Men 20 years and over	Women 20 years and over	Total	Total	Men 20 years and over	Women 20 years and over
1975	85,846	48,018	30,726	7,104	76,411	43,192	26,731	7,894	3,998	3,388	....	3,663	2,117	1,224
1976	88,752	49,190	32,226	7,336	78,853	44,171	27,958	8,227	4,120	3,599	....	3,720	2,109	1,288
1977	92,017	50,555	33,775	7,688	81,700	45,326	29,306	8,540	4,273	3,758	....	4,079	2,335	1,370
1978	96,048	52,143	35,836	8,070	84,936	46,594	30,975	9,102	4,483	4,047	....	4,527	2,568	1,537
1979	98,824	53,308	37,434	8,083	87,259	47,546	32,357	9,359	4,606	4,174	....	4,785	2,701	1,638
1980	99,303	53,101	38,492	7,710	87,715	47,419	33,275	9,313	4,498	4,267	....	5,527	3,142	1,886
1981	100,397	53,582	39,590	7,225	88,709	47,846	34,275	9,355	4,520	4,329	....	5,813	3,325	2,029
1982	99,526	52,891	40,086	6,549	87,903	47,209	34,710	9,189	4,414	4,347	....	5,805	3,354	2,040
1983	100,834	53,487	41,004	6,342	88,893	47,618	35,476	9,375	4,531	4,428	....	6,072	3,523	2,127
1984	105,005	55,769	42,793	6,444	92,120	49,461	36,823	10,119	4,871	4,773	....	6,651	3,825	2,357
1985	107,150	56,562	44,154	6,434	93,736	50,061	37,907	10,501	4,992	4,977	....	6,888	3,994	2,456
1986	109,597	57,569	45,556	6,472	95,660	50,818	39,050	10,814	5,150	5,128	....	7,219	4,174	2,615
1987	112,440	58,726	47,074	6,640	97,789	51,649	40,242	11,309	5,357	5,365	....	7,790	4,444	2,872
1988	114,968	59,781	48,383	6,805	99,812	52,466	41,316	11,658	5,509	5,548	....	8,250	4,680	3,047
1989	117,342	60,837	49,745	6,759	101,584	53,292	42,346	11,953	5,602	5,727	....	8,573	4,853	3,172
1990	118,793	61,678	50,535	6,581	102,261	53,685	42,796	12,175	5,692	5,884	....	9,845	5,609	3,567
1991	117,718	61,178	50,634	5,906	101,182	53,103	42,862	12,074	5,706	5,874	....	9,828	5,623	3,603
1992	118,492	61,496	51,328	5,669	101,669	53,357	43,327	12,151	5,681	5,978	....	10,027	5,757	3,693
1993	120,259	62,355	52,099	5,805	103,045	54,021	43,910	12,382	5,793	6,095	....	10,361	5,992	3,800
1994	123,060	63,294	53,606	6,161	105,190	54,676	45,116	12,835	5,964	6,320	....	10,788	6,189	3,989
1995	124,900	64,085	54,396	6,419	106,490	55,254	45,643	13,279	6,137	6,556	....	11,127	6,367	4,116
1996	126,708	64,897	55,311	6,500	107,808	55,977	46,164	13,542	6,167	6,762	....	11,642	6,655	4,341
1997	129,558	66,284	56,613	6,661	109,856	56,986	47,063	13,969	6,325	7,013	....	12,726	7,307	4,705
1998	131,463	67,135	57,278	7,051	110,931	57,500	47,342	14,556	6,530	7,290	....	13,291	7,570	4,928
1999	133,488	67,761	58,555	7,172	112,235	57,934	48,098	15,056	6,702	7,663	....	13,720	7,576	5,290
2000	136,891	69,634	60,067	7,189	114,424	59,119	49,145	15,156	6,741	7,703	6,043	15,735	8,859	5,903
2001	136,933	69,776	60,417	6,740	114,430	59,245	49,369	15,006	6,627	7,741	6,180	16,190	9,100	6,121
2002	136,485	69,734	60,420	6,332	114,013	59,124	49,448	14,872	6,652	7,610	6,215	16,590	9,341	6,367
2003	137,736	70,415	61,402	5,919	114,235	59,348	49,823	14,739	6,586	7,636	5,756	17,372	10,063	6,541
2004	139,252	71,572	61,773	5,907	115,239	60,159	50,040	14,909	6,681	7,707	5,994	17,930	10,385	6,752
2005	141,730	73,050	62,702	5,978	116,949	61,255	50,589	15,313	6,901	7,876	6,244	18,632	10,872	6,913
2006	144,427	74,431	63,834	6,162	118,833	62,259	51,359	15,765	7,079	8,068	6,522	19,613	11,391	7,321
2007	146,047	75,337	64,799	5,911	119,792	62,806	51,996	16,051	7,245	8,240	6,839	20,382	11,827	7,662
2008	145,362	74,750	65,039	5,573	119,126	62,304	52,124	15,953	7,151	8,260	6,917	20,346	11,769	7,707
2009	139,877	71,341	63,699	4,837	114,996	59,626	51,231	15,025	6,628	7,956	6,635	19,647	11,256	7,649
2010	139,064	71,230	63,456	4,378	114,168	59,438	50,997	15,010	6,680	7,944	6,705	19,906	11,438	7,788
2011	139,869	72,182	63,360	4,327	114,690	60,118	50,881	15,051	6,765	7,906	6,867	20,269	11,685	7,918
2012	142,469	73,403	64,640	4,426	114,769	60,193	50,911	15,856	7,104	8,313	7,705	21,878	12,212	8,858
2013	143,929	74,176	65,295	4,458	115,379	60,511	51,198	16,151	7,304	8,408	8,136	22,514	12,638	9,056
2014	146,305	75,471	66,287	4,548	116,788	61,289	51,798	16,732	7,613	8,663	8,325	23,492	13,202	9,431
2015	148,834	76,776	67,323	4,734	117,944	61,959	52,161	17,472	7,938	9,032	8,706	24,400	13,624	9,853
2016	151,436	78,084	68,387	4,965	119,313	62,575	52,771	17,982	8,228	9,219	9,213	25,249	14,055	10,217
2017	153,337	78,919	69,344	5,074	120,176	63,009	53,179	18,587	8,500	9,514	9,448	25,938	14,355	10,543
2018	155,761	80,211	70,424	5,126	121,461	63,719	53,682	19,091	8,745	9,751	9,832	27,012	14,873	11,045
2019	157,538	80,917	71,470	5,150	122,441	64,070	54,304	19,381	8,883	9,910	10,179	27,805	15,204	11,516
2018: Jan	154,486	79,723	69,628	5,135	120,915	63,498	53,286	18,673	8,579	9,528	9,600	26,446	14,668	10,736
Feb	155,142	80,138	69,807	5,198	121,175	63,631	53,399	19,123	8,897	9,641	9,627	26,698	14,741	10,840
Mar	155,191	80,092	69,979	5,120	121,140	63,706	53,355	19,094	8,759	9,724	9,782	26,555	14,703	10,714
Apr	155,324	80,140	70,066	5,118	121,298	63,761	53,451	18,921	8,672	9,716	9,778	26,906	14,909	10,885
May	155,665	80,275	70,270	5,119	121,455	63,748	53,617	19,106	8,788	9,757	9,738	26,857	14,840	10,948
June	155,750	80,084	70,528	5,137	121,444	63,699	53,712	19,084	8,589	9,850	9,802	27,110	14,971	11,088
July	155,993	80,208	70,671	5,114	121,582	63,703	53,837	19,145	8,740	9,803	9,846	27,260	15,036	11,145
Aug	155,601	80,160	70,553	4,888	121,136	63,529	53,658	19,110	8,828	9,776	9,947	26,915	14,846	11,010
Sept	156,032	80,259	70,657	5,116	121,417	63,637	53,731	19,236	8,791	9,857	9,934	27,063	14,818	11,165
Oct	156,482	80,400	70,858	5,224	121,826	63,782	53,976	19,288	8,806	9,839	9,939	27,194	14,831	11,226
Nov	156,628	80,567	70,892	5,169	121,941	63,922	53,988	19,223	8,768	9,797	10,040	27,476	15,027	11,301
Dec	156,825	80,496	71,123	5,205	122,209	64,015	54,144	19,082	8,712	9,727	9,951	27,652	15,083	11,469
2019: Jan	156,627	80,474	71,004	5,149	121,812	63,869	53,895	19,211	8,714	9,833	9,991	27,558	15,068	11,386
Feb	156,866	80,677	71,169	5,019	122,119	64,067	54,114	19,140	8,744	9,819	10,046	27,499	15,127	11,328
Mar	156,741	80,570	71,056	5,115	122,111	63,937	54,102	19,093	8,765	9,776	10,082	27,562	15,192	11,324
Apr	156,696	80,609	71,136	4,951	121,964	63,915	54,120	19,235	8,823	9,860	9,969	27,364	15,034	11,337
May	156,844	80,761	71,038	5,044	121,970	64,041	53,930	19,302	8,840	9,947	10,057	27,507	15,185	11,341
June	157,148	80,780	71,209	5,159	122,199	64,015	54,054	19,216	8,773	9,858	10,302	27,621	15,099	11,396
July	157,346	80,975	71,120	5,250	122,213	64,007	54,060	19,502	8,956	9,893	10,163	27,610	15,028	11,493
Aug	157,895	81,046	71,665	5,184	122,566	64,099	54,379	19,485	8,937	9,944	10,227	27,876	15,191	11,609
Sept	158,298	81,146	71,990	5,162	122,955	64,224	54,709	19,550	8,976	9,987	10,262	28,156	15,320	11,723
Oct	158,544	81,196	72,130	5,218	123,028	64,173	54,755	19,571	9,003	9,984	10,409	28,279	15,310	11,834
Nov	158,536	81,377	71,881	5,278	123,077	64,247	54,666	19,527	9,019	9,929	10,429	28,339	15,498	11,675
Dec	158,803	81,390	72,200	5,213	123,175	64,238	54,827	19,712	9,034	10,094	10,214	28,286	15,393	11,736

[1] Beginning in 2003, persons who selected this race group only. Persons whose ethnicity is identified as Hispanic or Latino may be of any race. Prior to 2003, persons who selected more than one race were included in the group they identified as the main race. Data for "black or African American" were for "black" prior to 2003. See Employment and Earnings or concepts and methodology of the Current Population Survey (CPS) at http://www.bls.gov/cps/documentation.htm#concepts for details.

Note: Detail will not sum to total because data for all race groups are not shown here.
See footnote 5 and Note, Table B–22.

Source: Department of Labor (Bureau of Labor Statistics).

TABLE B-24. Unemployment by sex, age, and demographic characteristic, 1975–2019

[Thousands of persons 16 years of age and over, except as noted; monthly data seasonally adjusted]

Year or month	All civilian workers	By sex and age			By race or ethnicity [1]									
		Men 20 years and over	Women 20 years and over	Both sexes 16–19	White			Black or African American			Asian	Hispanic or Latino ethnicity		
					Total	Men 20 years and over	Women 20 years and over	Total	Men 20 years and over	Women 20 years and over	Total	Total	Men 20 years and over	Women 20 years and over
1975	7,929	3,476	2,684	1,767	6,421	2,841	2,166	1,369	571	469	....	508	225	160
1976	7,406	3,098	2,588	1,719	5,914	2,504	2,045	1,334	528	477	....	485	217	166
1977	6,991	2,794	2,535	1,663	5,441	2,211	1,946	1,393	512	528	....	456	195	153
1978	6,202	2,328	2,292	1,583	4,698	1,797	1,713	1,330	462	510	....	452	175	168
1979	6,137	2,308	2,276	1,555	4,664	1,773	1,699	1,319	473	513	....	434	168	160
1980	7,637	3,353	2,615	1,669	5,884	2,629	1,964	1,553	636	574	....	620	284	190
1981	8,273	3,615	2,895	1,763	6,343	2,825	2,143	1,731	703	671	....	678	321	212
1982	10,678	5,089	3,613	1,977	8,241	3,991	2,715	2,142	954	793	....	929	461	293
1983	10,717	5,257	3,632	1,829	8,128	4,098	2,643	2,272	1,002	878	....	961	491	302
1984	8,539	3,932	3,107	1,499	6,372	2,992	2,264	1,914	815	747	....	800	393	258
1985	8,312	3,715	3,129	1,468	6,191	2,834	2,283	1,864	757	750	....	811	401	269
1986	8,237	3,751	3,032	1,454	6,140	2,857	2,213	1,840	765	728	....	857	438	278
1987	7,425	3,369	2,709	1,347	5,501	2,584	1,922	1,684	666	706	....	751	374	241
1988	6,701	2,987	2,487	1,226	4,944	2,268	1,766	1,547	617	642	....	732	351	234
1989	6,528	2,867	2,467	1,194	4,770	2,149	1,758	1,544	619	625	....	750	342	276
1990	7,047	3,239	2,596	1,212	5,186	2,431	1,852	1,565	664	633	....	876	425	289
1991	8,628	4,195	3,074	1,359	6,560	3,284	2,248	1,723	745	698	....	1,092	575	339
1992	9,613	4,717	3,469	1,427	7,169	3,620	2,512	2,011	886	800	....	1,311	675	418
1993	8,940	4,287	3,288	1,365	6,655	3,263	2,400	1,844	801	729	....	1,248	629	418
1994	7,996	3,627	3,049	1,320	5,892	2,735	2,197	1,666	682	685	....	1,187	558	431
1995	7,404	3,239	2,819	1,346	5,459	2,465	2,042	1,538	593	620	....	1,140	530	404
1996	7,236	3,146	2,783	1,306	5,300	2,363	1,998	1,592	639	643	....	1,132	495	438
1997	6,739	2,882	2,585	1,271	4,836	2,140	1,784	1,560	585	673	....	1,069	471	401
1998	6,210	2,580	2,424	1,205	4,484	1,920	1,688	1,426	524	622	....	1,026	436	376
1999	5,880	2,433	2,285	1,162	4,273	1,813	1,616	1,309	480	561	....	945	374	376
2000	5,692	2,376	2,235	1,081	4,121	1,731	1,595	1,241	499	512	227	954	388	371
2001	6,801	3,040	2,599	1,162	4,969	2,275	1,849	1,416	573	582	288	1,138	495	436
2002	8,378	3,896	3,228	1,253	6,137	2,943	2,269	1,693	695	738	389	1,353	636	496
2003	8,774	4,209	3,314	1,251	6,311	3,125	2,276	1,787	760	772	366	1,441	693	555
2004	8,149	3,791	3,150	1,208	5,847	2,785	2,172	1,729	733	755	277	1,342	635	504
2005	7,591	3,392	3,013	1,186	5,350	2,450	2,054	1,700	699	734	259	1,191	536	464
2006	7,001	3,131	2,751	1,119	5,002	2,281	1,927	1,549	640	656	205	1,081	497	414
2007	7,078	3,259	2,718	1,101	5,143	2,408	1,930	1,445	622	588	229	1,220	576	446
2008	8,924	4,297	3,342	1,285	6,509	3,179	2,384	1,788	811	732	285	1,678	860	567
2009	14,265	7,555	5,157	1,552	10,648	5,746	3,745	2,606	1,286	1,032	522	2,706	1,474	911
2010	14,825	7,763	5,534	1,528	10,916	5,828	3,960	2,852	1,396	1,165	543	2,843	1,519	1,001
2011	13,747	6,898	5,450	1,400	9,889	5,046	3,818	2,831	1,360	1,204	518	2,629	1,345	984
2012	12,506	5,984	5,125	1,397	8,915	4,347	3,564	2,544	1,152	1,119	483	2,514	1,195	995
2013	11,460	5,568	4,565	1,327	8,033	3,994	3,102	2,429	1,082	1,069	448	2,257	1,090	855
2014	9,617	4,585	3,926	1,106	6,540	3,141	2,623	2,141	973	943	436	1,878	864	764
2015	8,296	3,959	3,371	966	5,662	2,751	2,249	1,846	835	811	347	1,726	820	686
2016	7,751	3,675	3,151	925	5,345	2,594	2,100	1,655	737	724	349	1,548	720	627
2017	6,982	3,287	2,868	827	4,765	2,288	1,923	1,501	663	657	333	1,401	632	585
2018	6,314	2,976	2,578	759	4,354	2,094	1,743	1,322	582	573	304	1,323	591	547
2019	6,001	2,819	2,435	746	4,159	1,967	1,664	1,251	571	527	280	1,248	553	497
2018: Jan	6,582	3,159	2,608	815	4,380	2,195	1,616	1,503	671	654	299	1,380	653	516
Feb	6,641	3,072	2,720	849	4,657	2,255	1,819	1,367	538	624	291	1,375	598	596
Mar	6,493	3,043	2,657	793	4,478	2,174	1,806	1,389	556	611	309	1,401	665	551
Apr	6,418	3,101	2,565	752	4,486	2,211	1,763	1,298	578	527	286	1,363	628	545
May	6,209	2,992	2,468	750	4,429	2,124	1,771	1,195	592	478	217	1,380	600	590
June	6,519	3,111	2,669	739	4,412	2,148	1,794	1,331	603	565	329	1,291	593	560
July	6,180	2,795	2,621	764	4,186	1,914	1,771	1,357	574	630	311	1,264	494	555
Aug	6,167	2,880	2,572	715	4,239	1,998	1,740	1,293	554	608	305	1,318	574	582
Sept	6,045	2,868	2,435	742	4,109	1,999	1,590	1,276	563	565	359	1,299	604	503
Oct	6,123	2,880	2,518	725	4,182	1,983	1,718	1,299	605	502	321	1,249	594	502
Nov	6,034	2,774	2,530	729	4,277	1,983	1,783	1,244	563	520	284	1,297	539	548
Dec	6,286	2,987	2,550	750	4,337	2,066	1,750	1,340	592	582	335	1,268	552	512
2019: Jan	6,516	3,112	2,639	765	4,448	2,165	1,755	1,404	660	570	318	1,400	628	569
Feb	6,181	2,911	2,497	773	4,157	1,970	1,668	1,417	667	544	320	1,248	561	465
Mar	6,194	2,995	2,451	747	4,286	2,083	1,676	1,344	630	542	318	1,357	641	517
Apr	5,850	2,812	2,304	734	3,947	1,900	1,538	1,352	628	556	225	1,198	581	433
May	5,938	2,808	2,401	730	4,121	1,938	1,670	1,265	579	533	260	1,197	543	480
June	5,985	2,788	2,447	751	4,120	1,928	1,704	1,223	528	546	225	1,252	564	503
July	6,027	2,796	2,465	767	4,185	1,980	1,666	1,220	543	537	290	1,305	625	450
Aug	5,999	2,806	2,451	742	4,286	1,965	1,773	1,119	550	456	299	1,213	528	510
Sept	5,753	2,695	2,323	735	4,063	1,886	1,639	1,135	512	491	259	1,137	473	468
Oct	5,857	2,715	2,411	730	4,094	1,941	1,644	1,133	482	511	305	1,203	531	485
Nov	5,811	2,679	2,411	721	4,115	1,957	1,633	1,148	485	516	276	1,236	485	521
Dec	5,753	2,618	2,383	752	4,022	1,839	1,602	1,238	557	530	264	1,231	483	558

[1] See footnote 1 and Note, Table B–23.

Note: See footnote 5 and Note, Table B–22.

Source: Department of Labor (Bureau of Labor Statistics).

付録

B

TABLE B–25. Civilian labor force participation rate, 1975–2019

[Percent [1]; monthly data seasonally adjusted]

Year or month	All civilian workers	Men 20 years and over	Men 20–24 years	Men 25–54 years	Men 55 years and over	Women 20 years and over	Women 20–24 years	Women 25–54 years	Women 55 years and over	Both sexes 16–19 years	White	Black or African American	Asian	Hispanic or Latino ethnicity [2]
1975	61.2	80.3	84.5	94.4	49.4	46.0	64.1	55.1	23.1	54.0	61.5	58.8	....	60.8
1976	61.6	79.8	85.2	94.2	47.8	47.0	65.0	56.8	23.0	54.5	61.8	59.0	....	60.8
1977	62.3	79.7	85.6	94.2	47.4	48.1	66.5	58.5	22.9	56.0	62.5	59.8	....	61.6
1978	63.2	79.8	85.9	94.3	47.2	49.6	68.3	60.6	23.1	57.8	63.3	61.5	....	62.9
1979	63.7	79.8	86.4	94.4	46.6	50.6	69.0	62.3	23.2	57.9	63.9	61.4	....	63.6
1980	63.8	79.4	85.9	94.2	45.6	51.3	68.9	64.0	22.8	56.7	64.1	61.0	....	64.0
1981	63.9	79.0	85.5	94.1	44.5	52.1	69.6	65.3	22.7	55.4	64.3	60.8	....	64.1
1982	64.0	78.7	84.9	94.0	43.8	52.7	69.8	66.3	22.7	54.1	64.3	61.0	....	63.6
1983	64.0	78.5	84.8	93.8	43.0	53.1	69.9	67.1	22.4	53.5	64.3	61.5	....	63.8
1984	64.4	78.3	85.0	93.9	41.8	53.7	70.4	68.2	22.2	53.9	64.6	62.2	....	64.9
1985	64.8	78.1	85.0	93.9	41.0	54.7	71.8	69.6	22.0	54.5	65.0	62.9	....	64.6
1986	65.3	78.1	85.8	93.8	40.4	55.5	72.4	70.8	22.1	54.7	65.5	63.3	....	65.4
1987	65.6	78.0	85.2	93.7	40.4	56.2	73.0	71.9	22.0	54.7	65.8	63.8	....	66.4
1988	65.9	77.9	85.0	93.6	39.9	56.8	72.7	72.7	22.3	55.3	66.2	63.8	....	67.4
1989	66.5	78.1	85.3	93.7	39.6	57.7	72.4	73.6	23.0	55.9	66.7	64.2	....	67.6
1990	66.5	78.2	84.4	93.4	39.4	57.0	71.3	74.0	22.9	53.7	66.9	64.0	....	67.4
1991	66.2	77.7	83.5	93.1	38.5	57.9	70.1	74.1	22.6	51.6	66.6	63.3	....	66.5
1992	66.4	77.7	83.3	93.0	38.4	58.5	70.9	74.6	22.8	51.3	66.8	63.9	....	66.8
1993	66.3	77.3	83.2	92.6	37.7	58.5	70.9	74.6	22.8	51.5	66.8	63.2	....	66.2
1994	66.6	76.8	83.1	91.7	37.8	59.3	71.0	75.3	24.0	52.7	67.1	63.4	....	66.1
1995	66.6	76.7	83.1	91.6	37.9	59.4	70.3	75.6	23.9	53.5	67.1	63.7	....	65.8
1996	66.8	76.8	82.5	91.8	38.3	59.9	71.3	76.1	23.9	52.3	67.2	64.1	....	66.5
1997	67.1	77.0	82.5	91.8	38.9	60.5	72.7	76.7	24.6	51.6	67.5	64.7	....	67.9
1998	67.1	76.8	82.0	91.8	39.1	60.4	73.0	76.5	25.0	52.8	67.3	65.6	....	67.9
1999	67.1	76.7	81.9	91.7	39.6	60.7	73.2	76.8	25.6	52.0	67.3	65.8	....	67.7
2000	67.1	76.7	82.6	91.6	40.1	60.6	73.1	76.7	26.1	52.0	67.3	65.8	67.2	69.7
2001	66.8	76.5	81.6	91.3	40.9	60.6	72.7	76.4	27.0	49.6	67.0	65.3	67.2	69.5
2002	66.6	76.3	80.7	91.0	42.0	60.5	72.1	75.9	28.5	47.4	66.8	64.8	67.2	69.1
2003	66.2	75.9	80.0	90.6	42.6	60.6	70.8	75.6	30.0	44.5	66.5	64.3	66.4	68.3
2004	66.0	75.8	79.6	90.5	43.2	60.3	70.5	75.3	30.5	43.9	66.3	63.8	65.9	68.6
2005	66.0	75.8	79.1	90.5	44.2	60.4	70.1	75.3	31.4	43.7	66.3	64.2	66.1	68.0
2006	66.2	75.9	79.6	90.6	44.9	60.5	69.5	75.5	32.3	43.7	66.5	64.1	66.2	68.7
2007	66.0	75.9	78.7	90.9	45.2	60.6	70.1	75.4	33.2	41.3	66.4	63.7	66.5	68.8
2008	66.0	75.7	78.7	90.5	46.0	60.9	70.0	75.8	33.9	40.2	66.3	63.7	67.0	68.5
2009	65.4	74.8	76.2	89.7	46.3	60.8	69.6	75.6	34.7	37.5	65.8	62.4	66.0	68.0
2010	64.7	74.1	74.5	89.3	46.4	60.3	68.3	75.2	35.1	34.9	65.1	62.2	64.7	67.5
2011	64.1	73.4	74.7	88.7	46.3	59.8	67.8	74.7	35.1	34.1	64.5	61.4	64.6	66.5
2012	63.7	73.0	74.5	88.7	46.8	59.3	67.4	74.5	35.1	34.3	64.0	61.5	63.9	66.4
2013	63.2	72.5	73.9	88.4	46.5	58.8	67.5	73.9	35.1	34.5	63.5	61.2	64.6	66.0
2014	62.9	71.9	73.9	88.2	45.9	58.5	67.7	73.9	34.9	34.0	63.1	61.2	63.6	66.1
2015	62.7	71.7	73.0	88.3	45.9	58.2	68.3	73.7	34.7	34.3	62.8	61.5	62.8	65.9
2016	62.8	71.7	73.0	88.5	46.2	58.3	68.0	74.3	34.7	35.2	62.9	61.6	63.2	65.8
2017	62.9	71.6	74.1	88.6	46.1	58.5	68.5	75.0	34.7	35.2	62.8	62.3	63.6	66.1
2018	62.9	71.6	73.2	89.0	46.2	58.5	69.0	75.3	34.7	35.1	62.8	62.3	63.5	66.3
2019	63.1	71.6	74.0	89.1	46.3	58.9	70.4	76.0	35.0	35.3	63.0	62.5	64.0	66.8
2018: Jan	62.7	71.7	74.7	89.0	45.8	58.1	68.8	74.8	34.1	35.5	62.7	61.9	62.9	65.9
Feb	63.0	71.9	74.8	89.3	46.1	58.3	68.5	75.2	34.5	36.0	63.0	62.8	62.8	66.3
Mar	62.9	71.8	75.5	89.1	46.0	58.3	69.0	75.1	34.6	35.2	62.8	62.8	63.1	65.9
Apr	62.9	71.8	73.8	89.2	46.1	58.3	68.8	74.9	34.7	35.0	62.9	61.9	63.2	66.5
May	62.9	71.8	73.1	89.0	46.4	58.3	68.8	74.9	34.8	35.0	62.9	62.1	62.7	66.3
June	63.0	71.6	73.3	89.0	46.2	58.7	69.1	75.5	34.9	35.1	62.9	62.4	63.6	66.5
July	62.9	71.4	72.4	88.8	46.2	58.7	70.2	75.6	34.8	35.1	62.8	62.6	63.8	66.7
Aug	62.7	71.4	71.0	88.7	46.2	58.5	68.8	75.4	34.9	33.4	62.6	62.2	63.7	65.9
Sept	62.8	71.4	72.8	88.7	46.1	58.4	69.0	75.2	34.9	34.9	62.6	62.4	64.3	66.0
Oct	62.9	71.5	72.1	89.0	46.1	58.6	68.6	75.7	34.8	35.5	62.8	62.6	64.0	66.1
Nov	62.9	71.4	72.4	89.0	46.2	58.6	68.9	75.5	34.9	35.2	62.9	62.2	64.1	66.7
Dec	63.0	71.5	72.5	89.0	46.3	58.8	69.3	75.7	35.1	35.5	63.0	62.0	63.7	66.9
2019: Jan	63.2	71.8	73.6	89.4	46.4	58.9	69.3	75.9	35.0	35.4	63.0	62.7	64.3	67.3
Feb	63.1	71.7	73.4	89.4	46.4	58.8	70.1	75.8	35.2	34.7	63.0	62.5	64.6	66.7
Mar	63.0	71.7	74.2	89.5	46.0	58.7	69.9	75.7	35.0	35.1	63.0	62.1	64.0	66.9
Apr	62.8	71.5	74.1	89.1	45.9	58.6	70.2	75.5	34.9	34.1	62.8	62.5	62.6	66.0
May	62.9	71.6	75.5	88.8	46.2	58.6	70.7	75.6	34.5	34.6	62.8	62.4	63.1	66.2
June	63.0	71.5	74.5	88.7	46.3	58.7	70.2	75.9	34.7	35.4	62.9	61.9	63.6	66.4
July	63.0	71.6	74.2	88.9	46.7	58.6	70.7	75.4	35.1	36.1	62.9	62.7	63.7	66.4
Aug	63.2	71.6	73.2	89.0	46.5	59.0	70.5	76.3	35.0	35.5	63.1	62.3	64.1	66.7
Sept	63.2	71.6	73.9	89.1	46.3	59.1	71.0	76.3	35.1	35.3	63.2	62.5	64.2	67.0
Oct	63.3	71.6	74.1	89.1	46.3	59.1	71.4	76.6	35.1	35.6	63.2	62.5	65.3	67.3
Nov	63.2	71.6	73.4	89.3	46.5	59.0	70.0	76.5	35.0	35.9	63.2	62.3	64.7	67.4
Dec	63.2	71.5	73.3	89.2	46.4	59.2	70.3	76.8	35.0	35.7	63.2	63.1	63.6	67.1

[1] Civilian labor force as percent of civilian noninstitutional population in group specified.
[2] See footnote 1, Table B–23.

Note: Data relate to persons 16 years of age and over, except as noted.
See footnote 5 and Note, Table B–22.

Source: Department of Labor (Bureau of Labor Statistics).

TABLE B–26. Civilian employment/population ratio, 1975–2019

[Percent [1]; monthly data seasonally adjusted]

Year or month	All civilian workers	Men				Women				Both sexes 16–19 years	By race or ethnicity [2]			
		20 years and over	20–24 years	25–54 years	55 years and over	20 years and over	20–24 years	25–54 years	55 years and over		White	Black or African American	Asian	Hispanic or Latino ethnicity
1975	56.1	74.8	72.4	89.0	47.0	42.3	56.0	51.0	21.9	43.3	56.7	50.1	....	53.4
1976	56.8	75.1	74.9	89.5	45.7	43.5	57.3	52.9	21.9	44.2	57.5	50.8	....	53.8
1977	57.9	75.6	76.3	90.1	45.5	44.8	59.0	54.8	21.9	46.1	58.6	51.4	....	55.4
1978	59.3	76.4	78.0	91.0	45.7	46.6	61.4	57.3	22.3	48.3	60.0	53.6	....	57.2
1979	59.9	76.5	78.9	91.1	45.2	47.7	62.4	59.0	22.5	48.5	60.6	53.8	....	58.3
1980	59.2	74.6	75.1	89.4	44.1	48.1	61.8	60.1	22.1	46.6	60.0	52.3	....	57.6
1981	59.0	74.0	74.2	89.0	42.9	48.6	61.8	61.2	21.9	44.6	60.0	51.3	....	57.4
1982	57.8	71.8	71.0	86.5	41.6	48.4	60.6	61.2	21.6	41.5	58.8	49.4	....	54.9
1983	57.9	71.4	71.3	86.1	40.6	48.8	60.9	62.0	21.4	41.5	58.9	49.5	....	55.1
1984	59.5	73.2	74.9	88.4	39.8	50.1	62.7	63.9	21.3	43.7	60.5	52.3	....	57.9
1985	60.1	73.3	75.3	88.7	39.3	51.0	64.1	65.3	21.1	44.4	61.0	53.4	....	57.8
1986	60.7	73.3	76.3	88.5	38.8	52.0	64.9	66.6	21.3	44.6	61.5	54.1	....	58.5
1987	61.5	73.8	76.8	89.0	39.0	53.1	66.1	68.2	21.3	45.5	62.3	55.6	....	60.5
1988	62.3	74.2	77.5	89.5	38.6	54.0	66.6	69.3	21.7	46.8	63.1	56.3	....	61.9
1989	63.0	74.5	77.8	89.9	38.3	54.9	66.4	70.4	22.4	47.5	63.8	56.9	....	62.2
1990	62.8	74.3	76.7	89.1	38.0	55.2	65.2	70.6	22.2	45.3	63.7	56.7	....	61.9
1991	61.7	72.7	73.8	87.5	36.8	54.6	63.2	70.1	21.9	42.0	62.6	55.4	....	59.8
1992	61.5	72.1	73.1	86.8	36.4	54.8	63.6	70.1	21.8	41.0	62.4	54.9	....	59.1
1993	61.7	72.3	73.8	87.0	35.9	55.0	64.0	70.4	22.0	41.7	62.7	55.0	....	59.1
1994	62.5	72.6	74.6	87.2	36.2	56.2	64.5	71.5	23.1	43.4	63.5	56.1	....	59.5
1995	62.9	73.0	75.4	87.6	36.5	56.5	64.0	72.2	23.0	44.2	63.8	57.1	....	59.7
1996	63.2	73.2	74.7	87.9	37.0	57.0	64.9	72.8	23.1	43.5	64.1	57.4	....	60.6
1997	63.8	73.7	75.2	88.4	37.7	57.6	66.8	73.5	23.8	43.4	64.6	58.2	....	62.6
1998	64.1	73.9	75.4	88.8	38.0	58.0	67.3	73.6	24.4	45.1	64.7	59.7	....	63.1
1999	64.3	74.0	75.6	89.0	38.5	58.5	68.0	74.1	24.9	44.7	64.8	60.6	....	63.4
2000	64.4	74.2	76.6	89.0	39.1	58.4	67.9	74.2	25.5	45.2	64.9	60.9	64.8	65.7
2001	63.7	73.3	74.2	87.9	39.6	58.1	67.3	73.4	26.3	42.3	64.2	59.7	64.2	64.9
2002	62.7	72.3	72.5	86.6	40.3	57.5	65.6	72.3	27.5	39.6	63.4	58.1	63.2	63.9
2003	62.3	71.7	71.5	85.9	40.7	57.5	64.2	72.0	28.9	36.8	63.0	57.4	62.4	63.1
2004	62.3	71.9	71.6	86.3	41.5	57.4	64.3	71.8	29.4	36.4	63.1	57.2	63.0	63.8
2005	62.7	72.4	71.5	86.9	42.7	57.6	64.5	72.0	30.4	36.5	63.4	57.7	63.4	64.0
2006	63.1	72.9	72.7	87.3	43.5	58.0	64.2	72.5	31.4	36.9	63.8	58.4	64.2	65.2
2007	63.0	72.8	71.7	87.5	43.7	58.2	65.0	72.5	32.2	34.8	63.6	58.4	64.3	64.9
2008	62.2	71.6	69.7	86.0	44.2	57.9	63.8	72.3	32.7	32.6	62.8	57.3	64.3	63.3
2009	59.3	67.6	63.3	81.5	43.0	56.2	61.1	70.2	32.6	28.4	60.2	53.2	61.2	59.7
2010	58.5	66.8	61.3	81.0	42.8	55.5	59.4	69.3	32.9	25.9	59.4	52.3	59.9	59.0
2011	58.4	67.0	63.0	81.4	43.1	55.0	58.7	69.0	32.9	25.8	59.4	51.7	60.0	58.9
2012	58.6	67.5	63.8	82.5	43.8	55.0	59.2	69.2	33.1	26.1	59.4	53.0	60.1	59.5
2013	58.6	67.4	63.5	82.8	43.8	54.9	59.8	69.3	33.3	26.6	59.4	53.2	61.2	60.0
2014	59.0	67.8	64.9	83.6	43.9	55.2	60.9	70.0	33.4	27.3	59.7	54.3	60.4	61.2
2015	59.3	68.1	65.1	84.4	44.1	55.4	62.5	70.3	33.5	28.5	59.9	55.7	60.4	61.6
2016	59.7	68.5	66.2	85.0	44.4	56.1	63.0	71.1	33.5	29.7	60.2	56.4	60.9	62.0
2017	60.1	68.8	67.9	85.4	44.6	56.1	64.2	72.1	33.6	30.3	60.4	57.6	61.5	62.7
2018	60.4	69.0	67.6	86.2	44.7	56.4	64.7	72.8	33.7	30.6	60.7	58.3	61.6	63.2
2019	60.8	69.2	68.3	86.4	45.1	56.9	66.4	73.7	34.0	30.9	61.0	58.7	62.3	63.9
2018: Jan	60.2	68.9	68.8	85.9	44.3	56.0	64.5	72.2	33.3	30.6	60.5	57.3	61.0	62.6
Feb	60.4	69.2	69.1	86.4	44.5	56.1	64.4	72.4	33.4	31.0	60.6	58.6	61.0	63.1
Mar	60.4	69.1	69.9	86.1	44.5	56.2	64.9	72.5	33.4	30.5	60.6	58.5	61.2	62.6
Apr	60.4	69.1	68.1	86.2	44.6	56.2	64.8	72.3	33.7	30.5	60.7	57.9	61.4	63.3
May	60.5	69.2	67.5	86.3	45.0	56.4	64.5	72.5	33.9	30.5	60.7	58.4	61.3	63.1
June	60.5	69.0	67.2	86.1	44.7	56.4	64.5	72.9	33.9	30.7	60.7	58.3	61.5	63.5
July	60.5	69.0	67.0	86.2	44.8	56.6	65.8	73.0	33.7	30.5	60.7	58.4	61.8	63.7
Aug	60.3	68.9	65.7	86.0	44.8	56.5	64.6	72.9	33.8	29.2	60.5	58.2	61.8	62.8
Sept	60.4	68.9	67.3	86.0	44.8	56.5	64.6	72.9	33.9	30.5	60.6	58.6	62.0	63.0
Oct	60.5	69.0	66.8	86.2	44.9	56.6	64.3	73.4	33.8	31.2	60.7	58.6	62.0	63.2
Nov	60.5	69.1	67.0	86.3	44.9	56.6	64.4	73.1	33.9	30.8	60.8	58.4	62.4	63.7
Dec	60.6	69.0	66.8	86.1	44.9	56.7	64.8	73.3	34.1	31.1	60.9	57.9	61.7	64.0
2019: Jan	60.7	69.1	67.5	86.4	44.9	56.8	64.8	73.4	34.0	30.8	60.8	58.4	62.3	64.0
Feb	60.7	69.2	67.9	86.5	45.1	56.9	65.3	73.4	34.3	30.1	60.9	58.2	62.6	63.8
Mar	60.6	69.1	67.7	86.7	44.7	56.7	66.0	73.2	34.1	30.6	60.9	58.0	62.1	63.8
Apr	60.6	69.1	68.4	86.4	44.7	56.8	66.4	73.3	33.9	29.7	60.8	58.4	61.2	63.2
May	60.6	69.2	69.2	86.2	45.0	56.6	66.7	73.3	33.4	30.2	60.8	58.5	61.5	63.4
June	60.7	69.1	69.0	86.1	45.1	56.7	66.6	73.6	33.6	30.9	60.9	58.2	62.2	63.6
July	60.7	69.2	68.6	86.2	45.5	56.6	66.6	73.0	34.1	31.5	60.8	59.0	62.0	63.4
Aug	60.9	69.2	67.4	86.3	45.4	57.0	66.1	74.0	34.0	31.1	61.0	58.9	62.2	63.9
Sept	61.0	69.3	68.5	86.4	45.2	57.2	67.2	74.0	34.2	30.9	61.2	59.0	62.6	64.4
Oct	61.0	69.3	68.5	86.5	45.2	57.3	68.0	74.2	34.1	31.3	61.2	59.0	63.5	64.5
Nov	61.0	69.4	68.1	86.7	45.3	57.0	66.1	74.1	34.1	31.6	61.2	58.8	63.0	64.6
Dec	61.0	69.3	68.0	86.6	45.4	57.3	66.5	74.4	34.1	31.2	61.2	59.3	62.0	64.3

[1] Civilian employment as percent of civilian noninstitutional population in group specified.
[2] See footnote 1, Table B–23.

Note: Data relate to persons 16 years of age and over, except as noted.
See footnote 5 and Note, Table B–22.

Source: Department of Labor (Bureau of Labor Statistics).

Table B-27. Civilian unemployment rate, 1975-2019
[Percent [1]; monthly data seasonally adjusted]

Year or month	All civilian workers	By sex and age			By race or ethnicity [2]				U-6 measure of labor under-utiliza-tion [3]	By educational attainment (25 years & over)			
		Men 20 years and over	Women 20 years and over	Both sexes 16-19	White	Black or African American	Asian	Hispanic or Latino ethnicity		Less than a high school diploma	High school graduates, no college	Some college or associate degree	Bachelor's degree and higher [4]
1975	8.5	6.8	8.0	19.9	7.8	14.8	....	12.2	....	....	....	....	....
1976	7.7	5.9	7.4	19.0	7.0	14.0	....	11.5	....	....	....	....	....
1977	7.1	5.2	7.0	17.8	6.2	14.0	....	10.1	....	....	....	....	....
1978	6.1	4.3	6.0	16.4	5.2	12.8	....	9.1	....	....	....	....	....
1979	5.8	4.2	5.7	16.1	5.1	12.3	....	8.3	....	....	....	....	....
1980	7.1	5.9	6.4	17.8	6.3	14.3		10.1					
1981	7.6	6.3	6.8	19.6	6.7	15.6		10.4					
1982	9.7	8.8	8.3	23.2	8.6	18.9		13.8					
1983	9.6	8.9	8.1	22.4	8.4	19.5		13.7					
1984	7.5	6.6	6.8	18.9	6.5	15.9		10.7					
1985	7.2	6.2	6.6	18.6	6.2	15.1		10.5					
1986	7.0	6.1	6.2	18.3	6.0	14.5		10.6					
1987	6.2	5.4	5.4	16.9	5.3	13.0		8.8					
1988	5.5	4.8	4.9	15.3	4.7	11.7		8.2					
1989	5.3	4.5	4.7	15.0	4.5	11.4		8.0					
1990	5.6	5.0	4.9	15.5	4.8	11.4		8.2					
1991	6.8	6.4	5.7	18.7	6.1	12.5		10.0					
1992	7.5	7.1	6.3	20.1	6.6	14.2		11.6		11.5	6.8	5.6	3.2
1993	6.9	6.4	5.9	19.0	6.1	13.0		10.8		10.8	6.3	5.2	2.9
1994	6.1	5.4	5.4	17.6	5.3	11.5		9.9	10.9	9.8	5.4	4.5	2.6
1995	5.6	4.8	4.9	17.3	4.9	10.4		9.3	10.1	9.0	4.8	4.0	2.4
1996	5.4	4.6	4.8	16.7	4.7	10.5		8.9	9.7	8.7	4.7	3.7	2.2
1997	4.9	4.2	4.4	16.0	4.2	10.0		7.7	8.9	8.1	4.3	3.3	2.0
1998	4.5	3.7	4.1	14.6	3.9	8.9		7.2	8.0	7.1	4.0	3.0	1.8
1999	4.2	3.5	3.8	13.9	3.7	8.0		6.4	7.4	6.7	3.5	2.8	1.8
2000	4.0	3.3	3.6	13.1	3.5	7.6	3.6	5.7	7.0	6.3	3.4	2.7	1.7
2001	4.7	4.2	4.1	14.7	4.2	8.6	4.5	6.6	8.1	7.2	4.2	3.3	2.3
2002	5.8	5.3	5.1	16.5	5.1	10.2	5.9	7.5	9.6	8.4	5.3	4.5	2.9
2003	6.0	5.6	5.1	17.5	5.2	10.8	6.0	7.7	10.1	8.8	5.5	4.8	3.1
2004	5.5	5.0	4.9	17.0	4.8	10.4	4.4	7.0	9.6	8.5	5.0	4.2	2.7
2005	5.1	4.4	4.6	16.6	4.4	10.0	4.0	6.0	8.9	7.6	4.7	3.9	2.3
2006	4.6	4.0	4.1	15.4	4.0	8.9	3.0	5.2	8.2	6.8	4.3	3.6	2.0
2007	4.6	4.1	4.0	15.7	4.1	8.3	3.2	5.6	8.3	7.1	4.4	3.6	2.0
2008	5.8	5.4	4.9	18.7	5.2	10.1	4.0	7.6	10.5	9.0	5.7	4.6	2.6
2009	9.3	9.6	7.5	24.3	8.5	14.8	7.3	12.1	16.2	14.6	9.7	8.0	4.6
2010	9.6	9.8	8.0	25.9	8.7	16.0	7.5	12.5	16.7	14.9	10.3	8.4	4.7
2011	8.9	8.7	7.9	24.4	7.9	15.8	7.0	11.5	15.9	14.1	9.4	8.0	4.3
2012	8.1	7.5	7.3	24.0	7.2	13.8	5.9	10.3	14.7	12.4	8.3	7.1	4.0
2013	7.4	7.0	6.5	22.9	6.5	13.1	5.2	9.1	13.8	11.0	7.5	6.4	3.7
2014	6.2	5.7	5.6	19.6	5.3	11.3	5.0	7.4	12.0	9.0	6.0	5.4	3.2
2015	5.3	4.9	4.8	16.9	4.6	9.6	3.8	6.6	10.4	8.0	5.4	4.5	2.6
2016	4.9	4.5	4.4	15.7	4.3	8.4	3.6	5.8	9.6	7.4	5.2	4.1	2.5
2017	4.4	4.0	4.0	14.0	3.8	7.5	3.4	5.1	8.5	6.5	4.6	3.8	2.3
2018	3.9	3.6	3.5	12.9	3.5	6.5	3.0	4.7	7.7	5.6	4.1	3.3	2.1
2019	3.7	3.4	3.3	12.7	3.3	6.1	2.7	4.3	7.2	5.4	3.7	3.0	2.1
2018: Jan	4.1	3.8	3.6	13.7	3.5	7.5	3.0	5.0	8.1	5.4	4.4	3.4	2.1
Feb	4.1	3.7	3.8	14.0	3.7	6.7	2.9	4.9	8.2	5.7	4.4	3.5	2.2
Mar	4.0	3.7	3.7	13.4	3.6	6.8	3.1	5.0	7.9	5.5	4.3	3.5	2.2
Apr	4.0	3.7	3.5	12.8	3.6	6.4	2.8	4.8	7.8	5.8	4.3	3.4	2.1
May	3.8	3.6	3.4	12.8	3.5	5.9	2.2	4.9	7.7	5.5	3.9	3.3	2.0
June	4.0	3.7	3.6	12.6	3.5	6.5	4.5	4.5	7.8	5.5	4.1	3.3	2.3
July	3.8	3.4	3.6	13.0	3.3	6.6	3.1	4.4	7.5	5.2	4.1	3.2	2.2
Aug	3.8	3.5	3.5	12.8	3.4	6.3	3.0	4.7	7.3	5.7	3.9	3.5	2.0
Sept	3.7	3.4	3.3	12.7	3.3	6.2	3.5	4.6	7.5	5.7	3.8	3.2	2.0
Oct	3.8	3.5	3.4	12.2	3.3	6.3	3.1	4.4	7.4	5.9	4.0	3.1	2.0
Nov	3.7	3.3	3.4	12.4	3.4	6.1	2.8	4.5	7.6	5.6	3.5	3.1	2.2
Dec	3.9	3.6	3.5	12.6	3.4	6.6	3.3	4.4	7.6	5.8	3.8	3.3	2.2
2019: Jan	4.0	3.7	3.6	12.9	3.5	6.8	3.1	4.8	8.0	5.7	3.7	3.4	2.4
Feb	3.8	3.5	3.4	13.3	3.3	6.9	3.1	4.3	7.2	5.3	3.7	3.1	2.2
Mar	3.8	3.6	3.3	12.7	3.4	6.6	3.1	4.7	7.3	5.8	3.7	3.4	2.0
Apr	3.6	3.4	3.1	12.9	3.1	6.6	2.2	4.2	7.3	5.3	3.4	3.1	2.1
May	3.6	3.4	3.3	12.6	3.3	6.2	2.5	4.2	7.1	5.4	3.6	2.8	2.1
June	3.7	3.3	3.3	12.7	3.3	6.0	2.1	4.3	7.2	5.3	3.9	3.0	2.1
July	3.7	3.3	3.3	12.7	3.3	5.9	2.8	4.5	7.0	5.2	3.6	3.2	2.1
Aug	3.7	3.3	3.3	12.5	3.4	5.4	2.8	4.2	7.2	5.4	3.6	3.0	2.1
Sept	3.5	3.2	3.1	12.5	3.2	5.5	2.5	3.9	6.9	4.8	3.6	2.9	2.0
Oct	3.6	3.2	3.2	12.3	3.2	5.5	2.8	4.1	6.9	5.5	3.7	2.8	2.1
Nov	3.5	3.2	3.2	12.7	3.2	5.6	2.6	4.2	6.9	5.3	3.7	2.9	2.0
Dec	3.5	3.1	3.2	12.6	3.2	5.9	2.5	4.2	6.7	5.2	3.7	2.7	1.9

[1] Unemployed as percent of civilian labor force in group specified.
[2] See footnote 1, Table B-23.
[3] Total unemployed, plus all persons marginally attached to the labor force, plus total employed part time for economic reasons, as a percent of the civilian labor force plus all persons marginally attached to the labor force.
[4] Includes persons with bachelor's, master's, professional, and doctoral degrees.

Note: Data relate to persons 16 years of age and over, except as noted.
See Note, Table B-22.

Source: Department of Labor (Bureau of Labor Statistics).

Table B-28. Unemployment by duration and reason, 1975–2019

[Thousands of persons, except as noted; monthly data seasonally adjusted [1]]

Year or month	Un-employ-ment	Duration of unemployment						Reason for unemployment					
		Less than 5 weeks	5–14 weeks	15–26 weeks	27 weeks and over	Average (mean) duration (weeks) [2]	Median duration (weeks)	Job losers [3] Total	On layoff	Other	Job leavers	Re-entrants	New entrants
1975	7,929	2,940	2,484	1,303	1,203	14.2	8.4	4,386	1,671	2,714	827	1,892	823
1976	7,406	2,844	2,196	1,018	1,348	15.8	8.2	3,679	1,050	2,628	903	1,928	895
1977	6,991	2,919	2,132	913	1,028	14.3	7.0	3,166	865	2,300	909	1,963	953
1978	6,202	2,865	1,923	766	648	11.9	5.9	2,585	712	1,873	874	1,857	885
1979	6,137	2,950	1,946	706	535	10.8	5.4	2,635	851	1,784	880	1,806	817
1980	7,637	3,295	2,470	1,052	820	11.9	6.5	3,947	1,488	2,459	891	1,927	872
1981	8,273	3,449	2,539	1,122	1,162	13.7	6.9	4,267	1,430	2,837	923	2,102	981
1982	10,678	3,883	3,311	1,708	1,776	15.6	8.7	6,268	2,127	4,141	840	2,384	1,185
1983	10,717	3,570	2,937	1,652	2,559	20.0	10.1	6,258	1,780	4,478	830	2,412	1,216
1984	8,539	3,350	2,451	1,104	1,634	18.2	7.9	4,421	1,171	3,250	823	2,184	1,110
1985	8,312	3,498	2,509	1,025	1,280	15.6	6.8	4,139	1,157	2,982	877	2,256	1,039
1986	8,237	3,448	2,557	1,045	1,187	15.0	6.9	4,033	1,090	2,943	1,015	2,160	1,029
1987	7,425	3,246	2,196	943	1,040	14.5	6.5	3,566	943	2,623	965	1,974	920
1988	6,701	3,084	2,007	801	809	13.5	5.9	3,092	851	2,241	983	1,809	816
1989	6,528	3,174	1,978	730	646	11.9	4.8	2,983	850	2,133	1,024	1,843	677
1990	7,047	3,265	2,257	822	703	12.0	5.3	3,387	1,028	2,359	1,041	1,930	688
1991	8,628	3,480	2,791	1,246	1,111	13.7	6.8	4,694	1,292	3,402	1,004	2,139	792
1992	9,613	3,376	2,830	1,453	1,954	17.7	8.7	5,389	1,260	4,129	1,002	2,285	937
1993	8,940	3,262	2,584	1,297	1,798	18.0	8.3	4,848	1,115	3,733	976	2,198	919
1994	7,996	2,728	2,408	1,237	1,623	18.8	9.2	3,815	977	2,838	791	2,786	604
1995	7,404	2,700	2,342	1,085	1,278	16.6	8.3	3,476	1,030	2,446	824	2,525	579
1996	7,236	2,633	2,287	1,053	1,262	16.7	8.3	3,370	1,021	2,349	774	2,512	580
1997	6,739	2,538	2,138	995	1,067	15.8	8.0	3,037	931	2,106	795	2,338	569
1998	6,210	2,622	1,950	763	875	14.5	6.7	2,822	866	1,957	734	2,132	520
1999	5,880	2,568	1,832	755	725	13.4	6.4	2,622	848	1,774	783	2,005	469
2000	5,692	2,558	1,815	669	649	12.6	5.9	2,517	852	1,664	780	1,961	434
2001	6,801	2,853	2,196	951	801	13.1	6.8	3,476	1,067	2,409	835	2,031	459
2002	8,378	2,893	2,580	1,369	1,535	16.6	9.1	4,607	1,124	3,483	866	2,368	536
2003	8,774	2,785	2,612	1,442	1,936	19.2	10.1	4,838	1,121	3,717	818	2,477	641
2004	8,149	2,696	2,382	1,293	1,779	19.6	9.8	4,197	998	3,199	858	2,408	686
2005	7,591	2,667	2,304	1,130	1,490	18.4	8.9	3,667	933	2,734	872	2,386	666
2006	7,001	2,614	2,121	1,031	1,235	16.8	8.3	3,321	921	2,400	827	2,237	616
2007	7,078	2,542	2,232	1,061	1,243	16.8	8.5	3,515	976	2,539	793	2,142	627
2008	8,924	2,932	2,804	1,427	1,761	17.9	9.4	4,789	1,176	3,614	896	2,472	766
2009	14,265	3,165	3,828	2,775	4,496	24.4	15.1	9,160	1,630	7,530	882	3,187	1,035
2010	14,825	2,771	3,267	2,371	6,415	33.0	21.4	9,250	1,431	7,819	889	3,466	1,220
2011	13,747	2,677	2,993	2,061	6,016	39.3	21.4	8,106	1,230	6,876	956	3,401	1,284
2012	12,506	2,644	2,866	1,859	5,136	39.4	19.3	6,877	1,183	5,694	967	3,345	1,316
2013	11,460	2,584	2,759	1,807	4,310	36.5	17.0	6,073	1,136	4,937	932	3,207	1,247
2014	9,617	2,471	2,432	1,497	3,218	33.7	14.0	4,878	1,007	3,871	824	2,829	1,086
2015	8,296	2,399	2,302	1,267	2,328	29.2	11.6	4,063	974	3,089	819	2,535	879
2016	7,751	2,362	2,226	1,158	2,005	27.5	10.6	3,740	966	2,774	858	2,330	823
2017	6,982	2,270	2,008	1,017	1,687	25.0	10.0	3,434	956	2,479	778	2,079	690
2018	6,314	2,170	1,876	917	1,350	22.7	9.3	2,990	852	2,138	794	1,928	602
2019	6,001	2,086	1,789	860	1,266	21.6	9.1	2,786	823	1,963	814	1,810	591
2018: Jan	6,582	2,255	1,913	955	1,437	24.2	9.6	3,199	889	2,309	725	1,953	634
Feb	6,641	2,412	1,907	918	1,410	23.1	9.2	3,244	885	2,359	778	1,958	691
Mar	6,493	2,257	1,987	889	1,333	24.1	9.0	3,091	850	2,241	867	1,934	599
Apr	6,418	2,139	1,957	1,026	1,316	22.9	9.9	2,999	884	2,115	812	1,984	622
May	6,209	2,021	1,943	993	1,193	21.1	9.4	2,865	771	2,094	841	1,883	571
June	6,519	2,222	1,867	865	1,457	21.2	8.6	3,081	917	2,164	795	2,073	585
July	6,180	2,093	1,810	967	1,417	23.2	10.0	2,978	858	2,119	829	1,802	591
Aug	6,167	2,189	1,755	933	1,321	22.6	9.3	2,843	844	1,999	875	1,856	591
Sept	6,045	2,088	1,747	859	1,372	23.5	9.1	2,864	857	2,007	742	1,907	582
Oct	6,123	2,098	1,832	847	1,363	22.3	9.4	2,876	825	2,050	732	1,925	597
Nov	6,034	2,133	1,820	860	1,263	22.0	8.8	2,849	835	2,014	709	1,897	585
Dec	6,286	2,117	2,007	899	1,311	22.0	9.4	2,892	768	2,123	827	1,968	600
2019: Jan	6,516	2,319	1,999	898	1,259	20.6	9.0	3,060	940	2,120	816	1,944	607
Feb	6,181	2,169	1,809	928	1,279	22.0	9.4	2,863	828	2,036	841	1,902	619
Mar	6,194	2,116	1,812	936	1,305	22.2	9.5	2,826	866	1,959	780	2,002	605
Apr	5,850	1,906	1,835	860	1,227	22.8	9.3	2,660	722	1,938	728	1,899	535
May	5,938	2,158	1,572	822	1,298	24.1	9.1	2,674	865	1,810	809	1,850	602
June	5,985	1,949	1,832	776	1,413	22.1	9.4	2,744	805	1,939	889	1,850	537
July	6,027	2,222	1,795	909	1,170	19.7	9.0	2,796	828	1,968	832	1,794	597
Aug	5,999	2,218	1,746	831	1,251	22.1	9.0	2,864	812	2,052	784	1,785	577
Sept	5,753	1,869	1,778	806	1,318	21.7	9.4	2,575	729	1,846	840	1,669	673
Oct	5,857	1,978	1,747	884	1,259	21.6	9.2	2,691	772	1,919	846	1,698	622
Nov	5,811	2,026	1,753	865	1,219	20.2	9.2	2,804	768	2,036	776	1,663	581
Dec	5,753	2,065	1,730	812	1,186	20.8	9.0	2,686	807	1,880	829	1,655	551

[1] Because of independent seasonal adjustment of the various series, detail will not sum to totals.
[2] Beginning with 2011, includes unemployment durations of up to 5 years; prior data are for up to 2 years.
[3] Beginning with 1994, job losers and persons who completed temporary jobs.

Note: Data relate to persons 16 years of age and over.
See Note, Table B-22.

Source: Department of Labor (Bureau of Labor Statistics).

付録 B

Table B-29. Employees on nonagricultural payrolls, by major industry, 1975–2019

[Thousands of jobs; monthly data seasonally adjusted]

Year or month	Total non-agricultural employ-ment	Private industries										
		Total private	Goods-producing industries						Private service-providing industries		
			Total	Mining and logging	Construc-tion	Manufacturing			Total	Trade, transportation, and utilities [1]	
						Total	Durable goods	Non-durable goods		Total	Retail trade
1975	77,069	62,250	21,318	802	3,608	16,909	10,266	6,643	40,932	15,583	8,604
1976	79,502	64,501	22,025	832	3,662	17,531	10,640	6,891	42,476	16,105	8,970
1977	82,593	67,334	22,972	865	3,940	18,167	11,132	7,035	44,362	16,741	9,363
1978	86,826	71,014	24,156	902	4,322	18,932	11,770	7,162	46,858	17,633	9,882
1979	89,933	73,865	24,997	1,008	4,562	19,426	12,220	7,206	48,869	18,276	10,185
1980	90,533	74,158	24,263	1,077	4,454	18,733	11,679	7,054	49,895	18,387	10,249
1981	91,297	75,117	24,118	1,180	4,304	18,634	11,611	7,023	50,999	18,577	10,369
1982	89,689	73,706	22,550	1,163	4,024	17,363	10,610	6,753	51,156	18,430	10,377
1983	90,295	74,284	22,110	997	4,065	17,048	10,326	6,722	52,174	18,642	10,640
1984	94,548	78,389	23,435	1,014	4,501	17,920	11,050	6,870	54,954	19,624	11,227
1985	97,532	81,000	23,585	974	4,793	17,819	11,034	6,784	57,415	20,350	11,738
1986	99,500	82,661	23,318	829	4,937	17,552	10,795	6,757	59,343	20,765	12,082
1987	102,116	84,960	23,470	771	5,090	17,609	10,767	6,842	61,490	21,271	12,422
1988	105,378	87,838	23,909	770	5,233	17,906	10,969	6,938	63,929	21,942	12,812
1989	108,051	90,124	24,045	750	5,309	17,985	11,004	6,981	66,079	22,477	13,112
1990	109,527	91,112	23,723	765	5,263	17,695	10,737	6,958	67,389	22,634	13,186
1991	108,427	89,881	22,588	739	4,780	17,068	10,220	6,848	67,293	22,249	12,900
1992	108,802	90,015	22,095	689	4,608	16,799	9,946	6,853	67,921	22,094	12,831
1993	110,935	91,946	22,219	666	4,779	16,774	9,901	6,872	69,727	22,347	13,024
1994	114,399	95,124	22,774	659	5,095	17,020	10,132	6,889	72,350	23,096	13,494
1995	117,407	97,975	23,156	641	5,274	17,241	10,373	6,868	74,819	23,800	13,900
1996	119,836	100,297	23,409	637	5,536	17,237	10,486	6,751	76,888	24,205	14,146
1997	122,951	103,287	23,886	654	5,813	17,419	10,705	6,714	79,401	24,665	14,393
1998	126,157	106,248	24,354	645	6,149	17,560	10,911	6,649	81,894	25,150	14,613
1999	129,240	108,933	24,465	598	6,545	17,322	10,831	6,491	84,468	25,734	14,974
2000	132,024	111,235	24,649	599	6,787	17,263	10,877	6,386	86,585	26,187	15,284
2001	132,087	110,969	23,873	606	6,826	16,441	10,336	6,105	87,096	25,945	15,242
2002	130,649	109,136	22,557	583	6,716	15,259	9,485	5,774	86,579	25,458	15,029
2003	130,347	108,764	21,816	572	6,735	14,509	8,964	5,546	86,948	25,245	14,922
2004	131,787	110,166	21,882	591	6,976	14,315	8,925	5,390	88,284	25,487	15,063
2005	134,051	112,247	22,190	628	7,336	14,227	8,956	5,271	90,057	25,910	15,285
2006	136,453	114,479	22,530	684	7,691	14,155	8,981	5,174	91,949	26,223	15,359
2007	137,999	115,781	22,233	724	7,630	13,879	8,808	5,071	93,548	26,573	15,526
2008	137,241	114,732	21,335	767	7,162	13,406	8,463	4,943	93,398	26,236	15,289
2009	131,313	108,758	18,558	694	6,016	11,847	7,284	4,564	90,201	24,850	14,528
2010	130,362	107,871	17,751	705	5,518	11,528	7,064	4,464	90,121	24,581	14,446
2011	131,932	109,845	18,047	788	5,533	11,726	7,273	4,453	91,798	25,008	14,674
2012	134,175	112,255	18,420	848	5,646	11,927	7,470	4,457	93,835	25,416	14,847
2013	136,381	114,529	18,738	863	5,856	12,020	7,548	4,472	95,791	25,801	15,085
2014	138,958	117,076	19,226	891	6,151	12,185	7,674	4,512	97,850	26,321	15,363
2015	141,843	119,814	19,610	813	6,461	12,336	7,765	4,571	100,204	26,824	15,611
2016	144,352	122,128	19,750	668	6,728	12,354	7,714	4,640	102,379	27,195	15,832
2017	146,624	124,275	20,084	676	6,969	12,439	7,741	4,699	104,191	27,409	15,846
2018	149,074	126,625	20,710	732	7,289	12,689	7,945	4,743	105,916	27,659	15,833
2019 P	151,404	128,828	21,085	751	7,493	12,841	8,058	4,783	107,743	27,839	15,795
2018: Jan	147,767	125,393	20,386	699	7,126	12,561	7,838	4,723	105,007	27,502	15,809
Feb	148,097	125,697	20,497	706	7,199	12,592	7,865	4,727	105,200	27,560	15,833
Mar	148,279	125,870	20,527	714	7,201	12,612	7,886	4,726	105,343	27,591	15,834
Apr	148,475	126,054	20,587	723	7,230	12,634	7,903	4,731	105,467	27,589	15,838
May	148,745	126,318	20,650	728	7,267	12,655	7,917	4,738	105,668	27,630	15,856
June	149,007	126,554	20,706	735	7,284	12,687	7,944	4,743	105,848	27,622	15,822
July	149,185	126,727	20,744	734	7,303	12,707	7,961	4,746	105,983	27,643	15,824
Aug	149,467	126,973	20,794	742	7,337	12,715	7,973	4,742	106,179	27,693	15,830
Sept	149,575	127,081	20,832	745	7,354	12,733	7,987	4,746	106,249	27,692	15,804
Oct	149,852	127,366	20,892	751	7,379	12,762	8,006	4,756	106,474	27,715	15,794
Nov	150,048	127,566	20,921	748	7,384	12,789	8,022	4,767	106,645	27,783	15,827
Dec	150,275	127,790	20,961	752	7,400	12,809	8,036	4,773	106,829	27,788	15,821
2019: Jan	150,587	128,087	21,041	759	7,456	12,826	8,055	4,771	107,046	27,836	15,830
Feb	150,643	128,133	21,022	755	7,433	12,834	8,060	4,774	107,111	27,827	15,817
Mar	150,796	128,286	21,035	756	7,448	12,831	8,054	4,777	107,251	27,810	15,802
Apr	151,012	128,481	21,072	756	7,482	12,834	8,055	4,779	107,409	27,809	15,787
May	151,074	128,562	21,077	758	7,483	12,836	8,058	4,778	107,485	27,807	15,775
June	151,252	128,723	21,104	756	7,502	12,846	8,067	4,779	107,619	27,815	15,763
July	151,418	128,845	21,100	751	7,499	12,850	8,069	4,781	107,745	27,817	15,761
Aug	151,637	129,008	21,104	746	7,506	12,852	8,067	4,785	107,904	27,809	15,760
Sept	151,830	129,191	21,115	746	7,515	12,854	8,066	4,788	108,076	27,834	15,772
Oct	151,982	129,355	21,086	748	7,529	12,809	8,015	4,794	108,269	27,877	15,802
Nov P	152,238	129,598	21,138	740	7,531	12,867	8,063	4,804	108,460	27,873	15,788
Dec P	152,383	129,737	21,137	731	7,551	12,855	8,056	4,799	108,600	27,913	15,830

[1] Includes wholesale trade, transportation and warehousing, and utilities, not shown separately.

Note: Data in Tables B–29 and B–30 are based on reports from employing establishments and relate to full- and part-time wage and salary workers in nonagricultural establishments who received pay for any part of the pay period that includes the 12th of the month. Not comparable with labor force data (Tables B–22 through B–28), which include proprietors, self-employed persons, unpaid family workers, and private household workers; which count persons as

See next page for continuation of table.

TABLE B–29. Employees on nonagricultural payrolls, by major industry, 1975–2019—*Continued*

[Thousands of jobs; monthly data seasonally adjusted]

Year or month	Private industries—Continued						Government			
	Private service-providing industries—Continued									
	Information	Financial activities	Professional and business services	Education and health services	Leisure and hospitality	Other services	Total	Federal	State	Local
1975	2,061	4,047	6,056	5,497	5,544	2,144	14,820	2,882	3,179	8,758
1976	2,111	4,155	6,310	5,756	5,794	2,244	15,001	2,863	3,273	8,865
1977	2,185	4,348	6,611	6,052	6,065	2,359	15,258	2,859	3,377	9,023
1978	2,287	4,599	6,997	6,427	6,411	2,505	15,812	2,893	3,474	9,446
1979	2,375	4,843	7,339	6,768	6,631	2,637	16,068	2,894	3,541	9,633
1980	2,361	5,025	7,571	7,077	6,721	2,755	16,375	3,000	3,610	9,765
1981	2,382	5,163	7,809	7,364	6,840	2,865	16,180	2,922	3,640	9,619
1982	2,317	5,209	7,875	7,526	6,874	2,924	15,982	2,884	3,640	9,458
1983	2,253	5,334	8,065	7,781	7,078	3,021	16,011	2,915	3,662	9,434
1984	2,398	5,553	8,493	8,211	7,489	3,186	16,159	2,943	3,734	9,482
1985	2,437	5,815	8,900	8,679	7,869	3,366	16,533	3,014	3,832	9,687
1986	2,445	6,128	9,241	9,086	8,156	3,523	16,838	3,044	3,893	9,901
1987	2,507	6,385	9,639	9,543	8,446	3,699	17,156	3,089	3,967	10,100
1988	2,585	6,500	10,121	10,096	8,778	3,907	17,540	3,124	4,076	10,339
1989	2,622	6,562	10,588	10,652	9,062	4,116	17,927	3,136	4,182	10,609
1990	2,688	6,614	10,881	11,024	9,288	4,261	18,415	3,196	4,305	10,914
1991	2,677	6,561	10,746	11,556	9,256	4,249	18,545	3,110	4,355	11,081
1992	2,641	6,559	11,001	11,948	9,437	4,240	18,787	3,111	4,408	11,267
1993	2,668	6,742	11,527	12,362	9,732	4,350	18,989	3,063	4,488	11,438
1994	2,738	6,910	12,207	12,872	10,100	4,428	19,275	3,018	4,576	11,682
1995	2,843	6,866	12,878	13,360	10,501	4,572	19,432	2,949	4,635	11,849
1996	2,940	7,018	13,497	13,761	10,777	4,690	19,539	2,877	4,606	12,056
1997	3,084	7,255	14,371	14,185	11,018	4,825	19,664	2,806	4,582	12,276
1998	3,218	7,565	15,183	14,570	11,232	4,976	19,909	2,772	4,612	12,525
1999	3,419	7,753	15,994	14,939	11,543	5,087	20,307	2,769	4,709	12,829
2000	3,630	7,783	16,704	15,252	11,862	5,168	20,790	2,865	4,786	13,139
2001	3,629	7,900	16,514	15,814	12,036	5,258	21,118	2,764	4,905	13,449
2002	3,395	7,956	16,016	16,398	11,986	5,372	21,513	2,766	5,029	13,718
2003	3,188	8,078	16,029	16,835	12,173	5,401	21,583	2,761	5,002	13,820
2004	3,118	8,105	16,440	17,230	12,493	5,409	21,621	2,730	4,982	13,909
2005	3,061	8,197	17,003	17,676	12,816	5,395	21,804	2,732	5,032	14,041
2006	3,038	8,367	17,619	18,154	13,110	5,438	21,974	2,732	5,075	14,167
2007	3,032	8,348	17,998	18,676	13,427	5,494	22,218	2,734	5,122	14,362
2008	2,984	8,206	17,792	19,228	13,436	5,515	22,509	2,762	5,177	14,571
2009	2,804	7,838	16,634	19,630	13,077	5,367	22,555	2,832	5,169	14,554
2010	2,707	7,695	16,783	19,975	13,049	5,331	22,490	2,977	5,137	14,376
2011	2,674	7,697	17,389	20,318	13,353	5,360	22,086	2,859	5,078	14,150
2012	2,676	7,784	17,992	20,769	13,768	5,430	21,920	2,820	5,055	14,045
2013	2,706	7,886	18,575	21,086	14,254	5,483	21,853	2,769	5,046	14,037
2014	2,726	7,977	19,124	21,439	14,696	5,567	21,882	2,733	5,050	14,098
2015	2,750	8,123	19,695	22,029	15,160	5,622	22,029	2,757	5,077	14,195
2016	2,794	8,287	20,114	22,639	15,660	5,691	22,224	2,795	5,110	14,319
2017	2,814	8,451	20,508	23,188	16,051	5,770	22,350	2,805	5,165	14,379
2018 ᴾ	2,828	8,569	20,999	23,667	16,348	5,845	22,449	2,796	5,176	14,477
2019 ᴾ	2,824	8,676	21,462	24,270	16,741	5,932	22,576	2,820	5,184	14,573
2018: Jan	2,812	8,502	20,730	23,445	16,208	5,808	22,374	2,795	5,147	14,432
Feb	2,812	8,528	20,774	23,481	16,233	5,812	22,400	2,792	5,155	14,453
Mar	2,824	8,537	20,816	23,518	16,244	5,813	22,409	2,792	5,160	14,457
Apr	2,829	8,541	20,878	23,542	16,262	5,826	22,421	2,793	5,169	14,459
May	2,831	8,556	20,929	23,581	16,300	5,841	22,427	2,793	5,168	14,466
June	2,831	8,567	20,980	23,646	16,343	5,859	22,453	2,795	5,178	14,480
July	2,832	8,572	21,017	23,694	16,378	5,847	22,458	2,796	5,179	14,483
Aug	2,826	8,583	21,075	23,754	16,395	5,853	22,494	2,796	5,190	14,508
Sept	2,822	8,597	21,128	23,779	16,371	5,860	22,494	2,797	5,204	14,493
Oct	2,832	8,611	21,183	23,816	16,450	5,867	22,486	2,798	5,197	14,491
Nov	2,829	8,614	21,217	23,845	16,489	5,868	22,482	2,804	5,180	14,498
Dec	2,827	8,615	21,254	23,912	16,554	5,879	22,485	2,798	5,183	14,504
2019: Jan	2,815	8,621	21,259	23,980	16,647	5,888	22,500	2,797	5,184	14,519
Feb	2,808	8,626	21,313	23,999	16,646	5,892	22,510	2,804	5,186	14,520
Mar	2,812	8,637	21,332	24,071	16,678	5,911	22,510	2,803	5,184	14,523
Apr	2,806	8,651	21,387	24,142	16,687	5,927	22,531	2,810	5,176	14,545
May	2,815	8,656	21,408	24,176	16,699	5,924	22,512	2,815	5,159	14,538
June	2,828	8,659	21,451	24,224	16,703	5,939	22,529	2,817	5,165	14,547
July	2,826	8,678	21,488	24,300	16,690	5,946	22,573	2,817	5,182	14,574
Aug	2,822	8,695	21,526	24,363	16,738	5,951	22,629	2,844	5,191	14,594
Sept	2,828	8,701	21,553	24,420	16,794	5,946	22,639	2,846	5,190	14,603
Oct	2,828	8,717	21,588	24,451	16,864	5,944	22,627	2,828	5,191	14,608
Nov ᴾ	2,836	8,731	21,641	24,523	16,902	5,954	22,640	2,826	5,193	14,621
Dec ᴾ	2,839	8,737	21,651	24,559	16,942	5,959	22,646	2,826	5,185	14,635

Note (cont'd): employed when they are not at work because of industrial disputes, bad weather, etc., even if they are not paid for the time off; which are based on a sample of the working-age population; and which count persons only once—as employed, unemployed, or not in the labor force. In the data shown here, persons who work at more than one job are counted each time they appear on a payroll.

Establishment data for employment, hours, and earnings are classified based on the 2017 North American Industry Classification System (NAICS). For further description and details see *Employment and Earnings*.

Source: Department of Labor (Bureau of Labor Statistics).

付録

B

TABLE B–30. Hours and earnings in private nonagricultural industries, 1975–2019

[Monthly data seasonally adjusted]

Year or month	All employees							Production and nonsupervisory employees [1]						
	Average weekly hours	Average hourly earnings		Average weekly earnings				Average weekly hours	Average hourly earnings		Average weekly earnings			
				Level		Percent change from year earlier					Level		Percent change from year earlier	
		Current dollars	1982–84 dollars[2]	Current dollars	1982–84 dollars[2]	Current dollars	1982–84 dollars[2]		Current dollars	1982–84 dollars[3]	Current dollars	1982–84 dollars[3]	Current dollars	1982–84 dollars[3]
1975	....	....	....	....	....	....	....	36.0	$4.74	$8.76	$170.45	$315.06	5.4	–3.4
1976	....	....	....	....	....	....	....	36.0	5.06	8.85	182.36	318.81	7.0	1.2
1977	....	....	....	....	....	....	....	35.9	5.44	8.93	195.34	320.76	7.1	.6
1978	....	....	....	....	....	....	....	35.8	5.88	8.96	210.17	320.38	7.6	–.1
1979	....	....	....	....	....	....	....	35.6	6.34	8.67	225.46	308.43	7.3	–3.7
1980	....	....	....	....	....	....	....	35.2	6.84	8.25	240.83	290.51	6.8	–5.8
1981	....	....	....	....	....	....	....	35.2	7.43	8.13	261.29	285.88	8.5	–1.6
1982	....	....	....	....	....	....	....	34.7	7.86	8.11	272.98	281.71	4.5	–1.5
1983	....	....	....	....	....	....	....	34.9	8.20	8.22	286.34	286.91	4.9	1.8
1984	....	....	....	....	....	....	....	35.1	8.49	8.22	298.08	288.56	4.1	.6
1985	....	....	....	....	....	....	....	34.9	8.73	8.17	304.37	284.72	2.1	–1.3
1986	....	....	....	....	....	....	....	34.7	8.92	8.21	309.69	285.17	1.7	.2
1987	....	....	....	....	....	....	....	34.7	9.14	8.12	317.33	282.07	2.5	–1.1
1988	....	....	....	....	....	....	....	34.6	9.44	8.07	326.50	279.06	2.9	–1.1
1989	....	....	....	....	....	....	....	34.5	9.81	8.00	338.42	276.04	3.7	–1.1
1990	....	....	....	....	....	....	....	34.3	10.20	7.91	349.63	271.03	3.3	–1.8
1991	....	....	....	....	....	....	....	34.1	10.51	7.83	358.46	266.91	2.5	–1.5
1992	....	....	....	....	....	....	....	34.2	10.77	7.79	368.20	266.43	2.7	–.2
1993	....	....	....	....	....	....	....	34.3	11.05	7.78	378.89	266.64	2.9	.1
1994	....	....	....	....	....	....	....	34.5	11.34	7.79	391.17	268.66	3.2	.8
1995	....	....	....	....	....	....	....	34.3	11.65	7.78	400.04	267.05	2.3	–.6
1996	....	....	....	....	....	....	....	34.3	12.04	7.81	413.25	268.17	3.3	.4
1997	....	....	....	....	....	....	....	34.5	12.51	7.94	431.86	274.02	4.5	2.2
1998	....	....	....	....	....	....	....	34.5	13.01	8.15	448.59	280.90	3.9	2.5
1999	....	....	....	....	....	....	....	34.3	13.49	8.27	463.15	283.79	3.2	1.0
2000	....	....	....	....	....	....	....	34.3	14.02	8.30	480.99	284.78	3.9	.3
2001	....	....	....	....	....	....	....	33.9	14.54	8.38	493.61	284.50	2.6	–.1
2002	....	....	....	....	....	....	....	33.9	14.96	8.50	506.54	287.97	2.6	1.2
2003	....	....	....	....	....	....	....	33.7	15.37	8.55	517.76	287.96	2.2	.0
2004	....	....	....	....	....	....	....	33.7	15.68	8.50	528.84	286.63	2.1	–.5
2005	....	....	....	....	....	....	....	33.8	16.12	8.44	544.02	284.83	2.9	–.6
2006	....	....	....	....	....	....	....	33.9	16.75	8.50	567.09	287.72	4.2	1.0
2007	34.4	$20.92	$10.09	$719.85	$347.18	....	....	33.8	17.42	8.59	589.18	290.57	3.9	1.0
2008	34.3	21.56	10.01	739.02	343.25	2.7	–1.1	33.6	18.06	8.56	607.42	287.80	3.1	–1.0
2009	33.8	22.17	10.33	749.98	349.58	1.5	1.8	33.1	18.61	8.88	615.96	293.83	1.4	2.1
2010	34.1	22.56	10.35	769.63	352.95	2.6	1.0	33.4	19.05	8.90	636.19	297.33	3.3	1.2
2011	34.3	23.03	10.24	790.85	351.58	2.8	–.4	33.6	19.44	8.77	652.89	294.66	2.6	–.9
2012	34.5	23.49	10.23	809.57	352.61	2.4	.3	33.7	19.74	8.73	665.65	294.24	2.0	–.1
2013	34.4	23.96	10.29	825.02	354.15	1.9	.4	33.7	20.13	8.78	677.70	295.52	1.8	.4
2014	34.5	24.47	10.34	844.91	356.90	2.4	.8	33.7	20.61	8.85	694.85	298.51	2.5	1.0
2015	34.5	25.02	10.56	864.21	364.62	2.3	2.2	33.7	21.03	9.07	708.90	305.81	2.0	2.4
2016	34.4	25.64	10.68	881.20	367.16	2.0	.7	33.6	21.54	9.20	723.31	309.01	2.0	1.0
2017	34.4	26.33	10.74	906.30	369.74	2.8	.7	33.7	22.06	9.23	742.62	310.65	2.7	.5
2018	34.5	27.11	10.80	936.06	372.77	3.3	.8	33.7	22.71	9.26	764.08	312.91	3.3	.7
2019 P	34.4	27.95	10.93	961.42	376.06	2.7	.9	33.6	23.48	9.42	789.35	316.73	2.9	1.2
2018: Jan	34.4	26.71	10.73	918.82	369.18	2.8	.7	33.6	22.36	9.20	751.30	309.16	2.5	.3
Feb	34.5	26.75	10.73	922.88	370.09	3.2	.9	33.8	22.40	9.20	757.12	310.89	3.1	.7
Mar	34.5	26.84	10.76	925.98	371.14	3.4	1.0	33.7	22.49	9.23	757.91	311.19	3.4	.9
Apr	34.5	26.90	10.76	928.05	371.29	3.1	.7	33.8	22.55	9.24	762.19	312.38	3.1	.5
May	34.5	26.99	10.77	931.16	371.50	3.2	.5	33.8	22.62	9.24	764.56	312.45	3.5	.6
June	34.5	27.05	10.77	933.23	371.61	3.2	.4	33.8	22.67	9.24	766.25	312.44	3.2	.1
July	34.5	27.11	10.78	935.30	371.75	3.1	.2	33.8	22.71	9.24	767.60	312.45	3.2	.0
Aug	34.5	27.23	10.81	939.44	372.97	3.5	.8	33.7	22.80	9.27	770.64	313.24	3.7	.8
Sept	34.5	27.30	10.83	941.85	373.74	3.6	1.3	33.7	22.86	9.29	770.38	313.13	3.3	1.0
Oct	34.5	27.35	10.82	943.58	373.26	3.6	1.1	33.7	22.90	9.27	771.73	312.56	3.2	.6
Nov	34.4	27.43	10.85	943.59	373.31	3.0	.8	33.7	22.99	9.32	774.76	314.08	3.4	1.2
Dec	34.5	27.53	10.89	949.79	375.82	3.3	1.4	33.7	23.09	9.37	778.13	315.86	3.2	1.4
2019: Jan	34.5	27.56	10.91	950.82	376.30	3.5	1.9	33.8	23.11	9.39	781.12	317.33	4.0	2.6
Feb	34.4	27.66	10.93	951.50	375.92	3.1	1.6	33.6	23.17	9.39	778.51	315.56	2.8	1.5
Mar	34.5	27.71	10.90	956.00	376.16	3.2	1.4	33.7	23.25	9.38	783.53	316.12	3.4	1.6
Apr	34.4	27.75	10.88	954.60	374.41	2.9	.8	33.6	23.30	9.37	782.88	314.76	2.7	.8
May	34.4	27.82	10.90	957.01	375.07	2.8	1.0	33.6	23.38	9.40	785.57	315.74	2.7	1.1
June	34.4	27.91	10.93	960.10	376.06	2.9	1.2	33.6	23.43	9.42	787.25	316.39	2.7	1.3
July	34.3	27.99	10.93	960.06	374.79	2.6	.8	33.5	23.51	9.41	787.59	315.35	2.6	.9
Aug	34.4	28.11	10.97	966.98	377.28	2.9	1.2	33.6	23.60	9.45	792.96	317.42	2.9	1.3
Sept	34.4	28.12	10.97	967.33	377.34	2.7	1.0	33.6	23.67	9.48	795.31	318.45	3.2	1.7
Oct	34.4	28.20	10.96	967.26	375.97	2.5	.7	33.5	23.73	9.46	794.96	316.99	3.0	1.4
Nov P	34.3	28.29	10.97	970.35	376.20	2.8	.8	33.5	23.77	9.46	796.30	316.76	2.8	.9
Dec P	34.3	28.32	10.96	971.38	375.77	2.3	.0	33.5	23.79	9.44	796.97	316.17	2.4	.1

[1] Production employees in goods-producing industries and nonsupervisory employees in service-providing industries. These groups account for four-fifths of the total employment on private nonfarm payrolls.
[2] Current dollars divided by the consumer price index for all urban consumers (CPI-U) on a 1982–84=100 base.
[3] Current dollars divided by the consumer price index for urban wage earners and clerical workers (CPI-W) on a 1982–84=100 base.

Note: See Note, Table B–29.

Source: Department of Labor (Bureau of Labor Statistics).

Table B–31. Employment cost index, private industry, 2002–2019

Year and month	Total private			Goods-producing			Service-providing [1]			Manufacturing		
	Total compensation	Wages and salaries	Benefits [2]	Total compensation	Wages and salaries	Benefits [2]	Total compensation	Wages and salaries	Benefits [2]	Total compensation	Wages and salaries	Benefits [2]
Indexes on NAICS basis, December 2005=100; not seasonally adjusted												
December:												
2002	90.0	92.2	84.7	89.0	92.6	82.3	90.4	92.1	85.8	88.7	92.8	81.3
2003	93.6	95.1	90.2	92.6	94.9	88.2	94.0	95.2	91.0	92.4	95.1	87.3
2004	97.2	97.6	96.2	96.9	97.2	96.3	97.3	97.7	96.1	96.9	97.4	96.0
2005	100.0	100.0	100.0	100.0	100.0	100.0	100.0	100.0	100.0	100.0	100.0	100.0
2006	103.2	103.2	103.1	102.5	102.9	101.7	103.4	103.3	103.7	101.8	102.3	100.8
2007	106.3	106.6	105.6	105.0	106.0	103.2	106.7	106.8	106.6	103.8	104.9	101.7
2008	108.9	109.4	107.7	107.5	109.0	104.7	109.4	109.6	108.9	105.9	107.7	102.5
2009	110.2	110.8	108.7	108.6	110.0	105.8	110.8	111.1	109.9	107.0	108.9	103.6
2010	112.5	112.8	111.9	111.1	111.6	110.1	113.0	113.1	112.6	110.0	110.7	108.8
2011	115.0	114.6	115.9	113.8	113.5	114.4	115.3	114.9	116.4	113.1	112.7	113.9
2012	117.1	116.6	118.2	115.6	115.4	116.0	117.6	117.0	119.1	114.9	114.8	115.0
2013	119.4	119.0	120.5	117.7	117.6	118.0	120.0	119.4	121.5	117.0	117.2	116.6
2014	122.2	121.6	123.5	120.3	120.1	120.7	122.8	122.1	124.6	119.8	119.8	119.8
2015	124.5	124.2	125.1	123.2	123.2	123.1	124.9	124.5	125.9	122.8	123.0	122.5
2016	127.2	127.1	127.3	125.8	126.2	124.9	127.7	127.4	128.3	125.5	126.2	124.3
2017	130.5	130.6	130.2	128.9	129.3	128.0	131.0	131.0	131.2	128.9	129.3	128.0
2018	134.4	134.7	133.6	131.9	133.0	129.6	135.2	135.2	135.1	131.6	132.9	129.1
2019	138.0	138.7	136.2	135.8	137.5	132.5	138.7	139.1	137.6	135.3	137.1	131.9
2019: Mar	135.6	135.9	134.7	133.1	134.2	130.8	136.3	136.4	136.1	132.9	134.2	130.5
June	136.4	136.9	135.3	134.1	135.3	131.6	137.1	137.3	136.7	133.8	135.2	131.1
Sept	137.4	138.0	135.8	135.1	136.5	132.3	138.1	138.4	137.2	134.5	136.1	131.7
Dec	138.0	138.7	136.2	135.8	137.5	132.5	138.7	139.1	137.6	135.3	137.1	131.9
Indexes on NAICS basis, December 2005=100; seasonally adjusted												
2018: Mar	131.9	132.0	131.5	129.9	130.4	129.0	132.5	132.4	132.6	129.9	130.4	129.1
June	132.7	132.8	132.7	130.8	131.3	129.7	133.4	133.2	133.9	130.7	131.2	129.7
Sept	133.7	133.9	133.2	131.2	132.2	129.2	134.5	134.4	134.7	130.9	132.0	128.8
Dec	134.6	134.9	133.9	131.9	133.1	129.6	135.4	135.4	135.5	131.7	133.0	129.2
2019: Mar	135.5	135.9	134.6	133.1	134.2	130.8	136.2	136.4	136.0	132.9	134.2	130.4
June	136.2	136.7	135.1	134.0	135.2	131.6	137.0	137.2	136.5	133.7	135.1	131.1
Sept	137.3	137.9	135.8	135.1	136.5	132.2	138.1	138.3	137.2	134.5	136.1	131.6
Dec	138.2	138.9	136.5	135.9	137.6	132.5	138.9	139.3	138.0	135.4	137.3	131.9
Percent change from 12 months earlier, not seasonally adjusted												
December:												
2002	3.1	2.6	4.2	3.5	2.9	4.8	3.0	2.6	4.1	3.7	2.9	5.3
2003	4.0	3.1	6.5	4.0	2.5	7.2	4.0	3.4	6.1	4.2	2.5	7.4
2004	3.8	2.6	6.7	4.6	2.4	9.2	3.5	2.6	5.6	4.9	2.4	10.0
2005	2.9	2.5	4.0	3.2	2.9	3.8	2.8	2.4	4.1	3.2	2.7	4.2
2006	3.2	3.2	3.1	2.5	2.9	1.7	3.4	3.3	3.7	1.8	2.3	.8
2007	3.0	3.3	2.4	2.4	3.0	1.5	3.2	3.4	2.8	2.0	2.5	.9
2008	2.4	2.6	2.0	2.4	2.8	1.5	2.5	2.6	2.2	2.0	2.7	.8
2009	1.2	1.3	.9	1.0	.9	1.1	1.3	1.4	.9	1.1	1.1	1.1
2010	2.1	1.8	2.9	2.3	1.5	4.1	2.0	1.8	2.5	2.8	1.7	5.0
2011	2.2	1.6	3.6	2.4	1.7	3.9	2.0	1.6	3.4	2.8	1.8	4.7
2012	1.8	1.7	2.0	1.6	1.7	1.4	2.0	1.8	2.3	1.6	1.9	1.0
2013	2.0	2.1	1.9	1.8	1.9	1.7	2.0	2.1	2.0	1.8	2.1	1.4
2014	2.3	2.2	2.5	2.2	2.1	2.3	2.3	2.3	2.6	2.4	2.2	2.7
2015	1.9	2.1	1.3	2.4	2.6	2.0	1.7	2.0	1.0	2.5	2.7	2.3
2016	2.2	2.3	1.8	2.1	2.4	1.5	2.2	2.3	1.9	2.2	2.6	1.5
2017	2.6	2.8	2.3	2.5	2.5	2.5	2.6	2.8	2.3	2.7	2.5	3.0
2018	3.0	3.1	2.6	2.3	2.9	1.3	3.2	3.2	3.0	2.1	2.8	.9
2019	2.7	3.0	1.9	3.0	3.4	2.2	2.6	2.9	1.9	2.8	3.2	2.2
2019: Mar	2.8	3.0	2.4	2.5	2.9	1.4	2.8	2.9	2.6	2.2	2.9	1.1
June	2.6	3.0	1.8	2.4	3.0	1.4	2.7	3.0	1.9	2.3	3.0	1.0
Sept	2.7	3.0	2.0	3.0	3.3	2.3	2.6	2.9	1.9	2.8	3.1	2.2
Dec	2.7	3.0	1.9	3.0	3.4	2.2	2.6	2.9	1.9	2.8	3.2	2.2
Percent change from 3 months earlier, seasonally adjusted												
2018: Mar	0.9	0.9	0.8	0.7	0.7	0.8	0.9	0.9	0.8	0.7	0.7	0.8
June	.6	.6	.9	.7	.7	.5	.7	.6	1.0	.6	.6	.5
Sept	.8	.8	.4	.3	.7	-.4	.8	.9	.6	.2	.6	-.7
Dec	.7	.7	.5	.5	.7	.3	.7	.7	.6	.6	.8	.3
2019: Mar	.7	.7	.5	.9	.8	.9	.6	.7	.4	.9	.9	.9
June	.5	.6	.4	.7	.7	.6	.6	.6	.4	.6	.7	.5
Sept	.8	.9	.5	.8	1.0	.5	.7	.8	.5	.6	.7	.4
Dec	.7	.7	.5	.6	.8	.2	.7	.7	.6	.7	.9	.2

[1] On Standard Industrial Classification (SIC) basis, data are for service-producing industries.
[2] Employer costs for employee benefits.

Note: Changes effective with the release of March 2006 data (in April 2006) include changing industry classification to NAICS from SIC and rebasing data to December 2005=100. Historical SIC data are available through December 2005.

Data exclude farm and household workers.

Source: Department of Labor (Bureau of Labor Statistics).

付録
B

付録 B

Table B-32. Productivity and related data, business and nonfarm business sectors, 1970–2019

[Index numbers, 2012=100; quarterly data seasonally adjusted]

Year or quarter	Labor productivity (output per hour) Business sector	Nonfarm business sector	Output[1] Business sector	Nonfarm business sector	Hours of all persons[2] Business sector	Nonfarm business sector	Compensation per hour[3] Business sector	Nonfarm business sector	Real compensation per hour[4] Business sector	Nonfarm business sector	Unit labor costs Business sector	Nonfarm business sector	Implicit price deflator[5] Business sector	Nonfarm business sector
1970	42.2	43.5	26.8	26.8	63.6	61.7	12.1	12.2	65.2	65.9	28.6	28.0	24.9	24.5
1971	43.9	45.2	27.9	27.8	63.4	61.5	12.8	12.9	66.2	67.0	29.1	28.6	26.0	25.6
1972	45.4	46.8	29.7	29.7	65.3	63.5	13.6	13.8	68.2	69.1	30.0	29.5	26.9	26.4
1973	46.8	48.2	31.7	31.8	67.9	66.1	14.7	14.8	69.3	70.0	31.4	30.8	28.3	27.3
1974	46.0	47.4	31.2	31.4	68.0	66.1	16.0	16.2	68.2	69.0	34.9	34.2	31.1	30.2
1975	47.6	48.7	31.0	30.9	65.0	63.3	17.8	17.9	69.2	69.9	37.3	36.8	34.1	33.4
1976	49.2	50.4	33.0	33.1	67.2	65.6	19.2	19.3	70.7	71.2	39.0	38.4	35.8	35.2
1977	50.1	51.3	34.9	35.0	69.8	68.2	20.7	20.9	71.7	72.4	41.4	40.8	38.0	37.4
1978	50.7	52.0	37.2	37.3	73.3	71.7	22.5	22.7	72.6	73.4	44.3	43.7	40.6	39.8
1979	50.7	51.9	38.5	38.6	75.8	74.3	24.6	24.9	72.7	73.5	48.6	47.9	44.0	43.1
1980	50.7	51.9	38.1	38.2	75.2	73.7	27.3	27.6	72.4	73.2	53.8	53.1	47.9	47.2
1981	51.8	52.7	39.2	39.1	75.7	74.3	29.9	30.2	72.4	73.3	57.6	57.4	52.3	51.8
1982	51.6	52.2	38.1	37.9	73.9	72.5	32.1	32.4	73.4	74.2	62.2	62.1	55.3	55.0
1983	53.3	54.4	40.1	40.3	75.3	74.0	33.5	33.9	73.5	74.3	62.8	62.3	57.3	56.9
1984	54.8	55.6	43.7	43.7	79.7	78.5	35.0	35.3	73.7	74.4	63.8	63.6	58.9	58.5
1985	56.1	56.6	45.7	45.6	81.5	80.6	36.8	37.1	74.9	75.5	65.5	65.5	60.4	60.2
1986	57.7	58.3	47.4	47.3	82.2	81.2	38.8	39.2	77.8	78.5	67.4	67.3	61.3	61.1
1987	58.0	58.6	49.1	49.0	84.6	83.7	40.3	40.7	78.0	78.7	69.5	69.4	62.4	62.2
1988	58.9	59.5	51.2	51.3	87.0	86.1	42.4	42.8	79.3	79.9	72.1	71.8	64.4	64.1
1989	59.6	60.1	53.2	53.1	89.3	88.4	43.7	44.0	78.3	78.8	73.4	73.2	66.8	66.5
1990	60.8	61.1	54.0	53.9	88.9	88.3	46.5	46.7	79.3	79.6	76.5	76.3	69.0	68.7
1991	61.7	62.1	53.7	53.6	87.0	86.3	48.6	48.9	80.0	80.4	78.8	78.7	71.0	70.9
1992	64.6	64.9	56.0	55.8	86.6	85.9	51.6	51.9	82.9	83.4	79.9	80.0	72.1	72.1
1993	64.7	65.0	57.6	57.5	89.0	88.5	52.4	52.6	82.0	82.3	81.0	80.9	73.8	73.8
1994	65.0	65.4	60.3	60.1	92.8	91.9	52.8	53.1	80.9	81.4	81.1	81.1	75.1	75.1
1995	65.5	66.1	62.2	62.2	94.9	94.0	54.0	54.4	80.9	81.5	82.5	82.2	76.5	76.5
1996	67.1	67.5	65.1	65.0	97.0	96.2	56.0	56.3	81.7	82.1	83.4	83.3	77.7	77.5
1997	68.6	68.8	68.5	68.4	99.9	99.3	58.2	58.5	83.2	83.5	84.9	84.9	78.8	78.9
1998	70.7	71.0	72.0	72.0	101.9	101.4	61.7	61.9	86.9	87.2	87.2	87.2	79.3	79.4
1999	73.5	73.7	76.1	76.1	103.5	103.3	64.6	64.7	89.2	89.3	87.9	87.9	79.8	80.0
2000	76.1	76.1	79.8	79.7	104.9	104.7	69.1	69.3	92.3	92.4	90.9	91.0	81.0	81.3
2001	78.2	78.2	80.4	80.3	102.8	102.7	72.3	72.3	93.8	93.8	92.5	92.4	82.3	82.6
2002	81.5	81.6	81.8	81.7	100.3	100.1	73.9	74.0	94.4	94.5	90.7	90.7	82.9	83.3
2003	84.7	84.7	84.5	84.3	99.7	99.6	76.7	76.7	95.8	95.8	90.5	90.6	83.9	84.2
2004	87.3	87.1	88.1	87.9	100.9	100.9	80.3	80.2	97.6	97.6	92.0	92.1	86.1	86.2
2005	89.2	89.0	91.5	91.3	102.6	102.6	83.2	83.1	97.9	97.8	93.2	93.4	88.7	89.1
2006	90.3	90.0	94.6	94.4	104.8	104.9	86.4	86.3	98.4	98.4	95.7	95.9	91.1	91.6
2007	91.7	91.6	96.8	96.7	105.5	105.6	90.3	90.1	100.0	99.8	98.4	98.4	93.2	93.4
2008	92.7	92.6	95.8	95.7	103.3	103.4	92.8	92.7	99.0	98.9	100.0	100.1	94.7	94.9
2009	96.1	95.9	92.3	92.0	96.0	96.0	93.6	93.5	100.2	100.2	97.4	97.5	94.9	95.4
2010	99.3	99.2	95.2	95.0	95.9	95.8	95.3	95.3	100.4	100.4	95.9	96.1	96.0	96.3
2011	99.2	99.2	97.1	96.9	97.8	97.8	97.3	97.4	99.4	99.5	98.1	98.2	98.2	98.2
2012	100.0	100.0	100.0	100.0	100.0	100.0	100.0	100.0	100.0	100.0	100.0	100.0	100.0	100.0
2013	100.9	100.5	102.4	102.2	101.5	101.7	101.5	101.3	100.0	99.8	100.6	100.8	101.5	101.5
2014	101.6	101.4	105.6	105.4	103.9	104.0	104.1	104.1	100.9	100.9	102.5	102.7	103.1	103.3
2015	102.9	102.7	109.4	109.1	106.3	106.2	107.1	107.3	103.6	103.8	104.1	104.5	103.7	104.1
2016	103.2	103.0	111.3	111.0	107.9	107.8	108.3	108.5	103.4	103.6	105.0	105.4	104.5	105.1
2017	104.6	104.4	114.4	114.2	109.4	109.4	112.1	112.3	104.8	105.0	107.2	107.6	106.3	106.9
2018	106.0	105.7	118.3	118.1	111.7	111.8	115.7	115.8	105.6	105.7	109.2	109.5	108.7	109.3
2016: I	102.7	102.6	110.3	110.1	107.4	107.3	107.5	107.7	103.6	103.8	104.6	105.0	103.7	104.2
II	102.8	102.7	110.9	110.6	107.9	107.7	107.7	108.0	103.1	103.4	104.7	105.2	104.4	105.0
III	103.3	103.1	111.6	111.3	108.1	107.9	108.3	108.6	103.2	103.4	104.9	105.3	104.8	105.4
IV	103.9	103.6	112.3	112.0	108.1	108.2	109.7	109.7	103.8	103.9	105.6	106.0	105.2	105.9
2017: I	104.0	103.8	113.1	112.7	108.7	108.6	110.7	110.9	104.0	104.2	106.4	106.8	105.6	106.2
II	104.2	103.9	113.8	113.5	109.2	109.2	111.2	111.4	104.5	104.6	106.8	107.2	105.9	106.5
III	105.0	104.7	114.9	114.7	109.4	109.5	112.6	112.7	105.2	105.2	107.2	107.6	106.5	107.0
IV	105.1	104.9	116.1	115.8	110.5	110.4	113.8	114.1	105.5	105.7	108.3	108.7	107.2	107.8
2018: I	105.4	105.2	116.9	116.7	110.9	110.9	115.1	115.2	105.9	106.0	109.2	109.6	107.7	108.3
II	106.0	105.7	118.0	117.8	111.3	111.5	115.4	115.3	105.5	105.5	108.8	109.1	108.7	109.3
III	106.3	106.0	119.0	118.8	112.0	112.1	116.1	116.1	105.7	105.7	109.3	109.6	109.1	109.7
IV	106.3	106.0	119.4	119.2	112.4	112.4	116.2	116.4	105.4	105.5	109.4	109.8	109.4	110.0
2019: I	107.2	106.9	120.6	120.4	112.5	112.6	118.9	119.0	107.6	107.6	110.9	111.3	109.4	110.0
II	107.9	107.6	121.2	120.9	112.3	112.4	119.7	119.7	107.6	107.5	110.9	111.3	110.2	110.9
III	107.9	107.5	121.9	121.6	113.0	113.1	120.4	120.4	107.7	107.7	111.6	112.0	110.5	111.2

[1] Output refers to real gross domestic product in the sector.
[2] Hours at work of all persons engaged in sector, including hours of employees, proprietors, and unpaid family workers. Estimates based primarily on establishment data.
[3] Wages and salaries of employees plus employers' contributions for social insurance and private benefit plans. Also includes an estimate of wages, salaries, and supplemental payments for the self-employed.
[4] Hourly compensation divided by consumer price series. The trend for 1978-2018 is based on the consumer price index research series (CPI-U-RS). The change for prior years and recent quarters is based on the consumer price index for all urban consumers (CPI-U).
[5] Current dollar output divided by the output index.

Source: Department of Labor (Bureau of Labor Statistics).

Table B–33. Changes in productivity and related data, business and nonfarm business sectors, 1970–2019

[Percent change from preceding period; quarterly data at seasonally adjusted annual rates]

Year or quarter	Output per hour of all persons		Output [1]		Hours of all persons [2]		Compensation per hour [3]		Real compensation per hour [4]		Unit labor costs		Implicit price deflator [5]	
	Business sector	Nonfarm business sector	Business sector	Nonfarm business sector	Business sector	Nonfarm business sector	Business sector	Nonfarm business sector	Business sector	Nonfarm business sector	Business sector	Nonfarm business sector	Business sector	Nonfarm business sector
1970	2.0	1.5	0.0	-0.1	-2.0	-1.6	7.5	7.0	1.7	1.2	5.4	5.4	4.3	4.4
1971	4.1	3.9	3.8	3.7	-.3	-.2	6.0	6.1	1.6	1.7	1.9	2.1	4.2	4.3
1972	3.4	3.5	6.5	6.7	3.0	3.1	6.3	6.5	3.0	3.2	2.9	2.9	3.4	3.1
1973	3.0	3.1	6.9	7.3	3.8	4.1	7.9	7.6	1.6	1.3	4.8	4.4	5.2	3.5
1974	-1.7	-1.6	-1.5	-1.5	.2	.1	9.3	9.5	-1.5	-1.4	11.2	11.3	9.8	10.4
1975	3.5	2.8	-1.0	-1.6	-4.3	-4.3	10.7	10.5	1.4	1.3	6.9	7.6	9.7	10.7
1976	3.3	3.5	6.8	7.2	3.3	3.6	8.0	7.8	2.1	1.9	4.5	4.1	5.2	5.4
1977	1.8	1.7	5.7	5.7	3.8	3.9	8.0	8.2	1.4	1.6	6.1	6.4	5.9	6.2
1978	1.2	1.4	6.4	6.7	5.1	5.2	8.4	8.6	1.3	1.5	7.1	7.1	6.9	6.5
1979	.1	-.2	3.6	3.4	3.4	3.6	9.7	9.5	.2	.0	9.5	9.8	8.4	8.4
1980	.0	.0	-.9	-.9	-.9	-.8	10.7	10.8	-.4	-.4	10.8	10.8	8.9	9.5
1981	2.2	1.5	2.9	2.3	.8	.8	9.4	9.6	.0	.2	7.1	8.0	9.2	9.6
1982	-.5	-.8	-2.9	-3.1	-2.4	-2.3	7.5	7.4	1.4	1.2	8.0	8.2	5.7	6.2
1983	3.4	4.1	5.3	6.2	1.8	2.0	4.4	4.5	.1	.2	1.0	.4	3.6	3.5
1984	2.9	2.2	8.9	8.5	5.9	6.1	4.4	4.3	.2	.1	1.5	2.0	2.8	2.8
1985	2.3	1.8	4.7	4.4	2.3	2.6	5.1	4.9	1.6	1.4	2.7	3.1	2.6	3.1
1986	2.8	3.0	3.6	3.8	.8	.8	5.7	5.8	3.8	4.0	2.8	2.7	1.4	1.4
1987	.6	.6	3.6	3.6	3.0	3.0	3.8	3.8	.3	.3	3.2	3.2	1.9	1.9
1988	1.5	1.6	4.3	4.6	2.7	2.9	5.3	5.1	1.6	1.5	3.7	3.4	3.2	3.1
1989	1.2	.9	3.8	3.7	2.6	2.7	3.0	2.9	-1.3	-1.4	1.8	2.0	3.7	3.6
1990	2.0	1.7	1.6	1.5	-.4	-.2	6.3	6.0	1.3	1.0	4.2	4.2	3.3	3.4
1991	1.6	1.6	-.6	-.6	-2.2	-2.2	4.6	4.8	1.0	1.1	3.0	3.1	2.9	3.1
1992	4.7	4.5	4.2	4.1	-.4	-.4	6.1	6.2	3.6	3.6	1.4	1.7	1.6	1.7
1993	.1	.1	2.9	3.1	2.8	3.0	1.5	1.2	-1.0	-1.3	1.4	1.1	2.3	2.3
1994	.6	.7	4.8	4.6	4.2	3.9	.7	1.0	-1.3	-1.1	.1	.3	1.8	1.9
1995	.7	1.1	3.1	3.4	2.3	2.3	2.4	2.5	.0	.1	1.7	1.4	1.8	1.8
1996	2.5	2.1	4.6	4.5	2.1	2.3	3.6	3.5	.9	.8	1.1	1.3	1.6	1.4
1997	2.2	1.9	5.2	5.2	3.0	3.2	4.0	3.9	1.8	1.7	1.8	1.9	1.5	1.7
1998	3.1	3.1	5.2	5.3	2.0	2.2	5.9	5.8	4.5	4.4	2.7	2.6	.6	.7
1999	4.0	3.8	5.7	5.7	1.6	1.8	4.8	4.6	2.7	2.5	.8	.8	.6	.8
2000	3.4	3.3	4.9	4.7	1.4	1.4	6.9	7.0	3.4	3.5	3.4	3.6	1.5	1.6
2001	2.8	2.7	.7	.8	-2.0	-1.9	4.6	4.4	1.7	1.5	1.7	1.6	1.6	1.6
2002	4.3	4.3	1.7	1.7	-2.4	-2.5	2.2	2.3	.6	.7	-1.9	-1.9	.7	.8
2003	4.0	3.8	3.3	3.2	-.6	-.6	3.8	3.7	1.5	1.4	-.2	-.1	1.3	1.1
2004	3.0	2.9	4.3	4.2	1.2	1.3	4.7	4.5	1.9	1.8	1.6	1.6	2.5	2.3
2005	2.2	2.2	3.9	3.9	1.7	1.7	3.6	3.7	.2	.3	1.4	1.4	3.1	3.3
2006	1.1	1.1	3.4	3.4	2.2	2.3	3.9	3.8	.6	.6	2.7	2.7	2.7	2.8
2007	1.6	1.7	2.3	2.4	.6	.7	4.5	4.3	1.6	1.5	2.8	2.6	2.3	2.0
2008	1.1	1.1	-1.0	-1.0	-2.1	-2.1	2.8	2.9	-1.0	-.9	1.6	1.7	1.5	1.6
2009	3.6	3.6	-3.7	-3.9	-7.1	-7.2	.9	.9	1.2	1.3	-2.7	-2.5	.2	.5
2010	3.3	3.4	3.2	3.3	-.1	-.1	1.8	1.9	.2	.2	-1.5	-1.5	1.2	1.0
2011	-.1	.0	1.9	2.0	2.0	2.0	2.1	2.2	-1.0	-.9	2.2	2.2	2.3	1.9
2012	.8	.9	3.0	3.1	2.3	2.3	2.8	2.7	.6	.5	2.0	1.8	1.9	1.9
2013	.9	.5	2.4	2.2	1.5	1.7	1.5	1.3	.0	-.2	.6	.8	1.5	1.5
2014	.7	.9	3.1	3.2	2.4	2.3	2.6	2.8	.9	1.1	1.9	1.9	1.6	1.8
2015	1.2	1.3	3.5	3.5	2.3	2.1	2.9	3.1	2.7	2.9	1.6	1.7	.6	.8
2016	.3	.3	1.8	1.7	1.5	1.4	1.1	1.1	-.2	-.2	.8	.8	.8	1.0
2017	1.3	1.3	2.8	2.9	1.5	1.5	3.5	3.5	1.3	1.3	2.1	2.1	1.7	1.6
2018	1.3	1.3	3.4	3.5	2.0	2.1	3.2	3.1	.8	.7	1.9	1.8	2.3	2.3
2016: I	1.0	1.2	2.3	2.3	1.3	1.1	.3	.4	.4	.5	-.7	-.8	-.9	-.5
II	.4	.6	2.1	2.0	1.7	1.4	.8	1.2	-2.0	-1.6	.4	.6	3.0	3.1
III	1.8	1.4	2.6	2.4	.8	1.0	2.3	2.0	.4	.1	.6	.6	1.3	1.5
IV	2.4	1.8	2.5	2.7	.2	.9	5.2	4.4	2.5	1.7	2.8	2.5	1.6	1.7
2017: I	.6	1.0	2.6	2.5	2.0	1.5	3.5	4.2	.7	1.4	2.9	3.1	1.7	1.2
II	.4	.5	2.6	2.7	2.2	2.2	2.1	2.1	1.7	1.7	1.7	1.6	1.1	1.1
III	3.4	3.0	4.0	4.2	.5	1.2	5.0	4.4	2.8	2.2	1.5	1.4	2.1	2.2
IV	.1	.9	4.1	4.2	4.0	3.3	4.4	5.2	1.2	2.0	4.3	4.3	2.7	2.7
2018: I	1.3	.9	2.9	2.9	1.6	2.0	4.7	4.1	1.4	.9	3.4	3.2	2.0	2.0
II	2.4	1.8	4.0	4.0	1.5	2.1	.7	.3	-1.4	-1.9	-1.7	-1.6	3.6	3.6
III	.8	1.2	3.4	3.5	2.6	2.2	2.6	2.9	.6	.7	1.7	1.6	1.5	1.7
IV	.0	.1	1.2	1.2	1.3	1.1	.5	.7	-1.0	-.8	.5	.6	1.2	1.2
2019: I	3.6	3.5	3.9	3.9	.3	.4	9.5	9.4	8.5	8.4	5.7	5.7	-.1	.0
II	2.8	2.5	2.0	1.9	-.7	-.5	2.8	2.5	-.1	-.4	.1	.1	3.0	3.1
III	-.2	-.2	2.4	2.3	2.6	2.5	2.3	2.3	.5	.5	2.5	2.5	1.2	1.1

[1] Output refers to real gross domestic product in the sector.
[2] Hours at work of all persons engaged in the sector. See footnote 2, Table B–32.
[3] Wages and salaries of employees plus employers' contributions for social insurance and private benefit plans. Also includes an estimate of wages, salaries, and supplemental payments for the self-employed.
[4] Hourly compensation divided by a consumer price index. See footnote 4, Table B–32.
[5] Current dollar output divided by the output index.

Note: Percent changes are calculated using index numbers to three decimal places and may differ slightly from percent changes based on indexes in Table B–32, which are rounded to one decimal place.

Source: Department of Labor (Bureau of Labor Statistics).

Production and Business Activity

Table B–34. Industrial production indexes, major industry divisions, 1975–2019

[2012=100, except as noted; monthly data seasonally adjusted]

Year or month	Total industrial production [1]		Manufacturing					Mining	Utilities
	Index, 2012=100	Percent change from year earlier [2]	Total [1]	Percent change from year earlier [2]	Durable	Nondurable	Other (non-NAICS) [1]		
1975	42.2	−8.9	39.2	−10.6	24.8	62.6	117.4	89.1	50.5
1976	45.5	7.9	42.7	9.0	27.1	68.3	121.1	89.7	52.9
1977	48.9	7.6	46.4	8.6	29.8	73.0	132.7	91.8	55.1
1978	51.6	5.5	49.2	6.1	32.1	75.6	137.3	94.6	56.5
1979	53.2	3.0	50.7	3.1	33.7	76.1	140.2	97.5	57.7
1980	51.8	−2.6	48.9	−3.6	32.2	73.7	145.0	99.3	58.1
1981	52.5	1.3	49.4	1.0	32.5	74.4	148.4	101.8	58.9
1982	49.8	−5.2	46.7	−5.5	29.7	73.3	150.2	96.8	57.0
1983	51.1	2.7	49.0	4.8	31.2	76.7	154.5	91.7	57.4
1984	55.7	8.9	53.7	9.8	35.6	80.2	161.6	97.6	60.8
1985	56.4	1.2	54.6	1.6	36.4	80.7	168.0	95.7	62.3
1986	56.9	1.0	55.8	2.2	37.0	83.0	171.4	88.8	62.9
1987	59.9	5.2	59.0	5.7	39.2	87.4	181.2	89.6	65.9
1988	63.0	5.2	62.1	5.3	42.1	90.4	180.4	91.9	69.9
1989	63.6	.9	62.6	.8	42.6	90.9	177.9	91.0	72.1
1990	64.2	1.0	63.1	.8	42.7	92.4	175.8	92.2	73.5
1991	63.2	−1.5	61.9	−1.9	41.4	92.1	168.6	90.3	75.3
1992	65.1	2.9	64.2	3.7	43.6	94.5	165.1	88.6	75.3
1993	67.2	3.3	66.5	3.6	46.1	95.9	166.3	88.4	77.9
1994	70.8	5.3	70.4	5.9	50.0	99.2	164.9	90.0	79.5
1995	74.0	4.6	74.0	5.1	54.1	100.9	164.8	89.9	82.3
1996	77.4	4.5	77.6	4.9	59.1	101.2	163.3	91.5	84.6
1997	83.0	7.2	84.2	8.4	66.1	105.0	177.1	93.2	84.5
1998	87.8	5.8	89.8	6.7	73.0	106.7	187.6	91.5	86.8
1999	91.7	4.4	94.3	5.1	79.3	107.3	193.0	86.9	89.5
2000	95.2	3.9	98.2	4.1	85.0	107.8	192.5	88.8	92.0
2001	92.3	−3.1	94.6	−3.7	81.6	104.7	180.0	89.0	91.7
2002	92.6	.4	95.1	.5	82.0	106.0	173.9	84.9	94.4
2003	93.8	1.3	96.4	1.3	84.2	106.2	169.0	85.1	96.0
2004	96.4	2.7	99.4	3.1	88.2	107.8	169.7	85.0	97.4
2005	99.6	3.3	103.4	4.1	93.4	110.5	169.2	84.0	99.5
2006	101.8	2.3	106.1	2.6	97.8	111.2	167.2	86.1	99.2
2007	104.4	2.5	109.0	2.8	102.7	112.5	157.7	86.8	102.3
2008	100.8	−3.5	103.8	−4.8	99.2	105.8	143.9	88.0	101.9
2009	89.2	−11.5	89.5	−13.8	80.6	97.7	120.4	83.1	99.0
2010	94.1	5.5	94.7	5.8	89.2	99.8	111.3	87.2	102.8
2011	97.1	3.1	97.5	2.9	94.7	99.9	106.1	92.6	102.4
2012	100.0	3.0	100.0	2.6	100.0	100.0	100.0	100.0	100.0
2013	102.0	2.0	100.9	.9	102.1	100.0	95.0	106.3	102.2
2014	105.2	3.1	102.0	1.1	105.1	99.3	93.8	117.8	103.5
2015	104.1	−1.0	101.5	−.5	103.9	99.6	90.4	113.9	102.7
2016	102.1	−2.0	100.7	−.8	101.7	100.4	88.0	102.6	102.3
2017	104.4	2.3	102.7	2.0	104.0	102.3	87.5	110.1	101.5
2018	108.6	3.9	105.0	2.3	107.5	104.3	78.9	123.8	105.9
2019 p	109.4	.8	104.8	−.2	108.2	103.4	73.7	132.7	104.5
2018: Jan	106.3	3.1	103.3	1.3	105.1	102.9	83.1	114.7	108.3
Feb	106.6	3.9	104.4	2.4	106.3	103.9	84.0	117.3	100.6
Mar	107.3	3.8	104.5	2.7	106.6	103.7	82.9	118.7	104.5
Apr	108.2	3.8	104.9	2.0	107.1	104.3	81.3	119.9	108.7
May	107.4	2.8	104.1	1.4	105.7	104.1	79.3	120.8	105.4
June	108.2	3.4	104.8	2.0	107.1	104.4	76.7	123.3	104.6
July	108.7	3.9	105.2	2.6	107.2	105.1	76.5	124.4	104.6
Aug	109.5	5.3	105.7	3.3	108.4	104.9	76.7	127.1	106.0
Sept	109.7	5.4	105.7	3.5	108.7	104.5	77.0	128.5	105.6
Oct	109.9	4.1	105.6	2.0	108.9	104.2	77.5	128.6	108.3
Nov	110.5	4.1	105.8	2.0	109.2	104.3	77.0	129.7	111.2
Dec	110.6	3.8	106.4	2.6	110.0	104.8	75.6	132.5	103.6
2019: Jan	110.1	3.6	105.8	2.4	108.9	104.7	75.7	132.1	104.4
Feb	109.6	2.7	105.3	.8	108.5	104.0	76.3	130.3	105.0
Mar	109.7	2.3	105.2	.7	108.5	103.9	75.2	130.1	106.8
Apr	109.0	.7	104.3	−.6	107.6	103.0	74.7	133.4	103.3
May	109.2	1.7	104.4	.3	108.0	102.9	73.5	133.1	105.2
June	109.3	1.0	105.0	.2	108.4	103.6	73.8	133.6	100.9
July	109.1	.4	104.6	−.6	108.4	102.8	73.0	130.7	105.3
Aug	110.0	.4	105.3	−.3	109.1	103.7	72.6	133.8	104.6
Sept p	109.4	−.2	104.5	−1.1	107.8	103.2	72.7	133.6	106.1
Oct p	108.9	−1.0	103.8	−1.7	106.6	103.0	73.1	132.9	106.5
Nov p	109.8	−.7	104.8	−.9	108.9	102.9	72.2	132.6	107.6
Dec p	109.4	−1.0	105.0	−1.3	108.6	103.5	72.1	134.4	101.6

[1] Total industry and total manufacturing series include manufacturing as defined in the North American Industry Classification System (NAICS) plus those industries—logging and newspaper, periodical, book, and directory publishing—that have traditionally been considered to be manufacturing and included in the industrial sector.

[2] Percent changes based on unrounded indexes.

Note: Data based on NAICS; see footnote 1.

Source: Board of Governors of the Federal Reserve System.

TABLE B–35. Capacity utilization rates, 1975–2019

[Percent [1]; monthly data seasonally adjusted]

Year or month	Total industry [2]	Manufacturing				Mining	Utilities	Stage-of-process		
		Total [2]	Durable goods	Nondurable goods	Other (non-NAICS) [2]			Crude	Primary and semi-finished	Finished
1975	75.8	73.7	71.8	76.1	77.3	89.5	85.2	84.0	75.2	73.7
1976	79.8	78.4	76.5	81.2	77.6	89.6	85.7	87.0	80.2	76.9
1977	83.4	82.5	81.1	84.4	83.2	89.5	86.9	89.1	84.6	79.9
1978	85.1	84.4	83.8	85.3	85.1	89.7	87.2	88.7	86.3	82.3
1979	85.0	84.0	84.0	83.9	85.6	91.2	87.2	90.0	85.9	81.7
1980	80.8	78.7	77.5	79.7	86.8	91.3	85.5	89.4	78.8	79.4
1981	79.5	76.9	75.1	78.8	87.5	90.9	84.4	89.3	77.1	77.5
1982	73.6	70.9	66.4	76.4	87.4	84.1	80.0	82.3	70.4	73.1
1983	74.9	73.5	68.8	79.4	88.0	79.8	79.3	79.9	74.5	73.0
1984	80.4	79.4	76.9	82.1	89.5	85.8	81.9	85.8	81.2	77.2
1985	79.2	78.1	75.8	80.5	90.4	84.4	81.7	83.8	79.8	76.6
1986	78.6	78.4	75.4	81.8	88.8	77.6	80.9	79.2	79.7	77.1
1987	81.1	80.9	77.6	84.7	90.5	80.3	83.5	82.8	82.8	78.7
1988	84.2	83.9	81.9	86.2	88.6	84.1	86.8	86.3	85.8	81.6
1989	83.7	83.2	81.7	84.9	85.4	85.1	86.8	86.8	84.6	81.6
1990	82.4	81.5	79.3	84.2	83.7	86.9	86.6	87.9	82.6	80.5
1991	79.9	78.6	75.4	82.3	80.8	85.4	87.8	85.5	80.0	78.2
1992	80.6	79.6	77.1	82.7	80.1	85.2	86.4	85.9	81.5	78.2
1993	81.5	80.5	78.6	82.7	81.4	85.8	88.2	85.8	83.3	78.4
1994	83.5	82.8	81.5	84.6	81.5	86.8	88.3	87.8	86.3	79.2
1995	83.9	83.1	82.1	84.5	82.2	87.6	89.3	89.0	86.4	79.7
1996	83.4	82.1	81.6	83.1	80.6	90.5	90.7	89.1	85.6	79.3
1997	84.1	83.0	82.3	83.8	85.6	91.8	90.1	90.4	86.0	80.3
1998	82.8	81.6	80.7	82.2	86.8	89.3	92.6	87.1	84.2	80.3
1999	81.8	80.5	80.2	80.1	87.2	86.2	94.2	86.1	84.3	78.0
2000	81.5	79.7	79.7	78.9	87.5	90.5	94.3	88.5	84.0	76.9
2001	76.2	73.8	71.6	75.7	82.9	89.8	90.1	85.5	77.4	72.6
2002	74.9	73.0	70.1	75.9	81.6	86.0	87.6	83.2	77.4	70.5
2003	76.0	74.0	71.1	76.8	81.5	87.8	85.7	85.0	78.2	71.3
2004	78.2	76.5	74.2	78.7	82.4	88.2	84.5	86.5	80.2	73.4
2005	80.1	78.5	76.7	80.3	81.9	88.5	85.1	86.7	81.9	75.7
2006	80.6	78.8	77.9	79.8	79.8	90.1	83.7	88.1	81.5	76.4
2007	80.8	78.9	78.8	79.3	76.3	89.4	85.9	88.7	81.2	77.1
2008	77.8	74.7	74.9	74.1	77.3	90.0	84.2	87.5	77.0	73.9
2009	68.5	65.5	61.4	69.8	69.6	80.3	80.6	77.9	65.8	68.1
2010	73.5	70.7	68.8	73.3	66.2	83.9	83.0	83.2	71.8	71.2
2011	76.1	73.5	72.6	75.2	65.4	85.9	81.5	84.5	74.4	73.7
2012	76.9	74.5	75.1	75.0	63.1	87.3	78.4	85.5	74.7	74.8
2013	77.2	74.4	74.9	74.9	62.2	87.2	79.9	86.0	75.5	73.8
2014	78.6	75.2	76.2	75.1	63.7	90.5	80.8	88.4	76.7	74.6
2015	76.9	75.3	75.3	76.3	63.8	84.2	79.9	82.7	76.3	75.1
2016	75.0	74.2	73.1	76.2	64.2	77.6	78.8	78.4	75.2	73.6
2017	76.5	75.1	74.2	76.8	66.3	84.3	77.0	83.7	75.7	74.2
2018	78.7	76.6	76.1	78.0	62.3	90.2	79.3	88.8	77.5	75.4
2019 P	77.8	75.6	75.6	76.5	59.5	90.4	76.7	88.5	75.8	74.7
2018: Jan	77.6	75.5	74.7	77.2	64.5	86.6	81.7	85.2	77.2	74.6
Feb	77.8	76.3	75.6	77.9	65.4	88.1	75.8	86.3	76.6	75.3
Mar	78.2	76.3	75.7	77.8	64.8	88.6	78.6	87.2	77.3	75.0
Apr	78.8	76.6	76.0	78.2	63.8	89.0	81.7	87.5	78.2	75.4
May	78.1	76.0	75.0	78.0	62.3	89.0	79.2	87.9	77.2	74.5
June	78.6	76.5	75.9	78.2	60.5	90.2	78.5	89.1	77.1	75.2
July	78.8	76.7	75.9	78.7	60.5	90.4	78.3	89.5	77.2	75.5
Aug	79.3	77.0	76.7	78.4	60.8	91.8	79.2	90.6	77.6	75.8
Sept	79.3	76.9	76.8	78.1	61.2	92.1	78.7	90.7	77.4	75.8
Oct	79.3	76.8	76.9	77.8	61.6	91.6	80.6	90.2	77.9	75.6
Nov	79.6	76.9	77.0	77.8	61.6	91.8	82.6	90.4	78.5	75.5
Dec	79.5	77.3	77.5	78.1	60.6	93.3	76.8	91.5	77.4	76.0
2019: Jan	79.0	76.7	76.6	77.9	60.8	92.4	77.3	90.6	77.2	75.4
Feb	78.5	76.3	76.2	77.4	61.4	90.7	77.6	89.1	76.7	75.3
Mar	78.4	76.2	76.1	77.2	60.5	90.1	78.7	88.2	76.7	75.5
Apr	77.8	75.4	75.4	76.4	60.2	91.9	75.9	89.6	75.7	74.5
May	77.8	75.4	75.5	76.2	59.3	91.3	77.2	89.1	76.0	74.4
June	77.7	75.7	75.7	76.7	59.6	91.3	73.9	88.7	75.2	75.2
July	77.4	75.3	75.6	76.0	59.0	88.9	76.9	86.8	75.6	74.8
Aug	77.9	75.8	76.0	76.6	58.7	90.7	76.3	88.7	76.0	74.9
Sept P	77.4	75.1	75.0	76.1	58.8	90.2	77.2	88.4	75.7	74.1
Oct P	76.9	74.5	74.0	75.9	59.2	89.4	77.4	87.9	75.1	73.5
Nov P	77.4	75.1	75.5	75.7	58.5	88.8	78.0	87.4	75.4	74.7
Dec P	77.0	75.2	75.2	76.1	58.4	89.6	73.5	87.8	74.6	74.5

[1] Output as percent of capacity.
[2] See footnote 1 and Note, Table B–34.

Source: Board of Governors of the Federal Reserve System.

TABLE B–36. New private housing units started, authorized, and completed and houses sold, 1975–2019

[Thousands; monthly data at seasonally adjusted annual rates]

Year or month	New housing units started				New housing units authorized [1]				New housing units completed	New houses sold
		Type of structure				Type of structure				
	Total	1 unit	2 to 4 units [2]	5 units or more	Total	1 unit	2 to 4 units	5 units or more		
1975	1,160.4	892.2	64.0	204.3	939.2	675.5	63.8	199.8	1,317.2	549
1976	1,537.5	1,162.4	85.8	289.2	1,296.2	893.6	93.1	309.5	1,377.2	646
1977	1,987.1	1,450.9	121.7	414.4	1,690.0	1,126.1	121.3	442.7	1,657.1	819
1978	2,020.3	1,433.3	125.1	462.0	1,800.5	1,182.6	130.6	487.3	1,867.5	817
1979	1,745.1	1,194.1	122.0	429.0	1,551.8	981.5	125.4	444.8	1,870.8	709
1980	1,292.2	852.2	109.5	330.5	1,190.6	710.4	114.5	365.7	1,501.6	545
1981	1,084.2	705.4	91.2	287.7	985.5	564.3	101.8	319.4	1,265.7	436
1982	1,062.2	662.6	80.1	319.6	1,000.5	546.4	88.3	365.8	1,005.5	412
1983	1,703.0	1,067.6	113.5	522.0	1,605.2	901.5	133.7	570.1	1,390.3	623
1984	1,749.5	1,084.2	121.4	543.9	1,681.8	922.4	142.6	616.8	1,652.2	639
1985	1,741.8	1,072.4	93.5	576.0	1,733.3	956.6	120.1	656.6	1,703.3	688
1986	1,805.4	1,179.4	84.0	542.0	1,769.4	1,077.6	108.4	583.5	1,756.4	750
1987	1,620.5	1,146.4	65.1	408.7	1,534.8	1,024.4	89.3	421.1	1,668.8	671
1988	1,488.1	1,081.3	58.7	348.0	1,455.6	993.8	75.7	386.1	1,529.8	676
1989	1,376.1	1,003.3	55.3	317.6	1,338.4	931.7	66.9	339.8	1,422.8	650
1990	1,192.7	894.8	37.6	260.4	1,110.8	793.9	54.3	262.6	1,308.0	534
1991	1,013.9	840.4	35.6	137.9	948.8	753.5	43.1	152.1	1,090.8	509
1992	1,199.7	1,029.9	30.9	139.0	1,094.9	910.7	45.8	138.4	1,157.5	610
1993	1,287.6	1,125.7	29.4	132.6	1,199.1	986.5	52.4	160.2	1,192.7	666
1994	1,457.0	1,198.4	35.2	223.5	1,371.6	1,068.5	62.2	241.0	1,346.9	670
1995	1,354.1	1,076.2	33.8	244.1	1,332.5	997.3	63.8	271.5	1,312.6	667
1996	1,476.8	1,160.9	45.3	270.8	1,425.6	1,069.5	65.8	290.3	1,412.9	757
1997	1,474.0	1,133.7	44.5	295.8	1,441.1	1,062.4	68.4	310.3	1,400.5	804
1998	1,616.9	1,271.4	42.6	302.9	1,612.3	1,187.6	69.2	355.5	1,474.2	886
1999	1,640.9	1,302.4	31.9	306.6	1,663.5	1,246.7	65.8	351.1	1,604.9	880
2000	1,568.7	1,230.9	38.7	299.1	1,592.3	1,198.1	64.9	329.3	1,573.7	877
2001	1,602.7	1,273.3	36.6	292.8	1,636.7	1,235.6	66.0	335.2	1,570.8	908
2002	1,704.9	1,358.6	38.5	307.9	1,747.7	1,332.6	73.7	341.4	1,648.4	973
2003	1,847.7	1,499.0	33.5	315.2	1,889.2	1,460.9	82.5	345.8	1,678.7	1,086
2004	1,955.8	1,610.5	42.3	303.0	2,070.1	1,613.4	90.4	366.2	1,841.9	1,203
2005	2,068.3	1,715.8	41.1	311.4	2,155.3	1,682.0	84.0	389.3	1,931.4	1,283
2006	1,800.9	1,465.4	42.7	292.8	1,838.9	1,378.2	76.6	384.1	1,979.4	1,051
2007	1,355.0	1,046.0	31.7	277.3	1,398.4	979.9	59.6	359.0	1,502.8	776
2008	905.5	622.0	17.5	266.0	905.4	575.6	34.4	295.4	1,119.7	485
2009	554.0	445.1	11.6	97.3	583.0	441.1	20.7	121.1	794.4	375
2010	586.9	471.2	11.4	104.3	604.6	447.3	22.0	135.3	651.7	323
2011	608.8	430.6	10.9	167.3	624.1	418.5	21.6	184.0	584.9	306
2012	780.6	535.3	11.4	233.9	829.7	518.7	25.9	285.1	649.2	368
2013	924.9	617.6	13.6	293.7	990.8	620.8	29.0	341.1	764.4	429
2014	1,003.3	647.9	13.7	341.7	1,052.1	640.3	29.9	382.0	883.8	437
2015	1,111.8	714.5	11.5	385.8	1,182.6	696.0	32.1	454.5	968.2	501
2016	1,173.8	781.5	11.5	380.8	1,206.6	750.8	34.8	421.1	1,059.7	561
2017	1,203.0	848.9	11.4	342.7	1,282.0	820.0	37.2	424.8	1,152.9	613
2018	1,249.9	875.8	13.9	360.3	1,328.8	855.3	39.7	433.8	1,184.9	617
2019 [p]	1,289.8	888.2	13.2	388.4	1,370.3	854.2	41.7	474.4	1,250.6	681
2018: Jan	1,335	883		439	1,366	870	45	451	1,215	628
Feb	1,295	906		371	1,323	886	46	391	1,290	644
Mar	1,332	889		429	1,377	851	40	486	1,220	654
Apr	1,267	892		354	1,364	863	41	460	1,244	629
May	1,332	937		383	1,301	843	34	424	1,248	650
June	1,180	854		316	1,292	853	36	403	1,205	618
July	1,184	860		318	1,303	873	28	402	1,176	609
Aug	1,279	889		373	1,249	827	35	387	1,232	604
Sept	1,236	880		347	1,270	854	40	376	1,150	607
Oct	1,211	865		327	1,265	847	36	382	1,117	557
Nov	1,202	804		387	1,322	848	39	435	1,107	615
Dec	1,142	814		307	1,326	829	37	460	1,068	564
2019: Jan	1,291	966		308	1,316	821	45	450	1,261	644
Feb	1,149	792		352	1,287	814	36	437	1,332	669
Mar	1,199	833		361	1,288	813	36	439	1,348	693
Apr	1,270	862		385	1,290	786	45	459	1,330	656
May	1,264	814		438	1,299	810	35	454	1,228	598
June	1,233	864		358	1,232	823	46	363	1,170	729
July	1,204	871		322	1,317	829	45	443	1,245	660
Aug	1,375	909		451	1,425	875	42	508	1,253	708
Sept	1,266	902		353	1,391	881	34	476	1,129	725
Oct	1,340	914		414	1,461	911	48	502	1,276	705
Nov [p]	1,375	949		406	1,474	921	38	515	1,215	697
Dec [p]	1,608	1,055		536	1,420	928	39	453	1,277	694

[1] Authorized by issuance of local building permits in permit-issuing places: 20,100 places beginning with 2014; 19,300 for 2004–2013; 19,000 for 1994–2003; 17,000 for 1984–93; 16,000 for 1978–83; and 14,000 for 1975–77.

[2] Monthly data do not meet publication standards because tests for identifiable and stable seasonality do not meet reliability standards.

Note: One-unit estimates prior to 1999, for new housing units started and completed and for new houses sold, include an upward adjustment of 3.3 percent to account for structures in permit-issuing areas that did not have permit authorization.

Source: Department of Commerce (Bureau of the Census).

TABLE B-37. Manufacturing and trade sales and inventories, 1979–2019

[Amounts in millions of dollars; monthly data seasonally adjusted]

Year or month	Total manufacturing and trade Sales[2]	Inventories[3]	Ratio[4]	Manufacturing Sales[2]	Inventories[3]	Ratio[4]	Merchant wholesalers[1] Sales[2]	Inventories[3]	Ratio[4]	Retail trade Sales[2,5]	Inventories[3]	Ratio[4]	Retail and food services sales
SIC:[6]													
1979	297,701	452,640	1.52	143,936	242,157	1.68	79,051	99,679	1.26	74,713	110,804	1.48	....
1980	327,233	508,924	1.56	154,391	265,215	1.72	93,099	122,631	1.32	79,743	121,078	1.52	....
1981	355,822	545,786	1.53	168,129	283,413	1.69	101,180	129,654	1.28	86,514	132,719	1.53	....
1982	347,625	573,908	1.67	163,351	311,852	1.95	95,211	127,428	1.36	89,062	134,628	1.49	....
1983	369,286	590,287	1.56	172,547	312,379	1.78	99,225	130,075	1.28	97,514	147,833	1.44	....
1984	410,124	649,780	1.53	190,682	339,516	1.73	112,199	142,452	1.23	107,243	167,812	1.49	....
1985	422,583	664,039	1.56	194,538	334,749	1.73	113,459	147,409	1.28	114,586	181,881	1.52	....
1986	430,419	662,738	1.55	194,657	322,654	1.68	114,960	153,574	1.32	120,803	186,510	1.56	....
1987	457,735	709,848	1.50	206,326	338,109	1.59	122,968	163,903	1.29	128,442	207,836	1.55	....
1988	497,157	767,222	1.49	224,619	369,374	1.57	134,521	178,801	1.30	138,017	219,047	1.54	....
1989	527,039	815,455	1.52	236,698	391,212	1.63	143,760	187,009	1.28	146,581	237,234	1.58	....
1990	545,909	840,594	1.52	242,686	405,073	1.65	149,506	195,833	1.29	153,718	239,688	1.56	....
1991	542,815	834,609	1.53	239,847	390,950	1.65	148,306	200,448	1.33	154,661	243,211	1.54	....
1992	567,176	842,809	1.48	250,394	382,510	1.54	154,150	208,302	1.32	162,632	251,997	1.52	....
NAICS:[6]													
1992	540,199	835,800	1.50	242,002	378,609	1.57	147,261	196,914	1.31	150,936	260,277	1.67	167,842
1993	567,195	863,125	1.50	251,708	379,806	1.50	154,018	204,842	1.30	161,469	278,477	1.68	179,425
1994	609,854	926,395	1.46	269,843	399,934	1.44	164,575	221,978	1.29	175,436	304,483	1.66	194,186
1995	654,689	985,385	1.49	289,973	424,802	1.44	179,915	238,392	1.29	184,801	322,191	1.72	204,219
1996	686,923	1,004,646	1.45	299,766	430,366	1.44	190,362	241,058	1.27	196,796	333,222	1.67	216,983
1997	723,443	1,045,495	1.42	319,558	443,227	1.37	198,154	258,454	1.26	205,731	343,814	1.64	227,178
1998	742,391	1,077,183	1.44	324,984	448,373	1.39	202,260	272,297	1.32	215,147	356,513	1.62	237,746
1999	786,178	1,137,260	1.40	335,991	463,004	1.35	216,597	290,182	1.30	233,591	384,074	1.59	257,249
2000	833,868	1,195,894	1.41	350,715	480,748	1.35	234,546	309,191	1.29	248,606	405,955	1.59	273,961
2001	818,160	1,118,552	1.42	330,875	427,353	1.38	236,096	297,536	1.32	255,189	393,663	1.58	281,576
2002	823,234	1,139,523	1.36	326,227	423,028	1.29	236,294	301,310	1.22	260,713	415,185	1.55	288,256
2003	854,700	1,147,795	1.34	334,616	408,302	1.25	248,190	308,274	1.22	271,894	431,219	1.56	301,038
2004	926,002	1,241,744	1.30	359,081	441,222	1.19	277,501	340,128	1.17	289,421	460,394	1.56	320,550
2005	1,005,821	1,314,317	1.27	395,173	474,639	1.17	303,208	367,978	1.17	307,440	471,700	1.51	340,479
2006	1,069,032	1,408,812	1.28	417,963	523,476	1.20	328,438	398,924	1.17	322,631	486,412	1.49	357,863
2007	1,128,176	1,487,636	1.28	443,288	562,714	1.22	351,956	424,344	1.17	332,932	500,578	1.49	369,978
2008	1,160,722	1,466,023	1.31	455,750	543,317	1.26	377,030	445,529	1.20	327,943	477,177	1.52	365,965
2009	988,802	1,332,351	1.38	368,648	505,452	1.39	319,115	397,699	1.29	301,039	429,200	1.47	338,706
2010	1,088,890	1,451,079	1.27	409,273	554,328	1.28	361,447	442,154	1.15	318,171	454,597	1.39	357,081
2011	1,206,660	1,565,659	1.26	457,658	606,839	1.29	407,090	488,061	1.15	341,913	470,759	1.35	383,192
2012	1,267,248	1,654,225	1.28	474,727	624,905	1.30	434,002	524,005	1.17	358,519	505,315	1.38	402,199
2013	1,303,229	1,718,818	1.29	484,145	630,267	1.29	447,546	545,175	1.19	371,538	543,376	1.41	416,814
2014	1,340,932	1,778,197	1.31	490,630	640,437	1.31	463,682	577,344	1.22	386,620	560,416	1.43	434,638
2015	1,294,787	1,808,388	1.39	459,918	635,783	1.39	441,036	585,167	1.33	393,833	587,438	1.46	445,791
2016	1,286,246	1,838,515	1.42	446,225	631,247	1.41	435,707	596,302	1.35	404,315	610,966	1.49	459,110
2017	1,350,809	1,900,128	1.38	467,076	659,418	1.37	463,158	615,722	1.30	420,575	624,988	1.47	478,384
2018	1,434,984	1,996,625	1.36	499,964	682,655	1.35	494,747	660,492	1.29	440,273	653,478	1.45	501,758
2019[p]	....	....	......	....	....	......	....	675,596	......	455,632	661,219	1.45	519,796
2018: Jan	1,405,006	1,910,650	1.36	489,058	661,954	1.35	481,495	621,149	1.29	434,453	627,547	1.44	494,208
Feb	1,411,196	1,920,723	1.36	490,944	664,577	1.35	485,732	625,490	1.29	434,970	630,656	1.45	495,028
Mar	1,415,738	1,921,801	1.36	493,240	664,676	1.35	488,298	627,707	1.29	434,200	629,418	1.45	494,681
Apr	1,419,942	1,926,701	1.36	493,337	667,705	1.35	489,732	627,672	1.28	436,873	631,324	1.45	496,768
May	1,440,273	1,934,054	1.34	497,081	669,775	1.35	501,595	629,910	1.26	441,597	634,369	1.44	502,987
June	1,441,800	1,934,716	1.34	501,313	669,588	1.34	499,388	630,558	1.26	441,099	634,570	1.44	503,283
July	1,444,499	1,948,232	1.35	501,740	676,291	1.35	499,489	634,281	1.27	443,270	637,660	1.44	506,047
Aug	1,448,482	1,959,161	1.35	504,405	676,016	1.34	502,373	640,883	1.28	441,704	642,262	1.45	504,897
Sept	1,451,908	1,968,204	1.36	507,438	680,293	1.34	501,656	645,486	1.29	442,814	642,425	1.45	504,604
Oct	1,457,287	1,981,503	1.36	507,985	682,510	1.34	501,166	650,679	1.30	448,136	648,314	1.45	510,412
Nov	1,451,741	1,982,144	1.37	506,252	682,391	1.35	496,733	653,384	1.32	448,756	646,369	1.44	510,826
Dec	1,435,551	1,996,625	1.39	505,209	682,655	1.35	491,945	660,492	1.34	438,397	653,478	1.49	500,455
2019: Jan	1,443,911	2,010,849	1.39	504,075	686,221	1.36	494,587	667,494	1.35	445,249	657,134	1.48	507,222
Feb	1,444,010	2,018,638	1.40	505,803	688,334	1.36	496,126	670,217	1.35	442,081	660,087	1.49	504,441
Mar	1,462,677	2,018,737	1.38	506,780	691,141	1.36	505,145	670,076	1.33	450,752	657,520	1.46	513,608
Apr	1,459,042	2,029,828	1.39	503,881	692,729	1.37	502,929	675,713	1.34	452,232	661,386	1.46	515,545
May	1,458,214	2,035,784	1.40	504,257	694,247	1.38	499,822	678,352	1.36	454,135	663,185	1.46	518,131
June	1,458,631	2,035,201	1.40	504,952	695,281	1.38	498,133	677,905	1.36	455,546	662,015	1.45	520,055
July	1,461,641	2,041,782	1.40	503,617	696,204	1.38	499,050	679,131	1.36	458,974	666,447	1.45	523,922
Aug	1,462,583	2,040,517	1.40	502,177	695,671	1.39	498,513	679,474	1.36	461,893	665,372	1.44	526,862
Sept	1,457,140	2,039,070	1.40	500,121	697,912	1.40	497,828	674,897	1.36	459,191	666,261	1.45	524,651
Oct	1,454,942	2,041,178	1.40	500,488	699,024	1.40	493,407	675,386	1.37	461,047	666,768	1.45	526,420
Nov[p]	1,465,240	2,038,234	1.39	501,706	701,083	1.40	500,651	675,997	1.35	462,883	661,154	1.43	527,841
Dec[p]	....	....	......	....	....	......	....	675,596	......	464,516	661,219	1.42	529,606

[1] Excludes manufacturers' sales branches and offices.
[2] Annual data are averages of monthly not seasonally adjusted figures.
[3] Seasonally adjusted, end of period. Inventories beginning with January 1982 for manufacturing and December 1980 for wholesale and retail trade are not comparable with earlier periods.
[4] Inventory/sales ratio. Monthly inventories are inventories at the end of the month to sales for the month. Annual data beginning with 1982 are the average of monthly ratios for the year. Annual data for 1979–81 are the ratio of December inventories to monthly average sales for the year.
[5] Food services included on Standard Industrial Classification (SIC) basis and excluded on North American Industry Classification System (NAICS) basis. See last column for retail and food services sales.
[6] Effective in 2001, data classified based on NAICS. Data on NAICS basis available beginning with 1992. Earlier data based on SIC. Data on both NAICS and SIC basis include semiconductors.

Source: Department of Commerce (Bureau of the Census).

Prices

Table B–38. Changes in consumer price indexes, 1977–2019

[For all urban consumers; percent change]

Year or month	All items	All items less food and energy					Food			Energy [4]		C-CPI-U [5]
		Total [1]	Shelter [2]	Medical care [3]	Apparel	New vehicles	Total [1]	At home	Away from home	Total [1,3]	Gasoline	
December to December, NSA												
1977	6.7	6.5	8.8	8.9	4.3	7.2	8.1	7.9	7.9	7.2	4.8	
1978	9.0	8.5	11.4	8.8	3.1	6.2	11.8	12.5	10.4	7.9	8.6	
1979	13.3	11.3	17.5	10.1	5.5	7.4	10.2	9.7	11.4	37.5	52.1	
1980	12.5	12.2	15.0	9.9	6.8	7.4	10.2	10.5	9.6	18.0	18.9	
1981	8.9	9.5	9.9	12.5	3.5	6.8	4.3	2.9	7.1	11.9	9.4	
1982	3.8	4.5	2.4	11.0	1.6	1.4	3.1	2.3	5.1	1.3	−6.7	
1983	3.8	4.8	4.7	6.4	2.9	3.3	2.7	1.8	4.1	−.5	−1.6	
1984	3.9	4.7	5.2	6.1	2.0	2.5	3.8	3.6	4.2	.2	−2.5	
1985	3.8	4.3	6.0	6.8	2.8	3.6	2.6	2.0	3.8	1.8	3.0	
1986	1.1	3.8	4.6	7.7	.9	5.6	3.8	3.7	4.3	−19.7	−30.7	
1987	4.4	4.2	4.8	5.8	4.8	1.8	3.5	3.5	3.7	8.2	18.6	
1988	4.4	4.7	4.5	6.9	4.7	2.2	5.2	5.6	4.4	.5	−1.8	
1989	4.6	4.4	4.9	8.5	1.0	2.4	5.6	6.2	4.6	5.1	6.5	
1990	6.1	5.2	5.2	9.6	5.1	2.0	5.3	5.8	4.5	18.1	36.8	
1991	3.1	4.4	3.9	7.9	3.4	3.2	1.9	1.3	2.9	−7.4	−16.2	
1992	2.9	3.3	2.9	6.6	1.4	2.3	1.5	1.5	1.4	2.0	2.0	
1993	2.7	3.2	3.0	5.4	.9	3.3	2.9	3.5	1.9	−1.4	−5.9	
1994	2.7	2.6	3.0	4.9	−1.6	3.3	2.9	3.5	1.9	2.2	6.4	
1995	2.5	3.0	3.5	3.9	.1	1.9	2.1	2.0	2.2	−1.3	−4.2	
1996	3.3	2.6	2.9	3.0	−.2	1.8	4.3	4.9	3.1	8.6	12.4	
1997	1.7	2.2	3.4	2.8	1.0	−.9	1.5	1.0	2.6	−3.4	−6.1	
1998	1.6	2.4	3.3	3.4	−.7	.0	2.3	2.1	2.5	−8.8	−15.4	
1999	2.7	1.9	2.5	3.7	−.5	−.3	1.9	1.7	2.3	13.4	30.1	
2000	3.4	2.6	3.4	4.2	−1.8	.0	2.8	2.9	2.4	14.2	13.9	2.6
2001	1.6	2.7	4.2	4.7	−3.2	−.1	2.8	2.6	3.0	−13.0	−24.9	1.3
2002	2.4	1.9	3.1	5.0	−1.8	−2.0	1.5	.8	2.3	10.7	24.8	2.0
2003	1.9	1.1	2.2	3.7	−2.1	−1.8	3.6	4.5	2.3	6.9	6.8	1.7
2004	3.3	2.2	2.7	4.2	−.2	.6	2.7	2.4	3.0	16.6	26.1	3.2
2005	3.4	2.2	2.6	4.3	−1.1	−.4	2.3	1.7	3.2	17.1	16.1	2.9
2006	2.5	2.6	4.2	3.6	.9	−.9	2.1	1.4	3.2	2.9	6.4	2.3
2007	4.1	2.4	3.1	5.2	−.3	−.3	4.9	5.6	4.0	17.4	29.6	3.7
2008	.1	1.8	1.9	2.6	−1.0	−3.2	5.9	6.6	5.0	−21.3	−43.1	.2
2009	2.7	1.8	.3	3.4	1.9	4.9	−.5	−2.4	1.9	18.2	53.5	2.5
2010	1.5	.8	.4	3.3	−1.1	−.2	1.5	1.7	1.3	7.7	13.8	1.3
2011	3.0	2.2	1.9	3.5	4.6	3.2	4.7	6.0	2.9	6.6	9.9	2.9
2012	1.7	1.9	2.2	3.2	1.8	1.6	1.8	1.3	2.5	.5	1.7	1.5
2013	1.5	1.7	2.5	2.0	.6	.4	1.1	.4	2.1	.5	−1.0	1.3
2014	.8	1.6	2.9	3.0	−2.0	.5	3.4	3.7	3.0	−10.6	−21.0	.5
2015	.7	2.1	3.2	2.6	−.9	.2	.8	−.4	2.6	−12.6	−19.7	.4
2016	2.1	2.2	3.6	4.1	−.1	.3	−.2	−2.0	2.3	5.4	9.1	1.8
2017	2.1	1.8	3.2	1.8	−1.6	−.5	1.6	.9	2.5	6.9	10.7	1.7
2018	1.9	2.2	3.2	2.0	−.1	−.3	1.6	.6	2.8	−.3	−2.1	1.5
2019	2.3	2.3	3.2	4.6	−1.2	.1	1.8	.7	3.1	3.4	7.9	2.1
Change from year earlier, NSA												
2018: Jan	2.1	1.8	3.2	2.0	−0.7	−1.2	1.7	1.0	2.5	5.5	8.5	1.6
Feb	2.2	1.8	3.1	1.8	.4	−1.5	1.4	.5	2.6	7.7	12.6	1.7
Mar	2.4	2.1	3.3	2.0	.3	−1.2	1.3	.4	2.5	7.0	11.1	1.9
Apr	2.5	2.1	3.4	2.2	.8	−1.6	1.4	.5	2.5	7.9	13.4	2.1
May	2.8	2.2	3.5	2.4	1.4	−1.1	1.2	.1	2.7	11.7	21.8	2.3
June	2.9	2.3	3.4	2.5	.6	−.5	1.4	.4	2.8	12.0	24.3	2.4
July	2.9	2.4	3.5	1.9	.3	.2	1.4	.4	2.8	12.1	25.4	2.6
Aug	2.7	2.2	3.4	1.5	−1.4	.3	1.4	.5	2.6	10.2	20.3	2.3
Sept	2.3	2.2	3.3	1.7	−.6	.5	1.4	.4	2.6	4.8	9.1	1.9
Oct	2.5	2.1	3.2	1.7	−.4	.5	1.2	.1	2.5	8.9	16.1	2.1
Nov	2.2	2.2	3.2	2.0	−.4	.3	1.4	.4	2.6	3.1	5.0	1.8
Dec	1.9	2.2	3.2	2.0	−.1	−.3	1.6	.6	2.8	−.3	−2.1	1.5
2019: Jan	1.6	2.2	3.2	1.9	.1	.0	1.6	.6	2.8	−4.8	−10.1	1.2
Feb	1.5	2.1	3.4	1.7	−.8	.3	2.0	1.2	2.9	−5.0	−9.1	1.3
Mar	1.9	2.0	3.4	1.7	−2.2	.7	2.1	1.4	3.0	−.4	−.7	1.6
Apr	2.0	2.1	3.4	1.9	−3.0	1.2	1.8	.7	3.1	1.7	3.1	1.7
May	1.8	2.0	3.3	2.1	−3.1	.9	2.0	1.2	2.9	−.5	−.2	1.6
June	1.6	2.1	3.5	2.0	−1.3	.6	1.9	.9	3.1	−3.4	−5.4	1.4
July	1.8	2.2	3.5	2.6	−.5	.3	1.8	.6	3.2	−2.0	−3.3	1.6
Aug	1.7	2.4	3.4	3.5	1.0	.2	1.7	.5	3.2	−4.4	−7.1	1.6
Sept	1.7	2.4	3.5	3.5	−.3	.1	1.8	.6	3.2	−4.8	−8.2	1.6
Oct	1.8	2.3	3.3	4.3	−2.3	.1	2.1	1.0	3.3	−4.2	−7.3	1.6
Nov	2.1	2.3	3.3	4.2	−1.6	−.1	2.0	1.0	3.2	−.6	−1.2	1.9
Dec	2.3	2.3	3.2	4.6	−1.2	.1	1.8	.7	3.1	3.4	7.9	2.1

[1] Includes other items not shown separately.
[2] Data beginning with 1983 incorporate a rental equivalence measure for homeowners' costs.
[3] Commodities and services.
[4] Household energy–electricity, utility (piped) gas service, fuel oil, etc.--and motor fuel.
[5] Chained consumer price index (C-CPI-U) introduced in 2002. Reflects the effect of substitution that consumers make across item categories in response to changes in relative prices. Data for 2019 are subject to revision.

Source: Department of Labor (Bureau of Labor Statistics).

TABLE B–39. Price indexes for personal consumption expenditures, and percent changes, 1972–2019

[Chain-type price index numbers, 2012=100; monthly data seasonally adjusted]

Year or month	Personal consumption expenditures (PCE)						Percent change from year earlier					
	Total	Goods	Services	Food [1]	Energy goods and services [2]	PCE less food and energy	Total	Goods	Services	Food [1]	Energy goods and services [2]	PCE less food and energy
1972	22.586	33.926	17.491	22.371	10.716	23.912	3.4	2.6	4.2	4.8	2.6	3.2
1973	23.802	35.949	18.336	25.202	11.640	24.823	5.4	6.0	4.8	12.7	8.6	3.8
1974	26.280	40.436	19.890	29.034	15.176	26.788	10.4	12.5	8.5	15.2	30.4	7.9
1975	28.470	43.703	21.595	31.217	16.672	29.026	8.3	8.1	8.6	7.5	9.9	8.4
1976	30.032	45.413	23.093	31.798	17.791	30.791	5.5	3.9	6.9	1.9	6.7	6.1
1977	31.986	47.837	24.841	33.671	19.294	32.771	6.5	5.3	7.6	5.9	8.4	6.4
1978	34.211	50.773	26.750	36.892	20.380	34.943	7.0	6.1	7.7	9.6	5.6	6.6
1979	37.251	55.574	28.994	40.516	25.414	37.490	8.9	9.5	8.4	9.8	24.7	7.3
1980	41.262	61.797	32.009	43.922	33.203	40.936	10.8	11.2	10.4	8.4	30.6	9.2
1981	44.958	66.389	35.288	47.051	37.668	44.523	9.0	7.4	10.2	7.1	13.4	8.8
1982	47.456	68.198	38.058	48.289	38.326	47.417	5.6	2.7	7.8	2.6	1.7	6.5
1983	49.474	69.429	40.396	48.844	38.684	49.844	4.3	1.8	6.1	1.1	.9	5.1
1984	51.343	70.742	42.498	50.312	39.172	51.911	3.8	1.9	5.2	3.0	1.3	4.1
1985	53.134	71.877	44.577	50.859	39.585	54.019	3.5	1.6	4.9	1.1	1.1	4.1
1986	54.290	71.541	46.408	52.056	34.685	55.883	2.2	−.5	4.1	2.4	−12.4	3.5
1987	55.964	73.842	47.796	53.699	35.069	57.683	3.1	3.2	3.0	3.2	1.1	3.2
1988	58.151	75.788	50.082	55.300	35.337	60.134	3.9	2.6	4.8	3.0	.8	4.2
1989	60.690	78.704	52.443	58.216	37.425	62.630	4.4	3.8	4.7	5.3	5.9	4.2
1990	63.355	81.927	54.846	61.060	40.589	65.168	4.4	4.1	4.6	4.9	8.5	4.1
1991	65.473	83.930	56.992	62.977	40.769	67.495	3.3	2.4	3.9	3.1	.4	3.6
1992	67.218	84.943	59.018	63.461	40.959	69.547	2.7	1.2	3.6	.8	.5	3.0
1993	68.892	85.681	61.059	64.348	41.331	71.436	2.5	.9	3.5	1.4	.9	2.7
1994	70.330	86.552	62.719	65.426	41.493	73.034	2.1	1.0	2.7	1.7	.4	2.2
1995	71.811	87.361	64.471	66.844	41.819	74.625	2.1	.9	2.8	2.2	.8	2.2
1996	73.346	88.321	66.240	68.883	43.777	76.040	2.1	1.1	2.7	3.1	4.7	1.9
1997	74.623	88.219	68.107	70.195	44.226	77.382	1.7	−.1	2.8	1.9	1.0	1.8
1998	75.216	86.893	69.549	71.077	40.502	78.366	.8	−1.5	2.1	1.3	−8.4	1.3
1999	76.338	87.349	70.970	72.241	42.143	79.425	1.5	.5	2.0	1.6	4.1	1.4
2000	78.235	89.082	72.938	73.933	49.843	80.804	2.5	2.0	2.8	2.3	18.3	1.7
2001	79.738	89.015	75.171	76.089	51.088	82.258	1.9	−.1	3.1	2.9	2.5	1.8
2002	80.789	88.166	77.123	77.239	48.110	83.639	1.3	−1.0	2.6	1.5	−5.8	1.7
2003	82.358	88.054	79.506	78.701	54.190	84.837	1.9	−.1	3.1	1.9	12.6	1.4
2004	84.411	89.292	81.965	81.157	60.339	86.515	2.5	1.4	3.1	3.1	11.3	2.0
2005	86.812	91.084	84.673	82.575	70.752	88.373	2.8	2.0	3.3	1.7	17.3	2.1
2006	89.174	92.306	87.616	83.963	78.812	90.392	2.7	1.3	3.5	1.7	11.4	2.3
2007	91.438	93.331	90.516	87.239	83.557	92.378	2.5	1.1	3.3	3.9	6.0	2.2
2008	94.180	96.122	93.235	92.552	95.464	94.225	3.0	3.0	3.0	6.1	14.3	2.0
2009	94.094	93.812	94.231	93.651	77.393	95.315	−.1	−2.4	1.1	1.2	−18.9	1.2
2010	95.705	95.183	95.957	93.931	85.120	96.608	1.7	1.5	1.8	.3	10.0	1.4
2011	98.131	98.773	97.814	97.682	98.601	98.139	2.5	3.8	1.9	4.0	15.8	1.6
2012	100.000	100.000	100.000	100.000	100.000	100.000	1.9	1.2	2.2	2.4	1.4	1.9
2013	101.346	99.407	102.316	100.989	99.109	101.526	1.3	−.6	2.3	1.0	−.9	1.5
2014	102.830	98.920	104.804	102.925	98.279	103.122	1.5	−.5	2.4	1.9	−.8	1.6
2015	103.045	95.885	106.704	104.084	80.632	104.407	.2	−3.1	1.8	1.1	−18.0	1.2
2016	104.091	94.318	109.120	103.004	74.776	106.070	1.0	−1.6	2.3	−1.0	−7.3	1.6
2017	105.929	94.586	111.793	102.866	81.269	107.795	1.8	.3	2.4	−.1	8.7	1.6
2018	108.143	95.222	114.851	103.407	87.809	109.897	2.1	.7	2.7	.5	8.0	1.9
2019 [p]	109.670	94.785	117.458	104.433	85.956	111.670	1.4	−.5	2.3	1.0	−2.1	1.6
2018: Jan	107.223	95.316	113.386	103.106	86.869	108.923	1.8	.2	2.5	.8	5.8	1.7
Feb	107.423	95.287	113.711	103.046	87.329	109.131	1.9	.4	2.6	.6	8.2	1.7
Mar	107.555	95.081	114.026	103.231	86.076	109.341	2.1	.4	2.9	.4	7.6	2.0
Apr	107.765	95.288	114.237	103.511	86.899	109.509	2.1	.8	2.7	.5	8.2	2.0
May	108.017	95.439	114.542	103.316	88.215	109.735	2.3	1.4	2.8	.3	12.4	2.1
June	108.182	95.473	114.779	103.420	88.855	109.878	2.4	1.5	2.8	.5	13.5	2.0
July	108.353	95.518	115.018	103.545	88.844	110.064	2.5	1.5	2.9	.5	14.1	2.1
Aug	108.390	95.285	115.202	103.467	89.280	110.086	2.3	1.0	2.8	.5	11.4	2.0
Sept	108.496	95.154	115.438	103.518	88.375	110.257	2.0	.3	2.8	.5	5.0	2.0
Oct	108.710	95.360	115.656	103.396	90.316	110.409	2.0	.7	2.6	.3	9.1	1.9
Nov	108.776	95.018	115.945	103.590	87.647	110.616	1.9	.3	2.7	.6	3.0	2.0
Dec	108.830	94.570	116.274	103.737	85.181	110.812	1.8	−.3	2.7	.7	−.3	2.0
2019: Jan	108.739	94.511	116.165	103.902	82.477	110.852	1.4	−.8	2.5	.8	−5.1	1.8
Feb	108.835	94.500	116.320	104.428	82.866	110.894	1.3	−.8	2.3	1.3	−5.1	1.6
Mar	109.064	94.760	116.532	104.687	85.845	110.960	1.4	−.3	2.2	1.4	−.3	1.5
Apr	109.403	94.949	116.951	104.326	88.365	111.232	1.5	−.4	2.4	.8	1.7	1.6
May	109.511	95.013	117.084	104.615	87.851	111.362	1.4	−.4	2.2	1.3	−.4	1.5
June	109.653	94.903	117.364	104.545	85.811	111.648	1.4	−.6	2.3	1.1	−3.4	1.6
July	109.909	95.048	117.682	104.482	87.008	111.878	1.4	−.5	2.3	.9	−2.1	1.6
Aug	109.938	94.795	117.869	104.299	85.291	112.027	1.4	−.5	2.3	.8	−4.5	1.8
Sept	109.935	94.474	118.043	104.344	84.156	112.085	1.3	−.7	2.3	.8	−4.8	1.7
Oct [p]	110.179	94.745	118.270	104.507	86.369	112.221	1.4	−.6	2.3	1.1	−4.2	1.6
Nov [p]	110.294	94.747	118.447	104.548	87.060	112.309	1.4	−.3	2.2	.9	−.7	1.5
Dec [p]	110.585	94.972	118.773	104.519	88.375	112.567	1.6	.4	2.1	.8	3.7	1.6

[1] Food consists of food and beverages purchased for off-premises consumption; food services, which include purchased meals and beverages, are not classified as food.

[2] Consists of gasoline and other energy goods and of electricity and gas services.

Source: Department of Commerce (Bureau of Economic Analysis).

Money Stock, Credit, and Finance

TABLE B–40. Money stock and debt measures, 1980–2019
[Averages of daily figures, except debt end-of-period basis; billions of dollars, seasonally adjusted]

Year and month	M1 Sum of currency, demand deposits, travelers checks, and other checkable deposits	M2 M1 plus savings deposits, retail MMMF balances, and small time deposits [1]	Debt Debt of domestic nonfinancial sectors [2]	Percent change From year or 6 months earlier [3] M1	M2	From previous period [4] Debt
December:						
1980	408.5	1,599.8	4,051.5	7.0	8.6	9.6
1981	436.7	1,755.5	4,464.7	6.9	9.7	10.2
1982	474.8	1,905.9	4,900.3	8.7	8.6	10.2
1983	521.4	2,123.5	5,497.7	9.8	11.4	12.1
1984	551.6	2,306.4	6,308.4	5.8	8.6	14.8
1985	619.8	2,492.1	7,341.7	12.4	8.1	16.1
1986	724.7	2,728.0	8,216.7	16.9	9.5	12.0
1987	750.2	2,826.4	8,936.1	3.5	3.6	9.0
1988	786.7	2,988.2	9,753.9	4.9	5.7	9.2
1989	792.9	3,152.5	10,501.9	.8	5.5	7.5
1990	824.7	3,271.8	11,218.1	4.0	3.8	6.6
1991	897.0	3,372.2	11,746.7	8.8	3.1	4.7
1992	1,024.9	3,424.7	12,298.0	14.3	1.6	4.7
1993	1,129.6	3,474.5	13,021.3	10.2	1.5	5.8
1994	1,150.7	3,486.4	13,701.7	1.9	.3	5.2
1995	1,127.5	3,629.5	14,386.1	–2.0	4.1	4.9
1996	1,081.3	3,810.4	15,135.9	–4.1	5.0	5.2
1997	1,072.3	4,022.8	15,974.5	–.8	5.6	5.6
1998	1,095.0	4,365.0	17,054.4	2.1	8.5	6.8
1999	1,122.2	4,627.4	18,227.3	2.5	6.0	6.7
2000	1,088.6	4,913.7	19,111.2	–3.0	6.2	4.8
2001	1,183.2	5,421.6	20,186.7	8.7	10.3	5.7
2002	1,220.2	5,759.7	21,536.9	3.1	6.2	6.7
2003	1,306.2	6,054.2	23,234.6	7.0	5.1	7.7
2004	1,376.0	6,405.0	26,144.5	5.3	5.8	9.2
2005	1,374.3	6,668.0	28,425.4	–.1	4.1	8.8
2006	1,366.6	7,057.5	30,866.6	–.6	5.8	8.5
2007	1,373.4	7,458.0	33,361.5	.5	5.7	8.2
2008	1,601.7	8,181.0	35,141.2	16.6	9.7	5.8
2009	1,692.8	8,483.4	36,116.9	5.7	3.7	3.7
2010	1,836.7	8,789.3	37,493.0	8.5	3.6	4.4
2011	2,164.2	9,651.1	38,700.4	17.8	9.8	3.6
2012	2,461.2	10,445.7	40,387.6	13.7	8.2	4.8
2013	2,664.5	11,015.0	41,795.2	8.3	5.5	3.7
2014	2,940.3	11,668.0	43,472.1	10.4	5.9	4.1
2015	3,093.8	12,330.1	45,218.1	5.2	5.7	4.4
2016	3,339.8	13,198.9	47,197.7	8.0	7.0	4.5
2017	3,607.3	13,835.6	49,290.4	8.0	4.8	4.2
2018	3,746.5	14,351.7	51,876.2	3.9	3.7	4.6
2019 P	3,978.3	15,318.3		6.2	6.7	
2018: Jan	3,649.5	13,858.3		5.5	3.5	
Feb	3,619.7	13,892.8		1.9	3.2	
Mar	3,661.9	13,952.6	50,109.5	4.9	3.4	6.7
Apr	3,662.4	13,989.1		3.2	3.2	
May	3,658.1	14,054.9		1.7	3.8	
June	3,657.6	14,120.0	50,920.3	2.8	4.1	4.0
July	3,677.1	14,153.0		1.5	4.3	
Aug	3,686.4	14,197.0		3.7	4.4	
Sept	3,703.9	14,228.5	51,448.2	2.3	4.0	4.1
Oct	3,719.1	14,235.4		3.1	3.5	
Nov	3,698.1	14,245.4		2.2	2.7	
Dec	3,746.5	14,351.7	51,876.2	4.9	3.3	3.4
2019: Jan	3,740.5	14,434.6		3.4	4.0	
Feb	3,759.7	14,464.4		4.0	3.8	
Mar	3,730.0	14,511.8	52,649.9	1.4	4.0	6.0
Apr	3,781.0	14,558.3		3.3	4.5	
May	3,792.5	14,653.2		5.1	5.7	
June	3,832.9	14,780.7	53,060.4	4.6	6.0	3.2
July	3,858.2	14,860.8		6.3	5.9	
Aug	3,853.4	14,933.7		5.0	6.5	
Sept	3,903.3	15,024.9	53,895.6	9.3	7.1	6.3
Oct	3,923.3	15,154.6		7.5	8.2	
Nov	3,948.2	15,259.1		8.2	8.3	
Dec P	3,978.3	15,318.3		7.6	7.3	

[1] Money market mutual fund (MMMF). Savings deposits include money market deposit accounts.
[2] Consists of outstanding debt securities and loans of the U.S. Government, State and local governments, and private nonfinancial sectors. Quarterly data shown in last month of quarter. End-of-year data are for fourth quarter.
[3] Annual changes are from December to December; monthly changes are from six months earlier at an annual rate.
[4] Debt growth of domestic nonfinancial sectors is the seasonally adjusted borrowing flow divided by the seasonally adjusted level of debt outstanding in the previous period. Annual changes are from fourth quarter to fourth quarter; quarterly changes are from previous quarter at an annual rate.

Note: For further information on the composition of M1 and M2, see the H.6 release.
For further information on the debt of domestic nonfinancial sectors and the derivation of debt growth, see the Z.1 release.

Source: Board of Governors of the Federal Reserve System.

Table B–41. Consumer credit outstanding, 1970–2019

[Amount outstanding (end of month); millions of dollars, seasonally adjusted]

Year and month	Total consumer credit [1]	Revolving	Nonrevolving [2]
December:			
1970	131,551.55	4,961.46	126,590.09
1971	146,930.18	8,245.33	138,684.84
1972	166,189.10	9,379.24	156,809.86
1973	190,086.31	11,342.22	178,744.09
1974	198,917.84	13,241.26	185,676.58
1975	204,002.00	14,495.27	189,506.73
1976	225,721.59	16,489.05	209,232.54
1977	260,562.70	37,414.82	223,147.88
1978	306,100.39	45,690.95	260,409.43
1979	348,589.11	53,596.43	294,992.67
1980	351,920.05	54,970.05	296,950.00
1981	371,301.44	60,928.00	310,373.44
1982	389,848.74	66,348.30	323,500.44
1983	437,068.86	79,027.25	358,041.61
1984	517,278.98	100,385.63	416,893.35
1985	599,711.23	124,465.80	475,245.43
1986	654,750.24	141,068.15	513,682.08
1987	686,318.77	160,853.91	525,464.86
1988 [3]	731,917.76	184,593.12	547,324.64
1989	794,612.18	211,229.83	583,382.34
1990	808,230.57	238,642.62	569,587.95
1991	798,028.97	263,768.55	534,260.42
1992	806,118.69	278,449.67	527,669.02
1993	865,650.58	309,908.02	555,742.56
1994	997,301.74	365,569.56	631,732.19
1995	1,140,744.36	443,920.09	696,824.27
1996	1,253,437.09	507,516.57	745,920.52
1997	1,324,757.33	540,005.56	784,751.77
1998	1,420,996.44	581,414.78	839,581.66
1999	1,531,105.96	610,696.47	920,409.49
2000	1,716,969.72	682,646.37	1,034,323.35
2001	1,867,852.87	714,840.73	1,153,012.14
2002	1,972,112.21	750,947.45	1,221,164.76
2003	2,077,360.69	768,258.31	1,309,102.38
2004	2,192,246.17	799,552.18	1,392,693.99
2005	2,290,928.13	829,518.36	1,461,409.78
2006	2,456,715.70	923,876.78	1,532,838.92
2007	2,609,476.53	1,001,625.30	1,607,851.24
2008	2,643,788.96	1,003,997.04	1,639,791.92
2009	2,555,016.64	916,076.63	1,638,940.01
2010	2,646,811.26	839,102.67	1,807,708.59
2011	2,756,560.85	840,353.23	1,916,207.63
2012	2,913,573.02	840,363.84	2,073,209.18
2013	3,091,413.78	854,663.80	2,236,749.97
2014	3,312,505.08	888,017.64	2,424,487.44
2015	3,410,996.57	906,744.37	2,504,252.20
2016	3,644,143.62	967,960.66	2,676,182.96
2017	3,828,250.27	1,022,134.80	2,806,115.47
2018	4,009,717.68	1,053,479.02	2,956,238.65
2018: Jan	3,840,176.17	1,024,054.87	2,816,121.30
Feb	3,852,003.88	1,024,708.23	2,827,295.65
Mar	3,862,271.47	1,023,932.68	2,838,338.79
Apr	3,864,949.99	1,016,775.15	2,848,174.84
May	3,886,398.36	1,025,130.91	2,861,267.45
June	3,895,227.04	1,024,156.53	2,871,070.51
July	3,920,294.63	1,034,058.42	2,886,236.22
Aug	3,941,733.06	1,039,029.18	2,902,703.88
Sept	3,956,036.79	1,040,481.75	2,915,555.05
Oct	3,975,943.48	1,049,193.85	2,926,749.63
Nov	3,997,751.70	1,056,201.47	2,941,550.23
Dec	4,009,717.68	1,053,479.02	2,956,238.65
2019: Jan	4,026,836.02	1,056,679.40	2,970,156.62
Feb	4,042,533.60	1,060,280.73	2,982,252.86
Mar	4,052,519.03	1,057,464.98	2,995,054.05
Apr	4,069,111.45	1,064,251.54	3,004,859.91
May	4,086,179.75	1,071,936.03	3,014,243.72
June	4,094,633.74	1,071,171.24	3,023,462.51
July	4,117,566.83	1,081,526.26	3,036,040.58
Aug	4,135,608.55	1,080,636.56	3,054,971.99
Sept	4,144,551.33	1,080,825.99	3,063,725.34
Oct	4,163,527.69	1,088,739.32	3,074,788.37
Nov [p]	4,176,041.03	1,086,304.05	3,089,736.98

[1] Covers most short- and intermediate-term credit extended to individuals. Credit secured by real estate is excluded.
[2] Includes automobile loans and all other loans not included in revolving credit, such as loans for mobile homes, education, boats, trailers, or vacations. These loans may be secured or unsecured. Beginning with 1977, includes student loans extended by the Federal Government and by SLM Holding Corporation.
[3] Data newly available in January 1989 result in breaks in these series between December 1988 and subsequent months.

Source: Board of Governors of the Federal Reserve System.

付録

B

TABLE B–42. Bond yields and interest rates, 1949–2019

[Percent per annum]

Year	U.S. Treasury securities					Corporate bonds (Moody's)		High-grade municipal bonds (Standard & Poor's)	New-home mortgage yields[4]	Prime rate charged by banks[5]	Discount window (Federal Reserve Bank of New York)[5,6]		Federal funds rate[7]
	Bills (at auction)[1]		Constant maturities[2]			Aaa[3]	Baa				Primary credit	Adjustment credit	
	3-month	6-month	3-year	10-year	30-year								
1949	1.102					2.66	3.42	2.21		2.00		1.50	
1950	1.218					2.62	3.24	1.98		2.07		1.59	
1951	1.552					2.86	3.41	2.00		2.56		1.75	
1952	1.766					2.96	3.52	2.19		3.00		1.75	
1953	1.931		2.47	2.85		3.20	3.74	2.72		3.17		1.99	
1954	.953		1.63	2.40		2.90	3.51	2.37		3.05		1.60	
1955	1.753		2.47	2.82		3.06	3.53	2.53		3.16		1.89	1.79
1956	2.658		3.19	3.18		3.36	3.88	2.93		3.77		2.77	2.73
1957	3.267		3.98	3.65		3.89	4.71	3.60		4.20		3.12	3.11
1958	1.839		2.84	3.32		3.79	4.73	3.56		3.83		2.15	1.57
1959	3.405	3.832	4.46	4.33		4.38	5.05	3.95		4.48		3.36	3.31
1960	2.93	3.25	3.98	4.12		4.41	5.19	3.73		4.82		3.53	3.21
1961	2.38	2.61	3.54	3.88		4.35	5.08	3.46		4.50		3.00	1.95
1962	2.78	2.91	3.47	3.95		4.33	5.02	3.18		4.50		3.00	2.71
1963	3.16	3.25	3.67	4.00		4.26	4.86	3.23	5.89	4.50		3.23	3.18
1964	3.56	3.69	4.03	4.19		4.40	4.83	3.22	5.83	4.50		3.55	3.50
1965	3.95	4.05	4.22	4.28		4.49	4.87	3.27	5.81	4.54		4.04	4.07
1966	4.88	5.08	5.23	4.93		5.13	5.67	3.82	6.25	5.63		4.50	5.11
1967	4.32	4.63	5.03	5.07		5.51	6.23	3.98	6.46	5.63		4.19	4.22
1968	5.34	5.47	5.68	5.64		6.18	6.94	4.51	6.97	6.31		5.17	5.66
1969	6.68	6.85	7.02	6.67		7.03	7.81	5.81	7.81	7.96		5.87	8.21
1970	6.43	6.53	7.29	7.35		8.04	9.11	6.51	8.45	7.91		5.95	7.17
1971	4.35	4.51	5.66	6.16		7.39	8.56	5.70	7.74	5.73		4.88	4.67
1972	4.07	4.47	5.72	6.21		7.21	8.16	5.27	7.60	5.25		4.50	4.44
1973	7.04	7.18	6.96	6.85		7.44	8.24	5.18	7.96	8.03		6.45	8.74
1974	7.89	7.93	7.84	7.56		8.57	9.50	6.09	8.92	10.81		7.83	10.51
1975	5.84	6.12	7.50	7.99		8.83	10.61	6.89	9.00	7.86		6.25	5.82
1976	4.99	5.27	6.77	7.61		8.43	9.75	6.49	9.00	6.84		5.50	5.05
1977	5.27	5.52	6.68	7.42	7.75	8.02	8.97	5.56	9.02	6.83		5.46	5.54
1978	7.22	7.58	8.29	8.41	8.49	8.73	9.49	5.90	9.56	9.06		7.46	7.94
1979	10.05	10.02	9.70	9.43	9.28	9.63	10.69	6.39	10.78	12.67		10.29	11.20
1980	11.51	11.37	11.51	11.43	11.27	11.94	13.67	8.51	12.66	15.26		11.77	13.35
1981	14.03	13.78	14.46	13.92	13.45	14.17	16.04	11.23	14.70	18.87		13.42	16.39
1982	10.69	11.08	12.93	13.01	12.76	13.79	16.11	11.57	15.14	14.85		11.01	12.24
1983	8.63	8.75	10.45	11.10	11.18	12.04	13.55	9.47	12.57	10.79		8.50	9.09
1984	9.53	9.77	11.92	12.46	12.41	12.71	14.19	10.15	12.38	12.04		8.80	10.23
1985	7.47	7.64	9.64	10.62	10.79	11.37	12.72	9.18	11.55	9.93		7.69	8.10
1986	5.98	6.03	7.06	7.67	7.78	9.02	10.39	7.38	10.17	8.33		6.32	6.80
1987	5.82	6.05	7.68	8.39	8.59	9.38	10.58	7.73	9.31	8.21		5.66	6.66
1988	6.69	6.92	8.26	8.85	8.96	9.71	10.83	7.76	9.19	9.32		6.20	7.57
1989	8.12	8.04	8.55	8.49	8.45	9.26	10.18	7.24	10.13	10.87		6.93	9.21
1990	7.51	7.47	8.26	8.55	8.61	9.32	10.36	7.25	10.05	10.01		6.98	8.10
1991	5.42	5.49	6.82	7.86	8.14	8.77	9.80	6.89	9.32	8.46		5.45	5.69
1992	3.45	3.57	5.30	7.01	7.67	8.14	8.98	6.41	8.24	6.25		3.25	3.52
1993	3.02	3.14	4.44	5.87	6.59	7.22	7.93	5.63	7.20	6.00		3.00	3.02
1994	4.29	4.66	6.27	7.09	7.37	7.96	8.62	6.19	7.49	7.15		3.60	4.21
1995	5.51	5.59	6.25	6.57	6.88	7.59	8.20	5.95	7.87	8.83		5.21	5.83
1996	5.02	5.09	5.99	6.44	6.71	7.37	8.05	5.75	7.80	8.27		5.02	5.30
1997	5.07	5.18	6.10	6.35	6.61	7.26	7.86	5.55	7.71	8.44		5.00	5.46
1998	4.81	4.85	5.14	5.26	5.58	6.53	7.22	5.12	7.07	8.35		4.92	5.35
1999	4.66	4.76	5.49	5.65	5.87	7.04	7.87	5.43	7.04	8.00		4.62	4.97
2000	5.85	5.92	6.22	6.03	5.94	7.62	8.36	5.77	7.52	9.23		5.73	6.24
2001	3.44	3.39	4.09	5.02	5.49	7.08	7.95	5.19	7.00	6.91		3.40	3.88
2002	1.62	1.69	3.10	4.61	5.43	6.49	7.80	5.05	6.43	4.67		1.17	1.67
2003	1.01	1.06	2.10	4.01		5.67	6.77	4.73	5.80	4.12	2.12		1.13
2004	1.38	1.57	2.78	4.27		5.63	6.39	4.63	5.77	4.34	2.34		1.35
2005	3.16	3.40	3.93	4.29		5.24	6.06	4.29	5.94	6.19	4.19		3.22
2006	4.73	4.80	4.77	4.80	4.91	5.59	6.48	4.42	6.63	7.96	5.96		4.97
2007	4.41	4.48	4.35	4.63	4.84	5.56	6.48	4.42	6.41	8.05	5.86		5.02
2008	1.48	1.71	2.24	3.66	4.28	5.63	7.45	4.80	6.05	5.09	2.39		1.92
2009	.16	.29	1.43	3.26	4.08	5.31	7.30	4.64	5.14	3.25	.50		.16
2010	.14	.20	1.11	3.22	4.25	4.94	6.04	4.16	4.80	3.25	.72		.18
2011	.06	.10	.75	2.78	3.91	4.64	5.66	4.29	4.56	3.25	.75		.10
2012	.09	.13	.38	1.80	2.92	3.67	4.94	3.14	3.69	3.25	.75		.14
2013	.06	.09	.54	2.35	3.45	4.24	5.10	3.96	4.00	3.25	.75		.11
2014	.03	.06	.90	2.54	3.34	4.16	4.85	3.78	4.22	3.25	.75		.09
2015	.06	.17	1.02	2.14	2.84	3.89	5.00	3.48	4.01	3.26	.76		.13
2016	.33	.46	1.00	1.84	2.59	3.67	4.72	3.07	3.76	3.51	1.01		.39
2017	.94	1.05	1.58	2.33	2.89	3.74	4.44	3.36	3.97	4.10	1.60		1.00
2018	1.94	2.10	2.63	2.91	3.11	3.93	4.80	3.53	4.53	4.91	2.41		1.83
2019	2.08	2.07	1.94	2.14	2.58	3.39	4.38	3.38		5.28	2.78		2.16

[1] High bill rate at auction, issue date within period, bank-discount basis. On or after October 28, 1998, data are stop yields from uniform-price auctions. Before that date, they are weighted average yields from multiple-price auctions.

See next page for continuation of table.

TABLE B–42. Bond yields and interest rates, 1949–2019—*Continued*

[Percent per annum]

Year and month	U.S. Treasury securities					Corporate bonds (Moody's)		High-grade municipal bonds (Standard & Poor's)	New-home mortgage yields[4]	Prime rate charged by banks[5]	Discount window (Federal Reserve Bank of New York)[5,6]		Federal funds rate[7]
	Bills (at auction)[1]		Constant maturities[2]			Aaa[3]	Baa				Primary credit	Adjustment credit	
	3-month	6-month	3-year	10-year	30-year					High-low	High-low	High-low	
2015: Jan	0.03	0.10	0.90	1.88	2.46	3.46	4.45	3.16	4.05	3.25–3.25	0.75–0.75		0.11
Feb	.02	.07	.99	1.98	2.57	3.61	4.51	3.26	3.91	3.25–3.25	0.75–0.75		.11
Mar	.02	.11	1.02	2.04	2.63	3.64	4.54	3.29	3.93	3.25–3.25	0.75–0.75		.11
Apr	.03	.10	.87	1.94	2.59	3.52	4.48	3.40	3.92	3.25–3.25	0.75–0.75		.12
May	.02	.08	.98	2.20	2.96	3.98	4.89	3.77	3.89	3.25–3.25	0.75–0.75		.12
June	.01	.08	1.07	2.36	3.11	4.19	5.13	3.76	3.98	3.25–3.25	0.75–0.75		.13
July	.03	.12	1.03	2.32	3.07	4.15	5.20	3.73	4.10	3.25–3.25	0.75–0.75		.13
Aug	.09	.21	1.03	2.17	2.86	4.04	5.19	3.57	4.12	3.25–3.25	0.75–0.75		.14
Sept	.06	.23	1.01	2.17	2.95	4.07	5.34	3.56	4.09	3.25–3.25	0.75–0.75		.14
Oct	.01	.10	.93	2.07	2.89	3.95	5.34	3.48	4.02	3.25–3.25	0.75–0.75		.12
Nov	.13	.33	1.20	2.26	3.03	4.06	5.46	3.50	4.00	3.25–3.25	0.75–0.75		.12
Dec	.26	.52	1.28	2.24	2.97	3.97	5.46	3.23	4.03	3.25–3.25	1.00–0.75		.24
2016: Jan	.25	.44	1.14	2.09	2.86	4.00	5.45	3.01	4.04	3.50–3.50	1.00–1.00		.34
Feb	.32	.44	.90	1.78	2.62	3.96	5.34	3.21	4.01	3.50–3.50	1.00–1.00		.38
Mar	.32	.48	1.04	1.89	2.68	3.82	5.13	3.28	3.92	3.50–3.50	1.00–1.00		.36
Apr	.23	.37	.92	1.81	2.62	3.62	4.79	3.04	3.86	3.50–3.50	1.00–1.00		.37
May	.27	.41	.97	1.81	2.63	3.65	4.68	2.95	3.82	3.50–3.50	1.00–1.00		.37
June	.29	.41	.86	1.64	2.45	3.50	4.53	2.84	3.81	3.50–3.50	1.00–1.00		.38
July	.31	.40	.79	1.50	2.23	3.28	4.22	2.57	3.74	3.50–3.50	1.00–1.00		.39
Aug	.30	.43	.85	1.56	2.26	3.32	4.24	2.77	3.68	3.50–3.50	1.00–1.00		.40
Sept	.32	.48	.90	1.63	2.35	3.41	4.31	2.86	3.58	3.50–3.50	1.00–1.00		.40
Oct	.34	.48	.99	1.76	2.50	3.51	4.38	3.13	3.57	3.50–3.50	1.00–1.00		.40
Nov	.44	.57	1.22	2.14	2.86	3.86	4.71	3.36	3.63	3.50–3.50	1.00–1.00		.41
Dec	.52	.64	1.49	2.49	3.11	4.06	4.83	3.81	3.74	3.75–3.50	1.25–1.00		.54
2017: Jan	.52	.61	1.48	2.43	3.02	3.92	4.66	3.68	4.06	3.75–3.75	1.25–1.25		.65
Feb	.53	.64	1.47	2.42	3.03	3.95	4.64	3.74	4.21	3.75–3.75	1.25–1.25		.66
Mar	.72	.84	1.59	2.48	3.08	4.01	4.68	3.78	4.16	4.00–3.75	1.50–1.25		.79
Apr	.81	.94	1.44	2.30	2.94	3.87	4.57	3.54	4.10	4.00–4.00	1.50–1.50		.90
May	.89	1.02	1.48	2.30	2.96	3.85	4.55	3.47	4.04	4.00–4.00	1.50–1.50		.91
June	.99	1.09	1.49	2.19	2.80	3.68	4.37	3.06	4.00	4.25–4.00	1.75–1.50		1.04
July	1.08	1.12	1.54	2.32	2.88	3.70	4.39	3.03	3.88	4.25–4.25	1.75–1.75		1.15
Aug	1.03	1.12	1.48	2.21	2.80	3.63	4.31	3.23	3.97	4.25–4.25	1.75–1.75		1.16
Sept	1.04	1.15	1.51	2.20	2.78	3.63	4.30	3.27	3.89	4.25–4.25	1.75–1.75		1.15
Oct	1.08	1.22	1.68	2.36	2.88	3.60	4.32	3.31	3.76	4.25–4.25	1.75–1.75		1.15
Nov	1.23	1.35	1.81	2.35	2.80	3.57	4.27	3.03	3.81	4.25–4.25	1.75–1.75		1.16
Dec	1.35	1.48	1.96	2.40	2.77	3.51	4.22	3.21	3.90	4.50–4.25	2.00–1.75		1.30
2018: Jan	1.43	1.59	2.15	2.58	2.88	3.55	4.26	3.29	3.94	4.50–4.50	2.00–2.00		1.41
Feb	1.53	1.72	2.36	2.86	3.13	3.82	4.51	3.54	4.15	4.50–4.50	2.00–2.00		1.42
Mar	1.70	1.87	2.42	2.84	3.09	3.87	4.64	3.58	4.33	4.75–4.50	2.25–2.00		1.51
Apr	1.76	1.93	2.52	2.87	3.07	3.85	4.67	3.55	4.52	4.75–4.75	2.25–2.25		1.69
May	1.87	2.03	2.66	2.98	3.13	4.00	4.83	3.38	4.55	4.75–4.75	2.25–2.25		1.70
June	1.91	2.08	2.65	2.91	3.05	3.96	4.83	3.15	4.58	5.00–4.75	2.50–2.25		1.82
July	1.96	2.12	2.70	2.89	3.01	3.87	4.79	3.45	4.62	5.00–5.00	2.50–2.50		1.91
Aug	2.03	2.18	2.71	2.89	3.04	3.88	4.77	3.58	4.57	5.00–5.00	2.50–2.50		1.91
Sept	2.13	2.28	2.84	3.00	3.15	3.98	4.88	3.63	4.64	5.25–5.00	2.75–2.50		1.95
Oct	2.24	2.39	2.94	3.15	3.34	4.14	5.07	3.88	4.67	5.25–5.25	2.75–2.75		2.19
Nov	2.34	2.46	2.91	3.12	3.36	4.22	5.22	3.64	4.77	5.25–5.25	2.75–2.75		2.20
Dec	2.38	2.49	2.67	2.83	3.10	4.02	5.13	3.69	4.84	5.50–5.25	3.00–2.75		2.27
2019: Jan	2.41	2.47	2.52	2.71	3.04	3.93	5.12	3.61	4.76	5.50–5.50	3.00–3.00		2.40
Feb	2.40	2.45	2.48	2.68	3.02	3.79	4.95	3.57	4.60	5.50–5.50	3.00–3.00		2.40
Mar	2.41	2.45	2.37	2.57	2.98	3.77	4.84	3.43	4.51	5.50–5.50	3.00–3.00		2.41
Apr	2.38	2.39	2.31	2.53	2.94	3.69	4.70	3.27	4.34	5.50–5.50	3.00–3.00		2.42
May	2.35	2.36	2.16	2.40	2.82	3.67	4.63	3.11		5.50–5.50	3.00–3.00		2.39
June	2.20	2.14	1.78	2.07	2.57	3.42	4.46	2.87		5.50–5.50	3.00–3.00		2.38
July	2.13	2.03	1.80	2.06	2.57	3.29	4.28	3.32		5.50–5.50	3.00–3.00		2.40
Aug	1.97	1.91	1.51	1.63	2.12	2.98	3.87	3.61		5.50–5.25	3.00–2.75		2.13
Sept	1.93	1.85	1.59	1.70	2.16	3.03	3.91	3.57		5.25–5.00	2.75–2.50		2.04
Oct	1.68	1.66	1.53	1.71	2.19	3.01	3.93	3.67		5.00–4.75	2.50–2.25		1.83
Nov	1.55	1.55	1.61	1.81	2.28	3.06	3.94	3.26		4.75–4.75	2.25–2.25		1.55
Dec	1.54	1.55	1.63	1.86	2.30	3.01	3.88	3.26		4.75–4.75	2.25–2.25		1.55

[2] Yields on the more actively traded issues adjusted to constant maturities by the Department of the Treasury. The 30-year Treasury constant maturity series was discontinued on February 18, 2002, and reintroduced on February 9, 2006.

[3] Beginning with December 7, 2001, data for corporate Aaa series are industrial bonds only.

[4] Effective rate (in the primary market) on conventional mortgages, reflecting fees and charges as well as contract rate and assuming, on the average, repayment at end of 10 years. Rates beginning with January 1973 not strictly comparable with prior rates.

[5] For monthly data, high and low for the period.

[6] Primary credit replaced adjustment credit as the Federal Reserve's principal discount window lending program effective January 9, 2003.

[7] Beginning March 1, 2016, the daily effective federal funds rate is a volume-weighted median of transaction-level data collected from depository institutions in the Report of Selected Money Market Rates (FR 2420). Between July 21, 1975 and February 29, 2016, the daily effective rate was a volume-weighted mean of rates on brokered trades. Prior to that, the daily effective rate was the rate considered most representative of the day's transactions, usually the one at which most transactions occurred.

Sources: Department of the Treasury, Board of Governors of the Federal Reserve System, Federal Housing Finance Agency, Moody's Investors Service, Bloomberg, and Standard & Poor's.

TABLE B–43. Mortgage debt outstanding by type of property and of financing, 1960–2019

[Billions of dollars]

End of year or quarter	All proper-ties	Farm proper-ties	Nonfarm properties				Nonfarm properties by type of mortgage					
							Government underwritten				Conventional [2]	
			Total	1- to 4-family houses	Multi-family proper-ties	Com-mercial proper-ties	Total [1]	1- to 4-family houses			Total	1- to 4-family houses
								Total	FHA-insured	VA-guaran-teed		
1960	227.1	17.4	209.7	137.8	28.0	43.9	62.3	56.4	26.7	29.7	147.4	81.4
1961	248.6	18.7	229.9	149.5	31.5	48.9	65.6	59.1	29.5	29.6	164.3	90.4
1962	271.8	20.3	251.6	163.1	34.6	53.8	69.4	62.2	32.3	29.9	182.2	100.9
1963	297.6	22.4	275.1	179.0	37.5	58.7	73.4	65.9	35.0	30.9	201.7	113.1
1964	324.2	25.3	298.9	195.7	41.6	61.7	77.2	69.2	38.3	30.9	221.7	126.4
1965	349.5	28.2	321.3	212.0	44.2	65.2	81.2	73.1	42.0	31.1	240.2	138.9
1966	373.7	30.3	343.4	225.3	46.9	71.2	84.1	76.1	44.8	31.3	259.3	149.3
1967	396.9	32.9	363.9	238.0	50.0	75.9	88.2	79.9	47.4	32.5	275.7	158.1
1968	424.5	36.0	388.5	254.2	53.0	81.3	93.4	84.4	50.6	33.8	295.1	169.8
1969	450.5	38.4	412.1	269.0	56.5	86.6	100.2	90.2	54.5	35.7	311.9	178.9
1970	498.5	40.8	457.6	292.2	68.1	97.3	109.2	97.3	59.9	37.3	348.4	195.0
1971	544.5	43.9	500.6	318.4	76.6	105.6	120.7	105.2	65.7	39.5	379.9	213.2
1972	618.2	47.7	570.5	357.4	89.7	123.5	131.1	113.0	68.2	44.7	439.4	244.4
1973	694.2	53.4	640.7	399.8	99.0	141.9	135.0	116.2	66.2	50.0	505.7	283.6
1974	766.2	62.5	703.7	441.2	105.7	156.7	140.2	121.3	65.1	56.2	563.5	319.9
1975	830.2	68.9	761.3	483.0	105.5	172.8	147.0	127.7	66.1	61.6	614.3	355.2
1976	917.5	76.7	840.8	544.8	110.1	185.9	154.0	133.5	66.5	67.0	686.8	411.2
1977	1,049.7	88.3	961.4	638.5	118.0	204.9	161.7	141.6	68.0	73.6	799.7	496.9
1978	1,206.8	100.3	1,106.4	751.4	128.7	226.3	176.4	153.4	71.4	82.0	930.0	598.0
1979	1,381.0	120.5	1,260.5	870.2	139.4	250.8	199.0	172.9	81.0	92.0	1,061.4	697.3
1980	1,528.2	132.7	1,395.5	977.3	146.4	271.8	225.1	195.2	93.6	101.6	1,170.4	782.2
1981	1,654.6	146.7	1,507.9	1,052.6	146.4	308.9	238.9	207.6	101.3	106.2	1,269.0	845.1
1982	1,741.4	150.9	1,590.4	1,097.2	152.4	340.9	248.9	217.9	108.0	109.9	1,341.6	879.3
1983	1,942.4	153.9	1,788.5	1,217.8	171.9	398.8	279.8	248.8	127.4	121.4	1,508.7	968.9
1984	2,178.3	150.1	2,028.1	1,350.7	197.2	480.2	294.8	265.9	136.7	129.1	1,733.3	1,084.9
1985	2,439.9	125.3	2,314.6	1,548.9	213.9	551.8	328.3	288.8	153.0	135.8	1,986.3	1,260.1
1986	2,676.3	101.3	2,574.9	1,730.1	241.8	603.0	370.5	328.6	185.5	143.1	2,204.4	1,401.5
1987	2,968.8	89.9	2,878.9	1,928.5	258.4	692.1	431.4	387.9	235.5	152.4	2,447.5	1,540.6
1988	3,283.8	82.3	3,201.5	2,162.8	274.5	764.2	459.7	414.2	258.8	155.4	2,741.8	1,748.6
1989	3,534.5	79.2	3,455.3	2,369.6	287.0	798.7	486.8	440.1	282.8	157.3	2,968.4	1,929.5
1990	3,790.0	77.6	3,712.5	2,606.8	287.4	818.3	517.9	470.9	310.9	160.0	3,194.5	2,135.9
1991	3,941.7	77.7	3,864.0	2,774.7	284.1	805.2	537.2	493.3	330.6	162.7	3,326.8	2,281.4
1992	4,052.4	78.6	3,973.8	2,942.1	270.9	760.8	533.3	489.8	326.0	163.8	3,440.5	2,452.3
1993	4,183.7	79.8	4,103.9	3,101.0	267.7	735.2	513.4	469.5	303.2	166.2	3,590.4	2,631.5
1994	4,348.1	81.6	4,266.5	3,278.2	268.2	720.1	559.3	514.2	336.8	177.3	3,707.2	2,764.0
1995	4,520.7	71.7	4,449.0	3,445.7	273.9	729.4	584.3	537.1	352.3	184.7	3,864.7	2,908.6
1996	4,801.2	74.4	4,726.8	3,681.9	286.1	758.8	620.3	571.2	379.2	192.0	4,106.5	3,110.8
1997	5,114.0	78.5	5,035.5	3,916.5	298.0	821.0	656.7	605.7	405.7	200.0	4,378.9	3,310.8
1998	5,603.2	83.1	5,520.1	4,275.8	334.5	909.8	674.0	623.8	417.9	205.9	4,846.1	3,652.0
1999	6,209.5	87.2	6,122.3	4,701.2	375.2	1,046.0	731.5	678.8	462.3	216.5	5,390.9	4,022.4
2000	6,766.6	84.7	6,681.9	5,125.0	404.5	1,152.4	773.1	719.9	499.9	220.1	5,908.8	4,405.0
2001	7,450.0	88.5	7,361.5	5,678.0	446.1	1,237.4	772.7	718.5	497.4	221.2	6,588.8	4,959.5
2002	8,358.7	95.4	8,263.3	6,434.4	486.3	1,342.5	759.3	704.0	486.2	217.7	7,504.0	5,730.4
2003	9,366.8	83.2	9,283.6	7,261.4	560.5	1,461.7	709.2	653.3	438.7	214.6	8,574.4	6,608.1
2004	10,648.6	95.7	10,552.9	8,293.1	610.1	1,649.7	660.2	604.1	398.1	206.0	9,892.7	7,689.0
2005	12,116.7	104.8	12,011.9	9,449.6	675.2	1,887.0	606.6	550.4	348.4	202.0	11,405.3	8,899.2
2006	13,529.5	108.0	13,421.4	10,531.8	718.4	2,171.2	600.2	543.5	336.9	206.6	12,821.3	9,988.4
2007	14,613.1	112.7	14,500.4	11,253.2	811.4	2,435.8	609.2	552.6	342.6	210.0	13,891.3	10,700.6
2008	14,693.6	134.7	14,558.9	11,152.0	853.9	2,553.1	807.2	750.7	534.0	216.7	13,751.7	10,401.3
2009	14,449.3	146.0	14,303.3	10,962.3	864.0	2,477.0	1,005.0	944.3	752.6	191.7	13,298.3	10,018.1
2010	13,896.3	154.1	13,742.2	10,524.6	864.0	2,353.6	1,227.6	1,156.1	934.4	221.7	12,514.5	9,368.5
2011	13,571.8	167.2	13,404.6	10,282.8	864.6	2,257.2	1,368.6	1,291.3	1,036.0	255.3	12,036.0	8,991.6
2012	13,335.8	173.4	13,162.4	10,049.7	892.8	2,219.8	1,544.8	1,459.7	1,165.4	294.2	11,617.5	8,590.1
2013	13,344.0	185.2	13,158.8	9,959.2	940.7	2,258.9	3,927.2	3,832.6	3,480.8	351.8	9,231.6	6,126.6
2014	13,489.8	196.8	13,293.0	9,938.3	1,010.5	2,344.2	4,130.9	4,028.1	3,615.3	412.8	9,162.1	5,910.2
2015	13,880.7	208.8	13,671.9	10,076.3	1,118.5	2,477.1	4,432.7	4,326.7	3,851.3	475.4	9,239.2	5,749.5
2016	14,332.4	226.0	14,106.4	10,277.5	1,236.6	2,592.3	4,764.8	4,654.9	4,106.9	548.1	9,341.6	5,622.5
2017	14,888.7	236.2	14,652.5	10,580.3	1,357.5	2,714.7	5,079.1	4,958.2	4,344.3	613.9	9,573.4	5,622.2
2018	15,424.0	245.7	15,178.3	10,866.8	1,473.8	2,837.7	5,380.0	5,246.5	4,562.3	684.2	9,798.3	5,620.2
2018: I	14,979.0	238.5	14,740.5	10,619.7	1,378.0	2,742.8	5,148.7	5,024.1	4,393.2	630.9	9,591.8	5,595.6
II	15,144.9	240.9	14,904.0	10,704.7	1,405.4	2,793.9	5,219.0	5,090.9	4,444.8	646.1	9,685.0	5,613.8
III	15,290.1	243.3	15,046.8	10,803.2	1,440.6	2,803.0	5,292.3	5,162.2	4,498.6	663.7	9,754.5	5,640.9
IV	15,424.0	245.7	15,178.3	10,866.8	1,473.8	2,837.7	5,380.0	5,246.5	4,562.3	684.2	9,798.3	5,620.2
2019: I	15,512.6	248.5	15,264.1	10,896.3	1,497.6	2,870.3	5,416.7	5,281.4	4,588.7	692.7	9,847.5	5,614.9
II	15,653.7	251.3	15,402.4	10,983.4	1,523.5	2,895.6	5,479.8	5,343.7	4,643.4	700.3	9,922.6	5,639.7
III [p]	15,841.1	254.1	15,587.0	11,074.9	1,565.1	2,947.1	5,563.7	5,425.5	4,713.2	712.3	10,023.3	5,649.3

[1] Includes Federal Housing Administration (FHA)–insured multi-family properties, not shown separately.
[2] Derived figures. Total includes multi-family and commercial properties with conventional mortgages, not shown separately.

Source: Board of Governors of the Federal Reserve System, based on data from various Government and private organizations.

TABLE B–44. Mortgage debt outstanding by holder, 1960–2019

[Billions of dollars]

End of year or quarter	Total	Major financial institutions			Other holders		
		Total	Depository Institutions[1,2]	Life insurance companies	Federal and related agencies[3]	Mortgage pools or trusts[4]	Individuals and others
1960	227.1	156.4	114.6	41.8	11.3	0.2	59.2
1961	248.6	171.1	126.9	44.2	11.9	.3	65.3
1962	271.8	190.5	143.6	46.9	12.2	.4	68.7
1963	297.6	214.6	164.1	50.5	11.3	.5	71.2
1964	324.2	238.8	183.6	55.2	11.6	.6	73.2
1965	349.5	262.4	202.4	60.0	12.7	.9	73.6
1966	373.7	279.5	214.8	64.6	16.2	1.3	76.7
1967	396.9	296.4	228.9	67.5	19.0	2.0	79.5
1968	424.5	317.3	247.3	70.0	22.6	2.5	82.2
1969	450.5	336.6	264.6	72.0	27.9	3.2	82.8
1970	498.5	352.9	278.5	74.4	33.6	4.8	107.3
1971	544.5	389.2	313.7	75.5	36.8	9.5	109.0
1972	618.2	443.8	366.8	76.9	40.1	14.4	119.9
1973	694.2	500.7	419.4	81.4	46.6	18.0	128.8
1974	766.2	539.3	453.1	86.2	68.2	23.8	134.9
1975	830.2	576.1	486.9	89.2	80.2	34.1	139.9
1976	917.5	640.7	549.1	91.6	82.4	49.8	144.7
1977	1,049.7	735.3	638.4	96.8	87.6	70.3	156.5
1978	1,206.8	837.5	731.3	106.2	103.4	88.6	177.3
1979	1,381.0	928.6	810.2	118.4	123.7	118.7	210.0
1980	1,528.2	988.0	857.0	131.1	142.6	145.9	251.6
1981	1,654.6	1,034.1	896.4	137.7	160.8	168.0	291.7
1982	1,741.4	1,019.6	877.6	142.0	177.3	224.4	320.1
1983	1,942.4	1,108.4	957.4	151.0	188.3	297.3	348.4
1984	2,178.3	1,248.2	1,091.5	156.7	202.3	350.7	377.1
1985	2,439.9	1,368.7	1,196.9	171.8	213.7	438.6	419.0
1986	2,676.3	1,483.3	1,289.5	193.8	202.1	549.5	441.3
1987	2,968.8	1,631.5	1,419.1	212.4	188.5	700.8	447.9
1988	3,283.8	1,797.8	1,564.9	232.9	192.5	785.7	507.8
1989	3,534.5	1,897.4	1,643.2	254.2	197.8	922.2	517.1
1990	3,790.0	1,918.8	1,651.0	267.9	239.0	1,085.9	546.3
1991	3,941.7	1,846.2	1,586.7	259.5	266.0	1,269.6	560.0
1992	4,052.4	1,770.5	1,528.5	242.0	286.1	1,440.0	555.9
1993	4,183.7	1,770.1	1,546.3	223.9	326.1	1,561.1	526.4
1994	4,348.1	1,824.7	1,608.9	215.8	315.6	1,696.9	511.0
1995	4,520.7	1,900.1	1,687.0	213.1	307.9	1,812.0	500.6
1996	4,801.2	1,982.2	1,773.7	208.5	294.4	1,989.1	535.6
1997	5,114.0	2,084.2	1,877.1	207.0	285.2	2,166.5	578.2
1998	5,603.2	2,194.7	1,981.0	213.8	291.9	2,487.1	629.5
1999	6,209.5	2,394.5	2,163.5	231.0	319.8	2,832.3	663.0
2000	6,766.6	2,619.2	2,383.0	236.2	339.9	3,097.5	710.0
2001	7,450.0	2,791.0	2,547.9	243.1	372.0	3,532.4	754.7
2002	8,358.7	3,089.4	2,839.3	250.1	432.3	3,978.4	858.5
2003	9,366.8	3,387.5	3,126.4	261.2	694.1	4,330.3	954.9
2004	10,648.6	3,926.5	3,653.0	273.5	703.2	4,834.5	1,184.4
2005	12,116.7	4,396.5	4,110.8	285.7	665.4	5,711.8	1,343.1
2006	13,529.5	4,784.0	4,479.8	304.1	687.5	6,631.4	1,426.6
2007	14,613.1	5,065.5	4,738.4	327.1	725.5	7,436.3	1,385.9
2008	14,693.6	5,045.8	4,702.0	343.8	801.2	7,594.4	1,252.3
2009	14,449.3	4,779.4	4,452.0	327.4	816.1	7,651.3	1,202.5
2010	13,896.3	4,585.2	4,266.1	319.2	5,127.5	3,109.6	1,073.9
2011	13,571.8	4,450.3	4,115.7	334.6	5,033.9	3,035.6	1,052.0
2012	13,335.8	4,438.2	4,091.3	346.9	4,935.0	2,948.4	1,014.2
2013	13,344.0	4,412.3	4,046.1	366.3	4,993.2	2,774.1	1,164.4
2014	13,489.8	4,546.7	4,158.5	388.2	4,987.7	2,742.6	1,212.9
2015	13,880.7	4,804.2	4,373.6	430.7	5,036.6	2,791.6	1,248.3
2016	14,332.4	5,096.7	4,631.2	465.5	5,146.9	2,827.2	1,261.7
2017	14,888.7	5,308.0	4,801.3	506.7	5,314.9	2,972.7	1,293.0
2018	15,424.0	5,487.9	4,919.8	568.1	5,458.3	3,144.9	1,332.9
2018: I	14,979.0	5,345.6	4,824.8	520.8	5,338.4	3,002.3	1,292.7
II	15,144.9	5,404.5	4,868.1	536.4	5,369.8	3,067.4	1,303.3
III	15,290.1	5,450.0	4,897.1	552.9	5,415.4	3,105.4	1,319.3
IV	15,424.0	5,487.9	4,919.8	568.1	5,458.3	3,144.9	1,332.9
2019: I	15,512.6	5,516.9	4,936.6	580.3	5,481.6	3,161.8	1,352.3
II	15,653.7	5,589.3	5,001.0	588.3	5,511.4	3,182.0	1,371.0
III ᵖ	15,841.1	5,646.5	5,044.1	602.4	5,584.9	3,219.1	1,390.6

[1] Includes savings banks and savings and loan associations. Data reported by Federal Savings and Loan Insurance Corporation–insured institutions include loans in process for 1987 and exclude loans in process beginning with 1988.
[2] Includes loans held by nondeposit trust companies but not loans held by bank trust departments.
[3] Includes Government National Mortgage Association (GNMA or Ginnie Mae), Federal Housing Administration, Veterans Administration, Farmers Home Administration (FmHA), Federal Deposit Insurance Corporation, Resolution Trust Corporation (through 1995), and in earlier years Reconstruction Finance Corporation, Homeowners Loan Corporation, Federal Farm Mortgage Corporation, and Public Housing Administration. Also includes U.S.-sponsored agencies such as Federal National Mortgage Association (FNMA or Fannie Mae), Federal Land Banks, Federal Home Loan Mortgage Corporation (FHLMC or Freddie Mac), Federal Agricultural Mortgage Corporation (Farmer Mac, beginning 1994), Federal Home Loan Banks (beginning 1997), and mortgage pass-through securities issued or guaranteed by GNMA, FHLMC, FNMA, FmHA, or Farmer Mac. Other U.S. agencies (amounts small or current separate data not readily available) included with "individuals and others."
[4] Includes private mortgage pools.

Source: Board of Governors of the Federal Reserve System, based on data from various Government and private organizations.

Government Finance

Table B–45. Federal receipts, outlays, surplus or deficit, and debt, fiscal years 1955–2021

[Billions of dollars; fiscal years]

Fiscal year or period	Total			On-budget			Off-budget			Federal debt (end of period)		Addendum: Gross domestic product
	Receipts	Outlays	Surplus or deficit (−)	Receipts	Outlays	Surplus or deficit (−)	Receipts	Outlays	Surplus or deficit (−)	Gross Federal	Held by the public	
1955	65.5	68.4	−3.0	60.4	64.5	−4.1	5.1	4.0	1.1	274.4	226.6	406.3
1956	74.6	70.6	3.9	68.2	65.7	2.5	6.4	5.0	1.5	272.7	222.2	438.2
1957	80.0	76.6	3.4	73.2	70.6	2.6	6.8	6.0	.8	272.3	219.3	463.4
1958	79.6	82.4	−2.8	71.6	74.9	−3.3	8.0	7.5	.5	279.7	226.3	473.5
1959	79.2	92.1	−12.8	71.0	83.1	−12.1	8.3	9.0	−.7	287.5	234.7	504.6
1960	92.5	92.2	.3	81.9	81.3	.5	10.6	10.9	−.2	290.5	236.8	534.3
1961	94.4	97.7	−3.3	82.3	86.0	−3.8	12.1	11.7	.4	292.6	238.4	546.6
1962	99.7	106.8	−7.1	87.4	93.3	−5.9	12.3	13.5	−1.3	302.9	248.0	585.7
1963	106.6	111.3	−4.8	92.4	96.4	−4.0	14.2	15.0	−.8	310.3	254.0	618.2
1964	112.6	118.5	−5.9	96.2	102.8	−6.5	16.4	15.7	.6	316.1	256.8	661.7
1965	116.8	118.2	−1.4	100.1	101.7	−1.6	16.7	16.5	.2	322.3	260.8	709.3
1966	130.8	134.5	−3.7	111.7	114.8	−3.1	19.1	19.7	−.6	328.5	263.7	780.5
1967	148.8	157.5	−8.6	124.4	137.0	−12.6	24.4	20.4	4.0	340.4	266.6	836.5
1968	153.0	178.1	−25.2	128.1	155.8	−27.7	24.9	22.3	2.6	368.7	289.5	897.6
1969	186.9	183.6	3.2	157.9	158.4	−.5	29.0	25.2	3.7	365.8	278.1	980.3
1970	192.8	195.6	−2.8	159.3	168.0	−8.7	33.5	27.6	5.9	380.9	283.2	1,046.7
1971	187.1	210.2	−23.0	151.3	177.3	−26.1	35.8	32.8	3.0	408.2	303.0	1,116.6
1972	207.3	230.7	−23.4	167.4	193.5	−26.1	39.9	37.2	2.7	435.9	322.4	1,216.2
1973	230.8	245.7	−14.9	184.7	200.0	−15.2	46.1	45.7	.3	466.3	340.9	1,352.7
1974	263.2	269.4	−6.1	209.3	216.5	−7.2	53.9	52.9	1.1	483.9	343.7	1,482.8
1975	279.1	332.3	−53.2	216.6	270.8	−54.1	62.5	61.6	.9	541.9	394.7	1,606.9
1976	298.1	371.8	−73.7	231.7	301.1	−69.4	66.4	70.7	−4.3	629.0	477.4	1,786.1
Transition quarter	81.2	96.0	−14.7	63.2	77.3	−14.1	18.0	18.7	−.7	643.6	495.5	471.6
1977	355.6	409.2	−53.7	278.7	328.7	−49.9	76.8	80.5	−3.7	706.4	549.1	2,024.3
1978	399.6	458.7	−59.2	314.2	369.6	−55.4	85.4	89.2	−3.8	776.6	607.1	2,273.4
1979	463.3	504.0	−40.7	365.3	404.9	−39.6	98.0	99.1	−1.1	829.5	640.3	2,565.6
1980	517.1	590.9	−73.8	403.9	477.0	−73.1	113.2	113.9	−.7	909.0	711.9	2,791.9
1981	599.3	678.2	−79.0	469.1	543.0	−73.9	130.2	135.3	−5.1	994.8	789.4	3,133.2
1982	617.8	745.7	−128.0	474.3	594.9	−120.6	143.5	150.9	−7.4	1,137.3	924.6	3,313.4
1983	600.6	808.4	−207.8	453.2	660.9	−207.7	147.3	147.4	−.1	1,371.7	1,137.3	3,536.0
1984	666.4	851.8	−185.4	500.4	685.6	−185.3	166.1	166.2	−.1	1,564.6	1,307.0	3,949.2
1985	734.0	946.3	−212.3	547.9	769.4	−221.5	186.2	176.9	9.2	1,817.4	1,507.3	4,265.1
1986	769.2	990.4	−221.2	568.9	806.8	−237.9	200.2	183.5	16.7	2,120.5	1,740.6	4,526.2
1987	854.3	1,004.0	−149.7	640.9	809.2	−168.4	213.4	194.8	18.6	2,346.0	1,889.8	4,767.6
1988	909.2	1,064.4	−155.2	667.7	860.0	−192.3	241.5	204.4	37.1	2,601.1	2,051.6	5,138.6
1989	991.1	1,143.7	−152.6	727.4	932.8	−205.4	263.7	210.9	52.8	2,867.8	2,190.7	5,554.7
1990	1,032.0	1,253.0	−221.0	750.3	1,027.9	−277.6	281.7	225.1	56.6	3,206.3	2,411.6	5,898.8
1991	1,055.0	1,324.2	−269.2	761.1	1,082.5	−321.4	293.9	241.7	52.2	3,598.2	2,689.0	6,093.2
1992	1,091.2	1,381.5	−290.3	788.8	1,129.2	−340.4	302.4	252.3	50.1	4,001.8	2,999.7	6,416.2
1993	1,154.3	1,409.4	−255.1	842.4	1,142.8	−300.4	311.9	266.6	45.3	4,351.0	3,248.4	6,775.3
1994	1,258.6	1,461.8	−203.2	923.5	1,182.4	−258.8	335.0	279.4	55.7	4,643.3	3,433.1	7,176.8
1995	1,351.8	1,515.7	−164.0	1,000.7	1,227.1	−226.4	351.1	288.7	62.4	4,920.6	3,604.4	7,560.4
1996	1,453.1	1,560.5	−107.4	1,085.6	1,259.6	−174.0	367.5	300.9	66.6	5,181.5	3,734.1	7,951.3
1997	1,579.2	1,601.1	−21.9	1,187.2	1,290.5	−103.2	392.0	310.6	81.4	5,369.2	3,772.3	8,451.0
1998	1,721.7	1,652.5	69.3	1,305.9	1,335.9	−29.9	415.8	316.6	99.2	5,478.2	3,721.1	8,930.8
1999	1,827.5	1,701.8	125.6	1,383.0	1,381.1	1.9	444.5	320.8	123.7	5,605.5	3,632.4	9,479.4
2000	2,025.2	1,789.0	236.2	1,544.6	1,458.2	86.4	480.6	330.8	149.8	5,628.7	3,409.8	10,117.4
2001	1,991.1	1,862.8	128.2	1,483.6	1,516.0	−32.4	507.5	346.8	160.7	5,769.9	3,319.6	10,526.5
2002	1,853.1	2,010.9	−157.8	1,337.8	1,655.2	−317.4	515.3	355.7	159.7	6,198.4	3,540.4	10,833.6
2003	1,782.3	2,159.9	−377.6	1,258.5	1,796.9	−538.4	523.8	363.0	160.8	6,760.0	3,913.4	11,283.8
2004	1,880.1	2,292.8	−412.7	1,345.4	1,913.3	−568.0	534.7	379.5	155.2	7,354.7	4,295.5	12,025.4
2005	2,153.6	2,472.0	−318.3	1,576.1	2,069.7	−493.6	577.5	402.2	175.3	7,905.3	4,592.2	12,834.2
2006	2,406.9	2,655.1	−248.2	1,798.5	2,233.0	−434.5	608.4	422.1	186.3	8,451.4	4,829.0	13,638.4
2007	2,568.0	2,728.7	−160.7	1,932.9	2,275.0	−342.2	635.1	453.6	181.5	8,950.7	5,035.1	14,290.8
2008	2,524.0	2,982.5	−458.6	1,865.9	2,507.8	−641.8	658.0	474.8	183.3	9,986.1	5,803.1	14,743.3
2009	2,105.0	3,517.7	−1,412.7	1,451.0	3,000.7	−1,549.7	654.0	517.0	137.0	11,875.9	7,544.7	14,431.8
2010	2,162.7	3,457.1	−1,294.4	1,531.0	2,902.4	−1,371.4	631.7	554.7	77.0	13,528.8	9,018.9	14,838.8
2011	2,303.5	3,603.1	−1,299.6	1,737.7	3,104.5	−1,366.8	565.8	498.6	67.2	14,764.2	10,128.2	15,403.7
2012	2,450.0	3,526.6	−1,076.6	1,880.5	3,019.0	−1,138.5	569.5	507.6	61.9	16,050.9	11,281.1	16,056.4
2013	2,775.1	3,454.9	−679.8	2,101.8	2,821.1	−719.2	673.3	633.8	39.5	16,719.4	11,982.7	16,603.8
2014	3,021.5	3,506.3	−484.8	2,285.9	2,800.2	−514.3	735.6	706.1	29.5	17,794.5	12,779.9	17,335.6
2015	3,249.9	3,691.9	−442.0	2,479.5	2,948.8	−469.3	770.4	743.1	27.3	18,120.1	13,116.7	18,099.6
2016	3,268.0	3,852.6	−584.7	2,457.8	3,077.9	−620.2	810.2	774.7	35.5	19,539.5	14,167.6	18,554.8
2017	3,316.2	3,981.6	−665.4	2,465.6	3,180.4	−714.9	850.6	801.2	49.4	20,205.7	14,665.4	19,287.6
2018	3,329.9	4,109.0	−779.1	2,475.2	3,260.5	−785.3	854.7	848.6	6.2	21,462.3	15,749.6	20,335.5
2019	3,464.2	4,448.3	−984.2	2,549.9	3,541.7	−991.8	914.3	906.6	7.7	22,669.5	16,800.7	21,215.7
2020 (estimates)	3,706.3	4,789.7	−1,083.4	2,739.3	3,829.9	−1,090.7	967.1	959.8	7.3	23,900.2	17,881.2	22,210.9
2021 (estimates)	3,863.3	4,829.4	−966.1	2,852.3	3,811.1	−958.9	1,011.0	1,018.2	−7.2	25,077.4	18,912.1	23,353.1

Note: Fiscal years through 1976 were on a July 1–June 30 basis; beginning with October 1976 (fiscal year 1977), the fiscal year is on an October 1–September 30 basis. The transition quarter is the three-month period from July 1, 1976 through September 30, 1976.

See *Budget of the United States Government, Fiscal Year 2021*, for additional information.

Sources: Department of Commerce (Bureau of Economic Analysis), Department of the Treasury, and Office of Management and Budget.

TABLE B–46. Federal receipts, outlays, surplus or deficit, and debt, as percent of gross domestic product, fiscal years 1949–2021

[Percent; fiscal years]

Fiscal year or period	Receipts	Outlays		Surplus or deficit (−)	Federal debt (end of period)	
		Total	National defense		Gross Federal	Held by public
1949	14.3	14.0	4.8	0.2	91.4	77.5
1950	14.2	15.3	4.9	−1.1	92.2	78.6
1951	15.8	13.9	7.2	1.9	78.1	65.5
1952	18.5	19.0	12.9	−.4	72.6	60.1
1953	18.2	19.9	13.8	−1.7	69.6	57.2
1954	18.0	18.3	12.7	−.3	70.0	58.0
1955	16.1	16.8	10.5	−.7	67.5	55.8
1956	17.0	16.1	9.7	.9	62.2	50.7
1957	17.3	16.5	9.8	.7	58.8	47.3
1958	16.8	17.4	9.9	−.6	59.1	47.8
1959	15.7	18.3	9.7	−2.5	57.0	46.5
1960	17.3	17.3	9.0	.1	54.4	44.3
1961	17.3	17.9	9.1	−.6	53.5	43.6
1962	17.0	18.2	8.9	−1.2	51.7	42.3
1963	17.2	18.0	8.6	−.8	50.2	41.1
1964	17.0	17.9	8.3	−.9	47.8	38.8
1965	16.5	16.7	7.1	−.2	45.4	36.8
1966	16.8	17.2	7.4	−.5	42.1	33.8
1967	17.8	18.8	8.5	−1.0	40.7	31.9
1968	17.0	19.8	9.1	−2.8	41.1	32.3
1969	19.1	18.7	8.4	.3	37.3	28.4
1970	18.4	18.7	7.8	−.3	36.4	27.1
1971	16.8	18.8	7.1	−2.1	36.6	27.1
1972	17.0	19.0	6.5	−1.9	35.8	26.5
1973	17.1	18.2	5.7	−1.1	34.5	25.2
1974	17.8	18.2	5.4	−.4	32.6	23.2
1975	17.4	20.7	5.4	−3.3	33.7	24.6
1976	16.7	20.8	5.0	−4.1	35.2	26.7
Transition quarter	17.2	20.3	4.7	−3.1	34.1	26.3
1977	17.6	20.2	4.8	−2.7	34.9	27.1
1978	17.6	20.2	4.6	−2.6	34.2	26.7
1979	18.1	19.6	4.5	−1.6	32.3	25.0
1980	18.5	21.2	4.8	−2.6	32.6	25.5
1981	19.1	21.6	5.0	−2.5	31.8	25.2
1982	18.6	22.5	5.6	−3.9	34.3	27.9
1983	17.0	22.9	5.9	−5.9	38.8	32.2
1984	16.9	21.6	5.8	−4.7	39.6	33.1
1985	17.2	22.2	5.9	−5.0	42.6	35.3
1986	17.0	21.9	6.0	−4.9	46.8	38.5
1987	17.9	21.1	5.9	−3.1	49.2	39.6
1988	17.7	20.7	5.7	−3.0	50.6	39.9
1989	17.8	20.6	5.5	−2.7	51.6	39.4
1990	17.5	21.2	5.1	−3.7	54.4	40.9
1991	17.3	21.7	4.5	−4.4	59.1	44.1
1992	17.0	21.5	4.6	−4.5	62.4	46.8
1993	17.0	20.8	4.3	−3.8	64.2	47.9
1994	17.5	20.4	3.9	−2.8	64.7	47.8
1995	17.9	20.0	3.6	−2.2	65.1	47.7
1996	18.3	19.6	3.3	−1.4	65.2	47.0
1997	18.7	18.9	3.2	−.3	63.5	44.6
1998	19.3	18.5	3.0	.8	61.3	41.7
1999	19.3	18.0	2.9	1.3	59.1	38.3
2000	20.0	17.7	2.9	2.3	55.6	33.7
2001	18.9	17.7	2.9	1.2	54.8	31.5
2002	17.1	18.6	3.2	−1.5	57.2	32.7
2003	15.8	19.1	3.6	−3.3	59.9	34.7
2004	15.6	19.1	3.8	−3.4	61.2	35.7
2005	16.8	19.3	3.9	−2.5	61.6	35.8
2006	17.6	19.5	3.8	−1.8	62.0	35.4
2007	18.0	19.1	3.9	−1.1	62.6	35.2
2008	17.1	20.2	4.2	−3.1	67.7	39.4
2009	14.6	24.4	4.6	−9.8	82.3	52.3
2010	14.6	23.3	4.7	−8.7	91.2	60.8
2011	15.0	23.4	4.6	−8.4	95.8	65.8
2012	15.3	22.0	4.2	−6.7	100.0	70.3
2013	16.7	20.8	3.8	−4.1	100.7	72.2
2014	17.4	20.2	3.5	−2.8	102.6	73.7
2015	18.0	20.4	3.3	−2.4	100.1	72.5
2016	17.6	20.8	3.2	−3.2	105.3	76.4
2017	17.2	20.6	3.1	−3.5	104.8	76.0
2018	16.4	20.2	3.1	−3.8	105.5	77.4
2019	16.3	21.0	3.2	−4.6	106.9	79.2
2020 (estimates)	16.7	21.6	3.3	−4.9	107.6	80.5
2021 (estimates)	16.5	20.7	3.3	−4.1	107.4	81.0

Note: See Note, Table B–45.

Sources: Department of the Treasury and Office of Management and Budget.

TABLE B–47. Federal receipts and outlays, by major category, and surplus or deficit, fiscal years 1955–2021

[Billions of dollars; fiscal years]

Fiscal year or period	Receipts (on-budget and off-budget)					Outlays (on-budget and off-budget)											Surplus or deficit (−) (on-budget and off-budget)
	Total	Individual income taxes	Corporation income taxes	Social insurance and retirement receipts	Other	Total	National defense		International affairs	Health	Medicare	Income security	Social security	Net interest	Other	
							Total	Department of Defense, military								
1955	65.5	28.7	17.9	7.9	11.0	68.4	42.7	....	2.2	0.3	....	5.1	4.4	4.9	8.9	−3.0
1956	74.6	32.2	20.9	9.3	12.2	70.6	42.5	....	2.4	.4	....	4.7	5.5	5.1	10.1	3.9
1957	80.0	35.6	21.2	10.0	13.2	76.6	45.4	....	3.1	.5	....	5.4	6.7	5.4	10.1	3.4
1958	79.6	34.7	20.1	11.2	13.6	82.4	46.8	....	3.4	.5	....	7.5	8.2	5.6	10.3	−2.8
1959	79.2	36.7	17.3	11.7	13.5	92.1	49.0	....	3.1	.7	....	8.2	9.7	5.8	15.5	−12.8
1960	92.5	40.7	21.5	14.7	15.6	92.2	48.1	....	3.0	.8	....	7.4	11.6	6.9	14.4	.3
1961	94.4	41.3	21.0	16.4	15.7	97.7	49.6	....	3.2	.9	....	9.7	12.5	6.7	15.2	−3.3
1962	99.7	45.6	20.5	17.0	16.5	106.8	52.3	50.1	5.6	1.2	....	9.2	14.4	6.9	17.2	−7.1
1963	106.6	47.6	21.6	19.8	17.6	111.3	53.4	51.1	5.3	1.5	....	9.3	15.8	7.7	18.3	−4.8
1964	112.6	48.7	23.5	22.0	18.5	118.5	54.8	52.6	4.9	1.8	....	9.7	16.6	8.2	22.6	−5.9
1965	116.8	48.8	25.5	22.2	20.3	118.2	50.6	48.8	5.3	1.8	....	9.5	17.5	8.6	25.0	−1.4
1966	130.8	55.4	30.1	25.5	19.8	134.5	58.1	56.6	5.6	2.5	0.1	9.7	20.7	9.4	28.5	−3.7
1967	148.8	61.5	34.0	32.6	20.7	157.5	71.4	70.1	5.6	3.4	2.7	10.3	21.7	10.3	32.1	−8.6
1968	153.0	68.7	28.7	33.9	21.7	178.1	81.9	80.4	5.3	4.4	4.6	11.8	23.9	11.1	35.1	−25.2
1969	186.9	87.2	36.7	39.0	23.9	183.6	82.5	80.8	4.6	5.2	5.7	13.1	27.3	12.7	32.6	3.2
1970	192.8	90.4	32.8	44.4	25.2	195.6	81.7	80.1	4.3	5.9	6.2	15.6	30.3	14.4	37.2	−2.8
1971	187.1	86.2	26.8	47.3	26.8	210.2	78.9	77.5	4.2	6.8	6.6	22.9	35.9	14.8	40.0	−23.0
1972	207.3	94.7	32.2	52.6	27.8	230.7	79.2	77.6	4.8	8.7	7.5	27.6	40.2	15.5	47.3	−23.4
1973	230.8	103.2	36.2	63.1	28.3	245.7	76.7	75.0	4.1	9.4	8.1	28.3	49.1	17.3	52.8	−14.9
1974	263.2	119.0	38.6	75.1	30.6	269.4	79.3	77.9	5.7	10.7	9.6	33.7	55.9	21.4	52.9	−6.1
1975	279.1	122.4	40.6	84.5	31.5	332.3	86.5	84.9	7.1	12.9	12.9	50.2	64.7	23.2	74.9	−53.2
1976	298.1	131.6	41.4	90.8	34.3	371.8	89.6	87.9	6.4	15.7	15.8	60.8	73.9	26.7	82.8	−73.7
Transition quarter	81.2	38.8	8.5	25.2	8.8	96.0	22.3	21.8	2.5	3.9	4.3	15.0	19.8	6.9	21.4	−14.7
1977	355.6	157.6	54.9	106.5	36.6	409.2	97.2	95.1	6.4	17.3	19.3	61.0	85.1	29.9	93.0	−53.7
1978	399.6	181.0	60.0	121.0	37.7	458.7	104.5	102.3	7.5	18.5	22.8	61.5	93.9	35.5	114.7	−59.2
1979	463.3	217.8	65.7	138.9	40.8	504.0	116.3	113.6	7.5	20.5	26.5	66.4	104.1	42.6	120.2	−40.7
1980	517.1	244.1	64.6	157.8	50.6	590.9	134.0	130.9	12.7	23.2	32.1	86.5	118.5	52.5	131.3	−73.8
1981	599.3	285.9	61.1	182.7	69.5	678.2	157.5	153.9	13.1	26.9	39.1	100.3	139.6	68.8	133.0	−79.0
1982	617.8	297.7	49.2	201.5	69.3	745.7	185.3	180.7	12.3	27.4	46.6	108.1	156.0	85.0	125.0	−128.0
1983	600.6	288.9	37.0	209.0	65.6	808.4	209.9	204.4	11.8	28.6	52.6	123.0	170.7	89.8	121.8	−207.8
1984	666.4	298.4	56.9	239.4	71.8	851.8	227.4	220.9	15.9	30.4	57.5	113.4	178.2	111.1	117.9	−185.4
1985	734.0	334.5	61.3	265.2	73.0	946.3	252.7	245.1	16.2	33.5	65.8	129.0	188.6	129.5	131.0	−212.3
1986	769.2	349.0	63.1	283.9	73.2	990.4	273.4	265.4	14.1	35.9	70.2	120.7	198.8	136.0	141.3	−221.2
1987	854.3	392.6	83.9	303.3	74.5	1,004.0	282.0	273.9	11.6	40.0	75.1	124.1	207.4	138.6	125.2	−149.7
1988	909.2	401.2	94.5	334.3	79.2	1,064.4	290.4	281.9	10.5	44.5	78.9	130.4	219.3	151.8	138.7	−155.2
1989	991.1	445.7	103.3	359.4	82.7	1,143.7	303.6	294.8	9.6	48.4	85.0	137.6	232.5	169.0	158.2	−152.6
1990	1,032.0	466.9	93.5	380.0	91.5	1,253.0	299.3	289.7	13.8	57.7	98.1	148.8	248.6	184.3	202.4	−221.0
1991	1,055.0	467.8	98.1	396.0	93.1	1,324.2	273.3	262.3	15.8	71.1	104.5	172.6	269.0	194.4	223.4	−269.2
1992	1,091.2	476.0	100.3	413.7	101.3	1,381.5	298.3	286.8	16.1	89.4	119.0	199.7	287.6	199.3	172.1	−290.3
1993	1,154.3	509.7	117.5	428.3	98.8	1,409.4	291.1	278.5	17.2	99.3	130.6	210.1	304.6	198.7	157.8	−255.1
1994	1,258.6	543.1	140.4	461.5	113.7	1,461.8	281.6	268.6	17.1	107.1	144.7	217.2	319.6	202.9	171.5	−203.2
1995	1,351.8	590.2	157.0	484.5	120.1	1,515.7	272.1	259.4	16.4	115.4	159.9	223.8	335.8	232.1	160.3	−164.0
1996	1,453.1	656.4	171.8	509.4	115.4	1,560.5	265.7	253.1	13.5	119.3	174.2	229.7	349.7	241.1	167.3	−107.4
1997	1,579.2	737.5	182.3	539.4	120.1	1,601.1	270.5	258.3	15.2	123.8	190.0	235.0	365.3	244.0	157.4	−21.9
1998	1,721.7	828.6	188.7	571.8	132.6	1,652.5	268.2	255.8	13.1	131.4	192.8	237.7	379.2	241.1	189.0	69.3
1999	1,827.5	879.5	184.7	611.8	151.5	1,701.8	274.8	261.2	15.2	141.0	190.4	242.4	390.0	229.8	218.1	125.6
2000	2,025.2	1,004.5	207.3	652.9	160.6	1,789.0	294.4	281.0	17.2	154.5	197.1	253.7	409.4	222.9	239.7	236.2
2001	1,991.1	994.3	151.1	694.0	151.7	1,862.8	304.7	290.2	16.5	172.2	217.4	269.7	433.0	206.2	243.2	128.2
2002	1,853.1	858.3	148.0	700.8	146.0	2,010.9	348.5	331.8	22.3	196.5	230.9	312.7	456.0	170.9	273.2	−157.8
2003	1,782.3	793.7	131.8	713.0	143.9	2,159.9	404.7	387.1	21.2	219.6	249.4	334.6	474.7	153.1	302.6	−377.6
2004	1,880.1	809.0	189.4	733.4	148.4	2,292.8	455.8	436.4	26.9	240.1	269.4	333.0	495.5	160.2	311.8	−412.7
2005	2,153.6	927.2	278.3	794.1	154.0	2,472.0	495.3	474.1	34.6	250.6	298.6	345.8	523.3	184.0	339.8	−318.3
2006	2,406.9	1,043.9	353.9	837.8	171.2	2,655.1	521.8	499.3	29.5	252.8	329.9	352.4	548.5	226.6	393.5	−248.2
2007	2,568.0	1,163.5	370.2	869.6	164.7	2,728.7	551.3	528.5	28.5	266.4	375.4	365.9	586.2	237.1	317.9	−160.7
2008	2,524.0	1,145.7	304.3	900.2	173.7	2,982.5	616.1	594.6	28.9	280.6	390.8	431.2	617.0	252.8	365.2	−458.6
2009	2,105.0	915.3	138.2	890.9	160.5	3,517.7	661.0	636.7	37.5	334.4	430.1	533.1	683.0	186.9	651.7	−1,412.7
2010	2,162.7	898.5	191.4	864.8	207.9	3,457.1	693.5	666.7	45.2	369.1	451.6	622.1	706.7	196.2	372.6	−1,294.4
2011	2,303.5	1,091.5	181.1	818.8	212.1	3,603.1	705.6	678.1	45.7	372.5	485.7	597.3	730.8	230.0	435.7	−1,299.6
2012	2,450.0	1,132.2	242.3	845.3	230.2	3,526.6	677.9	650.9	36.8	346.8	471.8	541.2	773.3	220.4	458.4	−1,076.6
2013	2,775.1	1,316.4	273.5	947.8	237.4	3,454.9	633.4	607.8	46.5	358.3	497.8	536.4	813.6	220.9	348.0	−679.8
2014	3,021.5	1,394.6	320.7	1,023.5	282.7	3,506.3	603.5	577.9	46.9	409.5	511.7	513.6	850.5	229.0	341.7	−484.8
2015	3,249.9	1,540.8	343.8	1,065.3	300.0	3,691.9	589.7	562.5	52.0	482.3	546.2	508.8	887.8	223.2	402.0	−442.0
2016	3,268.0	1,546.1	299.6	1,115.1	307.3	3,852.6	593.4	565.4	45.3	511.3	594.5	514.1	916.1	240.0	437.9	−584.7
2017	3,316.2	1,587.1	297.0	1,161.9	270.1	3,981.6	598.7	568.9	46.3	533.2	597.3	503.4	944.9	262.6	495.3	−665.4
2018	3,329.9	1,683.5	204.7	1,170.7	270.9	4,109.0	631.1	600.7	49.0	551.2	588.7	495.3	987.8	325.0	480.9	−779.1
2019	3,464.2	1,717.9	230.2	1,243.4	272.7	4,448.3	686.0	654.0	52.7	584.8	651.0	514.8	1,044.4	375.2	539.4	−984.2
2020 (estimates)	3,706.3	1,812.0	263.6	1,312.0	318.6	4,789.7	724.5	689.6	58.3	640.9	699.3	529.3	1,097.2	376.2	664.1	−1,083.4
2021 (estimates)	3,863.3	1,931.7	284.1	1,373.6	273.9	4,829.4	767.1	729.3	60.7	648.6	728.5	523.8	1,156.2	378.2	566.3	−966.1

Note: See Note, Table B–45.

Sources: Department of the Treasury and Office of Management and Budget.

Table B–48. Federal receipts, outlays, surplus or deficit, and debt, fiscal years 2016–2021

[Millions of dollars; fiscal years]

Description	Actual				Estimates	
	2016	2017	2018	2019	2020	2021
RECEIPTS, OUTLAYS, AND SURPLUS OR DEFICIT						
Total:						
Receipts	3,267,965	3,316,184	3,329,907	3,464,161	3,706,327	3,863,293
Outlays	3,852,616	3,981,630	4,109,044	4,448,316	4,789,746	4,829,359
Surplus or deficit (–)	–584,651	–665,446	–779,137	–984,155	–1,083,419	–966,066
On-budget:						
Receipts	2,457,785	2,465,566	2,475,160	2,549,858	2,739,254	2,852,257
Outlays	3,077,943	3,180,429	3,260,472	3,541,699	3,829,949	3,811,118
Surplus or deficit (–)	–620,158	–714,863	–785,312	–991,841	–1,090,695	–958,861
Off-budget:						
Receipts	810,180	850,618	854,747	914,303	967,073	1,011,036
Outlays	774,673	801,201	848,572	906,617	959,797	1,018,241
Surplus or deficit (–)	35,507	49,417	6,175	7,686	7,276	–7,205
OUTSTANDING DEBT, END OF PERIOD						
Gross Federal debt	19,539,450	20,205,704	21,462,277	22,669,466	23,900,244	25,077,416
Held by Federal Government accounts	5,371,826	5,540,265	5,712,710	5,868,720	6,019,063	6,165,331
Held by the public	14,167,624	14,665,439	15,749,567	16,800,746	17,881,181	18,912,085
Federal Reserve System	2,463,456	2,465,418	2,313,209	2,113,329	....	....
Other	11,704,168	12,200,021	13,436,358	14,687,417	....	....
RECEIPTS BY SOURCE						
Total: On-budget and off-budget	3,267,965	3,316,184	3,329,907	3,464,161	3,706,327	3,863,293
Individual income taxes	1,546,075	1,587,120	1,683,538	1,717,857	1,812,040	1,931,678
Corporation income taxes	299,571	297,048	204,733	230,245	263,642	284,093
Social insurance and retirement receipts	1,115,065	1,161,897	1,170,701	1,243,372	1,312,026	1,373,594
On-budget	304,885	311,279	315,954	329,069	344,953	362,558
Off-budget	810,180	850,618	854,747	914,303	967,073	1,011,036
Excise taxes	95,026	83,823	94,986	99,452	94,593	87,206
Estate and gift taxes	21,354	22,768	22,983	16,672	20,389	21,641
Customs duties and fees	34,838	34,574	41,299	70,784	92,304	53,811
Miscellaneous receipts	156,036	128,954	111,667	85,779	111,333	111,270
Deposits of earnings by Federal Reserve System	115,672	81,287	70,750	52,793	72,681	70,814
All other	40,364	47,667	40,917	32,986	38,652	40,456
OUTLAYS BY FUNCTION						
Total: On-budget and off-budget	3,852,616	3,981,630	4,109,044	4,448,316	4,789,746	4,829,359
National defense	593,372	598,722	631,130	686,003	724,480	767,104
International affairs	45,306	46,309	48,996	52,739	58,320	60,684
General science, space, and technology	30,174	30,394	31,534	32,410	35,032	37,548
Energy	3,721	3,856	2,169	5,041	4,596	4,910
Natural resources and environment	39,082	37,896	39,140	37,844	42,817	43,908
Agriculture	18,344	18,872	21,789	38,257	38,332	27,522
Commerce and housing credit	–34,077	–26,685	–9,470	–25,715	684	691
On-budget	–32,716	–24,412	–8,005	–24,612	624	–99
Off-budget	–1,361	–2,273	–1,465	–1,103	60	790
Transportation	92,566	93,552	92,785	97,116	101,560	104,300
Community and regional development	20,140	24,907	42,159	26,876	30,306	33,796
Education, training, employment, and social services	109,709	143,953	95,503	136,752	195,526	111,993
Health	511,325	533,152	551,219	584,816	640,878	648,564
Medicare	594,536	597,307	588,706	650,996	699,281	728,497
Income security	514,098	503,443	495,289	514,787	529,335	523,791
Social security	916,067	944,878	987,791	1,044,409	1,097,184	1,156,204
On-budget	32,522	37,393	35,752	36,130	39,284	43,205
Off-budget	883,545	907,485	952,039	1,008,279	1,057,900	1,112,999
Veterans benefits and services	174,557	176,584	178,895	199,843	215,077	235,757
Administration of justice	55,768	57,944	60,418	65,740	79,570	75,803
General government	23,146	23,821	23,885	23,436	29,465	28,867
Net interest	240,033	262,551	324,975	375,158	376,171	378,189
On-budget	330,608	349,063	408,784	457,662	455,199	453,856
Off-budget	–90,575	–86,512	–83,809	–82,504	–79,028	–75,667
Allowances	....	....	....	....	364	358
Undistributed offsetting receipts	–95,251	–89,826	–97,869	–98,192	–109,232	–139,127
On-budget	–78,315	–72,327	–79,676	–80,137	–90,097	–119,246
Off-budget	–16,936	–17,499	–18,193	–18,055	–19,135	–19,881

Note: See Note, Table B–45

Sources: Department of the Treasury and Office of Management and Budget.

TABLE B–49. Federal and State and local government current receipts and expenditures, national income and product accounts (NIPA) basis, 1969–2019

[Billions of dollars; quarterly data at seasonally adjusted annual rates]

Year or quarter	Total government			Federal Government			State and local government			Addendum: Grants-in-aid to State and local governments
	Current receipts	Current expenditures	Net government saving (NIPA)	Current receipts	Current expenditures	Net Federal Government saving (NIPA)	Current receipts	Current expenditures	Net State and local government saving (NIPA)	
1969	282.7	284.7	–2.0	191.8	197.0	–5.1	104.5	101.4	3.1	13.7
1970	285.8	319.2	–33.4	185.1	219.9	–34.8	119.1	117.6	1.4	18.3
1971	302.3	354.5	–52.2	190.7	241.6	–50.9	133.7	135.0	–1.3	22.1
1972	345.6	388.5	–42.9	219.0	268.0	–49.0	157.1	151.0	6.1	30.5
1973	388.8	421.5	–32.7	249.2	287.6	–38.3	173.0	167.4	5.6	33.5
1974	430.2	473.9	–43.7	278.5	319.8	–41.3	186.6	189.0	–2.3	34.9
1975	441.2	549.9	–108.7	276.8	374.8	–97.9	208.0	218.7	–10.7	43.6
1976	505.7	591.0	–85.3	322.6	403.5	–80.9	232.2	236.6	–4.4	49.1
1977	567.4	640.3	–72.9	363.9	437.3	–73.4	258.3	257.8	.5	54.8
1978	646.1	703.3	–57.2	423.8	485.9	–62.0	285.8	280.9	4.9	63.5
1979	729.3	777.9	–48.6	487.0	534.4	–47.4	306.3	307.5	–1.2	64.0
1980	799.9	894.6	–94.7	533.7	622.5	–88.8	335.9	341.8	–5.9	69.7
1981	919.1	1,017.4	–98.2	621.1	709.1	–88.1	367.5	377.6	–10.2	69.4
1982	940.9	1,131.0	–190.1	618.7	786.0	–167.4	388.5	411.3	–22.8	66.3
1983	1,002.1	1,227.7	–225.6	644.8	851.9	–207.2	425.3	443.7	–18.4	67.9
1984	1,115.0	1,311.7	–196.7	711.2	907.7	–196.5	476.1	476.3	–.2	72.3
1985	1,217.0	1,418.7	–201.7	775.7	975.0	–199.2	517.5	519.9	–2.4	76.2
1986	1,292.9	1,512.8	–219.9	817.9	1,033.8	–215.9	557.4	561.3	–4.0	82.4
1987	1,406.6	1,586.7	–180.1	899.5	1,065.2	–165.7	585.5	599.9	–14.4	78.4
1988	1,507.1	1,678.3	–171.3	962.4	1,122.4	–160.0	630.4	641.7	–11.3	85.7
1989	1,632.0	1,810.7	–178.7	1,042.5	1,201.8	–159.4	681.4	700.7	–19.3	91.8
1990	1,713.3	1,952.9	–239.5	1,087.6	1,290.9	–203.3	730.1	766.3	–36.2	104.4
1991	1,763.7	2,072.2	–308.5	1,107.8	1,356.2	–248.4	779.9	840.0	–60.1	124.0
1992	1,848.7	2,254.2	–405.5	1,154.4	1,488.9	–334.5	836.1	907.0	–71.0	141.7
1993	1,953.3	2,339.3	–386.0	1,231.0	1,544.6	–313.5	878.0	950.4	–72.5	155.7
1994	2,097.6	2,417.2	–319.6	1,329.3	1,585.0	–255.6	935.1	999.1	–63.9	166.8
1995	2,223.9	2,536.5	–312.5	1,417.4	1,659.5	–242.1	981.0	1,051.4	–70.4	174.5
1996	2,388.6	2,621.8	–233.2	1,536.3	1,715.7	–179.4	1,033.7	1,087.5	–53.8	181.5
1997	2,565.9	2,699.9	–133.9	1,667.4	1,759.4	–92.0	1,086.7	1,128.7	–42.0	188.1
1998	2,738.6	2,767.4	–28.7	1,789.8	1,788.4	1.4	1,149.6	1,179.7	–30.1	200.8
1999	2,910.1	2,882.2	28.0	1,906.6	1,839.7	66.9	1,222.7	1,261.6	–38.9	219.2
2000	3,139.4	3,024.6	114.8	2,068.4	1,912.9	155.5	1,304.1	1,344.8	–40.6	233.1
2001	3,124.4	3,229.4	–105.0	2,032.2	2,018.2	14.0	1,353.4	1,472.4	–119.0	261.3
2002	2,968.3	3,422.6	–454.4	1,870.8	2,142.3	–271.5	1,386.2	1,569.1	–182.9	288.7
2003	3,045.9	3,631.3	–585.4	1,895.6	2,299.7	–404.1	1,472.0	1,653.3	–181.3	321.7
2004	3,275.7	3,825.6	–549.9	2,027.7	2,428.6	–400.9	1,580.3	1,729.3	–149.0	332.3
2005	3,679.3	4,088.1	–408.7	2,304.4	2,610.3	–305.9	1,718.5	1,821.3	–102.8	343.5
2006	4,013.4	4,326.1	–312.6	2,538.3	2,765.9	–227.6	1,816.2	1,901.2	–85.0	341.0
2007	4,210.8	4,606.2	–395.4	2,667.8	2,933.9	–266.1	1,902.1	2,031.4	–129.3	359.1
2008	4,125.0	4,977.0	–852.0	2,580.7	3,211.8	–631.1	1,915.5	2,136.4	–220.9	371.2
2009	3,696.6	5,286.8	–1,590.3	2,239.5	3,488.4	–1,248.9	1,915.2	2,256.6	–341.3	458.1
2010	3,933.2	5,565.7	–1,632.6	2,444.0	3,769.1	–1,325.1	1,994.4	2,301.8	–307.5	505.2
2011	4,130.6	5,647.7	–1,517.1	2,572.8	3,814.7	–1,242.0	2,030.4	2,305.4	–275.1	472.5
2012	4,312.2	5,673.6	–1,361.4	2,700.3	3,779.0	–1,078.6	2,056.3	2,339.1	–282.8	444.4
2013	4,834.5	5,737.8	–903.3	3,139.0	3,776.9	–637.9	2,145.6	2,411.0	–265.4	450.1
2014	5,054.4	5,896.7	–842.3	3,292.0	3,896.3	–604.3	2,257.4	2,495.4	–238.0	495.0
2015	5,288.2	6,078.5	–790.4	3,446.0	4,016.0	–570.1	2,375.3	2,595.7	–220.3	533.2
2016	5,335.4	6,259.2	–923.8	3,460.3	4,137.4	–677.0	2,431.9	2,678.7	–246.8	556.9
2017	5,481.7	6,454.5	–972.8	3,526.4	4,251.1	–724.7	2,515.1	2,763.2	–248.1	559.8
2018	5,537.7	6,786.6	–1,248.9	3,497.7	4,507.4	–1,009.8	2,623.0	2,862.1	–239.2	582.9
2019 ᵖ	....	7,139.3	....	....	4,797.9	....	....	2,950.9	....	609.5
2016: I	5,282.4	6,180.3	–897.9	3,439.4	4,083.9	–644.5	2,380.7	2,634.1	–253.4	537.7
II	5,300.7	6,228.5	–927.8	3,440.1	4,114.9	–674.8	2,413.8	2,666.9	–253.0	553.2
III	5,360.4	6,290.6	–930.3	3,472.7	4,159.9	–687.2	2,451.9	2,694.9	–243.0	564.2
IV	5,398.1	6,337.3	–939.3	3,489.1	4,190.8	–701.6	2,481.3	2,718.9	–237.6	572.4
2017: I	5,452.6	6,395.7	–943.1	3,532.2	4,217.2	–685.0	2,478.7	2,736.8	–258.1	558.3
II	5,421.9	6,390.8	–968.9	3,496.2	4,195.4	–699.2	2,471.3	2,740.9	–269.7	545.5
III	5,492.4	6,455.1	–962.7	3,535.8	4,242.9	–707.1	2,520.8	2,776.4	–255.6	564.3
IV	5,560.1	6,576.6	–1,016.6	3,541.5	4,349.1	–807.6	2,589.8	2,798.7	–208.9	571.2
2018: I	5,475.2	6,667.9	–1,192.6	3,446.9	4,423.2	–976.3	2,607.3	2,823.6	–216.3	578.9
II	5,509.2	6,756.3	–1,247.1	3,469.3	4,483.1	–1,013.8	2,622.4	2,855.8	–233.3	582.6
III	5,589.7	6,821.1	–1,231.5	3,545.4	4,526.8	–981.3	2,629.9	2,880.1	–250.1	585.7
IV	5,576.6	6,901.0	–1,324.5	3,529.0	4,596.6	–1,067.6	2,632.2	2,889.1	–256.8	584.6
2019: I	5,663.9	6,998.5	–1,334.7	3,576.7	4,699.6	–1,122.9	2,687.7	2,899.4	–211.7	600.5
II	5,750.0	7,123.0	–1,373.0	3,606.3	4,794.2	–1,188.0	2,757.8	2,942.9	–185.0	614.1
III	5,751.8	7,190.7	–1,438.9	3,622.0	4,833.5	–1,211.5	2,744.1	2,971.5	–227.4	614.3
IV ᵖ	....	7,245.1	....	....	4,864.4	....	....	2,989.8	....	609.2

Note: Federal grants-in-aid to State and local governments are reflected in Federal current expenditures and State and local current receipts. Total government current receipts and expenditures have been adjusted to eliminate this duplication.

Source: Department of Commerce (Bureau of Economic Analysis).

TABLE B–50. State and local government revenues and expenditures, fiscal years 1956–2017

[Millions of dollars]

Fiscal year[1]	General revenues by source[2]							General expenditures by function[2]				
	Total	Property taxes	Sales and gross receipts taxes	Individual income taxes	Corporation net income taxes	Revenue from Federal Government	All other[3]	Total[4]	Education	Highways	Public welfare[4]	All other[4,5]
1956	34,670	11,749	8,691	1,538	890	3,335	8,467	36,715	13,224	6,953	3,139	13,399
1957	38,164	12,864	9,467	1,754	984	3,843	9,252	40,375	14,134	7,816	3,485	14,940
1958	41,219	14,047	9,829	1,759	1,018	4,865	9,701	44,851	15,919	8,567	3,818	16,547
1959	45,306	14,983	10,437	1,994	1,001	6,377	10,514	48,887	17,283	9,592	4,136	17,876
1960	50,505	16,405	11,849	2,463	1,180	6,974	11,634	51,876	18,719	9,428	4,404	19,325
1961	54,037	18,002	12,463	2,613	1,266	7,131	12,562	56,201	20,574	9,844	4,720	21,063
1962	58,252	19,054	13,494	3,037	1,308	7,871	13,488	60,206	22,216	10,357	5,084	22,549
1963	62,891	20,089	14,456	3,269	1,505	8,722	14,850	64,815	23,776	11,135	5,481	24,423
1963–64	68,443	21,241	15,762	3,791	1,695	10,002	15,952	69,302	26,286	11,664	5,766	25,586
1964–65	74,000	22,583	17,118	4,090	1,929	11,029	17,251	74,678	28,563	12,221	6,315	27,579
1965–66	83,036	24,670	19,085	4,760	2,038	13,214	19,269	82,843	33,287	12,770	6,757	30,029
1966–67	91,197	26,047	20,530	5,825	2,227	15,370	21,198	93,350	37,919	13,932	8,218	33,281
1967–68	101,264	27,747	22,911	7,308	2,518	17,181	23,599	102,411	41,158	14,481	9,857	36,915
1968–69	114,550	30,673	26,519	8,908	3,180	19,153	26,117	116,728	47,238	15,417	12,110	41,963
1969–70	130,756	34,054	30,322	10,812	3,738	21,857	29,973	131,332	52,718	16,427	14,679	47,508
1970–71	144,927	37,852	33,233	11,900	3,424	26,146	32,372	150,674	59,413	18,095	18,226	54,940
1971–72	167,535	42,877	37,518	15,227	4,416	31,342	36,156	168,549	65,813	19,021	21,117	62,598
1972–73	190,222	45,283	42,047	17,994	5,425	39,264	40,210	181,357	69,713	18,615	23,582	69,447
1973–74	207,670	47,705	46,098	19,491	6,015	41,820	46,542	199,222	75,833	19,946	25,085	78,358
1974–75	228,171	51,491	49,815	21,454	6,642	47,034	51,735	230,722	87,858	22,528	28,156	92,180
1975–76	256,176	57,001	54,547	24,575	7,273	55,589	57,191	256,731	97,216	23,907	32,604	103,004
1976–77	285,157	62,527	60,641	29,246	9,174	62,444	61,125	274,215	102,780	23,058	35,906	112,472
1977–78	315,960	66,422	67,596	33,176	10,738	69,592	68,435	296,984	110,758	24,609	39,140	122,478
1978–79	343,236	64,944	74,247	36,932	12,128	75,164	79,822	327,517	119,448	28,440	41,898	137,731
1979–80	382,322	68,499	79,927	42,080	13,321	83,029	95,467	369,086	133,211	33,311	47,288	155,276
1980–81	423,404	74,969	85,971	46,426	14,143	90,294	111,599	407,449	145,784	34,603	54,105	172,957
1981–82	457,654	82,067	93,613	50,738	15,028	87,282	128,925	436,733	154,282	34,520	57,996	189,935
1982–83	486,753	89,105	100,247	55,129	14,258	90,007	138,008	466,516	163,876	36,655	60,906	205,080
1983–84	542,730	96,457	114,097	64,871	16,798	96,935	153,571	505,008	176,108	39,419	66,414	223,068
1984–85	598,121	103,757	126,376	70,361	19,152	106,158	172,317	553,899	192,686	44,989	71,479	244,745
1985–86	641,486	111,709	135,005	74,365	19,994	113,099	187,314	605,623	210,819	49,368	75,868	269,568
1986–87	686,860	121,203	144,091	83,935	22,425	114,857	200,350	657,134	226,619	52,355	82,650	295,510
1987–88	726,762	132,212	156,452	88,350	23,663	117,602	208,482	704,921	242,683	55,621	89,090	317,527
1988–89	786,129	142,400	166,336	97,806	25,926	125,824	227,838	762,360	263,898	58,105	97,879	342,479
1989–90	849,502	155,613	177,885	105,640	23,566	136,802	249,996	834,818	288,148	61,057	110,518	375,094
1990–91	902,207	167,999	185,570	109,341	22,242	154,099	262,955	908,108	309,302	64,937	130,402	403,467
1991–92	979,137	180,337	197,731	115,638	23,880	179,174	282,376	981,253	324,652	67,351	158,723	430,526
1992–93	1,041,643	189,744	209,649	123,235	26,417	198,663	293,935	1,030,434	342,287	68,370	170,705	449,072
1993–94	1,100,490	197,141	223,628	128,810	28,320	215,492	307,099	1,077,665	353,287	72,067	183,394	468,916
1994–95	1,169,505	203,451	237,268	137,931	31,406	228,771	330,677	1,149,863	378,273	77,109	196,703	497,779
1995–96	1,222,821	209,440	248,993	146,844	32,009	234,891	350,645	1,193,276	398,859	79,092	197,354	517,971
1996–97	1,289,237	218,877	261,418	159,042	33,820	244,847	371,233	1,249,984	418,416	82,062	203,779	545,727
1997–98	1,365,762	230,150	274,883	175,630	34,412	255,048	395,639	1,318,042	450,365	87,214	208,120	572,343
1998–99	1,434,029	239,672	290,993	189,309	33,922	270,628	409,505	1,402,369	483,259	93,018	218,957	607,134
1999–2000	1,541,322	249,178	309,290	211,661	36,059	291,950	443,186	1,506,797	521,612	101,336	237,336	646,512
2000–01	1,647,161	263,689	320,217	226,334	35,296	324,033	477,592	1,626,063	563,572	107,235	261,622	693,634
2001–02	1,684,879	279,191	324,123	202,832	28,152	360,546	490,035	1,736,866	594,694	115,295	285,464	741,413
2002–03	1,763,212	296,683	337,787	199,407	31,369	389,264	508,702	1,821,917	621,335	117,696	310,783	772,102
2003–04	1,887,397	317,941	361,027	215,215	33,716	423,112	536,386	1,908,543	655,182	117,215	340,523	795,622
2004–05	2,026,034	335,779	384,266	242,273	43,256	438,558	581,902	2,012,110	688,314	126,350	365,295	832,151
2005–06	2,197,475	364,559	417,735	268,667	53,081	452,975	640,458	2,123,663	728,917	136,502	373,846	884,398
2006–07	2,330,611	388,905	440,470	290,278	60,955	464,914	685,089	2,264,035	774,170	145,011	389,259	955,595
2007–08	2,421,977	409,540	449,945	304,902	57,231	477,441	722,919	2,406,183	826,061	153,831	408,920	1,017,372
2008–09	2,429,672	434,818	434,128	270,942	46,280	537,949	705,555	2,500,796	851,689	154,338	437,184	1,057,586
2009–10	2,510,846	443,947	435,571	261,510	44,108	623,801	701,909	2,542,231	860,118	155,912	460,230	1,065,971
2010–11	2,618,037	445,771	463,979	285,293	48,422	647,606	726,966	2,583,805	862,271	153,895	494,682	1,072,957
2011–12	2,595,822	445,857	478,148	307,921	48,885	584,669	730,341	2,593,404	867,839	160,370	487,942	1,077,253
2012–13	2,682,661	453,214	503,486	338,617	52,898	583,545	750,901	2,626,697	871,288	157,627	518,485	1,073,526
2013–14	2,763,644	465,317	522,013	341,357	54,611	602,851	777,496	2,714,357	905,213	161,954	546,735	1,100,455
2014–15	2,915,426	484,351	544,973	367,917	57,235	657,567	803,384	2,842,867	935,754	167,769	617,768	1,121,576
2015–16	3,008,262	503,262	558,871	376,292	54,259	690,209	825,363	2,948,039	972,906	174,990	640,860	1,159,284
2016–17	3,112,651	525,897	574,253	383,980	52,806	707,710	868,005	3,075,404	1,011,708	181,162	676,258	1,206,276

[1] Fiscal years not the same for all governments. See Note.
[2] Excludes revenues or expenditures of publicly owned utilities and liquor stores and of insurance-trust activities. Intergovernmental receipts and payments between State and local governments are also excluded.
[3] Includes motor vehicle license taxes, other taxes, and charges and miscellaneous revenues.
[4] Includes intergovernmental payments to the Federal Government.
[5] Includes expenditures for libraries, hospitals, health, employment security administration, veterans' services, air transportation, sea and inland port facilities, parking facilities, police protection, fire protection, correction, protective inspection and regulation, sewerage, natural resources, parks and recreation, housing and community development, solid waste management, financial administration, judicial and legal, general public buildings, other government administration, interest on general debt, and other general expenditures, not elsewhere classified.

Note: Except for States listed, data for fiscal years listed from 1963–64 to 2016–17 are the aggregation of data for government fiscal years that ended in the 12-month period from July 1 to June 30 of those years; Texas used August and Alabama and Michigan used September as end dates. Data for 1963 and earlier years include data for government fiscal years ending during that particular calendar year.

Source: Department of Commerce (Bureau of the Census).

TABLE B–51. U.S. Treasury securities outstanding by kind of obligation, 1980–2019

[Billions of dollars]

End of fiscal year or month	Total Treasury securities outstanding [1]	Marketable							Nonmarketable				
		Total [2]	Treasury bills	Treasury notes	Treasury bonds	Treasury inflation-protected securities			Total	U.S. savings securities [3]	Foreign series [4]	Government account series	Other [5]
						Total	Notes	Bonds					
1980	906.8	594.5	199.8	310.9	83.8				312.3	73.0	25.2	189.8	24.2
1981	996.8	683.2	223.4	363.6	96.2				313.6	68.3	20.5	201.1	23.7
1982	1,141.2	824.4	277.9	442.9	103.6				316.8	67.6	14.6	210.5	24.1
1983	1,376.3	1,024.0	340.7	557.5	125.7				352.3	70.6	11.5	234.7	35.6
1984	1,560.4	1,176.6	356.8	661.7	158.1				383.8	73.7	8.8	259.5	41.8
1985	1,822.3	1,360.2	384.2	776.4	199.5				462.1	78.2	6.6	313.9	63.3
1986	2,124.9	1,564.3	410.7	896.9	241.7				560.5	87.8	4.1	365.9	102.8
1987	2,349.4	1,676.0	378.3	1,005.1	277.6				673.4	98.5	4.4	440.7	129.8
1988	2,601.4	1,802.9	398.5	1,089.6	299.9				798.5	107.8	6.3	536.5	148.0
1989	2,837.9	1,892.8	406.6	1,133.2	338.0				945.2	115.7	6.8	663.7	159.0
1990	3,212.7	2,092.8	482.5	1,218.1	377.2				1,119.9	123.9	36.0	779.4	180.6
1991	3,664.5	2,390.7	564.6	1,387.7	423.4				1,273.9	135.4	41.6	908.4	188.5
1992	4,063.8	2,677.5	634.3	1,566.3	461.8				1,386.3	150.3	37.0	1,011.0	188.0
1993	4,410.7	2,904.9	658.4	1,734.2	497.4				1,505.8	169.1	42.5	1,114.3	179.9
1994	4,691.7	3,091.6	697.3	1,867.5	511.8				1,600.1	178.6	42.0	1,211.7	167.8
1995	4,953.0	3,260.4	742.5	1,980.3	522.6				1,692.6	183.5	41.0	1,324.3	143.8
1996	5,220.8	3,418.4	761.2	2,098.7	543.5				1,802.4	184.1	37.5	1,454.7	126.1
1997	5,407.6	3,439.6	701.9	2,122.2	576.2	24.4	24.4		1,968.0	182.7	34.9	1,608.5	141.9
1998	5,518.7	3,331.0	637.6	2,009.1	610.4	58.8	41.9	17.0	2,187.6	180.8	35.1	1,777.3	194.4
1999	5,647.3	3,233.0	653.2	1,828.8	643.7	92.4	67.6	24.8	2,414.3	180.0	31.0	2,005.2	198.1
2000	5,622.1	2,992.8	616.2	1,611.3	635.3	115.0	81.6	33.4	2,629.4	177.7	25.4	2,242.9	183.3
2001	5,807.5	2,930.7	734.9	1,433.0	613.0	134.9	95.1	39.7	2,876.7	186.5	18.3	2,492.1	179.9
2002	6,228.2	3,136.7	868.3	1,521.6	593.0	138.9	93.7	45.1	3,091.5	193.3	12.5	2,707.3	178.4
2003	6,783.2	3,460.7	918.2	1,799.5	576.9	166.1	120.0	46.1	3,322.5	201.6	11.0	2,912.2	197.7
2004	7,379.1	3,846.1	961.5	2,109.6	552.0	223.0	164.5	58.5	3,533.0	204.2	5.9	3,130.0	192.9
2005	7,932.7	4,084.9	914.3	2,328.8	520.7	307.1	229.1	78.0	3,847.8	203.6	3.1	3,380.6	260.5
2006	8,507.0	4,303.0	911.5	2,447.2	534.7	395.6	293.9	101.7	4,203.9	203.7	3.0	3,722.7	274.5
2007	9,007.7	4,448.1	958.1	2,458.0	561.1	456.9	335.7	121.2	4,559.5	197.1	3.0	4,026.8	332.6
2008	10,024.7	5,236.0	1,489.8	2,624.8	582.9	524.5	380.2	144.3	4,788.7	194.3	3.0	4,297.7	293.8
2009	11,909.8	7,009.7	1,992.5	3,773.8	679.8	551.7	396.2	155.5	4,900.1	192.5	4.9	4,454.3	248.4
2010	13,561.6	8,498.3	1,788.5	5,255.9	849.9	593.8	421.1	172.7	5,063.3	188.7	4.2	4,645.3	225.1
2011	14,790.3	9,624.5	1,477.5	6,412.5	1,020.4	705.7	509.4	196.3	5,165.8	185.1	3.0	4,793.9	183.8
2012	16,066.2	10,749.7	1,616.0	7,120.7	1,198.2	807.7	584.7	223.0	5,316.5	183.8	3.0	4,939.3	190.4
2013	16,738.2	11,596.2	1,530.0	7,758.0	1,366.2	936.4	685.5	250.8	5,142.0	180.0	3.0	4,803.1	156.0
2014	17,824.1	12,294.2	1,411.0	8,167.8	1,534.1	1,044.7	765.2	279.5	5,529.9	176.7	3.0	5,212.5	137.7
2015	18,150.6	12,853.8	1,358.0	8,372.7	1,688.3	1,135.4	832.1	303.3	5,296.9	172.8	.3	5,013.5	110.3
2016	19,573.4	13,660.6	1,647.0	8,631.0	1,825.5	1,210.0	881.6	328.3	5,912.8	167.5	.3	5,604.1	141.0
2017	20,244.9	14,199.8	1,801.9	8,805.5	1,951.7	1,286.5	933.3	353.2	6,045.1	161.7	.3	5,771.1	112.0
2018	21,516.1	15,278.0	2,239.9	9,154.4	2,127.8	1,376.4	993.4	383.0	6,238.0	156.8	.3	5,977.6	103.4
2019	22,719.4	16,347.3	2,377.0	9,762.8	2,319.1	1,455.7	1,044.9	410.8	6,372.1	152.3	.3	6,133.7	85.8
2018: Jan	20,493.7	14,514.5	1,966.9	8,889.2	2,004.9	1,323.1	961.9	361.2	5,979.2	159.9	.3	5,700.7	118.4
Feb	20,855.7	14,677.9	2,078.0	8,899.6	2,024.0	1,331.0	961.3	369.7	6,177.7	159.4	.3	5,902.8	115.2
Mar	21,089.9	14,945.0	2,289.0	8,924.6	2,037.0	1,349.0	977.4	371.6	6,144.9	159.0	.3	5,869.3	116.3
Apr	21,068.2	14,849.9	2,169.0	8,974.2	2,050.0	1,319.4	946.1	373.3	6,218.3	158.6	.3	5,945.6	113.9
May	21,145.2	14,939.4	2,184.0	9,002.2	2,064.4	1,335.6	961.4	374.2	6,205.8	158.2	.3	5,932.1	115.3
June	21,195.3	14,982.6	2,158.0	9,032.2	2,078.4	1,345.9	965.2	380.7	6,212.8	157.8	.3	5,943.9	110.8
July	21,313.1	15,085.3	2,205.9	9,094.9	2,092.4	1,347.8	965.5	382.3	6,227.8	157.5	.3	5,962.2	107.8
Aug	21,458.8	15,301.8	2,340.9	9,120.4	2,112.8	1,365.2	982.3	383.0	6,157.0	157.0	.3	5,895.9	103.8
Sept	21,516.1	15,278.0	2,239.9	9,154.4	2,127.8	1,376.4	993.4	383.0	6,238.0	156.8	.3	5,977.6	103.4
Oct	21,702.4	15,357.9	2,258.0	9,218.2	2,142.8	1,382.3	994.0	388.3	6,344.5	156.4	.3	6,084.1	103.7
Nov	21,850.1	15,560.1	2,389.1	9,240.4	2,158.5	1,395.9	1,007.1	388.8	6,290.0	156.2	.3	6,032.9	100.7
Dec	21,974.1	15,618.3	2,340.0	9,297.0	2,174.5	1,412.6	1,023.2	389.4	6,355.8	155.7	.3	6,101.9	97.9
2019: Jan	21,982.4	15,619.8	2,299.1	9,355.8	2,190.5	1,403.8	1,015.6	388.2	6,362.6	155.2	.3	6,114.0	93.1
Feb	22,115.5	15,769.7	2,396.0	9,376.3	2,201.0	1,407.7	1,012.4	395.3	6,345.8	154.9	.3	6,097.9	92.8
Mar	22,028.0	15,939.0	2,480.0	9,414.3	2,217.0	1,421.1	1,025.1	396.0	6,089.0	154.5	.3	5,840.6	93.7
Apr	22,027.7	15,880.9	2,384.0	9,491.4	2,233.0	1,390.3	992.6	397.7	6,146.8	154.1	.3	5,902.6	89.8
May	22,026.4	15,941.3	2,353.9	9,516.4	2,258.5	1,410.3	1,010.4	399.9	6,085.2	153.7	.3	5,846.6	84.6
June	22,023.5	15,931.2	2,250.9	9,554.4	2,274.5	1,432.7	1,030.8	401.9	6,092.4	153.4	.3	5,859.0	79.7
July	22,022.4	15,968.1	2,205.9	9,642.2	2,290.6	1,432.5	1,029.6	402.9	6,054.2	153.0	.3	5,825.5	75.5
Aug	22,460.5	16,146.3	2,331.9	9,656.4	2,303.1	1,440.0	1,029.9	410.1	6,314.2	152.6	.3	6,084.6	76.7
Sept	22,719.4	16,347.3	2,377.0	9,762.8	2,319.1	1,455.7	1,044.9	410.8	6,372.1	152.3	.3	6,133.7	85.8
Oct	23,008.4	16,514.1	2,456.1	9,834.9	2,335.1	1,474.4	1,063.6	410.8	6,494.3	152.0	.3	6,251.8	90.1
Nov	23,076.2	16,627.8	2,515.1	9,830.4	2,363.1	1,487.6	1,076.5	411.1	6,448.5	151.8	.3	6,200.0	96.4
Dec	23,201.4	16,682.1	2,416.9	9,929.2	2,379.1	1,507.4	1,095.3	412.0	6,519.2	151.3	.3	6,262.4	105.3

[1] Data beginning with January 2001 are interest-bearing and non-interest-bearing securities; prior data are interest-bearing securities only.

[2] Data from 1986 to 2002 and 2005 forward include Federal Financing Bank securities, not shown separately. Beginning with data for January 2014, includes Floating Rate Notes, not shown separately.

[3] Through 1996, series is U.S. savings bonds. Beginning 1997, includes U.S. retirement plan bonds, U.S. individual retirement bonds, and U.S. savings notes previously included in "other" nonmarketable securities.

[4] Nonmarketable certificates of indebtedness, notes, bonds, and bills in the Treasury foreign series of dollar-denominated and foreign-currency-denominated issues.

[5] Includes depository bonds; retirement plan bonds through 1996; Rural Electrification Administration bonds; State and local bonds; special issues held only by U.S. Government agencies and trust funds and the Federal home loan banks; for the period July 2003 through February 2004, depositary compensation securities; and for the period August 2008 through April 2016, Hope bonds for the HOPE For Homeowners Program.

Note: The fiscal year is on an October 1–September 30 basis.

Source: Department of the Treasury.

Table B–52. Estimated ownership of U.S. Treasury securities, 2006–2019
[Billions of dollars]

End of month	Total public debt [1]	Federal Reserve and Intra-governmental holdings [2]	Total privately held	Depository institutions [3]	U.S. savings bonds [4]	Pension funds Private [5]	Pension funds State and local governments	Insurance companies	Mutual funds [6]	State and local governments	Foreign and international [7]	Other investors [8]
2006: Mar	8,371.2	4,257.2	4,114.0	113.0	206.0	116.8	152.9	200.3	254.2	515.7	2,082.1	473.0
June	8,420.0	4,389.2	4,030.8	119.5	205.2	117.7	149.6	196.1	243.4	531.6	1,977.8	490.1
Sept	8,507.0	4,432.8	4,074.2	113.6	203.7	125.8	149.3	196.8	234.2	542.3	2,025.3	483.2
Dec	8,680.2	4,558.1	4,122.1	114.8	202.4	139.8	153.4	197.9	248.2	570.5	2,103.1	392.0
2007: Mar	8,849.7	4,576.6	4,273.1	119.8	200.3	139.7	156.3	185.4	263.2	608.3	2,194.8	405.2
June	8,867.7	4,715.1	4,152.6	110.4	198.6	139.9	162.3	168.9	257.6	637.8	2,192.0	285.1
Sept	9,007.7	4,738.0	4,269.7	119.7	197.1	140.5	153.2	155.1	292.7	643.1	2,235.3	332.9
Dec	9,229.2	4,833.5	4,395.7	129.8	196.5	141.0	144.2	141.9	343.5	647.8	2,353.2	297.8
2008: Mar	9,437.6	4,694.7	4,742.9	125.0	195.4	143.7	135.4	152.1	466.7	646.4	2,506.3	371.9
June	9,492.0	4,685.8	4,806.2	112.7	195.0	145.0	135.5	159.4	440.3	635.1	2,587.4	395.9
Sept	10,024.7	4,692.7	5,332.0	130.0	194.3	147.0	136.7	163.4	631.4	614.0	2,802.4	512.9
Dec	10,699.8	4,806.4	5,893.4	105.0	194.1	147.4	129.9	171.4	758.2	601.4	3,077.2	708.9
2009: Mar	11,126.9	4,785.2	6,341.7	125.7	194.0	155.4	137.0	191.0	721.1	588.2	3,265.7	963.7
June	11,545.3	5,026.8	6,518.5	140.8	193.6	164.1	144.6	200.0	711.8	588.5	3,460.8	914.2
Sept	11,909.8	5,127.1	6,782.7	198.2	192.5	167.2	145.6	210.2	668.5	583.6	3,570.6	1,046.3
Dec	12,311.3	5,276.9	7,034.4	202.5	191.3	175.6	151.4	222.0	668.8	585.6	3,685.1	1,152.1
2010: Mar	12,773.1	5,259.8	7,513.3	269.3	190.2	183.0	153.6	225.7	678.5	585.0	3,877.9	1,350.1
June	13,201.8	5,345.1	7,856.7	266.1	189.6	190.8	150.1	231.8	676.8	584.4	4,070.0	1,497.1
Sept	13,561.6	5,350.5	8,211.1	322.8	188.7	198.2	145.2	240.6	671.0	586.0	4,324.2	1,534.4
Dec	14,025.2	5,656.2	8,368.9	319.3	187.9	206.8	153.7	248.4	721.7	595.7	4,435.6	1,499.9
2011: Mar	14,270.0	5,958.9	8,311.1	321.0	186.7	215.8	157.9	253.5	749.4	585.3	4,481.4	1,360.1
June	14,343.1	6,220.4	8,122.7	279.4	186.0	251.8	158.0	254.8	753.7	572.2	4,690.6	976.1
Sept	14,790.3	6,328.0	8,462.4	293.8	185.1	373.6	155.7	259.6	788.7	557.9	4,912.1	935.8
Dec	15,222.8	6,439.6	8,783.3	279.7	185.2	391.9	160.7	297.3	927.9	562.2	5,006.9	971.4
2012: Mar	15,582.3	6,397.2	9,185.1	317.0	184.8	406.6	169.4	298.1	1,015.4	567.4	5,145.1	1,081.2
June	15,855.5	6,475.8	9,379.7	303.2	184.7	427.4	171.2	293.6	997.8	585.4	5,310.9	1,105.4
Sept	16,066.2	6,446.8	9,619.4	338.2	183.8	453.9	181.7	292.6	1,080.7	596.9	5,476.1	1,015.4
Dec	16,432.7	6,523.7	9,909.1	347.7	182.5	468.0	183.6	292.7	1,031.8	599.6	5,573.8	1,229.4
2013: Mar	16,771.6	6,656.8	10,114.8	338.9	181.7	463.4	193.4	284.3	1,066.7	615.6	5,725.0	1,245.7
June	16,738.2	6,773.3	9,964.9	300.2	180.9	444.5	187.7	276.2	1,000.1	612.6	5,595.0	1,367.8
Sept	16,738.2	6,834.2	9,904.0	293.2	180.0	347.8	187.5	273.2	986.1	624.3	5,652.8	1,359.1
Dec	17,352.0	7,205.3	10,146.6	321.1	179.2	464.9	181.3	271.2	983.3	633.6	5,792.6	1,319.5
2014: Mar	17,601.2	7,301.5	10,299.7	368.4	178.3	474.3	184.3	276.8	1,060.4	632.0	5,948.3	1,177.0
June	17,632.6	7,461.0	10,171.6	409.5	177.6	482.6	198.3	287.7	986.2	638.8	6,018.7	972.1
Sept	17,824.1	7,490.8	10,333.2	471.1	176.7	490.7	198.7	298.1	1,075.8	628.7	6,069.2	924.1
Dec	18,141.4	7,578.9	10,562.6	516.8	175.9	507.1	199.2	307.0	1,121.8	654.5	6,157.7	922.4
2015: Mar	18,152.1	7,521.3	10,630.8	518.1	174.9	447.8	176.7	305.1	1,170.4	674.2	6,172.6	990.9
June	18,152.0	7,536.5	10,615.5	518.5	173.9	373.8	185.7	304.3	1,139.8	655.0	6,163.1	1,101.3
Sept	18,150.6	7,488.7	10,661.9	519.1	172.8	305.3	171.0	306.6	1,195.1	646.4	6,105.9	1,239.7
Dec	18,922.2	7,711.2	11,211.0	547.4	171.6	504.7	174.5	306.7	1,318.3	680.4	6,146.2	1,361.1
2016: Mar	19,264.9	7,801.4	11,463.6	562.9	170.3	524.4	170.4	315.5	1,404.1	692.6	6,284.4	1,339.0
June	19,381.6	7,911.2	11,470.4	580.6	169.0	537.9	185.0	329.8	1,434.2	710.0	6,279.1	1,244.8
Sept	19,573.4	7,863.5	11,709.9	627.6	167.5	545.6	203.8	341.2	1,600.4	734.0	6,155.9	1,333.9
Dec	19,976.9	8,005.6	11,971.3	663.9	165.8	538.0	218.8	330.2	1,705.4	744.2	6,006.3	1,598.8
2017: Mar	19,846.4	7,941.1	11,905.3	658.6	164.2	444.2	239.5	338.4	1,669.1	751.1	6,075.3	1,564.9
June	19,844.6	7,943.4	11,901.1	621.9	162.8	425.9	262.8	348.4	1,608.5	736.4	6,151.9	1,582.5
Sept	20,244.9	8,036.9	12,208.0	611.8	161.7	570.8	266.5	359.7	1,697.8	716.0	6,301.9	1,521.9
Dec	20,492.7	8,132.1	12,360.6	638.3	160.4	432.0	289.4	372.6	1,797.5	732.3	6,211.3	1,726.9
2018: Mar	21,089.9	8,086.6	13,003.3	639.7	159.0	597.7	300.1	361.8	1,977.1	712.9	6,223.4	2,031.6
June	21,195.3	8,106.9	13,088.5	665.2	157.8	622.5	307.3	225.9	1,843.4	727.3	6,225.0	2,314.0
Sept	21,516.1	8,068.1	13,447.9	683.9	156.8	644.0	304.7	226.1	1,898.2	722.2	6,225.9	2,586.3
Dec	21,974.1	8,095.0	13,879.1	771.5	155.7	670.9	372.8	203.7	2,023.3	693.0	6,271.1	2,717.0
2019: Mar	22,028.0	7,999.1	14,028.9	771.3	154.5	478.2	405.1	201.1	2,058.3	691.8	6,474.9	2,793.6
June	22,023.5	7,945.2	14,078.4	810.0	153.4	506.0	414.7	202.1	1,929.9	674.5	6,640.5	2,747.3
Sept	22,719.4	8,023.6	14,695.8	909.9	152.3	727.5	424.5	208.2	2,173.5	676.7	6,779.1	2,644.1
Dec	23,201.4	8,359.9	14,841.5		151.3							

[1] Face value.
[2] Federal Reserve holdings exclude Treasury securities held under repurchase agreements.
[3] Includes U.S. chartered depository institutions, foreign banking offices in U.S., banks in U.S. affiliated areas, credit unions, and bank holding companies.
[4] Current accrual value includes myRA.
[5] Includes Treasury securities held by the Federal Employees Retirement System Thrift Savings Plan "G Fund."
[6] Includes money market mutual funds, mutual funds, and closed-end investment companies.
[7] Includes nonmarketable foreign series, Treasury securities, and Treasury deposit funds. Excludes Treasury securities held under repurchase agreements in custody accounts at the Federal Reserve Bank of New York. Estimates reflect benchmarks to this series at differing intervals; for further detail, see *Treasury Bulletin* and http://www.treasury.gov/resource-center/data-chart-center/tic/pages/index.aspx.
[8] Includes individuals, Government-sponsored enterprises, brokers and dealers, bank personal trusts and estates, corporate and noncorporate businesses, and other investors.

Source: Department of the Treasury.

Corporate Profits and Finance

TABLE B–53. Corporate profits with inventory valuation and capital consumption adjustments, 1969–2019

[Billions of dollars; quarterly data at seasonally adjusted annual rates]

Year or quarter	Corporate profits with inventory valuation and capital consumption adjustments	Taxes on corporate income	Corporate profits after tax with inventory valuation and capital consumption adjustments		
			Total	Net dividends	Undistributed profits with inventory valuation and capital consumption adjustments
1969	98.4	37.0	61.5	27.3	34.2
1970	86.2	31.3	55.0	27.8	27.2
1971	100.6	34.8	65.8	28.4	37.5
1972	117.2	39.1	78.1	30.1	48.0
1973	133.4	45.6	87.8	34.2	53.5
1974	125.7	47.2	78.5	38.8	39.7
1975	138.9	46.3	92.6	38.3	54.3
1976	174.3	59.4	114.9	44.9	70.0
1977	205.8	68.5	137.3	50.7	86.6
1978	238.6	77.9	160.7	57.8	102.9
1979	249.0	80.7	168.2	66.8	101.4
1980	223.6	75.5	148.1	75.8	72.3
1981	247.5	70.3	177.2	87.8	89.4
1982	229.9	51.3	178.6	92.9	85.6
1983	279.8	66.4	213.3	97.7	115.7
1984	337.9	81.5	256.4	106.9	149.5
1985	354.5	81.6	272.9	115.3	157.5
1986	324.4	91.9	232.5	124.0	108.5
1987	366.0	112.7	253.3	130.1	123.2
1988	414.5	124.3	290.2	147.3	142.9
1989	414.3	124.4	289.9	179.6	110.3
1990	417.7	121.8	295.9	192.7	103.2
1991	452.6	117.8	334.8	201.3	133.5
1992	477.2	131.9	345.3	206.3	139.0
1993	524.6	155.0	369.5	221.3	148.2
1994	624.8	172.7	452.1	256.4	195.7
1995	706.2	194.4	511.8	282.3	229.4
1996	789.5	211.4	578.1	323.6	254.5
1997	869.7	224.8	645.0	360.1	284.9
1998	808.5	221.8	586.6	383.6	203.0
1999	834.9	227.4	607.5	373.5	234.1
2000	786.6	233.4	553.2	410.2	142.9
2001	758.7	170.1	588.6	397.9	190.8
2002	911.7	160.6	751.1	424.9	326.2
2003	1,056.3	213.7	842.5	456.0	386.5
2004	1,289.3	278.5	1,010.8	582.2	428.6
2005	1,488.6	379.8	1,108.8	602.0	506.8
2006	1,646.3	430.4	1,215.8	755.1	460.8
2007	1,533.2	392.1	1,141.1	853.5	287.6
2008	1,285.8	256.1	1,029.7	840.3	189.4
2009	1,386.8	204.2	1,182.6	622.1	560.6
2010	1,728.7	272.5	1,456.2	643.2	813.0
2011	1,809.8	281.1	1,528.7	779.1	749.6
2012	1,997.4	334.9	1,662.5	948.7	713.9
2013	2,010.7	362.8	1,647.9	1,009.0	638.9
2014	2,120.2	407.3	1,712.9	1,096.1	616.8
2015	2,061.5	396.6	1,664.9	1,164.9	500.0
2016	2,011.5	377.6	1,633.9	1,175.9	458.0
2017	2,005.9	319.4	1,686.5	1,239.6	446.9
2018	2,074.6	219.8	1,854.9	1,312.6	542.3
2019 P				1,340.7	
2016: I	2,022.2	373.3	1,649.0	1,168.9	480.1
II	1,998.1	373.8	1,624.3	1,166.7	457.6
III	2,013.0	391.7	1,621.3	1,183.3	438.0
IV	2,012.6	371.5	1,641.0	1,184.8	456.2
2017: I	1,995.4	322.8	1,672.5	1,219.5	453.1
II	2,008.0	314.1	1,693.9	1,246.8	447.1
III	2,019.0	335.3	1,683.7	1,242.7	441.0
IV	2,001.4	305.4	1,696.0	1,249.5	446.5
2018: I	2,052.3	207.6	1,844.7	1,266.3	578.4
II	2,056.4	222.6	1,833.8	1,291.9	541.9
III	2,104.2	230.3	1,873.9	1,329.7	544.2
IV	2,085.6	218.5	1,867.1	1,362.5	504.6
2019: I	2,006.9	215.4	1,791.4	1,324.6	466.8
II	2,082.7	225.2	1,857.5	1,346.9	510.7
III	2,078.0	209.3	1,868.7	1,339.6	529.1
IV P				1,351.6	

Source: Department of Commerce (Bureau of Economic Analysis).

TABLE B–54. Corporate profits by industry, 1969–2019
[Billions of dollars; quarterly data at seasonally adjusted annual rates]

Year or quarter	Total	Corporate profits with inventory valuation adjustment and without capital consumption adjustment												Rest of the world
		Domestic industries												
		Total	Financial			Nonfinancial								
			Total	Federal Reserve banks	Other	Total	Manufacturing	Transportation[1]	Utilities	Wholesale trade	Retail trade	Information	Other	
SIC: [2]														
1969	90.8	84.2	13.6	3.1	10.6	70.6	41.6	11.1		4.9	6.4		6.5	6.6
1970	79.7	72.6	15.5	3.5	12.0	57.1	32.0	8.8		4.6	6.1		5.8	7.1
1971	94.7	86.8	17.9	3.3	14.6	68.9	40.0	9.6		5.4	7.3		6.7	7.9
1972	109.3	99.7	19.5	3.3	16.1	80.3	47.6	10.4		7.2	7.5		7.6	9.5
1973	126.6	111.7	21.1	4.5	16.6	90.6	55.0	10.2		8.8	7.0		9.6	14.9
1974	123.3	105.8	20.8	5.7	15.1	85.1	51.0	9.1		12.2	2.8		10.0	17.5
1975	144.2	129.6	20.4	5.6	14.8	109.2	63.0	11.7		14.3	8.4		11.8	14.6
1976	182.1	165.6	25.6	5.9	19.7	140.0	82.5	17.5		13.7	10.9		15.3	16.5
1977	212.8	193.7	32.6	6.1	26.5	161.1	91.5	21.2		16.4	12.8		19.2	19.1
1978	246.7	223.8	40.8	7.6	33.1	183.1	105.8	25.5		16.7	13.1		22.0	22.9
1979	261.0	226.4	41.8	9.4	32.3	184.6	107.1	21.6		20.0	10.7		25.2	34.6
1980	240.6	205.2	35.2	11.8	23.5	169.9	97.6	22.2		18.5	7.0		24.6	35.5
1981	252.0	222.3	30.3	14.4	15.9	192.0	112.5	25.1		23.7	10.7		20.1	29.7
1982	224.8	192.2	27.2	15.2	12.0	165.0	89.6	28.1		20.7	14.3		12.3	32.6
1983	256.4	221.4	36.2	14.6	21.6	185.2	97.3	34.3		21.9	19.3		12.3	35.1
1984	294.3	257.7	34.7	16.4	18.3	223.0	114.2	44.7		30.4	21.5		12.1	36.6
1985	289.7	251.6	46.5	16.3	30.2	205.1	107.1	39.1		24.6	22.8		11.4	38.1
1986	273.3	233.8	56.4	15.5	40.8	177.4	75.6	39.3		24.4	23.4		14.7	39.5
1987	314.6	266.5	60.3	16.2	44.1	206.2	101.8	42.0		18.9	23.3		20.3	48.0
1988	366.2	309.2	66.9	18.1	48.8	242.3	132.8	46.8		20.4	19.8		22.5	57.0
1989	373.1	305.9	78.3	20.6	57.6	227.6	122.3	41.9		22.0	20.9		20.5	67.1
1990	391.2	315.1	89.6	21.8	67.8	225.5	120.9	43.5		19.4	20.3		21.3	76.1
1991	434.2	357.8	120.4	20.7	99.7	237.3	109.3	54.5		22.3	26.9		24.3	76.5
1992	459.7	386.6	132.4	18.3	114.1	254.2	109.8	57.7		25.3	28.1		33.4	73.1
1993	501.9	425.0	119.9	16.7	103.2	305.1	122.9	70.1		26.5	39.7		45.8	76.9
1994	589.3	511.3	125.9	18.5	107.4	385.4	162.6	83.9		31.4	46.3		61.2	78.0
1995	667.0	574.0	140.3	22.9	117.3	433.7	199.8	89.0		28.0	43.9		73.1	92.9
1996	741.8	639.8	147.9	22.5	125.3	492.0	220.4	91.2		39.9	52.0		88.5	102.0
1997	811.0	703.4	162.2	24.3	137.9	541.2	248.5	81.0		48.1	63.4		100.3	107.6
1998	743.8	641.1	138.9	25.6	113.3	502.1	220.4	72.6		50.6	72.3		86.3	102.8
1999	761.9	640.2	154.6	26.7	127.9	485.6	219.4	49.3		46.8	72.5		97.6	121.7
2000	729.8	584.1	149.7	31.2	118.5	434.4	205.9	33.8		50.4	68.9		75.4	145.7
NAICS: [2]														
1998	743.8	641.1	138.9	25.6	113.3	502.1	193.5	12.8	33.3	57.3	62.5	33.1	109.7	102.8
1999	761.9	640.2	154.6	26.7	127.9	485.6	184.5	7.2	34.4	53.5	59.5	20.8	123.5	121.7
2000	729.8	584.1	149.7	31.2	118.5	434.4	175.6	9.5	24.3	59.5	51.3	-11.9	126.1	145.7
2001	697.1	528.3	195.0	28.9	166.1	333.3	75.1	-.7	22.5	51.1	71.3	-26.4	140.2	168.8
2002	797.4	640.6	265.3	23.5	241.9	375.3	78.3	-6.5	10.5	53.5	83.3	5.0	151.2	156.8
2003	955.7	796.7	302.8	20.0	282.7	494.0	123.9	4.4	13.2	56.6	87.9	28.1	179.9	158.9
2004	1,217.5	1,022.4	346.0	20.0	326.0	676.3	186.2	12.0	21.1	72.7	94.0	61.6	228.8	195.1
2005	1,629.2	1,403.4	409.5	26.5	383.0	993.9	279.7	28.4	32.4	96.0	123.3	100.7	333.5	225.7
2006	1,812.2	1,572.5	413.1	33.8	379.3	1,159.4	352.9	40.8	55.2	105.0	133.6	115.2	356.8	239.7
2007	1,708.3	1,370.5	300.2	36.0	264.2	1,070.3	321.1	23.3	49.6	102.8	119.4	120.5	333.6	337.8
2008	1,344.5	954.3	94.6	35.1	59.5	859.7	240.0	29.3	30.4	92.7	82.2	98.8	286.3	390.2
2009	1,470.1	1,121.3	362.7	47.3	315.3	758.7	164.7	21.7	23.4	88.9	107.9	87.0	265.1	348.8
2010	1,786.4	1,400.6	405.8	71.6	334.3	994.8	281.8	44.6	30.6	99.3	115.9	102.3	320.4	385.8
2011	1,750.2	1,337.7	378.4	76.0	302.4	959.3	296.0	30.6	10.2	97.2	115.1	95.7	314.5	412.6
2012	2,144.7	1,739.3	482.4	71.7	410.6	1,256.9	403.0	54.4	13.8	137.9	155.7	112.0	380.1	405.4
2013	2,165.9	1,767.1	430.7	79.7	351.1	1,336.3	446.9	45.2	28.3	146.4	153.3	137.6	378.6	398.8
2014	2,266.6	1,861.7	483.1	103.5	379.6	1,378.6	458.7	55.7	32.8	150.6	157.3	126.6	397.0	404.9
2015	2,190.0	1,787.5	448.1	100.7	347.4	1,339.4	424.8	61.0	20.1	152.0	169.3	135.6	376.5	402.5
2016	2,116.5	1,704.6	456.8	92.0	364.8	1,247.8	332.2	63.9	9.4	126.6	170.5	157.4	387.8	411.9
2017	2,084.1	1,630.0	413.5	78.3	335.2	1,216.5	315.5	58.2	11.6	124.2	156.9	141.0	409.1	454.1
2018	2,011.9	1,510.3	405.0	63.6	341.4	1,105.3	283.7	45.0	-4.0	108.9	133.1	121.7	416.9	501.7
2017: I	2,128.9	1,692.3	409.8	89.3	320.5	1,282.5	306.5	63.2	13.5	132.7	174.5	158.0	434.3	436.6
II	2,151.4	1,728.1	417.0	80.2	336.8	1,311.1	337.1	67.5	14.2	140.0	168.1	145.6	438.6	423.3
III	2,171.5	1,703.8	440.9	71.9	369.0	1,262.9	348.8	59.4	11.7	127.8	161.9	151.2	402.0	467.6
IV	1,884.5	1,395.8	386.3	71.8	314.5	1,009.5	269.6	42.8	6.8	96.4	123.2	109.2	361.5	488.7
2018: I	1,979.9	1,472.1	413.3	70.0	343.3	1,058.8	246.0	42.9	1.7	109.3	137.7	123.9	397.2	507.7
II	1,991.5	1,496.5	418.4	65.6	352.8	1,078.2	287.0	39.9	-1.6	92.3	122.8	127.3	410.4	495.0
III	2,045.0	1,533.4	397.4	61.9	335.5	1,136.1	298.9	43.5	-5.4	110.9	141.8	124.3	422.1	511.6
IV	2,031.3	1,539.1	390.8	56.8	334.0	1,148.2	303.0	53.6	-10.7	122.9	130.0	111.4	438.1	492.3
2019: I	1,999.9	1,500.4	419.0	50.6	368.4	1,081.4	260.1	41.1	-4.2	116.1	151.2	108.6	408.5	499.6
II	2,080.5	1,542.3	422.4	55.6	366.8	1,120.0	265.5	38.1	-1.4	120.6	161.5	111.6	424.0	538.2
III	2,073.9	1,530.1	417.7	50.6	367.2	1,112.4	274.8	43.4	-2.0	127.1	164.3	78.0	433.3	543.7

[1] Data on Standard Industrial Classification (SIC) basis include transportation and public utilities. Those on North American Industry Classification System (NAICS) basis include transporation and warehousing. Utilities classified separately in NAICS (as shown beginning 1998).
[2] SIC-based industry data use the 1987 SIC for data beginning in 1987 and the 1972 SIC for prior data. NAICS-based industry data use 2002 NAICS.

Note: Industry data on SIC basis and NAICS basis are not necessarily the same and are not strictly comparable.

Source: Department of Commerce (Bureau of Economic Analysis).

TABLE B–55. Historical stock prices and yields, 1949–2003

End of year	Common stock prices (end of period)[1]									Common stock yields (Standard & Poor's) (percent)[5]	
	New York Stock Exchange (NYSE) indexes[2]						Dow Jones industrial average[2]	Standard & Poor's composite index (1941–43=10)[2]	Nasdaq composite index (Feb. 5, 1971=100)[2]	Dividend-price ratio[6]	Earnings-price ratio[7]
	Composite (Dec. 31, 2002= 5,000)[3]	December 31, 1965=50									
		Composite	Industrial	Transportation	Utility[4]	Finance					
1949							200.52	16.76		6.59	15.48
1950							235.42	20.41		6.57	13.99
1951							269.23	23.77		6.13	11.82
1952							291.90	26.57		5.80	9.47
1953		13.60					280.90	24.81		5.80	10.26
1954		19.40					404.39	35.98		4.95	8.57
1955		23.71					488.40	45.48		4.08	7.95
1956		24.35					499.47	46.67		4.09	7.55
1957		21.11					435.69	39.99		4.35	7.89
1958		28.85					583.65	55.21		3.97	6.23
1959		32.15					679.36	59.89		3.23	5.78
1960		30.94					615.89	58.11		3.47	5.90
1961		38.93					731.14	71.55		2.98	4.62
1962		33.81					652.10	63.10		3.37	5.82
1963		39.92					762.95	75.02		3.17	5.50
1964		45.65					874.13	84.75		3.01	5.32
1965	528.69	50.00					969.26	92.43		3.00	5.59
1966	462.28	43.72	43.13	47.56	90.38	44.91	785.69	80.33		3.40	6.63
1967	569.18	53.83	56.59	49.66	86.76	53.80	905.11	96.47		3.20	5.73
1968	622.79	58.90	61.69	56.27	91.64	76.48	943.75	103.86		3.07	5.67
1969	544.86	51.53	54.74	37.85	77.54	67.87	800.36	92.06		3.24	6.08
1970	531.12	50.23	52.91	35.70	81.64	64.34	838.92	92.15		3.83	6.45
1971	596.68	56.43	60.53	49.56	78.78	73.83	890.20	102.09	114.12	3.14	5.41
1972	681.79	64.48	70.33	47.69	84.34	83.34	1,020.02	118.05	133.73	2.84	5.50
1973	547.93	51.82	56.60	37.53	68.66	64.51	850.86	97.55	92.19	3.06	7.12
1974	382.03	36.13	39.15	26.36	53.30	39.84	616.24	68.56	59.82	4.47	11.59
1975	503.73	47.64	52.73	32.98	66.94	45.20	852.41	90.19	77.62	4.31	9.15
1976	612.01	57.88	63.36	42.57	82.54	59.23	1,004.65	107.46	97.88	3.77	8.90
1977	555.12	52.50	56.43	40.50	81.08	53.85	831.17	95.10	105.05	4.62	10.79
1978	566.96	53.62	58.87	41.58	75.38	55.01	805.01	96.11	117.98	5.28	12.03
1979	655.04	61.95	70.24	50.64	73.80	63.45	838.74	107.94	151.14	5.47	13.46
1980	823.27	77.86	91.52	76.19	76.90	70.83	963.99	135.76	202.34	5.26	12.66
1981	751.90	71.11	80.89	66.85	80.10	73.68	875.00	122.55	195.84	5.20	11.96
1982	856.79	81.03	93.02	73.63	86.94	85.00	1,046.54	140.64	232.41	5.81	11.60
1983	1,006.41	95.18	111.35	98.09	92.48	94.32	1,258.64	164.93	278.60	4.40	8.03
1984	1,013.91	96.38	110.58	90.61	103.14	97.63	1,211.57	167.24	247.35	4.64	10.02
1985	1,285.66	121.59	139.27	113.97	126.38	131.29	1,546.67	211.28	324.93	4.25	8.12
1986	1,465.31	138.59	160.11	117.65	147.54	140.05	1,895.95	242.17	348.83	3.49	6.09
1987	1,461.61	138.23	167.04	118.57	134.62	114.57	1,938.83	247.08	330.47	3.08	5.48
1988	1,652.25	156.26	189.42	146.60	149.38	128.19	2,168.57	277.72	381.38	3.64	8.01
1989	2,062.30	195.04	232.76	178.33	204.00	156.15	2,753.20	353.40	454.82	3.45	7.42
1990	1,908.45	180.49	223.60	141.49	182.60	122.06	2,633.66	330.22	373.84	3.61	6.47
1991	2,426.04	229.44	285.82	201.87	204.26	172.68	3,168.83	417.09	586.34	3.24	4.79
1992	2,539.92	240.21	294.39	214.72	209.66	200.83	3,301.11	435.71	676.95	2.99	4.22
1993	2,739.44	259.08	315.26	270.48	229.92	216.82	3,754.09	466.45	776.80	2.78	4.46
1994	2,653.37	250.94	318.10	222.46	198.41	195.80	3,834.44	459.27	751.96	2.82	5.83
1995	3,484.15	329.51	413.29	301.96	252.90	274.25	5,117.12	615.93	1,052.13	2.56	6.09
1996	4,148.07	392.30	494.38	352.30	259.91	351.17	6,448.27	740.74	1,291.03	2.19	5.24
1997	5,405.19	511.19	630.38	466.25	335.19	495.96	7,908.25	970.43	1,570.35	1.77	4.57
1998	6,299.94	595.81	743.65	482.38	445.94	521.42	9,181.43	1,229.23	2,192.69	1.49	3.46
1999	6,876.10	650.30	828.21	466.70	511.15	516.61	11,497.12	1,469.25	4,069.31	1.25	3.17
2000	6,945.57	656.87	803.29	462.76	440.54	646.95	10,786.85	1,320.28	2,470.52	1.15	3.63
2001	6,236.39	589.80	735.71	438.81	329.84	593.69	10,021.50	1,148.08	1,950.40	1.32	2.95
2002	5,000.00	472.87	583.95	395.81	233.08	510.46	8,341.63	879.82	1,335.51	1.61	2.92
2003[3]	6,440.30	572.56	735.50	519.58	265.58	655.12	10,453.92	1,111.92	2,003.37	1.77	3.84

[1] End of period.
[2] Includes stocks as follows: for NYSE, all stocks listed; for Dow Jones industrial average, 30 stocks; for Standard & Poor's (S&P) composite index, 500 stocks; and for Nasdaq composite index, over 5,000.
[3] The NYSE relaunched the composite index on January 9, 2003, incorporating new definitions, methodology, and base value. (The composite index based on December 31, 1965=50 was discontinued.) Subset indexes on financial, energy, and health care were released by the NYSE on January 8, 2004 (see Table B–56). NYSE indexes shown in this table for industrials, utilities, transportation, and finance were discontinued.
[4] Effective April 1993, the NYSE doubled the value of the utility index to facilitate trading of options and futures on the index. Indexes prior to 1993 reflect the doubling.
[5] Based on 500 stocks in the S&P composite index.
[6] Aggregate cash dividends (based on latest known annual rate) divided by aggregate market value based on Wednesday closing prices. Monthly data are averages of weekly figures; annual data are averages of monthly figures.
[7] Quarterly data are ratio of earnings (after taxes) for four quarters ending with particular quarter-to-price index for last day of that quarter. Annual data are averages of quarterly ratios.

Sources: New York Stock Exchange, Dow Jones & Co., Inc., Standard & Poor's, and Nasdaq Stock Market.

TABLE B-56. Common stock prices and yields, 2000–2019

End of year or month	Common stock prices							Common stock yields (Standard & Poor's) (percent) [4]	
	New York Stock Exchange (NYSE) indexes (December 31, 2002=5,000) [2,3]				Dow Jones industrial average [2]	Standard & Poor's composite index (1941–43=10) [2]	Nasdaq composite index (Feb. 5, 1971=100) [2]	Dividend-price ratio [5]	Earnings-price ratio [6]
	Composite	Financial	Energy	Health care					
2000	6,945.57	....	....	....	10,786.85	1,320.28	2,470.52	1.15	3.63
2001	6,236.39	....	....	....	10,021.50	1,148.08	1,950.40	1.32	2.95
2002	5,000.00	5,000.00	5,000.00	5,000.00	8,341.63	879.82	1,335.51	1.61	2.92
2003	6,440.30	6,676.42	6,321.05	5,925.97	10,453.92	1,111.92	2,003.37	1.77	3.84
2004	7,250.06	7,493.92	7,934.49	6,119.07	10,783.01	1,211.92	2,175.44	1.72	4.89
2005	7,753.95	7,996.94	10,109.61	6,458.20	10,717.50	1,248.29	2,205.32	1.83	5.36
2006	9,139.02	9,552.22	11,967.88	6,958.64	12,463.15	1,418.30	2,415.29	1.87	5.78
2007	9,740.32	8,300.68	15,283.81	7,170.42	13,264.82	1,468.36	2,652.28	1.86	5.29
2008	5,757.05	3,848.42	9,434.01	5,340.73	8,776.39	903.25	1,577.03	2.37	3.54
2009	7,184.96	4,721.02	11,415.03	6,427.27	10,428.05	1,115.10	2,269.15	2.40	1.86
2010	7,964.02	4,958.62	12,520.29	6,501.53	11,577.51	1,257.64	2,652.87	1.98	6.04
2011	7,477.03	4,062.88	12,409.61	7,045.61	12,217.56	1,257.60	2,605.15	2.05	6.77
2012	8,443.51	5,114.54	12,606.06	7,904.06	13,104.14	1,426.19	3,019.51	2.24	6.20
2013	10,400.33	6,353.68	14,557.54	10,245.31	16,576.66	1,848.36	4,176.59	2.14	5.57
2014	10,839.24	6,707.16	12,533.54	11,967.04	17,823.07	2,058.90	4,736.05	2.04	5.25
2015	10,143.42	6,305.68	9,343.81	12,385.19	17,425.03	2,043.94	5,007.41	2.10	4.59
2016	11,056.89	6,961.56	11,503.76	11,907.20	19,762.60	2,238.83	5,383.12	2.19	4.17
2017	12,808.84	8,235.89	11,470.58	14,220.58	24,719.22	2,673.61	6,903.39	1.97	4.22
2018	11,374.39	6,969.48	9,341.44	15,158.38	23,327.46	2,506.85	6,635.28	1.90	4.66
2019	13,913.03	8,700.11	10,037.30	18,070.10	28,538.44	3,230.78	8,972.60	1.93	
2017: Jan	11,222.95	7,064.02	11,202.98	12,061.43	19,864.09	2,278.87	5,614.79	2.08	
Feb	11,512.39	7,320.48	10,854.83	12,761.57	20,812.24	2,363.64	5,825.44	2.04	
Mar	11,492.85	7,216.68	10,834.06	12,728.55	20,663.22	2,362.72	5,911.74	2.02	4.24
Apr	11,536.08	7,208.13	10,521.74	13,000.70	20,940.51	2,384.20	6,047.61	2.03	
May	11,598.03	7,159.54	10,235.99	13,318.92	21,008.65	2,411.80	6,198.52	2.02	
June	11,761.70	7,468.28	10,083.36	13,732.80	21,349.63	2,423.41	6,140.42	2.01	4.29
July	11,967.67	7,652.38	10,416.42	13,636.10	21,891.12	2,470.30	6,348.12	1.99	
Aug	11,875.69	7,527.52	9,978.32	13,727.98	21,948.10	2,471.65	6,428.66	2.00	
Sept	12,209.16	7,780.56	10,911.61	13,959.19	22,405.09	2,519.36	6,495.96	1.99	4.25
Oct	12,341.01	7,921.32	10,889.68	13,971.09	23,377.24	2,575.26	6,727.67	1.94	
Nov	12,627.80	8,108.70	10,994.32	14,331.40	24,272.35	2,647.58	6,873.97	1.93	
Dec	12,808.84	8,235.89	11,470.58	14,220.58	24,719.22	2,673.61	6,903.39	1.89	4.11
2018: Jan	13,367.96	8,637.58	11,843.94	15,051.71	26,149.39	2,823.81	7,411.48	1.82	
Feb	12,652.55	8,246.24	10,625.83	14,357.41	25,029.20	2,713.83	7,273.01	1.89	
Mar	12,452.06	8,029.25	10,863.28	14,040.86	24,103.11	2,640.87	7,063.45	1.90	4.37
Apr	12,515.36	7,995.25	11,878.26	14,198.80	24,163.15	2,648.05	7,066.27	1.95	
May	12,527.14	7,877.77	12,056.61	14,292.95	24,415.84	2,705.27	7,442.12	1.92	
June	12,504.25	7,781.67	12,131.49	14,464.62	24,271.41	2,718.37	7,510.30	1.90	4.51
July	12,963.28	8,097.12	12,282.46	15,409.93	25,415.19	2,816.29	7,671.79	1.85	
Aug	13,016.89	8,109.69	11,837.21	15,887.99	25,964.82	2,901.52	8,109.54	1.82	
Sept	13,082.52	7,979.54	12,169.73	16,299.34	26,458.31	2,913.98	8,046.35	1.81	4.47
Oct	12,208.06	7,543.04	10,915.63	15,506.53	25,115.76	2,711.74	7,305.90	1.89	
Nov	12,457.55	7,713.77	10,478.32	16,505.42	25,538.46	2,760.17	7,330.54	1.95	
Dec	11,374.39	6,969.48	9,341.44	15,158.38	23,327.46	2,506.85	6,635.28	2.10	5.28
2019: Jan	12,299.03	7,613.43	10,351.36	15,655.94	24,999.67	2,704.10	7,281.74	2.07	
Feb	12,644.81	7,770.10	10,560.79	15,932.89	25,916.00	2,784.49	7,532.53	1.98	
Mar	12,696.88	7,685.02	10,679.94	16,182.85	25,928.68	2,834.40	7,729.32	1.96	4.74
Apr	13,060.65	8,138.15	10,699.48	15,706.22	26,592.91	2,945.83	8,095.39	1.90	
May	12,264.49	7,663.98	9,679.30	15,380.82	24,815.04	2,752.06	7,453.15	1.95	
June	13,049.71	8,064.09	10,334.74	16,347.65	26,599.96	2,941.76	8,006.24	1.94	4.60
July	13,066.60	8,130.16	9,973.03	16,209.28	26,864.27	2,980.38	8,175.42	1.88	
Aug	12,736.88	7,824.31	9,138.41	16,119.87	26,403.28	2,926.46	7,962.88	1.96	
Sept	13,004.74	8,115.96	9,564.95	15,990.79	26,916.83	2,976.74	7,999.34	1.92	4.46
Oct	13,171.81	8,293.63	9,423.40	16,716.08	27,046.23	3,037.56	8,292.36	1.93	
Nov	13,545.21	8,516.89	9,445.81	17,407.66	28,051.41	3,140.98	8,665.47	1.87	
Dec	13,913.03	8,700.11	10,037.30	18,070.10	28,538.44	3,230.78	8,972.60	1.84	

[1] End of year or month.
[2] Includes stocks as follows: for NYSE, all stocks listed (in 2018, over 2,700); for Dow Jones industrial average, 30 stocks; for Standard & Poor's (S&P) composite index, 500 stocks; and for Nasdaq composite index, in 2018, over 3,000.
[3] The NYSE relaunched the composite index on January 9, 2003, incorporating new definitions, methodology, and base value. Subset indexes on financial, energy, and health care were released by the NYSE on January 8, 2004.
[4] Based on 500 stocks in the S&P composite index.
[5] Aggregate cash dividends (based on latest known annual rate) divided by aggregate market value based on Wednesday closing prices. Monthly data are averages of weekly figures, annual data are averages of monthly figures.
[6] Quarterly data are ratio of earnings (after taxes) for four quarters ending with particular quarter-to-price index for last day of that quarter. Annual data are averages of quarterly ratios.

Sources: New York Stock Exchange, Dow Jones & Co., Inc., Standard & Poor's, and Nasdaq Stock Market.

International Statistics

TABLE B–57. U.S. international transactions, 1969–2019

[Millions of dollars; quarterly data seasonally adjusted]

Year or quarter	Current Account [1] Goods [2]			Services			Balance on goods and services	Primary income receipts and payments			Balance on secondary income [3]	Balance on current account	Current account balance as a percentage of GDP
	Exports	Imports	Balance on goods	Exports	Imports	Balance on services		Receipts	Payments	Balance on primary income			
1969	36,414	35,807	607	12,806	13,323	-517	90	10,913	4,869	6,044	-5,735	399	0.0
1970	42,469	39,866	2,603	14,171	14,519	-348	2,255	11,748	5,514	6,234	-6,156	2,331	.2
1971	43,319	45,579	-2,260	16,358	15,401	959	-1,301	12,706	5,436	7,270	-7,402	-1,433	-.1
1972	49,381	55,797	-6,416	17,842	16,867	973	-5,443	14,764	6,572	8,192	-8,544	-5,796	-.5
1973	71,410	70,499	911	19,832	18,843	989	1,900	21,809	9,656	12,153	-6,914	7,140	.5
1974	98,306	103,811	-5,505	22,591	21,378	1,212	-4,293	27,587	12,084	15,503	-9,248	1,961	.1
1975	107,088	98,185	8,903	25,497	21,996	3,500	12,403	25,351	12,565	12,786	-7,076	18,117	1.1
1976	114,745	124,228	-9,483	27,971	24,570	3,402	-6,082	29,374	13,312	16,062	-5,686	4,296	.2
1977	120,816	151,907	-31,091	31,486	27,640	3,845	-27,247	32,355	14,218	18,137	-5,227	-14,336	-.7
1978	142,075	176,002	-33,927	36,353	32,189	4,164	-29,763	42,087	21,680	20,407	-5,788	-15,143	-.6
1979	184,439	212,007	-27,568	39,693	36,689	3,003	-24,566	63,835	32,961	30,874	-6,593	-285	.0
1980	224,250	249,750	-25,500	47,585	41,492	6,093	-19,407	72,605	42,533	30,072	-8,349	2,318	.1
1981	237,044	265,067	-28,023	57,355	45,503	11,851	-16,172	86,529	53,626	32,903	-11,702	5,029	.2
1982	211,157	247,642	-36,485	64,078	51,750	12,330	-24,156	96,522	61,359	35,163	-16,545	-5,537	-.2
1983	201,799	268,901	-67,102	64,307	54,973	9,335	-57,767	96,031	59,643	36,388	-17,311	-38,691	-1.1
1984	219,926	332,418	-112,492	71,168	67,748	3,418	-109,074	115,639	80,574	35,065	-20,334	-94,344	-2.3
1985	215,915	338,088	-122,173	73,156	72,863	294	-121,879	105,046	79,324	25,722	-21,999	-118,155	-2.7
1986	223,344	368,425	-145,081	86,690	80,147	6,543	-138,539	102,798	87,304	15,494	-24,131	-147,176	-3.2
1987	250,208	409,765	-159,557	98,661	90,788	7,874	-151,683	113,603	99,309	14,294	-23,266	-160,655	-3.3
1988	320,230	447,189	-126,959	110,920	98,525	12,394	-114,566	141,666	122,981	18,685	-25,274	-121,153	-2.3
1989	359,916	477,665	-117,749	127,087	102,480	24,607	-93,142	166,384	146,560	19,824	-26,169	-99,487	-1.8
1990	387,401	498,438	-111,037	147,833	117,660	30,173	-80,865	176,894	148,345	28,549	-26,654	-78,969	-1.3
1991	414,083	491,020	-76,937	164,260	118,459	45,802	-31,136	155,327	131,198	24,129	9,904	2,897	.0
1992	439,631	536,528	-96,897	177,251	119,566	57,685	-39,212	139,082	114,845	24,237	-36,635	-51,613	-.8
1993	456,943	589,394	-132,451	185,920	123,780	62,141	-70,311	141,606	116,287	25,319	-39,811	-84,805	-1.2
1994	502,859	668,690	-165,831	200,395	133,057	67,338	-98,493	169,447	152,302	17,145	-40,265	-121,612	-1.7
1995	575,204	749,374	-174,170	219,183	141,397	77,786	-96,384	213,661	192,771	20,890	-38,074	-113,567	-1.5
1996	612,113	803,113	-191,000	239,489	152,554	86,935	-104,065	229,530	207,212	22,318	-43,017	-124,764	-1.5
1997	678,366	876,794	-198,428	256,087	165,932	90,155	-108,273	261,357	248,750	12,607	-45,062	-140,726	-1.6
1998	670,416	918,637	-248,221	262,758	180,677	82,081	-166,140	266,244	261,978	4,266	-53,188	-215,062	-2.4
1999	698,524	1,035,592	-337,068	271,343	192,893	78,450	-258,617	299,114	287,981	11,134	-40,881	-288,365	-3.0
2000	784,940	1,231,722	-446,783	290,381	216,115	74,266	-372,517	356,706	338,637	18,069	-49,003	-403,450	-3.9
2001	731,331	1,153,701	-422,370	274,323	213,465	60,858	-361,511	296,977	269,447	27,530	-55,708	-389,689	-3.7
2002	698,036	1,173,281	-475,245	280,670	224,379	56,290	-418,955	286,525	263,860	22,665	-54,507	-450,797	-4.1
2003	730,446	1,272,089	-541,643	289,972	242,219	47,754	-493,890	324,374	289,657	34,716	-59,571	-518,744	-4.5
2004	823,584	1,488,349	-664,766	337,966	283,083	54,882	-609,883	416,085	362,179	53,906	-75,614	-631,591	-5.2
2005	913,016	1,695,820	-782,804	373,006	304,448	68,558	-714,245	534,215	480,317	53,898	-84,887	-745,234	-5.7
2006	1,040,905	1,878,194	-837,289	416,738	341,165	75,573	-761,716	680,830	653,928	26,902	-71,149	-805,964	-5.8
2007	1,165,151	1,986,347	-821,196	488,396	372,575	115,821	-705,375	834,983	749,977	85,005	-90,665	-711,035	-4.9
2008	1,308,795	2,141,287	-832,492	532,817	409,052	123,765	-708,726	815,567	685,918	129,649	-102,312	-681,389	-4.6
2009	1,070,331	1,580,025	-509,694	512,722	386,801	125,920	-383,774	613,249	498,089	115,160	-103,907	-372,521	-2.6
2010	1,290,279	1,938,950	-648,671	562,759	409,313	153,446	-495,225	680,169	511,948	168,221	-104,261	-431,265	-2.9
2011	1,498,887	2,239,886	-740,999	627,061	435,761	191,300	-549,699	755,937	544,853	211,084	-107,047	-445,662	-2.9
2012	1,562,630	2,303,749	-741,119	655,724	452,013	203,711	-537,408	767,972	560,497	207,475	-96,900	-426,832	-2.6
2013	1,593,708	2,294,247	-700,539	700,491	461,087	239,404	-461,135	792,819	586,842	205,977	-93,643	-348,801	-2.1
2014	1,635,563	2,385,480	-749,917	741,094	480,761	260,333	-489,584	824,543	606,152	218,391	-94,006	-365,199	-2.1
2015	1,511,381	2,273,249	-761,868	755,310	491,966	263,343	-498,525	810,073	606,464	203,608	-112,848	-407,764	-2.2
2016	1,457,393	2,207,195	-749,801	758,446	511,627	246,819	-502,982	835,509	636,855	198,654	-124,022	-428,349	-2.3
2017	1,553,589	2,358,789	-805,200	798,957	543,880	255,077	-550,123	933,307	707,508	225,799	-115,322	-439,646	-2.3
2018	1,674,330	2,561,667	-887,338	826,980	567,322	259,659	-627,679	1,084,183	830,198	253,985	-117,284	-490,978	-2.4
2016: I	353,872	539,242	-185,370	185,531	125,795	59,736	-125,634	199,956	154,582	45,374	-32,175	-112,435	-2.4
II	360,934	547,002	-186,068	189,091	126,173	62,918	-123,150	208,855	160,359	48,496	-28,662	-103,316	-2.2
III	370,377	555,893	-185,515	192,341	128,915	63,425	-122,090	208,521	162,175	46,367	-31,069	-106,792	-2.3
IV	372,210	565,058	-192,848	191,483	130,743	60,740	-132,108	218,177	159,759	58,418	-32,116	-105,806	-2.2
2017: I	381,680	578,875	-197,195	195,426	132,281	63,145	-134,050	218,217	164,608	53,609	-23,854	-104,295	-2.2
II	381,677	582,901	-201,224	196,368	134,821	61,547	-139,677	224,980	175,374	49,606	-32,804	-122,874	-2.5
III	387,127	582,711	-195,584	201,350	137,188	64,162	-131,422	239,396	179,703	59,693	-27,979	-99,708	-2.0
IV	403,106	614,303	-211,197	205,812	139,589	66,223	-144,974	250,714	187,823	62,890	-30,686	-112,769	-2.3
2018: I	410,732	631,449	-220,716	207,387	139,778	67,608	-153,108	261,844	195,472	66,372	-27,264	-114,001	-2.3
II	427,088	633,485	-206,396	206,103	139,707	66,396	-140,001	272,285	209,456	62,829	-30,139	-107,311	-2.1
III	419,545	647,447	-227,902	206,694	142,216	64,478	-163,424	273,570	208,846	64,724	-27,039	-125,739	-2.4
IV	416,964	649,288	-232,323	206,797	145,620	61,177	-171,146	276,483	216,424	60,059	-32,841	-143,927	-2.8
2019: I	419,100	635,844	-216,744	207,870	147,599	60,271	-156,473	278,138	221,275	56,864	-36,585	-136,194	-2.6
II	414,694	637,911	-223,218	212,259	148,150	64,109	-159,108	286,142	219,517	66,625	-32,726	-125,210	-2.3
III p	413,812	633,370	-219,558	211,983	149,784	62,199	-157,358	282,007	213,288	68,719	-35,454	-124,094	-2.3

[1] Current and capital account statistics in the international transactions accounts differ slightly from statistics in the National Income and Product Accounts (NIPAs) because of adjustments made to convert the international statistics to national accounting concepts. A reconciliation can be found in NIPA table 4.3B.

[2] Adjusted from Census data to align with concepts and definitions used to prepare the international and national economic accounts. The adjustments are necessary to supplement coverage of Census data, to eliminate duplication of transactions recorded elsewhere in the international accounts, to value transactions according to a standard definition, and for earlier years, to record transactions in the appropriate period.

See next page for continuation of table.

TABLE B–57. U.S. international transactions, 1969–2019—*Continued*

[Millions of dollars; quarterly data seasonally adjusted]

Year or quarter	Balance on capital account [1]	Net U.S. acquisition of financial assets excluding financial derivatives [net increase in assets / financial outflow (+)]					Net U.S. incurrence of liabilities excluding financial derivatives [net increase in liabilities / financial inflow (+)]				Financial derivatives other than reserves, net transactions	Net lending (+) or net borrowing (−) from financial account transactions [5]	Statistical discrepancy
		Total	Direct investment assets	Portfolio investment assets	Other investment assets	Reserve assets [4]	Total	Direct investment liabilities	Portfolio investment liabilities	Other investment liabilities			
1969		11,584	5,960	1,549	2,896	1,179	12,702	1,263	719	10,720		−1,118	−1,517
1970		9,336	7,590	1,076	3,151	−2,481	7,226	1,464	11,710	−5,948		2,110	−219
1971		12,474	7,618	1,113	6,092	−2,349	23,687	368	28,835	−5,516		−11,213	−9,779
1972		14,497	7,747	619	6,127	4	22,171	948	13,123	8,100		−7,674	−1,879
1973		22,874	11,353	672	11,007	−158	18,388	2,800	4,790	10,798		4,486	−2,654
1974		34,745	9,052	1,853	22,373	1,467	35,228	4,761	5,500	24,967		−483	−2,444
1975		39,703	14,244	6,247	18,363	849	16,870	2,603	12,761	1,506		22,833	4,717
1976		51,269	11,949	8,885	27,877	2,558	37,840	4,347	16,165	17,328		13,429	9,134
1977		34,785	11,891	5,459	17,060	375	52,770	3,728	37,615	11,427		−17,985	−3,651
1978		61,130	16,057	3,626	42,179	−732	66,275	7,896	30,083	28,296		−5,145	9,997
1979		66,053	25,223	12,430	27,267	1,133	40,693	11,876	−13,502	42,319		25,360	25,647
1980		86,968	19,222	6,042	53,550	8,154	62,036	16,918	23,825	21,293		24,932	22,614
1981		114,147	9,624	15,650	83,697	5,176	85,684	25,196	17,509	42,979		28,463	23,433
1982		142,722	19,397	12,395	105,965	4,965	109,897	27,475	19,695	62,727		32,825	38,362
1983		74,690	20,844	2,063	50,588	1,195	95,715	18,688	18,382	58,645		−21,025	17,666
1984		50,740	26,770	3,498	17,340	3,132	126,413	34,832	38,695	52,886		−75,673	18,673
1985		47,064	21,241	3,008	18,957	3,858	146,544	22,057	68,004	56,483		−99,480	18,677
1986		107,252	19,524	8,984	79,057	−313	223,854	30,946	104,497	88,411		−116,602	30,570
1987		84,058	39,795	7,903	45,508	−9,148	251,863	63,232	79,631	109,000		−167,805	−7,149
1988		105,747	21,701	4,589	75,544	3,913	244,000	56,910	86,786	100,312		−138,261	−17,108
1989	−207	182,908	50,973	31,166	75,476	25,293	230,302	75,801	74,852	79,649		−47,394	52,299
1990	−7,221	103,985	59,934	30,557	11,336	2,158	162,109	71,247	25,767	65,095		−58,124	28,066
1991	−5,129	75,753	49,253	32,053	210	−5,763	119,586	34,535	72,562	12,489		−43,833	−41,601
1992	1,449	84,899	58,755	50,684	−20,639	−3,901	178,842	30,315	92,199	56,328		−93,943	−43,776
1993	−714	199,399	82,799	137,917	−22,696	1,379	278,607	50,211	174,387	54,009		−79,208	6,313
1994	−1,112	188,758	89,988	54,088	50,028	−5,346	312,995	55,942	131,849	125,204		−124,237	−1,514
1995	−221	363,555	110,041	143,506	100,266	9,742	446,393	69,067	254,431	122,895		−82,838	30,951
1996	−8	424,548	103,024	160,179	168,013	−6,668	559,027	97,644	392,107	69,276		−134,479	−9,706
1997	−256	502,024	121,352	121,036	258,626	1,010	720,999	122,150	311,105	287,744		−218,975	−77,995
1998	−7	385,936	174,751	132,186	72,216	6,783	452,901	211,152	225,878	15,871		−66,965	148,106
1999	−4,176	526,612	247,484	141,007	146,868	−8,747	765,215	312,449	278,697	174,069		−238,603	53,938
2000	−1	587,682	186,371	159,713	241,308	290	1,066,074	349,124	441,966	274,984		−478,392	−74,941
2001	13,198	386,308	146,041	106,919	128,437	4,911	788,345	172,496	431,492	184,357		−402,037	−25,546
2002	−141	319,170	178,984	79,532	56,973	3,681	821,844	111,056	504,155	206,634		−502,673	−51,735
2003	−1,821	371,074	195,218	133,059	44,321	−1,524	911,660	117,107	550,163	244,390		−540,586	−20,021
2004	3,049	1,058,654	374,006	191,956	495,498	−2,806	1,600,881	213,642	867,340	519,899		−542,226	86,316
2005	13,116	562,983	52,591	267,290	257,196	−14,094	1,277,056	142,345	832,037	302,673		−714,073	18,045
2006	−1,788	1,324,607	283,800	493,366	549,814	−2,373	2,120,480	298,464	1,126,735	695,280	−29,710	−825,583	−17,832
2007	384	1,563,459	523,889	380,807	658,641	122	2,190,081	346,615	1,156,612	686,860	−6,222	−632,850	77,801
2008	6,010	−317,607	343,584	−284,269	−381,770	4,848	462,408	341,091	523,883	−402,367	32,947	−747,069	−71,690
2009	−140	131,074	312,597	375,883	−609,662	52,256	325,644	161,082	357,352	−192,789	−44,816	−239,386	133,275
2010	−157	958,703	349,829	199,620	407,420	1,835	1,391,042	264,039	820,434	306,569	−14,076	−446,415	−14,992
2011	−1,186	492,530	436,615	85,365	−45,327	15,877	983,522	263,499	311,626	408,397	−35,006	−525,990	−79,150
2012	6,904	176,764	377,239	248,760	−453,695	4,460	632,034	250,343	747,017	−365,327	7,064	−448,205	−28,277
2013	−412	649,587	392,796	481,298	−221,408	−3,099	1,052,068	288,131	511,987	251,949	2,222	−400,259	−51,046
2014	−45	866,523	387,528	582,676	−100,099	−3,583	1,109,443	251,867	697,607	159,979	−54,335	−297,255	67,989
2015	−42	202,208	307,058	160,410	−258,968	−6,292	501,121	509,087	213,910	−221,876	−27,035	−325,948	81,859
2016	−152	353,036	318,317	36,283	−3,654	2,090	742,905	494,438	231,349	17,118	7,827	−382,042	46,460
2017	18,950	1,167,447	334,574	569,376	215,187	−1,690	1,549,024	341,058	792,523	401,851	23,998	−357,579	63,117
2018	3,235	310,827	−78,457	334,033	50,262	4,989	735,583	258,392	315,676	161,515	−20,721	−445,477	42,266
2016: I	−58	37,576	76,065	−66,569	29,271	−1,191	152,584	158,754	−52,832	46,662	10,782	−104,226	8,268
II	0	350,640	104,359	146,347	99,744	189	368,264	4,783	176,894	186,587	608	−17,016	86,300
III	−94	42,410	98,034	−33,551	−23,715	1,642	243,457	130,738	217,768	−105,049	3,437	−197,610	−90,724
IV	0	−77,590	39,858	−9,944	−108,954	1,450	−21,400	18,359	61,630	−101,389	−7,000	−63,190	42,616
2017: I	−58	366,412	135,715	141,588	89,350	−241	428,036	111,483	160,111	156,442	−5,609	−67,234	37,119
II	−96	293,237	51,002	154,279	87,805	150	454,247	98,070	259,536	96,641	9,306	−151,704	−28,377
III	19,144	372,237	104,782	175,975	91,541	−61	507,514	106,739	294,395	106,021	18,600	−116,317	−35,754
IV	−40	135,562	93,075	97,534	−53,508	−1,539	159,587	38,358	78,481	42,748	1,701	−22,324	90,486
2018: I	−2	−46,718	−110,279	290,488	81,379	−7	447,658	62,143	301,127	84,388	29,139	−93,376	20,626
II	−5	−243,468	−110,279	−17,660	−118,596	3,068	−126,090	16,603	−12,609	−130,087	−15,723	−133,098	−25,783
III	521	81,893	52,845	83,415	−54,189	−177	127,770	126,925	12,274	−11,430	−11,505	−57,381	67,837
IV	2,721	147,259	25,696	−22,210	141,668	2,105	286,247	52,720	14,884	218,644	−22,632	−161,621	−20,414
2019: I	0	110,967	7,878	−41,876	144,757	208	126,280	110,079	−42,822	59,023	−21,421	−36,734	99,461
II	0	142,153	111,272	26,706	1,815	2,359	345,893	93,251	181,016	71,626	−9,642	−213,382	−88,173
III p	−10	123,516	33,320	18,461	69,852	1,882	164,922	37,642	86,479	40,801	−6,456	−47,862	76,242

[3] Includes U.S. government and private transfers, such as U.S. government grants and pensions, fines and penalties, withholding taxes, personal transfers, insurance-related transfers, and other current transfers.
[4] Consists of monetary gold, special drawing rights (SDRs), the U.S. reserve position in the International Monetary Fund (IMF), and other reserve assets, including foreign currencies.
[5] Net lending means that U.S. residents are net suppliers of funds to foreign residents, and net borrowing means the opposite.

Source: Department of Commerce (Bureau of Economic Analysis).

付録
B

TABLE B–58. U.S. international trade in goods on balance of payments (BOP) and Census basis, and trade in services on BOP basis, 1991–2019

[Billions of dollars; monthly data seasonally adjusted]

Year or month	Goods: Exports (f.a.s. value) [1,2]							Goods: Imports (customs value) [6]							Services (BOP basis)	
	Total, BOP basis [3,4]	Census basis (by end-use category)						Total, BOP basis [4]	Census basis (by end-use category)						Exports [4]	Imports [4]
		Total, Census basis [3,5]	Foods, feeds, and beverages	Industrial supplies and materials	Capital goods except automotive	Automotive vehicles, parts, and engines	Consumer goods (nonfood) except automotive		Total, Census basis [5]	Foods, feeds, and beverages	Industrial supplies and materials	Capital goods except automotive	Automotive vehicles, parts, and engines	Consumer goods (nonfood) except automotive		
1991	414.1	421.7	35.7	109.7	166.7	40.0	45.9	491.0	488.5	26.5	131.6	120.7	85.7	108.0	164.3	118.5
1992	439.6	448.2	40.3	109.1	175.9	47.0	51.4	536.5	532.7	27.6	138.6	134.3	91.8	122.7	177.3	119.6
1993	456.9	465.1	40.6	111.8	181.7	52.4	54.7	589.4	580.7	27.9	145.6	152.4	102.4	134.0	185.9	123.8
1994	502.9	512.6	42.0	121.4	205.0	57.8	60.0	668.7	663.3	31.0	162.1	184.4	118.3	146.3	200.4	133.1
1995	575.2	584.7	50.5	146.2	233.0	61.8	64.4	749.4	743.5	33.2	181.8	221.4	123.8	159.9	219.2	141.4
1996	612.1	625.1	55.5	147.7	253.0	65.0	70.1	803.1	795.3	35.7	204.5	228.1	128.9	172.0	239.5	152.6
1997	678.4	689.2	51.5	158.2	294.5	74.0	77.4	876.8	869.7	39.7	213.8	253.3	139.8	193.8	256.1	165.9
1998	670.4	682.1	46.4	148.3	299.4	72.4	80.3	918.6	911.9	41.2	200.1	269.5	148.7	217.0	262.8	180.7
1999	698.5	695.8	46.0	147.5	310.8	75.3	80.9	1,035.6	1,024.6	43.6	221.4	295.7	179.0	241.9	271.3	192.9
2000	784.9	781.9	47.9	172.6	356.9	80.4	89.4	1,231.7	1,218.0	46.0	299.0	347.0	195.9	281.8	290.4	216.1
2001	731.3	729.1	49.4	160.1	321.7	75.4	88.3	1,153.7	1,141.0	46.6	273.9	298.0	189.8	284.3	274.3	213.5
2002	698.0	693.1	49.6	156.8	290.4	78.9	84.4	1,173.3	1,161.4	49.7	267.7	283.3	203.7	307.8	280.7	224.4
2003	730.4	724.8	55.0	173.0	293.7	80.6	89.9	1,272.1	1,257.1	55.8	313.8	295.9	210.1	333.9	290.0	242.2
2004	823.6	814.9	56.6	203.9	327.5	89.2	103.2	1,488.3	1,469.7	62.1	412.8	343.6	228.2	372.9	338.0	283.1
2005	913.0	901.1	59.0	233.0	358.4	98.4	115.3	1,695.8	1,673.5	68.1	523.8	379.3	239.4	407.2	373.0	304.4
2006	1,040.9	1,026.0	66.0	276.0	404.0	107.3	129.1	1,878.2	1,853.9	74.9	602.0	418.3	256.6	442.6	416.7	341.2
2007	1,165.2	1,148.2	84.3	316.4	433.0	121.3	146.0	1,986.3	1,957.0	81.7	634.7	444.5	256.7	474.6	488.4	372.6
2008	1,308.8	1,287.4	108.3	388.0	457.7	121.5	161.3	2,141.3	2,103.6	89.0	779.5	453.7	231.2	481.6	532.8	409.1
2009	1,070.3	1,056.0	93.9	296.5	391.2	81.7	149.5	1,580.0	1,559.6	81.6	462.4	370.5	157.7	427.3	512.7	386.8
2010	1,290.3	1,278.5	107.7	391.7	447.5	112.0	165.2	1,939.0	1,913.9	91.7	603.1	449.4	225.1	483.2	562.8	409.3
2011	1,498.9	1,482.5	126.2	501.1	494.0	133.0	175.3	2,239.9	2,208.0	107.5	755.8	510.8	254.6	514.1	627.1	435.8
2012	1,562.6	1,545.8	133.0	501.2	527.2	146.2	181.7	2,303.7	2,276.3	110.3	730.6	548.7	297.8	516.9	655.7	452.0
2013	1,593.7	1,578.5	136.2	508.2	534.4	152.7	188.8	2,294.2	2,268.0	115.1	681.5	555.7	308.8	531.7	700.5	461.1
2014	1,635.6	1,621.9	143.7	505.8	551.5	159.8	199.0	2,385.5	2,356.4	125.9	667.0	594.1	328.6	557.1	741.1	480.8
2015	1,511.4	1,503.3	127.7	427.0	539.5	151.9	197.7	2,273.2	2,248.8	127.8	486.0	602.5	349.2	594.2	755.3	492.0
2016	1,457.4	1,451.5	130.5	397.3	519.7	150.4	193.7	2,207.2	2,186.8	130.0	443.3	589.7	349.9	583.1	758.4	511.6
2017	1,553.6	1,546.5	132.7	464.7	533.2	157.9	197.7	2,358.8	2,339.9	137.8	507.1	639.9	358.3	601.5	799.0	543.9
2018	1,674.3	1,666.0	133.2	541.7	562.9	158.8	206.0	2,561.7	2,540.8	147.4	575.6	692.6	372.2	646.8	827.0	567.3
2019 P		1,651.0	134.7	530.8	548.2	161.6	206.9		2,498.5	150.6	521.1	677.9	376.6	654.6		
2018: Jan	133.6	132.9	10.4	41.1	45.3	13.5	17.7	208.5	206.8	11.9	47.0	55.7	30.5	53.5	69.0	46.2
Feb	136.4	135.6	10.6	43.1	46.1	14.3	16.6	212.2	210.7	12.4	47.1	57.3	30.9	55.0	69.2	47.2
Mar	140.7	140.1	11.1	45.0	47.6	14.0	17.1	210.7	209.2	12.3	47.2	56.7	30.8	54.2	69.2	46.4
Apr	140.4	139.6	11.5	45.8	46.2	13.9	17.2	210.7	209.0	12.3	47.9	57.3	30.2	52.3	68.5	46.4
May	144.6	143.8	13.1	45.4	48.1	13.6	17.7	211.2	209.4	12.4	48.0	58.6	30.0	51.9	68.8	46.5
June	142.2	141.5	12.7	46.6	47.3	12.9	16.5	211.6	210.0	12.2	48.6	57.4	30.4	53.0	68.8	46.8
July	139.9	139.2	12.0	46.9	46.3	13.0	16.1	214.1	212.3	12.4	49.1	58.0	30.9	52.9	68.8	47.1
Aug	138.9	138.2	11.3	44.6	46.6	12.8	17.5	215.4	213.4	12.3	49.4	57.9	31.6	53.3	68.9	47.3
Sept	140.7	140.1	10.5	46.7	47.3	13.0	17.6	218.0	216.3	12.2	49.2	59.7	31.3	54.7	69.0	47.8
Oct	141.3	140.6	10.0	47.3	47.2	12.8	17.8	218.6	216.7	12.3	49.1	57.1	31.8	56.5	68.9	48.3
Nov	139.1	138.5	10.1	45.3	48.1	12.6	17.1	213.2	211.4	12.2	46.4	57.6	32.0	53.7	68.9	48.4
Dec	136.6	136.0	9.9	44.0	46.9	12.5	17.1	217.5	215.8	12.6	46.7	59.6	32.0	55.8	69.1	49.0
2019: Jan	138.1	137.6	11.0	43.8	46.3	13.5	17.6	211.1	209.5	12.3	43.9	57.1	31.8	55.9	68.9	49.0
Feb	139.7	139.0	10.6	43.1	48.3	13.9	17.7	210.7	208.9	11.9	42.7	57.1	31.7	56.1	69.3	49.1
Mar	141.3	140.6	11.1	47.4	47.4	13.9	17.9	214.1	212.4	13.0	45.2	57.4	31.9	55.4	69.6	49.4
Apr	136.8	136.1	11.2	44.6	44.7	13.2	17.3	208.7	207.0	12.8	44.6	55.6	30.9	54.3	70.1	49.2
May	140.8	140.2	12.0	44.4	46.0	13.8	18.1	216.9	215.0	12.8	46.3	57.2	33.2	55.6	71.1	49.4
June	137.0	136.4	12.0	44.6	44.9	13.3	16.2	212.3	210.6	12.7	43.1	56.9	32.6	54.7	71.1	49.6
July	138.3	137.7	11.8	42.8	45.7	13.9	17.7	211.9	210.1	12.8	44.0	55.4	32.7	55.3	70.6	49.7
Aug	138.7	138.1	12.3	44.3	44.3	14.3	16.9	212.9	211.1	12.6	42.5	57.3	32.0	57.2	70.6	49.9
Sept	136.8	136.2	10.8	44.0	45.1	13.3	17.4	208.5	206.8	12.6	41.9	56.2	30.9	54.7	70.7	50.1
Oct	136.2	135.6	10.5	44.6	44.7	13.0	16.6	204.0	202.2	12.4	41.4	56.6	29.0	52.3	71.1	50.2
Nov P	137.2	136.6	10.7	44.4	45.3	13.4	17.1	201.1	199.6	12.2	40.8	55.4	30.1	51.3	71.5	50.7
Dec P		137.0	10.7	45.6	45.5	12.3	16.5		205.3	12.3	44.6	55.7	29.8	51.9		

[1] Department of Defense shipments of grant-aid military supplies and equipment under the Military Assistance Program are excluded from total exports through 1985 and included beginning 1986.
[2] F.a.s. (free alongside ship) value basis at U.S. port of exportation for exports.
[3] Beginning with data for 1989, exports have been adjusted for undocumented exports to Canada and are included in the appropriate end-use categories. For prior years, only total exports include this adjustment.
[4] Beginning with data for 1999, exports of goods under the U.S. Foreign Military Sales program and fuel purchases by foreign air and ocean carriers in U.S. ports are included in goods exports (BOP basis) and excluded from services exports. Beginning with data for 1999, imports of petroleum abroad by U.S. military agencies and fuel purchases by U.S. air and ocean carriers in foreign ports are included in goods imports (BOP basis) and excluded from services imports.
[5] Total includes "other" exports or imports, not shown separately.
[6] Total arrivals of imported goods other than in-transit shipments.
[7] Total includes revisions not reflected in detail.
[8] Total exports are on a revised statistical month basis; end-use categories are on a statistical month basis.
Note: Goods on a Census basis are adjusted to a BOP basis by the Bureau of Economic Analysis, in line with concepts and definitions used to prepare international and national accounts. The adjustments are necessary to supplement coverage of Census data, to eliminate duplication of transactions recorded elsewhere in international accounts, to value transactions according to a standard definition, and for earlier years, to record transactions in the appropriate period.
Data include international trade of the U.S. Virgin Islands, Puerto Rico, and U.S. Foreign Trade Zones.

Source: Department of Commerce (Bureau of the Census and Bureau of Economic Analysis).

TABLE B–59. U.S. international trade in goods and services by area and country, 2000–2018

[Millions of dollars]

Item	2000	2005	2010	2013	2014	2015	2016	2017	2018
EXPORTS									
Total, all countries	1,075,321	1,286,022	1,853,038	2,294,199	2,376,657	2,266,691	2,215,839	2,352,546	2,501,310
Europe	296,284	365,200	503,816	580,234	606,544	598,616	602,614	633,490	683,863
Euro area [1]	173,446	214,355	288,604	327,600	347,609	346,115	351,094	366,889	393,763
France	30,759	35,504	44,114	50,672	50,989	49,990	51,176	53,343	57,892
Germany	45,253	55,247	73,378	74,644	77,907	80,134	81,383	86,473	92,447
Italy	16,761	18,727	22,845	25,483	26,212	25,453	25,661	27,833	32,880
United Kingdom	73,139	83,183	102,648	108,030	119,074	124,309	122,267	126,576	140,762
Canada	203,861	245,134	303,409	364,968	374,850	336,261	321,678	341,307	364,515
Latin America and Other Western Hemisphere	225,116	256,066	409,201	561,468	585,359	549,554	514,647	549,604	587,419
Brazil	21,858	21,230	53,753	70,900	71,102	59,360	53,766	64,079	67,599
Mexico	127,076	142,977	188,371	256,342	271,635	268,211	261,933	276,563	299,803
Venezuela	8,810	9,068	15,784	20,568	18,045	14,904	11,372	8,782	10,705
Asia and Pacific	299,103	341,564	523,131	634,902	652,735	636,150	640,186	692,573	724,116
China	21,464	50,572	115,559	160,375	169,008	165,526	170,395	186,289	177,969
India	6,472	13,232	29,667	35,231	36,950	40,060	42,243	49,330	58,767
Japan	101,247	94,356	104,731	112,201	114,828	108,417	108,823	114,285	121,155
Korea, Republic of	34,744	55,533	55,533	64,491	66,653	65,327	64,635	73,157	79,919
Singapore	24,400	26,482	39,459	42,025	41,687	42,653	44,576	50,503	54,126
Taiwan	30,403	29,232	36,717	38,317	40,084	38,714	38,175	36,205	41,302
Middle East	28,241	48,427	70,094	100,176	101,881	101,723	97,956	96,314	97,106
Africa	17,178	23,003	40,400	49,212	52,404	41,760	36,179	36,796	41,761
Memorandum: Members of OPEC [2]	29,407	49,194	78,985	117,063	115,626	107,493	106,184	92,093	93,896
IMPORTS									
Total, all countries	1,447,837	2,000,268	2,348,263	2,755,334	2,866,241	2,765,215	2,718,822	2,902,669	3,128,989
Europe	359,670	493,933	559,596	660,838	702,465	703,264	701,380	743,385	811,274
Euro area [1]	217,211	303,692	336,152	407,245	438,198	444,052	442,525	467,913	510,098
France	40,829	47,269	54,637	61,610	64,433	64,666	63,541	67,351	71,313
Germany	74,855	109,551	111,902	147,834	157,554	157,162	148,519	153,362	159,819
Italy	31,888	40,719	38,349	49,464	53,333	55,207	56,825	62,484	68,335
United Kingdom	71,400	85,508	93,860	102,811	108,172	112,216	107,468	110,930	122,133
Canada	251,750	316,798	309,173	369,111	385,992	332,095	314,230	338,493	360,876
Latin America and Other Western Hemisphere	249,553	352,076	453,253	538,026	550,327	519,837	508,575	537,084	581,572
Brazil	15,384	26,389	29,343	34,809	37,851	34,663	32,230	32,891	35,858
Mexico	148,258	188,192	246,770	303,988	322,950	326,244	323,955	343,970	378,382
Venezuela	19,291	34,512	33,445	32,781	31,019	16,470	11,743	13,046	13,799
Asia and Pacific	507,225	680,901	836,903	1,004,303	1,061,705	1,094,871	1,082,270	1,156,962	1,234,643
China	103,433	251,556	376,735	455,524	483,677	499,058	479,263	523,492	558,772
India	12,612	23,648	44,394	62,368	67,957	69,561	72,294	76,844	84,046
Japan	164,213	160,965	147,518	171,479	168,511	163,659	165,348	171,496	179,137
Korea, Republic of	46,203	51,128	59,096	73,605	81,412	83,579	81,340	82,669	87,341
Singapore	21,360	18,799	22,733	23,539	22,657	25,058	25,016	27,023	35,809
Taiwan	44,784	41,661	41,881	45,194	48,346	48,661	46,946	50,518	54,056
Middle East	44,296	81,553	95,077	124,016	121,193	81,005	75,381	83,142	92,014
Africa	31,390	69,921	93,190	58,784	43,297	33,893	35,544	43,344	46,898
Memorandum: Members of OPEC [2]	71,068	139,431	164,837	163,732	143,029	76,913	89,518	82,996	92,643
BALANCE (excess of exports +)									
Total, all countries	–372,517	–714,246	–495,225	–461,135	–489,584	–498,525	–502,982	–550,123	–627,679
Europe	–63,386	–128,733	–55,779	–80,604	–95,923	–104,649	–98,766	–109,895	–127,411
Euro area [1]	–43,765	–89,336	–47,548	–79,646	–90,588	–97,938	–91,431	–101,025	–116,335
France	–10,070	–11,765	–10,524	–10,938	–13,444	–14,676	–12,365	–14,009	–13,421
Germany	–29,603	–54,304	–38,524	–73,190	–79,647	–77,029	–67,135	–66,889	–67,372
Italy	–15,127	–21,991	–15,504	–23,980	–27,121	–29,755	–31,164	–34,651	–35,454
United Kingdom	1,739	–2,324	8,786	5,219	10,902	12,093	14,798	15,646	18,629
Canada	–47,889	–71,663	–5,764	–4,144	–11,142	4,165	7,448	2,814	3,639
Latin America and Other Western Hemisphere	–24,437	–96,010	–44,052	23,442	35,032	29,718	6,072	12,520	5,847
Brazil	6,474	–5,158	24,410	36,091	33,251	24,697	21,535	29,162	31,741
Mexico	–21,182	–45,215	–58,399	–47,646	–51,317	–58,033	–62,022	–67,407	–78,580
Venezuela	–10,481	–25,443	–17,662	–12,212	–12,974	–1,566	–371	–4,263	–3,094
Asia and Pacific	–208,122	–339,337	–313,772	–369,401	–408,969	–458,722	–442,084	–464,389	–510,526
China	–81,969	–200,984	–261,176	–295,149	–314,669	–333,534	–308,868	–337,204	–380,804
India	–6,140	–10,416	–14,728	–27,136	–31,007	–29,501	–30,052	–27,514	–25,280
Japan	–62,967	–66,609	–42,787	–59,277	–53,683	–55,242	–56,526	–57,211	–57,981
Korea, Republic of	–11,459	4,405	–3,564	–9,114	–14,759	–18,252	–16,705	–9,512	–7,421
Singapore	3,041	7,683	16,726	18,486	19,029	17,595	19,561	23,481	18,316
Taiwan	–14,381	–12,428	–5,163	–6,878	–8,264	–9,947	–8,771	–14,313	–12,754
Middle East	–16,054	–33,126	–24,983	–23,840	–19,312	20,718	22,575	13,172	5,092
Africa	–14,212	–46,917	–52,790	–9,571	9,107	7,867	637	–6,549	–5,137
Memorandum: Members of OPEC [2]	–41,660	–90,237	–85,853	–46,669	–27,403	30,580	16,666	9,098	1,254

[1] Euro area consists of Austria, Belgium, Finland, France, Germany, Ireland, Italy, Luxembourg, Netherlands, Portugal, Spain and Greece (beginning in 2001), Slovenia (2007), Cyprus and Malta (2008), Slovakia (2009), Estonia (2011), Latvia (2014), and Lithuania (2015).
[2] Organization of Petroleum Exporting Countries, consisting of Iran, Iraq, Kuwait, Saudi Arabia, Venezuela and Qatar (beginning in 1961, ending in 2018), Indonesia (1962 to 2008; 2016), Libya (1962), United Arab Emirates (1967), Algeria (1969), Nigeria (1971), Ecuador (1973 to 1992, rejoined 2007), Gabon (1975 to 1994, rejoined 2016), Angola (2007), Equatorial Guinea (2017), and Congo (2018).

Note: Data are on a balance of payments basis. For further details, and additional data by country, see *Survey of Current Business*, February 2020.

Source: Department of Commerce (Bureau of Economic Analysis).

付録
B

Table B–60. Foreign exchange rates, 2000–2019

[Foreign currency units per U.S. dollar, except as noted; certified noon buying rates in New York]

Period	Australia (dollar)[1]	Brazil (real)	Canada (dollar)	China, P.R. (yuan)	EMU Members (euro)[1,2]	India (rupee)	Japan (yen)	Mexico (peso)	South Korea (won)	Sweden (krona)	Switzerland (franc)	United Kingdom (pound)[1]
March 1973	1.4129	....	0.9967	2.2401	....	7.55	261.90	0.013	398.85	4.4294	3.2171	2.4724
2000	.5815	1.8301	1.4855	8.2784	0.9232	45.00	107.80	9.459	1,130.90	9.1735	1.6904	1.5156
2001	.5169	2.3527	1.5487	8.2770	.8952	47.22	121.57	9.337	1,292.01	10.3425	1.6891	1.4396
2002	.5437	2.9213	1.5704	8.2771	.9454	48.63	125.22	9.663	1,250.31	9.7233	1.5567	1.5025
2003	.6524	3.0750	1.4008	8.2772	1.1321	46.59	115.94	10.793	1,192.08	8.0787	1.3450	1.6347
2004	.7365	2.9262	1.3017	8.2768	1.2438	45.26	108.15	11.290	1,145.24	7.3480	1.2428	1.8330
2005	.7627	2.4352	1.2115	8.1936	1.2449	44.00	110.11	10.894	1,023.75	7.4710	1.2459	1.8204
2006	.7535	2.1738	1.1340	7.9723	1.2563	45.19	116.31	10.906	954.32	7.3718	1.2532	1.8434
2007	.8391	1.9461	1.0734	7.6058	1.3711	41.18	117.76	10.928	928.97	6.7550	1.1999	2.0020
2008	.8537	1.8326	1.0660	6.9477	1.4726	43.39	103.39	11.143	1,098.71	6.5846	1.0816	1.8545
2009	.7927	1.9976	1.1412	6.8307	1.3935	48.33	93.68	13.498	1,274.63	7.6539	1.0860	1.5661
2010	.9200	1.7600	1.0298	6.7696	1.3261	45.65	87.78	12.624	1,155.74	7.2053	1.0432	1.5452
2011	1.0332	1.6723	.9887	6.4630	1.3931	46.58	79.70	12.427	1,106.94	6.4878	.8862	1.6043
2012	1.0359	1.9535	.9995	6.3093	1.2859	53.37	79.82	13.154	1,126.16	6.7721	.9377	1.5853
2013	.9683	2.1570	1.0300	6.1478	1.3281	58.51	97.60	12.758	1,094.67	6.5124	.9269	1.5642
2014	.9034	2.3512	1.1043	6.1620	1.3297	61.00	105.74	13.302	1,052.29	6.8576	.9147	1.6484
2015	.7522	3.3360	1.2791	6.2827	1.1096	64.11	121.05	15.874	1,130.96	8.4350	.9628	1.5284
2016	.7445	3.4839	1.3243	6.6400	1.1072	67.16	108.66	18.667	1,159.34	8.5541	.9848	1.3555
2017	.7671	3.1910	1.2984	6.7569	1.1301	65.07	112.10	18.884	1,129.04	8.5430	.9842	1.2890
2018	.7481	3.6513	1.2957	6.6090	1.1817	68.37	110.40	19.218	1,099.29	8.6945	.9784	1.3363
2019	.6952	3.9440	1.3269	6.9081	1.1194	70.38	109.02	19.247	1,165.80	9.4604	.9937	1.2768
2018: I	.7859	3.2474	1.2656	6.3535	1.2289	64.38	108.27	18.717	1,071.10	8.1182	.9484	1.3920
II	.7568	3.6043	1.2907	6.3772	1.1922	67.00	109.14	19.412	1,079.64	8.6733	.9854	1.3612
III	.7315	3.9492	1.3070	6.8053	1.1629	70.11	111.50	18.945	1,120.84	8.9482	.9843	1.3030
IV	.7174	3.8061	1.3201	6.9143	1.1414	72.13	112.77	19.816	1,126.77	9.0460	.9957	1.2870
2019: I	.7122	3.7696	1.3297	6.7447	1.1354	70.42	110.19	19.204	1,124.80	9.1783	.9971	1.3031
II	.7003	3.9167	1.3378	6.8195	1.1237	69.53	109.95	19.111	1,166.07	9.4439	1.0028	1.2859
III	.6857	3.9688	1.3205	7.0150	1.1120	70.39	107.33	19.421	1,193.90	9.5878	.9856	1.2329
IV	.6837	4.1124	1.3197	7.0448	1.1075	71.21	108.68	19.248	1,175.54	9.6143	.9894	1.2880

Trade-weighted value of the U.S. dollar

Period	Nominal			Real[6]		
	Broad index (January 2006=100)[3]	Advanced foreign economies index (January 2006=100)[4]	Emerging market economies index (January 2006=100)[5]	Broad index (January 2006=100)[3]	Advanced foreign economies index (January 2006=100)[4]	Emerging market economies index (January 2006=100)[5]
2000	....	....	....	....	....	....
2001	....	....	....	....	....	....
2002	....	....	....	....	....	....
2003	....	....	....	....	....	....
2004	....	....	....	....	....	....
2005	....	....	....	....	....	....
2006	98.6064	97.6875	99.8131	98.9400	98.3178	99.7559
2007	93.8253	92.0825	96.1230	94.2864	93.6310	95.1418
2008	90.8968	88.4455	94.1511	90.9823	90.8429	91.2038
2009	96.7688	92.8046	102.0228	95.3317	94.7051	96.1083
2010	93.0664	90.1032	97.1794	90.7755	92.0125	89.5939
2011	88.7923	84.8159	94.0346	86.2803	87.3150	85.2816
2012	91.6492	87.9861	96.5675	88.4827	90.8406	86.1745
2013	92.7655	90.6103	96.0743	88.7776	93.8355	83.9809
2014	95.5919	93.3976	98.9816	90.7995	97.0047	85.0032
2015	108.1589	108.1256	109.5474	101.2535	111.8241	91.7997
2016	113.0548	109.3062	118.1998	105.4690	113.9833	97.6132
2017	112.7924	108.8922	118.0915	104.9133	114.1346	96.4974
2018	112.0078	106.4267	119.0263	104.0532	112.1989	96.5013
2019	115.7187	110.1296	122.7855	107.0718	116.6341	98.3594
2018: I	107.9943	102.9077	114.4516	100.4784	108.3307	93.1966
II	110.6202	105.5102	117.1304	102.9872	111.3074	95.3048
III	113.6569	107.8400	120.9399	105.4751	113.6422	97.8925
IV	115.7082	109.3899	123.5388	107.2721	115.5153	99.6111
2019: I	114.4908	109.3956	121.0275	106.0597	115.4795	97.4702
II	115.3739	110.2733	121.9276	106.8149	116.6027	97.9273
III	116.4899	110.4769	124.0091	107.7767	117.0769	99.2648
IV	116.4469	110.3215	124.0809	107.6360	117.3772	98.7751

[1] U.S. dollars per foreign currency unit.
[2] European Economic and Monetary Union (EMU) members consists of Austria, Belgium, Finland, France, Germany, Ireland, Italy, Luxembourg, Netherlands, Portugal, Spain and Greece (beginning in 2001), Slovenia (2007), Cyprus and Malta (2008), Slovakia (2009), Estonia (2011), Latvia (2014), and Lithuania (2015).
[3] Weighted average of the foreign exchange value of the U.S. dollar against the currencies of a broad group of major U.S. trading partners.
[4] Subset of the broad index. Consists of currencies of the Euro area, Australia, Canada, Japan, Sweden, Switzerland, and the United Kingdom.
[5] Subset of the broad index currencies that are emerging market economies. For details, see *Revisions to the Federal Reserve Dollar Indexes*, January 2019.
[6] Adjusted for changes in consumer price indexes for the United States and other countries.

Source: Board of Governors of the Federal Reserve System.

TABLE B-61. Growth rates in real gross domestic product by area and country, 2001-2020

[Percent change]

Area and country	2001-2010 annual average	2011	2012	2013	2014	2015	2016	2017	2018	2019[1]	2020[1]
World	3.9	4.3	3.5	3.5	3.6	3.5	3.4	3.8	3.6	2.9	3.3
Advanced economies	1.7	1.7	1.2	1.4	2.1	2.3	1.7	2.5	2.2	1.7	1.6
Of which:											
United States	1.7	1.6	2.2	1.8	2.5	2.9	1.6	2.4	2.9	2.3	2.0
Euro area[2]	1.2	1.6	−.9	−.3	1.4	2.1	1.9	2.5	1.9	1.2	1.3
Germany	0.9	3.9	.4	.4	2.2	1.7	2.2	2.5	1.5	.5	1.1
France	1.3	2.2	.3	.6	1.0	1.1	1.1	2.3	1.7	1.3	1.3
Italy	0.3	.6	−2.8	−1.7	.1	.9	1.1	1.7	.8	.2	.5
Spain	2.2	−1.0	−2.9	−1.7	1.4	3.6	3.2	3.0	2.4	2.0	1.6
Japan	0.6	−.1	1.5	2.0	.4	1.2	.6	1.9	.3	1.0	.7
United Kingdom	1.6	1.6	1.4	2.0	2.9	2.3	1.8	1.8	1.3	1.3	1.4
Canada	1.9	3.1	1.8	2.3	2.9	.7	1.1	3.0	1.9	1.5	1.8
Other advanced economies	3.5	3.4	2.2	2.5	2.9	2.3	2.4	2.9	2.6	1.5	1.9
Emerging market and developing economies	6.2	6.4	5.4	5.1	4.7	4.3	4.6	4.8	4.5	3.7	4.4
Regional groups:											
Emerging and Developing Asia	8.5	7.9	7.0	6.9	6.8	6.8	6.7	6.6	6.4	5.6	5.8
China[3]	10.5	9.5	7.9	7.8	7.3	6.9	6.7	6.8	6.6	6.1	6.0
India[3]	7.5	6.6	5.5	6.4	7.4	8.0	8.2	7.2	6.8	4.8	5.8
ASEAN-5[4]	5.2	4.7	6.2	5.1	4.6	4.9	5.0	5.3	5.2	4.7	4.8
Emerging and Developing Europe	4.4	5.8	3.0	3.1	1.9	.8	1.8	3.9	3.1	1.8	2.6
Russia	4.8	5.1	3.7	1.8	.7	−2.3	.3	1.6	2.3	1.1	1.9
Latin America and the Caribbean	3.2	4.6	2.9	2.9	1.3	.3	−.6	1.2	1.1	.1	1.6
Brazil	3.7	4.0	1.9	3.0	.5	−3.6	−3.3	1.1	1.3	1.2	2.2
Mexico	1.5	3.7	3.6	1.4	2.8	3.3	2.9	2.1	2.1	.0	1.0
Middle East and Central Asia	5.3	4.6	4.9	3.0	3.1	2.6	5.0	2.3	1.9	.8	2.8
Saudi Arabia	3.4	10.0	5.4	2.7	3.7	4.1	1.7	−.7	2.4	.2	1.9
Sub-Saharan Africa	5.9	5.3	4.7	5.2	5.1	3.1	1.4	3.0	3.2	3.3	3.5
Nigeria	8.9	4.9	4.3	5.4	6.3	2.7	−1.6	.8	1.9	2.3	2.5
South Africa	3.5	3.3	2.2	2.5	1.8	1.2	.4	1.4	.8	.4	.8

[1] All figures are forecasts as published by the International Monetary Fund. For the United States, advance estimates by the Department of Commerce show that real GDP rose 2.3 percent in 2019.

[2] Euro area consists of Austria, Belgium, Finland, France, Germany, Ireland, Italy, Luxembourg, Netherlands, Portugal, Spain and Greece (beginning in 2001), Slovenia (2007), Cyprus and Malta (2008), Slovakia (2009), Estonia (2011), Latvia (2014), and Lithuania (2015).

[3] Data and forecasts are presented on a fiscal year basis and output growth is based on GDP at market prices.

[4] Consists of Indonesia, Malaysia, Philippines, Thailand, and Vietnam.

Note: For details on data shown in this table, see *World Economic Outlook*, October 2019, and *World Economic Outlook Update*, January 2020, published by the International Monetary Fund.

Sources: International Monetary Fund and Department of Commerce (Bureau of Economic Analysis).

萩原伸次郎監修・『米国経済白書』翻訳研究会訳

【翻訳者】

萩原 伸次郎　横浜国立大学名誉教授（総論、大統領報告、序章、第1～5章）
（はぎわら しんじろう）

大橋 陽　金城学院大学国際情報学部（第6～9章、付録A）
（おおはしあきら）

米国経済白書 2020

2020年7月30日　初版第1刷発行

監訳者　萩原伸次郎監修・『米国経済白書』翻訳研究会訳

発行者　上野教信

発行所　蒼天社出版（株式会社　蒼天社）

　　　　101-0051　東京都千代田区神田神保町 3-25-11

　　　　電話　03-6272-5911　FAX 03-6272-5912

　　　　振替口座番号　00100-3-628586

印刷・製本所　株式会社シナノパブリッシングプレス

サブプライム金融危機と国家市場経済　坂本正・詹 向阳著	定価 (本体 2,800 円＋税)
ハラル製品ー対応マニュアル　並河良一著	定価 (本体 2,800 円＋税)
両大戦間期日本農業政策史　平賀明彦著	定価 (本体 5,800 円＋税)
悲しきアメリカ　ミシェル・フロケ著 / 大井孝・土屋元訳	定価 (本体 2,800 円＋税)
戦時下の日本犬　川西玲子著	定価 (本体 2,800 円＋税)
カール・S・シャウプ財政資料　全 41 巻 　横浜国立大学シャウプ・コレクション編集委員会編集	定価 (本体 1,312,000 円＋税)
アベノミクス下の地方経済と金融の役割 　村本孜・内田真人編著	定価 (本体 3,800 円＋税)
この戦いはわれわれの戦いだ 　エリザベス・ウォーレン著 / 大橋陽訳	定価 (本体 2,800 円＋税)
日本茶の近代史　粟倉大輔著	定価 (本体 5,800 円＋税)
経済学方法論の多元性　只腰親和・佐々木憲介編	定価 (本体 5,500 円＋税)
経営史の再構想　フィリップ・スクラントン、パトリック・フリダンソン著 　粕谷 誠、矢後 和彦訳	定価 (本体 2,800 円＋税)
日本占領期性売買関係 GHQ 資料　全 9 巻 　林博史監修	揃定価 (本体 270,000 円＋税)
日本財政を斬る　国際マイナス金利に惑わされる 　米澤潤一著	定価 (本体 2,400 円＋税)
発展途上国の通貨統合　木村秀史著	定価 (本体 3,800 円＋税)
アメリカ国際資金フローの新潮流　前田淳著	定価 (本体 3,800 円＋税)
中小企業支援・政策システム　金融を中心とした体系化 　村本孜著	定価 (本体 6,800 円＋税)

The Carl S. Shoup's Materials of Public Finance and Taxation

カール・S・シャウプ財政資料

横浜国立大学シャウプ・コレクション編集委員会
深貝 保則・伊集 守直・千原 則和
アドヴァイザー　W. Elliot Brownlee

B5 判上製

全 41 巻　揃定価（本体 1,312,000 円＋税）（各巻本体 32,000 円＋税）

米国関連資料	全 20 巻	揃定価（本体 640,000 円＋税）
日本関連資料	全 15 巻	揃定価（本体 480,000 円＋税）
その他外国関連資料	全 6 巻	揃定価（本体 192,000 円＋税）

◆ 配本予定 2017 年 10 月より配本開始

年度	刊行月	配本	米国関係資料　編 日本関係資料　編 諸外国関係資料　編			
2017 年	11 月	第 1 回配本	日本関係資料	第 1 回配本	第 1, 9, 10 巻	ISBN 978-4-901916-66-0 揃本体価格96,000円
	12 月	第 2 回配本	日本関係資料	第 2 回配本	第 3, 4, 5 巻	ISBN 978-4-901916-67-7 揃本体価格96,000円
2018 年	8 月	第 3 回配本	米国関係資料	第 1 回配本	第 1〜3 巻	ISBN 978-4-901916-71-4 揃本体価格96,000円
	9 月	第 4 回配本	米国関係資料	第 2 回配本	第 4〜6 巻	ISBN 978-4-901916-72-1 揃本体価格96,000円
	10 月	第 5 回配本	米国関係資料	第 3 回配本	第 7〜9 巻	ISBN 978-4-901916-73-8 揃本体価格96,000円
	12 月	第 6 回配本	米国関係資料	第 4 回配本	第 10〜12 巻	ISBN 978-4-901916-74-5 揃本体価格96,000円
2019 年	1 月	第 7 回配本	日本関係資料	第 3 回配本	第 2, 11, 12 巻	ISBN 978-4-901916-68-4 揃本体価格96,000円
	7 月	第 8 回配本	米国関係資料	第 5 回配本	第 13〜15 巻	ISBN 978-4-901916-75-2 揃本体価格96,000円
	9 月	第 9 回配本	米国関係資料	第 6 回配本	第 16〜18 巻	ISBN 978-4-901916-76-9 揃本体価格96,000円
	11 月	第 10 回配本	諸外国関係資料	第 1 回配本	第 1〜3 巻	ISBN 978-4-901916-78-3 揃本体価格96,000円
2020 年	1 月	第 11 回配本	米国関係資料	第 7 回配本	第 1, 20 巻	ISBN 978-4-901916-77-6 揃本体価格64,000円
	9 月	第 12 回配本	日本関係資料	第 4 回配本	全 3 冊	ISBN 978-4-901916-69-1 揃本体価格96,000円
	10 月	第 13 回配本	日本関係資料	第 5 回配本	全 3 冊	ISBN 978-4-901916-70-7 揃本体価格96,000円
	11 月	第 14 回配本	諸外国関係資料	第 2 回配本	全 3 冊	ISBN 978-4-901916-79-0 揃本体価格96,000円

蒼天社出版　〒101-0051 東京都千代田区神田神保町 3-25-11　喜助九段ビル　電話 03-6272-5911　FAX03-6272-5912

申込書	書店	編集・横浜国立大学シャウプ・コレクション編集委員会		申込数
		カール・S・シャウプ財政資料 全41巻 揃定価（本体1,312,000円＋税）		セット
		米国関連資料	全 20 巻　揃定価（本体 640,000 円＋税）	セット
		日本関連資料	全 15 巻　揃定価（本体 480,000 円＋税）	セット
		その他外国関連資料	全 6 巻　揃定価（本体 192,000 円＋税）	セット